Dieu, la création et la Providence dans la prédication de Calvin

Basler und Berner Studien
zur historischen und systematischen Theologie

Herausgegeben von
Max Geiger und Andreas Lindt

Band 33

PETER LANG
Berne · Francfort/M · Las Vegas

Richard Stauffer

Dieu, la création et la Providence dans la prédication de Calvin

PETER LANG

Berne · Francfort/M · Las Vegas

230.42D
C139Ys
79100819

Cet ouvrage est publié avec l'aide de la Société suisse des sciences humaines, du Fonds Rapin et du Fonds français de Genève.

© Editions Peter Lang S.A. Berne 1978
Successeur des Editions
Herbert Lang & Cie SA, Berne

ISBN 3-261-03049-6

Tirage 1'200 ex.

Impression: Lang Druck SA, Liebefeld/Berne

VXORI DILECTISSIMAE

AVANT-PROPOS

C'est grâce à la générosité de la Société suisse des sciences humaines d'une part, et, d'autre part, grâce à celle du Fonds Rapin et du Fonds français de Genève que cet ouvrage, fruit de longues années de recherches, peut paraître aujourd'hui. Je tiens à remercier de leur aide ces diverses institutions et à exprimer ma reconnaissance aux professeurs Jean-Louis Leuba et Olivier Fatio qui ont été auprès d'elles, l'un à Berne, l'autre à Genève, mes interprètes obligeants.

Il m'est agréable aussi de remercier les professeurs Max Geiger et Andreas Lindt qui ont accepté mon travail dans les "Basler und Berner Studien zur historischen und systematischen Theologie". Ce n'est pas une mince satisfaction pour un auteur que d'être publié dans une collection qui, depuis sa fondation, s'impose à l'attention du monde théologique.

Enfin, je voudrais dire mon immense gratitude à ma femme qui, de l'établissement de mon fichier à la préparation de mon manuscrit, n'a cessé de me seconder avec un total dévouement. Sans sa compréhension et sa patience, cet ouvrage n'aurait jamais vu le jour.

Paris, juin 1977

NOTE LIMINAIRE

Les abréviations suivantes ont été régulièrement utilisées dans les notes:

CO = *Calvini opera quae supersunt omnia*
SC = *Supplementa calviniana (Sermons inédits)*

Dans nos citations de Calvin, nous avons respecté l'orthographe du XVIe siècle, en dépit de son caractère souvent déconcertant. Nous nous sommes permis cependant quelques exceptions. Ce sont celles qu'ont adoptées les éditeurs des *Supplementa calviniana* (elles ont été formulées par Georges A. Barrois dans son "Introduction" aux *Sermons sur le livre d'Esaïe*, SC 2, p. X—XI, et rappelées par Jean-Daniel Benoît dans son "Introduction" aux *Sermons sur le livre de Michée*, SC 5, p. IX—X). Elles consistent essentiellement dans:

la distinction des lettres *u* et *v, i* et *j;*
l'introduction de la cédille là où elle fait défaut;
la modernisation de la ponctuation et des majuscules;
la résolution des abréviations, enfin.

Sur un seul point, nous nous sommes écarté de l'usage adopté par les éditeurs des *Supplementa calviniana:*
nous avons modernisé l'accentuation au lieu de mettre l'accent sur les seules finales des mots.

INTRODUCTION

Depuis quelques décennies, l'oeuvre de Calvin suscite un regain d'intérêt. La bibliographie publiée par Wilhelm Niesel à l'occasion du 400e anniversaire de la fondation de l'Université de Genève[1] et les compléments que lui ont apportés Pierre Fraenkel[2], Joseph N. Tylenda[3] et Peter De Klerk[4] attestent à l'évidence l'impulsion donnée aux recherches calviniennes par le mouvement néo-calviniste et la théologie dialectique d'abord, puis par les échanges interconfessionnels issus du dialogue oecuménique. De ces recherches, la personnalité de Calvin est sortie grandie. Est-ce à dire que toutes les faces de son génie sont connues aujourd'hui? Nous ne le pensons pas. De nombreux aspects de son oeuvre demeurent encore dans l'ombre. C'est à éclairer l'un d'entre eux que vise notre étude.

Calvin n'a été regardé pendant longtemps que comme l'auteur d'un seul livre. C'est ainsi que, dans le troisième volume de son ouvrage *Der evangelische Glaube nach den Hauptschriften der Reformatoren,* Paul Wernle a pu présenter la pensée du Réformateur de Genève en se fondant uniquement sur l'*Institution de la religion chrestienne*[5]. C'est ainsi encore que Pierre Imbart de la Tour n'a pas hésité à écrire dans le quatrième tome de sa grande oeuvre sur *Les origines de la Réforme:* "Le calvinisme est tout entier dans l'*Institution chrétienne.* Oeuvre capitale, oeuvre préférée de Calvin qui passa toute sa vie à la réviser, à la remanier, comme à l'enrichir. A elle se rattachent tous ses autres écrits: commentaires, controverses, petits traités de dogmatique ou de morale . . . . C'est donc bien là que nous devons chercher la pensée religieuse de Calvin, en mesurer la richesse, en sonder les replis, en suivre les détours"[6]. Compréhensible en un certain sens, la position de Wernle et d'Imbart de la Tour n'en était pas moins indéfendable du point de vue scientifique. Aussi, plus attentifs aux multiples aspects de son talent, les interprètes de Calvin se mirent-ils à exploiter, dès 1925[7], le domaine resté jusque là en friche de ses traités dogmatiques et de ses commentaires bibliques. Sauf quelques rares exceptions, ils s'arrêtèrent pourtant à mi-chemin dans leur démarche: tout désireux qu'ils étaient de ne rester sourds à aucune des voix du Réformateur, ils oublièrent de prêter attention à celle du prédicateur.

Cette réserve à l'égard de la production homilétique de Calvin[8], constatable aujourd'hui encore dans la plupart des travaux consacrés au Réformateur, ne nous paraît pas plus légitime que l'ostracisme qui frappait jadis tout ce qui, dans l'oeuvre calvinienne, était extérieur à l'*Institution de la religion chrestienne.* Et cela, pour deux raisons. En premier lieu, la prédication a joué un rôle capital dans la vie de Calvin. En temps normal, il prêchait deux fois par dimanche et tous les jours ouvrables chaque seconde semaine du mois[9]. Les sermons qui nous ont été conservés et qui ne représentent qu'une faible partie de son oeuvre oratoire permettent de mesurer l'envergure de son activité de prédicateur[10]. Ainsi, les 872 homélies publiées par Baum, Cunitz et Reuss constitueraient à peu près, si on les groupait à la suite l'une de l'autre, quinze des cinquante-neuf volumes que comptent les *Ioannis Calvini opera quae supersunt omnia,* c'est-à-dire plus du quart de l'oeuvre du Réformateur. Si l'on ajoute à cette impressionnante collection les sermons inédits que Baum, Cunitz et Reuss, faisant mentir le titre de leur monumentale édition, ont renoncé à publier dans les *Opera omnia*[11], on obtient une proportion plus étonnante encore. A ne considérer que les quelque 680 prédications manuscrites conservées à la Bibliothèque publique et universitaire de Genève[12], à la Bodleian Library d'Oxford et à la Bibliothèque du palais archiépiscopal de Lambeth[13], éditées actuellement sous le titre de *Supplementa calviniana*[14], on ne sera pas loin de compte en affirmant que la production homilétique de Calvin forme le tiers de son oeuvre. Avec les sermons perdus aujourd'hui, au nombre de mille environ[15], que possédait au début du XIXe siècle la Bibliothèque de Genève, on peut estimer que la prédication du Réformateur égalerait en ampleur l'ensemble constitué par l'*Institution de la religion chrestienne,* les traités dogmatiques, les commentaires bibliques et la correspondance.

A cette première raison — comment, en effet, parler valablement d'un auteur si l'on ignore la moitié ou le tiers de son oeuvre! — il faut en ajouter une seconde: la prédication de Calvin ne constitue en aucune manière une documentation d'une qualité inférieure à celle des traités dogmatiques ou des commentaires bibliques. Que les sermons du Réformateur, improvisés à la suite d'une sérieuse préparation[16], n'aient pas le style soutenu de ses écrits, soit! Il n'empêche que, malgré les inévitables répétitions du discours, ils sont d'une extraordinaire vigueur et d'une non moins étonnante richesse. Avec une finesse exégétique qui se joue des difficultés du texte et une lucidité théologique qui prévient les objections de l'auditeur, ils visent à mettre en valeur les multiples aspects de l'enseignement biblique. Tel étant leur caractère, ils s'avèrent indispensables à la connaissance de leur auteur[17]. Aussi nuancera-t-on le jugement du théologien allemand qui, après avoir découvert que Calvin ne fut pas seulement le systématicien génial de l'*Institution chrestienne,* mais aussi l'exégète incomparable de l'Ecriture, écrivait au début de ce siècle: "Um den Reformator Calvin zu begreifen, muss man den Kommentator Calvin kennen"[18]. Les sermons se révélant aussi importants que les commentaires, il est légitime d'affirmer que "pour comprendre Calvin réformateur, il faut connaître Calvin prédicateur"[19].

L'orateur sacré que fut le Réformateur de Genève n'était pas totalement inconnu avant que nous entreprenions nos recherches. Comme nous le montrons dans un appendice de cette monographie, il avait été l'objet de plusieurs thèses de théologie, de quelques ouvrages et d'un certain nombre d'articles aux limites plus ou moins étroitement circonscrites. Il n'avait pas été étudié cependant de manière approfondie. Alors que nos prédécesseurs se sont contentés de faire quelques sondages, ici et là, dans l'une ou l'autre des nombreuses collections d'homélies que Calvin a laissées, nous avons tenu compte de tous les sermons publiés, au nombre de 872 dans les *Opera omnia,* et de 206 dans les *Supplementa calviniana.* Outre ces sources imprimées, nous avons dépouillé les 89 sermons manuscrits sur le livre de la Genèse qui ont été découverts, il y a quelques années, et qui revêtent une importance capitale pour

10

notre sujet. Ainsi, pour mener notre enquête, nous avons disposé de quelque 1200 sermons.

En face de cette abondante documentation, nous nous sommes imposé une double limitation. En premier lieu, nous avons renoncé à traiter, bien qu'elles ne soient pas sans incidence sur son contenu théologique, les questions relatives à la forme de la prédication[20]. L'emploi que Calvin fait des images[21], des proverbes populaires, des locutions familières, des expressions dialectales et des citations littéraires, la façon dont il s'adresse à ses auditeurs et dont il exerce auprès d'eux son ministère de cure d'âmes[22], la manière dont il réagit aux événements de son temps, l'herméneutique, enfin, qui commande son interprétation de l'Ecriture[23], constituent autant de problèmes que nous avons renoncé à aborder, bien que, pour chacun d'eux, nous ayons rassemblé de nombreux matériaux. Notre réserve à l'égard de ces problèmes ne signifie pas que nous nous en sommes désintéressé: en 1953 déjà, nous leur avons voué la plus grande attention dans une thèse de maîtrise en théologie présentée à l'Union Theological Seminary de New-York, et intitulée *L'homilétique de Calvin*. Qu'ils ne trouvent aucune place aujourd'hui dans notre étude s'explique par le fait que nous avons voulu éviter une concurrence fâcheuse avec M. Rodolphe Peter, professeur à l'Université des Sciences humaines de Strasbourg, qui, depuis plusieurs années, leur consacre une grande partie de ses recherches.

Une seconde limitation nous a paru nécessaire. Devant la documentation immense que nous avons amassée, nous avons hésité. Devions-nous essayer de présenter d'emblée dans son ensemble, à partir des sermons, la pensée religieuse de Calvin, en acceptant de faire de nombreux et regrettables raccourcis? Ou devions-nous examiner plutôt dans toute leur richesse et jusque dans leurs plus lointaines implications quelques aspects majeurs de cette pensée, en nous proposant de brosser ultérieurement, la critique s'étant montrée favorable à notre entreprise, les divers volets qui révèleraient dans toute son ampleur la théologie de Calvin prédicateur? Entre ces deux solutions qui, chacune, imposait certaines limites, nous avons opté pour la seconde. En nous arrêtant aux doctrines de Dieu, de la création et de la Providence, nous n'avons pas seulement choisi des thèmes qui, minimisés souvent par la théologie dialectique avant d'être escamotés par la théologie contemporaine, sont essentiels pour la pensée chrétienne. Nous avons aussi, à dessein, circonscrit notre étude aux questions qui font l'objet du 1er livre de l'*Institution de la religion chrestienne*. En ce faisant, nous avons estimé devoir adopter pour plan, à quelques détails près, celui que Calvin a suivi dans sa somme théologique. Ainsi nous examinerons successivement les problèmes de la révélation générale (chapitre 1er), de la révélation spéciale (chapitre 2), des attributs de Dieu (chapitre 3), de la Trinité (chapitre 4), de la création proprement dite (chapitre 5) et de la Providence (chapitre 6), qui font respectivement l'objet des chapitres 1 à 5, 6 à 9, 10 à 12, 13, 14 à 15 et 16 à 18 du livre premier de l'*Institution*.

Le but de notre étude ainsi précisé, nous devons nous expliquer au sujet de la méthode que nous avons adoptée. Le lecteur qui a fréquenté tant soit peu Calvin prédicateur sait qu'en expliquant d'un bout à l'autre et verset après verset, selon le principe de la *lectio continua*[24], les différents livres bibliques, le

Réformateur ne se bornait pas à faire une exégèse au ras des textes[25]. Conscient des besoins de ses auditeurs, Calvin développait sur le plan de la doctrine les diverses données de l'Ecriture. Ses sermons contiennent ainsi, épars, les éléments d'un véritable exposé de dogmatique, une dogmatique qui, sur de nombreux points, enrichit, amende ou "adoucit" l'*Institution de la religion chrestienne*. Notre effort a donc consisté à organiser autour des différents lieux théologiques les développements doctrinaux de la prédication calvinienne, à reconstituer, si l'on peut dire, sur le fondement de son oeuvre homilétique, la pensée religieuse du Réformateur. Opérée, quand il le fallait, en comparaison avec les modèles fournis par l'*Institution,* les traités dogmatiques et les commentaires, cette reconstitution (que nous avons voulue aussi nuancée que possible, d'où l'abondance des citations) était réalisable en raison de l'homogénéité des sermons. Les quelque 1200 homélies sur lesquelles est fondée notre étude ont été prêchées entre 1545 et 1564. En 1545, Calvin avait trente-six ans, et sa pensée avait eu l'occasion, sinon de s'affirmer, du moins de se préciser dans trois éditions de l'*Institution chrestienne*[26]. C'est donc un homme fait que nous révèlent les premiers sermons qui nous sont parvenus[27], un homme qui, comme le relevait déjà Théodore de Bèze dans sa *Vita Calvini*[28], n'a pas varié au cours de sa carrière et dont les dernières homélies sont de la même veine que les premières[29].

Il nous reste à réfuter deux objections. Celle-ci tout d'abord: la prédication n'est-elle pas, par essence, un discours de circonstance, dans lequel l'orateur, surtout lorsqu'il suit la pente de l'improvisation, ne traite qu'un certain nombre de thèmes privilégiés, qu'une série limitée de sujets favoris? Dans ces conditions, n'est-il pas vain de vouloir reconstituer, à partir de ses sermons, la théologie de Calvin, et, plus particulièrement, sa conception de Dieu, de la création et de la Providence? Nous croyons pouvoir répondre à ces questions par la négative. Dans un ouvrage qui est le manifeste du renouveau des études calviniennes[30], Wilhelm Niesel a montré, de manière décisive, qu'il n'y a pas de doctrine centrale dans la pensée du Réformateur, pas même celle de la prédestination considérée par Alexander Schweizer et Ferdinand Christian Baur comme le "noyau" de son système. Cette constatation vaut aussi pour la prédication. Dans sa fidélité au texte biblique qu'il a pour mission de commenter, Calvin orateur n'esquive aucun problème, n'omet aucune question, aussi épineuse soit-elle. Parcourant tout le champ de l'Ecriture, il examine du même coup tous les chapitres de la doctrine chrétienne.

Reste la seconde objection. Le théologien allemand Dieter Schellong a reproché à Louis Goumaz, auteur d'un ouvrage sur *La doctrine du salut d'après les Commentaires de Jean Calvin sur le Nouveau Testament*[31] qui s'efforce, comme son titre l'indique, de présenter les idées religieuses du Réformateur à partir de son oeuvre exégétique, d'avoir péché gravement contre la méthode. Il serait faux, d'après Schellong, d'organiser en système des textes qui ne valent que par le contexte auquel ils ont été arrachés. La démarche de Goumaz n'aboutirait ainsi qu'à donner naissance à "une abstraction non historique"[32]. Cette critique, qui, en apparence, ne manque pas de pertinence, ne nous semble pas devoir s'appliquer à notre étude. D'une part, en effet, nous avons toujours pris garde, chaque fois qu'il le fallait, de situer nos citations et d'en relever le point de départ exégétique. D'autre part, et ceci est particulièrement net dans la prédication, les développements dogmatiques auxquels Calvin se livre constituent en général des espèces de hors-d'oeuvre par rapport au canevas exégétique de son commentaire oratoire, ou, si l'on veut, des parenthèses qui peuvent être extraites sans que soit faussée leur signification. Ainsi, comme Schellong l'a fait lui-même avec les Commentaires du Réformateur sur les Evangiles synoptiques[33], nous avons pu dégager des sermons, sans trahir pour autant Calvin, tous les éléments d'une doctrine de Dieu, de la création et de la Providence.

1   *Calvin-Bibliographie 1901–1959*, Munich, 1961.
2   *Petit supplément aux bibliographies calviniennes 1901–1963*, in: *Bibliothèque d'humanisme et Renaissance*, Genève, 1971, p. 385–413.
3   *Calvin Bibliography 1960–1970*, in: *Calvin Theological Journal*, Grand Rapids (Michigan), Novembre 1971, p. 156–193.
4   *Calvin Bibliography 1972*, in: *Calvin Theological Journal*, Grand Rapids (Michigan), Novembre 1972, p. 221–250; *1973, ibid.*, Avril 1974, p. 38–73; *1974, ibid.*, Novembre 1974, p. 210–240; *1975, ibid.*, Novembre 1975, p. 175–207; et *1976, ibid.*, Novembre 1976, p. 199–243. – Les recherches bibliographiques de Pierre Fraenkel, de Joseph N. Tylenda et de Peter De Klerk ont été réunies par Dionysius Kempff dans *A Bibliography of Calviniana 1959–1974*, Leiden, 1975.
5   Wernle écrit dans l'avant-propos de son ouvrage: "Für die Kenner Calvins bedarf es kaum eines Wortes der Erklärung, warum dies Buch .... sich auf die eine *Institutio* beschränkt und auf die Charakteristik anderer Schriften ... verzichtet. Calvins *Unterricht in der christlichen Religion* fasste schon in der ersten kurzen Form von 1536 das Ganze seines christlichen Denkens zusammen, und jede der spätern Ausgaben bestrebte sich, den inzwischen neu hinzugetretenen Gewinn seiner geistigen Arbeit nachzutragen. Wer daher die *Institutio* Calvins kennt, dem fehlt für die Erkenntnis seiner Gedankenarbeit nichts Wesentliches" (*Op.cit.*, Tubingue, 1919, p. III).
6   *Calvin et l'Institution chrétienne*, Paris, 1935, p. 55.
7   Année où parut à Tubingue l'ouvrage de Peter Brunner, *Vom Glauben bei Calvin*, qui nous paraît marquer un tournant dans l'histoire des recherches calviniennes.
8   Cette réserve est due pour une grande part au fait que, faute d'un index suffisant (celui des *Opera quae supersunt omnia* présente d'innombrables lacunes), la prédication du Réformateur est difficilement exploitable pour un lecteur occasionnel.
9   Cf. Erwin Mülhaupt, *Die Predigt Calvins: ihre Geschichte, ihre Form und ihre religiösen Grundgedanken*, Berlin et Leipzig, 1931, p. 16.
10   Théodore de Bèze évaluait à 286 le nombre de sermons prêchés annuellement par Calvin. Cf. *Ad Claudii de Sainctes responsionem altera apologia*, in: *Tractationes theologicae*, vol. 2, Genève, 1573, p. 353.
11   Trois raisons peuvent expliquer l'absence dans les *Opera omnia* des sermons manuscrits conservés à la Bibliothèque publique et universitaire de Genève: 1. Baum, Cunitz et Reuss ont reculé devant l'oeuvre de longue haleine que constituait la publication de ces inédits; 2. ils n'ont pas su apprécier à sa juste valeur la prédication de Calvin; 3. ils n'ont voulu publier que les ouvrages qui avaient été imprimés du vivant du Réformateur. Cf. CO 23, p. X; 25, p. 577; 29, p. 239; 32, p. 449; 35, p. 523; 40, p. 19; et 56, p. III. – Hanns Rückert a souligné avec pertinence la fragilité des raisons avancées par les éditeurs strasbourgeois pour légitimer leur réserve devant les sermons inédits. Cf. Einleitung, in: *Supplementa calviniana* 1, p. XXIII–XXVI.
12   Cf. Bernard Gagnebin, *L'histoire des manuscrits des sermons de Calvin*, in: *Supplementa calviniana* 2, p. XIV–XXVIII.
13   Cf. Richard Stauffer, *Les sermons inédits de Calvin sur le livre de la Genèse*, in: *Revue de Théologie et de Philosophie*, Lausanne, 1965, p. 26-36.
14   Cf. Erwin Mülhaupt, *Der Psalter auf der Kanzel Calvins*, Neukirchen, 1959, p. 5–7, et *Calvins "Sermons inédits": Vorgeschichte, Ueberlieferung und gegenwärtiger Stand der Edition*, in: *Der Prediger Johannes Calvin*, Neukirchen, 1966, p. 9–24; T. H. L. Parker, *Supplementa calviniana: An Account of the Manuscripts of Calvin's Sermons now in course of preparation*, Londres, 1962, et *Calvini opera sed non omnia*, in: *Scottish Journal of Theology*, Edimbourg, 1965, p. 194–203; ainsi que Rodolphe Peter, *Jean Calvin prédicateur*, in: *Revue d'histoire et de philosophie religieuses*, Paris, 1972, p. 111–117.
15   Cf. Bernard Gagnebin, *Supplementa calviniana* 2, p. XXVIII.

14

16 Comme le révèle le *49ᵉ sermon sur le Deutéronome*. Réprouvant l'attitude de ceux qui, sous prétexte que Dieu est assez puissant pour nous nourrir, refusent de se mettre au travail, Calvin y déclare: "C'est comme si je montoye en chaire et que je ne daignasse point regarder au livre, que je me forgeasse une imagination frivole pour dire: Et bien, quand je viendray là, Dieu me donnera assez de quoy pour parler! Et que je ne daignasse lire, ne penser à ce que je doy mettre en avant, et que je vinsse ici sans avoir bien prémédité comme il faut appliquer l'Escriture saincte à l'édification du peuple; et je seroye un outrecuidé, et Dieu aussi me rendroit confus en mon audace" (CO 26, p. 473–474).

17 Ce n'est pas un effet du hasard si Calvin a mis au premier rang son enseignement oral lorsqu'il a dressé, dans son testament, le bilan de son activité: "Je proteste . . . . que j'ay tasché, selon la mesure de grâce qu'il (sous-ent.: Dieu) m'avoit donnée, d'enseigner purement sa parole, tant en sermons que par escrit" (CO 20, p. 299).

18 Cité par Louis Goumaz, *La doctrine du salut d'après les Commentaires de Jean Calvin sur le Nouveau Testament,* Lausanne et Paris, 1917, p. 8.

19 Le grand connaisseur du Réformateur que fut Emile Doumergue le pensait déjà: "Voilà le Calvin qui m'apparaît comme le vrai et authentique Calvin, celui qui explique tous les autres: Calvin, le prédicateur de Genève, pétrissant par sa parole l'âme réformée au XVIᵉ siècle" (*Calvin, le prédicateur de Genève,* Genève, s.d., p. 9). Cf. aussi Rodolphe Peter, *Jean Calvin prédicateur,* in: *Revue d'histoire et de philosophie religieuses,* Paris, 1972, p. 111–112.

20 Nous avons examiné ailleurs les textes en "je" des homélies. Cf. Richard Stauffer, *Les discours à la première personne dans les sermons de Calvin,* in: *Regards contemporains sur Jean Calvin,* Paris, 1965, p. 206–238.

21 Erwin Mülhaupt, qui seul consacre les développements les plus étendus que nous connaissions (cf. *Die Predigt Calvins,* p. 39–63), est loin, cependant, comme il le reconnaît lui-même (cf. *Op.cit.,* p. XVII), d'avoir épuisé le sujet.

22 Wilhelm Kolfhaus relève à juste titre comme une des lacunes de l'ouvrage déjà cité de Mülhaupt le fait qu'il passe sous silence le rôle joué dans les sermons par la direction spirituelle. Cf. *Die Seelsorge Johannes Calvins,* Neukirchen, 1941, p. 73.

23 Sur l'interprétation de l'Ecriture en général chez Calvin, cf. Friedrich August Tholuck, *Die Verdienste Calvins als Ausleger der heiligen Schrift,* in: *Vermischte Schriften,* vol. 2, Hambourg, 1839, p. 330–360; F. W. Gotch, *Calvin as a Commentator,* in: *The Journal of Sacred Literature,* Londres, 1849, p. 222–236; Edouard Reuss, *Calvin considéré comme exégète,* in: *Revue de théologie et de philosophie chrétienne,* Strasbourg et Paris, 1853, p. 223–248; Frederic W. Farrar, *Calvin as an Expositor,* in: *The Expositor,* Londres, 1884, p. 426–444, et *History of Interpretation,* Londres, 1886, p. 342–354; Philip Schaff, *Calvin as a Commentator,* in: *The Presbyterian and Reformed Review,* Philadelphie, 1892, p. 462–469; Adolf Jülicher, *Calvin als Schriftausleger,* in: *Christliche Welt,* Gotha, 1909, p. 655–657; J. II. Long, *Calvin as an Interpreter of the Bible,* in: *Reformed Church Review,* 1909, p. 165–182; Henri Clavier, *Calvin commentateur biblique,* in: *Etudes sur le calvinisme,* Paris, 1936, p. 99-140; Paul T. Fuhrmann, *Calvin: The Exposition of Scripture,* in: *Interpretation,* Richmond (Virginia), 1952, p. 188–209; et T. H. L. Parker, *Calvin the Biblical Expositor,* in: *John Calvin,* éd. par G. E. Duffield, Abingdon (Berkshire), 1966, p. 176-186. – Sur l'exégèse vétéro-testamentaire de Calvin, cf. Ernst Bindemann, *Die Bedeutung des Alten Testaments für die christliche Predigt,* Gütersloh, 1886, p. 84–95; Antoine-J. Baumgartner, *Calvin hébraïsant et interprète de l'Ancien Testament,* Paris, 1889; et Wilhelm Vischer, *Calvin, exégète de l'Ancien Testament,* in: *Etudes théologiques et religieuses,* Montpellier, 1965, p. 213–231. – Sur l'exégèse néo-testamentaire de Calvin, cf. Dieter Schellong, *Calvins Auslegung der synoptischen Evangelien,* Munich, 1969; et T. H. L. Parker, *Calvin's New Testament Commentaries,* Londres, 1971.

24 Ce principe n'a pas empêché Calvin de prêter une certaine attention au calendrier ecclésiastique. Sans interrompre nécessairement sa lecture d'un livre déterminé de l'Ecriture, il a manifesté un intérêt particulier pour Pâques et pour Pentecôte, c'est-à-dire pour les fêtes célébrées un dimanche. Cf. Erwin Mülhaupt, *Die Predigt Calvins*, p. 18–19. En revanche, il n'a accordé aucune attention aux fêtes tombant la semaine, Noël par exemple. Cf. Jean-Daniel Benoît, *Weihnachten in Genf im Jahre des Heils 1550*, in: *Der Prediger Johannes Calvin*, Neukirchen, 1966, p. 40–44.

25 En affirmant cela, nous nous écartons évidemment du théologien qui, opposant récemment Barth à Calvin, estimait que, dans son *Commentaire sur le livre de la Genèse*, celui-ci se livre à une exégèse "au ras du sol". Cf. Roland de Pury, *Pour marquer les distances. Simple note sur une exégèse de Calvin et de Luther*, in: *Foi et vie*, No. 1–2, Paris, 1966, p. 42–45.

26 Celles de 1536, 1539/1541 et 1543/1545.

27 Ce sont les 2 sermons (sur les Psaumes 115/1–3 et 124) recueillis par un tachygraphe et prononcés à l'occasion du conflit qui opposa en 1545 le catholique Henri de Wolfenbüttel, duc de Brunswick, aux trois princes saxons alliés du landgrave Philippe de Hesse, et, datant vraisemblablement d'avant 1549, les 4 sermons "traictans des matières fort utiles pour nostre temps" (portant respectivement sur Psaume 16/3, Hébreux 13/13, Psaume 27/4 ss. et Psaume 27/8 ss.). Il faut noter ici que c'est à partir de 1549 que les prédications de Calvin furent enregistrées régulièrement, au moyen d'un procédé sténographique, par un réfugié français, originaire de Bar-sur-Seine, du nom de Denis Raguenier. Sur la personne et l'activité (poursuivie inlassablement jusqu'en 1560 ou en 1561) de Raguenier, cf. CO 21, p. 70; 25, p. 588 s.; 42, p. 196, et 49, p. XVII; ainsi que Emile Doumergue, *Jean Calvin: les hommes et les choses de son temps*, vol. 3, Lausanne, 1905, p. 594–595, et Bernard Gagnebin, *L'histoire des manuscrits des sermons de Calvin*, in: *Supplementa calviniana 2*, p. XIV s.

28 "In doctrina, quam initio tradidit, ad extremum constans nihil prorsus immutavit, quod paucis nostra memoria theologis contigit" (CO 21, p. 170).

29 Pour permettre au lecteur de vérifier l'homogénéité de la prédication de Calvin, nous disposerons nos citations, quand elles auront le même poids, non dans l'ordre des livres bibliques (qui est, *grosso modo*, celui de la parution des sermons dans les *Opera omnia*), mais, dans la mesure du possible, car il est difficile de dater certaines homélies, dans un ordre chronologique qui fera apparaître les textes les plus anciens d'abord, les plus récents ensuite. A ne considérer que les séries les plus importantes, la prédication classée chronologiquement comprend, après les 4 sermons "traictans des matières fort utiles pour nostre temps", 25 sermons sur les chapitres 14 à 18 du livre de Jérémie (1549), 28 sermons sur le livre de Michée (1550–1551), 47 sermons sur les chapitres 5 à 12 du livre de Daniel (1552), 22 sermons sur le Psaume 119 (1553), 159 sermons sur le livre de Job (1554–1555), 54 sermons sur la 1ère Epître à Timothée (1554–1555), 30 sermons sur la 2e Epître à Timothée (1555), 17 sermons sur l'Epître à Tite (1555), 200 sermons sur le Deutéronome (1555–1556), 19 sermons sur les chapitres 10 et 11 de la 1ère Epître aux Corinthiens (1556), 66 sermons sur les chapitres 13 à 29 du livre d'Esaïe (1557), 4 sermons sur le Cantique du roi Ezéchias (1557), 43 sermons sur l'Epître aux Galates (1557–1558), 7 sermons sur le chapitre 53 du livre d'Esaïe (1558), 48 sermons sur l'Epître aux Ephésiens (1558–1559), 65 sermons sur l'Harmonie évangélique (1559–1560), 97 sermons sur les chapitres 1 à 20 du livre de la Genèse (1559–1560), 3 sermons sur l'histoire de Melchisédec (1560), 4 sermons sur la justification (1560), 3 sermons sur le sacrifice d'Abraham (1560), 13 sermons traitant de l'élection gratuite de Dieu en Jacob et de la réjection en Esaü (1560), 107 sermons sur le 1er livre de Samuel (1561–1562) et 87 sermons sur le 2e livre de Samuel (1562–1563). Outre quelques prédications isolées, ne figurent pas dans cette liste les 9 sermons sur la Passion de notre Seigneur Jésus-Christ (sur Matthieu 26/36–28/10), le sermon sur la nativité de Jésus-Christ (sur Luc 2/14), la congrégation sur la divinité du Seigneur Jésus-Christ (sur Jean 1/1–5), les 4 sermons de l'Ascension

de notre Seigneur Jésus-Christ (sur Actes 1/1–11), les 4 sermons de la Pentecôte (sur Actes 2/1–24) et le sermon du dernier avènement de notre Seigneur Jésus-Christ (sur II Thessaloniciens 1/6–10), qui sont tous difficiles à situer chronologiquement. Sur la chronologie des sermons, cf. Erwin Mülhaupt, *Die Predigt Calvins,* p. 1–24, et T. H. L. Parker, *The Oracles of God,* Londres et Redhill, 1947, p. 160–162. – On aura remarqué que plusieurs séries d'homélies ont été prêchées à la même époque. Cette simultanéité s'explique par le fait que, le dimanche, Calvin prêchait sur le Nouveau Testament et sur les Psaumes, alors que, les jours ouvrables, il s'attachait à l'Ancien Testament dans ses sermons. Cf. Erwin Mülhaupt, *Op.cit.,* p. 20, et *Der Psalter auf der Kanzel Calvins,* Neukirchen, 1959, p. 9.

30   *Die Theologie Calvins,* Munich, 1ère éd., 1938; 2e éd., 1957.
31   Lausanne et Paris, 1917.
32   *Calvins Auslegung der synoptischen Evangelien,* Munich, 1969, p. 36.
33   Cf. le chapitre 4 de son ouvrage: *Die theologischen Hauptlinien der Synoptikerauslegung Calvins,* p. 191–329.

LA REVELATION GENERALE[1]

Le titre même de ce chapitre peut prêter à contestation. Nulle part, en effet, Calvin ne parle d'une révélation générale distincte d'une révélation spéciale. Nous recourrons néanmoins à cette terminologie qui a pour père le dogmaticien néerlandais Herman Bavinck[2] et qui, aujourd'hui, est adoptée par certains théologiens, Eugène Choisy[3] et Peter Brunner[4] par exemple, non suspects d'être inféodés à l'école néo-calviniste. Notre adhésion à la distinction établie par Bavinck tient à deux raisons. En premier lieu, comme nous espérons le montrer, cette distinction nous semble rendre justice à la pensée de Calvin. La révélation générale — générale parce qu'elle est faite à tous les hommes, y compris les païens — n'est rien d'autre que la manifestation de Dieu dans la nature humaine, dans l'univers et dans l'histoire. La révélation spéciale — spéciale parce qu'elle ne s'adresse qu'aux Juifs et aux chrétiens — est l'incarnation du Christ attestée par les Ecritures de l'Ancien et du Nouveau Testament. En second lieu, la distinction entre révélation générale et révélation spéciale nous permet d'éviter celle qu'a illustrée, il y a quelque quarante ans, la controverse fameuse entre Karl Barth et Emil Brunner[5] : la distinction entre révélation naturelle et révélation scripturaire. Alors que l'expression "révélation naturelle" est source d'équivoques (faisant oublier que la notion même de révélation implique le surnaturel, elle vide en quelque sorte cette notion de son contenu), celle de "révélation générale" nous paraît offrir l'avantage de ne pas dissoudre le concept de révélation.

1. La révélation, fondement de la connaissance de Dieu

Nul n'a mieux compris que Calvin les paroles de Juges 13/22: "Nous mourrons, car nous avons vu Dieu"[6]. La crainte sacrée de l'Israélite devant Celui qui est *totaliter aliter* a été éprouvée par le Réformateur. C'est la raison pour laquelle, sans doute, sa prédication abonde en passages évoquant la situation de la créature humaine en face de son Créateur.

Ainsi, pour Calvin, l'homme est incapable d'appréhender Dieu. "Nous pourrons avoir quelque zèle ardent pour dire: Hélas! Comment pourroye-je parvenir à Dieu? Et là-dessus nous ferons tous nos efforts; mais nous serons comme povres gens qui courent par les champs; ils se rompent les jambes et cependant n'avancent point chemin"[7]. Comme la majesté de Dieu est infinie[8] et sa "hautesse" incompréhensible[9], comme il habite une clarté inaccessible[10], non seulement nous ne parvenons pas à le voir, mais nous sommes dans l'impossibilité de l'atteindre par quelque sens que ce soit[11]. Plus encore: notre intelligence même s'avère impuissante à le saisir[12], car "nos esprits sont trop rudes et trop pesans pour monter si haut"[13]. Commentant 1 Timothée 6/16, Calvin résume ce que nous venons de relever en déclarant: "Nul homme ne peut veoir Dieu. Et comment cela? Selon nostre sens, comme j'ay desjà dit. Il n'est point ici parlé de la veue du corps, mais de toutes les appréhensions que nous pourrons avoir. Que les hommes aiguisent leurs esprits tant qu'ils voudront, qu'ils estendent toutes leurs sagesses et haut et bas, si est-ce que jamais ne pourront contempler Dieu, c'est-à-dire le cognoistre tel qu'il est; qui plus est, jamais n'en pourront avoir une seule estincelle"[14].

Dieu est donc vraiment Dieu, et le Réformateur, pour bien le montrer, souligne dans plusieurs sermons "la longue distance" qui existe entre lui et nous[15], et, partant, l'absence de "proportion" entre son être et le nôtre[16]. Toute comparaison, toute analogie entre Dieu et l'homme étant impossible, il est bien évident que notre cerveau ne saurait le concevoir, l' "enclore", comme le dit Calvin, dans le 2e sermon sur l'élection de Jacob et la réjection d'Esaü, en employant un verbe qui, comme nous aurons l'occasion de le voir, est lourd, pour lui, de signification théologique[17]. La transcendance de Dieu qui est ainsi fortement affirmée dans la prédication du Réformateur est encore renforcée, dans certains passages, par l'opposition entre le Créateur et la créature, le règne du surnaturel et l' "ordre de nature"[18], l'au-delà des cieux et la terre où "nous rampons"[19]. Au total, selon Calvin, il ne saurait être question de comprendre ou de contempler Dieu en son essence, celle-ci étant, par définition, invisible, infinie et incompréhensible[20].

Pour illustrer devant ses auditeurs l'impossibilité où l'homme se trouve de sonder le mystère de Dieu, Calvin recourt volontiers à l'image du soleil. Il l'exploite en divers sens. Si, dit-il, les hommes ne peuvent atteindre le soleil lorsqu'ils tirent contre lui, ils ne peuvent à plus forte raison "toucher à Dieu"[21]. Si, déclare-t-il aussi, un nuage suffit à nous cacher le soleil, Dieu ne peut que nous échapper[22]. Si, argumente-t-il enfin, – et c'est dans ce sens que l'image est la plus frappante, – nous ne pouvons soutenir l'éclat de l'astre créé par Dieu, à plus forte raison sommes-nous incapables de contempler en son essence le Créateur. "Si nous voulons regarder le soleil entre deux yeux, nous sommes confus, et toutesfois ce n'est sinon un corps, auquel Dieu a donné quelque clarté. Voilà la clarté du soleil qui est pour confondre nostre veue. Et que sera-ce quand nous voudrons le comprendre tel qu'il est? Quelle mesure y ha-(t)-il en nostre sens pour dire que Dieu y soit enclos? Ainsi donc il n'est pas possible que nous puissions appréhender ni concevoir Dieu en son essence"[23].

Soucieux de dégager les applications concrètes des vérités qu'il enseigne, Calvin voit dans l'incompréhensible majesté de Dieu l'occasion pour le croyant d'un double sentiment: l'humilité et l'adoration. L'humilité qui amène le fidèle non seulement à s'abaisser devant Dieu, mais encore à se taire devant lui, à refuser de le considérer comme objet de discours à l'instar de n'importe quelle créature. "Apprenons quand on parle de Dieu, de concevoir ceste gloire infinie qui est en luy. Car quand nous l'aurons conceue, il est impossible que nous ne soyons humiliez pour dire: Hélas! il n'est pas question ici de parler de Dieu à la façon des hommes, ne d'en faire quelque parangon. Car que seroit-ce?

Où le mettrions-nous? En quel degré? Qu'il fust meslé parmi les créatures! Ne voilà point comme l'anéantir? Et que sera-ce de sa majesté, quand on l'aura ainsi mise bas? Si donc nous avions ceste prudence de concevoir, ou de gouster tant seulement que c'est de la gloire infinie de Dieu, ô il est certain que nous apprendrions de nous humilier sous icelle"[24]. Outre l'humilité, et découlant en quelque sorte d'elle, constituant comme son autre face, l'adoration est le second sentiment qui naît chez le croyant attentif au caractère insondable de Dieu. "Adorons, dit le Réformateur, ce qui nous est incognu, confessans que la majesté de Dieu est trop haute par dessus nous, et qu'il ne faut point que nous pensions ainsi l'assujettir, que nous cuidions la déterminer comme bon nous semblera"[25].

Mais l'humilité et l'adoration sont loin d'être répandues parmi les hommes. Beaucoup d'entre eux, tous même oublient la transcendance de Dieu. Ils prétendent parler de Celui qu'ils n'ont jamais vu et qu'ils ne connaissent pas. En agissant ainsi, ils font preuve non seulement d'une folle arrogance, mais ils défigurent le Dieu qu'ils entendent concevoir. Loin de s'élever jusqu'à lui, ils le rabaissent à leur niveau, ils le font semblable à eux. "Outre ce que j'ai dit, déclare Calvin, que nous ne pouvons concevoir ni appréhender la majesté de Dieu, c'est-à-dire qu'il s'en faut beaucoup que nous le contemplions tel qu'il est, le mal est encores que nous sommes tant charnels, qu'en concevant Dieu ici-bas, nous le faisons semblable aux créatures"[26]. Ainsi, pour le Réformateur, la démarche par laquelle les hommes tentent d'appréhender Dieu au moyen de leur intelligence n'est pas différente en son principe de celle qui les pousse à se fabriquer des "marmousets", des statues, dans le but de représenter la divinité[27].

Les hommes ne pouvant monter jusqu'à lui, Dieu ne peut être connu que parce qu'il le veut bien. Il daigne quitter sa "hautesse", et, pour s'approcher de ceux qui le cherchent en vain[28], il s'abaisse et descend jusqu'à eux[29]. Il ne le fait pas cependant sans accepter de s'adapter à eux, sans consentir à s'accommoder à leur portée[30], comme Calvin aime à dire, après Erasme[30a], en s'inspirant des rhéteurs latins, Cicéron et Quintilien entre autres, et des théologiens de l'Eglise ancienne, Origène et saint Augustin en particulier[31]. Par cette accommodation, "Dieu se fait petit"[32]; il renonce à se faire connaître dans sa gloire[33], à se révéler en son essence[34]. Ainsi, pour le réformateur, dans aucune des théophanies de l'Ancien Testament, Dieu ne dévoile le mystère de son être. Quand il parle à Moïse, il est caché par la nuée[35]. Quand il s'adresse à son ange en présence de David, il ne s'offre pas aux regards tel qu'il est[36]. S'il ne se montre pas en son essence, qui est invisible[37] et inaccessible aux hommes[38], comment se révèle-t-il? Par ses "vertus"[39] ou par ses "oeuvres"[40]. La pensée des sermons, sur ce point, corrobore l'enseignement quelque peu méconnu[41] de l'*Institution de la religion chrestienne* selon lequel "la droite voye de chercher Dieu et le meilleur ordre que nous puissions tenir est, non pas de nous former avec une curiosité trop hardie à esplucher sa majesté, . . . mais de le contempler en ses oeuvres par lesquelles il se rend prochain et familier à nous, et par manière de dire se communique" (I/V/9).

La révélation n'est pas seulement accommodation à la portée des hommes, accommodation à leur finitude lorsqu'elle est générale, à leur péché lorsqu'elle est spéciale. Elle est aussi une "transfiguration" et même une espèce de "dénaturation". Une transfiguration: "Il faut que Dieu pour se déclairer à nous, descende de sa hautesse, et qu'il se transfigure, afin que nous puissions cognoistre de luy ce qui nous est profitable"[42]. Une espèce de dénaturation: "Nous serions ... tous abismés de la majesté de Dieu, si elle se monstroit à nous en sa grandeur infinie. Et ainsi il faut que Dieu voiant nostre infirmité, se monstre à nous selon que nous le pourrons porter, et faut qu'il change comme de nature."[43] En s'adaptant dans la révélation à "nostre mesure et capacité"[44], Dieu fait acte de bonté envers nous: "comme si nous estions des petis enfants"[45], il s'approche de nous "d'une façon douce et familière"[46]. Cette condescendance divine implique une double conséquence. D'une part, la révélation n'épuise jamais le mystère de Dieu, elle est toujours partielle. Mais, d'autre part, en dépit du fait qu'elle ne leur permet pas de comprendre "beaucoup de choses obscures", elle suffit pleinement aux besoins des hommes, car elle leur fait connaître ce qui est leur "utile", à savoir tout ce qui est "bon et propre pour leur salut"[47]. Comme on le voit, la notion même de révélation est ordonnée, chez Calvin, au problème de la rédemption. Dieu ne se révèle aux hommes qu'afin de les sauver.

Dans ces conditions, il est évident que la connaissance religieuse ne consiste pas en une recherche spéculative sur l'essence de Dieu[48]. Connaître Dieu, c'est découvrir sa "vertu" agissant dans le monde[49]. Et, comme cette vertu est à l'oeuvre pour nous, la connaissance nous engage tout entiers: elle ne concerne pas seulement notre intelligence, elle revendique encore notre affectivité. "On ne dira point qu'un homme cognoisse Dieu, quand il aura compris en son cerveau qu'il est, et qu'on luy propose son nom: mais il faut que la racine soit jusques au coeur."[50] Pour bien montrer que la connaissance religieuse n'est pas essentiellement cérébrale, Calvin n'hésite pas à la considérer, à l'occasion, comme une expérience sensible. Il déclare ainsi dans le 30e sermon sur Job: "Qu'aurons-nous gaigné quand nous aurons cognu subtilement que c'est de l'essence de Dieu et de sa majesté glorieuse, et cependant que nous ne comprendrons pas ce que nous devons sentir de luy par expérience?"[51] Dans cette perspective, Paul Lobstein n'a pas tort de parler du caractère "pratique" de la connaissance religieuse[52]. On ne peut connaître Dieu, en effet, sans être amené à le distinguer des faux dieux[53], à se soumettre à lui et à le servir[54], à saisir ses promesses[55], à être édifié en foi et en charité[56], et, finalement, à être transfiguré à son image. "La droite cognoissance de Dieu, ce n'est point que nous spéculions en l'air, mais que nous soyons vrayement réformez en son obéissance. Or il est impossible que nous cognoissions Dieu, que nous ne soyons transfigurez en son image"[57]. Ainsi, la révélation qui consiste dans une transfiguration de Dieu a pour fin la transfiguration de l'homme. En s'abaissant au niveau de la créature, le créateur n'a d'autre but que de la transformer.

Le caractère "pratique" de la connaissance de Dieu implique des conséquences importantes quant à la méthode de la théologie. Il exclut comme sacrilèges les disputes stériles sur des questions d'intérêt secondaire[58]. Mais, surtout, il condamne sans appel comme étant dépourvues de "fruit" et de "profit", car elles ne servent pas à édifier, "toutes les questions qui sont débatues aux escholes de théologie de la papauté"[59], ces questions insolubles[60] qui ne sont d'aucune utilité pour la prédication[61]. Comme le montre bien un passage de la Congrégation sur la divinité de Jésus-Christ, la révélation ne doit pas servir de prétexte à la spéculation. S'en prenant à ceux qu'il nomme les "sophistes de Sorbonne", Calvin y critique durement les théologiens catholiques, coupables, à ses yeux, de lèse-majesté divine, parce qu'ils ont posé le problème de l'essence de Dieu à partir du prologue du quatrième Evangile. "Quand il est question de traiter de ces choses, – c'est-à-dire: celles qui sont exposées dans Jean 1/1 ss., – les hommes se sont abysmez, d'autant qu'ils ont voulu, outre la révélation de la doctrine, avec une curiosité et audace, enquérir l'essence éternelle de Dieu, comme on orra en la papauté des disputes qui en sont là faites, tout ainsi que si on disputoit d'un troupeau de chèvres, ou de je ne sçay quoy. Ils n'ont nulle révérence à Dieu, non plus qu'à une beste. Or il ne faut point chercher meilleur tesmoignage contre la doctrine des sophistes de Sorbonne pour cognoistre que le diable y règne, et y a régné tousjours. Je di qu'encores que leur doctrine ne fust point fausse, si est-ce que quand on voit qu'ils ont tant peu de révérence à la majesté de Dieu, il faut bien dire que c'est une doctrine diabolique que celle qui est aujourd'huy prattiquée par les sophistes et Sorbonistes en tous les collèges du pape"[62].

2. La manifestation de Dieu dans l'homme

La révélation générale, qui est, comme on l'a vu, accommodation du créateur à la finitude de la créature, comprend trois modes: Dieu se révèle à la fois dans l'homme, dans l'univers et dans l'histoire. Le premier de ces modes, qui retiendra maintenant notre attention, comprend un double aspect que l'*Institution de la religion chrestienne* examine dans le chapitre 3 et dans le chapitre 5 (§ 2–4) du livre I. Calvin estime, en effet, d'une part, que Dieu a donné aux hommes un sentiment de divinité (*sensus divinitatis*) ou une semence de religion (*semen religionis*), et, d'autre part, que Dieu atteste son existence dans la nature humaine.

Qu'en est-il du *sensus divinitatis* dans les sermons? De manière étonnante, les termes de "sentiment de divinité" n'y apparaissent jamais, à notre connaissance tout au moins. Cette absence nous semble difficilement explicable, car elle n'est pas simple effet du hasard. Faudrait-il penser que la prédication, oeuvre de maturité – nous rappelons que la plupart des sermons de Calvin qui nous sont parvenus datent des années 1549 et suivantes – marque un recul à l'égard d'une terminologie d'inspiration cicéronienne[63], qui, introduite dans l'*Institution* à partir de 1539/1541, y a subsisté jusque dans l'édition de 1559/1560? L'hypothèse étant admise, faudrait-il estimer que, dans les vingt-cinq dernières années de sa vie, le Réformateur a pris quelque distance envers l'humanisme de sa jeunesse? On peut le penser, encore que la présomption soit faible. Quoi qu'il en soit, si Calvin n'utilise pas dans les sermons l'expression "sentiment de divinité", il y emploie assez souvent une métaphore qui a la même signification, celle de "semence de religion".

Les mots "semence de religion", ou, parfois, ceux de "bonne semence de religion" ou de "semence" tout court, revêtent une extension variable dans la prédication. Ils s'appliquent:

a) à ceux d'entre les païens, qui, tels Job et ses compagnons, ont vécu avant que Dieu ne "dressât" son Eglise en Israël et ne promulguât sa loi par le truchement de Moïse. "Dieu nous a voulu déclarer qu'il y estoit demeuré quelque bonne semence de religion entre ceux qui estoyent enveloppez en beaucoup de vaines phantasies . . . Or cependant nous voyons en cest exemple de la personne d'Eliu que Dieu toutes fois a laissé quelque bonne semence au milieu des ténèbres, et qu'il y a eu quelque bonne doctrine et saincte"[64].

b) à ceux d'entre les païens qui ont cru au Dieu créateur. "Voilà comme en ont fait les payens, quasi tous (sous-entendez: ils ont méconnu la Providence divine). J'enten ceux qui ont eu quelque bonne semence de religion . . . Mais de tous ceux qui ont eu quelque semence de religion, combien qu'ils ayent seu cela que Dieu avoit créé le monde, toutes fois ils n'ont point entendu sa Providence"[65].

c) à tous les païens sans distinction. "Ceux qui n'avoyent point la religion vraye et pure retiennent encores quelque semence"[66].

d) à ceux d'entre les hommes qui, sous le coup du châtiment de Dieu, sont susceptibles de revenir à lui. "Quand les hommes auront esté bien chastiez, ceux qui ne sont point du tout incurables et ceux qui ont quelque semence de religion et de craincte de Dieu, ceux-là estans ainsi bien matez viendront à Dieu et se confesseront à luy, cognoissans qu'ils ont esté esgarez auparavant"[67].

e) aux hommes considérés comme des pécheurs. "Dieu a laissé courir les hommes à l'esgarée, et se sont tous abysmez en perdition: mais tant y a qu'il est demeuré quelque semence en leurs coeurs"[68].

f) à tous les hommes sans distinction. "Il y a une nature commune entre tous hommes, tous ont raison et intelligence, et encore qu'ils ne soyent point priveement enseignez à la parolle de Dieu, si est ce qu'ils ont quelque semence de religion"[69].

La classification que nous venons d'établir révèle une pensée qui n'est pas parfaitement homogène. Ainsi, les païens dont nous avons parlé sous lettre b évoquent immédiatement pour le lecteur l'idée d'autres païens, qui, eux, n'auraient pas "quelque bonne semence de religion". Les hommes qui sont mentionnés sous la lettre d font nécessairement penser qu'à leur côté existe toute une partie de l'humanité qui est dépourvue de *semen religionis*. Ces deux cas exceptés, la métaphore "semence de religion" jouit, dans la prédication, d'une extension universelle. Elle s'applique à tous les hommes, et, sauf dans un passage du 5e sermon sur la Passion de notre Seigneur Jésus-Christ où il est dit qu'en raison de leur opposition à Dieu, les "méchants" ont "aboli toute semence de religion"[70], elle concerne même les pécheurs.

A la place des termes "semence de religion", il arrive à Calvin d'utiliser d'autres expressions dotées du même caractère d'universalité. Ce sont celles:

de "sentiment de nature", un sentiment de nature "engravé" même chez ceux qui tournent en dérision les choses de la foi, dans le 33ᵉ sermon sur Job: "Nous verrons des gaudisseurs qui n'ont nulle conscience ne religion, si est-ce toutes fois qu'il y demeure quelque sentiment de nature engravé en eux"[71];

de "marque imprimée en nos coeurs" par la nature, dans le 172ᵉ sermon sur le Deutéronome: "Nature n'a-t-elle point laissé ceste marque imprimée en nos coeurs, que nous sommes créez à ceste fin-là d'aimer nostre Dieu? "[72];

de "résidu de vérité" subsistant jusque chez les païens, dans le 176ᵉ sermon sur le Deutéronome: "Nous voyons mesmes qu'entre les payens il y avoit tousjours demeuré quelque résidu de vérité"[73];

de "connaissance de Dieu confuse", propre à tous les hommes, dans le 9ᵉ sermon sur Tite: "Il est vray, déclare Calvin après avoir parlé de la "droite" connaissance de Dieu qui implique une transfiguration à son image, que nous aurons bien une cognoissance de Dieu confuse, comme ont les payens"[74].

Mais quelle est la portée de la métaphore "semence de religion" et de ses équivalents? Quelle connaissance de Dieu le *semen religionis* donne-t-il à ceux qui le possèdent? Quels mouvements inspire-t-il aux hommes qui en sont dotés? Ces questions reçoivent des réponses diverses dans la prédication. Calvin estime en effet, dans ses sermons, que, grâce à la "semence de religion", l'homme peut reconnaître avec sûreté l'existence d'un Dieu[75], admettre non seulement que ce Dieu a créé l'univers[76], mais qu'il le gouverne au moyen de sa Providence[77]. Si le *semen religionis* possède ainsi une faculté noétique, il comporte aussi, pour le prédicateur de Genève, ce que nous serions tenté d'appeler une dimension liturgique. Dans toute une série de textes, la semence de religion a pour effet d'inciter l'homme à craindre[78], à chercher[79], à invoquer[80], à servir[81], à aimer[82], à adorer Dieu[83]. A la limite, dans cette direction, Dieu n'est plus conçu comme le Créateur qui, par sa Providence, veille sur chacune de ses créatures, mais comme le rédempteur qui arrache les siens au mal. C'est ce que montre bien le 8ᵉ sermon sur le livre de Daniel où Calvin déclare à propos de Daniel 6/16: "Darius n'est point asseuré, voire d'une résolution certaine, que Dieu délivreroit Daniel, mais tant y ha qu'il en a quelque apréhention. Et qui l'induit à cela? Son seul naturel, c'est-à-dire qu'il a quelque connoissance, comme Dieu l'a engravée en tous hommes, pour connoistre qu'il y a un Dieu, et que c'est de luy dont procède tout bien, que c'est aussi luy qui nous délivre de tout mal, auquel il apartient de nous secourir en nos nécessités. Il est vray que beaucoup, et quasi la plus grande multitude, effacent cette connoissance ici qui leur est donnée de nature, ... mais tant y ha qu'il ni (sic) a homme si barbare ne si brutal, qui n'ait quelque apréhention de Dieu"[84].

Au total, la métaphore "semence de religion" ou ses équivalents a, dans les sermons, une portée beaucoup plus considérable que dans l'*Institution de la religion chrestienne*[85]. Pour Calvin prédicateur, le *semen religionis* n'a pas seulement pour effet d'amener l'homme à reconnaître qu'un Dieu ou que Dieu existe, mais encore de lui faire découvrir que ce Dieu est créateur, un créateur toujours actif par le moyen de la Providence; bien plus: que ce Dieu est rédempteur, un rédempteur digne d'être invoqué, servi et aimé.

Comme nous l'avons indiqué au début de ce paragraphe, la manifestation de Dieu dans l'homme comprend un second aspect: Dieu atteste son existence dans la nature humaine. S'inspirant du discours de l'apôtre Paul à l'aréopage, et plus exactement des versets 27 et 28 du chapitre 17 du livre des Actes des Apôtres, Calvin montre que Dieu n'est pas loin des hommes, mais qu'il est en eux, leur donnant la vie, le mouvement et l'être. Le prédicateur déclare dans le 34e sermon sur Job: "Il ne faut pas que nous allions loin pour sentir que c'est de Dieu. Demourons en nous-mesmes comme sainct Paul en parle ...., qu'un chacun se regarde: nous n'aurions point de mouvement ni de vertu, sinon en tant que Dieu habite en nous .... Si nous disons: O je n'ay point les yeux, il ne faut que taster, dict sainct Paul. Il use de ce mot, comme un aveugle ira en tastant. Si nous pouvons seulement taster et en ayant les yeux fermez, encores en despit de nos dents Dieu nous fera sentir quelle est sa vertu, et sagesse, et bonté, et justice"[86]. En utilisant ainsi le discours à l'aréopage, le réformateur va en général plus loin que l'apôtre[87]: il ne se borne pas à dire que Dieu n'est "pas loin de nous", il déclare que Dieu "habite en nous"[88]. Cette interprétation forcée d'Actes 17/27 n'est pas sans conséquences. C'est peut-être elle qui fait oublier à Calvin, dans une de ses congrégations, le principe auquel, partout ailleurs, il est fortement attaché, selon lequel Dieu ne manifeste jamais son essence en se révélant. Dans la congrégation sur la divinité de Jésus-Christ, en effet — on ne manquera pas de s'en étonner si l'on se souvient de la qualité des auditoires réunis pour écouter les congrégations[89] — le réformateur affirme que nous pouvons connaître l'essence de Dieu par ses créatures. Affirmation aussitôt corrigée, car il ajoute peu après qu'en descendant en nous, nous n'appréhendons, en fait, que "la vertu de Dieu"[90].

Outre les morceaux qui s'inspirent d'Actes 17/27–28, nous trouvons dans la prédication un certain nombre de passages où Calvin considère le microcosme, le corps humain en tant que petit monde harmonieux, comme une révélation de Dieu. Avec l'émerveillement d'un homme de la Renaissance, le réformateur déclare dans le premier sermon sur le livre de la Genèse, afin d'illustrer "l'ordre admirable que nous devons contempler et hault et bas": "Mesmes quand nous ne regarderions que le bout de nostre ongle, quel article y a-(t)il là? Si ung homme avoyt l'esprit de regarder comme un de ses doigts est formé et que cela est si bien proportionné qu'il n'y a que redire, il seroit desjà enseigné suffisamment qu'il y a ung Dieu qui a besongné icy et que cela n'est point advenu de cas fortuit. Mays quand nous ferons comparaison de noz piedz et de noz jointures, que nous viendrons puys après aulx mains, que nous regarderons quelz nous sommes, ... il est certain que voilà une doctrine que nous devrions avoir parfaite"[91].

Mais quel est le contenu noétique de la révélation dans les textes que nous venons de citer, tant ceux qui relèvent d'Actes 17/27–28, que ceux qui se rapportent au microcosme? Elle ne permet pas seulement de savoir qu'il y a un Dieu. Elle fait connaître aussi à l'homme qu'après l'avoir créé avec l'univers[92], ce Dieu le fait vivre avec toute la création[93], témoignant ainsi sa vertu, sa sagesse et sa bonté[94]. En somme, et contrairement à ce que nous avons constaté à propos de la semence de religion, Calvin s'en tient dans les sermons à l'enseignement de l'*Institution chrestienne* qui estime que la nature humaine est "un chef-d'oeuvre auquel on contemple quelle est la puissance, bonté et sagesse de Dieu"[95].

Parvenu au point où nous sommes, nous devons souligner que l'existence en l'homme d'une "semence de religion", que la manifestation de Dieu dans la nature humaine et dans le microcosme relèvent, en dépit des réserves de Peter Barth soucieux de ne pas fournir des arguments à Emil Brunner dans la controverse qui l'a opposé à Karl Barth[96], d'une véritable révélation générale. Comme cela ressort des nombreux textes que nous avons cités, cette révélation générale n'est pas anéantie par la chute. S'ensuit-il qu'après la désobéissance d'Adam, il y ait place, parmi les hommes pour une théologie naturelle? Non, pense Calvin. Quoique Dieu se manifeste toujours dans ses oeuvres, nous ne pouvons plus l'y découvrir en raison de notre péché.

Ainsi, le Réformateur observe, dans la prédication, que notre "sens naturel" nous fournit une "connaissance ... tellement enrouillée" qu'elle ne peut suffire[97]. Cette connaissance que Pilate posséda, est semblable à "un esclair qui vole à travers des yeux et incontinent s'esvanouit"[98]. Par elle, nous ne connaissons rien, aveuglés que nous sommes par Satan[99]. Le respect de Dieu qu'elle devrait nous inspirer est "estouffé en nos esprits" par notre "malice"[100]. Au total, la connaissance que les hommes peuvent acquérir par le truchement de la révélation générale, loin de les conduire à Dieu, les éloigne de lui à cause de leur péché. Calvin déclare, en ce sens, dans le 26e sermon sur l'Epître aux Galates: "Cela ne peut estre effacé de nostre entendement qu'il n'y ait tousjours quelque semence de religion en nous, mais cependant chacun s'esvanouit en ses folles pensées, d'autant que nous ne comprenons pas que c'est de Dieu, et ne pouvons parvenir à luy. Or il est vray que si nous n'estions corrompus, et que nostre entendement ne fust aveuglé par le péché, qu'encores Dieu nous attireroit jusques à soy. Mais d'autant que l'image de Dieu est comme effacée en nous, il n'y a que ténèbres, voire si horribles que quand nous devons monter en haut pour cercher Dieu, nous tendons le museau en bas comme povres bestes brutes"[101].

Cette impossibilité de connaître Dieu par le moyen de la révélation générale a pour conséquence qu'aucune sagesse, qu'aucune religion extra-biblique ne peut tenir ses promesses. Ainsi les philosophes de l'Antiquité n'ont pas su parvenir "là où ils devoyent"[102]. Les "infidèles", même s'il leur est arrivé de concevoir un Dieu tout-puissant, créateur du ciel et de la terre, n'ont pas réussi à voir que sa toute-puissance était ordonnée au salut des hommes[103]. Les païens qui ont eu quelque pressentiment du monothéisme ont sombré finalement dans le polythéisme[104] et dans l'idolâtrie[105]. Les Musulmans qui prétendent adorer le Créateur du ciel et de la terre et qui proscrivent les images ne rendent leur culte qu'à une idole[106]. Les "papistes", enfin, qui se figurent, en dépit du péché, qu'ils peuvent chercher Dieu à partir de la révélation générale, font preuve de la plus grande des "bestises"[107].

Quelle est donc, en définitive, la portée de la révélation générale (vue, précisons-le, sous son angle anthropologique)? Puisque la semence de religion "qui estoit bonne de son origine est tellement corrompue qu'elle ne produit que meschans fruits"[108], cette portée est-elle nulle? Non. Elle est négative. Elle consiste à rendre les hommes, tous les hommes, inexcusables devant Dieu. Cet enseignement qui s'inspire de Romains 1/20—21 apparaît comme un des leitmotive de la prédication sur le livre de Job[109]. Ainsi, Calvin déclare dans son 119e sermon sur ce livre: "Nous voyons en cest exemple de la personne d'Eliu que Dieu toutes fois a laissé quelque bonne semence au milieu des ténèbres, et qu'il y a eu quelque doctrine bonne et saincte. Et pourquoi? Afin que les incrédules fussent rendus inexcusables, tellement qu'il ne faut point alléguer l'ignorance qui règnoit par tout. Car à qui a-(t)-il tenu que Dieu n'ait esté purement servi et adoré, sinon que les hommes lui ont tourné le dos? Et ne l'ont point fait par une simplicité, à laquelle ils puissent donner couleur honneste; ç'a esté plustost une malice certaine"[110]. La pensée du Réformateur est claire: quoique certains "incrédules" ne bénéficient pas de la révélation spéciale donnée dans l'Ecriture, ils sont responsables, comme l'affirme Romains 2/12[111]. Quoique les païens n'aient pas été enseignés par la Loi et par les prophètes, ils sont coupables de se détourner de Dieu[112]. Responsables et coupables, les "incrédules" et les païens méritent d'être condamnés sans appel pour avoir méprisé en eux les dispensations de la révélation générale[113].

3. La manifestation de Dieu dans l'univers et dans l'histoire

Le deuxième mode de la révélation générale, c'est-à-dire la manifestation de Dieu dans l'univers, est très largement attesté dans la prédication. Dans de nombreux sermons[114], dont certains s'inspirent de la harangue de saint Paul aux païens de Lystre rapportée dans le chapitre 14/15—17 du livre des Actes des Apôtres[115], Calvin parle de l'"ordre de nature" qui doit permettre à l'homme de découvrir, comme s'il lisait dans "un livre escrit en assez grosses lettres"[116], comme s'il regardait dans un miroir[117], comme s'il contemplait "une image vive"[118] ou "une peinture vive"[119], comme s'il se trouvait dans "un grand théâtre"[120], l'existence d'un Dieu créateur. Mais en quoi consiste, précisément, cet "ordre de nature"? Dans "l'ordre du ciel et de la terre"[121] que le Réformateur, influencé sans doute par la pensée de Romains 1/20, considère comme marqué au coin de la beauté[122], et, finalement, dans le spectacle de toutes les "créatures", c'est-à-dire aussi bien les choses que les êtres de la création[123], regardés comme les "oeuvres de Dieu"[124]. Faisant écho au Psaume 19, Calvin déclare ainsi dans le premier sermon sur le livre de la Genèse: "Il ne faut point que nous estudions à philosopher pour sçavoir s'il y a ung Dieu. Car le ciel et la terre nous en parlent hault et clair (comme j'ay desjà allégué le tesmoignage de David et la chose le monstre). Ainsy donc quand Moyse nous parle du ciel et de la terre, c'est aultant comme s'il disoyt: Ouvrez les yeux et Dieu se proposera à vous et vous sera prochain qu'il ne vous fauldra pas faire longs circuitz pour approcher de luy ... Or icy tant plus voyons nous que toute excuse nous est ostée si nous ne recevons ce qui nous est icy déclaré familièrement. Car il n'y a ny sage ny ignorant qui puisse faire bouclier ou prendre couverture de ce qu'il n'aura pas entendu, car les plus idiotz y peuvent mordre; et quand (sic) aulx sçavans, s'ils sont beaucoup plus parfaictz, pourquoy est-ce qu'ils n'entendent ce qu'ils doibvent desjà avoir apprins de leur sens naturel, encores que Dieu n'eust jamais parlé par son prophète?"[125]. Comme ce texte le montre bien, dans son deuxième mode la révélation générale est universelle: en face du ciel et de la terre, en face des "créatures"[126], personne ne peut prétendre qu'il est incapable de connaître le Créateur.

Parmi les "créatures" dont Calvin souligne souvent le rôle de révélateur, il faut mentionner en premier lieu les astres. Quoiqu'ils soient muets, remarque-t-il en s'appuyant une fois de plus sur le Psaume 19, ils ne laissent pas de parler de Dieu[127]. En se levant chaque matin, le soleil rend un témoignage quotidien à l'existence du Créateur[128]; en obéissant dans son cours à un "ordre" admirable, il atteste "la majesté incompréhensible de nostre Dieu"[129]. Muettes, elles aussi, les étoiles "crient"[130] ou elles "chantent" en l'honneur de Dieu. Dans le 148e sermon sur le livre de Job, le Réformateur déclare ainsi avec un brin de lyrisme: "Nous devons ouïr la mélodie des estoilles, comme elles ont commencé de chanter dès leur création; et il est certain qu'une telle mélodie nous devroit bien resveiller pour nous soliciter à chanter les louanges du Seigneur, et à le glorifier ... Quand l'air retentiroit de voix hautes et claires, nous ne devrions pas estre plus incitez à glorifier nostre Dieu, que de voir cest ordre si admirable que Dieu nous a proposé devant les yeux"[131]. Après les astres, Calvin considère comme des oeuvres particulièrement révélatrices de Dieu tous les phénomènes mentionnés dans le chapitre 14 (verset 17) du livre des Actes des Apôtres qui relèvent du domaine de la Providence[132]: l'alternance de la pluie et du beau temps[133], le rythme des saisons[134] et la fécondité de la terre[135], auxquels il ajoute les dérogations à l'"ordre de nature"[136]. Ainsi qu'on aura pu le constater, l'intérêt du Réformateur pour les "créatures" révélatrices se concentre autour de deux pôles: l'hymne au créateur du Psaume 19 et le discours de saint Paul aux païens de Lystre (Actes 14/17). Cet intérêt, pourtant, n'est pas exclusif. Pour Calvin, les "créatures" les plus humbles chantent, avec le coq, l'existence du Créateur[137]. Comme il le dit dans le 27e sermon sur le Deutéronome, "il n'y a nulle oeuvre de Dieu si petite que nous n'en devions estre emeus pour y recognoistre quelque marque de sa majesté. Quand nous voyons seulement une mouche, il est certain que là nous avons dequoy magnifier Dieu. Quand nous voyons un brin d'herbe, bref: il n'y a chose si petite là où Dieu ne doyve estre cogneu de nous un ouvrier admirable"[138].

Mais quel est le contenu noétique de la révélation générale considérée dans son deuxième mode? Si nous essayons de faire la synthèse des données fournies par les sermons, nous constatons qu'en se manifestant dans la nature, Dieu permet aux hommes de découvrir plusieurs de ses attributs: non seulement la vertu,[139], la sagesse[140], la justice[141], la puissance[142], la grandeur[143], la gloire[144] et la majesté[145], mais aussi la bonté[146], l'excellence[147], l'amour[148], la miséricorde[149] et la grâce[150]. On l'aura constaté non sans quelque étonnement, l'ordre de nature n'est pas destiné à nous faire connaître seulement des attributs relevant de l'action créatrice, mais aussi des attributs ressortissant plus particulièrement à l'oeuvre rédemptrice de Dieu. Comme en témoigne avec éloquence le 144e sermon sur le livre de Job, il y a, dans les textes de Calvin relatifs à la révélation générale, une propension à glisser vers le domaine qui est, au premier chef, celui de la révélation spéciale. Le Réformateur déclare dans ce sermon: "L'ordre de nature estant bien considéré n'est pas seulement pour magnifier une vertu souveraine en Dieu, afin qu'on l'adore et qu'on cognoisse qu'il est seul tout-puissant; mais il faut quant et quant que nous appréhendions sa grâce et sa bonté, pour nous y appuyer et y avoir tout nostre refuge"[151]. Au total, l'univers ne révèle pas seulement aux hommes que quelque divinité ou que Dieu existe. Dans l'ordre de nature, Dieu apparaît comme le Créateur et la Providence[152], et même, parfois, aux yeux de Calvin, comme le Père[153] et le Sauveur[154].

Si haute que soit la révélation générale dans son deuxième mode, elle ne livre pas le secret de l'essence de Dieu. Le Réformateur n'oublie pas de rappeler cette limite: dans plusieurs des textes que nous avons cités, il compare l'ordre de nature à un miroir[155]. Or, comme l'a remarqué Peter Brunner, l'image transmise par un miroir, toute fidèle qu'elle est, n'est pas identique à l'objet dont elle est le reflet[156]. Ailleurs Calvin assimile le ciel et la terre à une "image" ou à une "peinture vive"[157]. Or le portrait le plus réussi, le plus vivant, ne fait jamais qu'évoquer la réalité du modèle. Qu'est-ce à dire, sinon qu'en se manifestant dans l'univers, Dieu ne dévoile pas le fond de son être. Ainsi, au moment où il traite de la révélation, le Réformateur souligne l'importance du mystère et l'impossibilité d' "enclore" dans la création "la majesté de Dieu"[158]. Comme il le montre dans le 150e sermon sur le livre de Job, il n'y a aucune "proportion", aucune analogie, entre les créatures "révélatrices" et le Créateur. Après avoir cité à l'appui de ses dires le texte d'Esaïe 40/12, il y déclare en parlant de Dieu: "Quand nous parlons de luy ou que nous y pensons, il ne faut pas le mesurer selon ce qui nous apparoist. Car la terre nous sera infinie, et cependant si est-ce qu'il la tiendra enclose en son poing. C'est-à-dire: il n'y a nulle proportion entre ceste essence incompréhensible, ceste gloire inestimable qui est en luy, et tout ce gros amas de la terre. Ce n'est rien au pris"[159].

La manifestation de Dieu dans l'histoire de l'humanité, troisième mode de la révélation générale, n'occupe qu'une place infime dans la prédication. Certes, Calvin ne manque pas d'y parler de la manière dont Dieu agit dans l'histoire, témoignant "sa clémence envers les bons" et sa "sévérité envers les iniques"[160]. Mais il ne le fait pour ainsi dire jamais dans un contexte où il est question de la révélation. Un des seuls passages où le Réformateur cherche à considérer les événements de ce monde comme des témoignages de l'existence de Dieu, se trouve dans le 164e sermon sur le Deutéronome. En voici l'essentiel: "Dieu cesse de faire des actes notables et dignes de mémoire, qui nous devroyent esveiller, encores que nous fussions stupides. Quand nous aurons vescu seulement quinze ans en ce monde, c'est desjà assez de temps pour nous faire cognoistre les merveilles de Dieu. Mais — sous-entendez: que sera-ce — quand nous y aurons demeuré quarante et cinquante ans et plus, et que cependant Dieu nous refreschit la mémoire de ses oeuvres . . .? "[161]. Ces mots traduisent, nous semble-t-il, une certaine réserve: Calvin paraît hésiter à voir dans l'histoire, dans sa propre histoire, une manifestation de Dieu aussi patente que dans l'univers. Alors que dans l'*Institution de la religion chrestienne*, il admet sans discuter le troisième mode de la révélation générale[162], il l'élude dans sa prédication. Guidé par son souci pastoral, il a compris sans doute les dangers de confondre l'homme et Dieu qu'implique une lecture prétendument théologique des *gesta hominum*.

Comme nous l'avons relevé à propos de la manifestation de Dieu dans l'être humain, la manifestation de Dieu dans l'univers et la manifestation de Dieu dans l'histoire, pour autant que celle-ci puisse être saisie, ne permettent pas à l'humanité de parvenir, en fin de compte, à la connaissance de Dieu. En raison du péché, les hommes sont incapables en effet de tirer profit de la sagesse que le Créateur leur a révélée dans sa création[163]. Non pas que la révélation cosmique soit abolie par la chute! Sauf dans le 43e sermon sur le livre de Job où il déclare que l'"ordre de nature" a été quelque peu brouillé par la désobéissance de la postérité d'Adam[164], Calvin souligne que Dieu continue de se révéler dans ses oeuvres extérieures[165], mais que l'homme n'est plus à même de l'y découvrir[166]. Le 146e sermon sur le livre de Job exprime cette permanence de la révélation au sein de l'univers et l'impossibilité où se trouve finalement l'homme déchu de la saisir, dans des termes qui méritent d'être relevés: "Voilà ... trois points que nous avons à retenir. L'un est de l'excellence et majesté qui se peut voir en toutes les oeuvres de Dieu, tellement qu'elles ne sont à mespriser. Et puis le second, c'est d'autant que les hommes sont rudes et pesans, qu'il ne faut point qu'ils jettent seulement la veue pour regarder comme en passant ce que Dieu propose, mais qu'ils insistent là-dessus, et y appliquent bien leur estude, et qu'ils y soyent diligens jusques au bout. Le troisième, c'est qu'ils ne se fient pas en leur raison, et ne pensent point avoir assez d'industrie pour bien juger". Après avoir formulé ces remarques qui pourraient induire un lecteur trop pressé à penser qu'en dépit de certaines réserves, Calvin n'exclut pas une théologie naturelle fondée sur la révélation cosmique, le Réformateur conclut que celle-ci nous demeure inintelligible aussi longtemps que la révélation spéciale ne nous en dévoile pas le sens: "Les oeuvres de Dieu nous passeront par devant, mais nous n'en aurons point un tel sentiment qu'il est requis; bref, nous n'aurons nulle discrétion jusques à ce que Dieu nous ait rendus sages"[167], sages en nous instruisant par la révélation scripturaire.

Pour illustrer notre hébétude[168], notre rudesse et notre stupidité[169] devant la révélation cosmique, Calvin emploie volontiers deux images. Celle de la cécité tout d'abord[170]. Devant le spectacle que nous offre le "théâtre" du monde[171], en face du ciel[172], du soleil[173] et des animaux[174], nous ne savons plus que nous sommes en présence de "miroirs" qui reflètent la gloire du Créateur, nous sommes aveugles aux "images vives de la majesté de Dieu"[175]. Aussi, tout avertie qu'elle est des "secrets de nature", la connaissance des philosophes païens est-elle vaine: elle se montre impuissante à découvrir le Créateur à travers ses oeuvres[176]. A cette première image qu'il faut comprendre dans le sens de Romains 1/20, s'en ajoute une seconde: celle de la surdité. Nous sommes incapables de "prêter l'oreille de notre coeur" au chant des étoiles[177]. Nous sommes insensibles à la mélodie divine qui résonne dans les "créatures

31

muettes"[178]: au lieu de nous conduire au Créateur, celles-ci nous retiennent en ce monde et deviennent l'objet de notre convoitise[179].

En dernière analyse, — nous nous trouvons ici dans une perspective typiquement paulinienne (cf. Romains 1/20), — la révélation cosmique n'a d'autre rôle que d'enlever à l'homme tout alibi, d'autre fonction que de le condamner devant Dieu[180]. Comme le dit Calvin dans le 143e sermon sur le livre de Job, "il y a une cognoissance des oeuvres de Dieu en l'ordre de nature qui est pour nous rendre inexcusables, d'autant que cela nous est tout commun"[181]. De même, la manifestation de Dieu dans l'histoire ne sert qu'à nous accuser, car devant elle aussi nous sommes "sourds et aveugles"[182]. En conséquence, quand bien même ils n'ont reçu ni Loi ni Ecriture, les païens sont coupables de ne pas connaître Dieu[183]. N'ont-ils pas pour les enseigner le "livre écrit en assez grosses lettres"[184], le "grand livre" de la nature[185]? Les étoiles témoignent contre les incrédules[186], le tonnerre et les éclairs les condamnent[187], les oiseaux du ciel, les poissons de la mer et les bêtes de la terre sont autant de "procureurs" qui requièrent contre eux[188].

1   Sur ce sujet, cf. Paul Lobstein, *La connaissance religieuse d'après Calvin*, Paris, 1909,
     rééd. sous forme abrégée dans: *Etudes sur la pensée et l'oeuvre de Calvin*, Neuilly,
     1927, p. 113–153; Benjamin B. Warfield, *Calvin's Doctrine of the Knowledge of God*,
     in: *The Princeton Theological Review*, 1909, p. 219–325, rééd. in: *Calvin and
     Calvinism*, New York, 1931, p. 29–130; Emile Doumergue, *Jean Calvin. Les hommes
     et les choses de son temps*, tome 4, Lausanne, 1910, p. 41–53; Paul Wernle, *Der
     evangelische Glaube nach den Hauptschriften der Reformatoren*, tome 3, Tubingue,
     1919, p. 167–186; Peter Brunner, *Allgemeine und besondere Offenbarung in Calvins
     Institutio*, in: *Evangelische Theologie*, Munich, 1934, p. 189–215; Peter Barth, *Das
     Problem der natürlichen Theologie bei Calvin*, Munich, 1935; Günter Gloede,
     Theologia Naturalis bei Calvin, Stuttgart, 1935; Pierre Maury, *La théologie naturelle
     d'après Calvin*, in: *Bulletin de la Société de l'Histoire du Protestantisme français*, Paris,
     1935, p. 267–279; Wilhelm Niesel, *Die Theologie Calvins*, Munich, 1938, 2ᵉ éd. 1957,
     p. 39–52; François Wendel, *Calvin. Sources et évolution de sa pensée religieuse*, Paris,
     1950, p. 110–122; Edward A. Dowey, *The Knowledge of God in Calvin's Theology*,
     New York, 1952; T. H. L. Parker, *The Doctrine of the Knowledge of God. A Study in
     the Theology of John Calvin*, Edimbourg, 1952; J. N. Thomas, *The Place of Natural
     Theology in the Thought of John Calvin*, in: *Journal of Religious Thought*,
     Spring-Summer 1958, p. 108; Thomas F. Torrance, *Knowledge of God and Speech
     about Him according to John Calvin*, in: *Regards contemporains sur Jean Calvin*, Paris,
     1965, p. 140–160; Gerald J. Postema, *Calvin's Alleged Rejection of Natural Theology*,
     in: *Scottish Journal of Theology*, Londres, 1971, p. 423–434; et Ford Lewis Battles,
     God Was Accommodating Himself to Human Capacity, in: *Interpretation*, Richmond
     (Virginia), 1977, p. 19–38.

2   Cf. *Gereformeerde Dogmatiek*, tome 1ᵉʳ 1895, p. 219.

3   Cf. *Calvin et la science*, Genève, 1931, p. 11.

4   Cf. L'article cité dans la note 1.

5   Sur cette controverse, cf. Henri Bouillard, *Karl Barth. Genèse et évolution de la
     théologie dialectique*, Paris, 1957, p. 206–220.

6   Cf. *Institution chrestienne* I/I/3.

7   14ᵉ sermon sur l'Harmonie évangélique, CO 46, p. 170.

8   "Nous ne concevrons jamais Dieu tel qu'il est. Voilà une majesté infinie qui est en luy;
     et comment nos sens pourront-ils parvenir si haut? Il est impossible" (12ᵉ sermon sur
     Daniel, CO 41, p. 451). Cf. aussi 17ᵉ et 22ᵉ sermon sur Jérémie, SC 6, p. 118 et 149.

9   "Nous ne pouvons pas parvenir à sa haute majesté, de nostre sens propre: car nostre
     veue est trop courte. Qui plus est, non seulement la hautesse de Dieu nous est
     incompréhensible, mais quand nous en cuiderons approcher, ce ne sera qu'un abysme
     pour nous" (27ᵉ sermon sur le Deutéronome, CO 26, p. 202–203).

10   "Nostre Seigneur habite une clarté inaccessible, comme dit l'Escriture (cf. I Timothee
     6/16), et nous ne pouvons point monter si haut, et ne devons point aussi présumer de
     le faire" (46ᵉ sermon sur Daniel, CO 42, p. 150). "Nous sommes povres aveugles qui
     n'avons que ténèbres, et Dieu de son costé habite en une clarté inaccessible" (27ᵉ
     sermon sur le Deutéronome, CO 26, p. 203).

11   "Quand l'Escriture dit que Dieu ne se voit point et ne se peut voir, elle ne parle pas
     seulement des yeux corporels, mais elle comprend tous les sens de l'homme; ainsi donc
     nous serons confus si nous voulons atteindre à Dieu" (46ᵉ sermon sur Daniel, CO 42,
     p. 150). "D'autant plus donc devons-nous bien recorder ceste leçon qui nous est ici
     (Job 22/12) monstrée, c'est assavoir que Dieu est là-haut, afin que toutes fois et
     quantes qu'on parle de lui, nous sachions que nos sens deffaudront, et qu'ils seront
     esvanouis cent fois devant que parvenir à ceste hautesse" (85ᵉ sermon sur Job, CO 34,
     p. 295).

12 "Nous voions l'audace qui est aux hommes de penser de Dieu, qu'ils se fourrent là-dedans avec une présumption et une témérité si grande, ... mais aussi quand ils y seront entrés avec une telle outrecuidance, qu'en adviendra-(t)-il? Toute confusion" (46e sermon sur Daniel, CO 42, p. 150). "Quand l'homme voudra juger selon sa phantasie et raison charnelle, parviendra-(t)-il jusques à Dieu? Mais plustost nous ne ferons qu'obscurcir sa gloire . . . Car l'homme jamais n'estendra sa science comme il doit, pour parler de Dieu, sinon qu'il cognoisse que sa majesté est plus haute que toutes nos appréhensions" (139e sermon sur Job, CO 35, p. 257).

13 139e sermon sur Job, CO 35, p. 262. Cf. aussi le 138e sermon sur Job, CO 35, p. 245: "Quand nous voulons regarder Dieu en face, que nous ne voulons point que rien nous soit caché, que nous voulons entrer en ses conseils incompréhensibles jusques au plus profond des abysmes: voilà une arrogance insupportable et les hommes alors se confondent du tout. Apprenons donc quel moyen nous avons à tenir pour voir Dieu: que ce n'est pas d'y aller avec une hastiveté trop grande: mais qu'il nous faut estre sobres cognoissans la petite mesure de nostre esprit, et la hautesse infinie de la majesté de Dieu".

14 52e sermon sur I Timothée, CO 53, p. 626. Cf. aussi le 8e sermon sur I Timothée, CO 53, p. 94.

15 "Pourrons-nous monter si haut, que nous parvenions à ceste hautesse infinie en laquelle Dieu est? Hélas, il y a trop longue distance" (82e sermon sur Job, CO 34, p. 254).

16 "Il faut tousjours regarder la longue distance qui est entre nous et Dieu. Car si les cieux sont hauts par dessus la terre, encores faut-il que nous cognoissions que Dieu est plus haut par dessus nous. Il n'y a point de proportion" (Congrégation sur la divinité de Jésus-Christ, CO 47, p. 470).

17 "Quand donc nous ferons comparaison de Dieu avec nous, qui est Dieu? En quelle mesure le pourrons-nous enclorre? Sera-ce en nostre cerveau? Et nous n'avons pas une demie once de sens" (CO 58, p. 34). Cf. dans le même sens 5e sermon sur Job, CO 33, p. 80; 30e et 89e sermon sur Deutéronome, CO 26, p. 242, et CO 27, p. 90.

18 "Il faut que . . . nous sachions qu'il ne nous faut point estimer de luy (sous-ent.: Dieu) comme des créatures, et voilà dequoi les hommes se trompent, car en pensant à Dieu, ils ne peuvent monter en son royaume céleste, mais ils se forgent ceci ou cela, selon qu'ils le conçoivent. Et je vous prie, nostre sens passe-(t)-il outre cet ordre de nature? Nenni non" (10e sermon sur Daniel, CO 41, p. 431).

19 "Quand nous pensons à la hautesse de Dieu, . . . que nous concluyons qu'il ne faut pas présumer que nous puissions cognoistre et comprendre tout ce qui est en lui. Où seroit-ce aller? Nous rampons ici sur la terre, et nous savons de combien il surmonte les cieux" (124e sermon sur Job, CO 35, p. 67).

20 "S'il faut que Dieu s'abaisse en la personne de ses anges, à fin de nous enseigner sa volonté, je vous prie, comment le pourrions-nous comprendre en son essence et en sa majesté incompréhensible?" (30e sermon sur Daniel, CO 41, p. 643). "Nous savons la folle curiosité qui est aux hommes. Ils veulent tousjours contempler Dieu en son essence. Or ils ne peuvent" (143e sermon sur Job, CO 35, p. 309). "Nul homme ne peut voir Dieu; car cependant que nous conversons au monde, il est certain que nos sens ne parviendront point si haut que de contempler l'essence de Dieu qui est du tout invisible (52e sermon sur I Timothée, CO 53, p. 630). "Vray est que Dieu est invisible, et ne se comprend pas; et tant s'en faut que nous le puissions voir à l'oeil, que quand nous y appliquerons tous nos sens, il est certain que nous n'atteindrons jamais à sa hautesse. L'essence de Dieu donc, selon qu'elle est infinie, ne se peut voir des hommes" (9e sermon sur l'élection de Jacob et la réjection d'Esaü, CO 58, p. 132).

21 "Si les hommes s'eslèvent, ô si est-ce qu'ils ne viendront point à la majesté de Dieu pour cela; nous aurons beau tirer contre le soleil, nous ne parviendrons point si haut; et quand nous pourrions arracher le soleil, si est-ce que nous ne pourrons point toucher à Dieu" (141e sermon sur Job, CO 35, p. 284). Dans un sens très proche, mais l'image

du soleil est absente de ce texte, cf. le 82e sermon sur Job, CO 34, p. 257: "Nous ne pouvons pas parvenir jusques là (sous-ent.: au siège de Dieu): et ce que nous aurons tiré contre lui ne lui apportera aucun dommage: mais il faudra que le tout retourne à nostre confusion: c'est autant comme si nous jettions des pierres sur nos testes, il faudra qu'elles retombent sur nous, et cependant nous ne pourrons pas atteindre jusques à Dieu".

22 "Voilà une nuée seule qui nous empeschera de voir le soleil; et encores que sa clarté vienne jusques à nous, si est-ce que nous ne saurons point en quel endroit il sera. Quand le soleil luit en plein midi, si le temps est couvert et pluvieux, nous ne pourrons pas marquer la place du soleil, pour dire: il est maintenant en tel lieu. Si une nuée empesche que nous ne puissions pas voir une créature qui se monstre journellement, je vous prie, comment comprendrons-nous que c'est de Dieu" (85e sermon sur Job, CO 34, p. 299).

23 12e sermon sur Daniel, CO 41, p. 451. Cf. aussi 52e sermon sur I Timothée, CO 53, p. 624: "Nous sommes par trop débiles pour monter si haut. Et de faict, le soleil mesme nous est un bon tesmoin de l'infirmité qui est en nous. Car si nous dressons les yeux à la clarté du soleil, nous voilà esblouis; et toutesfois ce n'est qu'une créature, voire insensible. Que sera-ce donc quand nous voudrons venir jusques à nostre Dieu? "

24 50e sermon sur Job, CO 33, p. 621. Cf. aussi 85e et 94e sermon sur Job, CO 34, p. 295—296 et 408.

25 101e sermon sur Job, CO 34, p. 501.

26 30e sermon sur Daniel CO 41, p. 645. La fin de cette citation n'est pas sans rappeler le mot de Voltaire dans *Le sottisier* (XXXII): "Si Dieu nous a faits à son image, nous le lui avons bien rendu".

27 "Tousjours ils (sous-ent.: les hommes) voudront avoir quelque représentation et remembrance de Dieu avec eux, et sur cela ils se forgent des marmouzets. Et pourquoy? A fin que Dieu leur apparoisse et qu'il leur soit comme présent. Or au contraire nous voyons que Dieu ne nous ha point voulu retenir en des figures visibles, qu'il ne veut pas qu'on le contemple en telle façon, car ce seroit obscurcir, corrompre et anéantir sa majesté" (30e sermon sur Daniel, CO 41, p. 645 — 646). Cf. aussi le 85e sermon sur Job, CO 34, p. 298, où, dans un sens plus restreint, Calvin considère le besoin d'avoir des "marmousets" comme une démarche propre aux catholiques: "Si les papistes ne voyent un crucifix qui leur face la moüe, s'ils ne voyent point leurs marmousets, ils diront: Et comment? Et où est Dieu? "

28 "Les hommes d'eux-mesmes ne peuvent approcher de Dieu; mais il faut qu'il approche de nous" (85e sermon sur Job, CO 34, p. 300).

29 "Contentons-nous d'estre sujects à celui . . . qui nous fait ceste grâce de s'abbaisser afin que nous le cognoissions: car il seroit impossible à nostre infirmité de monter à ceste hautesse de Dieu: il faut donc qu'il descende à nous" (103e sermon sur Job, CO 34, p. 521). "Il (sous-ent.: Dieu) ne besongne point selon sa majesté incompréhensible: car nous y serions confus; nous sommes trop petis pour voler si haut, mais il s'abbaisse à nous" (59e sermon sur Deutéronome, CO 26, p. 607).

30 "Dieu s'abaisse à fin de communiquer privément à nous, car nous ne pouvons pas monter si haut que de parvenir à luy, ni mesmes à ses anges; il faut donc qu'il descende pour s'acommoder à nous, ou autrement il y auroit trop longue distance entre luy et nous, il n'y auroit nulle convenance" (30e sermon sur Daniel, CO 41, p. 643). "Nous sommes tant infirmes que nous ne comprendrons jamais la majesté de Dieu ainsi haute qu'elle est, nous ne pourrons point parvenir jusques là. Il faut donc que Dieu descende pour estre comprins de nous, c'est-à-dire qu'il ne se monstre point selon sa gloire, qui est infinie, mais selon qu'il voit quel est nostre sens, qu'il s'y accommode" (4e sermon sur Job, CO 33, p. 57). "Nous sentirons que Dieu s'accommode à nostre rudesse, et qu'il besongne à la façon des hommes, comme si nous estions des petits enfans . . . Car Dieu . . . daigne bien s'abbaisser, . . . il se rend familier à nous (59e sermon sur le Deutéronome, CO 26, p. 606). "Nihil tamen prohibet quin sese Deus ad nostrum

captum, hoc vel illud pollicitus, accommodet, ac velut in aliam formam transformet. Ecquis enim mortalium divinorum sermonum maiestatem capiat, si Deus ipse nos alloquatur, quam ne angeli quidem ipsi ferunt? Idcirco sese eo dimittit, ut ad nostrum captum suum sermonem accommodet" (11e sermon sur I Samuel, CO 29, p. 356).

30a   Cf. Ernst-Wilhelm Kohls, *Die Theologie des Erasmus*, Bâle, 1966, tome 1er, p. 176–177 et tome 2, p. 126–127, et Georges Chantraine, *Mystère et philosophie du Christ selon Erasme. Etude de la lettre à Volz et de la Ratio verae theologiae*, Gembloux et Namur, 1971, p. 299–301.

31   Cf. l'excellent article de Ford Lewis Battles, *God Was Accommodating Himself to Human Capacity*, in: *Interpretation*, Richmond (Virginia), 1977, p. 19–38, qui, en même temps que nous, découvre l'importance de la notion d'accommodation dans la théologie de Calvin. – Dans le texte latin de l'*Institutio christianae religionis*, le verbe "accommodare" ou son synonyme "attemperare" est peut-être moins fréquent que dans les sermons. "Accommodare" apparaît en I/XIII/1, I/XIV/3, II/XI/13, II/XVI/2 et IV/I/1, "attemperare" en II/X/6, II/XI/13 et III/XVIII/9. Sauf en I/XIII/1 où il rend "accommodare" par "apporter une cognoissance propre" (sous-ent.: "à la rudesse de noz esprits"), Calvin traduit "accommodare" et "attemperare" dans les éditions françaises de l'*Institution de la religion chrestienne* par le verbe "(s')accommoder": cf. I/XIV/3 dans les éditions de 1545 à 1557, II/X/6, II/XI/13 où le verbe apparaît deux fois, II/XVI/2 et III/XVIII/9 dans les éditions de 1541 à 1557. Dans l'édition de 1560, Calvin semble préférer le verbe "se conformer"; c'est lui qu'il utilise dans un développement qui ne figure pas dans les éditions antérieures à celles de 1559/1560 (cf. IV/I/1) et qu'il emploie pour remplacer "(s')accommoder" en I/XIV/3 et III/XVIII/9.

32   "Comment est-ce qu'il nous faut approcher de Dieu? Pource que nous ne pouvons pas monter jusques à luy, il nous fait la grâce de descendre à nous, afin de nous élever à soy; mais devant qu'il nous y attire, il s'abbaisse, c'est-à-dire: il se fait petit" (52e sermon sur I Timothée, CO 53, p. 625–626).

33   "Quand il est ... parlé de cognoistre, cela s'entend que nous ne comprenons pas Dieu tel qu'il est en sa majesté; il s'en faut beaucoup .... Nous ne sommes point capables de comprendre ceste clarté infinie qui est en luy ... Ceste cognoissance donc que nous avons de Dieu, n'est pas que nous puissions déterminer que c'est de luy, et que nous en puissions dire tout ce qui en est" (143e sermon sur Job, CO 35, p. 304).

34   "Nous ne voyons pas Dieu en son essence: mais il se manifeste à nous par autre moyen" (17e sermon sur le Psaume 119, CO 32, p. 682). Cf. aussi le 31e et le 191e sermon sur le Deutéronome, CO 26, p. 247, et CO 29, p. 110. Seul le 182e sermon sur le Deutéronome, CO 28, p. 718, apporte une restriction à ce que nous affirmons: "Dieu ne veut point estre cogneu seulement en son essence, ni en son nom, mais par effect il se déclare à nous".

35   "Dieu ne s'est point monstré en forme visible, à ce qu'on pensast que son essence eust quelque figure, ... mais il a mis la nuée au devant, il a mis ténèbres et obscurité. Et pourquoy? Afin que ... nous sachions qu'il habite une clarté inaccessible. Nous savons quelle est la curiosité, et aussi l'audace des hommes: car ils voudroyent savoir quelle est l'essence de Dieu" (22e sermon sur le Deutéronome, CO 26, p. 139).

36   Cf. le 86e sermon sur II Samuel, SC 1, p. 754, où Calvin déclare à propos de II Samuel 24/16–17: "Ainsi donc David voyt Dieu, qui parle à son ange, il voyt l'ange d'autre costé. Non pas qu'il voye l'essence de Dieu, qui est incompréhensible. Car Dieu s'est manifesté tousjours aux pères anciens selon leur portée. Quand il est dit qu'il s'est monstré, ce n'est pas qu'il ait esté cognu tel qu'il estoit, car cela est impossible. Et qu'ainsi soit, les anges mesmes se tiennent cachez à cause de ceste infinité de gloire et de majesté qui est en Dieu, et ce soleil de perfection esblouit tellement les yeux, que les créatures mortelles n'en ont eu *(sic)* porter que quelques petis rayons, comme dit Salomon, que les hommes n'ont jamais cognu Dieu en son essence, mais que ç'a esté selon leur mesure et portée".

37 "Estre prochain de Dieu, ou s'en eslongner, cela ne se rapporte point à la majesté de Dieu: car son essence divine ne se monstre pas, cela n'est point visible aux créatures" (80e sermon sur Job, CO 34, p. 230). "De son essence (sous-ent.: celle de Dieu), elle est invisible, elle nous est cachée" (143e sermon sur Job, CO 35, p. 304).

38 "Dieu ne se monstre pas tel qu'il est en son essence infinie (car nous en serions engloutis) mais . . . il se montre tel que nous le concevions, et tel que nous le pouvons porter" (8e sermon sur Job, CO 33, p. 111).

39 "Nous cognoissons Dieu principalement sous les vertus par lesquelles il se communique à nous" (80e sermon sur Job, CO 34, p. 230). "Son essence . . . est invisible, elle nous est cachée: mais il desploye ses vertus en telle sorte qu'encores que nous fussions aveugles, si est-ce que nous y pouvons tastonner (143e sermon sur Job, CO 35, p. 304).

40 "Comment est-ce que Dieu se monstre? Par ses oeuvres, non point en son essence: car en son essence nous ne le voyons jamais" (34e sermon sur Job, CO 33, p. 426). "Puis qu'ainsi est donc (sous-ent.: que l'essence de Dieu est invisible), apprenons que nous contemplons Dieu quand nous cognoissons ses oeuvres: car sa vertu apparoist là, et nous monstre qu'il mérite bien d'estre glorifié de nous: mais cependant ne présumons point de le cognoistre en perfection pour savoir définir que c'est de sa gloire: car il surmonte toute nostre capacité" (143e sermon sur Job, CO 35, p. 304–305). "Le bras de Dieu en soy est invisible: non point qu'il ait des bras, ne des mains, mais nous parlons de toute son essence. Voilà donc Dieu qui nous est incognu en soy: mais il s'est manifesté par ses oeuvres . . . Dieu se monstre à nous: non point comme j'ay dit en son essence: mais en ce que nous pouvons comprendre" (155e sermon sur Job, CO 35, p. 452). "Comme de faict, nous ne verrons point l'essence de Dieu visible: mais selon qu'il se déclare par ses oeuvres, il veut estre cognu de nous: et c'est ainsi qu'il le nous faut appréhender" (17e sermon sur Deutéronome, CO 26, p. 85).

41 Il en est question cependant chez Edward A. Dowey, *Op.cit.*, p. 6–7, et chez T. H. L. Parker, *Op.cit.*, p. 14–15.

42 58e sermon sur Deutéronome, CO 26, p. 591. Cf. aussi le 20e sermon sur Jérémie, SC 6, p. 138: "Il (sous-ent.: Dieu) se transfigure, par manière de parler, pour myeulx nous donner à entendre son amour"; et 4e sermon sur Job, CO 33, p. 62–63: "Et en cela voyons-nous la bonté de Dieu, de ce qu'il se conforme à nous; d'autant que nous ne pouvons point parvenir à luy, que nous ne pouvons par monter si haut, il se rend familier, il est comme transfiguré".

43 24e sermon sur Daniel, CO 41, p. 572.

44 "Que nous apprenions de ne point nous enquérir par trop de la majesté de Dieu: mais suffise nous d'estre enseignez selon nostre mesure et capacité" (150e sermon sur Job, CO 35, p. 402).

45 Cf. le 59e sermon sur Deutéronome, CO 26, p. 606, cité note 30.

46 Si Dieu seulement parloit de son éternité, et de son essence, souvent nous serions tout confus . . . Il faut donc que Dieu . . . vienne d'une façon douce et familière" (31e sermon sur Deutéronome, CO 26, p. 253).

47 "Il (sous-ent.: Dieu) nous fera grâce que nous sentirons ce qui nous est propre, non pas que nous déduisions et déchiffrions tout ce qui en est, que rien ne nous soit incognu . . .; non, Dieu nous tiendra la bride courte tellement, que nous ne cognoistrons qu'en partie: mais cependant si est-ce que cette cognoissance-là nous devra suffire, pource que rien de ce qui nous est bon et propre pour nostre salut ne nous sera caché" (19e sermon sur Job, CO 33, p. 240). "Dieu ne veut point que nous cognoissions plus qu'il ne nous a monstré . . . . D'autant plus nous faut-il observer ce que j'ay dit, c'est assavoir que nous usions de ceste grâce et privilège que Dieu nous fait quand il nous monstre ce qui nous est utile de cognoistre" (43e sermon sur Job, CO 33, p. 534). "Dieu nous révèle ce qui nous est bon et propre, . . . mais il faut qu'il se réserve beaucoup de choses obscures. Pourquoy? Car nous sommes encores trop débiles pour monter si haut" (157e sermon sur Job, CO 35, p. 481).

48 "Si nous cognoissons Dieu estre une essence incompréhensible, pour dire: Dieu a toute majesté en soy, ... nous en faisons une idole, et une chose morte" (79e sermon sur Job, CO 34, p. 222). Cf. aussi 3e sermon sur I Timothée, CO 53, p. 30.

49 "Dieu ne demande point seulement d'estre cogneu en son essence, afin que nous spéculions sans avoir une cognoissance vive de sa vertu ... Ceux donc qui traitent des imaginations subtiles touchant l'essence de Dieu, et cependant n'édifient point les hommes en sa crainte et en sa fiance, n'en font point sentir la vertu, ce sont des docteurs vollages et extravagans" (178e sur Deutéronome, CO 28, p. 664–665).

50 18e sermon sur II Timothée, CO 54, p. 209. Cf. aussi le 128e sermon sur Job, CO 35, p. 125: "Ce n'est point le tout que nous ayons entendu une chose en nostre cerveau, mais il faut qu'elle nous soit imprimée au coeur. Ceste doctrine n'est point spéculative (comme on dit) comme sont les sciences humaines: car là c'est assez d'avoir conceu ce qui en est, mais de ceste-ci, il faut qu'elle soit enracinée en nos coeurs".

51 CO 33, p. 371–372.

52 "La connaissance de Dieu n'est pas chose purement théorique, mais expérience pratique, engageant toute la personnalité humaine, sollicitant toutes les énergies de sa conscience et de son coeur, mettant en branle toutes les facultés de son être spirituel" (*Op.cit.*, p. 12).

53 "Cognoissons ... que Dieu ne veut point estre incogneu des hommes: ... il se veut manifester en sorte que nous sachions discerner entre luy et les idoles qui ont esté forgées" (22e sermon sur Deutéronome, CO 26, p. 140). Cf. aussi le 172e sermon sur Deutéronome, CO 28, p. 594.

54 "La sagesse des hommes n'est pas de s'enquérir par une folle curiosité pour tout savoir, mais de se tenir entre ses bornes, et cognoistre que c'est de servir à Dieu et de s'assujettir à luy" (102e sermon sur Job, CO 34, p. 509).

55 "Ce ne seroit point assez d'avoir cogneu la nature de Dieu, sinon que nous eussions sa promesse" (26e sermon sur Deutéronome, CO 26, p. 196).

56 "Quand nous ne cercherons d'estre édifiez en foy et charité, il n'y aura que des spéculations volages, qui seront pour nous élever en haut, mais en la fin il n'y aura ne fondement ne substance (4e sermon sur I Timothée, CO 53, p. 42).

57 9e sermon sur Tite, CO 54, p. 493.

58 "Il est certain que quand nous parlons de Dieu, ... si nous ne faisons que nous jouer et que nous démenions des questions inutiles et des disputations vaines, c'est un sacrilège" (57e sermon sur Job, CO 33, p. 708).

59 "Encores que la doctrine des papistes ne fust point fausse comme elle est, qu'elle ne fust point perverse, si est-ce qu'elle est profane ... Pourquoy? Ils ont des questions qu'ils débatent de choses où il n'y a nul profit. Quand un homme auroit cognu toutes les questions qui sont débatues aux escholes de théologie de la papauté, il n'y auroit que vent" (31e sermon sur I Timothée, CO 53, p. 378). Cf. aussi le 57e sermon sur Job, CO 33, p. 709: "Nous voyons qu'en toute la papauté, ce qu'on appelle théologie n'est sinon une enflure de vent d'Orient, qui dessèche et n'a nulle substance pour repaistre et nourrir les povres âmes .... Les papistes ont une partie de leur théologie de questions et querelles qui n'apportent nul fruit. En premier lieu ils s'y tormentent tout le temps de leur vie, et n'y peuvent trouver aucune résolution ... Ils ont beau en débatre, jamais ils n'en seront résolus, car il n'y a que conjectures. Mais prenons le cas qu'on en peust avoir certaine résolution, et qu'on peust dire: il est ainsi, si est-ce qu'il n'y a nulle édification ne profit quand on seroit résolu de ce qu'ils débatent en leurs escoles .... Il n'est pas là question sinon de voltiger en l'air: et ceux qui sont les plus inutiles, on les estime les plus savans: ils sont habiles gens, car ils sont spéculatifs".

60 "Qu'est-ce qu'on fait en la papauté? Ceux qui voudront estre théologiens employent une grande partie de leur vie à disputer des choses dont ils ne peuvent avoir nulle résolution" (2e sermon sur I Timothée, CO 53, p. 25).

61 "Ceux qui veulent estre réputez docteurs, n'ont autre étude que de questions frivoles qui n'emportent nulle doctrine qui soit. Quand un homme se sera bien rompu la teste

pour estre théologien (comme on parle en la papauté), il sera non seulement bègue, mais du tout muet s'il est question de faire un sermon (4e sermon sur I Timothée, CO 53, p. 42–43).

62   CO 47, p. 470.

63   Cf. Cicéron, *De natura deorum,* I, 16, 43.

64   119e sermon sur Job, CO 35, p. 4. Cf. encore le 1er sermon sur Job, CO 33, p. 27: "Dieu ... n'ayant point encores dressé un estat d'Eglise qui fust apparent, a voulu qu'il y demeurast tousjours quelque petite semence entre les Payens". Cf. aussi, dans le même sens peut-être, le 3e sermon sur Job, CO 33, p. 47.

65   146e sermon sur Job, CO 35, p. 341 et 342.

66   131e sermon sur Deutéronome, CO 28, p. 77. Dans le 5e sermon sur la passion de nostre Seigneur Jésus-Christ, Calvin déclare en parlant de Ponce Pilate qui s'étonnait du silence du Christ devant les accusations des Juifs (cf. Matthieu 27/14): "Yci nous voyons en la personne d'un povre payen quelque semence de religion qui l'esmeut, et le picque, et luy sollicite sa conscience, tellement qu'il ne sçait de quel costé se tourner" (CO 46, p. 896).

67   15e sermon sur Esaïe 13–29, SC 2, p. 140.

68   119e sermon sur Job, CO 35, p. 5.

69   178e sermon sur Deutéronome CO 28, p. 659. Cf. aussi le sermon sur le dernier avènement de nostre Seigneur Jésus-Christ: "Quand il n'y auroit que ceste semence que Dieu a mise en nous de nature, que contemplans le ciel nous devons penser qu'il y a un créateur dont le tout procède" (CO 52, p. 230); le 26e sermon sur les Galates: "Cela ne peut estre effacé de nostre entendement qu'il n'y ait tousjours quelque semence de religion en nous (CO 50, p. 598); et le 12e sermon sur les Ephésiens: "Nous sçavons que chacun retient tousjours quelque semence de religion" (CO 51, p. 395).

70   "Ne faut-il pas que le diable les possède du tout, et qu'ils donnent à cognoistre qu'ils sont comme monstres, qui ont aboli toute semence de religion, d'autant qu'ils se sont obstinez à l'encontre de Dieu, comme despitant toute nature? " (CO 46, p. 897).

71   CO 33, p. 411. Très proche de l'expression "sentiment de nature", celle de "sens naturel" se rencontre dans le 144e sermon sur Job, CO 35, p. 316.

72   CO 28, p. 586.

73   CO 28, p. 644.

74   CO 54, p. 493.

75   "Notons donc quand Dieu se manifeste aux hommes, que ce n'est point seulement pour leur donner quelque appréhension volage, pour dire: Il y a un Dieu, et pour en savoir disputer: mais quant et quant il leur donne une instruction vive là-dedans, tellement qu'il faut qu'ils soyent enseignez. Cela, di-je, se trouvera en tous hommes" (144e sermon sur Job, CO 35, p. 316). "Ceux qui se desbordent jusques là d'effacer toute cognoissance de Dieu sont premièrement monstres détestables: et puis, combien qu'ils s'efforcent de mettre sous le pied toute cognoissance de Dieu, si faut-il qu'ils ayent des remors qui los picquent ... Quoy qu'il en soit, nous sommes enclins de nature à cognoistre qu'il y a un Dieu" (12e sermon sur les Ephésiens, CO 51, p. 395). Cf. aussi le 119e sermon sur Job, CO 35, p. 5.

76   "Dieu ne souffre point que les hommes soyent si abbrutis qu'ils n'ayent quelque sentiment qu'il y a un Dieu qui les a créez" (9e sermon sur Tite, CO 54, p. 493). Faisant appel à la conscience, Calvin déclare aussi dans le même sens: "Cela est demeuré engravé, que le monde ne s'estoit point formé de soy, qu'il y avoit quelque majesté céleste à laquelle il se faut assujettir (119e sermon sur Job, CO 35, p. 5). Cf. aussi le sermon sur le dernier avènement de nostre Seigneur Jésus-Christ (CO 52, p. 230) cité dans la note 69.

77   "Nous voyons que ceux qui n'avoyent point la religion vraye et pure, retiennent encores quelque semence: mesmes qu'ils avoyent cela imprimé en leur coeur, que Dieu gouverne le monde, que toutes choses se disposent selon sa volonté ... Voici donc un

article qui est bien digne d'estre noté. Puis que Dieu a voulu que ceste clarté demeurast entre les incrédules, c'est qu'ils cogneussent qu'il gouverne ici-bas la vie des hommes, et que tout est en sa main, qu'il faut que nous luy attribuions cest honneur, si nous ne voulons estre pires que ceux qui n'ont eu nulle vraye religion" (131e sermon sur Deutéronome, CO 28, p. 77). Calvin n'est pas toujours conséquent: ainsi, dans le 146e sermon sur Job (CO 35, p. 341 et 342) que nous avons cité dans la note 65, il affirme que les païens qui ont eu "quelque bonne semence de religion" ont connu que "Dieu avoit créé le monde", mais qu'en revanche "ils n'ont point entendu sa Providence".

78 "Nostre vraye sagesse, et le chef d'icelle, n'est-ce pas de craindre Dieu, dit l'Escriture Saincte? Et de faict, nature nous doit bien enseigner cela" (179e sermon sur le Deutéronome, CO 28, p. 677). Cf. aussi le 33e sermon sur Job, CO 33, p. 411: "Si on nous parle de plaider contre Dieu, nature mesme nous enseigne que nous devons avoir cela en horreur".

79 "Naturellement les hommes sont enclins à chercher Dieu, pour ce qu'ils voyent bien que sans luy ils sont gens perdus" (57e sermon sur l'Harmonie des trois Evangélistes, CO 46, p. 717).

80 "Qu'on prene les plus profanes (sous-ent.: d'entre les hommes) qui ne sçavent que c'est ni d'Escriture, ni de Loy, ni d'Evangile: encores quand ils seront pressez de quelque mal, on les orra crier: Hélas, mon Dieu! et: Que Dieu ait pitié de moy. Voyla comme ont parlé les payens. Et c'est desjà un langage que nature apprend aux hommes. Non pas qu'ils ayent une droite cognoissance, ni bien liquidée: mais tant y a que Dieu a voulu leur laisser une telle cognoissance, que sans y penser ils diront: Hélas, que Dieu ait pitié de nous. Hélas, que Dieu nous subviene" (57e sermon sur l'Harmonie des trois Evangélistes, CO 46, p. 716). Cf. aussi le 3e sermon sur Job, CO 33, p. 47, et le 15e sermon sur Esaïe 13–29, SC 2, p. 140, cité dans la note 67.

81 "Les payens, combien qu'ils fussent povres aveugles, ont cogneu que Dieu . . . veut estre servi en sa majesté . . ." (36e sermon sur Deutéronome, CO 26, p. 312). "Il n'y a celui qui n'ait quelque tesmoignage engravé en soy, qu'il y a un Dieu que nous devons servir, et lequel nous devons honorer" (148e sermon sur Deutéronome, CO 28, p. 282). "Que les hommes soyent si malins qu'ils voudront, qu'ils bataillent tant qu'ils pourront pour esteindre toute clarté, qu'ils n'ayent plus de discrétion en eux, comme on voit qu'il y en a beaucoup qui ne demandent et ne cherchent qu'à s'abrutir: si est-ce que cela leur demeure engravé, c'est assavoir qu'il y a un Dieu auquel il faut servir" (172e sermon sur Deutéronome, CO 28, p. 589).

82 "Nature n'a-(t)elle point laissé ceste marque imprimée en nos coeurs, que nous sommes créez à ceste fin-là d'aimer nostre Dieu?" (172e sermon sur Deutéronome, CO 28, p. 586).

83 "Dieu . . . a voulu qu'il y demeurast tousjours quelque petite semence entre les payens, à fin qu'il fust adoré" (1er sermon sur Job, CO 33, p. 27). "Il faut bien que nous ayons quelque sentiment en nous qu'il y a un Dieu que nous devons adorer, et qui mérite que grans et petis luy facent hommage, d'autant que nous tenons nostre vie de luy (26e sermon sur les Galates, CO 50, p. 598).

84 CO 41, p. 405.

85 Cf. I/3/3, et Edward A. Dowey, Op.cit., p. 52.

86 CO 33, p. 424; cf. aussi dans le même sermon: p. 428.

87 Fait exception à ce que nous disons le 39e sermon sur Job: "Saint Paul aussi en ce beau sermon qu'il feit en la ville d'Athènes dit . . . . qu'il n'est jà mestier que les hommes aillent bien loin pour cognoistre Dieu. C'est en luy, dit-il, que nous sommes, que nous vivons et que nous avons mouvement. Et quand nous serions aveugles, allons seulement à tastons. Que nous tastions des mains ainsi qu'un pauvre aveugle, car combien qu'il ne voye goutte, si est-ce qu'il taste, et après cela il marche. Quand donc nous serions aveugles, dit sainct Paul, encores pouvons-nous taster les oeuvres de Dieu" (CO 33, p. 490).

88 Outre le 34e sermon sur Job (CO 33, p. 424) déjà cité, cf. le 77e sermon sur II Samuel: "Quand nous parlons de Dieu, il ne nous le faut point faire comme ung fantosme, ainsi que les incrédules parlent de son essence, mais cependant ilz ne pensent pas que sa vertu soit par tout estendue et nous la veut faire sentir, mesmes qu'il habite en nous et ne le faut point cercher loing, comme dit sainct Paul au 17. des Actes. Car encores que nous soyons aveugles, en tastonnant nous cognoissons qu'il nous est présent, et non seulement cela, mais que nous avons en luy nostre aide, et nous donne vertu pour nostre mouvement (SC 1, p. 669).

89 Cf. l'introduction de Rodolphe Peter (p. X—XI) aux *Deux congrégations de Jean Calvin* qu'il a rééditées récemment (Paris, 1964).

90 "L'essence de Dieu est cognue de nous, non seulement par ce que nous en pouvons comprendre, mais aussi quand il se déclare à nous par ses créatures . . . . Ainsi quand nous aurions les yeux fermez, si est-ce que nous pouvons cognoistre ceste vertu de Dieu. Et comment? D'autant qu'elle est là dedans en nous" (CO 47, p. 476).

91 1er sermon sur la Genèse, fo. 3 vo. Cf. aussi le 153e sermon sur Job: "Ne voyons-nous pas un artifice admirable de nostre Dieu en chacun bout de nos doigts? Y a-(t)il ongle qui ne rende tesmoignage que Dieu est un ouvrier si excellent . . . ? " (CO 35, p. 437); et le 26e sermon sur les Galates: "Nous sommes bien hébétez quand nous ne pouvons pas venir à celuy qui a tout créé, et qui se monstre et haut et bas, à fin que nous le cognoissions pour l'adorer et le servir. Car nous ne pouvons pas regarder nos mains et nos piés, que nous ne contemplions appertement une sagesse, vertu et bonté admirable de nostre Dieu" (CO 50, p. 599).

92 Cf. par exemple le 153e sermon sur Job et le 26e sermon sur les Galates cités dans la note 91.

93 Cf. par exemple le 34e sermon sur Job cité *supra*, p. 26, et le 39e sermon sur Job cité dans la note 87.

94 Cf. le 34e sermon sur Job cité *supra*, p. 26 et le 26e sermon sur les Galates cité dans la note 91 qui mentionnent ces trois attributs (plus la justice dans le 34e sermon sur Job).

95 I/5/3.

96 Cf. *Das Problem der natürlichen Theologie bei Calvin, passim.*

97 Cf. 66e sermon sur II Samuel, SC 1, p. 576.

98 Cf. 5e sermon sur la Passion de nostre Seigneur Jésus-Christ, CO 46, p. 897.

99 "En cognoissant, ils (sous-ent.: les hommes) ne cognoissent rien, pource qu'ils sont esblouis, que Satan leur a bandé les yeux, comme sainct Paul en parle" (9e sermon sur Tite, CO 54, p. 493). Cf. aussi le 172e sermon sur Deutéronome, CO 28, p. 586—587.

100 Cf. 71e sermon sur Deutéronome, CO 27, p. 36.

101 CO 50, p. 598.

102 "Nous voyons les philosophes payens qui ont cogneu les oeuvres de Dieu, afin de savoir parler de sa majesté. Mais quoy? C'est tout en confus, et à la fin ils se sont tous esvanouys en leurs pensées, que jamais ne sont parvenus là où ils donnoyent" (33e sermon sur Deutéronome, CO 26, p. 007). Cf. aussi 53e sermon sur I Timothée, CO 53, p. 635.

103 "Les infidèles conçoivent bien une majesté en Dieu, et diront que c'est là le Dieu tout puissant, que c'est celuy qui ha créé le ciel et la terre, et gouverne tout par sa main . . . . Mais il nous faut venir plus avant, c'est à sçavoir qu'il est non seulement Dieu tout puissant, et qu'il règne, mais ce qu'il règne et ce qu'il est tout-puissant, est à nostre salut . . ." (10e sermon sur Daniel, CO 41, p. 429). "Les povres aveugles diront bien qu'il y a quelque divinité souveraine . . . Or ce ne seroit point assez que nous eussions cogneu que Dieu est tout-puissant, . . . mais il faut d'avantage que nous le tenions pour nostre Dieu" (77e sermon sur II Samuel, SC 1, p. 669).

104 "Ils (sous-ent.: les payens) ont bien quelque imagination qu'il y a un Dieu, et ils s'en forgent une pluralité" (91e sermon sur Deutéronome, CO 27, p. 295). "Les payens . . . n'ont jamais estimé que leurs dieux fussent tous maistres, comme rats en paille, ainsi

qu'on dit. Ils ont pensé qu'il y avoit un souverain gouverneur, mais après ils ont cuidé que Dieu avoit comme sa bande à part, et puis qu'il y avoit des petits dieux, et que chacun avoit son office . . . . Tousjours ceste persuasion a esté au monde qu'il y avoit un Dieu qui gouvernoit tout et qui avoit créé le monde. Cependant si est-ce qu'on n'a point délaissé de luy adjoindre beaucoup de compagnons, tellement qu'il y a eu une multitude infinie de dieux" (51e sermon sur l'Harmonie des 3 Evangélistes, CO 46, p. 637).

105 "Voilà les payens qui veulent honorer Dieu sans l'avoir cognu; d'autant qu'ils ne savent que c'est de Dieu, ne de sa majesté, il faut bien qu'ils sacrifient à des idoles qu'ils ont forgées et basties en leur cerveau" (3e sermon sur Job, CO 33, p. 49—50). "De tout temps Dieu a bien esté invoqué: ce nom a esté commun aux payens. Mais quoy? Les payens ont extravagué, qu'un chacun a dit: J'adore Dieu. Et cependant qu'estoit-ce? Des songes, des fantaisies. Car quand les hommes entreprennent d'adorer Dieu sans l'avoir cognu, il n'y a point de doute qu'ils adorent les idoles" (45e sermon sur Deutéronome, CO 26, p. 427).

106 "Les Turcs aujourd'huy diront bien qu'ils adorent Dieu créateur du ciel et de la terre, mais ce n'est qu'une idole qu'ils adorent. Et comment? Ils le nomment créateur du ciel et de la terre. Ils n'ont point d'images, il est vray; mais si est-ce qu'ils n'ont qu'une idole au lieu de Dieu" (45e sermon sur Deutéronome, CO 26, p. 427). Cf. aussi le 10e sermon sur Daniel, CO 41, p. 427: "Nous voyons comme les idolâtres ne laissent point de se glorifier du nom de Dieu. Toutes les fauces religions qui ont esté jamais au monde, n'ont-elles pas esté converties de ceste couleur ici qu'on vouloit adorer Dieu. N'allons pas plus loing: quand on demandera aux Turcs ce qu'ils adorent et à qui ils servent, ils diront qu'ils veulent servir au Dieu qui ha créé le ciel et la terre. Croions-nous neantmoins l'Alchoran des Turcs? Mais tout le contraire"; et le 80e sermon sur II Samuel, SC 1, p. 702—703, qui montre bien qu'en dehors de la ré-vélation particulière qui atteste Jésus-Christ, il n'y a pas de connaissance de Dieu possible: "Ce nom de Dieu a esté commun à toutes nations, à toutes langues et à tous aages. Les Turcz aujourd'huy se glorifient du nom de Dieu, mais cependant ilz imaginent et se forgent un tel Dieu que bon leur semble. Or ilz ne vueillent point avoir ce que dit nostre Seigneur Jésus-Christ au 4. de S. Jehan: "Nous sçavons ce que nous adorons" — il parle là en la personne des Juifz —, comment Dieu veut estre servi et adoré, et mesmes comme Dieu se discerne d'entre les idoles".

107 "Ce n'est pas à dire . . . qu'il y ait une telle faculté en nous que nous puissions cercher Dieu . . . . Les papistes, quand ils font une telle conclusion, ils monstrent qu'ils sont pures bestes . . . . Et pourquoy? C'est qu'à cause du péché, nous sommes tous despouillez de raison et d'intelligence" (133e sermon sur Job, CO 35, p. 184).

108 *Institution de la religion chrestienne*, I/4/4.

109 Cf. parmi les sermons sur Job, le 3e, CO 33, p. 47; le 119e, CO 35, p. 5; le 144e, CO 35, p. 323; et le 154e sur Deutéronome, CO 35, p. 358. A ces textes, il faut ajouter le 119e, CO 35, p. 6, et le 124e sermon sur Job, CO 35, p. 74, où la "semence de religion" fait place au "remords", dans un contexte inspiré de Romains 2/4. Notons en outre que, dans quelques rares textes, Calvin affirme la culpabilité des païens tout en estimant qu'ils n'ont pas reçu de révélation générale. Cf. le 31e sermon sur Deutéronome, CO 26, p. 252: "Les payens ont eu leurs superstitions diverses, car chacun s'en est forgé à sa poste; et cependant le Dieu vivant a esté délaissé de tous. Et pourquoy? Car aussi il n'avoit point fait la grâce à tout le monde de se déclairer. Voilà donc les hommes qui se sont abbrutis, mais c'estoit par faute de doctrine. Tant y a que cela ne les a point excusez, car ils sont tousjours coulpables devant Dieu"; et le 15e sermon sur Esaïe 13—29, SC 2, p. 139: "Il est certain que les païens s'estans esgaiez en leurs superstitions périront en leur ignorance et n'y aura nulle excuse, combien que Dieu les ayt là laissez et que jamais ne soit aproché d'eulx".

110 CO 35, p. 4. Cf. aussi le sermon sur le dernier avènement de notre Seigneur Jésus-Christ, CO 52, p. 230: "Si on allègue qu'ils (sous-ent.: les incrédules) sont

ignorans, il est vray; mais tant y a qu'ils sont malins aussi et hypocrites. Car n'avons-nous pas les uns et les autres assez de choses pour nous rendre inexcusables? Voire mesmes quand il n'y auroit que ceste semence que Dieu a mise en nous de nature, que contemplans le ciel et la terre nous devons penser qu'il y a un Créateur dont le tout procède. Dieu nous révèle comme en un miroir sa majesté et sa gloire, et n'y a celuy qui n'en soit convaincu de cela". Combinant la pensée d'Actes 17 et celle de Romains 1, Calvin déclare dans le même sens, dans le 133e sermon sur Job, CO 35, p. 184: "Combien que les povres payens soyent en ténèbres et qu'on les puisse accomparer à des aveugles qui tastonnent et ne voyent point le chemin, et qu'il y ait de l'ignorance bien lourde, toutes fois ils ne sont point à excuser, qu'ils n'ayent esté malins et rebelles, ... car il est escrit qu'ils n'ont point considéré les voyes de Dieu".

111 "Vray est que les incrédules ne seront point excusez, encores que jamais Dieu ne leur ait fait la grâce de leur communiquer sa parolle. Combien qu'ils soyent comme povres aveugles en ténèbres, ils ne laisseront point toutesfois d'estre condamnez en leur ignorance. Celuy qui a péché sans la Loy, il périra néantmoins (dit sainct Paul). Et de faict, il n'y a celuy qui n'ait quelque tesmoignage engravé en soy, qu'il y a un Dieu que nous devons servir, et lequel nous devons honorer. Ceux qui cognoissent cela de nature sont desjà assez coulpables" (148e sermon sur Deutéronome, CO 28, p. 282).

112 "Il est dit que Dieu punira à veuë d'oeil et d'une façon horrible tous ceux qui se destournent de luy. Or notons bien qu'Eliu ne parle pas de ceux qui avoyent esté enseignez en la Loy, qui avoyent des prophètes, et ausquels la doctrine de Dieu fust privément enseignée, mais il parle des payens qui n'avoyent sinon quelque petit goust de clarté" (133e sermon sur Job, CO 35, p. 182).

113 "Nous verrons des sentences que les payens ont proférées, qu'il est impossible à un homme naturel de penser la moindre de celles qu'ils ont amenées là. Et pourquoy? C'est Dieu qui les a amenez jusques là pour leur condamnation plus grande ..." (176e sermon sur Deutéronome, CO 28, p. 644). "Il nous fault noter, encores que les hommes soient enflez d'orgueil ..., néantmoins qu'ilz ne laissent pas d'estre touchez de quelque religion, sçachans bien qu'ilz ne se peuvent passer de Dieu ... De quoy donc a-il servy aux hommes qu'ilz aient congneu de tout temps qu'il failloit avoir leur refuge à Dieu? C'a esté pour leur oster toute excuse, afin qu'ilz fussent convaincuz par ce qui estoit engravé en leurs coeurs qu'ilz estoient condamnables en leurs presumpsions ..." (11e sermon sur Esaïe 13–29, SC 2, p. 98). Cf. aussi 22e sermon sur Michée, SC 5, p. 189.

114 Outre les textes que nous citerons plus loin, cf. le 19e sermon sur Job, CO 33, p. 243: "En contemplant l'ordre de nature, nous devons estre induits à une crainte de Dieu, et quant et quant à gouster sa bonté, afin d'estre adonnez à luy, de nous desdier du tout à son obéissance". Cf. aussi le 17e sermon sur Jérémie, SC 6, p. 116.

115 "Là (sous-ent.: en ses oeuvres) il (c'est-à-dire: Dieu) ne se laisse point sans tesmoignage, comme dit S. Paul au 14 des Actes parlant de l'ordre de nature qui est comme un miroir auquel nous pouvons contempler que c'est de Dieu .... En l'ordre de nature ils (sous-ent.: les hommes) ont peu appercevoir qu'il y a un créateur qui dispose de tout. Ainsi donc ouvrons seulement les yeux, et nous aurons assez d'argumens pour nous monstrer quelle est la grandeur de Dieu" (19e sermon sur Job, CO 33, p. 237–238). Cf. aussi le 1er sermon sur la Genèse, fo. 1: "Dieu se monstre par tout, et nous donne des marques de sa majesté, de sa vertu, de sa justice, de sa bonté, et de tout ce qui nous peult conduire à luy. Et voilà pourquoy aussy St. Paul au 14e chap. des Actes (Actes 14/17) dit qu'il ne s'est veu délaisser sans tesmoignage, car toutes créatures monstrent qu'elles ne sont point d'elles mesmes".

116 "Que nous ayons nos sens attentifs à considérer l'ordre de nature, ... que cela soit pour nous amener à Dieu, voire et que nous le concevions tel, que nous soyons humiliez devant luy, pour luy rendre tout honneur. Cela ne nous suffit-il point encores? Que nous passions plus outre. Il est vray que c'est desjà une brutalité trop grande à nous, que le ciel et la terre, et tout l'ordre de nature ne sous suffise point

pour nous monstrer que c'est de Dieu. Car voilà un livre escrit en assez grosses lettres" (34e sermon sur Job, CO 33, p. 428). Cf. aussi 1er sermon sur la Genèse, fo. 2: "Le ciel et la terre nous doibvent enseigner. Et de faict la bonté, la justice, la vertu de Dieu sont engravées comme en grosses lettres et hault et bas"; et fo. 16 vo. cité dans la note 126.

117 Outre le 19e sermon sur Job cité dans la note 115, cf. le 144e sermon sur Job, CO 35, p. 315–316: "C'est pour le moins qu'estans en ce monde nous ayons les yeux ouverts pour considérer les oeuvres de Dieu qui sont et prochaines de nous, et faciles à voir, encores que nous ne soyons point gens lettrez ni subtils: car les plus idiots apperçoivent l'ordre de nature estre tel, que là ils voyent la majesté de Dieu comme en un miroir"; et le 1er sermon sur la Genèse, fo. 1: "Le monde et hault et bas est comme ung miroir pour nous faire contempler Dieu, qui est de sa nature et en son essence invisible. C'est aussy ce que St. Paul dit au premier chap. des Roma(ins) que les choses que nous apperçevons à l'oeil nous monstrent qu'il y a ung Dieu; combien qu'il soyt incompréhensible de soy, si est-ce néantmoins que nous le comprenons en ses oeuvres". Ces textes révèlent-ils une influence de Platon sur Calvin? Il est difficile de l'affirmer.

118 Après avoir déclaré que Dieu a "imprimé sa marque en toutes ses oeuvres" et qu'il doit "estre cogneu de nous . . . en tout l'ordre de nature", Calvin ajoute dans le 33e sermon sur le Deutéronome, CO 26, p. 281: "Contemplons le ciel et la terre, nous verrons Dieu par tout. Car qu'est-ce que le monde, sinon une image vive (comme sainct Paul en parle), en laquelle Dieu se déclaire? "

119 Cf. le 46e sermon sur Job cité dans la note 122.

120 "Desjà quand nous voyons l'ordre de nature tel que Dieu l'a constitué, nous le devons bien glorifier. Et de fait Dieu nous a mis en ce monde, afin que nous soyons comme en un grand théâtre pour contempler ses oeuvres, pour confesser qu'il se monstre et sage, et juste, et puissant, voire d'une façon admirable" (43e sermon sur Job, CO 33, p. 539). "Apprenons puys que Dieu nous a mis en ce monde comme en ung théâtre pour contempler sa gloire, aprenons . . . de la recognoistre selon qu'il se déclare à nous" (1er sermon sur la Genèse, fo. 2 vo.).

121 "Nous avions une bonne instruction pour nous mener à Dieu, voire en sagesse, si nous eussions fait nostre profit de tout ce que nous monstre en tout l'ordre du ciel et de la terre" (19e sermon sur les Galates, CO 50, p. 510).

122 "Ce bel ordre que nous voyons entre le jour et la nuict, les estoilles que nous voyons au ciel, et tout le reste, cela nous est comme une peinture vive de la majesté de Dieu . . . . Voilà donc ce que nous avons à retenir, comme sainct Paul aussi en parle au premier chapitre des Romains (v. 20), que Dieu estant invisible en soy et en son essence s'est assez manifesté aux créatures" (46e sermon sur Job, CO 35, p. 570). "Quand nous contemplons ce bel ordre qui est au ciel, ne devrions-nous pas nous esjouir en cela? N'est-ce pas là où il nous faudroit venir, toutesfois et quantes que nous eslevons les yeux en haut? " (148e sermon sur Job, CO 35, p. 370).

123 "Dieu, di-je, a créé nos yeux. A quelle fin? C'est que conversans en ce monde, nous ayons discrétion des choses et que cela nous conduise à luy. Regardans et haut et bas, ne voyons-nous pas que nostre Seigneur nous appelle à soy? Autant de créatures qu'il y a au ciel et en la terre, ne sont-ce pas autant de moyens pour nous convier à venir à Dieu? " (112e sermon sur Job, CO 34, p. 645). "En somme nous pouvons contempler et devons aussi la bonté paternelle de Dieu en toutes ses créatures. Ouvrons-nous les yeux et voyons-nous la clarté du soleil? Voilà Dieu qui se monstrera Père envers nous . . . . Toutes les créatures donc nous doivent conduire au ciel" (20e sermon sur les Galates, CO 50, p. 530). "Toutes créatures ne sont-elles pas pour nous inciter à venir à Dieu? Si nous avions nos sens bien réglez pour avoir quelque goutte de prudence, quand le soleil se lève le matin, ne nous appelle-il pas afin que nous adorions nostre Dieu? " (4e sermon sur la passion de nostre Seigneur Jésus-Christ, CO 46, p. 879–880). Cf. aussi le 67e sermon sur Job, CO 34, p. 68.

124 "Pourquoi a-il (sous-ent.: Dieu) fait le monde? Pourquoy l'a-il rempli de tant de richesses? Pourquoy l'a-il ainsi orné? N'est-ce pas pour déclarer son amour envers les hommes, et mesmes sa miséricorde? . . . . Apprenons donc de mieux appliquer nostre étude à contempler les oeuvres de Dieu" (46e sermon sur Job, CO 33, p. 572). "Quand nous contemplerons et haut et bas les oeuvres de Dieu, n'est-ce point afin que sa bonté, et sagesse, et justice, et toutes ses vertus nous soyent cognues? Il est bien certain" (67e sermon sur Job, CO 34, p. 68). "Il faut . . . venir à l'ouvrier, et cognoistre cette majesté si excellente, que tous hommes se doivent humilier et estre abbatus, qu'il faut qu'ils facent joug pour adorer ceste grandeur et excellence qui se monstre en toutes les oeuvres de Dieu" (149e sermon sur Job, CO 35, p. 380).

125 Ms. de Lambeth 1784, fo. 5. Cf. aussi le 4e sermon sur la Genèse, fo. 19 vo.: "Pourquoy est-ce que le soleil et la lune luisent sinon afin de nous estre des luminaires ou falotz pour nous monstrer le chemin de parvenir à Dieu. Ainsi donc n'abusons point de cest ordre de nature . . ."

126 "Que nous n'alléguions point: O de moy je ne suis point clerc, je n'ay point esté à l'escolle pour cognoistre tant de choses. Quand jamais nous n'aurions veu ny A ny B, il nous devroit bien suffire que Dieu en grosses lettres a engravé et sa bonté et sa sagesse en tous les arbres qui produisent leurs fruictz, et en toutes les herbes, que Dieu a voulu qu'on le cogneust en ses créatures tellement que grands et petitz apperçoivent et sa sagesse et sa vertu . . ." (1er sermon sur la Genèse, fo. 16 vo.).

127 "Ce qui est dit par David au Pseaume 19 se trouvera vray, que le soleil et la lune et les estoiles n'ont point de langue, aussy nont les aultres createures; qui plus est, elles sont insensibles, mais tant y a qu'en se taissant elles ne laissent pas de parler" (1er sermon sur la Genèse, fo. 2).

128 "Quand le soleil luist, sachons que Dieu allume ceste clarté-là, afin qu'en contemplant et le ciel et la terre, et toutes choses qui y sont contenues, nous soyons conduits à luy" (46e sermon sur Job, CO 33, p. 572). "Quand le soleil journellement se lève pour nous esclairer, qui est-ce qui pense à ce changement et révolution que Dieu fait de la nuict avec le jour? Comme il en est parlé au Pseaume 19, que c'est comme si Dieu nous esveilloit chacun matin, et qu'à haute voix il criast que c'est bien raison que sa bonté et sagesse et vertu infinie soit cognue" (162e sermon sur Deutéronome, CO 28, p. 459). "Dieu journellement besongne en telle sorte qu'il ne se laisse point sans tesmoignage, et ne fust-ce qu'en faisant luire le soleil . . ." (164e sermon sur Deutéronome, CO 28, p. 494). "Quand le soleil se lève le matin, ne voyons-nous pas le soin paternel que Dieu ha de nous? Après, quand il se couche le soir, ne voyons-nous pas que Dieu ha regard à nostre infirmité, afin que nous ayons repos . . . Dieu donc en cachant ainsi son soleil la nuit, ne se monstre-il pas nostre Père?" (1er sermon sur le cantique du roi Ezéchias, CO 35, p. 534–535). Dans un sens un peu différent, cf. le 2e sermon sur Genèse, fo. 8 vo., où Calvin montre qu'"il est bon qu'il y ayt succession de clarté et de ténèbres, et que la clarté ne dure pas tousjours, mays que les ténèbres ayent leur rang". Cette alternance du jour et de la nuit doit révéler aux hommes qui "s'endurcissent par coustume quand Dieu besongne d'une fil perpetuel", qu'il "conduist l'ordre de nature".

129 "On voit le soleil selon la saison de l'année se lever maintenant plus bas, maintenant plus haut. En temps d'hyver, le soleil, d'autant qu'il est plus eslongné de nous, se lève d'une région plus lointaine. Et puis en l'esté, selon qu'il approche de nous et qu'il s'eslève haut, on voit qu'il est là comme sur nous . . . Or quand il y a un tel ordre, . . . n'est-ce pas bien pour nous faire esbahir? . . . Et quand ce vient au bout de l'an, il (sous-ent.: le soleil) retourne encores pour poursuivre le train qu'il a continué depuis la création du monde, et retient tellement son ordre qu'on ne sauroit compasser un horologe à beaucoup près si justement, comme est le circuit du soleil . . . Et puis quand il auroit à faire tout au long de l'année un tel circuit comme il fait en un jour, ce seroit beaucoup. Et néantmoins, quand l'ordre est ainsi gardé, et n'est-ce point une chose qui nous doit ravir en estonnement, pour nous faire adorer la majesté incompréhensible de nostre Dieu?" (149e sermon sur Job, CO 35, p. 379–380).

130 "Combien que les estoilles ne parlent point, si est-ce qu'en se taisant elles crient . . ." (46e sermon sur Job, CO 33, p. 570).

131 CO 35, p. 369–370. L'"ordre admirable" des étoiles mentionné dans ce texte est célébré dans plusieurs prédications. Outre le 26e sermon sur les Galates, CO 50, p. 599, cf. le 85e sermon sur Job, CO 34, p. 297: "Il faudra que nous soyons bien abbrutis si le regard du ciel ne nous esmeut, et tout cest ordre qui se voit aux estoilles, et une disposition si belle et si exquise qui nous rend suffisant tesmoignage qu'il y a une majesté de Dieu admirable. Il faut donc que les hommes soyent estonnez en contemplant le ciel. Et au reste, quand nous aurons cognu que le soleil et les estoilles sont des créatures si nobles et si excellentes, que là-dessus nous adjoustions ce qui nous est ici remonstré, c'est assavoir que Dieu est par dessus".

132 "S. Paul dit (Actes 14/17) que quand Dieu fait luire le soleil, qu'il envoye la pluie, qu'il envoye saisons diverses, qu'il fait fructifier la terre, en cela il ne se laisse point sans bon tesmoignage. C'est comme s'il plaidoit sa cause, pour dire: Quand les hommes n'auront point cognu ma gloire et majesté, n'auront point senti que j'ay tout en ma main pour gouverner les choses que j'ay créées, il ne faut point qu'ils allèguent ignorance" (19e sermon sur Job, CO 33, p. 237–238).

133 "Combien que Dieu . . . doyve estre cogneu de nous et en pluye et en beau temps, et en chaud et en froid . . . , si a-il imprimé surtout sa marque en sa parolle" (33e sermon sur Deutéronome, CO 26, p. 281).

134 "Quand nous regardons les changemens des saisons, que nous voyons les neiges, les pluyes, et les vents ou les chaleurs, voilà Dieu qui se déclare" (26e sermon sur les Galates, CO 50, p. 599). Quoiqu'il énumère tous les phénomènes mentionnés dans Actes 14/17, on peut citer encore ici le 1er sermon sur le cantique du roi Ezéchias, CO 35, p. 536: "Quand nous voyons que la terre produit ses fruits pour nostre nourriture, quand nous voyons les pluyes et tous les changements et mutations qui sont en nature, en tout cela n'appercevons-nous point comme Dieu ha sa main estendue pour nous attirer toujours à soy et comme il se monstre desjà père libéral envers nous . . . , afin que par ce moyen nous soyons attirez plus haut, c'est ascavoir à cognoistre qu'il nous a adoptez". Cf. aussi 43e sermon sur Job, CO 33, p. 532, et 34e sermon sur les Galates, CO 51, p. 10.

135 "La terre produit-elle tant de fruicts par sa vertu? La nourriture que nous en avons, vient-elle de son naturel et de sa condition propre? Et ainsi, encores qu'un homme ne regarderoit qu'à ses pieds, il est certain que s'il ouvre les yeux, le voilà convaincu qu'il y a un Dieu, lequel il doit adorer" (85e sermon sur Job, CO 34, p. 297). "Quand la terre produit ses fruits ou bien qu'elle est comme morte et sèche, tousjours nous cognoissons Dieu, ou pour le moins nous sommes convaincus que là il se déclare" (26e sermon sur les Galates, CO 50, p. 599).

136 "Quand Dieu change, par manière de dire, l'ordre de nature, qu'il besongne d'une façon nouvelle et non accoustumée, n'est-ce pas comme s'il nous redarguoit de nostre nonchallance, et qu'il nous dist: Au moins quand vous ne me cognoissez point Dieu par l'ordre accoustumé, maintenant que j'y procède d'une autre façon et estrange, que pour le moins vous pensiez à moy, et que vous regardiez si je suis Dieu, ou non" (27e sermon sur Deutéronome, CO 26, p. 204).

137 "Si nous regardons comme la terre et tous élémens font leurs offices, les bestes et les arbres, cela nous monstre qu'il nous faut ranger à nostre Dieu, afin qu'il soit glorifié en nous, et nul n'y pense toutesfois. Le coq donc aura beau chanter, et non seulement le coq, mais Dieu fait chanter et haut et bas toutes ses créatures, pour nous exhorter de venir à luy" (4e sermon sur la passion de nostre Seigneur Jésus-Christ, CO 46, p. 880).

138 CO 26, p. 204. Dans le même ordre d'idées, cf. aussi le 46e sermon sur Job, CO 33, p. 570–571: "Il n'y a point d'excuse d'ignorance aux hommes quand ils voudront alléguer qu'ils n'ont point cognu Dieu, et que c'estoit une chose trop haute pour eux. Que n'alloyent-ils à l'escole des bestes? Car elles leur eussent esté docteurs suffisans: il n'y a ni asne, ni boeuf qui ne nous puisse apprendre que c'est de Dieu. Les bestes se sont-elles créées d'elles-mesmes? Ne voit-on pas bien cela? "

139 Cf. 162ᵉ sermon sur Deutéronome, note 128; le 1ᵉʳ sermon sur Genèse, notes 116 et 126.

140 Cf. 43ᵉ sermon sur Job, note 120; 67ᵉ sermon sur Job, note 124; 144ᵉ sermon sur Job, note 153; 162ᵉ sermon sur Deutéronome, note 128; et 1ᵉʳ sermon sur Genèse, notes 116 et 126.

141 Cf. 43ᵉ sermon sur Job, note 120; 67ᵉ sermon sur Job, note 124; et 144ᵉ sermon sur Job, note 153; et 1ᵉʳ sermon sur Genèse, note 116.

142 Cf. 43ᵉ sermon sur Job, note 120; 144ᵉ sermon sur Job, note 153; et 26ᵉ sermon sur les Galates, CO 50, p. 599.

143 Cf. 19ᵉ sermon sur Job, note 115; et 149ᵉ sermon sur Job, note 124.

144 Cf. 19ᵉ sermon sur Job, note 132; et sermon sur le dernier avènement de notre Seigneur Jésus-Christ, note 110.

145 Cf. parmi les sermons sur Job, le 19ᵉ, note 132; le 46ᵉ, note 122; le 85ᵉ, note 131; le 144ᵉ, note 117; et le 149ᵉ, notes 124 et 129; ainsi que le sermon sur le dernier avènement de notre Seigneur Jésus-Christ, note 110.

146 Cf. 19ᵉ sermon sur Job, note 114; 67ᵉ sermon sur Job, note 124; 144ᵉ sermon sur Job, note 153; 162ᵉ sermon sur Deutéronome, note 128; 20ᵉ sermon sur les Galates, note 123, où cette bonté est qualifiée de "paternelle"; et 1ᵉʳ sermon sur Genèse, notes 116 et 126.

147 Cf. 149ᵉ sermon sur Job, note 124.

148 Cf. 46ᵉ sermon sur Job, note 124.

149 Cf. 46ᵉ sermon sur Job, note 124.

150 Cf. 144ᵉ sermon sur Job, note 151.

151 CO 35, p. 316.

152 Outre le 96ᵉ sermon sur Job, CO 34, p. 432, et le 156ᵉ sermon sur Deutéronome, CO 28, p. 392, que nous citerons dans notre chapitre 6, cf. le 2ᵉ sermon sur le sacrifice d'Abraham, CO 23, p. 764: "Nous ne pouvons croire en Dieu, sinon donnant lieu à sa Providence, qu'elle ait son cours, voire par dessus tout ce que nous pouvons juger ni appréhender. Et de fait nous devrions bien estre enclins à cela si nous considérions les oeuvres de Dieu, mesmes celles qu'il nous propose devant les yeux".

153 Outre le 1ᵉʳ sermon sur le cantique du roi Ezéchias, notes 128 et 134, et le 20ᵉ sermon sur les Galates, note 123, cf. le 144ᵉ sermon sur Job, CO 35, p. 315–316: "Il ne suffit point d'avoir cognu (sous ent.: dans l'ordre de nature) que Dieu est tout-puissant . . . . ., mais il nous faut aussi noter comment il en use et quelle sorte: c'est assavoir . . . pour nous faire sentir sa grâce et pour le cognoistre Père et Sauveur de nous . . . Nous voyons donc qu'avec la puissance de Dieu, il faut que sa justice, sa bonté et sagesse soyent comprises".

154 Cf. 144ᵉ sermon sur Job, note 153.

155 Cf. parmi les sermons sur Job, le 19ᵉ, note 115; le 67ᵉ, CO 34, p. 68: "Pourquoi est-ce que Dieu nous présente un si beau miroir en toutes ses créatures? N'est-ce point afin d'estre glorifié de nous?" et le 144ᵉ, note 117; ainsi que le 1ᵉʳ sermon sur Genèse, note 117.

156 Cf. Vom Glauben bei Calvin, Tübingen, 1925, p. 93. Il faut relever que c'est à propos de l'Ecriture, comparée également à un miroir par le Réformateur, que Brunner s'exprime ainsi.

157 Cf. 46ᵉ sermon sur Job, note 122; et 33ᵉ sermon sur Deutéronome, note 118.

158 150ᵉ sermon sur Job, CO 35, p. 390.

159 CO 35, p. 390.

160 Institution de la religion chrestienne I/V/7.

161 CO 28, p. 494–495. Outre ce texte où Calvin songe sans doute à son expérience personnelle (il a prêché les sermons sur le Deutéronome entre le 20 mars 1555 et le 15 juillet 1557, de sa 46ᵉ à sa 48ᵉ année), cf. 31ᵉ sermon sur Job, CO 33, p. 385: "Dieu a voulu encores qu'il y eust des histoires et que la mémoire des choses fust conservée par ce moyen-là. Or cependant les hommes prendront plaisir à lire, mais ce

sera un esbat de vanité, pource qu'ils n'appliquent point à leur instruction les histoires de tout le temps passé, qui sont une vraye escole pour savoir régler nostre vie. Car là nous contemplons les jugemens de Dieu".

162   Il fournirait des "arguments" de la vertu de Dieu "aussi clairs et évidens" que le deuxième mode (I/V/7).

163   "... le monde n'a peu faire son profit de la sagesse de Dieu quand il s'est déclaré Créateur, tellement que par regarder le ciel et la terre on pouvoit venir à luy ..." (2e sermon sur Esaïe 53, CO 35, p. 610).

164   "Vray est qu'en cest ordre de nature nous voyons quelque confusion: mais d'où procède-t-il que Dieu ne dispose point les choses comme il seroit à souhaiter, mais qu'il semble que tout doive renverser? D'où procède cela? De nos péchez: nous sommes cause que ce que Dieu avoit ordonné dès le commencement ne continue pas, que nous faisons beaucoup de meslinges confus. Tant y a qu'en cest endroit nous devons sentir que Dieu est juste juge. Cependant que nous cognoissions qu'il ne confond point tellement l'ordre de nature, que tousjours il ne nous face sentir sa bonté et son amour paternelle" (CO 33, p. 541).

165   "Dieu besongne mesmes en l'ordre commun de nature, tellement que nous y sommes confus, et que nos sens y sont esblouis. Il est vray que nous verrons bien ce qui se fait, et mesmes nous en cognoistrons quelque raison: mais tant y a qu'après avoir bien conté et rabbatu, si faut-il que nous concluons tousjours que la sagesse de Dieu nous est cachée (je di en toutes ces choses patentes) .... Nous foulons l'herbe au pié: et nous ne daignons pas jetter l'oeil jusques là pour dire: Bénit soit Dieu qui fait ainsi fructifier la terre. Au reste que nous avisions quant et quant à nostre rudesse et stupidité" (150e sermon sur Job, CO 35, p. 396). Cf. aussi 143e et 148e sermon sur Job, CO 35, p. 312 et p. 370.

166   Peter Brunner déclare dans le même sens, en se fondant sur la seule *Institution*: "Obwohl Gott als der Schöpfer durch seine Urbezeugungen prinzipiell erkennbar ist und erkannt sein will, steckt der Mensch inbezug auf die Erkenntnis Gottes und des göttlichen Willens durch seine Schuld in völliger Blindheit" (*art.cit.*, p. 201.)

167   CO 35, p. 339.

168   Cf. le 46e sermon sur Job, CO 33, p. 570, cité n. 174, et le 143e sermon sur Job, CO 35, p. 312.

169   Cf. le 150e sermon sur Job, CO 35, p. 396, cité n. 165.

170   "Quand l'ordre est ainsi gardé (allusion au cours du soleil), et n'est-ce point une chose qui nous doit ravir en estonnement, pour nous faire adorer la majesté incompréhensible de nostre Dieu? Ouy, si nous n'estions pires que bestes brutes. Nous avons les yeux, et nous n'en voyons goutte" (149e sermon sur Job, CO 35, p. 380). "Un homme qui a courte veue, et qui a les yeux vicieux, combien que on luy monstre des choses, il ne les apperçoit point. Or nous avons non seulement la veue courte, mais nous sommes aveugles du tout aux oeuvres de Dieu" (59e sermon sur Deutéronome, CO 26, p. 605). "Nous avions une bonne instruction pour nous mener à Dieu, voire en sagesse, si nous eussions fait nostre profit de tout ce que nous monstroit en tout l'ordre du ciel et de la terre: mais pour ce que les hommes sont aveugles et ferment les yeux à ceste sagesse que Dieu leur met en avant, voilà pourquoi il faut (allusion à la révélation spéciale) qu'il use d'une façon nouvelle" (19e sermon sur les Galates, CO 50, p. 510). "Depuys le péché d'Adam nous sommes comme aveugles et abrutis, mais cependant si trouvera-(t)-on qu'il y a de la malice qui nous empesche de cognoistre Dieu; et que de nous-mesmes nous taschons d'estraindre (*sic*, au lieu d'esteindre) la clarté quand elle s'offre" (1er sermon sur la Genèse, fo. 1). "Le diable nous tient comme les yeux bandez par le péché d'Adam" (*ibid.*, fo. 3).

171   "N'est-ce pas une grande honte que nous vivions ici au monde comme en un beau théâtre et spacieux, où Dieu nous donne la veuë de toutes ses créatures, que cela nous passe à travers des yeux, et cependant que nous le mettions en oubly, luy qui en est l'autheur, luy qui a voulu que le ciel et la terre, et tout ce qui y est contenu fussent

comme des miroirs de sa gloire, ainsi qu'il est dit que aux choses visibles nous pouvons voir les choses invisibles (Rom. 1/20)? Ainsi donc, quand il nous a mis au monde et que nous ne tenons conte de tout cela, ne faut-il pas bien dire que nous ayons un esprit par trop malin? Il est vray que nous sommes aveugles, et quand il est question de Dieu, nous ne concevons rien de luy . . ." (34e sermon sur Job, CO 33, p. 419).

172 "Que nous ne soyons point si aveugles de contempler le ciel, que là nous n'appercevions ceste image vive de la majesté de Dieu, et d'une vertu miraculeuse qui s'y monstre. Car il vaudroit mieux que nous eussions les yeux crevez que d'avoir jouissance de ces beaux ouvrages de Dieu, et de les voir, si nous ne venions à en faire nostre profit montans jusques à l'autheur" (96e sermon sur Job, CO 34, p. 434).

173 "Quand nous aurons le beau temps, que nous verrons le soleil pour jouir de sa clarté, nous ne regarderons point que c'est Dieu qui a allumé une telle lampe pour nous esclairer. Nous ne regardons donc nullement à Dieu, et c'est un grand vice et trop brutal" (19e sermon sur Job, CO 33, p. 243).

174 "Qui est donc cause que nous sommes ainsi abbrutis, et que nous ne cognoissons pas ce qui est de Dieu? Et c'est d'autant que nous ne regardons pas à ce qui nous est tout visible et patent. Chacun dira pour s'excuser: O je ne suis point clerc, je n'ay point esté en l'escole. Ouy bien: mais il faudroit apprendre seulement des bestes brutes; la terre qui ne parle point, les poissons qui sont muets, ceux-là nous pourront enseigner de Dieu, non pas tout ce qui en est, mais pour en donner quelque intelligence. Or est-il ainsi que nous sommes du tout hébétez. Il faut donc conclure qu'il ne tient qu'à notre ingratitude, et que nous ne daignons pas ouvrir les yeux pour contempler ce que Dieu nous monstre" (46e sermon sur Job, CO 33, p. 570).

175 Cf. le 96e sermon sur Job, CO 34, p. 434, cité n. 172.

176 "Les payens ont subtilement disputé des secrets de nature, et rien quasi ne leur a esté caché. Voire, mais ç'a esté pour s'amuser en ce monde et ne parvenir point à Dieu. Et qu'est-ce d'une telle sagesse, sinon un abysme confus? Car quelle ingratitude est-ce là que les hommes espluchent si soigneusement toutes les oeuvres de Dieu, et qu'ils ne pensent point au Créateur, et ne leur chaille de luy? Ainsi maudite soit une telle sagesse qui s'amuse à subtilement s'enquérir de ces choses inférieures, et cependant mesprise le Créateur . . . Ainsi donc notons bien quand nous lirons ces grans philosophes, ou que nous en orrons parler, et que nous verrons qu'ils ont cognu les choses qui nous semblent estre incompréhensibles, que ce nous sont autant de miroirs de l'aveuglement qui est en tous hommes . . ." (146e sermon sur Job, CO 35, p. 340–341).

177 "Nous devons ouïr la mélodie des estoilles, comme elles ont commencé de chanter dès leur création; et il est certain qu'une telle mélodie nous devroit bien resveiller pour nous soliciter à chanter les louanges du Seigneur, et à le glorifier. Ouy, si nous n'estions plus que sourds, il nous faudroit bien recevoir et prester l'aureille de nostre coeur à tels chants, et si mélodieux" (148e sermon sur Job, CO 35, p. 369).

178 "Dieu fait résonner ses créatures muettes d'autant que sa gloire est là imprimée, mais nous n'oyons rien de ceste mélodie-là. Ainsi donc il ne tient qu'à nostre malice, quand nous n'appréhendons pas la gloire de Dieu qui nous est visible et qui se présente en toutes ses créatures, et en l'ordre qu'il a establi au monde et qu'il garde tant ferme que rien plus" (149e sermon sur Job, CO 35, p. 380). Cf. aussi le 162e sermon sur Deutéronome, CO 28, p. 459: "Quand le soleil journellement se lève pour nous esclairer, . . . c'est comme si Dieu nous esveilloit chacun matin et qu'à haute voix il criast que c'est bien raison que sa bonté, et sagesse, et vertu infinie soit cogneue. Or nous n'avons point d'aureilles pour escouter".

179 "Toutes les créatures . . . nous doivent conduire au ciel. Or il est vray que nous en faisons tout au rebours, car nous appliquons les créatures de Dieu à nos cupiditez, en sorte que nous sommes retenus ici-bas. Bref autant d'aides que Dieu nous avoit données pour nous attirer à soy, ce nous sont autant d'empeschemens pour nous retenir en ce monde" (20e sermon sur les Galates, CO 50, p. 530).

180 "Dieu se déclare à nous par sa parole, mais cependant si sommes-nous inexcusables quand nous ne l'aurons point considéré en ses oeuvres, comme là il ne se laisse point sans tesmoignage, comme dit S. Paul au 14 des Actes parlant de l'ordre de nature qui est comme un miroir auquel nous pouvons contempler que c'est de Dieu" (19e sermon sur Job, CO 33, p. 237). "Il est certain qu'il ne faudra autre chose pour nous condamner devant Dieu et nous oster toute excuse, sinon qu'avec les yeux il nous a donné quelque raison et intelligence pour comprendre les choses admirables qu'il nous monstre et haut et bas" (96e sermon sur Job, CO 34, p. 434). "Quant aux payens et incrédules, il est vray que desjà ils sont inexcusables quand ils ne cognoissent point Dieu, lequel se monstre en toute la création du monde" (179e sermon sur Deutéronome, CO 28, p. 676). "Notons que ce mot de révélation nous condamne tous d'aveuglement. Car nous aurons les yeux ouverts pour discerner entre le blanc et le noir, nous verrons le soleil et la lune, nous verrons les choses de ce monde et en pourrons juger: il ne faut point que nous ayons révélation nouvelle pour cela, car nous l'avons de nature" (6e sermon sur Ephésiens, CO 51, p. 320). "Nous voyons quelle a esté l'intention de Dieu quand il a dicté à Moyse ce que maintenant nous oyons touchant la création du monde. Ce pendant cognoissons que nostre ingratitude nous sera reprochée, et qu'à bon droict nous serons accusez d'estre villains puys qu'il nous fault admonester d'une chose qui nous doibt estre si patente, comme j'ay desjà dict. Car nous ne pouvons ouvrir les yeux qu'en despit de noz dentz Dieu ne se présente à nous" (1er sermon sur la Genèse, fo. 1 vo. — 2). "Combien que le ciel et la terre nous doibvent donner instruction suffisante pour nous amener à Dieu, si est-ce que le tout ne nous profitera de rien sinon de nous rendre inexcusable, comme dict St. Paul après nous avoir enseigné que les choses visibles nous amènent à Dieu et à son essence et vertu incompréhensible, il adjouste voire tellement que les hommes sont rendus inexcusables" (ibid., fo. 2 vo.). "Combien que le ciel et la terre nous rendent inexcusables si nous n'adorons Dieu, tant y a que nous ne le pouvons pas cognoistre jusques à ce qu'il se soit déclaré à nous privément" (25e sermon sur II Samuel, SC 1, p. 217).

181 CO 35, p. 307.

182 "Quand nous avons eu de telles instructions (sous-ent.: celles que Dieu donne en châtiant les uns et en délivrant les autres), si nous sommes encore sourds et aveugles, ne serons-nous point accusez par ce passage (c'est-à-dire: Deuteronome 29/4)? Il est bien certain ... Cognoissons que tousjours nous avons à nous condamner en nostre ignorance, car ceux mesmes qui ont péché sans la Loy, périront, comme dit sainct Paul au 2. des Romains. Car à quoy tient-il que nous ne voyons ce que Dieu nous monstre, sinon à nostre malice? Voilà donc comme il nous faut condamner quand nous n'avons peu estre enseignez par tous les moyens que Dieu nous donne, quand il nous veut attirer à sa cognoissance" (164e sermon sur Deutéronome, CO 28, p. 495).

183 "N'ayans point d'Escriture ne de Loy pour estre enseignez, il falloit qu'ils (sous-ent.: les payens) fussent touchez de ceste gloire et hautesse qui apparoissoit au soleil et à la lune" (85e sermon sur Job, CO 34, p. 297). "Vrai est que ceste appréhension (sous-ent.: de l'ordre de nature) suffira assez pour nous condamner .... et encores que les hommes n'ayent jamais eu ne Loi, ni Escriture, tant y a qu'ayans vescu en ce monde, ils n'ont plus d'excuse: car Dieu s'est assez déclaré à eux pour les arguer d'une malice et d'une rébellion certaine" (144e sermon sur Job, CO 35, p. 322). ". . . Ceulx qui n'ont jamais oy parler de Dieu n'ont point toutesfoys d'excuse, pourtant que nature nous enseigne assez qu'il y a ung créateur, nous savons donc cela que tous ceulx qui se destournent pour aller après les superstitions sont condampnez" (17e sermon sur Jérémie, SC 6, p. 116).

184 "Il est bien vray que Dieu a tousjours testifié de soy, je di mesmes aux payens; et combien qu'ils n'eussent ne Loy, ne Prophètes, Dieu s'est déclaré à eux en tant que besoin a esté, pour les rendre inexcusables. Quand il n'y auroit que la pluye et le soleil, qu'il n'y auroit que l'ordre de nature (comme sainct Paul en parle au quatorzième des

50

Actes), ces tesmoignages-là sont assez suffisans pour rendre les infidèles convaincus qu'ils ont esté ingrats à Dieu, lequel les a formez, et lequel les a nourris en ce monde. Et c'est ce qui est dit au Pseaume que nous avons chanté que le ciel, et le soleil, et les estoilles, combien qu'ils ne parlent point, ont une telle résonnance qu'il ne nous faut point avoir d'autres docteurs: voilà un livre escrit en assez grosses lettres pour nous monstrer que Dieu doit estre glorifié de nous" (15ᵉ sermon sur I Timothée, CO 53, p. 177).

185 "Il (c'est-à-dire: saint Paul) parle là (Romain 1/20 ss.) notamment des payens et incrédules qui n'ont peu rien sçavoir de Dieu, sinon par le ciel et la terre, et par les créatures; ils n'ont eu sinon ce grand livre auquel ils devoyent glorifier Dieu; et quand ils ne l'ont pas fait, voilà pourquoy ils sont condamnez en telle sorte" (28ᵉ sermon sur les Ephésiens, CO 51, p. 604).

186 "Combien que les estoilles ne parlent point, si est-ce qu'en se taisant, elles crient si haut qu'il ne faudra pas d'autres tesmoins contre nous au dernier jour, d'autant que nous n'aurons point entendu ce qui nous estoit là monstré. Voilà donc ce que nous avons à retenir, comme sainct Paul aussi en parle au premier chapitre des Romains (v. 20), que Dieu estant invisible en soy et en son essence, s'est assez manifesté aux créatures, afin que nous soyons rendus inexcusables, et comme il est dit aux Actes (14/17), il ne s'est point laissé sans tesmoins, il crie haut et clair par ses créatures que tout est bien procédé de luy" (46ᵉ sermon sur Job, CO 33, p. 570).

187 "Voilà donc les hommes qui sont assez convaincus quand il a tonné: car ils devoyent comprendre la voix de Dieu, ce grand bruit et si résonant qu'il fait retentir l'air. Et puis si les hommes disent qu'ils sont ignorans et comme en ténèbres, et quoy? Les esclairs sont comme pour fendre le ciel; nous voyons qu'il y a là une telle clarté que Dieu se monstre suffisamment, voire pour nous oster toute couverture, afin que nul ne se flatte en son hypocrisie, et que nous ne prétendions point d'estre justifiez comme si nous n'avions rien cognu de Dieu" (144ᵉ sermon sur Job, CO 35, p. 318). "Il faut tousjours venir à ceste comparaison que j'ai touchée, que si Dieu tonnant en l'air d'un son confus, parle assez pour condamner les povres incrédules, et si quand il fait voler les esclairs, voilà une lumière qui sera pour condamner les aveugles, et que sera-ce quand il parle doucement . . . ? " (Ibid., p. 323).

188 Dieu "armera toutes ses créatures; il aura autant d'advocats et de procureurs contre nous comme il y a d'oiseaux au ciel ou en l'air, autant qu'il y a de poissons en la mer, et autant qu'il y a de bestes sur la terre" (153ᵉ sermon sur Job, CO 35, p. 437). Cf. aussi le 46ᵉ sermon sur Job, CO 33, p. 572: "Quand nous serions privez de l'Escriture saincte, que nous n'aurions nulle doctrine, si est-ce que ce que les bestes nous monstrent est assez pour nous condamner et nous oster toutes excuses".

LA REVELATION SPECIALE[1]

L'homme pécheur ne pouvant pas connaître Dieu par le truchement de la révélation générale (quoique celle-ci, considérée objectivement, n'ait rien perdu de sa valeur après la chute d'Adam[2]), une révélation spéciale est nécessaire. Cette révélation, spéciale parce qu'elle ne s'adresse qu'au peuple de l'Ancienne et de la Nouvelle Alliance, aux Juifs et aux Chrétiens, n'est rien d'autre que la révélation biblique qui rend témoignage à Jésus-Christ. Il nous faut donc examiner au cours de ce chapitre la place faite dans les sermons de Calvin à la révélation scripturaire et aux problèmes connexes, celui de l'inspiration de la Bible et celui de son actualisation par le moyen du Saint-Esprit.

1. L'Ecriture, révélation de Dieu

Parce que, dans notre rudesse et notre infirmité, nous sommes incapables de déchiffrer les oeuvres de Dieu[3] — à regarder seulement celles-ci, "nous serons agités à tous vents" comme des roseaux[4], nous serons "étonnés et tremblants", considérant Dieu comme un "ennemi mortel"[5], — parce qu'il ne suffit pas que nous admettions l'existence d'un Dieu unique, mais qu'il faut encore que nous le connaissions[6], parce qu'enfin nous ne pouvons pas, en raison du péché, nous contenter de savoir que Dieu est le Créateur, mais que nous devons voir en lui le rédempteur[7], nous avons besoin d'une révélation où Dieu "se déclare plus privément à nous" que dans la nature[8]. Cette révélation capable de nous atteindre dans notre déchéance, c'est celle que Dieu nous donne dans sa Parole[9]. Par elle seule, nous pouvons échapper au "mensonge" des "religions du monde"[10] et connaître vraiment Dieu, libérés de nos "fantaisies" et de nos "imaginations volages"[11]. Du fait qu'elle conduit infailliblement à Dieu, elle est comparée parfois par Calvin à une échelle qui permet de monter jusqu'au ciel[12]. Mais la comparaison que le Réformateur emploie le plus souvent lorsqu'il parle de la révélation scripturaire, — il envisage alors celle-ci dans ses rapports avec la révélation générale, — est celle des lunettes. L'Ecriture, en effet, nous permet de déchiffrer, de lire les oeuvres de Dieu[13], de discerner derrière celles-ci Celui qui les a produites[14]. Bien plus, elle rend la vue aux aveugles que nous sommes, et leur apprend à distinguer, à travers ses dons, l'auteur de tous biens[15].

La comparaison des lunettes qui ne saurait signifier, comme Peter Barth a cru pouvoir le faire dire à Emil Brunner[16], que l'Ecriture permet à l'homme, après l'avoir guéri de son aveuglement en face de l' "ordre de nature", de lire la révélation générale sans le secours de la révélation biblique, implique évidemment la supériorité de celle-ci sur celle-là. Pour marquer cette supériorité, Calvin emploie deux images qu'il n'est pas inutile de relever. Quelque part, il oppose la lumière intermittente des astres à la clarté perpétuelle de l'Ecriture[17]. Ailleurs, il compare les dispensations de l'ordre de nature à des mets dépourvus de goût et de saveur, et il fait de la Parole le sel capable de les assaisonner[18]. Aux yeux du réformateur, il n'y a donc aucun doute possible: si nous voulons connaître Dieu, et non nous forger un "fantôme" ou une "idole", nous devons recourir à la Bible[19]. En elle, Dieu se manifeste en telle sorte qu'elle mérite d'être respectée autant qu'une théophanie[20]. Aussi digne d'estime qu'elle soit, l'Ecriture ne doit pas, cependant, être confondue avec Dieu: entre elle et lui, il n'y a pas identité, mais similitude seulement. Elle le révèle "comme en son image vive"[21], comme en un miroir à notre portée[22].

Dans le 123e sermon sur le livre de Job, Calvin a relevé en termes excellents la limitation inhérente à l'Ecriture par le fait même qu'elle est révélation. Après avoir affirmé, c'est le premier point de sa démonstration, que "nous devons avoir les aureilles dressées pour recevoir la doctrine que Dieu nous enseigne", il ajoute: "Pour le second, notons que Dieu ne veut point maintenant nous déclarer toutes choses, mais qu'il nous faut pratiquer ce que dit sainct Paul en la première des Corinthiens (cf. 13/9), c'est assavoir que maintenant nous cognoissons en partie, que nous voyons comme par un miroir et en obscurité, nous ne sommes pas encore venus au jour de pleine révélation. Car combien que l'Evangile soit appellé une clarté de plein midi, toutes fois cela se rapporte à nostre mesure ... Or le troisième est que Dieu nous tient ainsi, non pas qu'il soit chiche de nous déclarer plus outre sa volonté, mais il cognoist ce qui nous est propre. Et ainsi donc notons bien que Dieu nous enseigne pour nostre édification. Qu'est-ce donc que de la mesure de foi? Qu'est-ce de la doctrine de l'Escriture saincte? C'est une règle que Dieu cognoist nous estre bonne à salut"[23].

Du texte que nous venons de citer, il ressort que la révélation biblique est limitée sous un premier angle: partielle, se rapportant "à nostre mesure", elle ne dévoile pas le secret de l'essence de Dieu, mais elle possède le caractère d'accommodation à notre "rudesse et infirmité"[24] que nous avons déjà signalé dans notre chapitre premier en parlant de la révélation en général[25]. Calvin exprime cette pensée dans de nombreux sermons, et sous des formes très diverses. Ainsi, selon lui, en se révélant à nous par l'Ecriture, Dieu descend à nous et se rend "familier"[26], il "condescend à notre rudesse"[27], "s'abaisse à notre infirmité"[28], habite en quelque sorte "au milieu de nous"[29]. Mais en quoi consiste précisément l'abaissement de Dieu dans la révélation biblique? Dans le fait que, renonçant à s'exprimer dans le style qui conviendrait à sa majesté, Dieu y utilise un langage accessible à tous[30]. Il fait preuve ainsi d'une simplicité que d'aucuns, certains "phantastiques", jugent digne du "commun populaire"[31]. Bien plus, il parle "d'une façon grossière et rude"[32], il adopte "un style rude et grossier"[33], il recourt à "un langage assez rude et bas"[34].

Pour illustrer la condescendance de Dieu, son accommodation à l'homme dans la révélation biblique dépourvue de "fard"[35], de "pompe" et de "faconde humaine"[36], le Réformateur se sert de plusieurs images. La plus courante, inspirée de saint Paul, est celle de la nourrice, qui, pour se mettre à la portée des petits qui lui sont confiés, bégaye avec eux[37]; ainsi, l'Ecriture est le bégaiement divin adapté à la compréhension des hommes[38]. Plus rarement, les sermons comparent le Dieu qui se révèle dans la Bible à un père qui instruit privément ses enfants[39], à un maître d'école qui enseigne ses élèves[40], à une mère ou à une nourrice qui sustente sa famille[41]. Enfin, Calvin illustre le caractère d'accommodation de la révélation scripturaire en déclarant que Dieu nous y "amielle"[42], c'est-à-dire: nous y allèche, et qu'il nous y "mâche les mots"[43], "la doctrine"[44], "la viande"[45], "les morceaux"[46] afin que nous puissions les "digérer".

La volonté de Dieu de se mettre au niveau de l'homme façonne donc le style de l'Ecriture. C'est en raison de la condescendance divine à notre égard que celle-ci contient un grand nombre de "figures" et de "comparaisons"[47]. Discernable, selon Calvin, dans maints passage de la Bible, le principe d'accommodation trouve, cependant, dans la prédication, trois grandes aires d'application.

La première des ces aires est celle de la cosmologie. Les sermons inédits sur le Genèse montrent que le Réformateur a été frappé, à plusieurs reprises, par le fait que Moïse (qui, à ses yeux, est, sous la conduite de l'Esprit, le rédacteur du Pentateuque) s'écarte des conceptions scientifiques du XVIe siècle. Plutôt que de dénier toute valeur au texte sacré, Calvin fait alors appel, de manière très heureuse, au principe d'accommodation. L'expression ou le passage qui pourrait heurter un savant de son temps devient ainsi pour lui une façon commune de parler[48], plus exactement: une adaptation à "la petite faculté des idiotz"[49], une conformation à "la rudesse des plus ignorans et idiotz"[50]. Le cas de Genèse 1/16 est à cet égard des plus caractéristiques. Dans ce verset, il est question de la création par Dieu de deux grands luminaires, le soleil et la lune. Or, reconnaît le Réformateur, "les astrologues monstrent bien par raisons évidentes qu'il y a daultres planettes qui sont plus grandes que n'est la lune"[51]. Moïse s'est-il donc trompé? Non. Il a "icy usé d'ung stile rude et grossier"; il "n'a point voulu faire de l'astrologue, non pas qu'il fust ignorant de cela, mais il s'est conformé à la rudesse et débilité des hommes, afin que selon nostre mesure nous concevions ce qui nous est nécessaire pour nous instruire en la crainte de Dieu et en la fiance de sa bonté"[52]. Comme on le voit, la notion d'accommodation était capable de résoudre bien des difficultés. Calvin, cependant, ne sut pas s'en servir toujours avec consequence. Faute de recourir à elle et de considérer le géocentrisme biblique comme une explication de l'univers adaptée à notre rudesse, il a condamné les disciples de Copernic[53].

La deuxième aire où Calvin applique largement le principe d'accommodation est celle de la théologie, au sens étroit du terme. Le Réformateur considère en effet les anthropomorphismes de l'Ecriture comme autant de concessions à notre infirmité. "Nous savons que Dieu est esprit, c'est-à-dire une essence incompréhensible, déclare-t-il dans le 18e sermon sur l'Harmonie des trois Evangélistes. De luy attribuer donc des entrailles ny boyaux, il ne semble pas que cela convienne à sa majesté; mais il faut qu'à cause de nostre rudesse, et mesmes de nostre ingratitude, le Saint Esprit bégaye en telle sorte"[54]. Ainsi, c'est pour s'adapter à notre compréhension que la Bible nous parle du visage[55], de la prunelle de l'oeil[56], du dos de Dieu[57], qu'elle nous dit qu'il lève la main[58], qu'il se réjouit[59], qu'il rit[60], qu'il pense[61], qu'il se repent[62], qu'il s'attriste[63], qu'il se met en colère[64] et qu'il prend plaisir à faire du bien aux siens[65]. L'accommodation impliquée par chacune de ces expressions constitue de la part de Dieu une véritable transfiguration, pour employer un terme que justifie amplement, à notre sens, l'usage même de Calvin[66].

La troisième aire où le Réformateur utilise la notion d'accommodation, beaucoup plus rarement, il est vrai, que dans la cosmologie et la théologie proprement dite, est celle de la christologie. Dans ce domaine, Calvin tient à souligner que le terme johannique de "Parole" (qui appartient au genre de la comparaison, de la similitude, dont l'Ecriture se sert en raison de notre infirmité) doit être employé avec précaution: jamais il ne doit faire oublier qu'aucune "proportion" n'existe entre le Fils de Dieu auquel il est appliqué et la réalité humaine d'où il est tiré. Le prédicateur de Genève déclare ainsi dans la Congrégation sur la divinité de Jésus-Christ: "Quant au mot . . . , il ne nous faut imaginer un conseil, ou une sagesse en Dieu qui soit semblable à la parolle des hommes. Il est vray que nous pourrons bien prendre quelque comparaison de nous, mais il faut tousjours regarder la longue distance qui est entre nous et Dieu . . . Il n'y a point de proportion. Ainsi donc quand on sous amènera quelque similitude des créatures, il nous faut tousjours noter ceste grande distance qui est entre Dieu et nous . . . Ainsi donc nous pourrons bien prendre de telles similitudes, mais cependant si nous faut-il considérer qu'il est yci[67] parlé de choses si hautes qu'il faut que tout sens humain soit abbaissé"[68].

Accommodée à notre entendement, l'Ecriture "nous cache beaucoup de choses"[69]. S'ensuit-elle qu'elle soit insuffisante? Non. Car, quoiqu'elle ne nous livre pas le secret de Dieu, elle nous fait connaître tout ce dont nous avons besoin. Limitée dans le sens que nous avons vu plus haut, elle est limitée encore sous un second angle, pour reprendre les distinctions du 123e sermon sur le livre de Job[70]. En attendant la parousie où nous serons introduits au coeur du mystère de Dieu[71] – il y a ici un rappel de I Corinthiens 13/12 – elle a une portée éminement "pratique"[72]: elle ne nous révèle que ce qui est bon, expédient, nécessaire, propre et utile à notre salut[73]. Mais en nous dévoilant "seulement" les conditions de notre rédemption, elle n'élude aucun problème essentiel, quoi que nous puissions en penser dans notre curiosité[74]. C'est ce que montre bien le 17e sermon sur l'Epître à Tite: "Dieu ne nous a point porté envie en nous cachant ce qu'il n'a point déclaré en l'Escriture saincte, mais il a choisis ce qui nous estoit bon et utile. Et en cela voyons-nous quelle folie c'est à beaucoup de gens qui se faschent quand ils ne trouvent point en l'Escriture tout ce qui leur vient au cerveau. Et pourquoy est-ce que Dieu n'a parlé de ceci? Pourquoy est-ce que cela n'est déclaré? Pourquoy est-ce qu'une telle question n'est résolue? Voire, mais Dieu nous a déclaré ce qu'il sçavoit nous estre propre; contentons-nous d'escouter ce qu'il nous dit, et nous trouverons que rien ne nous défaudra"[75].

A étudier l'oeuvre homilétique de Calvin, on découvre que le Réformateur a été comme obsédé par la crainte de voir les chrétiens s'achopper aux limitations de la révélation scripturaire. Ainsi, rappelant que nous ne pouvons "enclore en nostre sens et en nostre cerveau ce que nostre Seigneur cache par devers soy"[76], il multiplie les appels à ses auditeurs, les invitant à faire preuve de "sobriété", de "sagesse", de "modestie" et d' "humilité" en face de l'Ecriture. Il leur demande de ne point "s'ingérer plus qu'il ne leur appartient"[77], de ne pas "s'enquérir plus avant que Dieu ne leur a déclaré"[78], de "ne point plus savoir que jusques là où Dieu les conduit"[79] et de "ne point appéter de savoir ce que leur Seigneur leur a caché"[80]. Il les engage à renoncer à la curiosité[81] et à la spéculation[82], qui, en prétendant "passer outre", c'est-à-dire aller au-delà du donné révélé[83], risquent de faire d'eux des idolâtres[84] ou des suppôts du diable[85]. Il les met en garde contre le fait d' "éplucher" ce qui doit leur rester inconnu[86], contre la "présomption enragée de vouloir concevoir en leurs cerveaux ce qui ne leur est point permis"[87], contre le "blasphème exécrable" de vouloir combler les prétendues lacunes de l'Ecriture[88], et, finalement, contre la menace d'un syncrétisme dans lequel, sous prétexte d'épuiser les secrets de Dieu, certains "outrecuidés" cherchent à allier à l'Evangile "l'Alchoran de Mahomet, et toutes les resveries des payens, et les superstitions des papistes"[89]. Il les exhorte enfin à s'en tenir à la "simplicité de la Parole de Dieu"[90], à demeurer ignorants sur tous les points où elle garde le silence[91], à accueillir avec respect les mystères dont elle parle[92], à éviter de la juger selon leur sens propre comme le font certains[93], et, plutôt que de s'égarer dans le "labyrinthe" où les pousse une téméraire indiscrétion[94], à se laisser guider par la clarté, comparable au soleil, qui émane d'elle[95].

Si certains déplorent la simplicité de l'Ecriture, d'autres au contraire, et parmi eux les catholiques, estiment qu'elle est "une chose trop haute"[96], "une mer trop profonde" ou "un abîme"[97], en un mot, qu'elle est "trop obscure et difficile"[98]. Ils emploient toute une série d'excuses pour légitimer leur réserve envers la révélation biblique. Dans tous les propos que Calvin leur prête, ils allèguent leur ignorance. Ils disent: "Je ne suis pas grand clerc pour cognoistre les secretz de l'Escriture"[99], ou encore: "Je suis un povre ignorant; je ne suis pas homme tant aigu qu'on diroit bien; je n'ay pas esté si long temps à l'escole que pour savoir ce qui ne sera point commun aux gens idiotz et non lettrez"[100], ou enfin: "Je ne veux point cognoistre l'Escriture sainte, j'en pourroye estre trompé"[101]. Le Réformateur s'élève avec fermeté contre ceux qui invoquent de telles excuses. Sans nier que la Bible ne puisse présenter des passages obscurs[102], difficiles à "digérer"[103] — cette obscurité, pourtant, ne se trouve pas, selon lui, dans le texte sacré, mais elle provient de notre aveuglement, lui-même conséquence du péché[104], — il leur objecte que la révélation scripturaire ne contient aucune ambiguïté[105] et qu'en elle Dieu nous parle un langage compréhensible[106]. Même si elle aborde de grands mystères, elle nous est accessible[107], ou, du moins, suffisamment claire pour que nous trouvions le chemin du salut[108]. Contrairement à ce qu'affirment les papistes afin de détourner d'elle les laïques, on peut y "mordre", pour employer le verbe qu'en ce contexte Calvin affectionne[109].

La méfiance[110], bien plus, l'hostilité à l'égard de l'Ecriture[111] apparaît, aux yeux du Réformateur, comme un des défauts les plus graves de l'Eglise romaine. Dans plusieurs sermons, il s'en prend avec âpreté au clergé qui empêche "le simple peuple de lire la Parole de Dieu"[112], sous prétexte, non seulement qu'il ne la comprendra pas, mais encore qu'il la comprendra mal et qu'il tombera ainsi dans l'hérésie[113]. Calvin s'indigne du "blasphème diabolique"[114] qui consiste à regarder la Bible comme une source de confusions et d'erreurs. Mais il ne s'arrête pas là. Il relève que "Dieu n'a point donné sa Parolle pour une petite portion de gens", qu'il "n'a point parlé seulement pour les grans docteurs", mais pour tous les hommes, y compris les plus petits et les plus ignorants[115]. En face de l'Ecriture, la distinction entre clercs et laïques est dépourvue de tout fondement[116]. Parmi les nombreux textes que l'on pourrait citer ici, le 43e sermon sur le livre de Job exprime sans doute le mieux le jugement du Réformateur sur la réserve envers la révélation biblique observée par les catholiques du XVIe siècle. Calvin y déclare: "Ne faisons pas comme les papistes qui diront qu'ils s'abstiennent de rien savoir, pource que la doctrine de l'Escriture saincte ne peut estre comprinse de tous, et qu'il y a grand danger qu'on ne s'entortille en beaucoup d'erreurs et hérésies, et que voilà d'où toute la confusion est venue au monde quand les hommes ont esté transportez d'un fol appétit . . . Il semble bien de prime face que cela ait quelque couleur, mais si est-ce que ce sont autant de blasphèmes exécrables contre Dieu. Et pourquoy? Car . . . combien que la doctrine qui est en la Loi et en l'Evangile soit si haute que nos esprits n'y pourroyent atteindre, si est-ce que Dieu n'a point publié en vain sa Loy et n'a point commandé en vain qu'on preschast l'Evangile à toutes créatures, voire aux plus idiots, d'autant qu'il se révèle là d'une façon amiable et si douce qu'il n'y a celui qui ne puisse privément cognoistre ce qui est là monstré. Ainsi donc que nous ne soyons point ingrats à nostre Dieu, que nous ne l'accusions point d'avoir parlé comme au fond d'une bouteille"[117].

Calvin élève une autre critique contre les théologiens romains. Il les accuse de soutenir que l'Ecriture peut être interprétée d'autant de manières qu'elle a de commentateurs, et que, par conséquent, on ne saurait fonder sur elle aucune certitude de foi. En opposition aux protestants qui croyaient à la *perspicuitas,* à la clarté de la révélation scripturaire, les controversistes catholiques du XVIe siècle comparaient en effet la Bible à une règle de plomb ou, le plus souvent, à un nez de cire qu'on peut modeler à sa guise. Cette dernière image qui était déjà connue au Moyen Age[118] suscite l'indignation du Réformateur. Il la mentionne à maintes reprises dans sa prédication, en général dans un contexte où il est question des papistes[119]. Il déclare ainsi dans le 23e sermon sur la seconde Epître à Timothée: "L'Escriture saincte a esté tirée par les cheveux, en sorte qu'il y a eu une horrible confusion et sacrilège quand une chose si saincte a esté convertie à l'appétit des hommes; et mesmes ils — c'est-à-dire: les docteurs qui devaient enseigner les fidèles — n'ont point eu honte de l'appeler un nez de cire, voire pour la prophaner du tout. Et on voit bien par cela qu'ils se sont mocquez pleinement de Dieu: Et l'Escriture saincte n'est qu'un nez de cire! Et aujourd'huy quand ils disputent contre nous, voilà leurs belles allégations, qu'ils disent qu'il n'y a point d'arrest en l'Escriture saincte, qu'on ne sçait comme on la doit prendre ni exposer . . . . Car (disent-ils) puis que l'Escriture saincte est un nez de cire, on la peut tourner çà et là comme on veut. Nous voyons donc comme le diable a dominé du tout à bride avallée en ceste maudite et exécrable papauté"[120]. Fréquente dans la polémique antiromaine, l'image du nez de cire est utilisée beaucoup plus rarement par Calvin soit pour caractériser l'attitude des exégètes qui recourent à l'allégorie[121], soit pour illustrer l'inanité des conversations ou des plaisanteries auxquelles la Bible donnait lieu dans les tavernes de Genève[122].

Comme on aura pu le remarquer, Calvin est tellement indigné par l'emploi que font les catholiques de l'image du nez de cire — c'est un blasphème selon lui[123] — qu'il esquive, dans tous les textes que nous avons cités jusqu'ici, le problème que posent indéniablement au théologien les diverses interprétations possibles de l'Ecriture. Est-il toujours aussi peu loquace? Oui, nous semble-t-il. Certes, en plus d'un endroit il fait suivre l'allusion au nez de cire d'un rappel des qualités de la Parole: elle n'est pas destinée à "repaistre nostre curiosité", ni à "chatouiller nos aureilles", mais à "édifier nos âmes"[124]; elle a "la propriété et vertu de nous asseurer de tout ce qui est bon pour nostre salut"[125]; elle est là pour nous rappeler "ce que Dieu commande et ordonne"[126]. Rien, cependant, dans les exemples que nous venons de mentionner, ne laisse entendre que Calvin a été sensible à la difficulté d'interpréter la Bible; pour lui, c'est uniquement la faute des papistes si celle-ci ne parvient pas à assurer leur foi. A notre connaissance, il n'existe en définitive qu'un texte où, après avoir évoqué le "nez de cire", le Réformateur réfute les raisons que pouvaient avoir les catholiques d'employer cette image. Dans le 49e sermon sur l'Harmonie des trois Evangélistes, il répond à l'argument "papiste" selon lequel l'Ecriture ne peut pas être norme de la foi puisque tous les hérésiarques se sont réclamés d'elle, en montrant qu'à la suite de la victoire du Christ sur Satan au désert, victoire remportée par la Parole sur un ennemi qui n'avait pas hésité à faire appel à celle-ci dans son entreprise de séduction (cf. Matthieu 4/1—11), la vraie doctrine s'est toujours imposée au moyen d'"armes" scripturaires. "Ils allèguent, dit-il en parlant du pape et des siens, 'le diable s'est servi de l'Escriture; tous les hérétiques qui ont infecté le monde de leur erreur, ceux-là aussi ont abusé de l'Escriture'! Il n'y a point de doute. Mais si le diable a abusé de l'Escriture, comment est-ce que nostre Seigneur Jésus-Christ luy a résisté? C'est par l'Escriture même. Si les hérétiques ont perverti le vray sens et naturel de la Loy, des Prophètes et de l'Evangile, comment est-ce que les saincts docteurs les ont rembarrez? A-ce esté pour dire: Un sainct concile a déterminé cela? Il a bien falu avoir d'autres armes: c'est que la Parole de Dieu a toujours suffi pour cela, et c'est aussi le vray examen. Et voylà en quoy nous cognoissons que la Parole de Dieu est si authentique, à sçavoir d'autant que quand le diable auroit mis en avant tous ses efforts, néantmoins il ne la pourra point renverser qu'elle ne demeure tousjours en son entier"[127]. Ce texte est clair: aux yeux de Calvin, la révélation biblique permet de discerner infailliblement[128] entre l'hérésie et l'orthodoxie. Aussi est-elle comparée dans plusieurs sermons à une pierre de touche[129] ou à une règle[130].

Il nous faut ouvrir ici une parenthèse et relever la portée historique des développements que nous venons de consacrer au rôle normatif de l'Ecriture. On ne saurait souligner assez, en effet, que, pour Calvin, la division des chrétiens au XVIe siècle provient du fait que les catholiques ont refusé de se soumettre à la révélation biblique. Commentant les querelles d'Israël au lendemain de la mort de Saül, le Réformateur déclare dans le 71e sermon sur le second livre de Samuel: "Aujourdhuy nous sommes divisez d'avec les papistes, et néantmoins tous portent le nom de chrestien, et chacun proteste d'estre baptizé au nom du Fils de Dieu, et cependant les uns sont bandez contre les autres. Et qui en est occasion? Ce qui devroit nous allier ensemble et nourrir fraternité. Car la conjonction que nous devons avoir déppend de la Parolle de Dieu et de son service. Or d'autant que les papistes despitent Dieu en leur rébellion et obstination, et ne se vueillent nullement assubjettir à sa vérité, il faut que nous combattions à l'encontre d'eux"[131]. Au nom du respect qu'ils portent à la Bible, les réformés doivent donc s'élever contre les catholiques. En ce faisant, ils ne sauraient être accusés d'être des sectaires ou des mutins. Fidèles à l'Ecriture alors que leurs adversaires, oubliant celle-ci, sont condamnés à une perpétuelle incertitude et à d'infinies variations[132], ils peuvent être assurés que Dieu est au milieu d'eux[133] et que Jésus-Christ est leur garant[134]. L'argument selon lequel la cause des réformés est celle de "la vraie et droite religion" parce qu'elle est celle de l'obéissance à la règle scripturaire, trouve une remarquable application dans le 48e sermon sur le Deutéronome. Désirant rassurer ses auditeurs qui s'interrogent sur la légitimité de leur situation en face des grands pays restés catholiques, Calvin les exhorte en ces termes: "Retenons bien que pour avoir la vraye et droite religion, il ne nous faut point enquérir de ce que font les hommes; mais escoutons Dieu parler, et acquiesçons à tout ce qu'il nous dira. Et quand nous verrons tout le monde contraire, que nous n'en soyons point estonnez. Car qui sont les hommes au prix de nostre Dieu? Oserons-nous bien faire une comparaison telle que les hommes soyent plustost ouïs que Dieu, et qu'ils ayent plus d'authorité? Or on le fait quand on ne se contente point de la pure et simple Parolle de Dieu, et qu'on allègue à l'opposite tout ce que les hommes font et qu'ils trouvent bon. Ainsi retenons bien qu'il ne nous faudra point estimer la vraye religion selon que nous verrons cheminer les hommes ... Nous devons estre arrestez constamment à ce que nostre Seigneur nous aura déclaré. Avons-nous la Parolle de Dieu? Qu'il nous suffise: marchons outre"[135]. Puis, s'adressant à ceux des Genevois qui hésitent à embrasser la Réforme sous prétexte de demeurer fidèles à la foi de leurs ancêtres, le prédicateur déclare à chacun personnellement: "Quand tous les peuples du monde auront conspiré en leurs superstitions, ... si ne faut-il pas que tu sois esbranlé; que tu persistes néantmoins en la foy que tu tiens de la Parolle de Dieu et que tu as apprinse de luy; contente-toi de cela et que tu despittes les hommes, que tout le monde ne soit rien, que il n'ait nulle authorité envers toy quand il est question de la vérité de Dieu"[136].

Après avoir relevé les deux caractères de limitation inhérents à l'Ecriture et les malentendus dont ils peuvent être la cause, nous devons préciser le but de la révélation biblique. Elle n'a pas pour rôle de nous communiquer quelque information scientifique[137], mais bien, en nous faisant sentir la bonté de Dieu[138], en nous apprenant à le reconnaître comme père[139], de nous éclairer[140], de nous conduire[141] et de nous unir à lui[142]. Dans le 191e sermon sur le Deutéronome, Calvin s'exprime avec toute la clarté désirable: l'Ecriture n'est pas destinée seulement à "nous faire sentir qu'il y a un Dieu au ciel", elle vient nous attester qu' "il veut habiter avec nous"[143]. Ainsi, interpellé, appelé par Dieu dans la révélation biblique, le chrétien est arraché à la mort spirituelle et sauvé[144]; uni à son Père par le truchement de l'Ecriture, le croyant est invité par elle à réformer sa vie[145] et rendu apte à toute bonne oeuvre[146]. Pour illustrer dans ce contexte le rôle de la Bible, le Réformateur recourt à diverses images. Il la compare à une viande destinée à nourrir nos âmes[147], à une médecine capable de guérir nos maladies[148], à une purge ou à une saignée nécessaire au rétablissement de notre santé spirituelle[149].

Sans anticiper sur les développements que nous consacrerons au témoignage intérieur du Saint Esprit, nous ne pouvons pas ne pas souligner ici que, pour Calvin, l'Ecriture ne revêt les propriétés salvatrices qui viennent d'être mentionnées que chez le croyant, c'est-à-dire chez celui qui, en vertu d'une grâce incompréhensible, a reçu le don de la foi. Tous les hommes, en effet, ne découvrent pas la vérité dans la révélation biblique[150]. Mais le Réformateur relève très rarement ce côté négatif lorsqu'il prêche. Il est beaucoup plus préoccupé de montrer à ses auditeurs, comme s'il voyait en chacun d'eux un élu virtuel, l'attitude positive qu'ils doivent avoir envers l'Ecriture. Les exhortant à ne pas chercher, par orgueil, à résoudre toutes les difficultés que celle-ci présente[151], il leur demande de la recevoir avec la soumission due à son autorité[152], de fonder leur foi sur elle[153] et de ne jamais se laisser détourner d'elle[154]. Que les chrétiens n'aient pas l'inconstance des petits enfants qu'un rien suffit à distraire[155]! Qu'ils ne soient pas insensés comme ceux qui renoncent à une nourriture substantielle pour se repaître d'ordures et de puantises[156]!

Une dernière question doit être examinée à la fin de ce paragraphe: celle du rôle qu'il faut attribuer au Christ dans l'interprétation de la révélation biblique. Le lecteur aura pu s'étonner que nous ayons parlé de la fin de l'Ecriture[157] sans dire que cette fin était la connaissance du Messie Jésus. Car on admet généralement après les travaux de Wilhelm Niesel[158], de François Wendel[159] et de Hermann Noltensmeier[160], que la Bible est essentiellement révélation du Christ, aux yeux de Calvin. N'écrit-il pas dans son commentaire sur Jean 5/39: "Il faut lire les Escritures à ceste intention que là nous trouvons Christ. Quiconque se destournera de ce but, quoy qu'il se tourmente toute sa vie à apprendre, ne parviendra jamais à la science de vérité"[161]. Or, fait digne d'être noté, les sermons où retentit le même accent christologique sont peu nombreux. Nous ne connaissons, outre le 15e sermon sur les chapitres 10 et 11 de la première Epître aux Corinthiens que nous avons déjà cité[162] et le 171e sermon sur le Deutéronome que nous mentionnerons plus loin, que le 47e sermon sur la première Epître à Timothée[163] et que le 24e sermon sur la seconde Epître à Timothée où le Réformateur déclare: "Voilà donc en somme la doctrine de l'Escriture saincte, c'est que nous cognoissions que Dieu a voulu que nous mettions pleinement nostre fiance en luy, que nous y ayons nostre refuge, et puis que nous cognoissions comment et par quel moyen il se déclare nostre Père et Sauveur: C'est en la personne de nostre Seigneur Jésus-Christ, son Fils, lequel il a exposé à la mort pour nous"[164].

Calvin ferait-il donc preuve, dans sa prédication, d'une réserve à l'égard de l'interprétation christologique de la Bible qui serait inconnue dans le reste de son oeuvre? Nous ne le pensons pas. D'une part, en effet, son oeuvre dogmatique (l'*Institution de la religion chrestienne* et les nombreux traités) et son oeuvre exégétique ne contiennent qu'un ou deux passages analogues au commentaire sur Jean 5/39 que nous avons cité. D'autre part, le fait a été relevé avec bonheur par Edward A. Dowey[165], il ne s'est pas servi du principe cher à Luther selon lequel le Christ est *dominus Scripturae*. Soucieux de rendre justice à tous les aspects du texte sacré, c'est peut-être là un héritage de l'humanisme, il ne cherche pas à découvrir immédiatement le Christ dans la péricope de l'Ancien Testament qu'il commente. Il ne le fait intervenir qu'au second degré, si l'on peut dire, lorsque, son travail d'exégète achevé, il s'efforce, en qualité de systématicien, d'accorder les résultats de son exégèse avec sa dogmatique christocentrique. C'est en ce sens, nous semble-t-il, qu'il faut comprendre le passage du 171e sermon sur le Deutéronome où le Réformateur déclare: "Notons bien. . . que pour bien faire nostre profit de l'Escriture saincte, il faut nous adresser à nostre Seigneur Jésus-Christ, car c'est l'image vive de Dieu, c'est en luy que sont enclos tous les thrésors de sagesse et d'intelligence. . . Or sommes-nous venus à Jésus-Christ? Il faut que nous cognoissions le principal qui nous a esté donné en luy, c'est que par sa mort et passion nous sommes rachetez; car il a soustenu les peines qui nous estoyent deues, et a porté ceste horrible vengeance de Dieu, laquelle nous estoit apprestée; et par ce moyen il nous a affranchis"[166]. A la lumière de ce texte, il apparaît que, pour Calvin, la compréhension dernière de la révélation biblique est celle qui tend non vers Jésus-Christ seulement, mais vers Jésus-Christ crucifié, seul agent de notre rédemption.

2. L'inspiration de l'Ecriture

Ayant déterminé la nature et le but de la révélation scripturaire, nous devons examiner comment Calvin conçoit le rôle des auteurs dont les différents écrits ont constitué la Bible. Comme on pouvait s'y attendre, le Réformateur attribue aux écrivains bibliques une fonction absolument unique: ils sont ceux dont la bouche permet à Dieu[167], ou, plus exactement, au Saint-Esprit[168] de s'adresser aux Juifs et aux Chrétiens. La Parole de Dieu retentit tellement par le truchement de ces écrivains qu'en plusieurs endroits de la prédication, Calvin n'hésite pas à identifier tel ou tel d'entre eux au Saint-Esprit lui-même. Ainsi en va-t-il de Job[169], de l'Evangéliste Luc[170] et de l'apôtre Paul[171]. Nulle différence n'est faite entre les auteurs de l'Ancien et ceux du Nouveau Testament: le Saint-Esprit parle par la bouche des prophètes[172] comme par celle des évangélistes et des apôtres. Le Réformateur ne se borne pas cependant à refuser toute prééminence au Nouveau Testament. Contrairement à Luther qui établissait une discrimination entre les textes qui prêchent Christ et les autres, il se refuse à privilégier certains passages "édifiants" et estime que l'Ecriture, dans sa totalité, procède du Saint-Esprit. Dans le 14e sermon sur l'Harmonie des trois Evangélistes, il déclare ainsi à propos du cantique de Zacharie: "Nous avons à observer que non seulement ce cantique que nous aurrons est procédé du Sainct-Esprit, mais que toute l'Escriture saincte doit estre receue comme si Dieu, se monstrant visiblement en sa personne et en sa majesté, parloit, et qu'il ne faut point regarder si les hommes mortels en sont ministres, mais il faut venir à l'auteur principal, c'est assavoir que Dieu les a gouvernez ... par son Sainct-Esprit, et par ce moyen leur a donné autorité à laquelle il nous faut assujettir"[173]. En s'exprimant de la sorte, Calvin prend au pied de la lettre l'affirmation de II Timothée 3/16: Πᾶσα γραφὴ θεόπνευστος. Toute la Bible a été inspirée de Dieu, aussi doit-elle être reçue tout entière avec la plus grande soumission[174].

Le problème de l'inspiration de l'Ecriture posé par les textes que nous venons de citer, revêt, aux yeux du Réformateur, une importance primordiale dans le débat théologique de son temps. Pour lui, en effet, les catholiques se détournent de la Bible faute d'avoir vu que Dieu y parle par ses prophètes, et Jésus-Christ par ses apôtres. Oubliant ainsi l'origine divine de la révélation scripturaire, ils n'arrivent pas à surmonter leurs doutes et, à l'instar du Christ au désert (cf. Matthieu 4/4,7 et 10), à chasser la tentation de la "défiance" par les mots: "Il est écrit". "Quand l'Escriture nous est mise en avant, relève le 28e sermon sur l'Harmonie des trois Evangélistes, encores que nous puissions avoir beaucoup de répliques (ce nous semble) pour dire qu'il n'est pas ainsi, toutefois que nous acquiescions simplement ... Si nous sommes enveloppez de quelque desfiance (comme nostre nature y est encline du tout), que nous facions barre à tout cela, et que nous disions: "Il est escrit". Or si cela estoit aujourdhuy bien prattiqué, il est certain que nous n'aurions pas tant de contentions et débats, il n'y auroit pas telle diversité d'opinions comme on voit, bref: tout ne seroit pas si confus au monde. Car les uns tienent l'Escriture saincte comme fables et sont du tout profanes, qui n'appréhendent point si c'est Dieu qui a parlé par ses saincts prophètes, si c'est Jésus-Christ qui a parlé par ses apostres, et si tout cela vient du Sainct-Esprit ... Voilà donc qui est cause que le povre monde est aujourd'huy en beaucoup de questions et de troubles, et qu'à grand' peine saura-(t)-on discerner entre le blanc et le noir ... "[175].

Si, comme nous l'avons noté plus haut, l'Ecriture tout entière est inspirée, est-elle inspirée vraiment dans chacun de ses termes? La question a été âprement débattue. Alors que A. Mitchell Hunter[176], Reinhold Seeberg[177], Otto Ritschl[178], et, plus récemment, H. Jackson Forstman[179] estiment que Calvin croit à l'inspiration littérale de la Bible, Jacques Pannier[180], Emile Doumergue[181], Henri Clavier[182], Wilhelm Niesel[183], François Wendel[184], Hermann Noltensmeier[185], Ronald S. Wallace[186] et Richard C. Prust[186a] affirment qu'il est tout à fait erroné de prêter au Réformateur de Genève une conception qui implique la notion d'une dictée, mécanique en quelque sorte, de l'Ecriture. A la lumière de la prédication, quels sont les interprètes qui ont raison? En faveur des premiers, il faut relever qu'en plus d'un endroit les sermons utilisent, pour qualifier les écrivains sacrés, les termes d' organes"[187] ou d' "instruments" du Saint-Esprit[188] qui évoquent, semble-t-il, l'idée d'une certaine passivité humaine. Ce n'est pourtant pas la passivité qu'impliquent ces deux termes, mais bien l'obéissance, ou, mieux encore, la soumission. Parce que les auteurs bibliques ont été "gouvernés" par Dieu, la doctrine de l'Ancien et du Nouveau Testament n'est pas leur oeuvre, mais celle de leur maître[189]. Parce que leur langue a été "conduite", "gouvernée" par le Saint-Esprit, "ils n'ont rien avancé de leur propre", mais ont laissé parler leur inspirateur[190]. Le 1er sermon sur l'Harmonie des trois Evangélistes résume bien ce que nous venons de voir. Calvin y déclare à propos des apôtres (son jugement s'applique, *mutatis mutandis,* à tous les écrivains sacrés): ils "ne se sont point ingérez d'eux-mesmes, mais . . . estans les uns povres pescheurs et gens idiots, les autres estans mesmes du mestier qui estoit alors détestable tant et plus, de ces péagiers qui recevoyent les imposts et tributs, néantmoins Dieu a tellement besongné en eux, qu'ils ont esté tesmoins de la doctrine de salut . . . Car ils n'ont rien mis de leur propre sens; ils ne se sont point avancez en un seul mot; mais ils nous ont fidèlement administré ce qui leur estoit ordonné de Dieu . . . Que nous ayons cela pour tout conclu, que les hommes ne sont point autheurs de l'Evangile, et qu'il n'est point procédé de leur cerveau, mais que Dieu s'est servi d'eux comme d'instrumens de son Esprit, et a parlé par leur bouche"[191]. A lire ce texte objectivement, on doit admettre qu'il ne permet en rien de fonder la doctrine de l'inspiration littérale de l'Ecriture défendue par l'orthodoxie réformée[192]. Calvin n'y affirme rien d'autre que l'entière fidélité des apôtres, et avec eux, des prophètes, au message que Dieu les a chargés de transmettre.

Les résultats qui viennent d'être acquis et qui infirment la thèse soutenue par Hunter, Seeberg, Ritschl et Forstman, sont corroborés par deux faits. En premier lieu, il faut remarquer que la désignation des auteurs bibliques par les termes de "greffier", de "secrétaire", de "scribe" et de "notaire" (cette désignation révélerait le "littéralisme" de Calvin, selon quelques-uns des auteurs précités) est à peu près absente de la prédication. A notre connaissance, elle n'apparaît que dans le 177e sermon sur le Deutéronome, dans un contexte qui entend montrer la fidélité avec laquelle Moïse a transcrit ce que Dieu lui a révélé. "Moyse n'a point esté autheur de la Loy ne du Cantique, mais . . . il a esté seulement escrivain ou greffier sous la bouche de Dieu. Tout ainsi donc qu'un secrétaire escrira ce qui luy sera ordonné, ainsi notamment il est ici déclairé (Deutéronome 31/22) que Moyse a escrit ce qu'il avoit receu de Dieu, et non pas ce qu'il a forgé en son cerveau . . . Dieu s'est servi de luy. En quelle façon? C'est assavoir qu'il n'a rien atténté, qu'il n'a rien mis avant de ses songes ni de ses resveries; mais il a escrit ce qu'il avoit receu de la bouche de Dieu"[193]. En second lieu, il faut relever que la prédication ne contient aucun passage dans lequel le Réformateur déclarerait expressément, comme il le fait quelquefois ailleurs[194], que les écrivains sacrés ont écrit sous la dictée du Saint-Esprit. Certes, pour expliquer l'origine divine du quatrième Evangile, la congrégation sur la divinité de Jésus-Christ recourt à une image qui évoque l'idée de la dictée. Mais, une fois encore, il s'agit là pour Calvin de souligner la soumission totale de l'auteur biblique, Saint Jean en l'occurrence, aux instructions de Dieu. "De qui donc dirons-nous que nous tenons l'Evangile, demande le Réformateur? De sainct Jehan ou de Jésus-Christ? C'est de Jésus-Christ, répond-il. Et, ajoute-t-il, mesme Jésus-Christ use de ceste façon de parler, de dire que la doctrine n'est pas siene, mais qu'il la presche en l'authorité de Dieu son Père, duquel elle est procédée ... Sainct Jehan a donc bien esté l'instrument et l'organe de Dieu, comme une plume escrira en la main de l'homme; mais tant y a qu'il ne faut point recevoir l'Evangile qui a esté escrit par luy comme d'un homme mortel"[195]. Au total, nous pouvons affirmer que la doctrine de l'inspiration littérale de l'Ecriture que certains théologiens croient découvrir, de manière bien imprudente, dans quelques passages de l'oeuvre dogmatique et exégétique, ne trouve aucun appui dans l'oeuvre homilétique de Calvin. Comme Benjamin B. Warfield l'a montré avec pertinence[196], le Réformateur ne porte aucune attention au mode d'inspiration de la révélation biblique. Ce qui l'intéresse essentiellement, c'est le résultat de cette inspiration, c'est le fait de pouvoir considérer les textes de l'Ancien et du Nouveau Testament, au-delà des hommes qui les ont transcrits, comme ayant un seul auteur: Dieu lui-même[197].

3. Le témoignage intérieur du Saint-Esprit

Nous avons noté plus haut[198] que, pour Calvin, la révélation scripturaire est, en principe, accessible aux hommes. Il nous faut relever maintenant que cette révélation, aussi compréhensible qu'elle puisse être, n'est en fait accessible qu'aux croyants. Pourquoi? Parce que, comme le Réformateur le montre souvent, l'homme livré à lui-même et nanti de ses seules forces est incapable de saisir ce que Dieu veut lui dire dans l'Ecriture[199]. Ses sens sont trop peu subtils pour qu'il y trouve l'enseignement qui lui est destiné[200], sa nature est telle qu'il est dans l'impossibilité d'y découvrir la doctrine salvatrice qu'elle contient[201]. Il peut "lire cent fois la Bible" sans "prendre goût aux promesses de Dieu", ou, du moins, sans acquérir la certitude de son salut[202]. Il peut avoir les "oreilles battues" par elle sans que son coeur soit touché[203]: la Parole de Dieu entre par une de ses oreilles pour sortir par l'autre[204], elle est pour lui du "haut allemand", un livre fermé dont les caractères lui sont totalement incompréhensibles[205]. Pour illustrer l'incapacité d'entendre Dieu dans la révélation scripturaire où la postérité d'Adam se trouve par suite du péché, Calvin recourt à diverses images. Il compare l'homme à un tronc de bois[206], à un sourd[207], à un être plongé dans les ténèbres[208], et, le plus souvent, à un aveugle[209]. Comme on l'aura remarqué, le Réformateur qui a souligné si puissamment que l'Ecriture est accommodée à notre portée, relève maintenant avec autant de force que cette Ecriture adaptée à nos capacités et à nos besoins vient en quelque sorte buter contre notre incompréhension pécheresse. Partout, sauf dans le 6e sermon sur la seconde Epître à Timothée, où, cas unique à notre connaissance, il soutient que la Bible parvient à s'imposer d'elle-même à l'aveuglement humain[210], il tient le langage du 19e sermon sur Esaïe 13—29: "Quand Dieu nous enseigne, que nous sçachions que nous ne pouvons rien comprendre; soit que nous lisions ou que nous venions au sermon pour oir, que nous n'en recevrons nulle instruction, sinon que luy mesme nous touche et qu'il nous conduise par sa sagesse seule"[211].

Pour saisir la révélation scripturaire, pour y entendre la Parole de Dieu, l'homme doit être touché par le Saint-Esprit. Tous ses efforts de compréhension sont inutiles en effet tant que Dieu ne vient pas agir en lui pour lui "révéler", si l'on peut dire, le sens de sa révélation. Comme le déclare le 19e sermon sur le livre de Daniel: "Nous pourrions lire cent ans, nous pourrions avoir les aureilles batues de ce qu'on nous preschera, il n'y aura nulle vertu, ... cela n'entrera point au dedans du coeur; mais quand Dieu besongnera par son Sainct-Esprit, alors sa Parole nous sera comme une lampe ardente pour nous illuminer .... La simple lecture ha-(t)-elle fait cela (sous-entendez: a-t-elle incité Daniel à s'approcher de Dieu)? Non, mais c'est Dieu qui ha besongné par son Sainct-Esprit en son prophète"[212]. Et le 31e sermon sur l'Harmonie des trois Evangélistes de préciser, relevant qu'à la grâce de la *vocatio externa*, la lecture et la prédication de la Bible, doit s'ajouter celle de la *vocatio interna*: "Il faut bien quant et quant qu'il (c'est-à-dire: Jésus-Christ) ajuste la grâce de son Sainct-Esprit avec la doctrine extérieure; car nous aurions les aureilles batues en vain et sans aucun profit, sinon que nostre Seigneur Jésus-Christ nous ouvre quant et quant les aureilles, qu'il besongne en nous au dedans, qu'il nous touche les coeurs ..."[212a]. Cette intervention gracieuse de Dieu qui, par le truchement du Saint-Esprit, vient faire l'exégèse de l'Ecriture dans le coeur du croyant, c'est ce que Calvin a nommé, dans l'*Institution de la religion chrestienne,* le "témoignage secret" ou le "témoignage intérieur de l'Esprit"[213]. Fait curieux, cette appellation n'apparaît nulle part dans la prédication. La trouvant peut-être trop abstraite pour ses auditeurs, le Réformateur lui préfère toute une série d'images dont voici l'inventaire par ordre de fréquence croissante:

a) En raison de la surdité des hommes, le Saint-Esprit doit leur "percer les oreilles" pour qu'ils entendent la Parole de Dieu dans l'Ecriture[214]. Ainsi le 17e sermon sur le Psaume 119 déclare: "Ce n'est pas assez qu'on nous presche la parole de Dieu et que nous l'escoutions, qu'un chacun s'exerce aussi en lecture; mais il faut que Dieu besongne par dessus, ... qu'il nous perce les aureilles, afin que nous entendions ce qui nous est mis en avant"[214a].

b) Le Saint-Esprit "amollit"[215], "éveille" le coeur des hommes afin que la Parole puisse prendre racine en eux. Ainsi le 30e sermon sur le livre de Daniel déclare: "Nous aurions le coeur endormi, nous serions stupides, sinon que Dieu nous réveillast; sinon que par son Sainct-Esprit, il déploiast une telle vertu de sa Parole qu'elle print racine là-dedans en nos coeurs, il n'y auroit nul profit pour nous"[216].

c) En raison de la dureté des hommes, le Saint-Esprit grave dans leur coeur la doctrine présentée dans l'Ecriture. Ainsi le 189e sermon sur le Deutéronome déclare: "Dieu ne parle point seulement pour résonner à nos aureilles, mais ... par son Sainct-Esprit il nous engrave la doctrine laquelle nous est apportée"[217].

d) Le Saint-Esprit "écrit" dans le coeur des hommes le message rédempteur apporté par la révélation scripturaire. Ainsi le 6e sermon sur Esaïe 53 déclare: "Il nous faut venir à Jésus-Christ, car c'est celuy qui escrit par son Sainct-Esprit ... la doctrine de salut, de laquelle nous eussions eu seulement les aureilles batues en vain et sans aucun profit"[218].

e) Le Saint-Esprit "signe", "scelle" dans le coeur des hommes la vérité de Dieu attestée par l'Ecriture. Ainsi le 1er sermon sur la Pentecôte déclare: "Nous sommes de nature si enclins à incrédulité qu'il est besoin que la vérité de Dieu soit seellée en nos coeurs d'une façon authentique afin que nous la recevions et que nous soyons du tout arrestez à icelle. Vray est que Dieu la signe au coeur de chacun des fidèles par son Sainct-Esprit, et voylà aussi pourquoy il est nommé le s(c)eau de l'Evangile"[219].

f) L'image de beaucoup la plus répandue est celle selon laquelle, en raison de leur aveuglement ou de leur cécité, le Saint-Esprit "ouvre les yeux" des hommes[220] et leur donne la "vue spirituelle" leur permettant de jouir de la lumière qui émane du soleil de la Parole[221]. Ainsi, s'ajoutant à la clarté de l'Ecriture comme "une clarté seconde et plus parfaite", l'Esprit de Dieu "éclaire" les lecteurs de la Bible pour peu qu'ils ne "ferment point les fenestres"[222], il les "illumine" comme le déclare Calvin dans de nombreux sermons[223]. Comment cette illumination se produit-elle? Le Réformateur ne cherche jamais à le dire. Il s'abstient de décrire en termes de psychologie l'opération qui s'effectue dans le coeur du croyant sous l'action de l'Esprit. En revanche, avec un sens pastoral très sûr qui devait éviter bien des désillusions à ceux qui auraient été tentés d'imaginer qu'une fois éclairés par l'Esprit, ils accédaient définitivement à la pleine intelligence de la révélation biblique, il parle d'une compréhension lente et progressive, liée à la croissance de la foi[224]. Bien plus, il relève que l'illumination produite par l'Esprit, toujours limitée aux besoins du croyant, n'est jamais totale en ce monde. Il déclare ainsi dans le 47e sermon sur le livre de Daniel: "Notons quand Dieu proteste que ce n'est point en vain qu'il parle et qu'il ne veut point frustrer ceux qui demandent d'estre instruis par sa bouche, qu'il ne s'oblige point par cela de nous donner pleine et parfaitte intelligence de toutes choses dès le premier jour, car il faut que la foy ait ses degrés. Ainsi donc Dieu enseignera les siens, mais ce n'est pas à dire que du premier jour il les illumine, et qu'ils connoissent en perfection tout ce qui est requis. Nenni non, mais il leur donne telle mesure qu'il connoist estre bon pour leur salut, il les conduit comme en un chemin, il les avance de jour en jour, tellement qu'ils aperçoivent qu'il se rend plus familier à eux, en la fin il les ameine en leur perfection, mais c'est en les tirant de ce monde . . ."[225]. Comme on le voit, l'illumination du Saint-Esprit demeure, en un certain sens, toujours partielle. Elle ne permet jamais d'abolir la constation faite par saint Paul dans la première Epître aux Corinthiens (13/9) selon laquelle notre connaissance est imparfaite. Aussi grande qu'elle puisse être, l'illumination n'est capable, à aucun moment, de révéler "tous les secrets de Dieu"[226].

Le témoignage intérieur du Saint-Esprit, présenté le plus souvent dans la prédication comme une illumination, est une grâce qui "n'est point faite à tous"[227]. Ce n'est pas là, pour Calvin, une affirmation qui demeure au niveau de la théorie. Au contraire! Il estime en effet que, si les "sages" de son temps, si de "grands peuples" – il pense avant tout à la France – n'adhèrent pas à l'Evangile, c'est, en fin de compte, parce que l'Esprit n'a pas agi en eux. "Nous sommes advertis de n'estre point scandalisez quand nous verrons les sages du monde ne rien gouster en l'Evangile, ni en toute la doctrine de salut, dit-il dans le 65e sermon sur le livre de Job. Et pourquoy? Cela n'est pas un gibier commun à tous hommes: il faut que Dieu y besongne par son sainct-Esprit. Et ceci est bien digne d'estre noté. Car nous verrons beaucoup de povres infirmes aujourd'hui, qui s'arrestent à ce que les sages du monde ne se peuvent renger à l'Evangile. Et comment? diront-ils. Un tel qui est en si grande réputation! Et mesmes il ne sera point question d'alléguer seulement un homme, mais de grans peuples, car on dira: Et quoy? En ceste nation-là où il y a tant d'esprits, on voit que l'Evangile n'est pas receu. Voire, comme si cela provenoit de notre industrie et que nous puissions comprendre par nostre sens naturel ce que Dieu nous monstre en son Escriture"[228]. La conviction que l'illumination n'est pas accordée à tous les hommes n'empêche pas Calvin d'inviter ses auditeurs à prier pour que le Saint-Esprit besogne en leurs coeurs[229] et fasse office de "maître" envers eux[230]. Mettant les Genevois au bénéfice du *judicium caritatis,* les considérant tous comme des élus virtuels[231], il les exhorte à ne pas désespérer, quels qu'ils soient, devant les difficultés de la Bible et à demander l' "esprit d'intelligence" avec la certitude qu'il leur sera donné. Dans le 168e sermon sur le Deutéronome, il déclare ainsi, répondant à ceux qui n'ont pas entendu Dieu parler dans la révélation scripturaire: "S'ils disent: Ce sont choses secretes; et Dieu ne les a-(t)-il point publiées. Voire, mais cela surmonte nostre capacité! Demandons l'esprit d'intelligence, et il nous sera donné. Mais quoy qu'il en soit, ne disons point: Je ne suis point clerc, je n'ay point esté à l'escholle; car voici la Loy qui se propose à tous, et à grands et à petits; Dieu veut que nous en soyons tous enseignez"[232].

Ces derniers mots nous amènent à relever qu'au nom de la doctrine de l'illumination, Calvin critique vertement l'Eglise catholique. Au lieu de se souvenir que le Saint-Esprit rend l'Ecriture intelligible au plus simple croyant, n'a-t-elle pas réservé l'étude de la Bible aux moines et aux prêtres! N'a-t-elle pas fait de la théologie l'affaire de quelques spécialistes, alors que Dieu veut s'adresser à tous les fidèles, y compris les plus "idiots"! En dénonçant ainsi la méconnaissance du témoignage intérieur du Saint-Esprit au sein de la "papauté", le Réformateur fait éclater la distinction entre clercs et laïcs, il défend ce qu'on a appelé, d'un terme très souvent mal compris[233], le sacerdoce universel. Un bel exemple de cette attitude nous est fourni par le 42e sermon sur le Deutéronome: "Demandons à Dieu qu'il nous ouvre les yeux et qu'il nous tende la main ... Quand cela y sera, ne doutons point que la Parolle de Dieu ne nous soit facile et que nous ne cognoissions ce qu'elle veut dire. Par cela nous voyons quelle povreté ç'a esté au monde que le commun peuple, et quasi tous, ayent esté retardez d'estre enseignez en l'Escriture saincte. Car on a pensé que cela ne fust que pour les moynes et les prestres. Et encores en la fin il y a eu une telle bestise qu'il sembloit que la théologie deust estre enclose en des cabinets. Or cependant ce tesmoignage a duré, et doit estre jusques en la fin du monde: c'est assavoir que Dieu a parlé à haute voix, qu'il ne s'est point caché ne retiré en quelque petit anglet. Ainsi ç'a esté une ingratitude trop villaine qu'on ait ainsi délaissé la Parolle de Dieu comme déserte. Et d'autant plus devons-nous bien noter ce passage[234], quand il est dit que Dieu ne s'est point adressé à quelque docteur seulement, mais qu'il a communiqué sa voix à tout le peuple jusques aux plus idiots"[235].

Telle que nous l'avons présentée, la doctrine de l'illumination revêt évidemment une importance capitale, aux yeux de Calvin, pour la solution du problème de l'interprétation de l'Ecriture. Le Réformateur relève que, faute d'être illuminés par le Saint-Esprit, les exégètes de la Bible dépenseront leur science en pure perte[236], ils demeureront esclaves de leur orgueil intellectuel et, partant, de leur sens naturel[237]. Pour qu'ils renoncent à leurs "fantaisies" exégétiques, pour que leur "interprétation" ne soit pas le fruit de leur invention personnelle, il faut, comme le montre le premier sermon sur la Pentecôte, que l'Esprit qui a parlé par les prophètes intervienne à nouveau pour communiquer "l'intelligence de sa Parole"[238]. Ainsi, pour Calvin, une exégèse purement et uniquement scientifique ne peut que passer à côté du sens de l'Ecriture. Pour bien utiliser celle-ci, il faut une exégèse pneumatique: seul en effet le Saint-Esprit est habilité à exposer le contenu de la révélation biblique. Le 4e sermon sur la première Epître à Timothée exprime cela de manière très forte lorsqu'après avoir dénoncé le mauvais usage qu'on fait de la Bible quand on l'interprète à son gré, il déclare: "Il ne reste donc sinon que l'usage de l'Escriture saincte soit bon, c'est-à-dire que ce ne soit point pour attirer à nos fantasies la Parole de Dieu, mais que nous regardions en toute pureté ce qui est là contenu, que nous prions Dieu que par son Sainct-Esprit il nous déclare sa volonté, sçachans que, comme l'Escriture Saincte n'a point esté donnée des hommes et qu'elle n'est point creue en leur jardin, qu'aussi l'exposition n'appartient point aux créatures, que c'est le Sainct-Esprit qui nous déclarera ce qui est là contenu"[239].

Le Saint-Esprit étant lui-même l'interprète de la révélation biblique dans le coeur des fidèles, il s'ensuit forcément, pour Calvin, que la lecture de l'Ecriture à laquelle se livrent les croyants est une lecture objective. Le vers célèbre par lequel Boileau décrit l'avènement de la Réforme: "Tout protestant fut pape, une Bible à la main"[240] ne peut trouver aucun appui chez le Réformateur de Genève, pas plus, du reste, que l'affirmation largement répandue depuis le XIXe siècle selon laquelle le protestantisme enseignerait le libre examen[241]. Illuminé par l'Esprit, le chrétien ne peut découvrir qu'une vérité dans les textes sacrés, et cette vérité engendre en lui une assurance absolue, pense Calvin. Aussi adresse-t-il ici à l'Eglise catholique une critique sévère, qui comporte deux faces, en quelque sorte. D'une part, il lui reproche d'enseigner que l'Ecriture tient son autorité de l'Eglise qui a constitué le canon. "Nous voyons, dit-il dans le 12e sermon sur le second livre de Samuel, en quelle impudence sont venus les papistes qui osent desgorger leur blasphème que la Parolle de Dieu n'a nulle authorité sinon par l'approbation de l'Eglise romaine, et puis que l'Eglise a déterminé quelz tesmoignages et escritures il faut recevoir: voilà qu'il nous faut croire et nous tenir là, et autrement il n'y aura nulle certitude en nostre créance. Voilà ung blasphème si détestable que rien plus"[242]. D'autre part, le Réformateur fait grief à l'Eglise catholique qui, plutôt que d'enseigner ses fidèles à fonder leur foi sur le témoignage intérieur du Saint-Esprit, les incite à se fier à son autorité, de les priver de la certitude du salut, cette *certitudo salutis* qui, on ne le soulignera jamais assez, est au coeur des préoccupations religieuses du XVIe siècle. Il déclare ainsi dans le 2e sermon sur l'Ascension: "Maintenant nous n'avons point Jésus-Christ qui parle à nous en personne, mais tant y a qu'il ratifie ce qui est contenu en la Loy et les prophètes. Il ne faut donc point douter de la doctrine. Pourquoy? Car elle est approuvée. Voylà comme, en suyvant ceste doctrine, nous ne pouvons faillir; au contraire, nous aurons beau dire: Nous sommes chrestiens, quand nous n'aurons qu'une opinion frivole. Maintenant regardons quelle est la foy de la papauté. Ils diront bien: Je croy ceci et cela; mais si on leur demande: Pourquoy le croyez-vous? ils diront c'est pourtant qu'on le leur a ainsi dit. Mais qui est-ce qui le vous a dit? Ce ont esté nos prédécesseurs. Voylà comment il n'y a nulle certitude en leur foy, mais seulement une opinion frivole"[243].

S'il s'élève contre l'Eglise catholique qui prétend garantir elle-même l'autorité de l'Ecriture, Calvin se dresse aussi contre les spiritualistes, les "fantastiques" comme il les nomme avec mépris, qui, sous prétexte d'obéir aux inspirations de Dieu, négligent et écartent la révélation biblique[244]. Il rappelle que l'ère des "visions" est maintenant terminée et que, par conséquent nous ne pouvons recevoir d'autres "signes" que ceux qui, donnés autrefois aux témoins de la révélation, nous sont transmis par eux dans la Bible[245]. Il souligne que l'époque des théophanies est révolue et que tout ce qu'il nous est "utile de connaître" nous est montré dans la Loi, dans les prophètes qui la commentent et dans l'Evangile qui la parachève. "Nous n'aurons pas des révélations telles qu'a eu nostre père Isaac, dit-il dans le 6e sermon sur l'élection de Jacob et la rejection d'Esaü; Dieu ne nous apparoistra pas du ciel; mais il nous doit suffire que aujourd'hui la volonté de Dieu nous est certaine, car Dieu a suppléé à ce qui défailloit aux Pères anciens quand il leur est apparu. Aujourd'hui nous avons la Loy qui est une règle infaillible; nous avons les prophètes qui nous en sont expositeurs, afin que la brièveté ne nous soit point obscure; nous avons encore plus de perfection en l'Evangile. Quand donc Dieu nous a révélé ce qui nous estoit utile de cognoistre, il ne faut pas que nous appétions aujourd'hui des visions; mais toutesfois et quantes que nous serons en quelque doute ou perplexité, recourons à l'Escriture"[246]. Ainsi, plutôt que d'attendre des révélations qui, loin de nous venir du ciel, permettraient au diable de nous abuser par des illusions[247], nous devons nous souvenir que le Saint-Esprit est toujours lié à la Bible. Commentant I Corinthiens 2/11, texte dans lequel saint Paul évoque le don de l'Esprit sans établir aucune corrélation avec l'Ecriture, le Réformateur tient à corriger, en quelque sorte, l'apôtre des Gentils et à relever, dans le 58e sermon sur le livre de Job, que le don de l'Esprit "n'exclud pas la Parole; car, ajoute-t-il, quand Dieu nous veut révéler ses secrets, il ne nous envoye point seulement des inspirations[248], mais il parle à nous. Au reste, ce n'est point sans cause que sainct Paul attribue cela à l'Esprit; car nous aurons beau lire et escouter, nous ne profiterons rien, si ce n'est que Dieu nous ouvre l'esprit, afin que nous entendions ce qu'il nous déclare de sa bouche. Tant y a qu'il nous faut conjoindre l'Esprit avec la Parole"[249]. Comme on le voit, placé devant un texte que les "fantastiques" auraient pu revendiquer en leur faveur, Calvin refuse de l'interpréter dans un sens purement "spiritualiste" pour s'en tenir au principe, constant dans la Réforme, selon lequel le Saint-Esprit agit dans l'Ecriture, *Spiritus in verbo operans*[250], dévoilant aux lecteurs de celle-ci le message qu'il a inspiré jadis aux apôtres et aux prophètes.

En terminant ce paragraphe, nous devons nous arrêter au problème des "aides et moyens seconds" capables de garantir l'aurorité de la révélation biblique. On sait qu'après avoir exposé la doctrine du témoignage intérieur du Saint-Esprit dans l'*Institution de la religion chrestienne*, Calvin montre au cours de tout un chapitre "qu'il y a des proeuves assez certaines, entant que la raison humaine le porte, pour rendre l'Escriture indubitable"[251]. Ces preuves qui, par elles-mêmes, ne sont pas suffisantes, mais qui confirment le témoignage de l'Esprit, sont, entre autres, le caractère sublime, l'ancienneté et la véracité de la Bible. Ainsi, à côté de l'illumination pneumatique, l'*Institution chrestienne* fait place, pour accréditer l'Ecriture, à certains arguments rationnels. Mais qu'en est-il dans la prédication? Fait étonnant, celle-ci ne parle jamais, à notre connaissance, des "aides secondaires". Mieux encore: elle les rejette expressément dans le 24e sermon sur la seconde Epître à Timothée qui déclare: "Sainct Paul en ce passage (allusion à II Timothée 3/16), pour monstrer que nous devons tenir l'Escriture saincte indubitable, ne dit pas: Moyse a esté un homme excellent; il ne dit pas: Isaïe avoit une éloquence admirable; il n'allègue rien des hommes pour les faire valoir en leurs personnes, mais il dit qu'ils ont esté organes de l'Esprit de Dieu"[252]. Ce silence et cette réaction négative à propos des "aides et moyens seconds" sont caractéristiques: comme nous aurons encore l'occasion de le relever, ils montrent que, dans son oeuvre homilétique, Calvin a effacé les touches de rationalisme qui apparaissent, ici et là, dans l'*Institution de la religion chrestienne*.

71

1   Sur ce sujet, cf. Jacques Pannier, *Le témoignage du Saint-Esprit,* Paris, 1893; Ellis
     Gauteron, *L'autorité de la Bible d'après Calvin,* Montauban, 1902; Jacques Pannier,
     L'autorité de l'Ecriture sainte d'après Calvin, Montauban, 1906; Jules Chapuis, *Le
     témoignage du Saint-Esprit dans la théologie de Calvin,* Lausanne, 1909; Paul Lobstein,
     La connaissance religieuse d'après Calvin, Paris, 1909, rééd. sous forme abrégée dans:
     Etudes sur la pensée et l'oeuvre de Calvin, Neuilly, 1927, p. 113–153; Benjamin B.
     Warfield, *Calvin's Doctrine of the Knowledge of God,* in: *The Princeton Theological
     Review,* 1909, p. 219–325, rééd. in: *Calvin and Calvinism,* New York, 1931,
     p. 29–130; Emile Doumergue, *Jean Calvin. Les hommes et les choses de son temps,*
     tome 4, Lausanne, 1910, p. 54–82; Paul Wernle, *Der evangelische Glaube nach den
     Hauptschriften der Reformatoren,* tome 3, Tübingen, 1919, p. 167–186; Reinhold
     Seeberg, *Lehrbuch der Dogmengeschichte,* vol. 4/2, Erlangen, 1920, 6ᵉ éd., Bâle et
     Stuttgart, 1960, p. 566–569; J. A. Cramer, *De Heilige Schrift bij Calvijn,* Utrecht,
     1926; Otto Ritschl, *Dogmengeschichte des Protestantismus,* tome 3, Göttingen, 1926,
     p. 63 ss.; Peter Brunner, *Allgemeine und besondere Offenbarung in Calvins Institutio,*
     in: *Evangelische Theologie,* Munich, 1934, p. 189–215; Peter Barth, *Das Problem der
     natürlichen Theologie bei Calvin,* Munich, 1935; Henri Clavier, *Etudes sur le
     calvinisme,* Paris, 1936, p. 1–140; Wilhelm Niesel, *Die Theologie Calvins,* Munich,
     1938, 2ᵉ éd. 1957, p. 23–38; Wilhelm-Albert Hauck, *Christusglaube und Gottesoffen-
     barung nach Calvin,* Gütersloh, 1939; Jules-Marcel Nicole, *Calvin, homme de la Bible,*
     in: *Etudes évangéliques,* Aix-en-Provence, 1943, p. 310–327, rééd. in: *Calvin et la
     Réforme en France,* Aix-en-Provence, 2ᵉ éd. 1959, p. 42–59; Alexander Christie, *The
     Doctrine of Holy Scripture in Calvin and Brunner,* in: *Union Seminary Quarterly
     Review,* New York, 1940/1941, p. 19–32, 116–127 et 325–350; Olavi Castrén, *Die
     Bibeldeutung Calvins,* Helsinki, 1946; Rupert E. Davies, *The Problem of Authority in
     the Continental Reformers,* Londres, 1946, 2ᵉ éd. 1964; Paul L. Lehmann, *The
     Reformer's Use of the Bible,* in: *Theology Today,* Princeton, 1946, p. 328–344;
     François Wendel, *Calvin. Sources et évolution de sa pensée religieuse,* Paris, 1950,
     p. 110–122; Edward A. Dowey, *The Knowledge of God in Calvin's Theology,* New
     York, 1952; T. H. L. Parker, *The Doctrine of the Knowledge of God. A Study in the
     Theology of John Calvin,* Edimbourg, 1952; Hermann Noltensmeier, *Reformatorische
     Einheit: Das Schriftverständnis bei Luther und Calvin,* Graz et Cologne, 1953; Ronald
     S. Wallace, *Calvin's Doctrine of the Word and Sacrament,* Edimbourg et Londres,
     1953; Brian A. Gerrish, *Biblical Authority and the Continental Reformation,* in:
     Scottish Journal of Theology, Edimbourg, 1957, p. 337–360; J. K. S. Reid, *The
     Authority of Scripture: A Study of the Reformation and Post-Reformation Understan-
     ding of the Bible,* New York, 1958; John T. McNeill, *The Significance of the Word of
     God for Calvin,* in: *Church History,* Berne, Indiana, 1959, p. 131–146; A. D. R.
     Polman, *Calvin on Inspiration of Scripture,* in: *John Calvin, Contemporary Prophet,*
     Grand Rapids (Michigan), 1959, p. 97–112; Walther Kreck, *Parole et Esprit selon
     Calvin,* in: *Revue d'Histoire et de Philosophie Religieuses,* Strasbourg et Paris, 1960,
     p. 215–228; John Murray, *Calvin on Scripture and Divine Sovereignty,* Grand Rapids
     (Michigan), 1960; Philip Edgcumbe Hugues, *The Inspiration of Scripture in the English
     Reformers illuminated by John Calvin,* in: *Westminster Theological Journal,* Phila-
     delphie, 1960/1961, p. 129–150; H. Jackson Forstman, *Word and Spirit: Calvin's
     Doctrine of Biblical Authority,* Stanford (Californie), 1962; Richard C. Prust, *Was
     Calvin a Biblical Literalist?* in: *Scottish Journal of Theology,* Edimbourg, 1967,
     p. 312–328; et Ford Lewis Battles, *God Was Accommodating Himself to Human
     Capacity,* in: *Interpretation,* Richmond (Virginia), 1977, p. 19–38.

2   Ce fait quelque peu obscurci par la controverse entre Karl Barth et Emil Brunner à
     propos de la théologie naturelle a été reconnu par tous les calvinologues objectifs.
     Outre Peter Brunner déjà cité, cf. Edward A. Dowey (*Op.cit.,* p. 81), Hermann

Noltensmeier (*Op.cit.*, p. 47 ss.), et Benjamin B. Warfield qui écrit: "Calvin . . . teaches with great emphasis the bankruptcy of the natural knowledge of God. We must keep fully in mind, however, that this is not due in his view to any inadequacy or ineffectiveness of natural revelation, considered objectively . . . The sole cause of the failure of the natural revelation is to be found . . . in the corruption of the human heart" (*Calvin and Calvinism*, p. 44).

3   "Pour ce que nous ne sommes point capables de comprendre les oeuvres de Dieu, et nulle créature mesme n'y sera suffisante, il faut que nous venions à luy, et qu' . . . . il nous instruise par sa parole et que nous apprenions ce qui est là contenu" (142e sermon sur Job, CO 35, p. 297–298). "D'autant que nous ne sommes point capables de bien juger des oeuvres de Dieu, encores qu'elles nous soient présentes, que nous ne pouvons pas venir droit à luy, si non qu'il nous y conduise par sa parole, apprenons de nous tenir à ceste doctrine. Quand donc Dieu nous fera sentir sa vertu, qu'il nous souvienne de nostre rudesse et infirmité et que nous prenions quant et quant sa parole pour nous exercer" (17e sermon sur Deutéronome, CO 26, p. 85).

4   "Nous voyons donc en somme quand nous regarderons les oeuvres de Dieu sans sa parolle, que nous serons agitez à tous vents, nous serons des rouseaulx poussez d'un costé et d'autre, tellement que nous n'aurons nulle fermeté. Ainsi, prenons une règle générale, c'est assavoir que jamais nous ne proficterons en toutes les oeuvres de Dieu . . . que sa parolle n'y soit adjoustée quant et quant. Et pourquoy? Nous avons tous nos sens troublez et confuz . . . Bref, nous aurons tousjours nos cerveaulx enveloppez; si nous considérons les oeuvres de Dieu sans sa parolle, nous y serons du tout aveugles" (17e sermon sur II Samuel, SC 1, p. 151). Cf. aussi le 12e sermon sur les Ephésiens, CO 51, p. 395: "Or est-il ainsi que tous ceux qui n'ont point esté enseignez par la parole de Dieu . . ., qu'ils ne sont point au droit chemin, et qu'ils sont comme en confus, qu'ils sont distraits çà et là comme roseaux branlans à tous vents, et là-dessus qu'ils transfigurent Dieu".

5   "Quand nous pensons à Dieu jusques à ce qu'il nous ait donné sa parolle, qu'il nous ait rendu tesmoignage de son amour paternelle, hélas il faudra que nous soyons tousjours estonnez et tremblans. Notons bien donc que nous n'aurons jamais nulle asseurance, jusqu'à tant que nostre Seigneur nous l'ait donnée par sa parolle . . . Il faut que les hommes, jusques à ce que nostre Seigneur les ait enseignez par sa parolle, qu'ils le cognoissent comme leur ennemi mortel" (189e sermon sur Deutéronome, CO 29, p. 90–91).

6   "Mais ce n'est pas assez encores d'avoir confessé qu'il n'y a qu'ung seul Dieu. Il fault qu'il soit cognu selon qu'il se déclare à nous, car il y a trop longue distance. Quand nous cuiderons venir à luy, nous serons esblouyz devant qu'en estre aprochez. Il fault qu'il se déclare à nous, ce qu'il faict de nostre temps par sa parolle" (26e sermon sur Esaïe 13–29, SC 2, p. 247).

7   "Quand il est dict (en Romains 1/20) que ce qui est invisible en Dieu a esté manifeste par ses créateures, ce n'est pas que cela nous puisse suffire si nous n'avions aydes meilloures. Car il ne suffit pas aussy que nous cognoissions Dieu estre nostre créateur daultant que nous sommes decheuz de l'estat auquel Dieu nous avoyt mis . . . Daultant donc que nous ne retenons point nostre nature, mays que nous sommes indignes d'estre réputées entre les créatures de Dieu, il faut bien que nous ayons oultre l'histoire de la création du monde ung point plus grand et plus hault, cestasavoir que Dieu nous soyt rédempteur, et qu'ayant pitié de nous il nous a retirez des abismes d'enfer" (1er sermon sur la Genèse, fo. 1 vo.). Cf. aussi *ibid.*, fo. 3.

8   "Quand ce vient à l'Escriture saincte, là il y a une image où Dieu se déclaire plus privément à nous beaucoup qu'il ne fait pas ni au ciel, ni en la terre. Il n'y a ne soleil ne lune, combien qu'ils donnent clarté au monde, qui monstrent tellement la majesté de Dieu, comme font la Loy, les Prophètes et l'Evangile" (33e sermon sur Deutéronome, CO 26, p. 281).

9 "Nous voyons que Dieu ne s'est déclaré sinon en sa parolle. Quand donc nous en voudrons avoir une image vive, ... il faut que nous le comprenions en sa parolle, et si nous en déclinons, nous ne pourrons qu'errer, nous serons comme vagabons, voire povres bestes esgarées" (16e sermon sur II Samuel, SC 1, p. 135). Cf. aussi le 64e sermon sur I Samuel, CO 30, p. 237: "Certa vero scientia et cognitio virtutis et bonitatis divinae manat ab ipsius verbo. Neque enim haec inferiora (sous-ent.: les manifestations de Dieu dans l'histoire) veram nobis de Deo cognitionem adferunt: sed ad illorum intuitum potius oculi nostri caligant et sensus hebescunt. Et miracula potius ad indignationem movent, quam ad veram Dei cognitionem deducunt, nisi Dei verbo regamur et illustremur. Quamobrem Deus verbo suo, quod in lege, prophetis et evangelio continetur, nos docet".

10 "Et avons à noter que le prophète a comprins en ce passage (Jérémie 16/19) toutes les religions qui ont jamais esté au monde, car il n'y a que mensonge d'autant qu'elles n'ont point de fondement en la parolle de Dieu. Et faut que nous aprenions en ce seul mot que tout ce qui est fondé sur la parolle de Dieu est immuable. Mais ne trouvons nous point ce fondement, il faut conclure qu'il n'y a que mensonge" (13e sermon sur Jérémie, SC 6, p. 90). Contrairement aux "religion du monde", la "vraie religion", elle, a son fondement dans l'Ecriture. Cf. le 81e sermon sur le Deutéronome, CO 27, p. 166: "Voilà donc le fondement de la vraye religion, c'est assavoir que nous ne disions point: Il me le semble, je cuide, je voudroye, cela est beau; mais que Dieu ait parlé, et que nous soyons certifiez que nous ne faisons rien, sinon ce qu'il approuve ... Et de faict, luy saurions-nous faire plus grand honneur que d'acquiescer à sa parolle, souffrir qu'elle nous gouverne ...? "

11 "Nous sçavons comme les hommes s'esvanouissent en leurs imaginations; quand on parle de Dieu, chascun se forge et se bastit quelque phantasie en son cerveau, tellement qu'il n'y a que mensonge, et la gloire de Dieu est comme transfigurée par les hommes ... Ainsi notons bien qu'il ne nous fault pas avoir seulement une congnoissance volage ou quelque principe général que nous adorions Dieu, mais il faut appréhender davantage, c'est que Dieu s'est déclaré à nous par sa Parole" (38e sermon sur Esaïe 13–29, SC 2, p. 359–360). "Ainsi, quand il est question de cercher Dieu pour le bien cognoistre, tenons le chemin qu'il nous a monstré, c'est que nous escoutions sa Parolle et que nous la recevions quant et quant avec toute certitude .... Que donc nous advisions de bien practiquer ceste doctrine, c'est de ne point mespriser le moyen que Dieu nous a donné, afin que nous ayons ung certain chemin pour venir à luy, que nous soyons (di-je) enseignez par sa Parolle" (25e sermon sur II Samuel, SC 1, p. 218). Cf. encore le 10e sermon sur Daniel, CO 41, p. 427–428, où, plus encore que dans le sermon précédent, la révélation dans l'Ecriture se confond avec la prédication de l'Evangile: "Ainsi donc voulans bien connoistre Dieu, il ne faut pas que nous aions quelque imagination vollage de quelque divinité, comme la pluspart diront: nous adorons Dieu, mais ils ne sçavent quel Dieu c'est ... Or cette connoissance-là ne suffit point, que nous aions quelque appréhension de Dieu, que nous aurons conceue en nostre cerveau, mais il faut que nous le connoissions tel qu'il est. Et comment le reconnoistrons-nous? Regardant en la personne de son Fils ... Or comment est-ce que nostre Seigneur Jésus-Christ se déclare à nous? Par la prédication de son Evangile".

12 "La parole de Dieu nous doit estre comme une eschelle, pour nous faire monter jusques au ciel" (18e sermon sur Daniel, CO 41, p. 511).

13 La comparaison des lunettes utilisée une fois dans l'*Institution de la religion chrestienne* (I/6/1) apparaît à plusieurs reprises dans l'oeuvre homilétique de Calvin. "Que nous recevions sa Parolle (sous-ent.: celle de Dieu), et qu'elle nous serve comme de lunettes pour contempler de loin ses jugemens" (160e sermon sur Deutéronome, CO 28, p. 441). "Quand la Parolle est conjointe avec l'expérience, et que Dieu nous donne comme des lunettes pour nous aider, si nous avons les yeux foibles ou troubles, que sa Parolle nous guide pour nous monstrer comme nous devons cognoistre sa vertu envers nous" (185e sermon sur Deutéronome, CO 29, p. 40). ".... A bon droict nous

pouvons appeller la Parolle de Dieu comme des lunettes. Ceulx qui ont la veue courte ou esblouie voyent bien aulcunement la clarté, mays s'ils veulent regarder de loing, tout leur sera confuz, et ne pourront discerner entre A et B, comme on dict. S'ils ont des lunettes, les voilà tellement muniz que leur veue se recouvre, laquelle auparavant leur estoit inutile. Aussy en est-il quand nous vouldrons de nostre sens propre juger des oeuvres de Dieu, nous irons à l'estourdie, il n'y aura nulle prudence ny discrétion; mais quand nostre Seigneur nous donne sa Parolle, voilà nos yeulx qui sont disposez pour regarder distinctement pour estre instruictz en ce qui est nécessaire pour l'adorer et servir et luy attribuer la gloire qui luy appartient" (1er sermon sur Genèse, fo. 2). "Si nous considérons les oeuvres de Dieu sans sa Parolle, nous y serons du tout aveugles. Mais encores que Dieu nous donne quelque sens, nous sommes comme povres gens qui ne peuvent voir sans lunettes. Or noz lunettes sont la doctrine .... Quand donc nous avons la Parolle de Dieu pour régler nos sens, pour avoir une droite considération de ses oeuvres, alors nous avons un bon jugement" (17e sermon sur II Samuel, SC 1, p. 151).

14 "Que l'Escriture saincte nous serve de lunettes pour regarder plus loin qu'à ce monde" (93e sermon sur Job, CO 34, p. 405–406).

15 Outre le 17e sermon sur II Samuel cité n. 13, cf. le 9e sermon sur I Corinthiens 10–11, CO 49, p. 649: " .... Les povres aveugles, c'est-à-dire infidèles, ne sçauroyent rendre grâces à Dieu que par feintise; car jusques à tant que nous ayons esté enseigné que nous tenons tout bien de Dieu, jamais nos coeurs seront esmeus de s'adresser à luy ... D'autant plus donc nous faut-il bien appliquer nostre étude à ceste doctrine, là où l'Escriture monstre que c'est Dieu qui fait fructifier la terre, ... luy qui nous donne la pluye et le beau temps, ... luy qui envoye sa bénédiction pour multiplier les vivres ...".

16 Peter Barth (cf. Op.cit., p. 9) nous paraît accorder trop de poids à une expression malheureuse d'Emil Brunner, corrigée du reste dans sa seconde édition de Natur und Gnade (Tübingen, 1935, cf. p. 14 et 46). Dans sa thèse, par ailleurs excellente, Edward A. Dowey minimise, à notre avis, les divergences qui existent sur ce sujet entre Peter Barth et Emil Brunner (cf. Op.cit., p. 247–248).

17 "Dieu nous esclaire par sa doctrine tellement que de nuict nous avons le jour, comme il est dit que le soleil ne luira plus de jour sur l'Eglise, ne la lune de nuict, mais le Seigneur nous sera en clarté continuelle. Il est vrai que cest ordre de nature demeure tousjours en son estat; mais cependant, qu'un homme s'en aille coucher, qu'il ait bien fermé sa chambre, qu'il soit caché tellement qu'on ne saura ne ce qu'il dit, ne ce qu'il fait, si est-ce qu'il a tousjours ceste doctrine de l'Evangile qui lui allume, et il ne peut esteindre ceste cognoissance que Dieu luy a donnée" (92e sermon sur Job, CO 34, p. 388–389).

18 "Il est certain que tous les bénéfices que nous recevons de luy (sous-ent.: Dieu) n'auront goust ni saveur; comme nous verrons, les incrédules receveront assez de luy, cependant ils n'en peuvent faire leur profit. Le sel donc qui nous confira bien toutes les grâces de Dieu, c'est sa Parole ..." (12e sermon sur l'Harmonie des trois Evangelistes, CO 46, p. 147).

19 "Advisons quel il (Dieu) est, et pour ce faire, arrestons-nous à sa Parole. Car si nous voulons penser de Dieu ce que bon nous semblera, nous imaginerons tous les corps des phantosmes et des idoles. Il faut donc que nous cognoissions que c'est de Dieu selon qu'il s'est déclaré à nous par sa Parole" (11e sermon sur II Timothée, CO 54, p. 139–140). Cf. aussi le 12e sermon sur Ephésiens, CO 51, p. 396.

20 "Là (sous-ent.: dans la Parole de Dieu), il (c'est-à-dire: Dieu) se déclare tel qu'il est, là nous devons contempler sa vertu ... En somme nous voyons que Moyse insiste sur ce poinct, que la Parolle de Dieu ait envers nous une telle révérence et un tel honneur, que ce soit autant comme si Dieu nous estoit apparu en sa majesté visible" (172e sermon sur Deutéronome, CO 28, p. 594–595). L'affirmation selon laquelle Dieu "se déclare tel qu'il est" dans sa révélation est exceptionnelle dans les sermons. En général,

Calvin souligne que Dieu se révèle, non tel qu'il est, mais tel que "les hommes le peuvent porter". Cf. 31e sermon sur le Deutéronome, CO 26, p. 248, cité n. 24.

21 "Pource que Dieu est invisible, que nous ne comprenons rien de luy, pource que c'est une chose trop haute et cachée, quand nous avons sa Parolle, nous le contemplons là comme en son image vive, que nous voyons comme il se déclaire" (191e sermon sur Deutéronome, CO 29, p. 111). "Il y a une similitude entre Dieu et sa Parolle, comme l'Escriture le monstre, et de faict, c'est comme son image vive, par laquelle il se représente à nous" (75e sermon sur II Samuel, SC 1, p. 656).

22 "Dieu donc estant invisible en soy, se déclare au miroir qui nous est propre: c'est en sa Parole . . ." (138e sermon sur Job, CO 35, p. 247).

23 CO 35, p. 63 et 64.

24 "Nous ne sommes pas encore participans de la gloire de Dieu, et ainsi nous n'en pouvons pas approcher; mais il faut qu'il se révèle à nous selon nostre rudesse et infirmité. Tant y a que depuis le commencement du monde, que Dieu est apparu aux hommes mortels, ce n'a pas esté pour se déclarer tel qu'il estoit, mais selon que les hommes le pouvoyent porter. Il nous faut donc tousjours venir là que Dieu n'a pas été cognu des Pères, et aujourdhuy il ne nous apparoist pas en son essence, mais il s'accommode à nous, d'autant qu'il faut que selon nostre portée, il descende pour nous faire sentir qu'il nous est présent" (31e sermon sur Deutéronome, CO 26, p. 248). "L'Escriture parle ainsi, s'accommodant à nostre rudesse . . . Quand cela nous est exprimé, il faut recognoistre que l'Escriture s'accommode à nostre raison, et qu'elle nous enseigne par tel moyen qu'il est convenable à nostre sens" (8e sermon sur Job, CO 33, p. 109). "L'Escriture a accoustumé de s'accommoder à la rudesse et infirmité des hommes" (91e sermon sur Job, CO 34, p. 371). Cf. aussi le 17e sermon sur le Psaume 119, CO 32, p. 675, cité n. 34; le 103e sermon sur Job, CO 34, p. 528, cité n. 31; le 150e sermon sur Job, CO 35, p. 398, cité n. 38; le 32e sermon sur le Deutéronome, CO 26, p. 261, cité n. 64; le 37e sermon sur le Deutéronome, CO 26, p. 323, cité n. 32; le 187e sermon sur le Deutéronome, CO 29, p. 57–58, cité n. 62; le 188e sermon sur le Deutéronome, CO 29, p. 70, cité n. 58; et la Congrégation sur la divinité de Jésus-Christ, CO 47, p. 469–470, citée n. 38.

25 Cf. *supra,* p. 21.

26 "Il faut que Dieu se soit manifesté, ou jamais il ne pourra estre cognu de Dieu. Car où sont les ailes par lesquelles nous puissions voler jusques à une telle hautesse, et si infinie, que de comprendre la majesté de Dieu? Mais quand il luy plaist se révéler à nous par sa Parolle, c'est comme s'il descendoit pour se rendre familier: alors nous le cognoissons" (46e sermon sur le Deutéronome, CO 26, p. 432). Cf. aussi le 30e sermon sur le Deutéronome, CO 26, p. 240 et 241: "Puis qu'ainsi est donc que Dieu descend à nous, afin que nous ayons une déclaration familière de sa volonté, quelle excuse y aura-(t)-il si sa Parolle est perdue, ou qu'elle s'escoule, ou que nous ne la retenions point pour en faire nostre profit? . . . Car Dieu parle d'assez près à nous et assez familièrement;" et le 10e sermon sur le Psaume 119, CO 32, p. 601: "Nous sommes tant eslongnez de Dieu que nous ne pouvons pas approcher de sa majesté, sinon qu'il descende à nous; il faut donc que . . . nous mettions ce fondement qui est ycy donné, c'est assavoir la Parole de Dieu".

27 "Combien que la Parolle de Dieu contiene des secrets admirables, tant y a qu'ils nous sont manifestes, en sorte que nous en pouvons estre capables, voire s'il ne tient à nous. Car nous voyons comme Dieu s'abbaisse et qu'il condescend à nostre rudesse, il cognoist nostre portée" (21e sermon sur Deutéronome, CO 26, p. 130). "Or cependant Dieu regarde qu'il nous est utile d'avoir quelque privauté à luy, et alors il condescend à nostre rudesse, et prend comme une façon nouvelle; non pas . . . qui soit contraire, mais c'est afin que nous ne soyons point effarouchez, et que nous ne prenions point occasion de nous retirer de luy. Il nous convie donc doucement, et alors il s'abbaisse, et se fait comme petit envers nous" (196e sermon sur Deutéronome, CO 29, p. 168).

28 "Nous voyons comme Dieu s'abbaisse à nostre infirmité; d'autant que nous ne pouvons pas monter si haut que nous parvenions à luy, il condescend à nostre petitesse" (28e sermon sur Deutéronome, CO 26, p. 212).

29 "C'est nostre souverain bien que Dieu nous soit prochain, et nous à lui. Et comment cela se fera-(t)-il, et par quel moyen? C'est quand de son costé il descend à nous, qu'il nous donne sa Parole, et nous rend tesmoignage qu'il veut habiter au milieu de nous; et quand nous recevons ceste Parole-là, c'est autant comme si nous recevions Dieu ... Puis qu'ainsi est donc que Dieu nous est présent par le moyen de sa Parole, nous voyons qu'il ne nous pourroit advenir plus grand malheur, sinon quand Dieu nous laisse errer en nos phantasies ..." (80e sermon sur Job, CO 34, p. 232).

30 "Aprenons ... de congnoistre la bonté de Dieu quand il nous conferme ainsi en nostre rudesse et qu'il n'use point d'un stile si hault que nous ne comprenions ce qu'il dict pour y proffiter, car le langage dont il use nous doibt estre tout commun" (25e sermon sur Esaïe 13–29, SC 2, p. 231).

31 "Nous verrons aujourd'huy que beaucoup de phantastiques mespriseront la Parole de Dieu, pource qu'il leur semble qu'il y a là une simplicité pour le commun populaire, et que quant à eux ils n'auront point l'esprit assez aigu s'ils s'adonnent à l'Escriture saincte .... Vray est que de primeface nous verrons là une simplicité grande, car nostre Seigneur n'use point d'un style haut, mais plustost il s'accommode et à grans et à petits" (103e sermon sur Job, CO 34, p. 528). Notons qu'aux yeux de Calvin ce ne sont pas seulement les "phantastiques", mais aussi les papistes qui sont coupables de mépriser la simplicité de l'Ecriture. Cf. le 54e sermon sur I Timothée, CO 53, p. 656: "Nous voyons comme il en est advenu en la papauté. Dont est procédée une telle corruption comme on l'y voit? qu'il semble qu'on ait voulu pleinement despiter Dieu, pour ruiner tout ce qu'il avoit édifié par sa Loy, par ses Prophètes et par l'Evangile? qu'il y a des abominations si lourdes que c'est une horreur, qu'il faut que les hommes soyent du tout hébétez pour recevoir ceste doctrine-là? Or il n'y a nulle doute que tout ce mal ne doive estre imputé, pource que les hommes ne se sont point contenus en la simplicité de l'Evangile".

32 "Dieu a parlé d'une façon grossière et rude pour s'accommoder à grans et à petis, et aux plus idiots. Car nous voyons que chacun s'excuse d'ignorance, et quand une chose sera quelque peu obscure et difficile, il nous semble que nous avons pour laver nos mains, quand nous aurons failli, si nous pouvons dire: O cela m'estoit trop haut et trop profond, et je n'avoye pas bien comprins la chose du tout. Afin donc que les hommes n'eussent plus de tels subterfuges, Dieu a voulu parler en telle sorte que les petis enfans comprennent ce qu'il dit" (37e sermon sur Deutéronome, CO 26, p. 323).

33 "Voylà ... la façon d'enseigner l'Evangile que sainct Jean a yci (Luc 3/11) tenue, c'est qu'il a prins un style rude et grossier, selon la portée qu'il cognoissoit estre au peuple ... Nous voyons comme Dieu s'abaisse pour se conformer à nostre façon, et selon qu'il cognoist que nous avons un esprit lourd, et bas, et grossier, qu'aussi il nous enseigne en telle sorte que nous pouvons entendre ce qu'il nous dit, voire en tant qu'il nous est expédient" (44e sermon sur l'Harmonie des trois Evangelistes, CO 46, p. 546–547).

34 "Nostre Seigneur parle en toute l'Escriture saincte d'un langage assez rude et bas, mais cela est pour s'accommoder à nostre petitesse. D'autant que nous sommes grossiers et terriens, il faut bien qu'il s'abaisse pour estre entendu de nous. Cependant, en ce langage qui n'a point grand pompe, qui n'est point coloré de faconde humaine, il y a des secrets qui nous doivent bien ravir en estonnement" (17e sermon sur le Psaume 119, CO 32, p. 675).

35 Cf. le 103e sermon sur Job, CO 34, p. 529, cité n. 38.

36 Cf. le 17e sermon sur le Psaume 119, CO 32, p. 675, cité n. 34.

37 Cette image qu'à la suite d'Origène (cf. les *Homélies sur le livre de Jérémie*) Calvin utilise dans l'*Institution de la religion chrestienne* (cf. I/13/1) est développée de la manière la plus large dans le 42e sermon sur le Deutéronome, CO 26, p. 387: "Nostre Seigneur n'a point parlé selon sa nature. Car s'il vouloit parler son langage, seroit-il

entendu des créatures mortelles? Hélas non. Mais comment est-ce qu'il a parlé à nous en l'Escriture saincte? Il a bégayé. Sainct Paul dit qu'il s'est fait comme une nourrice avec les enfans, quand il a presché l'Evangile, et quand il parle de soy, il n'y a nulle doute qu'il ne monstre la bonté de Dieu, lequel l'a ainsi gouverné par son sainct Esprit. Et ce qui est en sainct Paul, nous le trouvons aussi bien et en Moyse, et en tous les prophètes. Notons bien donc que Dieu s'est fait quasi semblable à une nourrice, qui ne parlera point à un petit enfant selon qu'elle feroit à un homme, mais qu'elle regarde à sa portée. Ainsi donc Dieu s'est comme démis, d'autant que nous ne comprendrions pas ce qu'il diroit, sinon qu'il condescendist à nous. Voilà pour quoy en l'Escriture saincte on le voit plustost semblable à une nourrice, qu'on n'apperçoit sa majesté haute et infinie, à laquelle nous ne pourrions parvenir, et mesme de laquelle nous ne pourrions approcher".

38 "Qui est cause que nostre Seigneur parle ainsi grossement en l'Escriture saincte? C'est sa bonté infinie, que voyant que nous avons les esprits trop lourds, il bégaye avec nous. Puis qu'ainsi est, apprenons de porter révérence à l'Escriture saincte, combien que nostre Seigneur use là d'un langage commun, voire d'un langage grossier pour gens qui ne sont point lettrez. Or il y a encores plus: car saint Paul nous monstre (I Cor. 2/4–5) que nous devons tant mieux contempler la vertu céleste et la majesté divine en l'Escriture saincte, quand il n'y a nul fard, qu'il n'y a point un langage affiné, comme nous voyons que les mondains s'estudient à rhétorique, et colorent leurs mots d'une braveté frivole. En l'Escriture saincte, donc, nous trouvons un langage grossier, mais cependant voilà la majesté de Dieu qui se monstre" (103e sermon sur Job, CO 34, p. 528–529). "Dieu s'accommode là (sous-ent.: dans l'Ecriture) à nostre rudesse, il parle familièrement avec nous, mesmes il béguaye (par manière de dire) comme feroit une nourrisse avec ses petis enfans" (150e sermon sur Job, CO 35, p. 398). "Quand nostre Seigneur condescend à nostre rudesse et qu'il nous instruit privément, non seulement comme un père ses petis enfans, mais comme une mère nourrice qui bégaye, afin qu'elle soit entendue par celuy qui n'a point encores bonne intelligence, quand, di-je, Dieu nous fait ceste grâce, . . . ne faut-il pas que nous soyons bien despourveus de sens et que nous ayons une nature par trop perverse si nous n'en sçavons faire nostre profit?" (17e sermon sur Tite, CO 54, p. 589). "Apprenons que Dieu par sa bonté infinie voyant que nous n'avons nul moyen d'approcher de luy, il nous y donne un facile accez, et mesmes il descend ici-bas pour se conformer à nostre rudesse et infirmité. Nous voyons, par manière de dire, qu'il bégaye avec nous, car il ne parle point d'une façon si haute comme elle conviendroit à sa gloire infinie et à sa majesté. Mais l'Escriture saincte a un langage rude et grossier" (171e sermon sur Deutéronome, CO 28, p. 574). "Nous ne le (c'est-à-dire: Dieu) comprenons point en nos sens. Voilà pourquoy l'Escriture saincte bégaye selon nostre rudesse, et dit que Dieu descend en bas, . . . non pas qu'il change de place quant à luy, mais cela est dit à nostre regard" (175e sermon sur Deutéronome, CO 28, p. 628). "Bien est vray que de prime face quand on lit l'Evangile, on verra que Dieu se fait là comme une nourrice (ainsi qu'il en parle) et que, cognoissant nostre rudesse et que nous sommes comme petis enfans, il béguaye avec nous" (48e sermon sur les Ephésiens, CO 51, p. 852). "Le Sainct Esprit s'accommode à nostre infirmité. Et de faict si nous ouyons Dieu parlant à nous en sa majesté, cela nous seroit inutile, d'autant que nous n'y comprendrions rien. Ainsi pour ce que nous sommes charnels, il faut qu'il bégaye, ou autrement il ne seroit point entendu de nous. Pour cela donc nous voyons qu'il nous faut entendre que Dieu s'est fait comme petit, pour se déclarer à nous" (Congrégation sur la divinité de Jésus-Christ, CO 47, p. 469–470). Cf. encore le 18e sermon sur l'Harmonie des trois Evangélistes, CO 46, p. 210.

39 Outre le 17e sermon sur Tite, CO 54, p. 590, cité n. 38, cf. le 160e sermon sur Deutéronome, CO 28, p. 441: "Le propre de Dieu est de nous gagner doucement, tout ainsi qu'un père taschera de gagner ses enfans".

40 "Voici Dieu qui a prins la charge et l'office de nous enseigner. Et bien, il ne faut pas là-dessus que nous soyons lasches à l'escouter; puis qu'il nous fait la grâce d'estre nostre maistre, c'est pour le moins que nous lui soyons escoliers . . ." (123e sermon sur Job, CO 35, p. 63). "Puis donc que Dieu daigne bien nous enseigner, et qu'il s'abbaisse jusques là de faire office de maistre et docteur envers nous, ne sommes-nous pas trop ingrats si nous ne l'escoutons? " (54e sermon sur Deutéronome, CO 26, p. 538). "Que nous ne soyons point seulement comme petis enfans qui recorderont leur leçon sous un magister, mais que grans et petis viennent pour escouter ce que Dieu prononce, et que nous l'escoutions en toute humilité . . . Voilà donc en somme ce que Moyse a entendu en ce passage (Deutéronome 33/5), qu'après avoir monstré que Dieu condescend à nostre petitesse jusques là, qu'il se fait comme un maistre d'escole, et qu'il veut que nous soyons à ses pieds pour estre privément enseignez de luy, que ce n'est pas pourtant qu'il ne soit roy . . . Quand donc Dieu se conforme ainsi à nostre petitesse, sa Parolle nous doit bien estre amiable" (192e sermon sur Deutéronome, CO 29, p. 121 et 122).

41 "Y a-(t)-il rien qui nous doive plus inciter à aimer nostre Dieu, que quand nous cognoissons qu'il descend ainsi à nous, et qu'il nous appastelle (par manière de dire), tout ainsi qu'une mère ses enfans . . . .? " (29e sermon sur Job, CO 33, p. 361). "En somme, nous avons deux choses à considérer en la Parolle de Dieu: l'une est sa bonté infinie quand il descend à nous, et se rend familier, et nous appastelle, par manière de dire, et parle à nous d'une telle gracieuseté, comme feroit une nourrice à son enfant" (192e sermon sur Deutéronome, CO 29, p. 121-122).

42 "Qu'un chacun s'advance, et que nous venions d'un courage allaigre pour ouyr nostre Dieu, d'autant qu'il parle à nous si humainement et d'un langage paternel qui n'est point pour effaroucher les enfans, mais plustost pour les amieller (comme on dit)" (43e sermon sur Deutéronome, CO 26, p. 399).

43 "Combien que de nature nous ayons les oreilles chatouilleuses, et que nous appétions qu'on nous eslève en de hautes spéculations, si est-ce neantmoins que nous sommes povres bestes, que nous avons besoin que Dieu nous masche les mots, par manière de dire, et encore qu'il le face, nous ne les pouvons digérer" (44e sermon sur l'Harmonie des trois Evangélistes, CO 46, p. 546–547).

44 "Puis qu'ainsi est que Dieu s'est rendu si facile à nous, tant plus griefve condamnation sera sur nos testes si nous ne mettons peine à profiter en la doctrine, laquelle nous est comme maschée, par manière de dire, afin qu'il ne reste que de l'avaller et la digérer" (42e sermon sur Deutéronome, CO 26, p. 387). "Dieu n'usera jamais de langage superflu, mais selon qu'il voit qu'il nous est expédient, il réitère les choses, . . . selon qu'il voit que nous sommes grossiers, il faut qu'il nous masche la doctrine, tellement que nous la puissions digérer" (172e sermon sur Deutéronome, CO 28, p. 593).

45 "Dieu nous déclare sa volonté entant qu'il nous est bon, il nous masche la viande, afin que nous la puissions avaller; pour ce qu'il cognoist que nous sommes débiles, il nous enseigne privément selon nostre nature. Voilà l'Escriture saincte qui est une révélation si claire que rien plus" (150e sermon sur Job, CO 35, p. 398).

46 "Apprenons de recevoir la Parolle de Dieu en toute simplicité, et ne doutons pas que là il ne s'approche de nous si privément que nous ne pourrons pas alléguer qu'il nous faille faire longs circuits, que les choses nous sont trop profondes et obscures, car nostre Seigneur nous masche par manière de dire les morceaux, voyant bien la rudesse qui est en nous; et ainsi il nous traitte comme petis enfans, afin que nous puissions avaller aisément la viande qu'il nous donne" (185e sermon sur Deutéronome, CO 29, p. 31–32). Cf. aussi le 188e sermon sur Deutéronome, CO 29, p. 76: "Il faut qu'il (sous-ent.: Dieu) nous masche les choses, afin que nous y prenions quelque goust, et que nous en soyons touchez".

47 "Il est certain que le sainct Esprit n'useroit point d'un tel langage (allusion aux propos de Deutéronome 32/41) sans nostre stupidité. Accusons-nous donc quand nous voyons que nostre Seigneur met ici tant de figures, tant de comparaisons; cognoissons que

c'est d'autant que nostre nature est comme brutale" (188ᵉ sermon sur Deutéronome, CO 29, p. 76).

48 "Il (c'est-à-dire: Moïse) parle d'ung stile rude afin qu'il n'y ayt point d'excuse" (3ᵉ sermon sur la Genèse, fo. 16 vo).

49 Cf. le 2ᵉ sermon sur la Genèse, fo. 7.

50 Cf. le 3ᵉ sermon sur la Genèse, fo. 13.

51 4ᵉ sermon sur la Genèse, fo. 18 vo.

52 *Ibid.*, fo. 18 vo. Dans le même sermon, Calvin déclare encore à propos de Moïse: "Il s'en est démis (sous-ent.: de "faire de grands volumes" sur l'astronomie) cognoissant à quoy Dieu l'avoyt appelé, cest qu'il enseignast les plus idiotz du monde. Sur cela il n'est point venu icy estendre ses ailes, il n'a pas voulu avec grand pompe monstrer sa science, mays il a parlé comme ung homme simple et idiot qui n'avoit aultre jugement que la veue ... Moyse n'a point icy parlé en subtilité, mays au contraire comme si jamais n'eust cogneu ung seul article d'astrologie, ... il a parlé en simple homme, et cest seulement arresté à la veue afin que toute excuse nous fust ostée" (fo. 20 vo.).

53 Dans le 8ᵉ sermon sur I Corinthiens 10 et 11, CO 49, p. 677. Cf. Richard Stauffer, *Calvin et Copernic*, in: *Revue de l'Histoire des Religions*, Paris, 1971, p. 31–40, et *infra*, p. 187–188.

54 CO 46, p. 210. Comme le relève le 23ᵉ sermon sur le Deutéronome, CO 26, p. 148, Dieu "n'ha rien en soy qu'on doive représenter par les choses que nous voyons à l'oeil".

55 A la question: "Qu'est-ce que le visage de Dieu? ", Calvin répond dans le 133ᵉ sermon sur le livre de Job, CO 35, p. 191–192: "Ce n'est point une figure semblable au visage de l'homme, qui ait un nez, des yeux et une bouche".

56 "Dieu a gardé le peuple comme la prunelle de son oeil ... Or il est notamment dit que Dieu ne nous garde point seulement comme son bras ou sa jambe. Il est vray que Dieu n'a ne bras ni jambes; il ne nous faut imaginer cela en luy; mais il prend la figure des hommes, afin que nous comprenions ce qui seroit trop haut pour nous. Car s'il parloit selon sa majesté, nous n'y pourrions parvenir; mais il descend à nous et use d'un langage qui est propre à nostre rudesse et infirmité" (180ᵉ sermon sur Deutéronome, CO 28, p. 694).

57 A propos du texte: "Tu as mis mes péchés derrière le dos", Calvin précise dans le 3ᵉ sermon sur le cantique d'Ezéchias, CO 35, p. 564: "Il est vray que Dieu n'ha point de dos ne d'estomach, car nous sçavons que son essence est infinie et spirituelle".

58 "Non pas que Dieu puisse lever la main à la façon des hommes, car outre ce qu'il n'a point de main, il n'y a rien plus haut que sa majesté; mais c'est une figure prinse de la façon des hommes, et nous savons que cela est assez commun en l'Escriture saincte; d'autant que nous ne comprenons pas Dieu tel qu'il est, mais que c'est une chose infinie pour nous, il faut qu'il s'accommode à nostre rudesse" (188ᵉ sermon sur Deuteronome, CO 29, p. 70). Cf. aussi le 23ᵉ sermon sur le Deutéronome, CO 26, p. 150: "Dieu n'ha nulles mains, car il n'ha point de corps, mais il parle ainsi (allusion à l'expression selon laquelle "Dieu étend sa main") par similitude. Comme s'il disoit: Me pensez-vous semblable à quelque créature? Car tout le monde n'est rien au prix de moy. C'est comme s'il y avoit un grain de poudre en la main d'un homme; et vous estes ici-bas comme des grenouilles et des sauterelles".

59 "Dieu n'est point subjet à nos passions pour s'esjouir à la guise des hommes; il n'y a rien de semblable en luy; mais il (sous-ent.: l'auteur sacré) parle ainsi, pource qu'il ne peut assez exprimer l'amour qu'il nous porte, sinon par telles similitudes ... Dieu aussi emprunte des hommes ceste similitude-là. Car comme nous avons dit, il n'est pas semblable à nous, et ne nous faut point avoir des imaginations si lourdes de penser qu'il soit esmeu de passions d'un costé et d'autre" (170ᵉ sermon sur Deutéronome, CO 28, p. 567).

60 "Dieu seroit enclin de sa nature à nous faire venir à luy d'une façon douce et amiable, tout ainsi que un père ne demande qu'à gagner ses enfans, riant avec eux et leur

80

donnant tout ce qu'ils désirent ... Dieu donc se monstre tel envers nous. Il est vray qu'il n'a point telles passions que les hommes, il ne faut point que nous imaginions Dieu estre semblable à nous; mais tant y a que nous ne le comprenons point en sa majesté; d'autant qu'elle est trop haute, il faut qu'il s'abbaisse et qu'il use de façons de parler qui soyent propres à nostre rudesse et à la débilité de nos esprits" (160e sermon sur Deutéronome, CO 28, p. 441).

61 "Ce penser de Dieu ne se doibt pas prendre comme quand les hommes s'advisent de quelque chose après avoir consulté ... Mais pource que nous ne pouvons pas comprendre ce qui est caché et incompréhensible en la haute majesté de Dieu, voilà pourquoy il s'abaisse à nous et se transfigure, par manière de dire; car nous ne pourrions pas concevoir que Dieu punit les incrédules en faveur de nostre salut, sinon qu'il usast de ce mot de "penser" comme ung père qui regarde ce qui est propre à ses enfans" (8e sermon sur Esaïe 13–29, SC 2, p. 72).

62 "Quant à ce mot de repentir, il nous le faut prendre comme en toute l'Escriture saincte; non pas que Dieu soit muable, ou qu'il ait quelque changement en soy, mais c'est à nostre regard que cela est dit ... Cela se rapporte à nostre appréhension; quand nous voyons qu'il y a quelque changement aux oeuvres de Dieu, il nous semble que aussi il est muable; non pas qu'ainsi soit, mais nous sommes si lourds que nous ne pouvons parvenir jusques à ceste haute majesté, et nous imaginons de Dieu ce qui est semblable et conforme à nostre nature. Or Dieu s'accommode à nous ..." (187e sermon sur Deutéronome, CO 29, p. 57–58).

63 "Or cela ne se peut faire qu'il (sous-ent.: l'Esprit de Dieu) ne soit contristé. C'est ce que sainct Paul a voulu ici dire (Ephésiens 4/30). Mais en premier lieu, notons qu'il parle ici à la façon commune de l'Escriture saincte, car nous sçavons qu'en Dieu il n'y a nulle passion; ... Dieu est immuable. Mais pource que nous ne comprenons point la hautesse qui est en luy et que sa majesté est infinie, en telle sorte que nous n'en pouvons approcher, voilà pourquoy il use de similitudes, et c'est à cause de nostre rudesse" (32e sermon sur Ephésiens, CO 51, p. 648–649).

64 "... Il ne nous faut point imaginer en Dieu quelques affections humaines, comme nous voyons les hommes qui s'esmeuvent. Il n'y a aucun courroux en Dieu, mais pource que nous ne le pouvons pas comprendre tel qu'il est, il faut qu'il s'accommode à nostre rudesse. Ainsi, toute fois et quantes que l'Escriture parle d'ire, de courroux et d'indignation, ce n'est pas que Dieu soit ployable, et qu'il nous ressemble, qu'il soit esmeu" (32e sermon sur Deutéronome, CO 26, p. 261). "Il est vray que Dieu n'est point sujet à passions, il ne s'esmeut point à la façon des hommes; mais pour nous monstrer combien il a nostre salut pour recommandé, et que nous ne le comprenons pas, sinon qu'il se transfigure, par manière de dire, et qu'il se présente à nous, en sorte que nous appréhendions quelques passions en luy, voilà pourquoy il dit qu'il a esté esmeu de cholère et qu'il est enflambé en zèle pour maintenir son peuple" (144e sermon sur Deutéronome, CO 28, p. 246).

65 "Moyse monstre quelle affection Dieu porte à ceux qu'il a retirez a soy, qu'il veut tenir de son troupeau. Il est vray que Dieu n'est point sujet à nulles passions humaines, mais si est-ce qu'il ne peut assez monstrer ni sa bonté, ni l'amour qu'il a envers nous, sinon en se transfigurant, comme si c'estoit un homme mortel, en disant qu'il prendra plaisir à nous bien faire" (162e sermon sur Deutéronome, CO 28, p. 468).

66 Cf. l'emploi du verbe "transfigurer" dans le 144e sermon sur le Deutéronome, CO 28, p. 246, cité n. 64; dans le 162e sermon sur le Deutéronome, CO 28, p. 468, cité n. 65; et dans le 8e sermon sur Esaïe 13–29, SC 2, p. 72, cité n. 61.

67 C'est-à-dire: dans l'Evangile de Jean 1/1.

68 CO 47, p. 471.

69 "Voilà donc Dieu qui nous cache beaucoup de choses, afin que nous apprenions d'estre humbles (ce que nous ne serions point si rien ne nous estoit incognu), et puis il discerne ce qui nous est bon; et voilà où il nous veut occuper du tout et retenir" (102e sermon sur Job, CO 34, p. 514).

70 Cf. *supra*, p. 54.

71 "Dieu ne veut point maintenant nous déclarer toutes choses, mais ... il nous faut pratiquer ce que dit sainct Paul en la première des Corinthiens, c'est assavoir que maintenant nous cognoissons en partie, que nous voyons comme par un miroir et en obscurité, nous ne sommes pas encores venus au jour de pleine révélation" (123e sermon sur Job, CO 35, p. 63). "Dieu nous esclaire là (sous-ent.: dans l'Evangile) suffisamment, nous voyons sa face en nostre Seigneur Jésus-Christ, et la contemplons pour estre transfigurez en icelle; mais quoi qu'il en soit, nous ne voyons pas aujourd'hui ce qui nous est appresté au dernier jour" (*Ibid.*, p. 63). "Contentons-nous de savoir ce que Dieu nous dira, et attendons le jour de la pleine révélation pour savoir le reste qui nous est maintenant incompréhensible; bref, ignorons ce que Dieu ne nous veut point déclarer" (42e sermon sur Deutéronome, CO 26, p. 391). Cf. aussi le 124e sermon sur Job, CO 35, p. 65–66, cité n. 73, et le 42e sermon sur Deutéronome, CO 26, p. 387.

72 Cf. plus haut, p. 22, la signification précise que Paul Lobstein donne à cet adjectif utilisé par la majorité des calvinologues (cf. Henri Clavier, *Op.cit.*, p. 12 ss; Emile Doumergue, *Op.cit.*, p. 14, 16, 22 et 28 ss.; Benjamin B. Warfield, *Op.cit.*, p. 256). Nous préférons le terme de "pratique" à celui d'"existentiel" proposé par Edward A. Dowey (cf. *Op.cit.*, p. 25–26).

73 "Que nous nous tenions à sa Parole (sous-ent.: celle de Dieu), que nous souffrions d'estre enseignez par icelle, n'appétans de rien savoir sinon ce qui est là contenu, comme aussi nostre Seigneur nous y monstre ce qu'il sait nous estre propre et utile pour nostre salut" (101e sermon sur Job, CO 34, p. 508). "Or il nous faut observer que Dieu se manifestant à nous en partie, ne veut point faire que nous ne soyons enseignez de ce qui nous est bon et propre" (123e sermon sur Job, CO 35, p. 62). "Notons quand il (c'est-à-dire: Dieu) fait office de maistre envers nous, que ce n'est pas pour nous révéler toutes choses dont nous pourrions douter et dont nous pourrions nous enquérir. Quoi donc? Ce qu'il cognoist estre en édification, c'est-à-dire: ce qu'il cognoist nous estre utile" (*Ibid.*, p. 63). "Il est certain que quand Dieu nous met sa Parole au devant comme il a esté dit, il regarde à nostre portée qui est bien petite, et cependant il se réserve en son conseil ce que nous ne pouvons encores comprendre, pource qu'il ne seroit pas utile pour nostre salut; non pas que Dieu prene plaisir à nostre ignorance, mais il cognoist ce qui nous est bon, et il nous faut contenter de la mesure qu'il nous donne, attendans que ce jour soit venu de pleine révélation lors que nous cognoistrons ce qui nous est caché" (124e sermon sur Job, CO 35, p. 65–66). "Il (c'est-à-dire: Dieu) nous a fait contempler au miroir de son Evangile les secrets du ciel, tant qu'il nous estoit expédient. Or je di: entant qu'il nous estoit nécessaire; car il n'est pas question de suivre nos appétits fols et desbordez, mais contentons-nous de la révélation que Dieu nous donne" (149e sermon sur Job, CO 35, p. 388). "Quand donc nous serons diligens à lire l'Escriture saincte, nous sçaurons que Dieu n'a rien là couché que (*sic*, au lieu de: qui) ne nous soit bon et propre, et dont nous ne recueillons quelque usage" (24e sermon sur II Timothée, CO 54, p. 285). "Dieu nous certifie que nous trouverons en sa Parolle droite intelligence de ce qui nous sera expédient pour nostre salut. Pensons-nous que nostre Dieu nous vueille frustrer?" (171e sur Deutéronome, CO 28, p. 573). "En tout et partout il faut que nous mettions peine d'estre enseignez en tout ce que nostre Seigneur cognoist nous estre utile pour nostre salut. Car il est certain que jamais il n'est sorti un mot superflu de la bouche de Dieu ... Or Dieu, comme desjà nous avons dit, a tellement parlé que jusques au dernier bout, tout est profitable" (189e sermon sur Deutéronome, CO 29, p. 82–83). "Quand Dieu nous a enseignez, si est-ce qu'il se réserve, oultre la doctrine, ce qui ne seroit pas utile pour nostre instruction, comme nous avons veu au Deutéronome: Les secretz sont à nostre Dieu, et la loy est à nous et à nos enfans" (8e sermon sur Esaïe 13–29, SC, p. 73). "Il (c'est-à-dire: Dieu) a eu telle solicitude de nous (sous-ent.: dans les Epîtres de Saint Paul) qu'il n'a rien obmis ni oublié de ce qui nous pouvoit estre

profitable à nostre salut" (1er sermon sur Ephésiens, CO 51, p. 245). "Tout ce qui est désirable à nostre félicité et salut, il faut que nous cognoissions que Dieu nous l'offre par le moyen de sa Parolle, et que là nous ne trouverons que redire, et que jamais nous ne serons frustrez de nostre attente en y cherchant tout nostre bien et salut" (14e sermon sur Genèse, fo. 66). Cf. aussi le 85e et le 174e sermon sur le Deutéronome, CO 27, p. 221, et CO 28, p. 608, et le 69e sermon sur II Samuel, SC 1, p. 603.

74   "Il est vray qu'il y ha ici (Daniel 7/23—27) beaucoup de choses qui ne sont pas déduites par le menu, selon le texte qui est mis ici par le prophète, mais l'exposition qui luy en est donnée nous doit estre assés suffisante ... Si donc nous voulons bien profiter en l'escole de Dieu, que nostre sçavoir se monstre là, c'est à sçavoir que nous n'apétions point de rien entendre, sinon ce qu'il plaira à Dieu de nous monstrer les choses que peuvent comprendre nos sens, et que nous n'enquérions pas davantage, que si Dieu nous veut tenir en bride courte, que nous connoissions que c'est d'autant qu'il ne nous veut point nourrir en nos curiosités, et en nos vanitez frivoles et vaines" (14e sermon sur Daniel, CO 41, p. 472). "En l'Escriture saincte nous ne trouvons pas que nostre Seigneur ait voulu paistre nostre curiosité, et qu'il nous ait voulu faire savoir ce que nous désirons. Nous avons les aureilles chatouilleuses, nous frétillons tousjours en nos désirs: Et je voudroye savoir ceci, Et qu'est-ce que cela? Or ce sont toutes choses frivoles qui ne peuvent profiter; et Dieu pour corriger ceste vanité qui est en nous, et ce fol appétit, nous déclare seulement ce qu'il cognoist nous estre bon" (102e sermon sur Job, CO 34, p. 514).

75   CO 54, p. 586—587.
76   "Apprenons que, combien que nostre esprit soit suffisant pour discerner ici-bas de ce qui compette et concerne la vie terrienne, ce n'est pas à dire que nous puissions monter jusques au ciel, entrer aux conseils estroits de Dieu, et enclorre en nostre sens et en nostre cerveau ce que nostre Seigneur cache par devers soy ... Contentons-nous donc de savoir ce que Dieu nous monstre et nous apprend, et que nous ayons ceste sobriété de dire: Et bien, Seigneur, quand tu nous diras: Voilà ce que je veux que vous sachiez, que nous le recevions paisiblement; mais quand tu ne passeras point plus outre, que nos esprits soyent là retenus" (101e sermon sur Job, CO 34, p. 506 et 508). Nous retrouvons dans ce texte le verbe "enclore" relevé déjà dans notre chapitre premier (cf. *supra*, p. 30).
77   Cf. le 147e sermon sur Job, CO 35, p. 361.
78   Cf. le 3e sermon sur l'Ascension, CO 48, p. 610. Cf. aussi le 85e sermon sur le Deutéronome, CO 27, p. 216—217: "Moyse notamment a voulu condamner ce vice qui règne par trop aux hommes, et qui est enraciné en leur nature: c'est qu'au lieu d'avoir une sobriété pour nous retenir en la pure obéissance de la Parolle de Dieu, nous sommes tousjours agitez de vaines phantasies, et ne demandons sinon de nous enquérir que c'est qui se fait çà et là, pour estre subtils d'en juger".
79   Cf. le 78e sermon sur Job, CO 34, p. 215.
80   Cf. le 176e sermon sur Tite, CO 54, p. 589, et le 18e sermon sur Ephésiens, CO 51, p. 463.
81   "Il nous faut suyvre l'advertissement que sainct Paul nous donne (II Timothée 3/16), d'autant que l'Escriture doit estre utile à doctrine et instruction, pour nous exhorter et corriger, qu'il ne faut point que nous l'applicquions à noz curiositez pour cercher choses frivolles et vaines, car c'est la prophaner" (82e sermon sur II Samuel, SC 1, p. 715).
82   "Quand je di qu'il ne nous faut point appéter de rien savoir des jugemens secrets de Dieu, j'enten cela, que nous ne désirions point de passer plus outre que nostre Seigneur ne nous instruit par sa Parole. Car quand nous savons, Dieu nous veut guider, il ne faut pas que nous craignions d'errer sous sa conduite; mais si nous allons de nostre phantasie spéculer ce que Dieu nous cache, nous entrons en un abysme ..." (102e sermon sur Job, CO 34, p. 514).

83   "Apprenons ... de n'estre point sages, mais plustost sobres, et nous humilier; ... que nous ayons ceste bride de nous retenir et ne passer point outre ce qui nous est monstré en l'Escriture saincte. Quand nous en serons ainsi, nous serons tousjours guidez par le sainct Esprit. Ainsi donc gardons de dire: O je veux savoir pourquoy cela se fait; ne faisons point des sages pour nous enquérir de ce que bon nous semble, quand il nous doit estre incogneu; mais contentons-nous de ce qui nous est manifesté en l'Escriture" (156e sermon sur Job, CO 35, p. 472). "Cognoissons que nostre Seigneur nous enseigne que nous ne pouvons faillir d'escouter et d'ouvrir les aureilles pour nous enquérir de ce qu'il lui plaist que nous sachions; mais gardons-nous de passer plus outre, car il n'y a rage si grande ne si énorme, que quand nous voulons plus savoir que Dieu ne nous monstre. Et au reste, nous aurons beau travailler; appliquons-y tous noz sens et toutes noz estudes; où est-ce que nous parviendrons? Ce sera nous fourrer tousjours tant plus avant au labyrinthe" (2e sermon sur l'élection de Jacob et la réjection d'Esaü, CO 58, p. 34).

84   "Notons bien que les hommes sont réputez idolâtres, non pas seulement quand ils ont des marmousets de pierre ou de bois, ou en peinture, mais aussi quand ils ne se tiennent point à la pure simplicité de la Parole de Dieu ..." (183e sermon sur Deutéronome, CO 29, p. 11). Cf. aussi le 53e sermon sur le Deutéronome, CO 26, p. 527: "Apprenons de ne rien penser de nostre cerveau. Car si tost que nous attribuons à Dieu ce qui n'est point en sa Parolle, c'est autant comme si nous forgions une idole, car nous le desguisons par ce moyen".

85   "Or cependant faisons cest honneur à la Parole de Dieu de nous humilier sous icelle, et de nous arrester à ce qui est là contenu, sçachans quand nous l'aurons apprins, qu'il ne nous faut rien plus, qu'il n'est point question d'y rien adjouster; nous serons assez sages quand nous serons disciples de Dieu, mais si nous voulons passer outre, il faudra que le diable soit nostre docteur" (23e sermon sur II Timothée, CO 54, p. 279).

86   Dieu parle aux hommes: "Or ça, que vous advisiez quel chemin vous devez tenir pour estre sages; or ce n'est point de vouloir monter par dessus les nues, et espulcher beaucoup de choses qui nous doivent estre incogneues; comme de dire: Pourquoy est-ce que Dieu a tant différé de créer le monde? Et qui l'a esmeu de faire cecy et cela? Et pourquoy est-ce qu'il dispose les choses ainsi? Pourquoy est-ce qu'il permet que les choses aillent un tel train? Vostre sagesse ne gist point là et quand vous cuiderez estre sages par ce moyen, vous ne ferez que vous esgarer, et jamais vous ne pourrez sortir d'un tel labyrinthe; vous ne ferez que vous escarter, en sorte que vous demeurerez confus. Où trouverez-vous donc la sagesse? C'est, dit-il, à moy de juger et de discerner ce qui vous est bon. Apprenez de vous contenter de ce que je vous monstre et enseigne, car c'est à moy de voir ce qui vous est utile" (102e sermon sur Job, CO 34, p. 516).

87   "Ne voit-on pas quelle convoitise il y a aux hommes de cognoistre ce qui ne leur est point révélé? O je voudroye savoir ceci et cela, et ils font tous leurs efforts d'entrer en dispute. Et de quoy? De ce qui leur est caché en l'Escriture saincte. Voilà en quoy les hommes ont tousjours le plus travaillé, de savoir ce que Dieu ne leur a point voulu enseigner, cognoissant qu'il n'estoit pas bon. Nous voyons donc ceste présomption enragée aux hommes, de vouloir concevoir en leurs cerveaux ce qui ne leur est point permis, et entrer aux secrets de Dieu, maugré qu'il en ait" (150e sermon sur Job, CO 35, p. 398). Cf. aussi le 8e sermon sur Esaïe 13–29, SC 2, p. 73: "Il n'est pas licite de nous enquérir de ce qui passe nostre entendement, ainsi qu'il est souvent parlé en l'Escripture, et de ce qui ne nous est pas révélé en icelle".

88   "Les hommes sont si bouillans qu'ils ne se peuvent modérer à la simplicité de la Parolle de Dieu, pour dire qu'il leur suffira que Dieu les gouverne, et qu'ils reçoyvent ce qui leur est proposé en son nom. Les hommes ne peuvent avoir une telle modestie, mais frétillent tousjours après leurs inventions; et cependant encores s'arment-ils de subterfuges. Comme nous voyons que beaucoup allèguent aujourd'huy que l'Escriture saincte est bonne, mais qu'il est bon de suppléer aussi à ce qui y défaut, qui est un blasphème exécrable, d'autant qu'on accuse Dieu de ce qu'il n'a point esté advisé de

comprendre tout ce qui estoit requis pour nostre salut" (19e sermon sur Deutéronome, CO 26, p. 101).

89   "Ceste maudite curiosité a esté cause d'en mener beaucoup en ruine, car il semble à beaucoup d'outrecuydez que tout pourra passer par leur cerveau; et quand ils auront beaucoup phantastiqué, qu'ils suyvront ce qu'ils trouveront bon, et qu'ils sont assez habilles pour bien discerner. Or nostre Seigneur voyant une telle audace, les met en confusion. Il est vray qu'ils voudroyent s'enquérir en telle sorte que rien ne leur eschappast; mesmes ils voudroyent mesler l'Alchoran de Mahomet, et toutes les resveries des payens, et les superstitions des papistes avec la pureté de l'Evangile, et en faire un recueil, pour après avoir bien resvé en leur cerveau, dire: Voilà ce qui est bon. Or nostre Seigneur . . . ne peut souffrir que les hommes se confient ainsi en leur sens propre, et d'autre costé il ne peut souffrir une telle injure qu'on fait à sa Parolle . . ." (86e sermon sur Deutéronome, CO 27, p. 233). Dans un sens voisin, cf. aussi le 85e sermon sur le Deutéronome, CO 27, p. 217: "Nous en voyons beaucoup qui voudroyent savoir toutes les religions du monde. Et à quel propos? Il leur semble qu'ils ne seront point asseurez en la foy chrestienne s'ils ne savent l'Alchoran de Mahomet, s'ils ne cognoissent toutes les diableries qui ont régné entre les payens et les papistes, s'ils n'ont l'esprit farci et enyvré de toutes les resveries des Juifs".

90   "Si tost que nous sommes destournez de la simplicité de la Parolle de Dieu, c'est comme si une femme escoutoit un maquereau qui luy viendra souffler en l'aureille; nous voilà corrompus; . . . toute religion est prophanée par nous quand nous déclinons tant peu que ce soit de la pure doctrine" (45e sermon sur Deutéronome, CO 26, p. 431).

91   "Quand nous ne trouverons point en la Parole de Dieu ce que nous voudrions savoir, cognoissons qu'il nous faut demeurer ignorans; et puis sur cela, qu'il faut que nous ayons la bouche close, car si tost que nous voudrions dire un mot, il n'y aura point de science, il n'y aura que mensonge en nous" (147e sermon sur Job, CO 35, p. 361).

92   "Sans exception donc, que tout ce qui est contenu en l'Escriture saincte soit receu avec révérence; et quand il est question des saincts mystères de Dieu, que nous n'en jugions pas selon nostre entendement; et que si les choses ne nous semblent pas bonnes et propres, que nous soyons tenus en bride courte, et que Dieu ait tousjours la vogue, que sa Parolle ait toute liberté" (33e sermon sur Deutéronome, CO 26, p. 282).

93   "Nous en voyons de ces outrecuidez, quand il y aura quelque chose en l'Escriture saincte qui ne s'accordera point à leur sens et à leur fol cerveau, ô cela sera condamné du premier coup, sans s'enquérir d'où il procède; et puis encores qu'ils soyent convaincus, si ne laissent-ils pas d'estre impudens jusques-là de s'eslever contre Dieu, et contre ses jugemens secrets et incompréhensibles, pour dire: O voilà, il est impossible que cela entre en ma teste. Et mon ami, si tu es un povre aveugle, le soleil sera-il obscurci qu'il ne luise pourtant? Si un aveugle dit: Je ne voy point clair, est-ce à dire que le soleil n'apporte que ténèbres? C'est bien à propos" (69e sermon sur Job, CO 34, p. 99). Cf. aussi le 189e sermon sur le Deutéronome, CO 29, p. 83.

94   "Nous pouvons bien appliquer toute nostre estude à cognois la volonté de Dieu, ouy bien en tant qu'il la nous révèle, car la Parole de Dieu est nostre clairté. Mais quand Dieu cesse de parler, il veut que nous soyons retenus en bride et comme captifs pour ne point nous esgarer plus outre. Car ce sera tousjours entrer en un labirinthe, voire au profond d'enfer, quand nous voudrons sçavoir plus qu'il ne nous est permis, c'est-à-dire: plus que nous ne devons, et qu'il ne nous communique par sa Parolle" (4e sermon sur Ephésiens, CO 51, p. 291). L'image du "labyrinthe" se trouve encore dans le 102e sermon sur Job, CO 34, p. 516, cité n. 86, et dans le 2e sermon sur l'élection de Jacob et la réjection d'Esaü, CO 58, p. 34, cité n. 83.

95   Outre le 69e sermon sur Job, CO 34, p. 99, cité n. 93, cf. le 146e sermon sur Job, CO 35, p. 347: "Cognoissons la bonté infinie de nostre Dieu, en ce qu'il nous esclaire au milieu des ténèbres par sa Parole; et que combien que nous ne comprenions pas en tout et par tout comment il a créé le monde, que nous n'appercevions pas les moyens par lesquels il besongne maintenant, il ne laisse pas de nous faire participans de son

conseil entant qu'il nous est mestier"; et surtout le 61ᵉ sermon sur le Deutéronome, CO 26, p. 634: "Si Dieu nous a enseignez en sa vérité, qu'il se soit manifesté à nous, cela nous doit bien suffire, c'est une clarté si grande que nous ne pouvons plus faillir qu'à nostre escient. Celuy qui chemine en plein midi, quand il se heurtera contre une pierre, ou qu'il tombera en la fosse, pourra-il dire: Je n'y voye goutte? Il voit clair, il a quant et quant le soleil qui le guide; quelle excuse pourra-il prétendre? Ainsi en est-il de nous: que si Dieu nous a illuminez, qu'il nous ait donné sa Parolle, nous ne pouvons plus cheminer en ténèbres".

96 "Nous voyons comme les povres incrédules se ferment la porte pour ne point approcher de Dieu. Qui est cause qu'en la papauté ces povres gens croissent là en leur ignorance, et quelque chose qu'on leur propose, que tousjours ils monstrent qu'ils sont comme ensorcelez de Satan? Ils diront que la Parole de Dieu est une chose trop haute" (16ᵉ sermon sur les Ephésiens, CO 51, p. 445).

97 "Maintenant donc déportons-nous de toutes ces répliques frivoles: O comment? C'est une mer trop profonde que l'Escriture saincte, c'est un abysme; quand on y voudra entrer, par où sortira-on? N'allégons point toutes ces choses" (42ᵉ sermon sur Deutéronome, CO 26, p. 386).

98 "Tout ainsi que beaucoup de gens ne tiennent conte de la Parole de Dieu, pource qu'ils n'ont jamais savouré les secrets qui y sont contenus, aussi il y en a qui prennent excuse que la Parole de Dieu est trop obscure et difficile, tellement que cela les en fait reculer, qu'ils n'osent point en approcher" (17ᵉ sermon sur le Psaume 119, CO 32, p. 676–677). Cf. aussi, dans un sens voisin, le 171ᵉ sermon sur Deutéronome, CO 28, p. 575: "N'allégons point d'obscurité ne hautesse, je di, comme font les papistes qui font un bouclier de leur ignorance, que l'Escriture est trop haute et trop profonde".

99 "N'y aura nulle excuse si nous disons: Or de moy, je ne suis pas grand clerc pour cognoistre les secretz de l'Escriture. Comme il y en a beaucoup qui voudroyent faire bouclier d'ignorance, quand ils sont idiotz et n'auront pas proffité aux letres, mesmes qu'ils n'auront pas suivy les escholes, il leur semble qu'ils sont excusez souz ombre que Dieu ne leur a point donné des révélation si hautes comme ceux qui sont excellens en l'Eglise" (87ᵉ sermon sur II Samuel, SC 1, p. 764). Cf. aussi, dans un contexte un peu différent, le 3ᵉ sermon sur la Pentecôte, CO 48, p. 644: "Il est yci dit (Actes 2/17) par le prophète que jeunes et vieux, hommes et femmes recevront tous d'un mesme Esprit. Et c'est afin qu'on n'allègue point: Ha, je ne suis point clerc, je ne puis donc comprendre ce qui est en l'Ecriture pour recevoir le Sainct Esprit".

100 "Je suis un povre ignorant, diront-ils (ceux qui "prennent excuse que la parole de Dieu est trop obscure et difficile"), ou: Je ne suis pas homme tant aigu qu'on diroit bien, ou: Je n'ay pas esté si long temps à l'escole que pour savoir ce qui ne sera point commun aux gens idiots et non lettrez. Voilà les excuses que beaucoup de gens feront pour ne point cognoistre que c'est de la Parole de Dieu" (17ᵉ sermon sur le Psaume 119, CO 32, p. 677).

101 "Nous en verrons aujourd'huy beaucoup qui pensent avoir un beau subterfuge pour ne rien cognoistre de Dieu, et pour mettre sous le pied toute doctrine, quand ils diront: O voilà, je ne puis pas discerner, on me pourroit tromper sous ombre de Dieu et de la religion, il vaut mieux donc que je n'en cognoisse rien ... Voilà comme en font ceux qui disent: Je ne veux point cognoistre l'Escriture saincte, j'en pourroye estre trompé" (46ᵉ sermon sur Job, CO 33, p. 575).

102 "Quand nous lirons en l'Escriture saincte, ... encore nous trouverons-nous tousjours enveloppez en quelque doute, et serons ignorans en partie ... Quand donc nous trouverons des passages obscurs et des articles qui surmonteront nostre sens, que cela ne nous desgouste pas ..." (39ᵉ sermon sur l'Harmonie des trois Evangélistes, CO 46, p. 478–479). "Quand nous lisons l'Escriture saincte, que nous trouverons des passages obscurs et qui nous seront comme fermez, qu'il y aura quelque article qui nous empeschera que nous ne pourrons pas si bien digérer le reste comme nous voudrions, cognoissons néantmoins que si nous sommes dociles à escouter ce qui nous sera

apporté au nom de Dieu, et à le recevoir, et que nous le gardions en nostre coeur, qu'avec le temps notre Seigneur montrera que nous n'avons pas été frustrez" (*Ibid.*, p. 481).

103 Outre le 39e sermon sur l'Harmonie des trois Evangélistes, CO 46, p. 481, cité dans la note précédente, cf. le 8e sermon sur I Corinthiens 10–11, CO 49, p. 678: "Il adviendra que nous trouverons ce qu'on nous propose de l'Escriture saincte estre obscur: il nous sera difficile à digérer".

104 "Quand sa Parole (sous-ent.: celle de Dieu) nous est obscure, ce n'est point qu'elle soit telle de soy, cela ne procède sinon de nostre aveuglement, que nous avons nos esprits eslourdis; car la doctrine que Dieu nous propose et qui est contenue en l'Escriture saincte est vrayement nommé clarté" (124e sermon sur Job, CO 35, p. 65). "Il est vray que selon que nous sommes lourds et ignorans, que nous trouverons tousjours de l'obscurité beaucoup en la Parolle de Dieu, que cela sera trop haut et trop profond pour nous; mais la faute, à qui en doit-elle estre imputée?" (30e sermon sur Deutéronome, CO 26, p. 240–241).

105 "Il est vray (comme desjà nous avons dit) que Dieu parle pour estre entendu, et qu'il n'use point de parolles ambiguës, qu'il n'y va point par ambages (comme on dit), mais qu'il a manifesté sa volonté si clairement qu'il ne tiendra qu'à nous que nous n'en soyons deument instruits, quand nous le voudrons escouter" (42e sermon sur Deutéronome, CO 26, p. 391).

106 "Voilà . . . un tesmoignage que Dieu rend à sa Parolle, que ce n'est un jargon qui soit incogneu, mais qu'il parle franchement, à ce que les hommes soyent amenez à luy, qu'ils sachent ce qui leur est bon et propre . . . Or quand Dieu parle ainsi de sa Parolle, ne doutons point d'y trouver ce qu'il prononce" (171e sermon sur Deutéronome, CO 28, p. 572–573).

107 "Il est vray que Dieu nous monstre en l'Escriture des secrets qui sont adorez par les anges; il est vray que nous n'en pourrons avoir sinon quelque petit goust; cependant que nous habitons en ce monde, c'est assez que nous cognoissions en partie (comme dit sainct Paul) et en obscurité, voyans comme en un miroir ce que nous ne pouvons encores contempler face à face. Tout cela est bien vray; mais cependant si est-ce que Dieu s'est tellement conformé et abbaissé à nostre petitesse, que les choses nous sont faciles, ou pour le moins nous en comprendrons ce qui nous est utile pour nostre salut" (42e sermon sur Deutéronome, CO 26, p. 386–387). Cf. aussi, dans un contexte relatif aux prophéties, le 28e sermon sur I Timothée, CO 53, p. 333: "Combien que les prophéties n'ayent point esté si claires, tant y a que jamais Dieu ne parle qu'il ne veuille que nous recevions instruction de ce qu'il nous dit. Et c'est un blasphème quand on allègue qu'on ne peut cognoistre ce qui est contenu en l'Escriture saincte".

108 "Quand nous n'entendons l'Escriture qu'à demi, si est-ce que nous avons beaucoup gaigné; quand nous en avons quelque goust, c'est assés . . . Dieu donc ha donné à Daniel autant d'intelligence qu'il connoissoit luy estre propre, et cela nous apartient, à ce que nous aions plus grande révérence à l'Escriture saincte, et aussi que nous ne perdions point courage; encores que nous n'entendions pas les choses si bien que nous voudrions, qu'il y aura quelques nues parmi, quelque résidu d'ignorance, qu'il nous suffise que Dieu ne nous laissera pas pourtant ignorans, qu'il ne nous monstre ce qui nous est nécessaire; il regarde à nostre édification, c'est-à-dire que nous soyons instruits à mettre nostre fiance en luy du tout, à le servir et le craindre" (14e sermon sur Daniel, CO 41, p. 469 et 470). "Dieu . . . nous donnera clarté suffisante en sa Parole pour nous mener à salut. Et c'est une consolation qui ne se peut assez exprimer que ceste-ci; car comme il nous est déclaré que nous sommes povres aveugles, et que cheminans en ce monde nous n'avons que ténèbres et obscurité, voici Dieu qui nous met le remède en la main, c'est que nous l'escoutions parler à nous et que nous apprenions de nous renger à sa Parole" (14e sermon sur le Psaume 119, CO 32, p. 641–642). "Concluons . . . que la doctrine de Dieu (sous-ent.: sa Parole) de soy n'est point incompréhensible, tellement qu'on n'y puisse mordre, mais que c'est une clarté si grande que nous y

voyons le chemin du salut, ... c'est une instruction telle qu'il ne tiendra qu'à nous que nous n'en soyons édifiez comme il appartient, et autant qu'il nous est utile" (171e sermon sur Deutéronome, CO 28, p. 572).

109 Outre le 171e sermon sur le Deutéronome, CO 28, p. 572, cité dans la n. précédente, cf. le 14e sermon sur le Psaume 119, CO 32, p. 642: "Les papistes sont possédez de Satan quand ils disent que la Parole de Dieu est si obscure qu'on n'y sauroit mordre"; le 17e sermon sur le Psaume 119, CO 32, p. 677: "Et en cela voit-on quel abus c'est qui règne aujourd'hui en la papauté, quand on empeschera la pluspart des chrétiens de lire l'Escriture sainte, sous ombre qu'ils y seroyent confus, et que c'est une chose trop haute pour eux, et qu'ils n'y peuvent rien mordre"; et le 174e sermon sur le Deutéronome, CO 28, p. 617: "Nous voyons l'astuce de Satan, et comme il a tasché de priver la plus grande partie du monde d'un tel bien, sous ombre que ce n'est pas une chose vulgaire que la Parolle de Dieu, qu'elle est trop haute et trop profonde, qu'elle est trop obscure; qui plus est, on a eu ceste opinion qu'il ne falloit point s'y fourrer, car c'est un labyrinthe où on se trouverra confus, on n'y pourra pas mordre".

110 "Il n'est point question de faire comme les papistes: O il ne se faut point enquérir des secrets de Dieu, diront-ils. Et pourquoy donc l'Escriture saincte nous est-elle donnée? Dieu veut bien qu'on s'enquière de luy, mais cependant il veut qu'on tiene le chemin qu'il nous monstre, c'est assavoir qu'en toute humilité on suyve ce qui est contenu en l'Escriture saincte" (19e sermon sur Job, CO 33, p. 241).

111 "... Aujourd'hui, nous ne dirons pas seulement que la Parole de Dieu soit oubliée; mais les hommes d'une malice délibérée se viennent ruer pour l'abolir du tout. Et qu'ainsi soit, d'où vient ceste cruauté et rage qui est aux papistes, sinon d'autant qu'ils se sont proposez ce but de contradiction? qu'ils veulent despiter Dieu, ne pouvans souffrir de s'assujettir à lui en façon que ce soit" (18e sermon sur le Psaume 119, CO 32, p. 691).

112 "Nous voyons que le diable possède les papistes quand ils destournent, sous telle couverture (sous-ent.: que l'Ecriture est trop haute), le simple peuple de lire la Parole de Dieu, et mesme qu'ils lui défendent avec une tyrannie si cruelle" (17e sermon sur le Psaume 119, CO 32, p. 677).

113 "Il y a une pleine certitude de science quand nous serons bons escholiers de Dieu, et que nous ne luy serons point rebelles. Or en cela voit-on l'ingratitude des papistes qui font accroire qu'on n'oseroit pas lire l'Escriture saincte, ni y mettre le nez, pource que c'est une chose trop haute et profonde, et qu'on sera incontinent transporté en beaucoup d'erreurs, en beaucoup de fantasies. Or il est vray que les hommes abuseront bien de la vérité de Dieu, et mesmes nous voyons comme ils la convertissent en mensonge; mais cependant d'imputer cela à la Parolle de Dieu, c'est un blasphème diabolique" (171e sermon sur Deutéronome, CO 28, p. 573). "Nous voyons ces caphards en la papauté qui feront horreur au peuple de lire la Parolle de Dieu: Gardez-vous, car cela est dangereux de s'y vouloir fourrer si avant. Il est vray que la Parolle de Dieu est saincte et sacrée, mais quoy? Les povres idiots qui voudront y gouster seront incontinent abbrevez d'hérésies, et les erreurs seront infinis, qu'un chacun tombera en de grandes confusions. Voilà comme on n'ose pas seulement s'enquérir de la volonté de Dieu, et semble que tous ceux qui en approchent se plongent du premier coup en un abysme" (174e sermon sur Deutéronome, CO 28, p. 617). "Nous voyons qu'en la papauté, quand on destourne le peuple de lire l'Escriture saincte, c'est un blasphème meschant quand on se laisse ainsi aveugler qu'on ne daigne pas se laisser conduire ni enseigner à Dieu. Et mesmes il y a eu ce blasphème diabolique, qu'on a accusé l'Escriture saincte de trop grande obscurité, que c'est une chose trop profonde, et qu'il n'y faut point estre instruit, d'autant qu'on seroit incontinent préoccupé de beaucoup d'erreurs" (Ibid., p. 618).

114 Cf. le 171e sermon sur le Deutéronome, CO 28, p. 573, et le 174e sermon sur le Deutéronome, CO 28, p. 618, cités dans la n. précédente.

115 "Nous voyons que Dieu n'a point donné sa Parolle seulement pour une petite portion de gens, mais qu'il a voulu que tous en général en fussent participans depuis le plus grand jusques au plus petit: et c'est une doctrine bien notable . . . Qu'un chacun donc s'applique à y profiter, et que nous luy (sous-ent.: Dieu) soyons bons escholiers, puis qu'il daigne bien faire office de maistre envers nous; et que nul n'allègue ici: Je ne suis point clerc. Car Dieu n'a point parlé seulement pour les grands docteurs, il a voulu dispenser sa Parolle en commun à grands et à petis, et aux plus ignorans" (174e sermon sur Deutéronome, CO 28, p. 616—617). "Il (c'est-à-dire: saint Paul) dit que toute l'Escriture est utile pour enseigner, pour exhorter, pour reprendre, pour redarguer; il ne dit point qu'elle est utile pour trois ou quatre teigneux de moines ou tondus, il ne dit point cela" (Ibid., p. 618).

116 "Dont est advenue ceste horrible ignorance qui est encores en beaucoup de païs, et en toute la papauté en général, sinon qu'on remet aux moynes et aux caphards, et à telles gens, pour le moins au clergé du pape, à cognoistre l'Escriture saincte? Car ce n'est pas à ceux qui sont du monde (comme on dit). Et les prestres qu'ils appellent séculiers, encores s'en deschargent sur les moynes: ils diront que c'est à faire aux docteurs en théologie. Voilà comme le monde a esté abruti; et encores trouve-on estrange que les hommes ayent si lourdement erré, qu'il n'y ait nulle discrétion, qu'on les ait menez par le museau comme des bestes, qu'ils se soyent esgarez à travers champs" (174e sermon sur Deutéronome, CO 28, p. 611). "Voilà . . . . comme quand nous aurons la Parolle de Dieu qui nous est preschée, qu'il ne faut plus que nous facions comme les papistes, pour dire: O comment? Cela est trop haut pour moy, cela n'est pas pour les simples, cela doit estre réservé au clergé; sachons que Dieu parle à grands et à petis, et ne se mocque pas quand il nous convie à soy par sa Parolle, mais il veut estre entendu" (185e sermon sur Deutéronome, CO 29, p. 32).

117 CO 33, p. 536.

118 Utilisée par Pighius dans sa *Hierarchiae ecclesiasticae assertio* (cf. Pontien Polman, *L'élément historique dans la controverse religieuse du XVIe siècle,* Gembloux, 1932, p. 286—287) parue à Cologne en 1538, l'image du nez de cire se trouve déjà chez Abélard, selon Henri Meylan (cf. SC 2, p. 524, n. 9/10). En dehors de la prédication, Calvin mentionne l'image du nez de cire en plusieurs endroits (cf. SC 2, p. 524, n. 9/10, et SC 6, p. 13, n. 2), entre autres dans la *Response aux calomnies d'Albert Pighius* (*Opuscules,* p. 333; CO 6, p. 268), dans la *Response à un certain moyenneur rusé* (*Opuscules,* p. 2181; CO 9, p. 533) et dans le *Commentaire sur Esaïe* 45/19 (CO 37, p. 145).

119 Outre les textes que nous citerons dans les notes suivantes, outre le 104e sermon sur le Deutéronome, CO 27, p. 451—453, cf. le 2e sermon sur Jérémie 14—18, SC 6, p. 13: "Ilz (= les papistes) disent qu'il faut avoir des patrons; de tout cela ilz ne trouvent rien en l'Escripture; voiant cela, il faut qu'ilz dépravent l'Escripture et qu'ilz en facent un nez de cire, comme ilz disent"; le 18e sermon sur Jérémie 14—18, SC 6, p. 125: "Il faut . . . que nous regardions tellement d'applicquer l'Escripture à sa fin que nous ne la corrumpions point par noz gloses comme l'on fait en la papaulté, car ilz en ont faict un nez de cire, qu'ilz appellent, que l'on tourne comme l'on veult. Voilà un blasphème exécrable que Sathan n'oseroit prononcer"; le 14e sermon sur le Psaume 119, CO 32, p. 642: "Les papistes sont possédez de Satan quand ils disent que la Parole de Dieu est si obscure qu'on n'y sauroit mordre, qu'il ne faut point qu'on s'y arreste, d'autant qu'il n'y a rien de certain, que c'est un nez de cire, qu'on le tourne et çà et là. Ils n'ont nulle honte de desgorger tels blasphèmes"; le 169e sermon sur le Deutéronome, CO 28, p. 547: "Ils (c'est-à-dire: le pape et les siens) diront que c'est une chose dangereuse d'entrer en l'Escriture saincte, que c'est un nez de cire, qu'on le tourne comme on veut, qu'il y a là des secrets si hauts qu'on en pourroit entrer en un abysme"; le 54e sermon sur Esaïe 13—29, SC 2, p. 524: "C'est un blasphème exécrable, ce que les papistes allèguent, que l'Escriture Sainte est un nez de cyre, qu'il n'y a nulle certitude, sinon que l'Eglise détermine ce qu'il nous faut croire"; le 5e sermon sur l'Epître aux

Galates, CO 50, p. 335: "Ils (c'est-à-dire: "ceux qui sont les plus dévots en la papauté") n'ont point honte de dire que l'Evangile et toute l'Escriture saincte est comme un nez de cire, qu'il n'y a nulle certitude en cela, mais qu'il faut avoir toutes les résolutions des hommes. Voilà comme Jésus-Christ est mocqué avec tout opprobre"; le 46e sermon sur l'Epître aux Ephésiens, CO 51, p. 834: "Nous voyons comment les povres papistes se sont desnuez du tout des armures qui leur devoyent servir pour leur salut. Car qu'est-ce que leur est la Parole de Dieu? Un nez de cire. Ils n'ont point eu honte de desgorger ce blasphème-là par tous leurs livres et en tous leurs sermons, c'est qu'il n'y a rien de certain en la Parole de Dieu"; le 49e sermon sur l'Harmonie des trois Evangélistes, CO 46, p. 613: "Quand .... l'Escriture seroit ensevelie, le pape domineroit paisiblement; pour ceste cause, ces caphars, qu'il ha à loage, ont tousjours ce principe de dire: Et l'Escriture, qu'est-ce? C'est un nez de cire. Voylà un blasphème détestable qu'ils desgorgent, et non pas seulement devant le commun populaire, mais tous leurs livres en sont pleins. Qu'on regarde tous les papistes qui veulent aujourd'huy maintenir ce siège diabolique de Rome avec toutes ses dépendances. Voyci le principal article de leur foy, c'est qu'il n'y a rien de certain en l'Escriture saincte, et qu'on la tourne de tous costez, que c'est une chose obscure et profonde. Or nous voyons en cela comme ils découvrent leur turpitude"; et le 50e sermon sur l'Harmonie des trois Evangélistes, CO 46, p. 624: "Les papistes, afin d'abolir la vérité de l'Escriture, disent qu'il n'y a nulle certitude si on s'y arreste, d'autant que le diable l'a prinse pour soy, et qu'on la destourne comme un nez de cire".

120   CO 54, p. 281–282.
121   "Si nous avons retenu ceste simplicité-là, elle nous vaudra mieux que toutes les expositions subtiles qu'on pourra amener: comme quand ceux qui ont ici (Job 40/20–41/25) basti des allégories, ont espluché les os et les arestes des balaines, et ont aussi traitté de la peau, de cecy et de cela, bref, il n'y a rien où il n'y ait fallu trouver je ne say quels menus fatras. Or c'est comme faire de l'Escriture saincte un nez de cire, la transfigurer hors de son sens naturel" (156e sermon sur Job, CO 35, p. 467).
122   "Quand on entrera en dispute de l'Escriture saincte, à l'ombre d'un pot de vin, par les tavernes et par les tables, est-il question là de s'humilier, et que tous cognoissent leur rudesse et leur infirmité, et qu'ils demandent à Dieu son Sainct-Esprit, afin que ses secrets soyent traittez de nous comme il appartient? Non; mais ces disputes-là sont comme par mocquerie; et par cela voit-on bien, et plus qu'il ne seroit de besoin, qu'il y a aujourd'huy bien peu de religion au monde. On voit que les uns se jouent de l'Escriture saincte, qu'ils la tirent en des proverbes de risée, qu'il ne sera question que de s'en gaudir, comme si elle n'estoit faite sinon comme un nez de cire, et qu'on la desguisast, et qu'un chacun la tournast comme bon luy sembleroit" (33e sermon sur Deutéronome, CO 26, p. 282).
123   Cf. le 42e sermon sur Job, CO 33, p. 523–524, cité n. 124; le 6e sermon sur Tite, CO 54, p. 451, cité n. 125; le 46e sermon sur les Ephésiens, CO 51, p. 834, cité n. 119; et le 49e sermon sur l'Harmonie des trois Evangélistes, CO 46, p. 613, cité n. 119.
124   "En la papauté qu'est-ce qu'on appelle théologie sinon une façon prophane de se mocquer pleinement de tous les secrets de Dieu? Car il est licite là de babiller, comme si on se jouoit d'une pelote. Et de fait les papistes disent bien vrai quand ils usent de ce proverbe que l'Escriture saincte leur est comme un nez de cire. Voilà comme ils blasphèment Dieu, et n'ont point de honte de le mettre en leurs livres: voire, quand ils veulent prouver qu'il ne se faut point tenir à l'Escriture saincte, et que nous n'avons nulle certitude de foy par la Parolle de Dieu, mais qu'il faut recevoir ce qui a esté déterminé par les hommes. O comment (disent-ils) l'Escriture saincte n'a-elle pas un nez de cire? Vray est qu'ils en ont fait un nez de cire quant à eux, la tournans à tors et à travers, pour se mocquer pleinement de Dieu et de sa vérité. Et comment cela est-il advenu, sinon d'autant qu'ils n'ont point cognu que, quand Dieu nous a révélé sa volonté, ç'a esté afin qu'un chacun entre en soy, et que nous examinions bien nos consciences, et que nous applicquions à nostre usage et instruction tout ce qui est

contenu en l'Escriture saincte, que nous sachions que Dieu n'a point voulu repaistre nostre curiosité, qu'il n'a point voulu chatouiller nos aureilles, mais qu'il a voulu édifier nos âmes, voire comme il appartient" (42e sermon sur Job, CO 33, p. 523–524).

125 "Il ne tiendra qu'à nous quand nous ne serons point deuement asseurez de ce que nous devons faire, et que nous corromprons la doctrine de Dieu. Et en cela voit-on aussi que c'est un blasphème exécrable quand les papistes accomparent l'Escriture saincte à un nez de cire, et qu'on ne peut cueillir là nulle certitude de foy. Car si la Parole de Dieu n'avoit ceste propriété et vertu de nous asseurer de tout ce qui est bon pour nostre salut, sainct Paul ne parleroit pas ainsi (Tite 1/9). Souffrons donc d'estre gouvernez par la bouche de nostre Dieu, et alors soyons asseurez de ne point faillir, ni errer" (6e sermon sur Tite, CO 54, p. 451).

126 ". . . Les papistes confesseront assez qu'ils croyent en Dieu, qu'ils se veulent tenir à l'Escriture saincte, mais cependant on void qu'ils ont tout perverti, et que de l'Escriture saincte, au lieu qu'ils la doivent recevoir en toute révérence, ils la tournent à leur poste, et mesmes s'en mocquent et s'en gaudissent, et comme nous disions n'aguères, ils desgorgent ce blasphème que c'est un nez de cire, et qu'on le peut tourner selon qu'on veut; et au reste on void comme ils ont tout brouillé par ce qu'ils ont controuvé . . . Il n'est point question de se reigler à ce que Dieu commande et ordonne; mais il faut qu'il soit débouté de sa place, et que les hommes usurpent ce qui luy est propre" (29e sermon sur les Galates, CO 50, p. 641).

127 CO 46, p. 613.

128 "Jamais nous ne serons bien enseignez en l'Escriture saincte que nous n'ayons pour conclusion ce principe que ce qui est là contenu est certain et infaillible, et qu'il ne faut point disputer là-dessus, comme on pourra faire sur ce qui est dit des hommes. Car là, quelque raison et fondement qu'il y ait, on pourra néantmoins amener à l'opposite ce qui viendra en avant; mais il nous faut porter un tel honneur à Dieu que nous soyons pleinement certifiez que tout ce qu'il a dit est infaillible" (28e sermon sur l'Harmonie des trois Evangélistes, CO 46, p. 342). Cf. aussi, dans un sens voisin, le 86e sermon sur le Deutéronome, CO 27, p. 228–229: "Notons en somme que la Parolle de Dieu nous doit servir à double usage. C'est que nous soyons enseignez de sa volonté, pour nous y assujettir simplement . . . Or il y a le second usage: c'est quand il adviendra que Satan taschera de nous divertir, et qu'il y aura des hérésies, et fausses doctrines et erreurs; que nous résistions à tout cela et que nous monstrions que la vérité de Dieu est assez forte pour nous retenir à soy".

129 "Apprenons . . . d'examiner toute doctrine à l'Escriture saincte qui en est la vraye touche" (28e sermon sur I Timothée, CO 53, p. 340). "Quand nous prendrons ceste touche-là (sous-ent.: la Loi, les prophètes et l'Evangile) pour examiner ce qui nous sera mis en avant et que nous demanderons d'estre enseignez de Dieu, ne doutons point que nous ne soyons bien fondez" (109e sermon sur Deutéronome, CO 27, p. 516).

130 "Que nous soyons enseignez selon que Dieu nous a institué la règle, et que nous ne soyons point si téméraires de vouloir obliger Dieu pour le faire condescendre à nos appétis, ni à nostre guise, mais que nous nous contentions de l'Escriture saincte, veu que Dieu nous a enclos en ces bornes-là" (16e sermon sur Job, CO 33, p. 204). "Que nous ayons sa Parole (sous-ent.: celle de Dieu) pour nostre règle et que nous souffrions d'estre gouvernez par icelle, sachans qu'autrement nous ne pouvons pas attendre que le Sainct Esprit besongne en nous" (120e sermon sur Job, CO 35, p. 26). "Il (sous-ent.: Dieu) ne nous laisse point en doute de son costé, il nous a baillé une reigle certaine et infaillible, tellement que la discrétion nous sera tousjours certaine: voire moyennant que nous vueillions nous contenter de ce que Dieu approuve, et que nous n'adjoustions rien à sa doctrine, ni à sa Loy" (84e sermon sur Deutéronome, CO 27, p. 202). ". . . Il fault qu'elle (sous-ent.: l'Ecriture) soit nostre reigle et qu'elle ait toute auctorité par dessus nous, et que nous renoncions à toute liberté afin de nous conformer du tout à ce qui est là contenu" (4e sermon sur Esaïe 13–29, SC 2, p. 36). "Nostre Seigneur

nous a baillé une reigle certaine, laquelle il veult estre observée et tenue, car il ne veult point que sa religion aille à la phantasie des hommes et qu'ung chascun face ce que bon luy semblera, mais que nous soions tous reiglez à sa Parolle" (21ᵉ sermon sur Esaïe 13–29, SC 2, p. 197). "Il nous fault . . . . notter qu'il n'est pas ny à nous ny en tout le monde de juger de ce que nous faisons, mais qu'il nous fault acquiesser à ce que Dieu déclare, et que sa bouche soit ung arrest irrévocable, et que nous ne mections poinct noz folles opinions en avant; mais que nous suyvions la reigle qu'il nous a donnée et qui est contenue en sa Parole . . . Aprenons aujourdhuy de nous reigler à la pure Parole de Dieu" (34ᵉ sermon sur Esaïe 13–29, SC 2, p. 322). Cf. aussi le 12ᵉ sermon sur Esaïe 13–29, SC 2, p. 105–106, cité n. 133 et le 15ᵉ sermon sur I Corinthiens 10–11, CO 49, p. 777, cité n. 154.

131   SC 1, p. 618.

132   "Quand les hommes ont quicté la Parolle de Dieu ou se sont divertiz de la pure simplicité d'icelle, ilz inventeront tousjours je ne scay quoy: "Et puis cecy seroit encores bon, et puis nous ne sçavons si Dieu l'aprouve; il fault donc changer". Brief, l'incertitude apportera tousjours avec soy variété, c'est-à-dire quand on ne sera point asseuré de son cas, il fauldra tantost cecy, tantost cela, et ce ne sera jamais faict" (20ᵉ sermon sur Esaïe 13–29, SC 2, p. 182–183). Pour illustrer l'incertitude de ceux qui se détournent de l'Ecriture, Calvin emprunte au domaine médical une excellente image: celle du malade qui, ne se confiant pas au médecin, est obligé d'adopter successivement tous les remèdes de bonne femme qui lui sont proposés. "Quand ung homme sera malade, s'il a son esprit paisible et s'il est prudent, il appelle le médecin, il se fie en luy, il luy déclare son cas, et bien il reçoit ce qu'il luy donne et use de régime. Il va son train. Mais si ung homme ne veult nullement croire conseil, s'il se défie de la médecine et de tous les bons remèdes, il dira: "Hélas, j'estois une fois malade et je fis une telle chose". Il va donc prendre ung tel remède, et puis, s'il ne s'en trouve bien, sa voisine viendra: "O, il fault faire telle chose". Ung autre viendra qui luy baillera ung autre remède tout contraire, maintenant de l'eaue, maintenant du vinaigre, maintenant du vin, maintenant du chault, maintenant du froid, maintenant aux jambes, maintenant à la teste. Brief, voilà comme les hommes se perdent d'eulx-mesmes quand ilz n'ont point de certitude. Ainsi donc en est-il quand nous ne tenons point une reigle asseurée pour nous conduire . . . Ainsi donc aujourduy, quand nous avons l'Escriture saincte, ... tenons-nous là, et que nous ne soions point esbranlez quand le diable tasche de nous en divertir en façon que ce soit" (*Ibid.*, p. 183).

133   "Il y en a beaucoup aujourduy qui se mocquent de nostre simplicité, et leur semble que nous sommes des folz ou des mutins escervelez de faire une secte, comme ilz estiment, et de nous rendre chétifz et malostruz de nostre bon gré, suscitans la hayne et la rage du monde contre nous sans propos . . . Or pour ung temps, ilz se pourront bien ainsi esgaier en leur présumpsion, mais en la fin Dieu monstrera qu'il aprouve le sacrifice d'obéissance que nous luy rendons . . . Il nous a donné une reigle certaine et par la Loy et par son Evangile. Quand donc nous suyvons ce qui est contenu en l'Escripture saincte, Dieu est au milieu de nous" (12ᵉ sermon sur Esaïe 13–29, SC 2, p. 105–106).

134   "Que donc il nous suffise d'avoir Jésus-Christ pour autheur et garant de ce qui est aujourd'huy condamné par les papistes . . . Moyennant que nostre Seigneur Jésus-Christ nous certifie que ce que nous observons a esté institué de luy, despitons hardiment tous les hommes, mocquons-nous de leur outrecuidance quand ils veulent attenter d'avantage que nostre Seigneur Jésus-Christ n'a establi. Et que mesme cela nous serve, non seulement de nous fortifier contre les papistes, et aussi de nous tenir en bride, mais que ce soit surtout pour venir à une telle réformation qu'il appartient" (15ᵉ sermon sur I Corinthiens 10–11, CO 49, p. 776–777). En passant, notons dans ce texte la présence du terme de "réformation" dont certains auteurs affirment qu'il est éclipsé chez Calvin par ceux de *restitutio* ou de *resurrectio*.

135   CO 26, p. 465.

92

136 CO 26, p. 466.

137 Dans le 101ᵉ sermon sur Job, CO 34, p. 502, Calvin déclare ainsi à propos de Job 28/1 : "L'intention du Sainct Esprit n'est pas de nous monstrer l'artifice des mines, car le profit seroit bien maigre si . . . . nous apprenions d'aller cercher les mines d'or et d'argent, pource que ce n'est pas ce que nous avons à cercher, et aussi chacun ne s'exerceroit point en ce mestier-là".

138 "Quand chacun de nous sera en quelque trouble, qu'il regarde d'appliquer l'Escriture saincte à tel usage qu'il en puisse estre consolé . . . L'Escriture me devroit faire sentir quelque goust de la bonté de Dieu pour me resjouyr en lui, et adoucir toutes mes tristesses" (65ᵉ sermon sur Job, CO 34, p. 42).

139 "Qu'apprenons-nous journellement en la Parole de Dieu? . . . Que nous le cognoissions estre nostre père et nostre sauveur, afin de mettre nostre confiance pleinement en luy" (124ᵉ sermon sur Job, CO 35, p. 68). Cf. aussi le 103ᵉ sermon sur Job, CO 34, p. 532 : "Quand nostre Seigneur nous appelle (. . . comme il nous a donné l'Escriture saincte, et il nous commande de nous y exercer), que nous venions à luy, tellement que nous le cognoissions nostre père et nostre maistre . . ."

140 Dans le 83ᵉ sermon sur Job, CO 34, p. 273, Calvin déclare à propos de Dieu qui nous parle dans l'Ecriture : "Il prend plaisir à nous esclairer, tellement que nous ne sommes point comme bestes brutes, mais que nous le cognoissons en concevant ce qu'il nous monstre . . ."

141 "Que nous retenions cest advertissement que j'ay dit, c'est que quand nous aurons cogneu les miracles par lesquels Dieu a voulu confermer sa majesté, que nous venions à sa Parolle, que nous sachions que c'est le vray moyen par lequel Dieu nous attire à soy" (27ᵉ sermon sur Deutéronome, CO 26, p. 210). "Nous avons la parolle de Dieu qui nous guide, nous ne pouvons faillir suivant ce chemin de vie, allons hardiment : car nostre conducteur ne nous trompera jamais, nous ne serons point abusez en luy obéissant. Voilà donc ce que nous avons à retenir quand nous voyons que Dieu advoue ainsi sa parolle, qu'il l'authorize, et qu'il monstre qu'il ne faut plus que les hommes la révoquent en doute, ni en dispute" (64ᵉ sermon sur Deutéronome, CO 26, p. 667). "Quand nous aurons bien fueilleté toute l'Escriture saincte, voici les deux poincts qui y sont contenus, c'est quand Dieu nous appelle à soy, et nous propose sa bonté et son amour gratuite, d'autant qu'il ne demande que d'estre notre Père et sauveur . . ." (67ᵉ sermon sur Deutéronome, CO 26, p. 714). "Nous ne sommes point . . . comme les paovres ignorans qui vont et ne sçavent où; mais selon la certitude que Dieu nous donne par sa Parolle, tant plus debvons-nous estre esmeuz et incitez de venir à luy" (11ᵉ sermon sur Esaïe 13–29, SC 2, p. 99). "Nous voions nostre Seigneur qui nous appelle à soy, toute l'Escriture est pleine de cela . . . Quand donc nous aurons esté enseignez par l'Escriture saincte, malheur sur nous et double malheur, si nous ne revenons là où nostre Seigneur nous appelle" (14ᵉ sermon sur Esaïe 13–29, SC 2, p. 127). "Le principal de l'Evangile . . . c'est de nous attirer d'un courage franc et libre à nostre Dieu, et que nous soyons prests de nous ranger à luy, que nous soyons du tout siens et qu'il jouisse paisiblement de nous" (16ᵉ sermon sur l'Harmonie des trois Evangélistes, CO 46, p. 573). "Nous ne sçaurions avoir si petite estincelle de la cognoissance de Dieu, quand il se propose à nous par sa Parolle, que cela ne soit assez pour nous admener à luy" (14ᵉ sermon sur II Samuel, SC 1, p. 115). Cf. aussi le 191ᵉ sermon sur le Deutéronome, CO 29, p. 111.

142 "Nostre Seigneur veut que nous soyons du tout attachez à luy, et qu'il y ait une union inviolable entre luy et nous. Ce qui se fera quand nous serons retenus simplement entre les bornes et limites de sa Parolle, que nous ne donnerons nul accez aux inventions humaines, que nous ne laisserons point vaguer nos esprits, mais qu'après que nous aurons escouté ce qui est contenu en l'Escriture saincte, nous dirons promptement amen" (45ᵉ sermon sur Deutéronome, CO 26, p. 432). "Il nous sera impossible que nous soyons vrayement unis à Dieu pour adhérer constamment à luy, sinon par le lien de sa Parolle, et que nous soyons retenus quand il nous enseigne et que nous

l'escoutions parler" (191e sermon sur Deutéronome, CO 29, p. 109—110).

143 "Il (sous-ent.: Dieu) veut que nous soyons conjoints d'un lien mutuel. Et ceci encores nous doit bien toucher, car la Parolle qui nous est donnée n'est pas seulement pour nous faire sentir qu'il y a un Dieu au ciel et qu'il a tout empire sur ses créatures, mais elle nous est un gage qu'il veut habiter avec nous" (191e sermon sur Deutéronome, CO 29, p. 111).

144 "Par où est-ce que Dieu commence à faire valoir sa doctrine (sous-ent.: scripturaire) en nous? C'est en nous retirant de ceste mort spirituelle en laquelle nous estions tous détenus ... Ainsi donc il faut que Dieu nous retire de la mort quand il nous attire à soy, et qu'il commence par ce bout-là pour faire valoir sa Parole en nous ... Notons bien donc qu'il n'y a point une seule goutte de vie en nous jusques à ce que Dieu nous retire de la mort, voire et qu'il le face par le moyen de sa Parole" (95e sermon sur Job, CO 34, p. 425 et 426). "Dieu ne veut point s'esbattre ici (c'est-à-dire: dans l'Ecriture) avec nous, mais il veut que nous ayons une instruction bonne, c'est-à-dire que nous recevions profit de sa Parole ... La Parole de Dieu est comme prophanée si ce n'est qu'on l'applique à ceste utilité que nous en recevions bonne instruction pour nostre salut" (2e sermon sur I Timothée, CO 53, p. 23). "A quoy est-ce que Dieu prétend si nous regardons sa Parolle en sa nature? C'est de retirer le povre monde, afin qu'il soit sauvé" (13e sermon sur Deutéronome, CO 26, p. 38).

145 "Il faut ... que la Parolle de Dieu réforme nostre vie, car voilà pourquoy et à quel usage elle nous est addressée" (189e sermon sur Deutéronome, CO 29, p. 85). Cf. aussi le 108e sermon sur le Deutéronome, CO 27, p. 497: "Nous voyons donc maintenant par quel moyen Dieu veut nous séparer d'avec les incrédules, c'est que nous ayons sa Parolle pour nostre conduite, que nous soyons reiglez par icelle"; et le 118e sermon sur le Deutéronome, CO 27, p. 616: "Ne doutons point que nous ne trouvions en sa Parolle instruction suffisante pour bien reigler nostre vie. Je di que tous ceux qui se rendront dociles à Dieu et qui seront prests de se conformer à sa volonté, trouveront dequoy en sa Parolle pour bien se conduire, qu'il ne leur défaudra en rien qui soit".

146 "... Le sainct Esprit nous a ici (Deutéronome 17/18—19) voulu monstrer l'usage de l'Escriture saincte. Car comme dit sainct Paul (II Timothée 3/16), elle est utile pour rendre l'homme de Dieu parfait à toute bonne oeuvre. Quand donc nous lisons en l'Escriture saincte, ... ayons ce regard de profiter en la crainte de Dieu" (106e sermon sur Deutéronome, CO 27, p. 470).

147 "Nous savons que la Parole de Dieu est la pasture ordinaire des âmes: c'est leur viande ... Le pain aura tousjours son usage accoustumé, mais la Parole de Dieu ... nous doit nourrir" (49e sermon sur Job, CO 33, p. 608). "Nous avons le pain et les viandes qui nous servent de nourriture pour les corps; la Parole de Dieu a l'usage tel envers nos âmes" (5e sermon sur I Timothée, CO 53, p. 61).

148 "Elle (sous-ent.: la Parole de Dieu) nous doit aussi servir de médecine quand nous sommes malades ... Elle doit guarir nos maladies et nous en purger" (49e sermon sur Job, CO 33, p. 608).

149 "La Parole de Dieu nous sert maintenant de purge, maintenant de saignée, maintenant d'un bruvage, maintenant de diette; brief, tout ce que les médecins peuvent appliquer aux corps humains pour les guarir de leur maladies, n'est pas une dixième partie de ce que la Parole de Dieu nous sert pour la santé spirituelle de nos âmes" (5e sermon sur I Timothée, CO 53, p. 61).

150 "Ainsi Dieu en fait-il envers les hommes (sous-ent.: lorsqu'il leur adresse sa Parole); non pas qu'il face ceste grâce à tous que sa vérité leur soit preschée, qu'ils lisent l'Escriture saincte" (124e sermon sur Job, CO 35, p. 73—74).

151 "Ceux qui ont la commodité liront ... l'Escriture saincte; et bien, voilà un exercice sainct et bon, et pleust à Dieu qu'encores nous y fussions adonnez sans comparaison plus que nous ne sommes; mais cependant il nous faut savoir si nous aurons bien employé nostre temps ou non. Et comment le saurons-nous? Ce ne sera pas quand nous saurons bien deviser, et que nous pourrons donner de belles résolutions de ce

qu'on nous demandera, que nous serons bien habiles pour soudre toutes les difficultez qu'on nous mettra en avant, que nous saurons l'exposition des passages pour dire: Voilà comme il les faut entendre. Il est vray que ces choses sont nécessaires, mais ce n'est pas le tout ... Ainsi donc quand ... nous avons la Bible en la main, que nous apprenions de cognoistre que Dieu ne nous veut point enfler d'une vaine présomption de science, il ne veut point aussi nous chatouiller les aureilles quand elles nous démangent; bref, il ne veut point nous enseigner à curiosité, mais nous veut édifier à le craindre, à l'honorer et à le servir" (103ᵉ sermon sur Job, CO 34, p. 530). "Dieu ne demande pas que nous prenions un petit mot (sous-ent.: de l'Ecriture), et que nous en sachions parler, et que du reste il nous escoule; mais qu'en tout et par tout nous advisions de luy rendre obéissance" (165ᵉ sermon sur Deutéronome, CO 28, p. 507).

152 "Combien que les hommes protestent assez de vouloir obéyr à Dieu . . ., si est-ce qu'ils ne se peuvent ranger à sa Parolle; et toutesfois c'est la vraye espreuve pour cognoistre si nous sommes subjets à Dieu, ou non. Mais là se voit la rébellion du monde. Et combien qu'on confesse qu'il faille recevoir la Parole sans contredit, néantmoins à grand'peine en trouvera-on de cent l'un qui s'humilie à bon escient pour luy attribuer l'authorité qu'elle mérite" (31ᵉ sermon sur Deutéronome, CO 26, p. 247). Dans le 57ᵉ sermon sur Job, CO 33, p. 714, Calvin dépeint l'attitude de ceux qui s'en prennent à la soumission envers l'Ecriture dans les termes que voici: "Voilà par où ils commencent: si nous sommes retenus en telle bride que quand il y aura un mot en l'Escriture saincte, il faille que nous passions par là sans contredit, et que sera-ce? Car il y a beaucoup de choses qui ne sont point entendues, et puis on peut douter de ceci ou de cela. Et que sera-ce quand nous serons contraints de donner telle authorité à la Parole de Dieu, qu'il ne soit point licite de nous enquérir comme il en va? Ces rusez donc qui veulent faire ainsi des fins contre Dieu, commenceront par ce bout de se donner licence pour faire qu'on ne voye point ce qui est de la Parole de Dieu (qu'on appelle) . . . et qu'on la râcle en tout et par tout".

153 "Que . . . la doctrine de salut soit receuë entre nous avec toute obéissance. Car si cela n'y est, nous aurons beau protester que nous invoquons Dieu, que nous le voulons honorer et servir; car voilà l'espreuve qu'il demande, c'est assavoir que nous escoutions paisiblement sa Parolle, et que nostre foy soit certifiée, que nous ne soyons point comme les incrédules qui doutent tousjours, mais que nous ayons ce fondement asseuré, pour dire: C'est Dieu qui parle, et il ne nous est point licite de répliquer à l'encontre: mais il nous faut assujettir en tout et par tout ce qu'il nous dira" (28ᵉ sermon sur Deutéronome, CO 26, p. 212). "Qu'est-ce que l'Escriture saincte, sinon une déclaration de la volonté de Dieu? Et ainsi tout ce qui est là contenu est comme si Dieu ouvroit sa bouche sacrée pour nous déclairer ce qu'il demande de nous . . . Voilà donc en premier lieu ce que nous avons à faire quand Dieu nous offre ses promesses, que nous soyons fondez sur icelles" (67ᵉ sermon sur Deutéronome, CO 26, p. 714).

154 "Quand . . . nous aurons bien profité en la cognoissance de Dieu, il est certain qu'elle suffira pour nous retenir. Et combien que nous soyons agitez de toutes parts, que le diable nous mette beaucoup de scandales au devant pour nous desbaucher, que nous ayons beaucoup d'occasions pour nous destourner, que nous voyons des opinions diverses, et tout ce qui est possible, il est certain que si nous avons profité en l'eschole de Dieu, et que nous l'ayons cognu comme il appartient, que jamais nous n'en serons divertis" (182ᵉ sermon sur Deutéronome, CO 28, p. 717). "Quand nous avons la reigle de nostre Seigneur Jésus-Christ, (que) cela ne soit point osté ni abastardi pour y mettre une seule minute d'avantage. Mais qu'on se tiene là, et que nous ne facions point des sages pour dire: Cela sera encores mieux ordonné. Car c'est une arrogance diabolique quand les hommes présument de controuver je ne sçay quoy, qui soit meilleur que ce que Dieu a ordonné par sa sagesse infinie et éternelle. Voylà donc pour un item qu'il nous faut garder jusqu'à la fin pour règle immuable celle qui nous a esté donnée par nostre Seigneur Jésus-Christ" (15ᵉ sermon sur I Corinthiens 10–11, CO 49, p. 777).

155 "... Ceux qui seront bien édifiez en l'Evangile ne seront plus comme petis enfans qu'on attirera quand on leur monstre une pomme, et puis on leur fait tourner la teste de l'autre costé; et si on les amuse à quelque bagage, les voilà transportez, ils oublient ce qu'ils avoyent bien aimé auparavant" (182ᵉ sermon sur Deutéronome, CO 28, p. 717).

156 "... Que nous persistions à cheminer constamment selon la voye qu'il (c'est-à-dire: Dieu) nous propose ... Quand un homme verra la viande apprestée pour sa nourriture, et sçait qu'il en peut tirer bonne substance, s'il quitte la table et qu'il s'en aille cercher des ordures çà et là et des puantises, s'il s'en veut paistre, n'est-il pas digne de s'empoisonner? " (26ᵉ sermon sur les Galates, CO 50, p. 602).

157 Cf. *supra*, p. 60.

158 Cf. *Op.cit.*, p. 29: "Der Scopus der Bibel, dem seine Arbeit gilt (sous-ent.: le travail de Calvin), ist ja, wie wir eben hörten (cf. p. 27–28), die Wahrheit schlechthin: Jesus Christus".

159 Cf. *Op.cit.*, p. 113: "Pour lire l'Ecriture avec fruit, pour y trouver la révélation divine, il faut l'aborder avec la ferme intention d'y trouver Jésus-Christ".

160 Cf. *Op.cit.* le paragraphe intitulé "Christus das quid in verbo" (p. 66–68).

161 CO 47, p. 125. Cf. aussi la préface des anciennes bibles genevoises, CO 9, p. 825.

162 Cf. n. 134.

163 "Notons bien doncques toutes fois et quantes que nous venons au sermon, ou bien que chacun en son privé prend l'Escriture saincte pour lire, que nous devons avoir ce but-là d'estre édifiez, voire en foy et en crainte de Dieu, que nous soyons attirez à nostre Seigneur Jésus-Christ, cognoissans que c'est en luy que Dieu s'est communiqué à nous, afin que nous le possédions comme nostre héritage" (CO 53, p. 560).

164 CO 54, p. 288–289. De ce texte, on pourrait rapprocher, quoique Jésus-Christ n'y soit pas nommé, le 36ᵉ sermon sur Esaïe 13–29, SC 2, p. 346: "En somme, voicy le principal que nous debvons cercher en la Parolle de Dieu, c'est que nous le tenions pour nostre père et sauveur, que nous soyons asseurez de son amour, qu'il nous accepte pour son peuple et pour son troupeau, qu'aians apuyé toute nostre fiance en luy, nous luy soions conjoinctz, au lieu que de nature nous sommes esgarez. Voilà le singulier proffit que nous pourrons faire en l'Escripture saincte".

165 Cf. *Op.cit.*, p. 160: "Calvin had in his hand, as it were, the very instrument by which Luther had already freed himself of slavish adherence to the Bible and tortuous exegesis: the principle of "Christ, the Lord of Scripture" – but he did not wield it".

166 CO 28, p. 578–579.

167 "... En tout ce que sainct Paul nous a laissé par escrit", il faut "considérer que c'est Dieu qui a parlé à nous par la bouche d'un homme mortel, et que toute sa doctrine doit estre receue en authorité et révérence telle comme si Dieu se monstroit visiblement du ciel" (1ᵉʳ sermon sur II Timothée, CO 54, p. 5). Cf. aussi le 24ᵉ sermon sur II Timothée, CO 54, p. 285, cité n. 172, et le 6ᵉ sermon sur l'Epître aux Galates, CO 50, p. 345.

168 A propos de Job: "Ne doutons pas que le Sainct-Esprit ne parle par sa bouche" (109ᵉ sermon sur Job, CO 34, p. 600). Outre le 12ᵉ sermon sur Job, CO 33, p. 159, qui affirme que Job a été inspiré, cf. encore les sermons cités dans les notes 169–172.

169 Parlant de Job, porteur d'un message encore valable aujourd'hui, le Réformateur se corrige dans le 102ᵉ sermon sur le livre de Job, CO 34, p. 510, en disant: "Job ... ou plustost le Sainct-Esprit par sa bouche ..."

170 "Ce n'a pas esté l'intention de sainct Luc, ou plustost du sainct-Esprit qui a parlé par sa bouche, de nous escrire simplement une histoire de ce qui estoit advenu; mais il nous a ycy (Luc 2/1–7) exprimé d'un costé comme le Fils de Dieu ne s'est point espargné pour nous, et puis de l'autre comme il a apporté tesmoignage infalible qu'il estoit le Rédempteur, afin qu'on le reçoyve pour tel" (Sermon de la nativité de Jésus-Christ, CO 46, p. 963).

171 Dénonçant, dans le 43e sermon sur I Timothée, CO 53, p. 513, le fait que les pasteurs ne sont pas "nourris" comme il faudrait, Calvin déclare: "Sainct Paul donc (ou plustost le sainct Esprit de Dieu parlant par sa bouche) a voulu remédier à un tel mal". Cf. aussi le 25e sermon sur II Timothée, CO 54, p. 298: "Puis que nous avons en brief l'intention de l'apostre, ou plustost du sainct Esprit qui a parlé par sa bouche, advisons de profiter en ce petit sommaire" (allusion à II Timothée 4/1–2).

172 "Si l'Esprit de Dieu ne parloit pas par la bouche des prophètes, ce ne seroit pas un crime si énorme de mespriser ce qu'ils annoncent et ce qu'ils preschent; mais d'autant que Dieu les constitue ses messagers et les met là, afin que tout ce qu'on oit de leur bouche soit authentique: et quand on n'en tient conte, ce n'est pas faire injure à quelque homme mortel, mais au Dieu vivant" (14e sermon sur l'Harmonie des trois Evangélistes, CO 46, p. 163). Cf. aussi le 24e sermon sur la 2nde Epître à Timothée, CO 54, p. 285, où, au lieu de l'Esprit de Dieu, Calvin fait intervenir Dieu lui-même: "Notons bien que jamais l'Escriture saincte ne nous servira comme elle doit, si nous ne sommes persuadez que Dieu en est l'autheur. Car si nous venons lire Moyse ou quelqu'un des prophètes comme une histoire d'un homme mortel, sentirons-nous une vivacité de l'Esprit de Dieu qui nous enflamme? Il s'en faudra beaucoup. Ainsi l'Escriture saincte sera comme une chose morte et sans vigueur envers nous jusques à ce que nous ayons cognu que c'est Dieu qui parle là".

173 CO 46, p. 164.

174 "Quand il (c'est-à-dire: saint Paul) dit qu'elle (c'est-à-dire: l'Ecriture) a esté inspirée de Dieu, c'est afin que nul homme mortel n'entreprene de se rebecquer à l'encontre de Dieu. Car qu'est-ce si nous luy résistons? Or est-il ainsi que les créatures entreprenent la guerre contre Dieu s'ils ne veulent point accepter l'Escriture saincte. Pourquoy? Elle n'est point forgée des hommes, dit sainct Paul, il n'y a rien ici de terrestre" (24e sermon sur II Timothée, CO 54, p. 284).

175 CO 46, p. 343.

176 *The Teaching of Calvin*, Glasgow, 1920, p. 68 ss.

177 *Op.cit.*, p. 566–569.

178 *Op.cit.*, p. 63 ss.

179 *Op.cit.*, p. 50–62.

180 *Op.cit.*, p. 200.

181 *Op.cit.*, p. 73.

182 *Op.cit.*, p. 27.

183 *Op.cit.*, p. 31 ss.

184 *Op.cit.*, p. 116–118.

185 *Op.cit.*, p. 77–79.

186 *Op.cit.*, p. 110–114.

186a *Article cité*, p. 326–328.

187 "Dieu parle à nous, mais comment? C'est que les prophètes sont organes du Sainct-Esprit; nous avons l'Evangile où Dieu se déclare priveement. Voilà donc la façon de parler que Dieu tient aujourd'hui en son Eglise. c'est qu'il nous a manifesté toute sa volonté en l'Escriture saincte" (16e sermon sur Job, CO 33, p. 198). "Et cependant cognoissons aussi le soin que nostre Dieu ha de nostre salut: car sainct Paul n'a point parlé de son industrie propre, mais il a esté organe du sainct Esprit" (20e sermon sur I Timothée, CO 53, p. 244). Cf. aussi le 1er sermon sur la Pentecôte, CO 48, p. 624, cité dans la n. 189.

188 "Notons qu'il (c'est-à-dire: saint Paul) n'a point seulement parlé pour un temps, mais comme la vérité de Dieu est permanente, qu'aujourdhuy il nous faut appliquer ces titres à nostre usage, et quand nous oyons ce qui est amené de sainct Paul, que nous ne le prenions point comme quelque doctrine qui aura creu au cerveau d'un homme, mais que nous sçachions qu'il est instrument de l'Esprit de Dieu. Pourquoy? Car la prédication luy est commise, et il s'en est acquitté fidèlement: il a servi à Dieu, dispensant le thrésor de l'Evangile, auquel nous avons certitude de nostre salut" (2e

sermon sur Tite, CO 54, p. 400). Cf. aussi, outre le 1er sermon sur l'Harmonie des trois Evangélistes, CO 46, p. 8–9, que nous citerons plus loin, le 6e sermon sur l'Epître aux Galates, CO 5, p. 345, qui qualifie saint Paul d' "instrument de nostre Seigneur Jésus-Christ": "Quand nous sommes enseignez par ce qu'il (c'est-à-dire: saint Paul) nous a laissé par escrit, que nous sçachions que c'est Dieu qui parle, et qu'il a esté instrument de nostre Seigneur Jésus-Christ".

189   "Il a falu que ceux qui devoyent annoncer ceste doctrine (sous-ent.: l'Evangile) par tout le monde ayent esté seellez en premier lieu et que Dieu les ait gouvernez en telle sorte que maintenant nous soyons asseurez en pleine certitude de la doctrine qu'ils nous ont publiée, que nous ne la tenons pas d'eux comme de créatures mortelles, mais que Dieu en est le vrai autheur . . . Les hommes n'ont point forgé ce qui est contenu au Vieil et au Nouveau Testament, mais . . . Dieu par signe visible a testifié, en tant que besoin estoit, que les hommes estoyent organes tant seulement de son sainct Esprit" (1er sermon sur la Pentecôte, CO 48, p. 623 et 624).

190   "Craignons ceste sentence (Galates 5/12) comme si nous oyons la foudre du ciel contre tous ceux qui troublent l'Eglise; car c'est bien sainct Paul qui a parlé; mais cependant le sainct Esprit a conduit et gouverné sa langue" (34e sermon sur les Galates, CO 51, p.15). Cf. aussi le 24e sermon sur la 2nde Epître à Timothée, CO 54, p. 286, où le rôle d'inspirateur n'est pas attribué au Saint-Esprit, mais à Dieu lui-même: "Il (c'est-à-dire: saint Paul) dit . . . que leurs langues (sous-ent.: celles de Moïse et d'Esaïe) ont esté conduites en sorte qu'ils n'ont rien advancé de leur propre, mais que c'est Dieu qui a parlé par leur bouche, qu'il ne faut point que nous les estimions comme créatures mortelles, mais que nous sçachions que le Dieu vivant s'en est servi, et que nous ayons cela pour tout conclu qu'ils ont esté fidèles dispensateurs du thrésor qui leur estoit commis".

191   CO 46, p. 8–9.

192   Comme on sait, le *Consensus helveticus* a donné, en 1675, sa forme la plus dure à la doctrine de l'inspiration littérale de l'Ecriture en affirmant, malgré les travaux entrepris un demi-siècle plus tôt par le théologien de Saumur Louis Cappel, que les points voyelles du texte hébreu de l'Ancien Testament étaient inspirés.

193   CO 28, p. 647–648.

194   Forstman écrit à propos de Calvin: "He is constantly speaking of the work of the biblical writers as having been "dictated" by the Holy Spirit or by Christ" (*Op.cit.*, p. 53). Ce jugement est abusif. Forstman ne cite en effet, pour l'étayer, que cinq passages de l'oeuvre exégétique du Réformateur où apparaît le verbe *dictare,* omettant, entre parenthèses, le texte de l'*Institution de la religion chrestienne* (cf. IV/8/6 où se trouvent les mots *dictante Spiritu sancto* rendus en français, de manière affaiblie, par l'expression "le Saint-Esprit inspirant") cité le plus souvent à l'appui de la thèse selon laquelle Calvin aurait été "littéraliste".

195   CO 47, p. 469.

196   Dans son article *Calvin's Doctrine of the Knowledge of God,* le théologien américain écrit après avoir examiné les expressions qui, dans l'oeuvre du Réformateur, peuvent évoquer l'idée d'une inspiration littérale de l'Ecriture: "It is not unfair to urge . . . that this language is figurative; and that what Calvin has in mind is not to insist that the mode of inspiration was dictation, but that the result of inspiration is as if it were by dictation, viz., the production of a pure word of God free from all human admixtures" (*Calvin and Calvinism,* p. 62–64).

197   Outre le 177e sermon sur le Deutéronome, CO 28, p. 647–648, cité *supra*, p. 64, qui affirme que Moïse n'est pas l' "autheur" de la Loi, et le 1er sermon sur l'Harmonie des trois Evangélistes, CO 46, p. 8–9, cité *supra*, p. 64, qui relève que "les hommes ne sont point autheurs de l'Evangile", cf. le 24e sermon sur II Timothée, CO 54, p. 285, cité n. 172, qui fait de Dieu l' "autheur" de l'Ecriture, et le 1er sermon sur la Pentecôte, CO 48, p. 624, cité n. 189, qui considère Dieu comme "le vrai autheur" de l'Ancien et du Nouveau Testament. En nommant Dieu "l'auteur principal" de

l'Ecriture, le 14e sermon sur l'Harmonie des trois Evangélistes, CO 46, p. 164, cité *supra*, p. 63, laisse entendre que dans leur oeuvre de transcription les écrivains bibliques ne sont pas réduits à un rôle purement passif.

198 Cf. *supra*, p. 57.

199 "Dieu parle-il? Il n'y a nulle obscurité en son dire; mais quoy qu'il en soit, nous n'y pouvons rien mordre: car nous sommes si tardifs que jusques à tant qu'il nous ait réitéré nostre leçon plusieurs fois, nous ne pouvons approcher de sa volonté" (97e sermon sur Deutéronome, CO 27, p. 366).

200 "Nous ne comprendrons jamais de nostre sens naturel ce qui nous est monstré par la Parolle de Dieu. Cela surmonte tout ce qui est en l'homme" (168e sermon sur Deutéronome, CO 28, p. 542). "Quand donc nous venons pour estre enseignez en la Parole de Dieu, ou que chacun lit en son privé, ne pensons pas que nous ayons le sens assez subtil, que nous soyons assez habiles gens pour comprendre tout ce que l'Escriture nous monstre" (6e sermon sur les Ephésiens, CO 51, p. 310). "Cependant que Dieu nous laisse en nostre sens, nous sommes si brutaux que rien plus, et ne nous faudra que bien peu de chose pour nous rendre hébétez, et n'entendrons rien à l'Escriture, combien qu'on l'expose assez par le menu. Il faut donc que ceste intelligence viene de Dieu qui nous la donne par sa pure bonté" (3e sermon sur l'Ascension, CO 48, p. 610). Cf. dans un sens voisin le 144e sermon sur Job, CO 35, p. 326: "Que nous cognoissions que nous avons des sens trop rudes et débiles pour appréhender que c'est de Dieu en toute perfection; mesmes nous n'en aurons jamais quelque petit goust, sinon qu'il nous conduise par son sainct-Esprit".

201 "Les hommes suivent leur naturel, ils suivent leur teste; et cependant ils résistent à Dieu, mais c'est d'autant que la doctrine de l'Evangile surmonte tout sens humain, et qu'il faut que Dieu besongne par son Sainct-Esprit, qu'il ouvre les yeux, ou les hommes demeureront tousjours en leur bestise" (120e sermon sur Job, CO 35, p. 25).

202 "Nous pourrons lire cent fois la Bible, jamais nous ne prendrons goust aux promesses de Dieu, ou bien, si nous l'y prenons, ce ne sera pas pour estre asseurez et y concevoir une vraye certitude de salut, sinon que nous ayons cognu que c'est à nous que Dieu parle, que c'est à nous qu'il veut faire sentir sa miséricorde et son amour paternel" (7e sermon sur le Psaume 119, CO 32, p. 558).

203 "Quand Dieu nous commande quelque chose, nous en aurons les aureilles batues, mais cela n'entrera point jusques au coeur, car nous sommes pleins de fierté et de malice; brief, il est impossible que nous puissions estre obéissans devant Dieu, jusques à ce qu'il nous ait amoli les coeurs et qu'il les ait changez du tout" (11e sermon sur les Ephésiens, CO 51, p. 384). "Notons que quand nous aurons les aureilles batues de la Parole de Dieu pour nous monstrer quel est nostre devoir, . . . si est-ce que tousjours il y aura de la paresse, et froidure, et lascheté en nous, tellement que la doctrine sera inutile, jusqu'à ce que Dieu nous touche par son sainct Esprit" (19e sermon sur Ephésiens, CO 51, p. 476).

204 "Si ce n'est que Dieu nous touche à bon escient, nous sommes nonchallans et tant froids que rien plus, et il pourroit parler, et ce qui entreroit en une aureille sortiroit par l'autre (comme on dit), nous laisserons passer, voire tomber sa Parole à terre" (30e sermon sur Daniel, CO 41, p. 648).

205 Pour illustrer le fait que "jusqu'à tant que Dieu ait . . . besongné, tousjours sa Parolle nous sera secrette", Calvin prête à Dieu le langage suivant dans le 171e sermon sur le Deutéronome, CO 28, p. 576: "Je leur parleray le haut hallemand, qu'on n'y entendra note, et mesmes toutes les prophéties leur seront comme un livre clos; que si on l'apporte à un homme savant, il dira: Je liroye bien dedans, mais le livre est clos et cachetté; qu'on l'ouvre et je verray ce qu'il y a. Après, ce sera comme un livre ouvert, voire, mais qui sera présenté comme à des idiots ou de petis enfans; ils diront: Il est vray que voilà un livre, il est ouvert, on y voit bien les lettres; mais cependant je n'ay point esté à l'eschole, je ne suis point clerc, je voy bien qu'il y a des lettres, mais je ne say qu'elles veulent dire".

206 "Cognoissons . . . que nous aurons beau ouïr tout ce qu'on nous dira: c'est autant que si on le disoit à un tronc de bois, jusques à ce que Dieu ait osté ceste rudesse qui est en nostre nature corrompue; autrement nous n'entendrons point ce qu'il nous dit, car sa Parolle excède nostre capacité" (3e sermon sur l'Ascension, CO 48, p. 605).

207 "La Parolle de Dieu nous sera claire et certaine, moyennant que nous ne vueillions point faire des sourds à notre escient. Vray est que nous avons nos sens tant débiles que nous ne comprendrons jamais un seul mot de ce que Dieu nous dira, sinon qu'il nous illumine par son Sainct Esprit" (42e sermon sur Deutéronome, CO 26, p. 385).

208 ". . . Nous avons besoin que par son sainct Esprit, il (c'est-à-dire: Dieu) nous illumine, et qu'il nous retire des ténèbres où nous sommes" (47e sermon sur Daniel, CO 42, p. 162). "Que chacun de nous s'examine, et nous trouverons que la Parole de Dieu nous est si estrange que sa vérité nous est tant obscure, à cause que nous sommes plongez en nos ténèbres, que nous ne pouvons estre vrayement résolus en la foy, ni estre appuyez sur la doctrine de l'Evangile, si nous ne sommes disposez par ce moyen, c'est à sçavoir que Dieu nous fasse sentir sa vertu, voire la vertu de son Sainct Esprit . . ." (3e sermon sur l'Harmonie des trois Evangélistes, CO 46, p. 28). "Il ne suffit point encore d'avoir la Parole; mais il faut que l'Esprit de Dieu soit nostre principale torche, et que nous soyons tellement illuminez que les ténèbres desquelles nous sommes enveloppez, soyent chassées par la clarté de l'Esprit" (43e sermon sur l'Harmonie des trois Evangélistes, CO 46, p. 535).

209 "Voyons-nous les hommes estre povres aveugles, et tellement plongez en ignorance, qu'ils ne puissent approcher de l'Evangile? Ne nous esbahissons point de cela. Et pourquoy? Car c'est le naturel de l'homme de ne rien juger des secrets de Dieu jusques à ce qu'il soit illuminé" (120e sermon sur Job, CO 35, p. 24). "Nous sommes de nostre nature comme aveugles. Il est vray que Dieu nous illumine par son sainct Esprit; mais encores nous sommes en ténèbres, et ne voyons pas deux doigts devant nous" (74e sermon sur Deutéronome, CO 27, p. 73). "Encores que nous eussions intelligence, nous ne pouvons pas nous asseurer d'estre enfans de Dieu, ni mesmes avoir aucun goust de nostre adoption, si elle n'est seellée par le Sainct-Esprit en nos coeurs. Ainsi donc il faut que tous fidèles en général ayent l'Esprit de Dieu; car de nostre nature nous sommes aveugles, et puis, nous sommes pervers" (53e sermon sur l'Harmonie des trois Evangélistes, CO 46, p. 661). "Combien que nous ayons l'Escriture et qu'on la nous expose, c'est comme si le soleil luisoit et que nous fussions tous aveugles" (3e sermon sur l'Ascension, CO 48, p. 610—611).

210 "Un homme qui aura leu diligemment l'Escriture saincte, qu'il soit aveugle puis après, qu'on luy dise: Voilà le prophète Isaïe, et qu'on lise les plus belles sentences qu'on pourra chercher en tous les philosophes du monde, et puis qu'on ameine quelque sentence de l'Escriture saincte, celuy-là sçaura bien dire: voilà le langage du Sainct-Esprit" (CO 54, p. 68).

211 SC 2, p. 172. Cf. dans le même sens le 20e sermon sur Esaïe 13—29, *ibid.*, p. 184: "Que nous aprenions de nous assubjectir de nostre bon gré à la Parolle de Dieu, et congnoissons encores que nous ne serions point capables d'y rien entendre ny proffiter sinon qu'il nous le donne. Que nous le prions que par son Sainct Esprit il nous illumine, qu'il nous adresse en tout et par tout, qu'il nous donne conseil en nos perplexitez, qu'il nous guide et qu'il nous monstre ce que nous avons à faire".

212 CO 41, p. 518 et 519.

212a CO 46, p. 381.

213 Cf. en particulier I/7/4—5. De ce passage, nous extrayons la belle définition que voici: ". . . Combien que Dieu seul soit tesmoing suffisant de soy en sa Parolle, toutesfois ceste Parolle n'obtiendra point foy aux coeurs des hommes si elle n'y est séellée par le tesmoignage intérieur de l'Esprit. Parquoy il est nécessaire que le mesme Esprit qui a parlé par la bouche des Prophètes entre en noz coeurs et les touche au vif pour les persuader que les Prophètes ont fidèlement mis en avant ce qui leur estoit commandé d'enhaut" (I/7/4).

214 Le 142e sermon sur le livre de Job, CO 35, p. 296, parle de "percer les coeurs".

214a CO 32, p. 683.

215 Cf. le 142e sermon sur le livre de Job, CO 35, p. 296, qui montre qu'il faut que le Saint-Esprit "amollisse" nos coeurs "qui sont durs comme pierre", afin qu'ils soient convertis en coeurs de chair. Dans un sens voisin, le 30e sermon sur le livre de Daniel, CO 41, p. 647–648, affirme que le Saint-Esprit "change" les hommes.

216 CO 41, p. 647. Dans le même sermon (cf. p. 647–648), Calvin déclare, dans un sens qui n'est pas très éloigné de celui que nous venons de noter, qu'il faut que "Dieu face comme passer la charrue sur nous" pour que la Parole prenne racine en nous.

217 CO 29, p. 86.

218 CO 35, p. 669. Outre le 175e sermon sur le Deutéronome, CO 28, p. 625, cité n. 229, cf. le 106e sermon sur le Deutéronome, CO 27, p. 477: "Cognoissons que ce n'est point assez qu'une loy soit escrite; il faut que Dieu l'escrive en nos coeurs par son Sainct Esprit ... Quand donc nostre Seigneur commande quelque chose, apprenons que nous devons recourir à luy, afin qu'il escrive en nos coeurs ce que nous lisons en papier ou en parchemin"; et le 189e sermon sur le Deutéronome, CO 29, p. 86: "Nous ne pourrons pas ni garder la Parolle de Dieu ni la faire jusques à ce qu'il l'ait escrite en nos coeurs".

219 CO 48, p. 623. Outre le 30e sermon sur le livre de Daniel, CO 41, p. 648 et le 53e sermon sur l'Harmonie des trois Evangélistes, CO 46, p. 661, cité n. 209, cf. le 20e sermon sur l'Epître aux Galates, CO 50, p. 522: "C'est ... le propre office du sainct-Esprit de signer en nos coeurs la vérité qui de soy est assez certaine; mais elle n'a en nous nulle certitude jusques à ce qu'elle nous soit venue d'en haut. Car si nous estions enclins de nostre propre mouvement à croire en Dieu, il ne faudroit point que le Sainct-Esprit y besongnast; mais il est dit qu'il est le vray seau duquel Dieu nous marque, et par lequel il imprime et engrave en nos coeurs ce qui ne seroit autrement jamais receu"; et le 32e sermon sur l'Epître aux Ephésiens, CO 51, p. 650: "Ses promesses (sous-ent.: celles de Dieu) seront tousjours inutiles, jusques à ce qu'il les imprime en nos coeurs: ce qu'il fait par son Sainct Esprit. Car comme une lettre sera rendue authentique quand le seau sera apposé, aussi Dieu rend authentiques en nos coeurs les promesses qu'il nous rend de nostre salut, quand il les signe par son Sainct Esprit et les ratifie".

220 Cf. le 142e sermon sur le livre de Job, CO 35, p. 296. Dans un sens voisin, cf. le 185e sermon sur le Deutéronome, CO 29, p. 31, qui déclare qu'il faut que le Saint-Esprit "esclarcisse nos sens", et le 17e sermon sur l'Epître aux Ephésiens, CO 51, p. 459, qui affirme que le Saint-Esprit "nous donne intelligence".

221 "Il faut ... que nostre Seigneur face luire son soleil, c'est-à-dire que, comme il commande et ordonne que sa Parole nous soit preschée, qu'aussi il nous donne les yeux pour jouir de cette clairté-là. Car quand le soleil luira au ciel, nous n'en sentirons point le fruict ni l'utilité, sinon que nous ayons les yeux qui sont comme instrumens pour recevoir la clairté qui vient d'en haut. Ainsi faut-il que Dieu nous donne veuë spirituelle pour comprendre ce qui nous est enseigné par sa Parole" (35e sermon sur Ephésiens, CO 51, p. 685).

222 "Dieu luist assez sur nous par sa Parolle et mesmes par son Sainct Esprit, moiennant que nous ne fermions point les fenestres. Car si nous voullions maintenant fermer toutes ces fenestres icy, de quoy nous serviroit-il que le soleil luist par tout le monde? Ainsi, que nous ne fermions point nos sens et nos espritz quand Dieu nous esclaire par son Sainct-Esprit; et encores que nous jouissions de la clarté de ceste Parolle, que l'Esprit de Dieu nous serve encores d'une clarté seconde et plus parfaicte" (12e sermon sur Esaïe 13–29, SC 2, p. 109).

223 Outre le 19e sermon sur le livre de Daniel, CO 41, p. 518 et 519, cité *supra*, p. 66, le 47e sermon sur le même livre, CO 42, p. 162, cité n. 208; le 3e sermon sur le Psaume 119, CO 32, p. 508, cité n. 237; le 120e sermon sur le livre de Job, CO 35, p. 24, cité n. 209; le 142e sermon sur le même livre, CO 35, p. 296, cité n. 236; le 42e sermon sur

le Deutéronome, CO 26, p. 385, cité n. 207; le 74ᵉ sermon sur le même livre, CO 27, p. 73, cité n. 209; le 20ᵉ sermon sur Esaïe 13—29, SC 2, p. 184, cité n. 211; et le 43ᵉ sermon sur l'Harmonie des trois Evangélistes, CO 46, p. 535, cité n. 208; cf. le 65ᵉ sermon sur le livre de Job, CO 34, p. 48: "Combien donc qu'il n'y ait qu'obscurité en ce monde, si est-ce que nous serons bien conduits quand nous suivrons la doctrine de l'Escriture saincte. Mais sur tout il faut que Dieu nous illumine par son Sainct-Esprit".

224 "Voylà aussi comme nous croissons en foy: car du commencement nous ne sçavons quelle vertu ni efficace il y a en la Parolle de Dieu; mais si on nous enseigne, et bien, nous comprenons quelque chose, et encores ce n'est rien quasi; mais petit à petit nous touche par son Sainct Esprit, et en la fin il nous monstre que c'est luy qui parle" (9ᵉ sermon sur la Passion de Jésus-Christ, CO 46, p. 950).

225 CO 42, p. 161.

226 "Quand Dieu nous eslargit son Esprit, afin de nous manifester les choses qui nous sont cachées et qui outrepassent le sens de la raison humaine, ce n'est pas afin que nous cognoissions tout ce qui est en luy; car il nous faut bien contenter de cognoistre maintenant en partie, comme dit Sainct Paul . . . Encores que nous n'entendions pas la dixième partie de ce qui est en l'Escriture saincte, prions Dieu que de jour en jour il nous révèle ce qui nous est aujourd'hui caché: et cependant que nous cheminions sous sa subjettion, que nous ne soyons point téméraires pour passer outre. Car il faut que les plus advancez et les plus parfaits cognoissent que ce n'est point encores à eux de savoir tous les secrets de Dieu: car cela est réservé au dernier jour . . . Il est impossible que nous parvenions jusques à ce but d'une telle intelligence, jusqu'à ce que Dieu nous ait despouillez de ceste chair mortelle . . ." (58ᵉ sermon sur Job, CO 33, p. 720 et 721).

227 Cf. le 175ᵉ sermon sur le Deutéronome, CO 28, p. 625.

228 CO 34, p. 47.

229 "Que nous prions Dieu qu'il parle à nous au dedans d'une façon secrete, qu'il face que la voix qui résonne à nos aureilles entre aussi en nos pensées et en nos affections, et que nous en soyons vivement touchez . . . Or si nous désirons que ceste doctrine nous soit utile à salut, prions Dieu qu'il l'escrive en nos coeurs" (175ᵉ sermon sur Deutéronome, CO 28, p. 625).

230 "Combien que tout ce qui nous est monstré en l'Escriture saincte soit une sagesse trop haute de beaucoup, à ce que nos esprits y peussent parvenir, tant y a que Dieu ne veut plus qu'on tienne cela comme secret ou caché. Pourquoy? Si en humilité nous venons à luy, nous rendans comme disciples, il fera office de maistre . . . Nous verrons par expérience que nostre Seigneur ne proteste point en vain par son prophète Isaïe, que quand il dit: Cerchez moy, que c'est à bon escient, et qu'il veut estre trouvé; et quand il parle, qu'il veut que sa doctrine soit entendue de nous. Or si cela a esté dit du temps de la loy, aujourdhuy par plus forte raison il est vérifié" (169ᵉ sermon sur Deutéronome, CO 28, p. 546).

231 "Notons donc que nous sommes comprins avec ceux qui ont ouy la Parole de Dieu du commencement. Et d'autant que sa grâce a son estendue sur tous et est commune à tous aages, il faut que nous l'escoutions veu qu'elle nous est ainsi dédiée et offerte. Et pourquoy? Car Dieu n'a point dit à sainct Pierre et à sainct Paul tant seulement: Je seray vostre Sauveur; mais il les a constituez messagers de sa bonté afin que nous soyons enseignez par leur bouche, et qu'aujourd'huy nous ne doutions point que Dieu ne vueille faire envers nous le semblable qu'il a fait envers eux" (2ᵉ sermon sur Deutéronome, CO 25, p. 622).

232 CO 28, p. 544.

233 En défendant le sacerdoce universel, c'est-à-dire: le libre accès de tous les croyants à Dieu, s'offrant eux-mêmes en sacrifice sans la médiation du prêtre, Calvin n'a jamais prétendu abolir le ministère pastoral, ou, du moins, le confier à l'ensemble des fidèles, comme l'affirment aujourd'hui certains théologiens réformés.

234 Allusion à Deutéronome 5/22.

235 CO 26, p. 385–386. Cf. aussi le 169e sermon sur le Deutéronome, CO 28, p. 546–547: "En cela voyons-nous quelle est la malice du pape et de tous les siens, quand ils ont exclud tout le monde de la Parolle de Dieu; comme aujourd'huy ils exercent encores ceste tyrannie-là, que ce n'est que pour les moynes et caphards et pour le clergé que l'Escriture saincte est bastie, si leur semble. Et encores ils ne s'en soucient guères. Car ils ont une théologie à part, qui est comme un jargon de gueux; et de l'Escriture saincte, ils la laissent en arrière; ils en tireront bien quelque mot, comme par pièces et lopins, mais tant y a qu'elle leur est en mespris, et cependant ils ne souffrent point que le peuple entre au Royaume de Dieu; ils tiennent la clef pour tenir la porte close". Le 2e sermon sur la 1ère Epître à Timothée, CO 53, p. 20, déclare, quant à lui: "Là (c'est-à-dire: en la papauté) ... tout le monde a changé de style, tellement que l'Escriture saincte est comme un langage estrange qu'on a appelé théologie, non pas comme doctrine qui soit commune aux enfans de Dieu, mais comme une science qui est à part pour peu de gens. Car qu'est-ce que la vraye théologie? Ce que nostre Seigneur a voulu estre commun à tous ses enfans, à grans et à petis ..."

236 "Quand nous lirons sans fin et sans cesse l'Escriture saincte, quelle nous sera exposée, et que nous aurons gens exquis en savoir et de grande dextérité: si est-ce que tout leur labeur sera inutile et ne nous profiteront rien jusques à ce que Dieu par son sainct Esprit nous illumine" (142e sermon sur Job, CO 35, p. 296).

237 "Ne cuidons point par nostre industrie et par nostre sens aigu parvenir si haut que d'entendre les secrets de Dieu; mais cognoissons que nous avons besoin d'estre illuminez par la grâce de son Sainct-Esprit ... Or si ceci estoit bien entendu, nous ne verrions pas un tel orgueil comme il est entre les hommes, qu'un chacun veut estre sage pour se sçavoir gouverner. Nous pourrons bien protester que Dieu nous a donné sa Parole, mais cependant nous ne laisserons pas d'estre aveugles, n'y cognoissans rien jusqu'à ce qu'il donne ouverture en nos esprits: car quand il n'y aura que nostre sens et nostre naturel qui gouverne, quelle bestise y aura-il entre les hommes? " (3e sermon sur le Psaume 119, CO 32, p. 508–509).

238 "Tout ainsi qu'il nous faut estre persuadez et résolus que la Parolle qui nous est preschée ne procède point des hommes, aussi d'autre costé l'interprétation n'en doit pas estre prinse au cerveau de chacun, comme sainct Pierre le monstre (en Actes 2/3): car il conjoint ces deux points-là: puis que l'Esprit de Dieu a parlé par les saincts prophètes, il faut aussi que de nostre costé, quand nous voudrons comprendre ce qui nous est déclaré par leur doctrine, chacun se démette de son sens naturel, et que nous n'apportions pas yci nos fantasies pour dire: Il me semble ainsi, je le cuide, mais que nous venions avec sobriété et modestie, demandans à Dieu qu'il nous gouverne et introduise par son sainct Esprit en l'intelligence de sa Parolle ..." (CO 48, p. 630–631).

239 CO 53, p. 51–52. Cf. encore dans le même sens le 169e sermon sur le Deutéronome, CO 28, p. 546, et le 4e sermon sur Esaïe 53, CO 35, p. 643.

240 Satire XII.

241 Comme l'a montré de manière décisive le Père Joseph Lecler, "l'expression 'libre examen' n'apparaît qu'au début du XIXe siècle, avec Benjamin Constant, Guizot, Samuel Vincent, Alexandre Vinet. Elle caractérise un libéralisme religieux qui entend soumettre la Bible elle-même à l'interprétation personnelle du chrétien" (*Protestantisme et 'libre examen'. Les étapes et le vocabulaire d'une controverse*, in: *Recherches de Science Religieuse*, Paris, 1969, p. 321–374).

242 SC 1, p. 104.

243 CO 48, p. 597.

244 "De tout temps il y a eu des fantastiques qui ont voulu remettre en doute ce qui estoit contenu en l'Escriture saincte, combien qu'ils eussent honte de nier que la Parole de Dieu ne méritast d'estre receue sans aucune réplique; et de tout temps il s'est trouvé des esprits malins qui ont bien confessé de prime face que la Parole de Dieu a une telle

majesté en soy qu'il faut que tout le monde s'humilie sous icelle; et cependant ils n'ont pas laissé de blasphémer contre l'Escriture saincte" (24e sermon sur II Timothée, CO 54, p. 283). "On en verra des fantastiques si enflez d'outrecuidance qu'ils cuideront estre assez sages, et ne daigneront pas jetter l'oeil sur la Parole de Dieu, ni prester l'aureille à fin d'estre instruits" (15e sermon sur Ephésiens, CO 51, p. 435).

245 "Il est vray qu'aujourdhuy nous n'aurons pas les visions telles qu'elles ont esté de ce temps-là (cf. Job 4/13—15); mais il faut que nous cognoissions, quand Dieu a donné de tels signes aux pères anciens, qu'ils nous doyvent aujourd'huy servir. Et ainsi quand nous avons à lire l'Escriture saincte . . . , que ce soit estans touchez de la majesté de Dieu pour luy porter révérence, que nous ne profanions point sa saincte vérité en l'estimant comme si on nous faisoit quelque conte de plaisanterie" (16e sermon sur Job, CO 33, p. 202—203).

246 CO 58, p. 91—92.

247 "L'usage . . . de la Parole de Dieu est de nous tenir au bon chemin: pource que si nous attendions des inspirations du ciel, Satan (comme il se transfigure) nous pourroit mettre beaucoup d'illusions au cerveau; mais Dieu a coupé broche à ses erreurs en nous donnant l'Escriture saincte; car il veut qu'on se tienne là" (89e sermon sur Job, CO 34, p. 353).

248 Ces mots n'infirment pas la thèse que nous défendons. Ils doivent être compris, nous semble-t-il, comme une concession aux déclarations pauliniennes de I Corinthiens 2/11, concession circonstancielle qui ne trouve aucune application dans la théologie de Calvin.

249 CO 33, p. 720.

250 Nous empruntons ces mots au titre d'un des chapitres du bel ouvrage *Spiritus Creator*, Copenhague, 1944, que Regin Prenter a consacré à la pneumatologie de Luther.

251 C'est là le titre même du chapitre 8 du livre premier.

252 CO 54, p. 286. A ce texte, on pourrait ajouter le 177e sermon sur le Deutéronome, CO 28, p. 648, qui déclare à propos de Moïse: "C'est un prophète que Dieu a choisi plus excellent que tout le reste . . . ; et toutesfois quand il a parlé de la Loy qui a esté publiée par luy, ce n'est point pour nous renvoyer à sa personne, pour dire: Voilà un homme excellent".

LES ATTRIBUTS DE DIEU[1]

La révélation générale et la révélation spéciale, la seconde éclairant la première, permettent aux croyants, en face de la création et du gouvernement du monde, de découvrir en Dieu un certain nombre de "vertus" ou de "propriétés", qui, comme le souligne Calvin en faisant écho à Thomas d'Aquin[2], ne "démontrent" pas "quel" est Dieu "en soi-même" (*non quis sit apud se*), mais "tel qu'il est envers nous" (*sed qualis erga nos*)[3]. Ces "vertus" ou, plus précisément, ces attributs sont divers. Le Réformateur en propose deux catalogues dans l'*Institution de la religion chrestienne*. Dans le premier qui se fonde sur Exode 34/6, il énumère, outre l'éternité et l'aséité[4], la clémence, la bonté, la miséricorde, la justice, le jugement et la vérité. Dans le second qui s'inspire de Jérémie 9/23, il cite la miséricorde, le jugement et la justice, tout en relevant que cette liste n'exclut ni la puissance, ni la vérité, ni la sainteté, ni la bonté. En dressant ces deux catalogues, Calvin ne cherche pas à entamer une réflexion sur les attributs de Dieu[5]. Rompant avec l'usage de la scolastique, il ne s'arrête pas à la question de l'essence divine, mais passe directement au dogme de la Trinité[6]. S'il manifeste ainsi dans l'*Institution* une profonde réserve à l'égard des problèmes examinés au Moyen Age dans le traité *De Deo uno,* il fait preuve, en revanche, dans les sermons, d'un intérêt réel pour les attributs de Dieu[7]. Comme nous le constaterons, toutes les "propriétés" divines qu'il mentionne en partant d'Exode 34/6 et de Jérémie 9/23 se retrouvent, à quelques nuances près, dans son oeuvre homilétique, à l'exception de l'aséité et de la vérité. Comme nous le verrons aussi, aux attributs énumérés dans l'*Institution de la religion chrestienne,* il ajoute, dans sa prédication, l'unicité, l'impassibilité, l'immutabilité, la sagesse, l'incompréhensibilité et l'infinité.

1. Les attributs les moins représentés dans l'oeuvre homilétique[8]

Le premier attribut divin que nous dégageons de la prédication est l'unicité. Il en est question d'abord dans le 31e sermon sur le Deutéronome, à propos de l'affirmation: "Je suis l'Eternel" (Deutéronome 5/6). "Apprenons de tellement poiser ce mot, déclare Calvin, que quand la majesté de Dieu nous est apparue, que nous n'imaginions point d'autre déité. Car Dieu ne peut souffrir d'autre compagnon"[9]. Et le Réformateur de poursuivre en recourant à une image, peu satisfaisante parce qu'elle implique, *stricto sensu,* l'existence de dieux mineurs: comparant Dieu au soleil qui "obscurcit la clarté des estoilles" (cette comparaison conviendrait bien à une conception hénothéiste), il estime que Dieu seul mérite d'être adoré. Après le 31e sermon sur le Deutéronome, le 1er sermon sur la Genèse revient sur l'attribut d'unicité. Calvin y souligne à propos du terme *Elohim* (Genèse 1/1) que le "nombre pluriel" utilisé par l'auteur sacré pour désigner Dieu est "une façon de parler" qui "nous monstre les vertus diverses que Dieu ha en soy" et qui, l'affirmation peut surprendre, "nous retient en l'unité de son essence". S'élevant contre le polythéisme qui distribue entre diverses divinités les "vertus" d'ici-bas, il relève que les "vertus" divines sont la propriété d'une essence à la fois simple et unique. "Nous avons deulx choses à considérer quand on nous parle de Dieu et qu'on en faict quelque mention, dit-il. L'une est qu'il a une essence simple et qu'il ne fault point distraire ne imaginer aulcune division en luy. Et voilà en quoy tousjours les pauvres incrédules se sont abusez. Car ilz ont bien entendu quil y avoit quelque divinité souveraine, mais aultant qu'ilz ont veu de vertus icy bas, ilz se sont forgez aultant de dieux; et voyez leurs raisons qu'ilz mettoient en leurs livres quand ils parloyent de la pluralité de dieux. Autant qu'il y a de vertus en nature, aultant il y a de divinitez diverses. Or lescriture nous enseigne bien aultrement, car elle nous propose la variété des vertus que Dieu ha en soy afin de les cognoistre distinctement; et puys elle nous rappelle à une essence simple et unique, ce assavoir que nous n'ayons qu'ung seul Dieu et que nous ne soyons point esgarez en nos fantasies pour en forger d'ung costé et d'aultre"[10].

Considérée comme attribut de Dieu, la sainteté ne joue pas, dans l'oeuvre homilétique, un rôle plus important que l'unicité. Pourquoi? En raison du fait, peut-être, qu'elle est comme monopolisée par le Saint-Esprit qui, François Wendel[11] et Werner Krusche[12] l'ont noté, occupe une place déterminante dans la théologie de Calvin. Ainsi, quelques textes seulement méritent d'être mentionnés ici. Dans le 11e sermon sur l'Harmonie des trois Evangélistes[13] et dans la 5e homélie sur le premier livre de Samuel[14], Calvin parle de la sainteté de Dieu afin de montrer que celui-ci doit être honoré des croyants et distingué des idoles. Dans le 9e sermon sur le livre de Michée, il fait découler de la sainteté de Dieu l'obligation pour les hommes d'être sanctifiés[15]. Ces rares exemples nous révèlent un trait intéressant: les attributs de Dieu ne sont pas, pour le Réformateur, des propriétés situées hors de l'espace et du temps; ils sont presque toujours mis en relation avec les croyants. En d'autres termes, Dieu communique ses attributs aux siens. A en croire Karl Holl, ce serait là une découverte de Martin Luther, la découverte de la Réforme dans laquelle s'insérerait celle de la *justitia Dei passiva*[16].

L'impassibilité de Dieu est mentionnée parfois dans la prédication, en particulier dans quelques sermons sur le Deutéronome. Dans le 182e, elle apparaît dans un contexte où il est question de la jalousie de Dieu qui, seul, veut être adoré des hommes. Soucieux de ne pas rabaisser le Créateur en lui prêtant, avec l'auteur sacré, un mauvais sentiment, Calvin ne manque pas de relever alors que, si Dieu "se nomme jaloux", ce n'est "point qu'il soit sujet à nulles passions, mais c'est pour monstrer que son honneur luy est précieux"[17]. Evoquée dans le contexte "péjoratif" que nous venons d'examiner, l'impassibilité se rencontre aussi dans le commentaire de certains passages où l'écrivain biblique prête à Dieu les sentiments les plus nobles[18]. Ainsi, dans le 185e sermon sur le Deutéronome, le Réformateur éprouve le besoin de préciser que "nostre Seigneur n'est point subject à nos passions" au moment même où il parle de l'amour que Dieu nous porte, qui "surmonte celuy de tous les pères terriens"[19]. Dans le 186e sermon sur le même livre, Calvin souligne de même l'impassibilité de Dieu après avoir relevé que la rébellion des hommes angoisse son Esprit[20]. Comme on le voit, le prédicateur tient à dissiper devant son auditoire les malentendus que peut susciter le vocabulaire biblique, riche en anthropomorphismes. Si les auteurs sacrés prêtent à Dieu des sentiments humains, cela ne signifie pas pour autant que Dieu soit semblable aux hommes.

Voisine de l'impassibilité, l'immutabilité est plus largement représentée que celle-ci dans la prédication. On la rencontre dans des contextes divers. Ainsi, dans le 24e sermon sur l'Epître aux Galates, elle apparaît au moment où Calvin évoque les changements de temps et l'alternance des saisons. "Quand il envoye le beau temps et la pluie, s'interroge le Réformateur à propos de Dieu, quand il envoye le chaut après le froid, et qu'il dispose ainsi les saisons de l'année, dirons-nous que pour cela il change de propos, et qu'il soit muable en soy? Non, car "il n'y a nulle variété en Dieu"[21]. Mentionnée exceptionnellement dans un contexte relatif à l'ordre naturel, l'immutabilité est souvent soulignée par Calvin lorsque, conduit par le texte biblique, il doit expliquer les vicissitudes de l'histoire sainte, les changements de cap si nombreux dans le destin d'Israël. Ainsi lorsqu'il commente la révocation des promesses faites par Dieu à Eli[22] ou à Saül[23], il tient à relever que Dieu, immuable, demeure semblable à lui-même en dépit du changement qui s'opère alors parmi les hommes. Mais c'est surtout à propos des textes qui parlent du "repentir" de Dieu que le Réformateur estime nécessaire de combattre, avec Jacques 1/17, "ceste folle opinion et perverse que Dieu soit variable"[24], enclin au changement comme les mortels[25]. Comment faut-il donc interpréter le "repentir" de Dieu si sa nature n'est sujette à aucune mutation[26]? Quelques rares passages de la prédication nous invitent à voir dans ce "repentir", non pas un sentiment que Dieu éprouverait réellement, mais une manière de parler qui relève du principe d'accommodation que nous avons mis en évidence dans nos chapitres précédents. Le 187e sermon sur le Deutéronome déclare dans ce sens: "Quant à ce mot de repentir, il nous le faut prendre comme en toute l'Escriture saincte; non pas que Dieu soit muable ou qu'il ait quelque changement en soy; mais c'est à nostre regard que cela est dit. Moyse récite que Dieu s'est repenti d'avoir fait l'homme (cf. Genèse 6/6); ce n'est pas qu'il ne se fust advisé du premier coup de ce qui devoit advenir. Et la repentance, dont procède-elle en nous, sinon quand il nous semble que nous n'avons pas bien entendu une chose, et qu'il nous fasche que nous n'avons eu meilleur advis? Or cela ne peut nullement convenir à Dieu; car toutes choses luy sont présentes, et ne peut estre trompé en rien qui soit. Et pourquoy est-ce donc qu'il dit qu'il se repentira? Car mesmes ceste façon de parler est fort commune aux prophètes: Repentez-vous, et je me repentiray du mal que j'ay déterminé sur vous, que je vous quitteray, dit le Seigneur. Or (comme j'ay dit) cela se rapporte à nostre appréhension: quand nous voyons qu'il y a quelque changement aux oeuvres de Dieu, il nous semble que aussi il est muable; non pas qu'ainsi soit, mais nous sommes si lourds que nous ne pouvons parvenir jusques à ceste haute majesté:

et nous imaginons de Dieu ce qui est semblable et conforme à nostre nature. Or Dieu s'accommode à nous, non point pour nous endormir en nostre ignorance ou en superstition: mais c'est afin de nous attirer à soy par degrez et petit à petit. Voilà donc pourquoy il dit qu'il se repentira"[27]. L'explication fournie par ce texte n'est pas convaincante. Elle ne rend pas compte de la tension qui existe, dans le Dieu de la Bible, entre l'exercice de la justice et celui de la miséricorde[28]. On en retiendra néanmoins que Calvin est très attaché à la "fermeté permanente" de Dieu[29]: à ses yeux, cette immutabilité permet aux créatures de subsister dans leur être[30] et garantit la validité des promesses du salut[31].

La majesté n'occupe pas dans l'oeuvre homilétique la place importante qu'on serait tenté de lui attribuer en pensant que Calvin est le théologien de l'honneur de Dieu. Elle est mentionnée dans le 94e sermon sur le livre de Job qui, constatant qu'elle est méconnue des hommes, estime que l'Ecriture nous la révèle en accolant au nom de Dieu des qualificatifs divers. "Les hommes ne cognoissent point la majesté de Dieu . . . Il est donc besoin quand on nous parle de Dieu, qu'il nous soit qualifié, c'est-à-dire qu'on le sente tel qu'il est. Et voilà pour quoi l'Escriture saincte tant souvent lui adjoint des titres, ne se contentant pas de son nom simple, mais l'intitulant: Tout-puissant, Tout sage, Tout juste, lui seul qui a immortalité en soi, après, qu'il a tout créé, qu'il gouverne tout. A quel propos est-ce que cela est dit, sinon pour resveiller les hommes qui sont par trop stupides et qui n'honnorent point Dieu selon qu'il est digne?"[32]. Lorsqu'elle est perçue par les hommes — le Réformateur emploie le verbe "sentir" dans le texte que nous venons de citer — la majesté ne peut engendrer en eux que ce que Rudolf Otto a nommé le "sentiment du *mysterium tremendum*"[33]. "Si nous appréhendions une fois que c'est la majesté de Dieu", déclare Calvin dans le 29e sermon sur Esaïe 13—29, "il est certain que nous serions . . . tourmentez d'inquiétude pour souspirer, pour estre en détresse, pour estre en peyne et en torture . . ."[34]. En effet, si les anges "couvrent leurs yeux"[35] et "cachent leurs faces"[36] devant la majesté de Dieu, comment les hommes pourraient-ils en soutenir l'éclat! Calvin, cependant, n'en reste pas au sentiment d'effroi lorsqu'il traite de la majesté de Dieu. Comme le propre du péché est de nous détourner de celle-ci[37], il pense que Dieu la voile en quelque sorte afin que nous puissions nous approcher de lui[38]. Ainsi, bien comprise, la majesté ne doit pas engendrer chez le croyant une crainte irrépressible, mais une obéissante humilité et un profond respect[39].

Un peu plus répandue que la majesté, la sagesse donne lieu, dans la prédication, à quelques développements qui sont du plus haut intérêt. Calvin opère ainsi, dans le 46e sermon sur le livre de Job, une distinction qui, à notre connaissance, ne se retrouve nulle part dans son oeuvre. Il distingue deux sortes de sagesse divine, celle qui nous a été révélée dans l'Ecriture, qui nous est accessible voire transmissible, et celle que Dieu garde par-devers soi, qui demeure insondable pour nous. Ces deux sagesses, précisons-le tout de suite, constituent une seule et même entité: c'est au regard des hommes seulement qu'elles apparaissent comme des réalités distinctes. "Dieu, quant à soy, n'est point sage en une sorte et en l'autre, déclare Calvin, car c'est une chose inséparable et qu'on ne peut point diviser ne partir, que la sagesse de Dieu; mais quant à nous et à nostre regard, Dieu est sage en deux sortes, c'est assavoir que nous pouvons dire qu'il y a deux espèces de la sagesse de Dieu, voire quant à nous. Et comment cela? Il y a ceste sagesse qui est contenue en sa Parole, laquelle il nous communique tellement que nous sommes sages quand nous avons receu l'instruction qu'il nous donne. Voilà donc la sagesse de Dieu, laquelle il communique aux créatures; et puis il y a ceste sagesse laquelle il retient en soy. Et qu'est-ce que cela? C'est ce conseil admirable, par lequel il gouverne le monde par dessus tout ce que nous concevons. Voilà Dieu qui dispose les choses que nous trouvons bien confuses quant à nostre sens . . . Voilà donc une sagesse que Dieu retient vers soy, laquelle il ne communique point aux hommes, comme aussi il est impossible d'y parvenir"[40]. La distinction des deux sagesses exposée dans ce texte éclaire, nous semble-t-il, les passages où le Réformateur parle du "conseil admirable"[41], du "conseil étroit"[42], du "conseil secret"[43], du "conseil caché"[44] de Dieu. Elle montre que la révélation biblique qui nous apprend ce qui est utile à notre salut est loin d'épuiser le mystère de Dieu. "Quand nous aurons esté enseignez en l'escole de Dieu, déclare Calvin en faisant allusion à l'Ecriture, et que nous serons sages en comprenant selon nostre mesure et portion ce qu'il luy aura pleu nous enseigner par sa Parole, sachons qu'il y a encores des secrets en luy qu'il nous faut adorer, pource que nous n'en pouvons avoir cognoissance et qu'il nous est impossible de monter si haut"[45]. Ainsi, à côté de la sagesse scripturaire, il y a le domaine immense de la sagesse non révélée que le Réformateur compare à un "abîme"[46], le domaine devant lequel l'intelligence humaine est totalement impuissante[47]. Parlant du mystère de la prédestination qui relève au premier chef du "conseil secret", le 134e sermon sur le livre de Job invite en conséquence les croyants à ne pas rechercher les mobiles qui guident Dieu dans ses choix: "Nous pouvons bien . . . estre solicitez en nos esprits de nous enquérir pourquoy c'est que Dieu y procède ainsi; mais quelle conclusion faut-il faire, sinon que tout luy soit remis en son conseil, sachans que ce n'est pas à nous de le régler, et mesmes que nous ne sommes pas suffisans pour comprendre les choses par trop hautes" . . . Dieu "a des façons de faire qui ne conviennent nullement à nostre raison naturelle"[48].

Au conseil secret de Dieu, nous pouvons rattacher un attribut qui n'est pas expressément nommé par Calvin, mais qui apparaît en filigrane dans certains passages de l'oeuvre homilétique, à savoir l'incompréhensibilité. Celle-ci est étroitement liée à la notion de révélation. Comme nous l'avons relevé dans notre chapitre premier, Dieu ne nous dévoile pas le fond de son être en se révélant à nous, il nous fait connaître seulement ce qui est nécessaire à notre salut. Puisque Dieu se réserve ainsi un domaine secret, nous ne devons pas chercher à sonder ce qui nous demeure incompréhensible. Vouloir le faire serait tenter de briser la "muraille" qui sépare le Créateur de la créature. "Dieu . . . nous déclare qu'il fait beaucoup de choses dont la raison nous est cachée pour maintenant. Si nous la voulons savoir, n'est-ce pas comme rompre par force la muraille que Dieu avoit mise? Il nous met la barre pour dire: Vous ne passerez point outre; et si nous le faisons, n'est-ce point despiter Dieu que cela? Ainsi donc, que nous ne prenions point trop de peines pour contenter la folle curiosité de ceux qui s'eslèvent ainsi contre Dieu"[49]. Si la curiosité à l'égard du mystère de Dieu est coupable[50], le blasphème de ceux que "dégoûte" l'incompréhensibilité divine l'est davantage encore[51]. La seule attitude possible du croyant en face de la sagesse incompréhensible de Dieu est l'adoration. "Cognoissons que Dieu conduit ses oeuvres d'une façon miraculeuse, déclare Calvin dans le 23e sermon sur l'Harmonie des trois Evangélistes. Il faut qu'il besongne à sa façon, c'est-à-dire que nous en soyons esbahis et que la chose soit jugée estrange entre nous. Et pourquoy? Afin que nous apprenions de glorifier ceste sagesse incompréhensible, de laquelle il est tant souvent parlé en l'Escriture"[52].

Assez peu mentionnée dans la prédication, la bonté y fait néanmoins l'objet de quelques développements dignes d'attention. Le 55e sermon sur le Deutéronome la considère comme l'attribut par excellence, celui sans lequel Dieu cesserait d'être Dieu. "Il n'y a rien qui luy soit plus propre que sa bonté. Ostons-luy sa bonté: il ne sera plus Dieu. Concevons-nous de Dieu seulement une chose morte? Mais il faut, quand nous parlons de Dieu, que nous cognoissions que toute bonté est en luy"[53]. Cette bonté qui constitue le fond de sa nature, Dieu ne la garde pas égoïstement pour lui. Il la communique aux hommes comme il leur communique sa sainteté et sa sagesse. En ce faisant, comme le montre le 4e sermon sur le Psaume 119, il ne s'appauvrit pas à l'instar du riche qui prodigue sa fortune, car sa bonté est véritablement inépuisable. "Dieu ne se lasse jamais de bien faire comme font les hommes, et puis il ne diminue point ses facultez quand il nous fait du bien. Si un homme nous eslargit de son bien, il en diminue d'autant; s'il employe son crédit, il dira: Je n'en puis plus. Mais les richesses sont si grandes en Dieu qu'il est comme une fontaine qui ne peut jamais tarir; et d'autant plus qu'on en puise, l'abondance se monstre tant mieux"[54]. L'image que Calvin employe dans ce texte, selon laquelle Dieu est la "fontaine de toute bonté", apparaît dans plusieurs sermons[55]. L'idée de prodigalité qu'elle implique ne reflète, cependant, qu'un des aspects de la bonté divine. Aussi le Réformateur recourt-il encore à d'autres comparaisons. Pour illustrer la sollicitude du Dieu bon, il évoque l'exemple de la nourrice qui veille sur les premiers pas des enfants qui lui sont confiés[56]; pour éclairer sa miséricorde, il cite le geste du père qui ouvre ses bras à ses enfants[57].

Cette dernière image nous conduit à un autre attribut, assez largement attesté dans l'oeuvre homilétique: la paternité. Aux yeux de Calvin, il est impossible de comprendre vraiment la miséricorde de Dieu tant qu'on ne sait pas que les hommes sont ses enfants. "Quand on nous parlera de sa miséricorde, nous ne pourrons concevoir sinon une fantasie confuse, jusques à ce que nous ayons cogneu que vrayement il nous veut estre père"[58]. Dieu est si réellement père que ce titre ne convient qu'à lui seul. Les hommes n'en sont pas dignes: la paternité authentique dépasse les possibilités de la créature[59]. Ainsi, parce qu'il est animé d'un amour paternel, Dieu peut délivrer les hommes de leur effroi[60], les inciter à l'aimer[61], les mettre au bénéfice de sa patience[62], les supporter, afin de les gagner[63], avec une étonnante longanimité[64]. Mais tout patient qu'il est, Dieu doit parfois, comme s'il forçait sa nature[65], recourir au châtiment[66].

Quand il punit, cependant, il ne cesse pas d'aimer les hommes. La sévérité qu'il manifeste alors à leur égard, loin de les révolter[67], doit les pousser à retourner à lui et à trouver auprès de lui leur salut[68].

A l'instar de la majesté, l'éternité n'occupe pas dans la prédication la place qu'on serait tenté de lui accorder. Bien que Calvin ait suivi Olivétan dans sa traduction du tétragramme sacré יהוה, il souligne rarement le fait que Dieu est éternel, bien plus: qu'il est l'Eternel, mot qui "emporte toute gloire et majesté, qui nous doit ravir en estonnement"[69]. Dans le 8e sermon sur la Genèse, commentant la substitution dans le texte sacré du terme de Yahvé au nom pluriel d'Elohim, il déclare: Moïse "exprime le nom essentiel de Dieu, c'est assavoir celuy qui est, celuy qui a son estat permanent. Auparavant il avoyt nommé Dieu par ses vertuz et en nombre pluriel; pource que toute sagesse, justice, bonté, puissance est comprinse en Dieu, il a mis un nom (*Elohim,* évidemment!) qui comprend toutes ces choses-là; mays pource que nous voyons que les hommes sont transportez facilement çà et là, et qu'ilz ne se peuvent arrester qu'à grand peine à ung seul Dieu, voilà pourquoy maintenant Moyse lui attribue son nom essentiel qu'on appelle, c'est assavoir l'Eternel"[70]. Dans quelques homélies sur le second livre de Samuel, le Réformateur relève en outre que Dieu seul mérite "ce tiltre d'essence souveraine" qu'est l'Eternel[71], car seul il "a vie en soy", ou, plus précisément, seul il est capable de communiquer la vie aux hommes[72]. Dans quelques autres sermons, enfin, Calvin affirme que Dieu, aux yeux de qui tout est présent[73], embrasse l'histoire d'un seul regard: il n'y a ni passé ni futur pour lui. "Il ne voit pas comme un homme mortel, seulement quand le soleil luist . . . Rien ne luy est caché, toutes choses luy sont patentes: il n'y a ne temps passé, ne temps à venir en luy"[74].

Contrairement à la plupart des attributs que nous avons examinés dans ce paragraphe, l'infinité joue dans l'oeuvre homilétique un rôle dont les implications théologiques sont considérables[75]. Elle apparaît, en général, là où Calvin rencontre dans le texte biblique la mention d'une localisation de Dieu. Utilisant un verbe dont nous avons déjà signalé l'importance dans notre chapitre premier[76], le Réformateur souligne ainsi que Dieu n'est "enclos" ni dans la nuée dont il s'enveloppe lors des théophanies[77], ni dans le tabernacle qui accompagne le peuple d'Israël dans sa traversée du désert[78], ni dans le temple de Jérusalem[79]. Si l'Ecriture localise Dieu, c'est uniquement pour s'adapter à la rudesse et à la grossièreté des hommes[80]. Mais comme ses auditeurs risquent d'être fermes à cette application nouvelle du principe d'accommodation, le prédicateur, dans ses explications, "déspatialise" en quelque sorte les textes qui déclarent que Dieu "descend" pour se manifester aux siens[81], ou "marche" pour les délivrer[82]. Calvin ne se borne pas, cependant, à relever qu'en raison de son infinité, Dieu ne peut pas être "enclos" en ce monde. Avec des accents que nous serions enclin à qualifier de "modernes", il montre que, si la Bible domicilie Dieu dans le ciel, c'est pour empêcher les hommes sujets à l'idolâtrie de l' "enclore" ici-bas[83], et non pour lui assigner vraiment un lieu de résidence. Dieu, en effet, ne peut pas être prisonnier du ciel, d'autant moins, comme nous le verrons plus loin, que ce dernier est, au XVIe siècle, regardé comme limité. Répondant à la question d'Eliphaz: "Dieu n'est-il point là haut au ciel?" (Job 22/12), le Réformateur déclare que l'interlocuteur de Job s'exprime ainsi afin de "discerner" Dieu "d'avec les créatures et les choses de ce monde", et il ajoute: "Dieu (comme il est d'une essence infinie) n'est pas enclos au ciel, sa majesté est par tout espandue, il remplit aussi bien la terre .... Les cieux ne te comprenent point, disoit Salomon en dédiant le temple (cf. I Rois 8/27), et Dieu lui-mesme en son prophète Isaïe dit (66/1): Le ciel est mon thrône royal, et la terre est mon marchepied. Dieu donc n'est point enclos au ciel"[84]. L'infinité de Dieu étant telle, Calvin tire d'elle deux conséquences dont l'importance doctrinale est considérable. La première est celle de l'*extra calvinisticum*. Par ce terme qui remonte aux théologiens luthériens du XVIIe siècle[85], on désigne la conception selon laquelle l'humanité du Christ n'a pas pu "enclore" la divinité du Fils de Dieu qui, durant l'incarnation, n'a pas cessé d'exister *etiam extra carnem*. Présentée dans l'*Institution de la religion chrestienne* en deux endroits[86], cette doctrine n'est pas absente de la prédication. Nous n'en parlerons pas ici cependant, la réservant pour le chapitre que nous consacrerons à la personne du Christ dans la deuxième partie de cet ouvrage. Le second corollaire de la notion de l'infinité divine apparaît dans le domaine de la théologie sacramentelle. Parce que Dieu est infini, il ne peut pas être emprisonné dans les sacrements[87], pas plus qu'il n'a été prisonnier de la nuée, du tabernacle et du temple. Au nom de cette conception de l'*etiam extra sacramenta,* le Réformateur combat la doctrine catholique des sacrements[88], et plus particulièrement le dogme de la transsubstantiation[89]. Dans maints sermons, il dénonce comme une absurdité[90] ou une superstition grossière[91] la croyance selon laquelle Dieu est "enclos" dans les espèces du pain et du vin[92].

2. La puissance de Dieu

La puissance de Dieu joue un rôle considérable dans les sermons. Utilisant une fois de plus le verbe qu'il affectionne, Calvin relève à plusieurs reprises que les hommes ne peuvent l' "enclore" ni dans leur cerveau[93] ni dans le monde qui s'offre à leurs yeux[94], c'est-à-dire qu'ils sont incapables de la concevoir ou de l'évaluer en fonction de ce qu'ils aperçoivent ici-bas. Comme le montre bien le 8e sermon sur l'Harmonie des trois Evangélistes à propos de Luc 1/37, elle dépasse infiniment notre compréhension: "Voylà ... de quoy ce qui est yci récité nous doit servir, c'est ... que nous cognoissions la puissance de Dieu, voire non pas que nous la comprenions comme les choses qui nous sont visibles ou esquelles il y a quelque raison, et qui nous sont communes; mais la cognoissance dont je parle surmonte tout sens humain. Et ainsi, que nous soyons comme ravis, sçachans qu'il n'y a ne fin ne mesure en la puissance de Dieu, et qu'il n'est pas question de l'enclorre en nostre esprit, lequel ne se peut estendre fort loin"[95]. Echappant à la raison, la puissance de Dieu n'est saisissable que par la foi[96]. Seule celle-ci, en appréhendant son omnipotence — une omnipotence qui se manifeste dans le fait qu'il lui suffit de parler pour que son dessein se réalise[97], et qu'il n'est astreint ni à se servir de "moyens inférieurs"[98], ni à se plier à l' "ordre de nature"[99] — est à même de reconnaître que "Dieu est Dieu"[100], de confesser qu'il ne demeure pas oisif au ciel[101], mais qu'il intervient souverainement en faveur des siens. "Nostre Dieu est puissant. Et pourquoy? En quoy est-ce qu'il veut desployer ceste puissance? Hélas! Il est vray qu'il la pourroit bien desployer pour nous confondre et abysmer; mais il est patient, il est doux et débonnaire, il ne veut pas que nous sentions sa vertu à nostre dommage"[102].

Ce que nous venons de relever à propos de la puissance infinie de Dieu nous amène à examiner le problème, âprement discuté, des rapports de Calvin avec Duns Scot[103]. Albrecht Ritschl, comme on sait, a soutenu la thèse selon laquelle le Réformateur de Genève serait tributaire dans sa théologie de la conception scotiste de la *potentia absoluta*. Reprise par un certain nombre d'auteurs étrangers, combattue à partir d'un passage de l'*Institution chrestienne*[104] par les calvinologues français, Emile Doumergue, Henri Bois et Auguste Lecerf, la thèse de Ritschl repose, comme l'a souligné François Wendel, sur un malentendu. Pour Ritschl, en effet, la *potentia absoluta* scotiste est synonyme de pur caprice et de total arbitraire. Or les travaux de Reinhold Seeberg[105] et de Parthenius Minges[106] ont montré que chez Duns Scot la puissance absolue de Dieu est limitée par sa bonté et par le principe de non-contradiction[107]. S'il en est bien ainsi, il faut admettre avec Wendel que, dans l'*Institution de la religion chrestienne*[108] et dans quelques passages des *Commentaires*[109], les ressemblances entre Calvin et Duns Scot sont patentes. Mais qu'en est-il dans l'oeuvre homilétique? La question se pose, en effet, car les sermons fournissent sur ce sujet d'abondants matériaux que jusqu'ici les calvinologues ont complètement ignorés[110] et qu'il s'agit maintenant de classer.

Le 157e sermon sur le livre de Job relève que la puissance n'est pas, comme l'imaginent certains "fantastiques", l'attribut qui permettrait à Dieu de se livrer à toutes les fantaisies que peut concevoir un esprit débridé; pour Calvin, la puissance de Dieu va toujours de pair avec sa volonté. "Nous en voyons beaucoup de phantastiques, que quand ils parlent de la puissance de Dieu, ils spéculent ceci et cela: O, si Dieu est tout puissant, pourquoy ne fait-il telle chose? Si Dieu est tout puissant, cela est possible. Voire, mais il ne nous faut pas ainsi extravaguer en nos imaginations: la puissance de Dieu ne s'adresse point à nos resveries, et n'y a rien de commun[111]. Quoy donc? Ce sont choses inséparables que la puissance de Dieu et sa volunté. Dieu est tout puissant; est-ce pour faire ce que l'homme aura basti en son cerveau? Fy; mais c'est pour accomplir ce qu'il a ordonné en son conseil. Ainsi donc apprenons d'unir ces deux choses, assavoir le conseil de Dieu et sa vertu"[112]. Mais le Réformateur ne s'arrête pas là. Il précise encore, dans le même sermon, que, si la puissance de Dieu ne peut pas être séparée de sa volonté, celle-ci n'est pas sa volonté mystérieuse, son "conseil étroit", mais sa volonté révélée, manifestée dans l'Ecriture[113]. "Il nous faut conjoindre la puissance de Dieu avec sa bonne volonté[114], voire telle qu'il nous la déclare par sa Parole. Quand nous aurons cela, nous ne lascherons point la bride à beaucoup de spéculations extravagantes, et aurons aussi de quoy repousser les mocqueries de ceux qui se voudroyent jouer de la vertu de Dieu comme d'une pelotte"[115].

La pensée du 157e sermon sur le livre de Job se prolonge, pour ainsi dire, dans le 8e sermon sur l'Harmonie des trois Evangélistes. Calvin y souligne à propos de Luc 1/37 que le Tout-Puissant étant Dieu, sa volonté est une volonté indissociable de sa justice, de sa bonté et de sa sagesse. "Quand il est dit que rien n'est impossible à Dieu, premièrement il nous faut penser quelle est sa nature; et puis il nous faut venir à sa volonté. Or Dieu n'appète point confusion, comme nous sçavons. Et quand on dira qu'il est impossible qu'il faille, ne qu'il commette aucune offense, ce n'est pas pour diminuer sa vertu: et aussi sa volonté et sa puissance ne se contredisent pas, mais il faut que le tout s'accorde. Ainsi, puis qu'il n'y a point de confusion en Dieu, mais qu'il est autheur de tout ordre, il faut que nous appliquions sa puissance à cognoistre que, selon qu'il luy plaist et que sa volonté le porte, il peut tout faire: tellement que de séparer la volonté de Dieu et sa nature d'avec sa vertu infinie, c'est un divorce plein de sacrilège et de blasphème. Car c'est comme si nous voulions deschirer Dieu par pièces, et toutesfois il n'y a qu'union en luy. Ainsi donc, quand il est dit que Dieu est tout-puissant, cognoissons qu'il est Dieu en premier lieu. Et qu'est-ce que cela emporte? C'est qu'il soit juste, qu'il soit bon, qu'il soit sage, voire en toute perfection. Si donc nous ne pouvons discerner l'essence de Dieu d'avec sa bonté, et sagesse, et justice infinie, il n'est pas question yci de mettre sa puissance en combat contre toutes les autres choses qui luy conviennent, et dont il ne peut estre distrait"[116]. Inséparable des autres attributs de Dieu, la puissance est finalement, comme le montre le 198e sermon sur le Deutéronome, toujours ordonnée à la rédemption des hommes. "Quand nous appréhenderons Dieu en sa haute majesté, combien qu'il semble estre eslongné de nous, que nous soyons povres vers rempans sur la terre, et qu'il surmonte tout ce que nous pouvons voir, quelque excellence qu'il y ait, que nous sachions néantmoins qu'il daigne bien nous secourir, et qu'il veut que ceste puissance-là soit conjointe d'un lien inséparable à nostre salut"[117].

A côté de ces textes où Calvin met la puissance de Dieu en rapport avec sa volonté, une volonté salvatrice, nous trouvons dans la prédication une série de passages où la puissance de Dieu est considérée comme allant de pair avec sa justice. Ainsi le Réformateur déclare dans le 88e sermon sur le livre de Job: "Il ne faut point mesurer sa puissance (sous-ent.: celle de Dieu) selon nostre sens, car que seroit-ce? ... C'est une audace et outrecuidance diabolique quand nous voulons que Dieu se gouverne à nostre appétit, et venons controller tout ce qu'il fait, et ne le pouvons trouver bon, sinon qu'il nous monstre pourquoi. Or au contraire il faut que nous adorions ceste puissance secrète, confessans qu'il y a là une justice enclose que nous ne pouvons maintenant voir"[118]. Liée à la justice, la puissance de Dieu, quoiqu'elle échappe à notre compréhension et puisse, de ce fait, nous remplir de crainte[119], n'obéit en rien à l'arbitraire. Comme le montre, parmi d'autres, le 3e sermon sur Esaïe 13—29, la puissance de Dieu n'est jamais une puissance tyrannique. "Ce ne seroit point assez que nous congneussions la puissance de Dieu, mais il fault tousjours que sa justice soit conjoincte avec, que nous sçachions qu'il ne domine point icy d'une façon tiranicque"[120].

Les deux catégories de textes que nous venons de distinguer, qu'ils lient la puissance de Dieu à sa volonté, une volonté animée par une intention rédemptrice, ou à sa justice, une justice excluant toute tyrannie, nous paraissent s'accorder avec la pensée de Duns Scot sur la *potentia absoluta* telle que l'ont exposée Seeberg et Minges. Un problème subsiste cependant. Dans plusieurs prédications, Calvin dénonce expressément la notion de puissance absolue qui, selon lui, fait de Dieu un tyran. Il déclare ainsi: "Dieu ne desploye point sa vertu contre nous à la façon d'un tyran qui ne discerne point entre le bien et le mal, mais qui veut esprouver ce qu'il peut. Dieu donc n'a pas une puissance absolue, comme on dit"[121]. Mais il y a plus: dans toute une série de sermons sur le livre de Job[122], c'est en effet le péché de Job que d'attribuer à Dieu une *potentia absoluta*[123], le Réformateur s'élève contre la notion de puissance absolue au nom d'une conception de la puissance divine qui nous scmble tributaire de Duns Scot. Ainsi Calvin souligne que la puissance de Dieu n'est jamais "déréglée"[124], mais toujours équilibrée, si l'on peut dire, par sa bonté, par sa justice, par sa sagesse ou par son équité. Commentant Job 33/12, le prédicateur s'exprime dans ces termes: "Il semble ... qu'ici Job vueille attribuer une puissance absolue à Dieu pour dire: "O, Dieu usera de son droit contre les hommes sans avoir ne raison ni équité." Or notons qu'il nous faut prendre ceste sentence autrement que les mots ne chantent; car quand il est parlé de la grandeur de Dieu, c'est en conjoignant tout ce qui est en lui. Et de fait, il ne nous faut point séparer les vertus qui sont en Dieu, pource qu'elles sont son essence propre ... Quand nous parlons de sa puissance, ou justice, ou sagesse, ou bonté, nous parlons de lui-mesme; ce sont choses inséparables et qui ne se peuvent point discerner de son essence, c'est-à-dire pour en estre ostées. Car elles sont tellement conjointes que l'une ne peut estre sans l'autre. Dieu est-il puissant? Aussi il est bon. Sa puissance ne desrogue point à sa bonté, ni à sa justice"[125]. Ce texte dont la clarté ne laisse rien à désirer ne constitue pas un *hapax* dans l'oeuvre homilétique. Le 30e[126], le 35e[127], le 88e[128], le 90e[129], le 129e[130] et le 135e sermon sur le livre de Job[131] présentent la même pensée.

Comment interpréter ces textes? Plus précisément: quels sont les théologiens qui y sont visés, si, comme nous l'avons déjà relevé, l'attitude de Calvin à l'égard de la *potentia absoluta* s'accorde avec celle de Duns Scot? Soulignant le fait que, dans l'*Institution de la religion chrestienne*, le Réformateur s'élève contre "la resverie des théologiens papistes touchant la puissance absolue de Dieu" après avoir défini cette puissance en termes d'inspiration scotiste[132], François Wendel formule une double hypothèse: ou bien Calvin s'en prend aux "spéculations arbitraires" et aux "exagérations de certains nominalistes de la fin du moyen âge", ou bien il s'oppose à "la distinction introduite par Duns Scot lui-même entre la puissance absolue et la puissance ordonnée de Dieu"[133]. Entre ces deux hypothèses, il est difficile de choisir. En faveur de la seconde, nous pourrions avancer un passage du 21e sermon sur les chapitres 14 à 18 du livre de Jérémie où le Réformateur relève que "les papistes attribuent deux puissances à Dieu, la puissance ordinaire laquelle est selon équité" et "une puissance absolue par laquelle il pourroit dampner les anges"[134]. Dans ce texte, Calvin mentionne, en effet, la distinction scotiste entre *potentia ordinata* et *potentia absoluta*[135]. Il n'y précise pas, cependant, l'identité de ses adversaires puisqu'il se borne à parler des "papistes"[136]. La première hypothèse de Wendel pourrait, de son côté, trouver des appuis dans la prédication. Celle-ci, en effet, contient, à notre connaissance, quatre passages où le Réformateur désigne de manière plus ou moins précise les adversaires auxquels il reproche de défendre la puissance absolue[137]. Dans le 69e sermon sur le second livre de Samuel, Calvin, après avoir relevé que Dieu a pour le moins autant de liberté envers ses créatures qu'un potier envers l'argile dont il fait ses pots, ajoute que Dieu ne déploie pas pour autant la puissance absolue que les "papistes" lui attribuent[138]. Dans le 43e sermon sur le livre de Job, il s'en prend aux "docteurs de la papauté" qui, prêtant à Dieu, "chose détestable et diabolique", une puissance absolue, enseignent dans leurs écoles que le Tout-Puissant pourrait foudroyer et damner les anges[139]. Dans le 64e sermon sur le même livre, il attaque les "théologiens de la papauté" qui ont imaginé la "doctrine diabolique" de la puissance absolue, en montrant, à partir d'Esaïe 1/18, que Dieu n'est en rien tyrannique[140]. Dans le 88e sermon de la même série, enfin, le Réformateur, après avoir dénoncé le péché de Job qui se figure que Dieu veut "disputer contre lui par puissance", "une puissance tyrannique" (cf. Job 23/6), s'élève contre les "docteurs sorboniques" qui, "blasphème diabolique forgé aux enfers", affirment que Dieu a une puissance absolue[141].

Des quatre désignations qui apparaissent dans les textes que nous venons de citer, la plus précise est, évidemment, celle de "docteurs sorboniques". Elle pourrait donner à penser avec Wendel que, lorsqu'il condamne la puissance absolue, Calvin vise "certains nominalistes de la fin du moyen âge". Quels sont-ils? Pour essayer de le préciser, nous devons faire la synthèse des données négatives de la prédication. La puissance absolue que le Réformateur combat est celle qui permettrait à Dieu de se comporter comme un tyran[142], c'est-à-dire celle qui ne serait soumise à aucune règle[143], qui ne serait pas ordonnée à la volonté juste, droite et parfaite de Dieu. Ce que Calvin rejette sans appel, c'est une puissance absolue qui, d'après le 64e sermon sur le livre de Job, semble avoir été qualifiée de "puissance desréglée"[144], ou, d'après le 43e sermon sur le même livre, de "puissance injuste et tyrannique"[145]. Serait-ce donc une *potentia absoluta* conçue comme une *potentia inordinata* qui est visée dans la prédication? Il est difficile de répondre à cette question dans l'état actuel des recherches sur le nominalisme. Pierre d'Auriole (+ 1322) ayant souligné qu'en Dieu *nulla est potentia ordinata per respectum ad actionem ad extra*[146] et que, par conséquent, "aucune justice ne lie la puissance divine"[147], nous aurions pensé volontiers que ce sont certains de ses disciples que Calvin vise quand il stigmatise la puissance absolue. Mais Paul Vignaux à qui nous avons soumis cette hypothèse la juge irrecevable. La question reste donc ouverte.

3. La justice de Dieu

Plus répandue encore que la puissance, la justice de Dieu occupe une place prépondérante dans l'oeuvre homilétique du Réformateur. Dans plusieurs prédications, Calvin souligne que Dieu ne peut être que juste[148], que la justice appartient à son essence. Il déclare ainsi dans le 136e sermon sur le livre de Job, en faisant allusion à l'auteur de l'Epître aux Hébreux (cf. 6/10): "Quand il dit: Dieu n'est point injuste, il monstre que c'est une chose inséparable de l'essence de Dieu que sa justice"[149]. Cette justice n'est point statique, elle est dynamique par excellence. C'est-à-dire que le Dieu juste n'est pas "endormi au ciel"[150], qu'il ne demeure pas "inactif" ou "oisif" dans l'empyrée[151]. Sa justice n'est pas "enclose"[152] en son essence, mais elle se communique à nous, elle nous justifie[153], elle se manifeste dans le gouvernement du monde, elle dirige le cours des événements. "Ce n'est pas le tout de cognoistre que Dieu est juste en soi, comme aussi sa justice n'est pas enclose en son essence, tellement qu'elle nous soit incognue, mais elle s'estend par tout, et faut qu'elle soit cognue principalement en nous. Voulons-nous donc cognoistre comme Dieu est juste? Regardons çà et là, et nous pourrons bien contempler sa justice, cognoissans que ce monde est gouverné par lui en telle équité qu'il n'y a que redire . . . C'est un article bien notable, . . . car quand il (sous-ent.: Elihu) nous parle de la justice de Dieu, n'imaginons point qu'il soit seulement juste en soi; mais appréhendons sa justice comme il appartient, et l'estendons comme il faut, c'est assavoir de tout le gouvernement du monde"[154].

La justice de Dieu est liée à sa majesté et à son immutabilité[155], à sa majesté et à sa puissance[156], mais aussi, − ceci est plus intéressant, − à sa bonté et à sa miséricorde[157]. Fidèle à la conception de l'Ancien Testament selon laquelle la justice signifie la constance de la volonté de Dieu dans l'exécution de ses plans à l'égard d'Israël[158], Calvin ne considère pas Dieu uniquement comme un justicier rigoureux, mais aussi comme le Seigneur qui veille sur le salut des siens. "Ce mot de justice en l'Escriture saincte se prend pour l'aide que Dieu fait à tous ceux qui l'invoquent. Quand on dira: Dieu est juste, bien peu de gens cognoissent que cela veut dire. Il est vray que souventes fois il est appelé juste, d'autant qu'il punit les meschans et transgresseurs de la Loy, et gouverne le monde en toute équité et droiture; mais aussi la justice de Dieu est souvent prinse pour la protection par laquelle nous sommes secourus de luy, et nostre salut est asseuré; car sans cela, que seroit-ce de nous? Et c'est une doctrine bien notable, et dont le profit ne se peut assez exprimer, à sçavoir que nostre salut soit en ceste sorte conjoint à la justice de Dieu, et que cependant qu'il est juste, il ne faut point que nous craignions qu'il ne soit aussi bien nostre Seigneur, pour ce que ce sont choses inséparables"[159].

Si, faisant d'elle à l'occasion un attribut rassurant, Calvin lie la justice au dessein rédempteur de Dieu, il la considère aussi dans d'autres passages comme étant fondamentalement incompréhensible et, par là-même, quelque peu inquiétante. Elle apparaît alors comme le privilège de la divinité, comme la caractéristique de la transcendance. Parce qu'elle est la justice de Dieu, elle est non seulement inintelligible à l'homme, mais souvent même contraire à sa raison. Le 35e sermon sur le livre de Job est des plus clairs à cet égard: "Ce seroit une chose trop absurde et mesmes contre nature que Dieu fust comme du rang des hommes et qu'il ne fust point juste, sinon d'autant qu'il nous monstre cela. Or il se feroit compagnon avec nous, il faudroit qu'il s'oubliast, il faudroit qu'il se dévestit de sa propre divinité. Ainsi donc c'est bien raison que la justice de Dieu ait ceste prééminence-là, que quand il ne voudra point venir en conte avec nous, qu'il ne nous voudra point rendre raison de ce qu'il fait, mesmes quand il fera tout à l'opposite de nostre sens et de nostre raison: toutesfois que nous sachions que sa justice demeure en son entier"[160]. Devant cette justice incompréhensible, il n'est pas question pour l'homme de se révolter: il ne peut pas "donner un coup de pied au soleil"[161], ni accuser Dieu de tyrannie[162]. "Obscurcir la justice de Dieu" n'est pas un péché véniel comme le prétendent les papistes, mais une "faute horrible"[163]. Aussi le Réformateur ne manque-t-il pas de souligner dans une prédication sur le livre de Daniel[164], mais surtout dans toute une série de sermons sur le livre de Job, dans le 8e[165], le 28e[166], le 30e[167], le 40e[168], le 64e[169], le 89e[170], le 90e[171], le 119e[172], le 130e[173] et le 138e[174], que le croyant est tenu de confesser que Dieu est juste, alors même que les apparences sont contraires.

Ayant défini la place occupée par la justice dans l'oeuvre homilétique, nous devons nous arrêter à une notion que nous croyons y avoir découverte — elle est, à notre connaissance ignorée de l'*Institution de la religion chrestienne* — celle de la "double justice" de Dieu. L'expression de "double justice" figure en effet dans plusieurs sermons sur le livre de Job avec un sens bien précis. Elle signifie qu'il y a en Dieu une "justice ordinaire" et une "justice secrète". La justice ordinaire est connue des hommes: c'est celle qui leur est révélée dans la Loi. Adaptée à leur mesure[175] (elle est parfaite à leur regard[176] et non de manière absolue), elle est destinée à leur servir de règle. La justice secrète, supérieure à la justice ordinaire, dépasse l'intelligence humaine. Incompréhensible par nature, elle ne peut être appréhendée que par la foi. Cette conception d'une double justice de Dieu nous paraît extrêmement intéressante, aussi tenons-nous à relever maintenant les cinq passages de la prédication où elle apparaît le plus nettement.

1) "Nous voyons . . . comme il y a double justice en Dieu, l'une c'est celle qui nous est manifestée en la Loy, de laquelle Dieu se contente, pource qu'il lui plaist ainsi; il y a une autre justice cachée qui surmonte tous sens et appréhensions des créatures"[177].

2) "Il y a double justice de Dieu: l'une est celle qu'il nous a déclarée en sa Loy, selon laquelle il veut que le monde se gouverne; l'autre, c'est une justice incompréhensible, tellement qu'il faut parfois que nous fermions les yeux quand Dieu besongne, et que nous ne sachions point comment ne pourquoy"[178].

3) "Dieu a double justice en soy. L'une est celle qu'il nous a déclarée en sa Loy. Or ceste justice-là nous est toute notoire et cognue: c'est nostre règle. Mais il y en a encores une autre en Dieu plus haute, qui nous est secrette et cachée. Car quand nous aurions accompli toute la Loy (ce qui est impossible, mais le cas posé qu'ainsi fust) si est-ce que nous n'avons point satisfait à Dieu selon sa justice parfaite; mais nous l'aurons contenté selon qu'il veut que nous le servions, voire selon nostre portée humaine"[179].

4) "Dieu combien qu'il soit tousjours juste, a néantmoins deux espèces de justice. L'une, c'est celle qu'il nous a déclarée par sa Loy: je di justice pour traitter les hommes, et pour les juger. Si donc Dieu nous adjourne devant son siège, et que là il nous traitte selon la règle de sa Loy, voilà une espèce de

justice ... Or il y a une autre espèce de justice qui nous est plus estrange: c'est quand Dieu nous voudra traitter non point selon sa Loy, mais selon qu'il peut justement faire ... La Loy n'est pas une chose si parfaite n'exquise, que ceste justice infinie de Dieu ... Voilà donc comme il y a une justice plus parfaite que celle de la Loy"[180].

5) "Nous voyons qu'il y a double justice en Dieu: l'une qui est toute notoire, pource qu'elle est contenue en la Loy, et qu'elle a aussi quelque conformité à la raison que Dieu nous a donnée; l'autre qui passe toute nostre intelligence: nous ne la comprenons point donc sinon par foy, et faut plustost que nous l'adorions comme une chose qui nous est cachée, attendans que le dernier jour vienne, auquel nous verrons face à face ce qui nous est maintenant obscur et caché"[181].

Attestée par d'autres passages encore, qui, sauf un[182], proviennent des sermons sur le livre de Job[183], la notion de la double justice trouve plusieurs applications dans l'oeuvre homilétique. Elle permet à Calvin d'affirmer que, même si un homme accomplissait toute la Loi — ce qui lui paraît impossible — il n'aurait satisfait qu'à la justice ordinaire et resterait redevable à la justice secrète de Dieu. Le Réformateur déclare ainsi dans le 51e sermon sur le livre de Job: "Il nous faut souvenir ... de ces deux espèces de la justice de Dieu .... Si nous savons que nous avons accompli la Loy de Dieu (ce qui est impossible: mais je pose le cas qu'ainsi fust), quand (di-je) un homme aura bien espluché toutes ses oeuvres, s'il trouve que sa vie ait esté conforme à la Loy de Dieu, le voilà justifié selon la justice qui nous est notoire et cognue. Mais cependant Job a protesté .... qu'il y a une justice plus haute en Dieu, par laquelle il pourroit condamner les anges. Pourquoy cela? Car combien que Dieu approuve la vie de l'homme quand elle sera du tout réglée à sa Loy, ce n'est pas qu'il y soit tenu, ce n'est pas que nous ne lui devions d'avantage, et qu'il nous tiene quittes .... Ainsi donc notons bien que quand Dieu nous voudra juger par dessus sa Loy, alors encores que nous ne cognussions nul mal ne vice en nous, si ne serons-nous pas justes pourtant"[184].

Une autre application de la conception de la double justice se rencontre dans la prédication lorsque Calvin aborde le problème de la souffrance des justes. Le Réformateur estime alors que, quand Dieu punit un méchant, cette punition procède de la justice ordinaire, mais qu'en revanche, quand il frappe l'innocent, son châtiment découle de sa justice secrète "... La justice de Dieu se cognoist doublement. Car aucunesfois Dieu punira les péchez qui sont tout notoires aux hommes .... La justice de Dieu se cognoist aussi en ses jugemens secrets, quand nous voyons des personnes où il n'y avoit point des vices notables, mesmes où il y avoit quelques vertus: Dieu les afflige et les tormente"[185].

Ces deux applications de la notion de la double justice relevées, il faut souligner qu'aux yeux de Calvin, la justice de Dieu, qui, nous l'avons déjà vu[186], doit être reconnue par les croyants, doit être exaltée par eux non seulement en tant que justice ordinaire, mais aussi en tant que justice secrète. Comme le montre bien le 35e sermon sur le livre de Job, ce n'est pas seulement la justice révélée dans la Loi, mais encore la justice cachée de Dieu qui doit être adorée[187]: "Il nous faut tousjours retenir que si la justice de Dieu nous est notoire, c'est-à-dire qu'elle se déclare quand il punira les meschans et délivrera les bons, et ceux qui l'auront loyaument servi, et bien, nous avons à le glorifier en cest endroit. Mais si la justice de Dieu ne nous est pas cognue, qu'il nous semble qu'il face tout en confus, et que selon nostre fantasie il punisse et le juste et le meschant tout ensemble, que nous ne laissions pas pourtant de cognoistre et de confesser qu'il est juste en soy, et qu'il nous le faut glorifier en tout et par tout"[188].

Si Calvin insiste sur le devoir du croyant de louer la justice de Dieu, il n'ignore pas pour autant le caractère scandaleux que présentent, pour la raison humaine comme pour la foi, certains des actes attribués par l'Ecriture au Dieu juste. Ainsi, l'interdit en temps de guerre dont parle l'Ancien Testament fait quelquefois l'objet de ses réflexions. Sans chercher à escamoter les textes où il en est question, il relève que l'interdit n'est pas la manifestation de la cruauté d'un peuple vainqueur envers ses adversaires, mais bien l'expression de la volonté de Dieu[189]. Volonté dont il souligne avec étonnement le caractère impitoyable: "Il sembleroit de prime face que ce commandement qui est ici (Deutéronome 13/15—18) donné aux Juifs fust fort estrange. Car il leur est ordonné de deffaire tous leurs ennemis et de les mettre à mort, de ne les espargner point, voire jusques aux plus petis enfans, et c'est Dieu qui parle. Or nous savons quand il nous veut exhorter à douceur et miséricorde, qu'il nous allègue son exemple. Vous resemblerez (dit nostre Seigneur Jésus-Christ) à vostre Père céleste, lequel fait lever son soleil sur les bons et sur les mauvais: et ainsi faites bien à ceux qui n'en sont pas dignes. Puis que Dieu n'a point meilleure raison, pour nous inciter à faire miséricorde, qu'en nous monstrant ce qu'il fait, il semble que cela ne convienne nullement quand il nous incite à cruauté. Car en disant: Vous tuerez tout, il n'y restera rien, les petis enfans passeront au fil de l'espee: que dira-on sinon que Dieu n'a ici nulle pitié ni humanité?"[190].

La dureté de l'interdit constatée, le Réformateur s'efforce de la justifier en plusieurs occasions. Il avance une première raison pour essayer de l'expliquer. Si Dieu est si sévère envers les peuples qui s'opposent au retour d'Israël dans la terre promise, c'est, pense-t-il, parce que, quatre siècles auparavant, du temps d'Abraham, les Cananéens vivaient déjà dans le péché et qu'au lieu de mettre à profit le délai qui leur était accordé, ils ont persévéré dans l'iniquité. "Il est certain que Dieu n'a point esté excessif en la punition de ces peuples; car il les avoit attendus en patience desjà trop long temps, ils estoyent incorrigibles du temps d'Abraham, quatre cens ans ils ont esté espargnez. Or se sont-ils amendez pour cela? Nenni, mais ils sont pires que jamais; n'est-ce pas raison donc que Dieu après les avoir si longuement supportez, y mette la main pour le dernier coup? Et ainsi, que nul n'attente de murmurer ici contre Dieu, comme si sa vengeance eust esté par trop rude"[191].

A cette première raison, Calvin en ajoute une seconde. Faisant appel à l'expérience personnelle de ses auditeurs, il leur fait remarquer que, lorsqu'ils souffrent des entreprises des méchants, ils se plaignent de la patience de Dieu et appellent de leurs voeux le châtiment de ceux qui les molestent. Pourquoi donc s'indignent-ils alors du sort réservé aux Cananéens? "C'est merveilles comme les hommes ne se peuvent contenter de la justice de Dieu en quelque sorte qu'il la modère. Car si nous regardons l'iniquité estre trop grande, et sur tout quand elle nous faschera, et que nous y aurons dommage et intérest, nous crierons à Dieu: et sommes faschez si du premier coup il ne foudroye, et nous semble qu'il est là comme endormi ... Or quand il fait quelque exécution, si elle ne nous plaist, nous dirons: Comment? quelle rudesse? Et Dieu qui prononce qu'il est de longue attente, qu'il est plein de bonté, qu'il est tardif à ire, qu'il est enclin à miséricorde, et comment est-ce qu'il rudoye ainsi les hommes? Et nous semble qu'il soit cruel: et le voulons condamner aussi bien en cest endroict-là"[192].

Ayant avancé les deux raisons que nous venons de relever, le Réformateur ne se fait aucune illusion sur le résultat de sa "démonstration". A ses yeux, l'interdit ne peut être accepté, en fin de compte, que dans l'humilité de la foi. Même s'il apparaît aux hommes comme une suprême injustice, il ne doit pas les empêcher de confesser, s'ils sont croyants, que Dieu est juste. Après avoir relevé dans le 51e sermon sur le Deutéronome qu'en ordonnant de passer au fil de l'épée les enfants des Cananéens, Dieu fait preuve, apparemment, d'inhumanité, Calvin ajoute: "Apprenons de le glorifier, cognoissans que la plus grande rigueur qui soit en luy, est juste, et qu'il n'y a que redire, voire combien que la raison ne nous soit point manifestée. Et en ceci apprenons de ne point usurper ceste audace de juger de Dieu et de ce qu'il fait selon nostre sens et fantasie ... Et ainsi apprenons de nous humilier jusques là que si les choses que Dieu nous dit ne conviennent et ne s'accordent point à nostre sens, que toutesfois nous les recevions en toute sujettion et révérence, confessans que tout ainsi qu'il n'y a que sagesse et droiture en luy, qu'il nous faut acquiescer à son bon plaisir et confesser que c'est la justice souveraine que ce qu'il a establi"[193].

Après l'interdit, une autre déclaration scripturaire paraît se concilier difficilement avec la justice de Dieu. C'est celle d'Exode 20/5 (qui se retrouve, entre autres passages, dans Exode 34/7, Nombres 14/18 et Deutéronome 5/9) selon laquelle Dieu punit l'iniquité des pères sur les enfants jusqu'à la troisième et à la quatrième génération. Dans quelques sermons, Calvin manifeste son étonnement devant cette rigueur qui contredit l'affirmation d'Ezéchiel 18/4 en vertu de laquelle le pécheur seul, et non sa famille, mérite le châtiment du ciel. "On pourroit trouver estrange que nostre Seigneur punisse la race d'ung homme qui l'a offensé, car il semble que cela ne responde point à sa justice, comme aussi il proteste par son prophète Ezéchiel que l'âme qui aura péché périra, et que le filz ne portera point l'iniquité du père"[194].

Pour écarter la difficulté que présente Exode 20/5, le Réformateur recourt à deux expédients. D'une part il cherche à atténuer la portée du principe énoncé dans ce texte en montrant qu'il ne fait pas nécessairement obstacle à la grâce. "Il nous faut présupposer que Dieu exemptera bien quelquefois les enfans des meschans par sa pure grâce, et ne laissera pas de les bénir, combien qu'ils ayent mérité malédiction"[195]. D'autre part Calvin tente parfois de minimiser le châtiment qui frappe la postérité des méchants en montrant que celle-ci mérite d'être punie, car elle est elle-même corrompue. "Quand nostre

Seigneur punit les meschans en la personne de leurs enfans, ce n'est pas que les enfans aient occasion de se plaindre ne d'intenter procès comme s'ilz estoient justes. Car qu'on les regarde, et on trouvera qu'ilz sont semblables à leurs pères et que la couvée n'est point milleure que ceux qui ont faict les oeufz"[196].

Les deux expédients que nous venons d'énumérer n'empêchent pas Calvin de légitimer Exode 20/5 en quelques rares endroits. Il le fait de deux manières différentes. Fidèle à l'attitude que nous avons déjà rencontrée, il invite en premier lieu ses auditeurs à accepter, bien plus: à reconnaître comme juste, même s'ils n'en comprennent pas la raison, le fait que Dieu frappe la postérité des méchants. "Nous ne regardons point pourquoy Dieu punit les enfans, voire qui sont encores au ventre de la mère; mais il sait pourquoy, et nous faut adorer ses jugemens en toute humilité quand la chose nous semblera estrange et que nous serons tentez d'arguer contre luy: il faut faire joug (comme on dit) et cognoistre que nous sommes trop débiles et trop rudes pour comprendre les jugemens de Dieu qui sont si hauts. Et ainsi ne mesurons point Dieu à l'aune des hommes pour l'obliger à faire ce qui est commandé aux juges terriens ... Dieu punira bien le péché des pères sur les enfans, mais c'est à sa façon, qui nous est incompréhensible, c'est-à-dire qu'il ne fait rien sans équité. Nous ne verrons point comment cela se fait ..., mais quoy qu'il en soit, il nous luy faut faire cest honneur que, quand il punit les enfans à cause des pères, qu'il le fait à bon droict. Et comment cela? Ce n'est pas à nous de nous enquester outre nostre mesure: contentons-nous que la bonté de Dieu est une justice irrépréhensible"[197].

A côté de cette légitimation, "classique" en quelque sorte, le Réformateur essaye de justifier le jugement d'Exode 20/5 en le rattachant au mystère de la prédestination. Le châtiment le plus terrible n'est-il pas en effet de ne pas être mis au bénéfice de la grâce, de ne pas être revêtu de l'Esprit de Dieu! "La plus grande punition que Dieu face sur les enfans des iniques, c'est qu'il retire la grâce de son Sainct Esprit et les abandonne. Or quand les hommes sont ainsi abandonnez de Dieu, que peuvent-ilz faire? Il est certain qu'il n'y aura que tout mal; il n'y aura que corruption, malice, perversité, rébellion contre Dieu ... Quand donc Dieu laisse ainsi la lignée des meschans, il fault bien que de plus en plus ilz provoquent sa vengence jusques à ce qu'elle soit venue au comble"[198].

Un dernier problème doit être examiné ici: celui du mal, qui semble démentir la justice de Dieu de manière éclatante. Relevons d'abord que Calvin est extrêmement sensible au scandale de l'impunité des méchants et de la souffrance des bons. Si le Dieu juste veille sur la vie des individus et des nations, comment peut-il admettre que son autorité soit ainsi bafouée? "Maintenant il reste de voir comme Dieu est juste et comme il gouverne le monde en équité: et toutes fois les choses sont confuses cependant. Car les meschans ont la vogue, ils oppriment, ils pillent, ils saccagent; et Dieu dissimule, et ne fait point semblant d'y prouvoir. Comment ceci s'entend-il que Dieu ait la conduite du monde et que tout soit justement disposé par lui; et toutes fois qu'on voye des troubles si grands, des iniquitez si énormes, sans qu'il y remédie ... Voilà donc un article qui est bien digne d'estre noté: car ce nous est un scandale qui nous trouble fort, voyans que Dieu laisse ainsi languir les hommes, et quand leurs misères sont venues jusques à l'extrémité, il ne semble point qu'il en ait nulle pitié"[199] .

Le scandale de l'injustice constaté[200], le Réformateur essaye de l'expliquer de diverses manières. Une première explication, d'ordre essentiellement pastoral, consiste à regarder la souffrance des bons comme le juste châtiment de leur péché. "S'il plaist à Dieu quelque foys que ses serviteurs endurent, sçachons qu'il le fait pour leur bien et salut, et au reste qu'il nous veut quelque foys affliger, car il permettra bien que les meschans ayent le dessus, et que nous soions battuz de leurs mains, voire mais ce sera tousjours ung juste salaire"[201]. Une deuxième explication est celle qui considère le problème du mal comme un moyen utilisé par Dieu dans l'intérêt des siens[202], en vue de stimuler leur foi[203], mais, surtout, de nourrir leur espérance. "Notons bien . . . . que pour donner à Dieu la gloire qui luy appartient, confessans qu'il est juste, il nous faut espérer. Et si maintenant les choses vont mal, que tout soit troublé, qu'il semble que le ciel et la terre doivent estre meslez ensemble: toutes fois il nous faut appuyer sur ces promesses que Dieu nous donne"[204]. Une troisième explication, proche de celle qui a trait à l'espérance, revient à dire que si Dieu faisait régner dès maintenant la justice sur la terre, il n'y aurait plus d'eschatologie: le Royaume à venir étant déjà instauré, il serait désormais inutile de l'attendre; la parousie serait vidée de son contenu; il n'y aurait plus ni récompense pour les justes, ni inquiétude pour les impies. "Dieu n'exécute pas ses jugemens du premier jour en telle sorte que nous puissions appercevoir à l'oeil qu'il rende à chacun selon ses oeuvres. Et de fait que seroit-ce quand il puniroit également les péchez? Nous n'attendrions plus d'autre journée: car tout seroit accompli en ce monde. Et où seroit l'article de nostre foi qu'il nous faut ressusciter et venir devant le siège judicial de nostre Seigneur Jésus-Christ? Bref, il n'y auroit plus ne loyer pour les bons, ni de crainte pour les meschans et rebelles"[205].

Les trois explications que nous venons de relever ne résolvent pas le problème du mal, aux yeux de Calvin. Après avoir écarté l'hypothèse selon laquelle Dieu se bornerait à tolérer l'existence de l'injustice et rappelé que rien n'arrive ici-bas sans que le Tout-Puissant l'ait voulu[206], il tient à souligner que Satan est à l'oeuvre en ce monde et qu'il agit avec ses séides conformément à la volonté divine. "Nous cognoissons que Dieu tient la bride à Satan et à tous séducteurs, que sans sa volonté nous ne pouvons estre tormentez . . . Car Dieu tient en sa main ceux qui déçoivent, voire, depuis Satan qui est leur chef jusques à ceux desquels il se sert"[207]. Le Réformateur ne se dissimule pas ce qu'il y a de scandaleux à faire du diable et des méchants les "moyens inférieurs"[208] que Dieu, qui est juste, utilise pour exécuter ses desseins. "Comment? Est-il possible que Dieu se serve de Satan? Il n'y a que malice en luy. Et d'autre costé, voilà un meschant qui n'aura autre intention que de pervertir tout bien et le destruire, et qu'il le face, et qu'il en vienne à bout, ne semble-(t)-il pas qu'il soit absout, d'autant qu'il a servi à la volonté de Dieu?"[209]. Si le mal n'arrive donc pas sans le vouloir du Tout-Puissant, c'est en définitive jusqu'à Dieu lui-même qu'il faut remonter pour connaître la cause de l'impunité des méchants et de la souffrance des bons. Ce pas redoutable, Calvin le franchit à plusieurs reprises à la suite de Job 1/12[210]. Il déclare ainsi, en prenant garde toutefois de souligner que Dieu n'est pas l'auteur du mal: "Nous aurons beau cercher après toutes les raisons pourquoy il y a tant de mal en ce monde: il faut tousjours venir à Dieu. Or nous ne dirons point que Dieu soit autheur de mal, entant que le mal est à condamner. Car quand l'Escriture dit que Dieu fait le bien et le mal, elle entend que toutes choses procèdent de luy, ou prospérité ou affliction, comme aussi la vie et la mort, comme la clarté et les ténèbres, ainsi qu'il en est parlé au prophète Isaïe (45/7), tellement que tout ce que le diable fait . . . ou que les meschans attentent, il faut que nous le prenions comme de la main de Dieu. Car s'il ne leur laschoit la bride, ils ne pourroyent rien attenter; et quoy qu'ils machinent, ils n'en pourroyent jamais venir à bout. Ainsi donc on aura beau se tourmenter quand on voudra cercher les moyens inférieurs en délaissant Dieu. Car il faut que Dieu gouverne, et que tout soit renversé, sinon qu'il ait tout empire souverain par dessus toutes créatures"[211]. Cette manière de tout rapporter à Dieu qui apparaît comme un défi à la raison et comme un appel à l'humilité de la foi[212], comme aussi une garantie accordée aux élus[213], devait être difficile à admettre: elle permettra aux théologiens catholiques comme aux épigones de Luther d'affirmer à tort que le Réformateur de Genève considère le Tout-Puissant comme le responsable du péché.

1   Sur ce sujet, cf. Benjamin B. Warfield, *Calvin's Doctrine of God*, in: *The Princeton Theological Review*, 1909, p. 381–436, rééd. in: *Calvin and Calvinism*, New York, 1931, p. 133–185; Emile Doumergue, *Jean Calvin. Les hommes et les choses de son temps*, tome 4, Lausanne, 1910, p. 85–91 et 119–131; K. F. Nösgen, *Calvins Lehre von Gott und ihr Verhältnis zur Gotteslehre anderer Reformatoren*, in: *Neue Kirchliche Zeitschrift*, Leipzig, 1912, p. 690–747; Udo Smidt, *Calvins Bezeugung der Ehre Gottes*, in: *Vom Dienst an Theologie und Kirche: Festgabe für Adolf Schlatter*, Berlin, 1927, p. 117–139; Marcel Cadix, *Le Dieu de Calvin*, in: *Bulletin de la Société calviniste de France*, Paris, novembre 1929, p. 2–15; R. T. L. Liston, *John Calvin's Doctrine of the Sovereignty of God*, Edimbourg, 1930; Wilhelm Lütgert, *Calvins Lehre vom Schöpfer*, in: *Zeitschrift für systematische Theologie*, Gütersloh, 1931, p. 421–440; Auguste Lecerf, *Souveraineté divine et liberté créée*, in: *Bulletin de la Société calviniste de France*, Paris, No. 26, décembre 1933, p. 2–8, et No. 28, février 1934, p. 3–6; rééd. in: *Etudes calvinistes*, Neuchâtel et Paris, 1949, p. 11–18; Hans Engelland, *Gott und Mensch bei Calvin*, Munich, 1934; Auguste Lecerf, *La souveraineté de Dieu d'après le calvinisme: Etude de quelques objections*, in: *Internationaal Congres van Gereformeerden*, La Haye, 1935; rééd. in: *Etudes calvinistes*, Neuchâtel et Paris, 1949, p. 19–24; Josef Bohatec, *Gottes Ewigkeit nach Calvin*, in: *Philosophia reformata*, Amsterdam, 1938, p. 129–149; W. M. Elliott, *The Holiness of God in John Calvin and Rudolph Otto*, Edimbourg, 1938; Maurice Neeser, *Le Dieu de Calvin d'après l'Institution de la religion chrétienne*, Neuchâtel, 1956; Henry Kuizenga, *The Relation of God's Grace to His Glory in John Calvin*, in: *Reformation Studies: Essays in Honor of Roland H. Bainton*, Richmond (Virginia), 1962, p. 95–105; et Ford Lewis Battles, *God Was Accommodating Himself to Human Capacity*, in: *Interpretation*, Richmond (Virginia), 1977, p. 19–38.

2   Cf. *Somme théologique* I, qu. 12, art. 12 où le Docteur angélique relève que l'on ne connaît pas Dieu "per essentiam", mais qu'on peut découvrir seulement son "habitudinem ad creaturas".

3   *Institution de la religion chrestienne* I/10/3 (I/10/2 dans l'édition latine).

4   Calvin désigne celle-ci par les termes d' "essence résidente" en Dieu. Cf. *Institution de la religion chrestienne* I/10/3.

5   Cf. Benjamin B. Warfield, *Op.cit.*, p. 171–172: "Calvin employs the terms unity, simplicity, self-existence, incomprehensibility, spirituality, infinity, immensity, eternity, immutability, perfection, power, wisdom, righteousness, justice, holiness, goodness, benignity, beneficence, clemency, mercy, grace, as current terms bearing well-understood meanings, and does not stop to develop their significance except by incidental remarks".

6   Du chapitre 10 du livre premier de l'*Institution* qui mentionne les "vertus" et "propriétés" de Dieu, Calvin saute au problème trinitaire dans le chapitre 13, non sans avoir condamné les méfaits de l'idolâtrie dans les chapitres 11 et 12. Sur l'attitude de Calvin a l'égard du problème de la nature de Dieu, cf. Benjamin B. Warfield, *Op.cit.*, p. 134 ss.

7   Aussi ne pouvons-nous pas souscrire au jugement de Jan Koopmans: "Dass Calvin in der Tat mit der Gotteslehre der Scholastik gebrochen hat, geht daraus hervor, dass bei ihm keine Lehre von Wesen und Eigenschaften Gottes zu finden ist" (*Das altkirchliche Dogma in der Reformation*, Munich, 1955, p. 66). Que Calvin ne se soit pas arrêté aux attributs de Dieu dans l'*Institution chrestienne* ne signifie pas qu'il s'est désintéressé du problème des attributs dans le reste de son oeuvre.

8   Benjamin B. Warfield estime que Calvin, sans le dire explicitement, distinguait les attributs physiques et métaphysiques qui décrivent Dieu "apud se", des attributs éthiques qui le dépeignent "erga nos" (Cf. *Op.cit.*, p. 167). Bien qu'il faille admettre que le Réformateur n'est pas fidèle à l'intention qu'il exprime dans l'*Institution*

chrestienne (I/10/3) – plusieurs des attributs auxquels il s'intéresse se rapportent à la quiddité, et non à la qualité de Dieu – nous ne retiendrons pas la distinction de Warfield qui nous paraît peu fondée. Nous présenterons les attributs dans ce paragraphe en suivant, *grosso modo,* un ordre de fréquence croissante.

9   CO 26, p. 253. Dans le même sermon, cf. encore p. 252: "Quand il (sous-ent.: Dieu) dit: Je suis l'Eternel, c'est pour exclurre tous les dieux qui ont esté inventez des hommes. Comme s'il disoit: Il n'y a qu'une seule déité; or elle se trouverra en moy".

10   Ms. de Lambeth Palace, fo. 4. Il faut relever encore que, dans le même sermon, Calvin tire argument de l'emploi du verbe "créer" en Genèse 1/1 pour montrer "qu'il n'y a essence sinon en Dieu seul". "Ce mot de créer nous déclare qu'il n'y a essence qu'en luy seul, car ce qui ha eu son commencement n'est point de soy, cest à dire il n'a point de chose qui luy soyt propre, mays l'emprunte d'ailleurs" (fo. 4).

11   Cf. *Calvin: Sources et évolution de sa pensée religieuse,* Paris, 1950, p. 275.

12   Cf. *Das Wirken des Heiligen Geistes nach Calvin,* Göttingen, 1957, p. 339.

13   "La saincteté du nom de Dieu est une majesté tant sacrée que cela doit nous esmouvoir tous à luy faire hommage et à luy porter telle révérance que nous ne pensions de luy et n'en parlions point sinon cognoissant qu'il est la source de tout bien" (CO 46, p. 123).

14   A propos de I Samuel 2/2, Calvin y déclare: "Quare tum Deus sanctus est, quum talem eum qualis est agnoscimus: neque in idolum transformamus, sed quod ipsi proprium est attribuimus, a reliquis omnibus rebus creatis majestatem ejus separantes debitum ipsi honorem habemus, . . . En quomodo Deus hic sanctus praedicatur. Ex hac vero voce singularis doctrina est elicienda. Nam quum Dei virtutem obscuramus, sanctitatem ejus profanamus. Insignis enim profanatio est, quum Deum autoritate sua spoliamus" (CO 29, p. 289).

15   "Dieu ne peult point habiter au milieu de nous, sinon qu'il y préside en sa majesté. Nous sçavons qu'il est sainct, il faut donc que nous soyons sanctifiez, car il ne peult point habiter au milieu de noz ordures" (SC 5, p. 75).

16   ". . . Es ist sein Wesen (il est question de Dieu) sich mitzuteilen. Auf alle Eigenschaften Gottes findet das Anwendung. Wie er wahrhaftig ist, so will er auch den Menschen wahrhaftig machen, wie er heilig ist, macht er ihn heilig, wie er weise ist, weise. Gott ist überhaupt nichts anderes als die sich selbst schenkende Güte. Das war mehr als bloss eine neue Auslegung von Röm. 1/17, das war der Ursprung eines neuen Gottesgedankens" (*Gesammelte Aufsätze zur Kirchengeschichte,* tome 3, Tübingen, 1928, p. 188).

17   CO 28, p. 709.

18   Le 1er sermon sur Esaïe 13–29 occupe une place intermédiaire entre le 182e d'une part, et, d'autre part, les 185e et 186e sermons sur le Deutéronome. Calvin y mentionne l'impassibilité après avoir relevé que le Dieu vengeur fait miséricorde à ceux qui se repentent: "S'il veoid que nous retournions à luy gémissans de nos péchez et que nous ne soions point endurciz pleinement, et quand il nous visite, que nous passons condamnation avec repentence, il change non point en soy, car il n'y a nulles passions en Dieu, mais il change de propos quant à sa main; c'est à dire au lieu que nous n'apercevions que signes de son ire, nous voions qu'encores il nous est père pour nous recevoir à mercy comme ses enfans" (SC 2, p. 3–4).

19   CO 29, p. 34.

20   "Il (c'est-à-dire: Moïse) se plaint que ceux qui luy (se rapporte à Dieu) ont esté . . . rebelles, ont angoissé son Esprit; non pas (comme j'ay dit) que Dieu soit subject à nulles passions; mais il monstre l'iniquité des hommes en cela . . ." (CO 29, p. 46).

21   CO 50, p. 571.

22   A propos de I Samuel 2/30, Calvin déclare dans la 11e homélie sur I Samuel: ". . . Facilis hujus nodi solutio, si modo scripturarum phrasin attenderimus. In primis autem, verum istud et immotum esto principium, Deum nunquam mutari . . ." (CO 29, p. 356).

23 A propos de I Samuel 13/14, Calvin relève dans la 66e homélie: "Hic oritur non parva quaestio", et il déclare: "Quum Deus sibi semper similis sit et immutabilis, non possunt hominum facta voluntatem illius et decretum immutare" (CO 30, p. 25). A propos de I Samuel 28/17–18, le Réformateur précise: ". . . Oportuit fateri Deum non esse mortalibus similem, ut mentiri aut mutare sententiam possit . . . Deus . . . sui semper similis est, et fidelis in aeternum permanet" (*Ibid.*, p. 657).

24 ". . . le texte (II Samuel 24/16) le porte ainsi que Dieu s'est *repenti du mal*. Mais nous sçavons que c'est la façon commune de parler en l'Escriture, que Dieu se repent quand il applicque quelque chastiment envers les siens. Il est immuable en soy, voire il n'y peut avoir aucun ombrage, comme S. Jaques en parle. Mais nous ne concevons point cest estat permanent et ceste constance immuable en Dieu" (86e sermon sur II Samuel, SC 1, p. 753). On trouvera encore une référence à Jacques 1/17 dans le 7e sermon sur la Genèse, fo. 36: "Il (sous-ent.: Dieu) est de nature spirituelle (comme il est dit), Il n'est point semblable à nous qu'il ayt des sens muables; car il n'y a nul changement en luy, non point le moindre umbrage du monde (comme dict S. Jacques)". Dans le 75e sermon sur II Samuel, SC 1, p. 654, il n'y a plus qu'une allusion à Jacques 1/17 dans l'emploi du terme "ombrage": "Dieu se monstre tel envers les hommes, comme ilz luy en donnent occasion. Vray est qu'il ne change point de nature, quoy qu'il en soit; car il ny a nul ombrage qui ne varie en soy, toutes choses sont muables et au ciel et en la terre, mais Dieu ne varie point".

25 "Moyse prononce (allusion à Genèse 6/6) que Dieu s'est despleu quand il a veu que les hommes s'estoyent ainsi corrompus. Voilà Dieu s'est repenti (dit-il) d'avoir fait l'homme. Non point qu'il y ait un changement en Dieu pour se repentir (car il avoit bien préveu tout devant que le monde fust créé) . . ." (39e sermon sur Job, CO 33, p. 482).

26 ". . . En luy (sous-ent.: Dieu) il n'y a point de mutation comme ès choses de ce monde", déclare Calvin dans le 21e sermon sur Jérémie, SC 6, p. 145. Et il ajoute aussitôt, montrant, comme nous l'avons relevé (cf. p. 106), que Dieu communique ses attributs aux hommes: "Quant nostre Seigneur nous aura reformez à la semblance de son Filz, nous ne serons point subjectz à mutation". Cf. aussi le 24e sermon sur Michée, SC 5, p. 200: ". . . Que nous congnoissions que Dieu est tousjours semblable à soy, . . ."; le 159e sermon sur Job, CO 35, p. 504, où le Réformateur relève que, si "Dieu traitte les hommes selon qu'il les trouve", "ce n'est pas à dire que Dieu change de propos"; le 70e sermon sur II Samuel, SC 1, p. 610, et le 75e sermon sur II Samuel, SC 1, p. 656 et 657, qui déclare que Dieu "demeure tousjours tel qu'il est" et qu' "en soy" il ne change pas.

27 CO 29, p. 57–58. La 11e homélie sur I Samuel, CO 29, p. 356, citée dans la n. 30 du chap. 1er, fait intervenir également le principe d'accommodation dans un contexte (I Samuel 2/30) où l'on pourrait douter de l'immutabilité de Dieu. En revanche, le 65e sermon sur II Samuel, SC 1, p. 567, nie purement et simplement que Dieu puisse se repentir: "Quand Dieu a parlé, c'est raison que cela passe; car il ne se peut pas repentir, pource qu'il prévoit tout, et sa volonté est la reigle de toute justice et perfection. Mais cependant il n'y a que Dieu seul qui ait ce privilège de ne jamais se rétracter".

28 Cette tension, Calvin ne réussit pas à l'éliminer du 187e sermon sur le Deutéronome, CO 29, p. 58, où il s'efforce pourtant de sauvegarder l'immutabilité de Dieu. Il y définit ainsi le "repentir" de Dieu: "Ce mot signifie proprement qu'il cessera de nous punir: comme si un homme, quand il a chastié son enfant, estoit touché de remords, et que là dessus il se faschast de tousjours tenir rigueur si grande, et qu'en la fin il dist: Je te pardonne, je veux oublier le mal que tu as fait, et l'offense; que seulement tu advises doresenavant à faire ce que je te commande, et tout sera oublié. Si donc un père parle ainsi à son enfant, c'est comme s'il se repentoit, d'autant qu'il est touché d'affection paternelle, et de l'amour qu'il porte à son sang". A lire ce texte, on peut considérer le "repentir" de Dieu comme le fait de pardonner au pécheur. Cette interprétation est corroborée par le 86e sermon sur II Samuel, SC 1, p. 753, qui déclare: "La repentance

de Dieu ... n'est autre chose sinon qu'il nous fait sentir par effect qu'il est appaisé envers nous et nous veut recevoir à merci". Comme on l'aura remarqué, cette définition exclut toute manifestation de la justice ou de la colère de Dieu: Calvin semble estimer ici que Dieu ne peut se repentir de faire du bien aux hommes.

29   "Les créatures auront bien quelque monstre, il semble bien qu'elles florissent; mais ce n'est qu'un ombrage, cela périt tantost, et elles sont écoulées si Dieu ne les maintient. Or en Dieu il y a une fermeté permanente; car c'est luy qui a tousjours esté et sera" (47e sermon sur Job, CO 33, p. 584–585).

30   "C'est lui aussi (sous-ent.: le Dieu immuable) qui donne à toutes créatures d'avoir quelque puissance, tellement qu'elles demeurent en leur estat" (47e sermon sur Job, CO 33, p. 585).

31   "... Il est bien certain que Dieu n'oublie point ce qu'il a dit, tellement qu'il le falle solliciter afin qu'il s'en souvienne: comme les hommes mortels promettront beaucoup à la volée, et cependant il ne leur en souvient tantost plus ... Seigneur donc, monstre que tu n'es point semblable aux hommes mortels, mais quand tu as dit le mot, qu'il faut que la chose soit faite et qu'elle s'exécute" (7e sermon sur le Psaume 119, CO 32, p. 558).

32   CO 34, p. 408.

33   Cf. *Le sacré. L'élément non rationnel dans l'idée du divin et sa relation avec le rationnel*, trad. d'André Jundt, Paris, 1929, p. 28–42.

34   SC 2, p. 273. Cf. aussi le 180e sermon sur le Deutéronome, CO 28, p. 695.

35   "Quand il est question de la majesté de Dieu, nous voyons que les anges mesmes couvrent leurs yeux et qu'ils ne la peuvent pas contempler, comme les chérubins nous sont descrits au prophète (allusion à Esaïe 6), qu'ils ont leurs ailes pour cacher leur visage, pource qu'ils ne peuvent pas contempler la gloire de Dieu sans en estre esblouys. Si les anges de paradis ne peuvent subsister devant la gloire et la majesté de Dieu, qu'il faille qu'ils baissent les yeux, et que sera-ce de nous au prix? " (180e sermon sur Deutéronome, CO 28, p. 695).

36   "Il est vray quand nous serions entiers et purs, qu'encores la majesté de Dieu nous seroit redoutable, comme elle est aux anges de paradis, qui cachent leurs faces, ainsi qu'il est parlé des séraphins en Isaïe" (allusion au chap. 6) (16e sermon sur la Genèse, fo. 78).

37   "Voilà donc un blasphème oblique quand Adam dit que la voix de Dieu luy a esté espouvantable (allusion à Genèse 3/10). Et ainsi apprenons de ce passage quand nous avons horreur de Dieu et que nous voulons nous retirer loin de luy, que nous sommes cause que nostre nature soit telle, car quelque majesté qu'il y ayt en luy, cela ne nous en devroit point faire reculer, mais c'est d'autant que nous avons mis barre entre luy et nous, et avons fait un divorce par nos fautes, comme il en est parlé en Isaïe (allusion à Esaïe 59/2)" (16e sermon sur la Genèse, fo. 78).

38   Commentant Deutéronome 32/11 dans le 181e sermon sur le Deutéronome, CO 28, p. 697, Calvin déclare à propos de Dieu, qui, pour ne pas nous effrayer par sa majesté, prend soin de nous comme un volatile le fait avec ses petits: "Ne soyons point empeschez de venir à luy par quelque crainte ou doute; car que sauroit-il plus faire que quand il s'abaisse comme s'il estoit une poule, afin que sa majesté ne nous soit plus terrible et qu'elle ne nous espouvante pas? " Cf. aussi l'emploi de la même image dans le 180e sermon sur le Deutéronome, CO 28, p. 695.

39   Après avoir relevé que les "anges de paradis .... cachent leurs faces" devant la majesté de Dieu, Calvin ajoute dans le 16e sermon sur la Genèse, fo. 78: "... Ce n'est point pour les (sous-ent.: les anges) en faire destourner, car ils ont ceste affection là pour recevoir les commandemens de Dieu et pour y obéir. Ainsi nous porterons révérence à Dieu avec une telle humilité que nous serions ravis de sa douceur ..."

40   CO 33, p. 579–580. Cf. encore le sermon sur le Psaume 115, CO 32, p. 459: "Maintenant quelle est la volunté de Dieu? Il est vray que nous ne sommes point entrez en son conseil estroit pour cognoistre tout ce qu'il a disposé, mais il nous donne

une révélation suffisante pour la cognoistre en tant qu'il nous en est mestier . . . Quand il est parlé de la volunté de Dieu, ce n'est point des choses secretes, il faut revenir à ceste volunté qu'il nous a révélée en son Escriture". La distinction des deux sagesses est contenue aussi, implicitement, dans le 24e sermon sur Esaïe 13–29, SC 2, p. 224: ". . . Il nous fault considérer Dieu en deux sortes: c'est asçavoir en sa Parolle, et puis en son conseil secret qui nous est incompréhensible".

41 Outre le 46e sermon sur Job, CO 33, p. 579–580, cité ci-dessus, et le 92e sermon sur le même livre, CO 34, p. 382, cité n. 46, cf. le 70e sermon sur II Samuel, SC 1, p. 610, qui, après avoir fait allusion aux "couleurs" multiples de la sagesse de Dieu, "couleurs" qui n'impliquent pas que Dieu soit "variable en soy", déclare: "Que nous adorions en toute révérence et sobriété son conseil admirable".

42 "Notons que Dieu a son conseil estroit, lequel il se réserve . . . Et ne faut point que nous entrions là; mais que nous luy facions cest honneur de confesser qu'il est la fontaine de toute bonté, de toute vertu, de toute sagesse, de toute justice et droicture" (185e sermon sur Deutéronome, CO 29, p. 35). Cf. aussi le sermon sur le Psaume 115, CO 32, p. 459, cité n. 40 et le 148e sermon sur Job, CO 35, p. 364, cité n. 44.

43 Cf. le 24e sermon sur Esaïe 13–29, SC 2, p. 224, cité n. 40. Dans un sens voisin, cf. le 40e sermon sur Job, CO 33, p. 504: ". . . Qu'il ne nous face point mal que Dieu ait . . . ces secrets qui surmontent nostre sens".

44 "Que sera-ce (je vous prie) des conseils de Dieu estroits et cachez, quand il ordonne et détermine au ciel ce qui luy plaist? Et si nous ne voyons point la raison de cela, que dirons-nous? Faut-il que nous soyons si outrecuidez, d'en vouloir juger à nostre phantasie, veu qu'il surmonte nostre esprit? " (148e sermon sur Job, CO 35, p. 364).

45 46e sermon sur Job, CO 33, p. 580.

46 "Dieu n'a point une raison présente tousjours en ses oeuvres, pour dire que les hommes l'apperçoivent; et puis ceste sagesse se nomme si profonde que c'est un abysme" (19e sermon sur Job, CO 33, p. 242). "Dieu ne besongne point d'une façon qui nous soit cognue et que nous comprenions en nostre sens; mais . . . c'est un conseil admirable qui surmonte l'esprit humain, tellement que nous y sommes comme aveugles. Et ne faut pas que nous prétendions de mesurer tout ce que Dieu fait à nostre raison (car nous entrerions en un abysme) . . . ." (92e sermon sur Job, CO 34, p. 382).

47 Cf. le 19e sermon sur le livre de Job, CO 33, p. 239–240, et, surtout, le 17e sermon sur l'Epître aux Ephésiens, CO 51, p. 457, où, répondant à la question: "Pourquoy Dieu s'est-(il) advisé d'appeler à l'espérance de salut les payens, veu qu'auparavant il les avoit exclus? ", il déclare: "Les fidèles sont instruits à cognoistre que la sagesse de Dieu est incompréhensible".

48 CO 35, p. 195. Dans le 147e sermon sur le livre de Job, CO 35, p. 359–360, Calvin s'en prend avec beaucoup de verve à ceux qui ne respectent pas le "conseil de Dieu" et qui veulent s' "enquérir de ce qui ne nous appartient pas et nous est pas licite". Parmi ceux qu'il stigmatise, il y a les "ivrognes" de Genève qui, devisant "à l'ombre d'un pot" veulent "assujettir Dieu à leur phantasie", et les "papistes" qui "blasphement contre Dieu", "corrumpent toute l'Escriture saincte", parce qu'ils n'ont jamais "gousté que veut dire ce mot de conseil".

49 47e sermon sur Job, CO 33, p. 590–591.

50 Calvin la compare à un crime de lèse-majesté dans le 134e sermon sur le livre de Job, CO 35, p. 202: "Toutes fois et quantes que nous sommes chatouillez en nos entendemens de nous enquérir par trop de ce que Dieu fait, ou de lui vouloir imposer loi, cognoissons où c'est que nous entrons, en quel labyrinthe: c'est autant comme si nous despouillions Dieu de sa majesté, et que nous le voulussions abbaisser en ce monde ici".

51 ". . . Si nous ne comprenons pas la raison de ses oeuvres (sous-ent.: celles de Dieu), il ne faut pas pourtant que nous blasphémions contre lui, et ne faut point aussi que nous soyons dégoustez" (93e sermon sur Job, CO 34, p. 394).

52 CO 46, p. 274.

53 CO 26, p. 548.

54 CO 32, p. 522. Cf. aussi le 7e sermon sur le livre de Michée, SC 5, p. 57: "Ce n'est
point sans cause qu'il (sous-ent.: Dieu) s'attribue ces tiltres: "Je suis le Dieu vivant,
enclin à compassion et humanité, faisant miséricorde en mille générations" (allusion à
Exode 20/6 et parallèles). Quand donc nostre Seigneur s'attribue ces vertuz là, il n'y a
nulle doubte qu'il ne veulle monstrer par effect que ce n'est point sans cause qu'il le
dict, mais qu'il nous en veult donner la vraye expérian ... Voilà donc le naturel de
Dieu de nous traicter en toute doulceur et humanité"; et le 21e sermon sur le livre de
Job, CO 33, p. 265: "Sa nature (sous-ent.: celle de Dieu) est de se monstrer bénin à
toutes ses créatures; quand Dieu suyvra l'ordre lequel il voudroit tenir quant à luy, il
ne fera sinon espandre sa bonté sur nous tellement que nous serons rassasiez de sa
grâce pour y estre du tout ravis".

55 "Il (c'est-à-dire: Dieu) est la fontaine de toute bonté, ... et combien que nous ayons la
plus grande apparence de bonté qu'il est possible, ce n'est sinon une estincelle de ceste
grande perfection et infinie qui est en luy" (51e sermon sur Deutéronome, CO 26,
p. 501). "Ce n'est pas assez qu'on luy laisse ce titre et ce nom de Dieu; mais il faut
qu'il soit cogneu tel qu'il est, c'est assavoir que toute vertu gist en luy et qu'il est la
fontaine de toute bonté" (161e sermon sur Deutéronome, CO 28, p. 450). "Il y en a
bien peu qui cherchent leur bien en Dieu ... Ils mesprisent celuy dont tout bien
procède. Et c'est autant comme si un homme avoit bien soif et qu'il languit mesmes, et
qu'il n'en peut plus, et qu'on luy dit: Voilà la fontaine, et cependant qu'il ne daignast
boire" (2e sermon sur l'histoire de Melchisédec, CO 23, p. 665). Cf. aussi le 36e
sermon sur Job, CO 33, p. 447, cité n. 59, et le 20e sermon sur Michée, SC 5, p. 167,
qui nomme Dieu "fontaine de toute miséricorde et bénignité". Cf. enfin, dans un sens
voisin, le 177e sermon sur le Deutéronome, CO 28, p. 653: "En Dieu nous trouverons
toute perfection de bonté ..."

56 "Nous voyons que les nourrices tiendront par derrière leurs enfans quand ils veulent
commencer à marcher selon leur petitesse et infirmité ... Or Dieu veut faire office de
nourrice envers nous quand il se déclare estre nostre protecteur" (50e sermon sur
l'Harmonie des trois Evangélistes, CO 46, p. 622–623).

57 "... La foy (selon que l'Escriture en parle) contemple les promesses de Dieu, qu'il y a
comme un regard et un accord mutuel, que Dieu de son costé nous appelle à soy et
qu'il ait comme les bras estenduz pour nous recevoir à soy comme ses enfans, et que de
nostre costé, nous venions acceptans sa bonté infinie de laquelle il use" (10e sermon
sur l'Harmonie des trois Evangélistes, CO 46, p. 111). Cf. aussi le 19e sermon sur
Ephésiens, CO 51, p. 483, cité n. 60. Il faut remarquer qu'il arrive à Calvin d'utiliser
conjointement l'image de la nourrice vigilante et celle du père miséricordieux. Cf. ainsi
le 9e sermon sur le livre de Michée, SC 5, p. 77: "... Souffrons ... qu'il (sous-ent.:
Dieu) soit par dessus nous et qu'il nous gouverne comme ses brebis, car il se monstrera
allors nostre père quand nous luy serons enfans; et tout ainsi qu'il veult avoir le soing
de nous, qu'il se nomme nostre père, et encores qu'il ne se contente point de cela, mais
qu'il s'appelle du nom d'une mère nourrice, que nous voyons qu'il n'oblye rien pour
exprimer l'amour qu'il nous porte ..."

58 4e sermon sur II Samuel, SC 1, p. 36. Cf. aussi le 7e sermon sur le livre de Job, CO 33,
p. 101–102: "Celuy qui ne recognoist pas que Dieu est son père, et qu'il est son
enfant, qui ne rend point tesmoignage de sa bonté, il ne bénit point Dieu ... Bénir ...
le nom de Dieu emporte que nous soyons bien persuadez ... qu'il est bon et
miséricordieux".

59 "Ce nom de Père est tant honorable qu'il n'appartient qu'à Dieu seul, mesmes au
regard des corps. Et ainsi, quand nous disons que ceux qui nous ont engendrez selon la
chair, sont nos pères, c'est une façon de parler impropre: car une créature mortelle ne
mérite pas ceste dignité si haute et si excellente" (1er sermon sur I Timothée, CO 53,
p. 13). Dans un sens plus faible, cf. le 36e sermon sur Job, CO 33, p. 447: "Il
(c'est-à-dire: Dieu) nous aime autant que nous pouvons souhaitter. Car si les pères

charnels, comme Jésus-Christ nous le monstre, qui sont malins de nature, aiment leurs enfans, que sera-ce de Dieu qui est la fontaine de toute bonté? "

60 "Quand il (sous-ent.: saint Paul) adjouste ce titre de Père, et qu'il dit qu'il nous tient pour ses enfans, voilà comme nous ne sommes plus en effroy; et s'il faut approcher de luy, que nous y venions familièrement, puis qu'il a les bras estendus pour nous recevoir" (19ᵉ sermon sur Ephésiens, CO 51, p. 483). Cf. aussi, dans un sens un peu moins fort, le 4ᵉ sermon sur II Samuel, SC 1, p. 36: "Sans que Dieu parle, voire pour nous testifier qu'il nous advoue pour ses enfans et qu'il veut avoir le soing de nostre salut, il est certain que tousjours nous serons en branle, et serons entortillez de beaucoup de doutes et de scrupules".

61 "Il (c'est-à-dire: Dieu) vient comme père et nous propose une amour tant douce et tant gracieuse que rien plus: et le tout afin de nous rompre toute la durté de nos coeurs. Que si nous ne sommes esmeus de sa majesté, si nous ne luy portons révérence telle que nous devons pour la supériorité qu'il a sur nous: pour le moins que nous soyons amollis, voyans qu'il s'abbaisse, voyans qu'il se démet de son siège, qu'il condescend jusques là de dire: Sus, que je soye votre père, . . . et que cela vous esmeuve pour le moins à m'aimer et à me servir" (73ᵉ sermon sur Deutéronome, CO 27, p. 70).

62 "Qui est celui de nous qui ne sente que Dieu use d'une grande patience et longue envers nous, quand nous l'avons offensé? " (56ᵉ sermon sur Job, CO 33, p. 695). "C'est merveilles comme Dieu a telle patience envers nous: car sommes-nous dignes d'estre sousstenus ici une seule minute de temps, veu les offenses si énormes que nous commettons journellement contre luy? " (54ᵉ sermon sur Deutéronome, CO 26, p. 543). "Il (c'est-à-dire: Dieu) est patient et de longue attente" (118ᵉ sermon sur le Deutéronome, CO 27, p. 626). "Dieu nous menacera bien plusieurs fois devans qu'il exécute son jugement. Mais en cela cognoissons sa patience, qui est bien longue et qui nous attend beaucoup" (157ᵉ sermon sur Deutéronome, CO 28, p. 398).

63 "Dieu nous supporte; encores que nous l'offensions tellement que nous serions bien dignes que du premier coup il mist la main sur nous, si est-ce toutesfois qu'il nous laisse en paix pour un temps, comme si nous n'avions point failli; il souffrira que nous adjoustions mal sur mal, il dissimulera, et pourquoy? C'est à fin de nous gaigner par sa douceur qu'il nous allèche (par manière de dire), à fin que nous retournions à luy" (18ᵉ sermon sur Daniel, CO 41, p. 507).

64 ". . . Il (sous-ent.: Dieu) est dict "patient" en l'Escriture (allusion au Psaume 86/15, 103/8, à Romains 2/4 et II Pierre 3/9). Et ce n'est pas sans cause, car nous le voyons par effect: voilà que nous avons failly et continuons non pas ung jour, ny ung moys ny ung an, mais par longue espace de temps, et il nous supporte cependant" (22ᵉ sermon sur Jérémie, SC 6, p. 148–149).

65 "Voilà . . . le vray naturel de Dieu, c'est qu'il ne demande sinon d'attirer les hommes en toute douceur et d'user envers eux de sa bonté. Quand il les punit, c'est quasi contre sa nature. Non point qu'il ne soit aussi convenable à Dieu de punir, comme de faire miséricorde; mais il nous veut monstrer que sa bonté est beaucoup plus grande, et bref qu'il n'est point rigoureux, mais qu'il ne demande sinon de desployer son coeur envers nous, . . . il veut estre cognu bon et pitoyable: et c'est là où sa gloire reluit principalement" (32ᵉ sermon sur Deutéronome, CO 26, p. 268).

66 "Aprenons que combien que nostre Seigneur dissimule noz faultes, que quant le temps sera venu il nous sçaura bien pugnir. Il y a icy (Jérémie 18/11) deux choses à noter: La patience de Dieu, et quant et quant qu'il n'oblie pas noz faultes. Et en cela qu'il ne nous pugnist pas incontinent que nous l'avons offensé, nous congnoissons sa pitié paternelle. Mais quoy? Ne nous abusons pas là, car sa bonté n'empesche pas qu'il n'enregistre noz faultes pour les amener à compte quand il vouldra" (22ᵉ sermon sur Jérémie, SC 6, p. 149).

67 ". . . Toutes fois et quantes que les maux nous pressent, que nous coignoissions que Dieu s'est monstré si bon Père envers nous, et en tant de sortes, qu'il ne nous faut point esbahir s'il nous chastie par fois, et que pour cela nous ne devons point estre

incitez, ni esmeus à murmurer contre luy" (10e sermon sur Job, CO 33, p. 129).

68   "Que nous concevions tousjours que Dieu en nous affligeant ne laisse pas de nous aimer, voire, et qu'il procurera nostre salut, de quelque rigueur qu'il use envers nous" (30e sermon sur Job, CO 33, p. 374). "Il nous faut recueillir une sentence générale, c'est assavoir que Dieu encores a pitié des hommes quand il les chastie pour leurs péchés, que jamais il n'use de rigueur si grande, que tousjours sa miséricorde ne soit meslée avec. Et pourquoy? Car ce sont autant d'adjournemens qu'il nous fait pour comparoistre devant luy, afin qu'en le sentant nostre juge, nous ayons nostre refuge à sa grâce et miséricorde infinie, et que nous ne doutions point qu'il ne se monstre père à tous ceux qui auront leur recours à luy" (*Ibid.*, p. 379).

69   161e sermon sur le Deutéronome, CO 28, p. 458.

70   Fo. 40 vo.

71   ". . . C'est à son Dieu qu'il (sous-ent.: David) a crié. Il l'avoit appellé auparavant l'Eternel (cf. II Samuel 22/7a), il luy avoit attribué ce tiltre d'essence souveraine. Car il ny a que Dieu qui puisse estre et le donne à toute créature" (73e sermon sur II Samuel, SC 1, p. 635).

72   "Il y a à parler proprement (cf. II Samuel 22/47): Vive le Seigneur, non pas que cela luy convienne, mais nous sçavons que l'Escriture, en parlant de Dieu, se conforme à nostre rudesse. Dieu a vie en soy, et ne faut pas que nous luy souhaittions rien. Mais quand il est dit: Vive Dieu, cela ne s'entend pas aussi de son essance, mais nous entendons que sa gloire soit tellement cogneue que les hommes deppendent de luy, et qu'on sçait que tout provient de là. La vie de Dieu donc, ce n'est pas celle qui est en luy, mais celle que nous voyons et nous fait sentir" (78e sermon sur II Samuel, SC 1, p. 685). Outre ce texte, cf. le 8e sermon sur I Timothée, CO 53, p. 92, où Calvin montre que Dieu communique aux hommes la vie qu'implique l'attribut d'éternité: "Ce n'est point . . . sans cause que sainct Paul appelle ici (cf. I Timothée 1/17) Dieu immortel: et par cela il monstre qu'en nous il n'y a nulle vie, et que si nous sommes si fols de nous faire à croire que nous vivons de nostre vertu, que nous nous abusons par trop; puisqu'ainsi est que nous tenons nostre vie de Dieu, confessons que tout le reste aussi nous est donné de luy par sa pure grâce".

73   ". . . N'avons-nous point occasion de mieux cognoistre nos voyes et conter nos pas quand nous voyons que tout est présent devant Dieu" (111e sermon sur Job, CO 34, p. 634). ". . . Il n'y a point de comparaison de Dieu aux hommes . . . car toutes choses luy sont présentes, et luy ont esté de tout temps depuis la création du monde" (57e sermon sur Deutéronome, CO 26, p. 571). ". . . Il ne faut point que Dieu face longue inquisition à la façon des hommes mortels, car tout luy est présent: et ce n'est pas qu'il apprenne rien avec le temps" (65e sermon sur Deutéronome, CO 26, p. 679). ". . . Devant que le monde fust créé, desjà il (sous-ent.: Dieu) a cogneu toutes choses, et il ne faut point qu'il soit enseigné par le temps, comme les créatures mortelles . . . Il ne faut point que Dieu soit enseigné par les choses qui changent, car tout luy a esté présent devant la création du monde" (183e sermon sur Deutéronome, CO 29, p. 7).

74   146e sermon sur le livre de Job, CO 35, p. 346.

75   Bien qu'il n'aborde que par la bande le problème que nous traitons ici, l'article extrêmement neuf de Heiko A. Oberman, *Die "Extra"-Dimension in der Theologie Calvins* (in: *Geist und Geschichte der Reformation.* Festgabe Hanns Rückert zum 65. Geburtstag, Berlin, 1966, p. 323–356) montre bien l'importance d'une réflexion sur la portée théologique de l'infinité de Dieu.

76   Cf. *supra*, p. 20.

77   Cf. le 175e sermon sur le Deutéronome, CO 28, p. 628, cité n. 81.

78   "Selon que les hommes sont rudes et terrestres, ils ont besoin d'estre amenez à Dieu par signes visibles. De quoy a servi le tabernacle? Ça esté comme un tesmoignage que Dieu habitoit au milieu de son peuple . . . . Or il est vray que Dieu remplit tout de sa vertu et de son essence; mais cependant si faut-il que les hommes selon qu'ils sont

rudes et grossiers ayent quelques aides pour estre amenez à luy" (175ᵉ sermon sur Deutéronome, CO 28, p. 626).

79 ". . . Le prophète adjouste maintenant que Dieu sortira de son temple pour fouler toutes les haultes régions de la terre (cf. Michée 1/3). Or il est vray, d'autant que Dieu remplist toutes choses, qu'il ne faut point qu'il aille ne qu'il vienne pour faire son oeuvre. Pourquoy est-ce donc qu'il dict qu'il sortira de son lieu? Cela est au regard des hommes qui le pensent tenir comme encloz en ung certain lieu . . . Et ainsi d'autant que ce fol cuyder qu'ont les hommes procède de ceste arrogance qui est en eulx, il leur semble qu'ilz tiennent Dieu encloz en une chose caducque et corruptible à cause qu'ilz ne conçoipvent rien de luy sinon ce qu'ilz voyent à l'oeil. Voilà pourquoy le prophète adjouste que Dieu sortira de son lieu" (2ᵉ sermon sur Michée, SC 5, p. 11). "Il (sous-ent.: Moïse) adjouste aussi que Dieu élira le lieu, là ou il mettra son nom (cf. Deutéronome 12/11). En quoy il signifie qu'il n'est point là enclos quant à son essence" (81ᵉ sermon sur Deutéronome, CO 27, p. 167). "Notons bien, quand Dieu dit qu'il choisira ce lieu pour y mettre son nom (cf. Deutéronome 12/11), que ce n'est pas que son essence fust enclose au sanctuaire: mais il vouloit que le peuple eust là seulement tesmoignage de sa présence . . . Pour ceste cause il déclare notamment qu'il choisira un lieu auquel il voudra estre honoré et servi: mais ce n'est point que son essence soit là enclose" (83ᵉ sermon sur Deutéronome, CO 27, p. 192). "Il ne falloit point que le peuple conceust quelque imagination lourde et brutale, que Dieu fust là enclos au temple" (107ᶜ sermon sur Deutéronome, CO 27, p. 491). "Le prophète Isaïe dict (cf. Esaïe 18/7) que la montaigne de Sion est le lieu du nom de Dieu. Comment, du nom de Dieu? Car en cela il signifie tousjours que l'essence et la majesté de Dieu n'estoient pas comprinses en ce temple-là. Combien donc que Dieu déclarast que c'estoit son domicile, le prophète Isaïe dict: cependent gardez-vous d'imaginer que Dieu habite à la façon des hommes icy en terre, et ne restraignez point sa majesté qui est infinie . . . Ne vous arrestez point icy comme si son essence y estoit enclose" (18ᵉ sermon sur Esaïe 13–29, SC 2, p. 166). Dans un sens moins fort – le verbe "enclore" n'y est pas utilisé – cf. aussi dans ce dernier sermon: "Notons bien, quand le prophète dict que Sion, la montaigne où le temple estoit basty, seroit le lieu du nom de Dieu et le tiltre (cf. Esaïe 18/7), que par cela il a monstré que Dieu n'avoit point frustré son peuple quand il avoit choisy ce lieu pour y édifier le temple auquel il fust adoré et servy. Et pourquoy? Pource que son nom y habitoit. Mais quand il est parlé du nom de Dieu, il ne fault point que nous attachions l'essence de Dieu icy-bas pour cuider qu'il soit semblable à nous" (SC 2, p. 167).

80 Cf. le 175ᵉ sermon sur le Deutéronome, CO 28, p. 626, cité n. 78, et p. 628, cité n. 81, ainsi que le 40ᵉ sermon sur l'Epître aux Ephésiens, CO 51, p. 751, cité n. 81.

81 "Dieu ne change point de lieu; car comme desjà nous avons dit, il remplit tout de son essence; mais tant y a qu'au regard des hommes, il est dit qu'il descend du ciel . . . Est-ce qu'il y ait nul changement en luy? Il n'y en a pas seulement un petit ombrage, comme dit sainct Jaques. Mais regardons combien nous sommes lourds, et nous ne trouverons point estrange quand l'Escriture parle ainsi pour se conformer à l'infirmité de nos sens" (175ᵉ sermon sur Deutéronome, CO 28, p. 628). "De tout temps Dieu ayant pitié de la foiblesse des hommes, est descendu (par manière de dire), non pas qu'il ait changé de place, comme aussi son essence est infinie, et sa majesté, elle remplit le ciel et la terre; mais il s'est rendu familier aux hommes, comme s'il conversoit avec eux" (40ᵉ sermon sur Ephésiens, CO 51, p. 751).

82 ". . . David . . . dit que Dieu est allé pour le rachepter (cf. II Samuel 7/23). Il use d'une façon de parler qui est assez rude, mais elle emporte une bonne doctrine. Nous sçavons que Dieu qui remplit tout, ne tient point de place. Ce n'est point comme nous; quand nous voudrons faire ou cecy ou cela, il nous faut estendre les bras, et mesmes à grand peine pourrons-nous nous employer, qu'il ne nous fale remuer les jambes. Et pourquoy? Chacun, estant en son lieu et faisant sa besongne, ne peut faire de moins, qu'en levant ung bras, il ne mouve tout le corps. Voilà donc pourquoy les créatures

mortelles se remuent et changent de lieu, et mesmes, quand il est question, d'un lieu à autre. Mais Dieu, qui est infini, ne change point. Et toutesfois il est dit en ce passage qu'il a marché pour délivrer son peuple, voire pour mieux exprimer ceste vertu laquelle n'eust point esté autrement appréhendée des hommes. Combien donc que Dieu n'ait point bougé et ne soit point parti de sa place, tant y a que c'est comme si, en apparence, il estoit descendu. Et voilà pourquoy l'Escriture use de ceste façon de parler: les cieux se sont ouvertz, et Dieu est venu tenir son siège icy-bas. Tout cela ne compète pas à Dieu proprement, si nous le contemplons en son essence" (25e sermon sur II Samuel, SC 1, p. 221).

83 "Ne trouvons point estrange si l'Escriture saincte, quand elle nous veut induire à honorer Dieu, nous dit qu'il est là haut au ciel. Et de fait si on nous disoit: Dieu est en ce monde, comme nous sommes charnels, et comme tousjours nos esprits tendent en bas, nous l'attacherions à un pilier, à une maison, à une montagne, nous le plongerions en une rivière. Voilà quelles sont les phantasies des hommes. Or afin que nous apprenions en pensant de Dieu de ne rien imaginer de terrestre, afin aussi que nous apprenions de passer outre ce monde, et de ne point estre arrestez à nos sens et phantasies, il est dit: Dieu habite ès cieux, afin que nous sachions que ce n'est point à nous de l'enclorre en ce monde pour concevoir quel il est (car nous ne le comprendrons jamais, nos sens ont une trop petite mesure), mais plustost que nous apprenions de l'adorer en toute humilité" (85e sermon sur Job, CO 34, p. 295). Cf. aussi le 175e sermon sur le Deutéronome, CO 28, p. 628, cité dans la n. 84.

84 85e sermon sur le livre de Job, CO 34, p. 294. Cf. aussi, dans le même sens, le 96e sermon sur le livre de Job, CO 34, p. 433: "Le ciel est nommé son siège (sous-ent.: celui de Dieu). Non pas qu'il soit enclos là-dedans (car nous savons qu'il remplit tout, et que son essence est tellement infinie, qu'elle est espandue par la terre aussi bien qu'au ciel)"; et le sermon sur le Psaume 115, CO 32, p. 458: "Il (sous-ent.: Dieu) est au ciel. Non point qu'il soit là enclos; l'Escriture n'entend point cela, mais c'est pour deux raisons qu'elle parle ainsi. Pour oster toute imagination charnelle. Nous imaginons des choses qui ne sont point convenables à sa majesté, pourtant l'Escriture nous envoye au ciel, à fin que nous ne présumions de rien penser de luy, que nous adorions sa majesté en crainte et en révérence. Le second est, quand il est dit qu'il est au ciel, c'est-à-dire qu'il gouverne tout. Le soleil, la lune, les estoilles sont bien hautes, mais Dieu est par dessus. Si un prince terrien est eslevé en son thrône, trois ou quatre degrez par dessus ses subjetz, il est bien hault, mais nostre Dieu, au ciel, au ciel. Il a domination sur tout le monde." Cf. enfin le 175e sermon sur le Deutéronome, CO 28, p. 628: "Il (sous-ent.: Dieu) est au ciel; ce n'est pas qu'il y soit enfermé, il ne faut point imaginer cela; mais s'il estoit dit: Dieu est ici avec nous, nous l'attacherions en terre, voire et en chacun anglet".

85 Cf. E. David Willis, *Calvin's Catholic Christology. The Function of the So-Called Extra Calvinisticum in Calvin's Theology* (= vol. 2 des *Studies in Medieval and Reformation Thought*), Leyde, 1966, p. 8–25.

86 L'un, qui date de 1536, se trouve en IV/17/30, l'autre qui remonte à 1559/1560 en II/13/4 de la dernière édition de l'*Institution chrestienne*.

87 "Nous ne devons point estre retenus ici-bas par les signes et aides (sous-ent.: les sacrements) que Dieu nous donne: plustost il nous faut estre menez là haut, n'estans point enveloppez de superstitions pour adorer Dieu d'une façon charnelle; il faut que nous cognoissions qu'il remplit tout" (83e sermon sur Deutéronome, CO 27, p. 193).

88 "Nous voyons comme les hommes en usent quand on leur parle que Dieu se déclare au baptesme et en la cène aussi: ils font des idoles de ces signes visibles, et leur semble que Dieu y est enclos" (175e sermon sur Deutéronome, CO 28, p. 628). "Nous pouvons facilement recueillir comment c'est que les sacrements nous apportent à la vérité ce qu'ils signifient. Ce n'est pas pour enclorre Jésus-Christ sous les élémens de ce monde" (2e sermon sur I Corinthiens 10–11, CO 49, p. 598).

89 "Les Papistes, quand on leur dit que le pain de la cène est le corps de Jésus-Christ, ils ne peuvent comprendre cela, sinon que le pain ait perdu sa nature et soit changé, et que ce morceau-là n'ait plus de substance corruptible, mais que ce soit comme l'essence de Dieu. Et de faict, ils adorent ce signe visible, comme si toute la majesté de Dieu estoit là enclose" (2e sermon sur I Corinthiens 10—11, CO 49, p. 595). "Combien qu'il y ait et goust et couleur (sous-ent.: dans le pain de l'eucharistie), disent les Papistes, toutesfois ce ne sont qu'espèces, c'est-à-dire: apparences; il n'y a plus nulle substance. Or ceci est si lourd que les petis enfans mesmes voyent bien que les Papistes ont esté comme hébétez de cercher des gloses si contraintes. Et cela est d'autant qu'ils ont esté préoccupez de ceste folle fantasie que le pain est le vray corps de Jésus-Christ, et que son corps est là comme enclos. Estans donc ainsi préoccupez, ils ont forgé ce mot de transsubstantiation, c'est-à-dire changement d'une substance en l'autre" (16e sermon sur I Corinthiens 10—11, CO 49, p. 787).

90 "Ils (sous-ent.: les papistes) disent que le pain n'est point pain, que le vin n'est point vin, mais que le tout est transsubstantié au corps de Christ. Nous voions ... en cela une pure bestise quand ils se contredisent ainsi d'eux-mesmes, et cependant ils nous veulent abrutir avec eux, nous faisant accroire que le corps de Jésus-Christ est enclos au pain" (24e sermon sur Daniel, CO 41, p. 573). "En la cène, quand nous oyons que Jésus-Christ nous déclare: Voici mon corps qui est livré pour vous, nous savons que ce n'est point en vain qu'un morceau de pain nous est donné, que cela n'est point pour la nourriture du corps, mais que c'est pour nous amener à la pasture de nos âmes. Voilà (di-je) comme nous sentirons la présence de Dieu: non point ... qu'il soit enclos en ces élémens corruptibles, et qu'il nous le faille cercher là: mais les signes visibles nous conduisent en haut" (145e sermon sur Deutéronome, CO 28, p. 251). "S'ils (sous-ent.: les papistes) disoyent que nous ne recevons point seulement la figure, mais que nostre Seigneur Jésus s'acquite fidèlement de sa promesse, ce seroit un propos véritable et qui doit estre receu, comme aussi il n'y auroit qu'une figure vaine au sacrement, si nous n'avions la vérité et substance. Mais il est question de sçavoir si le corps de Jésus-Christ est tellement enclos sous le pain, qu'on ne puisse manger le pain de la cène sans recevoir le corps de Jésus-Christ. Or c'est une chose trop lourde" (16e sermon sur I Corinthiens 10—11, CO 49, p. 789). "Les Papistes allèguent ce passage (I Corinthiens 11/29) pour monstrer que le pain est le vray corps de Jésus-Christ, et que le calice est son sang, qu'il est là enclos et en personne. Mais c'est une chose trop lourde et badine à eux, car il ne s'ensuit pas, si le corps de Jésus-Christ nous est donné avec le pain de la cène, si son sang nous est donné sous ce signe du calice, qu'il nous le faille là cercher ... Les Papistes donc sont trop lourds quand ils arguent que le pain est le corps de Jésus-Christ; car le corps de Jésus-Christ nous peut estre donné, et nous en sommes participans quant à nos âmes. Mais cependant ce n'est pas à dire qu'il soit enclos ni sous le pain, ni sous le vin" (18e sermon sur I Corinthiens 10—11, CO 49, p. 815). Cf. aussi 1er sermon sur la Pentecôte, CO 48, p. 633.

91 "Ilz (sous-ent.: les Juifs) ont conceu des superstitions lourdes et grosses, comme nous voions qu'il en a esté de tout temps et est encores aujourd'huy en la papaulté. Quand les papistes vouldront adorer Dieu, il leur fault avoir ung marmouset, ou Dieu est comme eslongné, ce leur semble. Après, comment est-ce qu'ils ont abusé de ce que nostre Seigneur Jésus-Christ nous a donné ung gage de son corps et de son sang? Voilà nostre Seigneur Jésus-Christ qui nous déclare qu'il vivra en nous et nous en luy, et qu'il nous en donne le gage en la cène. Or il fault qu'ung morceau de pain soit le corps de Jésus-Christ et qu'il soit appellé Dieu, qu'on l'adore, qu'il soit là encloz ... Advisons bien de ne point transfigurer par nos folles imaginations la nature de nostre Seigneur Jésus-Christ, et nous faire acroire qu'il soit encloz au pain et au vin" (18e sermon sur Esaïe 13—29, SC 2, p. 166 et 167).

92 La doctrine sacramentelle de Calvin n'appartenant pas à notre sujet, nous nous bornons à relever ici qu'en rejetant le dogme de la transsubstantiation au nom de l'infinité de Dieu, Calvin ne nie pas pour autant la présence réelle du Christ dans

l'eucharistie; au lieu de concevoir cette présence en termes de substance, il estime qu'elle est d'ordre pneumatique. Parmi les nombreux travaux consacrés à cette question, cf. Jean Cadier, *La doctrine calviniste de la sainte cène*, Montpellier, 1951; Henry Chavannes, *La présence réelle chez saint Thomas et chez Calvin*, in: *Verbum Caro*, Neuchâtel, 1959, p. 151–170; Paul Jacobs, *Pneumatische Realpräsenz bei Calvin*, in: *Regards contemporains sur Jean Calvin*, Paris, 1965, p. 127–139; et Joachim Rogge, *Virtus und Res. Um die Abendmahls-Wirklichkeit bei Calvin*, Stuttgart, 1965.

93   "Il ne faut point . . . enclorre sa puissance (sous-ent.: celle de Dieu) en nos phantasies ni appréhensions; comme la bonté de Dieu est infinie, et c'est un abysme, aussi est sa sagesse, aussi est sa justice, il faut que nous disions le semblable de sa vertu. Or quand nous voudrons comprendre ceste puissance et ceste vertu-là, je vous prie, le pourrons-nous enclorre à nostre cerveau? Il est impossible" (109ᵉ sermon sur Job, CO 34, p. 603–604).

94   "Nous voyons maintenant (cf. Job 27/11) quelle est l'intention de Job. Il redargue l'orgueil pervers des hommes, de ce qu'ils veulent enclore la puissance et justice et sagesse de Dieu en l'estat présent du monde tel comme il se peut appercevoir" (99ᵉ sermon sur Job, CO 34, p. 480).

95   CO 46, p. 89. Cf. aussi le 33ᵉ sermon sur Esaïe 13–29, SC 2, p. 310: "Nous retraignons sa puissance (sous-ent.: celle de Dieu) à nostre sens, et puis à tous les moiens de ce monde. Quand nous aurons bien faict noz discours et que nous ne trouverons pas comme Dieu pourra besongner, il nous semble que c'est comme chose frustratoire de tout ce qu'il a dict. Pour ceste cause le prophète nous allègue ycy (cf. Esaïe 23/11): Comment? Quand il est question de Dieu, à qui le voullez-vous faire semblable? Vous irez prendre quelque roy, quelque prince: Celuy là pourra-il ainsi faire? Et conclurrez que Dieu ne peult non plus que luy. Après, vous viendrez à la mer et à la terre. Et Dieu ne peult-il poinct surmonter le tout?" Parce que nous sommes incapables de comprendre la puissance de Dieu, nous devons, selon Calvin, renoncer à soumettre celle-ci à nos "folles curiosités". Cf. le 8ᵉ sermon sur l'Harmonie des 3 Evangélistes, CO 46, p. 95: "Pour bien considérer la puissance de Dieu, il ne nous faut point chercher ceci ou cela pour sçavoir si Dieu peut faire que le soleil soit noir, et qu'il luise; s'il peut faire que la terre change d'autre nature, que le blé se produise en l'air, et qu'il n'y ait point d'espics (= épis) et autres choses. Il n'est point question d'ainsi nous esgarer en nos folles curiositez. Car c'est transfigurer Dieu par manière de dire".

96   ". . . Puis que Dieu n'a point une puissance par certaine mesure et qui soit enclose ni sujette à moyens humains ne naturels, il faut aussi que nostre foy s'estende et haut et bas, qu'elle soit infinie" (109ᵉ sermon sur Job, CO 34, p. 604).

97   "Si tost que Dieu a parlé, encores que la chose semble impossible du tout, si faut-il conclurre qu'il trouvera bien moyen de la faire. Et pourquoy? Car sa puissance ne se doit point mesurer à nostre fantasie, elle est infinie" (62ᵉ sermon sur Deutéronome, CO 26, p. 637).

98   ". . . Il (sous-ent.: Dieu) pourroit anéantir le soleil et ce pendant continuer à nous esclairer . . . Mays ce pendant nous avons à retenir . . . que Dieu a toute-puissance en soy sans s'ayder des moyens inférieurs dont il use" (2ᵉ sermon sur la Genèse, fo. 9–9 vo.).

99   ". . . La puissance de Dieu par laquelle il veut besogner pour nostre salut n'est point limitée à ces choses basses; . . . il ne nous faut point dire: Dieu fera ainsi pource que l'ordre de nature est tel, pource que nous en voyons quelque apparence, pource qu'il y a tel moyen et aide. Car ce seroit lui faire trop grand injure, pource que ce qui est en lui est infini" (109ᵉ sermon sur Job, CO 34, p. 603).

100   26ᵉ sermon sur II Samuel, SC 1, p. 231.

101   "Quand il est parlé de la puissance de Dieu, il ne nous faut pas imaginer quelque puissance oisive, comme font les gens profanes. Ils confesseront assez que Dieu peut

tout; mais cependant ils ne se fient nullement en luy; il leur semble qu'il se repose au ciel, ou bien qu'il ne dispose les choses de ce monde, sinon quand il s'en advise" (21e sermon sur Ephésiens, CO 51, p. 505).

102 56e sermon sur le Deutéronome, CO 26, p. 567. Cf. aussi, dans le même sermon, p. 565: "Notons que quand Dieu s'intitule ainsi (cf. Deutéronome 7/21) puissant et terrible, que c'est afin que nous ne doutions point qu'il n'ait force pour déffaire tous nos ennemis. Car il nous faut là revenir qu'envers nous il se monstre propice, pitoyable et patient, comme tout cela luy est propre: nous savons qu'il est nostre Dieu et Sauveur". Dans le même sens, cf. encore le 188e sermon sur le Deutéronome, CO 29, p. 76—77.

103 Sur l'état de la question, cf. François Wendel, *Calvin: sources et évolution de sa pensée religieuse,* Paris, 1950, p. 92—94.

104 III/23/2: "Nous n'approuvons pas la resverie des théologiens papistes touchant la puissance absolue de Dieu; car ce qu'ils en gergonnent est profane, et pourtant nous doit estre en détestation. Nous n'imaginons point aussi un Dieu qui n'ait nulle loy, veu qu'il est loy à soy-mesme".

105 *Die Theologie des Johannes Duns Scotus,* Leipzig, 1900, p. 163 ss., et *Lehrbuch der Dogmengeschichte,* tome 3, 6e éd., Bâle et Stuttgart, 1960, p. 654.

106 *Der Gottesbegriff des Duns Skotus auf seinen angeblichen Indeterminismus geprüft,* Vienne, 1906.

107 "Diese potentia absoluta Gottes hat zur Schranke nur das logisch Unmögliche sowie das eigene Wesen Gottes oder seine bonitas" (Reinhold Seeberg, *Lehrbuch der Dogmengeschichte,* tome 3, p. 654).

108 III/23/2: "La volonté de Dieu est tellement la reigle suprême et souveraine de justice, que tout ce qu'il veut, il le faut tenir pour juste d'autant qu'il le veut. Pourtant quand on demande: Pourquoy est-ce que Dieu a fait ainsi? il faut répondre: Pource qu'il l'a voulu. Si on passe outre en demandant: Pourquoy l'a-il voulu? C'est demander une chose plus grande et plus haute que la volonté de Dieu, ce qui ne se peut trouver".

109 Wendel mentionne deux passages du *Commentaire sur l'Exode,* CO 24, p. 49 et 131. Cf. *op.cit.,* p. 93.

110 Seul Emile Doumergue cite une demi-douzaine de textes empruntés à l'oeuvre homilétique lorsqu'il aborde le problème qui nous retient ici. Cf. *Jean Calvin. Les hommes et les choses de son temps,* tome 4, p. 122—123.

111 Dans le même sens, cf. dans le même sermon: "Ceux qui causent de la puissance de Dieu sans propos ne raison, viendront chercher des choses extravagantes. Et pourquoy Dieu ne fait-il ceci veu qu'il est tout puissant? Voire? Mais est-ce à nous de luy faire jouer des tours çà et là? C'est à luy d'ordonner, et puis c'est à luy de faire" (CO 35, p. 479).

112 CO 35, p. 479.

113 Cf. *supra,* p. 109.

114 On rapprochera de ce texte la déclaration du 2e sermon sur Jérémie, SC 6, p. 10: "Nous ne pouvons avoir certaine espérance en Dieu que nous n'ayons quant et quant congneu que avec ce qu'il est tout puissant, que aussi il a le soing de nous et qu'il nous communicque sa bonté. Il faut donc que avec sa puissance nous conjoygnions sa bonté et ses promesses".

115 CO 35, p. 480.

116 CO 46, p. 90—91. Cf. aussi le 132e sermon sur le livre de Job, CO 35, p. 178, qui, sans mentionner la bonté et la sagesse, lie la puissance à la volonté de Dieu, volonté qui, parce qu'elle "surmonte toute justice", exclut tout arbitraire: "Gardons-nous . . . de penser une telle puissance en Dieu, laquelle il desploye outre raison. Il est vray que la raison qu'il tient nous sera incognue, et nous faut contenter de sa seule volonté et simple (comme aussi elle est la reigle de toute droiture); mais quoy qu'il en soit, n'ayons point ceste phantasie mauvaise que Dieu y aille à tors et à travers, et qu'il ne juge point en raison; ains au contraire que nous ayons cela tout conclu que, combien

que ses jugemens nous semblent estranges, toutes fois ils sont modérez selon ceste règle qui est la meilleure, c'est assavoir selon sa volonté qui surmonte toute justice".

117 CO 29, p. 196—197. Cf. aussi le 90e sermon sur le livre de Job, CO 34, p. 362: "Dieu nous fait ce bien de conjoindre et unir sa justice à nostre salut, comme aussi il y conjoint sa puissance. Quand nous dirons que Dieu est tout-puissant, cela n'est pas seulement pour l'honorer, mais afin que nous puissions estre à repos, et que nous soyons invincibles contre toutes tentations. Car selon que la puissance de Dieu est infinie, il nous saura bien maintenir et garder".

118 CO 34, p. 340.

119 "Quand nous pensons à la puissance de Dieu, il ne faut pas que nous lui attribuons une puissance tyrannique pour dire: "O voilà, Dieu fera de nous tout ce qu'il voudra; nous sommes ses créatures: Il voit bien qu'il n'y a que fragilité en nous, et cependant il ne laisse pas de nous tormenter sans propos". Quand nous parlons ainsi, il n'y a point seulement de l'excez, mais ce sont des blasphèmes exécrables. Et pourtant conjoignons la justice de Dieu avec sa vertu et puissance. Il est vrai que la vertu de Dieu m'est espouvantable, m'en voilà tout troublé; mais si est-ce que mon Dieu ne laisse point d'estre juste; c'est avec justice qu'il fait toutes choses" (123e sermon sur Job, CO 35, p. 59).

120 SC 2, p. 20—21. Outre le 123e sermon sur le livre de Job, CO 35, p. 59, cité dans la note précédente, cf. le 130e sermon sur le même livre, CO 35, p. 150: "Les hommes quelquefois sous ombre que Dieu est tout-puissant le voudront accuser de tyrannie, et qu'il n'a point d'esgard à nostre infirmité et foiblesse"; et surtout le 5e sermon sur Esaïe 13—29, SC 2, p. 44: "Que nous ne séparions point la puissance de Dieu d'avec sa justice, comme il y a des blasphémateurs qui despitent Dieu et grincent les dentz contre luy d'autant qu'il leur semble qu'il domine comme en tirannie. Or si est-ce qu'il nous fault tousjours retenir ceste reigle, que si la puissance de Dieu est infinie, aussi est sa justice et sa sagesse, et qu'il ne faict rien que avec bonne raison".

121 129e sermon sur le livre de Job, CO 35, p. 131. Dans un sens plus faible, cf. aussi le 21e sermon sur le même livre, CO 33, p. 269: "Cognoissons ... qu'il n'y a celui de nous qui n'ait beaucoup de vices en soy, et que ce sont autant de maladies que Dieu ne peut guérir, sinon par le moyen des afflictions qu'il nous envoie. Il est vray que s'il vouloit user d'une puissance absolue, il le feroit bien autrement"; et le 19e sermon sur I Corinthiens 10—11, CO 49, p. 828: "Sous ce mot de corriger, il (sous-ent.: saint Paul) monstre que Dieu n'use point d'une puissance absolue, comme on l'appelle".

122 En dehors des sermons sur le livre de Job, nous ne connaissons qu'une prédication où Calvin aborde le problème que nous examinons ici. Relevant que l' "ordre commun" que Dieu a institué pour son peuple, en l'occurrence la loi selon laquelle seuls les hommes ont le droit de prêcher, ne lie pas Dieu (qui se sert de Débora de manière extraordinaire), le Réformateur éprouve le besoin d'ajouter dans le 19e sermon sur I Timothée, CO 53, p. 221: "Non pas qu'il nous faille rien imaginer en Dieu sinon droit et juste; car c'est un blasphème de parler d'une puissance absolue, comme si elle estoit desréglée. Mais tant y a que Dieu ha sa volonté pour loy, et ce qu'il ordonne entre nous ne luy doit, et ne peut aussi luy porter préjudice, qu'il ne face ce que bon luy semble".

123 "Job quand il n'apperçoit point la raison de ce que Dieu fait, imagine qu'il n'y a qu'une puissance absolue (qu'on appelle), c'est-à-dire que Dieu besongne à son plaisir, sans tenir nul ordre, nulle règle, et qu'il en fait comme bon lui semble, ainsi qu'un prince quand il ne voudra point se régler par raison, mais voudra suivre son appétit. Job en cela blasphème contre Dieu" (89e sermon sur Job, CO 34, p. 345).

124 Cf. les 89e, 90e et 132e sermon sur Job, CO 34, p. 345, 362 et CO 35, p. 178, cités respectivement dans les notes 123, 129 et 116, ainsi que le 19e sermon sur I Timothée, CO 53, p. 221, cité dans la note 122.

125 123e sermon sur le livre de Job, CO 35, p. 60.

126 "Aucuns attribuent bien à Dieu toute puissance; mais cependant ils ne le cognoissent pas juste comme ils doivent. Car il ne nous faut point séparer l'un d'avec l'autre; nous

ne devons point imaginer qu'en Dieu il y ait des choses qui se puissent diviser l'une d'avec l'autre. Vray est qu'il nous faut bien distinguer entre la sagesse, et bonté, et justice, et puissance de Dieu; mais tant y a que selon qu'il est Dieu, il faut que toutes ces choses soyent en luy, et qu'elles soyent comme de son essence. Gardons-nous bien donc d'imaginer une puissance absolue en Dieu, comme s'il gouvernoit le monde ainsi qu'un tyran, qu'il usast d'excez ou de cruauté; mais sachons qu'en ayant tout sous sa main, ayant un pouvoir infini, faisant toutes choses, néantmoins il ne laisse point d'estre juste" (CO 33, p. 371).

127 "Quand Job dit qu'il n'y a nul qui se trouve pareil en vertu avec Dieu, et qui puisse plaider avec luy en justice, d'autant qu'il ne s'y rendra point sujet, par cela il ne veut point attribuer à Dieu une vertu absolue, que Dieu face ce que bon luy semblera, et qu'il le face iniquement. Il est vray qu'il ne nous faut point cercher autre raison en Dieu que sa bonne volonté; mais cependant si nous faut-il tenir pour certain que la volonté de Dieu ne peut estre que juste et équitable" (CO 33, p. 440).

128 "Job ... présuppose que Dieu use envers luy d'une puissance absolue qu'on appelle, pour dire: "Je suis Dieu, je feray ce que bon me semblera, encores qu'il n'y ait point de forme de justice, mais une domination excessive. Or en cela Job blasphème Dieu; car combien que la puissance de Dieu soit infinie, si est-ce que de la faire ainsi absolue, c'est imaginer en luy une tyrannie, et cela est du tout contraire à sa majesté, car nostre Seigneur ne veut point estre puissant qu'il ne soit juste: et ce sont choses inséparables que sa justice et sa puissance" (CO 34, p. 336).

129 "N'imaginons point ... en Dieu ceste puissance absolue dont nous avons parlé ci-dessus; car ce seroit le faire semblable à un tyran; et c'est un blasphème exécrable. Cognoissons que Dieu en disposant toutes choses, a une règle qui est souveraine, et à laquelle toute justice et droiture se doit conformer" (CO 34, p. 362).

130 "Dieu ... n'a pas une puissance absolue, comme on dit, mais sa puissance est tellement infinie qu'il est toujours équitable et juste en ce qu'il fait. Vray est que nous n'appercevrons pas tousjours la raison de ses oeuvres, et aussi il ne faut pas que sa justice soit enclose en si petite mesure qu'est nostre sens; mais tant y a que nous devons tousjours avoir cest article résolu, c'est que Dieu est tellement puissant qu'il dispose tout en justice et équité" (CO 35, p. 131).

131 "Il nous faut retenir ce qui a esté desjà déclaré, quand Dieu est exalté en son siège que là il ne se glorifie point d'une puissance absolue, mais qu'il est quant et quant juge du monde, et qu'il n'y a rien qui luy soit plus propre que l'équité et droiture, tellement qu'il n'en peut estre despouillé non plus que de son essence" (CO 35, p. 206).

132 Cf. *Institution chrestienne* III/23/2.

133 Cf. *op.cit.*, p. 94.

134 "Congnoissons ... que nostre vie est tant fragile, congnoissons que, encores que nous soyons maintenant en honneur, il (= Dieu) sçaura bien tout changer en une minute de temps. Or la raison est adjoustée, c'est si nous abusons de sa bonté. En cela nous voyons que le prophète n'attribue point une auctorité à Dieu pour faire de nous ce qu'il vouldra de puissance absolue, comme les papistes disent en le blasphémant, mais c'est d'autant que nous l'avons offensé. Nous voyons donc que les papistes attribuent deux puissances à Dieu, la puissance ordinaire laquelle est selon équité, mais qu'il a une puissance absolue par laquelle il pourroit dampner les anges" (SC 6, p. 143–144).

135 Comme on l'aura remarqué, la *potentia absoluta* est, au dire de Calvin, celle qui, selon les théologiens "papistes", permettrait à Dieu de "dampner les anges". Le 43ᵉ sermon sur le livre de Job que nous citerons plus loin (cf. n. 139) s'exprime dans le même sens. Pour être utilisée ainsi deux fois, la référence à la damnation possible des anges devait être classique chez les scolastiques visés par le Réformateur.

136 La même désignation apparaît dans le 69ᵉ sermon sur II Samuel, SC 1, p. 605, cité n. 138.

137 Dans les textes où il parle de la puissance absolue, Calvin n'indique pas, en général, à ses auditeurs l'origine de cette notion. Quand il sort de sa réserve, il se borne à des

indications très vagues, telles que: "la puissance absolue, comme on l'appelle" (cf. le 89e sermon sur le livre de Job, CO 34, p. 345, cité n. 123, et le 19e sermon sur I Corinthiens 10–11, CO 49, p. 828, cité n. 121), et "la puissance absolue, comme on dit" (cf. le 129e sermon sur le livre de Job, CO 35, p. 131, cité n. 130).

138 "Il (sous-ent.: Jérémie) dit (cf. Jérémie 18/2 ss.) que Dieu a pour le moins autant de liberté sur ses créatures comme ung potier sur la terre qui est la matière de quoy il fait son oeuvre. Ainsi notons que, comme il nous a faitz de terre ou plustost d'un rien, qu'aussi il nous peut desfaire, et nul ne l'en peut garder. Vray est qu'il ne fait pas cela d'une puissance absolue, comme disent les papistes. Mais tant y a que la volonté de Dieu est tousjours reiglée en toute perfection et droicture" (SC 1, p. 605).

139 "Or cependant si ne faut-il pas que nous attribuons à Dieu une puissance absolue, comme les docteurs de la papauté la nomment. Car c'est une chose détestable et diabolique que cela. En leurs escoles ils confesseront bien que Dieu de sa puissance absolue pourroit foudroyer sur les anges et les damner; mais ils appellent ceste puissance absolue de Dieu, une puissance injuste et tyrannique. Gardons-nous bien d'imaginer que Dieu soit comme un tyran, car il fait toutes choses avec équité et droicture" (CO 33, p. 540).

140 "Nous voyons ... comme Dieu use de ceste forme de parler (allusion à Esaïe 1/18), comme s'il estoit homme mortel, ou qu'il eust vestu nostre personne, afin de nous déclarer que nous ne serons pas affligez de lui par tyrannie, qu'il n'y va point d'une puissance absolue, comme ces théologiens de la papauté ont imaginé ceste doctrine diabolique. Dieu donc n'usera point ici d'une puissance absolue, c'est-à-dire desréglée, qu'ils appellent, et qui soit séparée de sa justice; mais il usera de toute droicture, tellement qu'il faut que toute bouche soit close devant lui" (CO 34, p. 36–37).

141 "Job dit: "Dieu disputeroit-il alors contre moi par puissance? Nenni: mais il me donneroit force". En ceci il signifie que maintenant Dieu dispute ou débat contre lui par puissance. Or c'est attribuer à Dieu une chose qui ne lui peut nullement convenir. Et de fait, quand ces docteurs sorboniques disent que Dieu a une puissance absolue, c'est un blasphème diabolique qui a esté forgé aux enfers; car il ne faut point que cela entre au cerveau de l'homme fidèle. Il faut donc dire que Dieu a une puissance infinie, laquelle toutes fois est la règle de toute justice: car c'est deschirer Dieu par pièces, quand nous le voudrons faire puissant, et qu'il ne sera plus juste. Vrai est que sa justice ne nous sera pas tousjours patente, mais elle ne laissera pas d'estre tousjours en son entier. Il ne faut point que nous mesurions la justice de Dieu selon nostre appréhension (car ce seroit la restreindre par trop): mais tant y a qu'il nous faut avoir ce poinct résolu, que la puissance de Dieu ne se peut séparer de sa justice, d'autant que Dieu ne se peut desmembrer". Et Calvin de poursuivre en relevant que la faute de Job est de dissocier la puissance de Dieu de sa justice, et de lui attribuer ainsi une puissance "tyrannique" (CO 34, p. 339–340).

142 Outre le 3e et le 5e sermon sur Esaïe 13–29 cités n. 120, cf. le 30e (n. 126), le 43e (n. 139), le 64e (n. 140), le 88e (n. 128), le 90e (n. 129), le 123e (n. 119) et le 129e sermon sur Job (n. 121).

143 Outre le 19e sermon sur I Timothée cité n. 122, cf. le 64e (n. 140), le 69e (n. 138), le 88e (n. 141), le 89e (n. 123), le 90e (n. 129) et le 132e sermon sur Job (n. 116).

144 "Dieu ... n'usera point ... d'une puissance absolue, c'est-à-dire desréglée, qu'ils appellent" (CO 34, p. 36). Cf. en outre le 19e sermon sur I Timothée (n. 122) qui parle de "puissance desréglée" et le 69e sermon sur II Samuel (n. 138) qui souligne que "la volonté de Dieu est tousjours reiglée en toute perfection et droicture".

145 "Ils (sous-ent.: les docteurs de la papauté) appellent ceste puissance absolue de Dieu, une puissance injuste et tyrannique" (CO 33, p. 540).

146 Cf. Paul Vignaux, *Justification et prédestination au XIVe siècle*, Paris, 1934, p. 58–60.

147 *Op.cit.*, p. 58 et 59.

148 ... "Dieu ne se peut autrement transfigurer, qu'il ne soit tousjours juste comme il est Dieu. Il n'y a donc rien plus propre à Dieu que l'équité; et quand nous voudrons

l'accuser d'injustice, c'est autant comme si nous voulions anéantir son essence. Et pourquoy? Il n'est point Dieu pour estre une idole, pour estre chose morte et oisive; mais il est Dieu pour gouverner le monde: Il a tellement sa majesté souveraine en soy, qu'il faut qu'il soit juge, et estant juge, il faut qu'il soit tellement équitable qu'il n'y ait que redire en luy" (130e sermon sur Job, CO 35, p. 151).

149 CO 35, p. 222. Cf. aussi le 30e sermon sur Job, CO 33, p. 372: "Que nous tenions pour un principe tout conclud que la nature de Dieu est juste, et qu'il n'est non plus possible qu'il se destourne de droiture et équité, que de dire qu'il renonce à son essence et qu'il ne soit plus Dieu".

150 "C'est un article bien à noter: car nous en verrons beaucoup qui imaginent Dieu (sous-ent.: le Dieu juste) comme endormi au ciel. Or sa déité n'est pas une phantasie vaine" (136e sermon sur Job, CO 35, p. 222).

151 Cf. le 186e sermon sur le Deutéronome, CO 29, p. 49, cité dans la note 154.

152 Cf. le 130e sermon sur le livre de Job cité plus loin et le 38e sermon sur Esaïe 13—29 cité dans la note 153. Nous retrouvons dans ces deux prédications le verbe que Calvin affectionne.

153 ". . . Par ceste justice il (sous-ent.: le prophète) n'entend pas seulement que Dieu soit juste en soy, mais il entend qu'il se monstre tel envers nous et veult aussi que sa justice habite en nous et qu'elle nous soit communiquée" (38e sermon sur Esaïe 13—29, SC 2, p. 363). Et Calvin d'ajouter plus loin: "Dieu est-il ainsi congneu juste? Ce n'est pas qu'il ait sa justice enclose en soy, mais c'est qu'il nous justifie, au lieu qu'auparavant nous estions mauldictz et rejectez. Ainsi le prophète ne faict pas icy mention de la justice qui repose en Dieu, mais d'une justice active qu'on appelle, c'est-à-dire qui a son effect par soy et par la vérité qui nous est congneue en l'Evangile" (ibid., p. 364). "Quand Dieu se monstre justice, ce n'est pas seulement à fin de nous laisser confus, mais c'est pour nous purger et pour nous justifier (comme sainct Paul en parle, quand il dit que Dieu se déclare juste, et justifiant le pécheur qui vient à luy par la foy en Jésus-Christ). Voilà donc quelle justice Dieu nous manifeste après que nous avons conneu nostre pauvreté, il ne veut pas qu'il soit seulement reconneu juste en luy, mais il veut que sa justice s'épande sur nous et que nous en soions faits participans" (21e sermon sur Daniel, CO 41, p. 538—539). Nous rappelons que, d'après Karl Holl (cf. supra, p. 106), Martin Luther aurait enseigné le premier que le propre de Dieu est de communiquer ses attributs, la justice en particulier, aux siens.

154 130e sermon sur Job, CO 35, p. 144. Cf. aussi le 186e sermon sur le Deutéronome, CO 29, p. 49: "Ne pensez pas que mon essence divine, ni que ce nom de Dieu consiste en je ne say quoy d'oisif; mais c'est que je gouverne le monde par ma vertu, que tout est conduit par ma sagesse; et puis que ma justice règne, et que j'ay l'empire du monde, tellement qu'il faut que tout vienne à conte devant moy . . . Voilà comme je seray cogneu Dieu, quand vous sentirez de ma sagesse, et vertu, et justice ce qu'il appartient".

155 "Nous savons que ce sont choses inséparables que la majesté de Dieu et sa justice. Puis qu'ainsi est donc, concluons hardiment qu'il est juge du monde: voire, et si cela nous est caché, que nous ne voyons nul signe ni apparence, que toutesfois nous ne laissions pas de tousjours dire: Et quoy? Est-il possible que Dieu renonce à soy-mesme, luy qui est immuable?" (188e sermon sur Deutéronome, CO 29, p. 73—74).

156 "Quand on parlera de Sodome et de Gomorrhe, qu'on cognoisse que celuy qui les a abysmez de foudre et de tempeste, aujourd'huy est encores vivant au ciel, qu'il n'a point changé de propos, qu'il n'a point quitté son office, que sa majesté est conjointe avec sa justice et sa vertu" (168e sermon sur Deutéronome, CO 28, p. 535—536).

157 "Quand donc nous regarderons quel est Dieu, il est certain que nous ne trouverons que toute justice, et mesmes avec sa justice nous y trouverons une bonté et miséricorde incompréhensible" (75e sermon sur II Samuel, SC 1, p. 658).

158 Cf. Emil Brunner, La doctrine chrétienne de Dieu (= tome 1er de la Dogmatique), Genève, 1964, p. 301.

159 6e sermon sur I Corinthiens 10 et 11, CO 49, p. 654. Cf. dans un sens légèrement plus faible le 136e sermon sur le livre de Job, CO 35, p. 222: "La justice de Dieu n'est pas seulement qu'il ne fait tort à personne; mais c'est qu'il gouverne le monde en équité, et qu'il dispose tellement de ses créatures, que si nous espérons en luy, nous ne serons point frustrez".

160 CO 33, p. 441.

161 "Si donc nous ne sommes ... abattus, et que nous ne confessions que Dieu fait tout justement, il est certain que nous voudrons eslever nostre justice par dessus lui. Et c'est comme si nous voulions donner un coup de pied au soleil" (136e sermon sur Job, CO 35, p. 221–222).

162 "Tous ceux qui ne confessent point librement et d'un franc vouloir que Dieu est juste en ses afflictions et qui n'ont point cela tout conclud et arresté, ... c'est autant comme s'ils disoyent: Et voire, voici Dieu qui est un tyran; ils ne prononceront point ce mot, mesmes il leur seroit exécrable, mais tant y a qu'ils y tendent: car il n'y a point ici de moyen quand nous ne glorifierons point Dieu en sa justice, cognoissans que tout ce qu'il fait est fondé en raison, équité et droiture, c'est autant comme si nous lui reprochions qu'il exerce tyrannie contre nous" (123e sermon sur Job, CO 35, p. 58).

163 "Quand il nous vient des phantasies en la teste, qui sont pour obscurcir la justice de Dieu, ou pour détracter de sa gloire en façon que ce soit, combien que nous n'y pensions pas: si est-ce que ce sont des fautes horribles et que nous ne pouvons assez condamner; que ce ne sont point des péchez véniels comme les papistes en font. Car ils disent, quand un homme doutera si Dieu est juste, et mesmes quand il luy viendra beaucoup d'imaginations exécrables, que moyennant qu'il ne s'y accorde point, cela n'est pas péché mortel. Or c'est une doctrine par trop brutale" (129e sermon sur Job, CO 35, p. 133).

164 "... Combien qu'on n'apperçoive point pourquoy Dieu fait ceci ou cela, si faut-il conclure qu'il est juste en tout ce qu'il fait" (34e sermon sur Daniel, CO 42, p. 11).

165 "Il nous faut retenir ce qui a esté touché, c'est assavoir de ne point estre juges de Dieu: car c'est trop usurper. N'est-ce point une arrogance diabolique que les hommes ne veulent point confesser que Dieu est juste, sinon entant qu'ils le cognoissent tel, et veulent qu'il s'anéantisse et s'abaisse jusques là, pour dire: Voici, il faut que je vous rende compte" (CO 33, p. 106).

166 "Il faut que nous ayons ceste modestie de confesser que Dieu est juste, en nous faisant de telle condition, voire encores que nous n'appercevions point la cause et combien qu'il nous ait caché ces secrets ici" (CO 33, p. 347).

167 "Ceste justice (sous-ent.: de Dieu) ne nous peut pas estre notoire, que nous puissions en déchiffrer ce qui en est, tellement que quand Dieu besongnera, nous voyons la raison pourquoy ... Combien que Dieu nous cache la raison de ce qu'il fait, et que nous trouvions ses oeuvres estranges, que selon nostre sens il nous semble que nous ayons dequoy plaider contre luy: toutesfois il nous faut adorer ses jugemens incompréhensibles et secrets, ... sans avoir autre réplique, il nous faut tenir ceste conclusion-là qu'il est juste" (CO 33, p. 373).

168 "Apprenons, quand nous parlerons de la justice souveraine de Dieu, d'en parler non point pour cuider qu'il nous presse outre mesure, et pour nous eslever contre luy comme par force; mais que ce soit pour l'adorer en ses secrets admirables" (CO 33, p. 501).

169 "Que nous soyons humbles et modestes pour cognoistre que tous les jugemens de Dieu sont justes, encores qu'il nous semble du contraire" (CO 34, p. 37).

170 "Il nous faut noter que les jugemens de Dieu nous sont souventesfois cachez; mais il ne faut pas pourtant que nous les trouvions estranges pour nous rebecquer à l'encontre, et pour dire qu'il n'y ait point de raison: plustost cognoissons que la justice de Dieu est trop haute pour une telle rudesse qu'il y a en nous, et que si nous y voulons atteindre, c'est par trop présumer ... Dieu monstre que c'est une chose contre toute raison que

de le mesurer à nostre aulne, comme on dit" (CO 34, p. 346). "Il n'est point question d'enclorre la vertu de Dieu ni en l'ordre de nature, ni en telles limites. Que faut-il donc? Que nous confessions que ses jugemens sont un abysme si profond que nous n'y pouvons point parvenir. Et cependant tenons pour tout résolu que Dieu ne laisse point d'estre juste, encores qu'il nous semble qu'il y aille à tors et à travers, et que nous trouvions à redire en ce qu'il fait" (*ibid.*, p. 347).

171 "Concluons, d'autant que Dieu est juste, qu'il nous faut approuver toutes choses qu'il fait, encores qu'elles ne nous viennent point à gré; et combien qu'il nous semble que Dieu doive autrement besongner, toutes fois captivons nos sens et tenons-les en telle servitude que nous confessions tousjours que Dieu ne dispose rien qu'il ne compasse en justice et droiture" (CO 34, p. 360).

172 ... "Que tousjours cecy nous vienne en mémoire: Dieu est juste, quoy qu'il en soit. Il est vray que nous n'appercevrons point la raison de ce qu'il fait, mais d'où procède cela, que de nostre infirmité et rudesse? Faut-il que nous mesurions la justice de Dieu par nostre sens? Où seroit-ce aller? Quel propos y auroit-il? (CO 35, p. 9). "Seigneur, fait dire Calvin à Jérémie (cf. 12/1), je say que tu es juste: il est vray que je voudroye entrer en dispute contre toy, je suis solicité de mon appétit charnel; et quand je voy les choses estre si confuses, je voudroye bien m'enquérir pourquoy c'est que tu besongnes en telle sorte. Je suis donc tenté de cela: mais Seigneur devant que me donner ceste licence de m'enquérir pourquoy tu le fais ainsi, desjà je proteste que tu es juste, que tu es équitable, et que rien ne peut sortir de toy qui ne soit digne de louange" (*ibid.*, p. 9).

173 "Si nous sommes à repos, et que Dieu ne face sinon ce que nous désirons, il nous sera facile d'accorder qu'il est juste; mais si tost que nous sommes faschez, qu'il y a quelque mal ou adversité qui nous trouble, nous entrons en murmure, et ne cognoissons plus la justice de Dieu, laquelle auparavant nous avions confessée. Ce n'est point donc assez qu'en un mot nous protestions que Dieu est juste: mais le principal est quand ce vient à la pratique, que nous trouvions bon tout ce qu'il fait, que nous soyons volontiers sujets à sa puissance" (CO 35, p. 143).

174 "Concluons ... que Dieu est juste, encores que nous ne le voyons point; et toutes fois et quantes que nous trouvons estrange ce qu'il fait, pour en estre scandalisez, pensons: Et povre créature, il est vray que tu as des yeux; mais ils sont trop esblouis, mesmes ils sont aveugles du tout; et si ton Dieu t'illumine, voire en quelque portion, cependant il te veut retenir, afin que tu lui faces cest honneur de le confesser estre juste" (CO 35, p. 248).

175 "... La justice mesme qui est contenue en la Loy de Dieu est une justice qui est compassée à la mesure des hommes. Nous l'appellerons bien justice parfaite, et la pourrons nommer ainsi: et l'Escriture la nomme justice parfaite, voire au regard de nous, c'est-à-dire au regard des créatures" (37e sermon sur Job, CO 33, p. 459).

176 "Notons donc que la justice qui est contenue en la loi sera bien nommée parfaite: oui, au regard des hommes, c'est-à-dire selon leur capacité et mesure. Mais ce n'est pas une justice qui soit correspondante à celle de Dieu, ne qui y soit égale, il s'en faut beaucoup" (40e sermon sur le livre de Job, CO 33, p. 496).

177 40e sermon sur Job, CO 33, p. 496.

178 47e sermon sur Job, CO 33, p. 590.

179 69e sermon sur Job, CO 34, p. 96.

180 88e sermon sur Job, CO 34, p. 333 et 334.

181 97e sermon sur Job, CO 34, p. 447.

182 Nous pensons au 54e sermon sur II Samuel où la justice de Dieu est envisagée sous l'angle de son exécution dans le monde: "Dieu a deux façons de commander. Il y en a l'une qui est pour nostre reigle quant à nous et à nostre esgard, l'autre pour exécuter ses jugemens secrets et pour accomplir ce qu'il a déterminé en son conseil, et pour donner cours à sa Providence. Quant est de la première façon de commander, elle est contenue en la Loy ... Or il y a une autre façon de commander, c'est quand il exécute ses jugemens" (SC 1, p. 473).

183 Outre les textes que nous citerons plus loin, cf. le 52e sermon sur Job, CO 33, p. 643: "Dieu a une justice secrette par dessus celle que nous cognoissons, comme elle nous est déclarée en sa Loy".

184 CO 33, p. 633. Cf. aussi le 37e sermon sur le livre de Job, CO 33, p. 460: "Si nous avons ceste pureté-là devant Dieu selon la Loy, c'est-à-dire que nous eussions accompli ce que Dieu commande là (ce qui est impossible aux hommes), nous ne pourrions pas encores subsister devant luy. Mais prenons le cas que Job fust comme un ange, qu'il peust suffire envers Dieu selon la justice de la Loy, si est-ce que selon ceste justice secrette qui est en Dieu, il se trouveroit tousjours redevable"; et le 40e sermon sur le livre de Job, CO 33, p. 496: "Quand nous pourrions faire et accomplir ce qui nous est là (sous-ent.: dans la Loi) ordonné, alors nous serions tenus et réputez pour justes devant Dieu en toute perfection, ouy bien, mais tant y a encores que nous ne serions point justes pour dire qu'il y eust quelque dignité en nous . . ."

185 35e sermon sur le livre de Job, CO 33, p. 437 et 438.

186 Cf. *supra*, p. 118.

187 "Il faut nous tenir en bride, et que nous sachions que la justice de Dieu, laquelle nous ne comprenons pas maintenant, nous est cachée afin que nous l'adorions" (37e sermon sur Job, CO 33, p. 463).

188 CO 33, p. 442. Cf. aussi le 36e sermon sur le livre de Job, CO 33, p. 451: . . . "Quelquefois Dieu besongnera en sorte que sa justice sera toute patente, qu'on l'appercevra à l'oeil; mais quelquefois aussi elle sera cachée. Et en cest endroit nous n'avons sinon à l'adorer pour dire: Hélas! Seigneur, tes jugemens sont un abysme où nous ne pourrons point parvenir; mais si est-ce que nous ne laisserons pas de confesser que tu es juste, encores que nous n'appercevions la raison pourquoy"; le 37e sermon sur le livre de Job, CO 33, p. 463: ". . . Nous avons à magnifier Dieu en deux sortes: la première est selon qu'il se manifeste à nous. Voilà Dieu qui se déclare juge en sa Loy pour nous condamner . . . Quand donc Dieu se déclare ainsi, nous avons matière de le glorifier, et de cognoistre qu'il est juste, quoy qu'il en soit . . . Mais avons-nous fait cela? Il faut venir encores plus haut: c'est assavoir que nous glorifions Dieu, encores qu'il se cache à nous, encores qu'il ne nous monstre point sa justice, ne sa bonté, ne chose en quoy nous puissions dire que ceste gloire lui soit deue"; et le 75e sermon sur le livre de Job, CO 34, p. 176: "Dieu est doublement loué en l'Escriture saincte de sa justice. Quelquefois . . . Dieu punira les iniquitez à l'oeil, afin qu'il soit craint et redouté . . . Voilà donc comme la justice de Dieu sera manifestée quelquefois; mais quelquefois aussi Dieu besongnera d'une façon qui nous est estrange . . . Mais cependant il faut que nous confessions que Dieu est juste, adorans ses jugemens secrets qui sont en lui comme un abysme".

189 "Touchant de ce qui est dit: Que tout a esté mis à mort jusques aux petis enfans, de prime face on pourroit attribuer ceci à cruauté que les enfans d'Israël n'ayent pas mesmes espargné les petis enfans. Et où est-ce aller? . . . Par ceci nous voyons et sommes admonnestez qu'il ne nous faut point prononcer des jugemens de Dieu à nostre fantaisie . . . C'est à luy de nous juger, et non pas nous de le juger" (14e sermon sur Deutéronome, CO 26, p. 49–50). "Ici il n'est question que de rigueur: Dieu veut qu'on tue tout sans rien espargner" (55e sermon sur Deutéronome, CO 26, p. 545). "Notons . . . que quand Dieu a voulu que tous ces peuples, c'est assavoir Cananéens, Phérésiens et leurs semblables fussent exterminez, que ç'a esté l'office du peuple de faire ce qui luy estoit ordonné: car il n'y avoit que Dieu seul qui en fust juge" (173e sermon sur Deutéronome, CO 28, p. 601). "Quand nous oyons parler de la justice de Dieu et de son jugement, et qu'il n'est question que de raser tout ce qu'on trouvera en un pays, de mettre tout à sac, de ne rien espargner: cognoissons que ce n'est point aux hommes d'estre juges du bien et du mal, mais qu'il faut que Dieu en prononce, qu'on se tienne là, et qu'on y acquiesce du tout" (197e sermon sur Deutéronome, CO 29, p. 186).

190 51ᵉ sermon sur le Deutéronome, CO 26, p. 495–496. Cf. aussi le 55ᵉ sermon sur le Deutéronome, CO 26, p. 545: "Les payens mesmes ont bien seu dire qu'il n'y a rien en quoy les hommes ressemblent plus à Dieu qu'en douceur et humanité, quand ils se dédient à bien faire. Or ici il n'est question que de rigueur . . ."; et le 197ᵉ sermon sur le Deutéronome, CO 29, p. 186: ". . . Gad suyvra les lignées d'Israël . . . pour aller l'espée desgainée tuer tous les masles de ce pais-là, et grans et petis. Il sembloit bien qu'il y eut de la cruauté".

191 173ᵉ sermon sur le Deutéronome, CO 28, p. 601. Cf. aussi le 14ᵉ sermon sur le Deutéronome, CO 26, p. 50: "Si ce qui est escrit en Genèse estoit bien poisé, alors nous cognoistrions que nostre Seigneur non sans cause a voulu que les petis enfans fussent exterminez du monde en ce peuple des Amorrhéens. Car du temps d'Abraham les Cananéens estoyent venus jusques au comble de toute iniquité . . . Et toutesfois Dieu dit que leur iniquité n'est pas encores accomplie. Combien que les hommes les eussent condamnez, Dieu est patient, et endure, et les supporte, voire jusques à quatre cens ans après. Voilà Dieu qui endure quatre cens ans la malice de ce peuple; au bout de quatre cens ans, nous dirons donc: Comment est-ce que Dieu les a traitté si rudement?"; le 51ᵉ sermon sur le Deutéronome, CO 26, p. 497: "Voici Dieu qui déclare, combien que les Amorrhéens et leurs voisins soyent du tout adonnez à mal, et qu'ils soyent incorrigibles, qu'il n'y ait plus nulle espérance de les attirer à bien: tant y a qu'il les supporte . . . Et jusques à quand? Il n'est point question d'attendre dix ans, ne vingt ans, ne cent ans: voilà quatre cens ans qui se passent et s'escoulent. N'est-ce point assez enduré? . . . En la fin ne faut-il pas qu'il y ait une vengeance plus horrible? Ils ont amassé de si long temps ce thrésor de l'ire de Dieu sur leur teste, quand ils ont abusé de sa patience: et pourtant la rigueur qu'il a exercée contr'eux doit-elle estre estimée trop excessive?"; et le 55ᵉ sermon sur le Deutéronome, CO 26, p. 546: "Ce n'est pas sans cause que Dieu commande ici à son peuple d'exterminer tous les hommes qui habitoyent au pays de Canaan; car il les avoit supporté desjà trop longuement, comme il a esté déclaré. Trouverons-nous estrange, après que Dieu aura attendu quatre cens ans des hommes qui sont contempteurs de sa majesté, qui sont addonnez à tout mal, qu'en la fin il n'en ait plus de pitié, mais qu'il vueille que tout soit rasé du monde?"

192 173ᵉ sermon sur le Deutéronome, CO 28, p. 601. Cf. aussi le 14ᵉ sermon sur le Deutéronome, CO 26, p. 50: "Nous voudrons plaider contre Dieu: s'il use de patience, nous dirons qu'il est trop tardif; et quand il usera de vengeance extrême, nous le voudrons arguer de cruauté"; et le 55ᵉ sermon sur le Deutéronome, CO 26, p. 546: ". . . Nous saurons bien demander à Dieu qu'il punisse les méchans, et nous fait mal quand ils sont supportez; quand il diffère, il nous semble qu'il soit trop patient. Et si après avoir long temps attendu il use de rigueur, c'est-à-dire: Et pourquoy est-ce qu'il est si sévère? que ne besongne-t-il autrement?"

193 CO 26, p. 496. Cf. aussi le 14ᵉ sermon sur le Deutéronome, CO 26, p. 50: "Apprenons quand il nous est parlé des jugemens de Dieu, de ne point avoir nos esprits volages pour en dire ce que bon nous semblera; mais cognoissons que tout ce qui procède de Dieu est bon et juste, encores qu'il nous semble du contraire. Et de faict, quand nous ne voyons goutte en ces abysmes profonds des jugemens de Dieu, sachons que nous sommes tesmoins de l'infirmité qui est en nous, et que cependant Dieu ha dequoy pour maintenir sa justice, combien qu'il ne nous le monstre pas"; et le 173ᵉ sermon sur le Deutéronome, CO 28, p. 601–602: "Voyant que nous sommes si pervers et qu'au lieu de juger droitement des oeuvres de Dieu, nous enveloppons tout en confus, apprenons de trouver bon sans contredit tout ce qu'il fait; et mesmes quand nous ne verrons point la cause, que nous facions ceste conclusion que quoy qu'il en soit, tout ce qui procède de luy est juste".

194 7ᵉ sermon sur Esaïe 13–29, SC 2, p. 62. Cf. aussi le 18ᵉ sermon sur le livre de Job, CO 33, p. 229: "Il est vray que de prime face on pourroit trouver estrange comme Dieu punit les enfans à cause des pères"; et le 74ᵉ sermon sur le livre de Job, CO 34, p. 160–161, où Calvin déclare à propos de Job 20/10: "Il (c'est-à-dire: Tsophar)

signifie que Dieu déclarera sa vengeance et la fera sentir, non seulement en la personne de ceux dont il parle, mais en leurs enfans, comme aussi l'Escriture dit que Dieu fera retourner l'iniquité des pères sur le giron des enfans. Il semble bien de primeface que ceci ne conviene point à la justice de Dieu: car l'âme qui aura péché portera la punition de son iniquité, comme il est dit en Ezéchiel. Comment donc est-ce que Dieu punit les enfans à cause des pères? " Cf. enfin le 81ᵉ sermon sur le livre de Job, CO 34, p. 249, cité n. 196.

195 74ᵉ sermon sur Job, CO 34, p. 161. Cf. aussi le 18ᵉ sermon sur le livre de Job, CO 33, p. 229: "Dieu se monstrera bien sauveur de ceux qui sont sortis et descendus d'un mauvais parentage, comme nous en voyons les exemples en l'Escriture saincte".

196 7ᵉ sermon sur Esaïe 13–29, SC 2, p. 62. Cf. aussi le 81ᵉ sermon sur le livre de Job, CO 34, p. 249 et 250: "Comment ... est-il possible que Dieu punisse les enfans à cause des pères? N'est-il pas dit que celui qui pèche portera son iniquité, et que le fils ne sera point puni à cause du père? Ouy bien, voire tellement que le fils ait de quoi se plaindre, comme s'il estoit juste, et que cependant la punition qui est deuë à son père, Dieu la fist tomber sur lui qui est innocent: car cela ne peut advenir. Mais quand il est dit que Dieu rendra l'iniquité des pères au giron des enfans, ce n'est point qu'il leur face tort: mais c'est pource qu'il laisse là les meschans ... Ainsi donc les enfans sont tellement punis pour leurs pères que c'est une juste vengeance pour eux-mesmes aussi: ils ne peuvent pas dire: Nous sommes innocens, car ils sont trouvez coulpables devant Dieu comme leurs pères"; et le 100ᵉ sermon sur le livre de Job, CO 34, p. 484 qui fait intervenir la malédiction qui, depuis Adam, pèse sur tout le genre humain: "Dieu non seulement punit les meschans et les contempteurs de sa majesté en leurs personnes propres, mais ceste vengeance s'estend jusques aux enfans. Il est vray que nous trouverons cecy estrange à nostre sens; mais il a desjà esté déclaré cy-dessus comme Dieu peut punir les enfans des meschans sans leur faire tort. Et pourquoy? Nous sommes tous maudits en Adam, et n'apportons que condamnation avec nous du ventre de la mère".

197 140ᵉ sermon sur le Deutéronome, CO 28, p. 192.

198 7ᵉ sermon sur Esaïe 13–29, SC 2, p. 62–63. Cf. aussi le 18ᵉ sermon sur le livre de Job, CO 33, p. 229–230: "D'autant que les pères ont esté si desbauchez qu'ils ont mené une vie perverse, Dieu laisse là leur lignée, tellement que la grâce de son sainct Esprit n'habite point sur eux. Or quand nous sommes ainsi destituez de la conduite de Dieu, il faut bien que nous allions à perdition, il faut que le mal s'augmente de plus en plus. Voilà comme les enfans des meschans portent l'iniquité de leurs pères"; le 74ᵉ sermon sur le livre de Job, CO 34, p. 161: "Quand Dieu voudra accomplir ce jugement dont il parle ici, il laissera les enfans des meschans aller leur train après leurs pères. Ils ne pourront donc sinon toujours augmenter le mal, et estans desnuez de l'Esprit de Dieu, ils ne feront sinon provoquer son ire, et continuer d'amasser la vengeance sur leurs personnes, comme Dieu l'avoit exercée sur leurs pères. Il est vrai que tout leur vient de là, que Dieu ne les retire point, qu'il ne les touche point de son sainct Esprit"; et le 140ᵉ sermon sur le Deutéronome, CO 28, p. 191: "Apprenons, quand Dieu nous laisse pour tels que nous sommes, que c'est une espèce de punition sur nous. Voilà donc comme il punit le péché des pères sur les enfans, et cependant il ne fait tort à nul".

199 137ᵉ sermon sur Job, CO 35, p. 231 et 232. Cf. aussi le 91ᵉ sermon sur Job, CO 34, p. 368–369, cité dans la n. 203. Cf. enfin dans un sens un peu moins fort le 36ᵉ sermon sur le livre de Job, CO 33, p. 444: "Nous savons que la justice et l'équité a deux parties: l'une c'est que les meschans soyent punis, et l'autre que les bons soyent soulagez, qu'ils soyent maintenus en leur droit et intégrité. Si donc Dieu punit les meschans, il faut aussi à l'opposite qu'il maintienne les bons, qu'il les ait en sa garde, qu'il ne permette point qu'ils soyent affligez ne tourmentez, mais si tost qu'ils crieront à luy, ils sentent son secours. Or est-il ainsi que les bons sont affligez (comme nous le voyons) non point pour un jour ni pour deux, mais ils languissent tout le temps de leur

vie, il semble que Dieu se venge d'eux, qu'il les vueille mettre en abysme, au lieu de monstrer quelque signe qu'il les veut aider"; et le 118e sermon sur le Deutéronome, CO 27, p. 627: "Nous sommes esbahis, voire et comme effrayez, pour dire: Et comment est-ce que Dieu ne punit ceux qui l'ont tant offensé? Au contraire qu'on voit qu'il les laisse là, mesme qu'il leur donne la vogue, qu'ils font tout ce qu'ils veulent en ce monde: et cependant qu'il nous ait mis en oubli, qu'il ne regarde point à nous? Et si nous sommes ses enfans, où est la pitié qu'il nous a promise? "

200 Il faut remarquer que, dans certains textes, Calvin ignore ce scandale et affirme que la justice de Dieu ne manque pas de s'exercer régulièrement ici-bas. Cf. le 73e sermon sur le livre de Job, CO 34, p. 145: "Si nous voyons seulement deux ou trois exemples de la justice de Dieu, n'en devrions-nous pas estre assez touchez. Mais il y a ici beaucoup plus, il n'est point question que Dieu en trois ou quatre personnes nous déclare qu'il ne laisse point les meschans impunis; il le déclare tous les jours, il l'a déclaré devant que nous fussions nays; et poursuivons d'aage en aage depuis la création du monde, nous verrons que Dieu a tousjours observé cela. Quand donc nous avons de tels exemples, et si grans, et de si long temps, que Dieu s'est tousjours monstré juge sur la félicité des meschans, qu'il a fait tout retourner à leur confusion et ruine: faut-il que nous en doutions encores là-dessus? "; et le 76e sermon sur le livre de Job, CO 34, p. 187: "Notons bien donc que si les meschans ont de l'astuce beaucoup, et qu'il semble ainsi qu'il leur sera aisé et facile de trouver des eschappatoires, et qu'ils prouvoyent assez à leurs affaires: Dieu toutes fois les trouvera en la fin, et ils ne pourront point eschapper de ses filets".

201 60e sermon sur II Samuel, SC 1, p. 528.

202 Cf. le 38e sermon sur le livre de Job, CO 33, p. 475–476: "Dieu qui est la fontaine de toute bonté, qui est la règle de toute droiture, pourra-il estre incité à nous mal-faire, et à nous affliger injustement, sans qu'il y ait profit? Ainsi donc nous voyons ici une approbation de la justice de Dieu. Et puis, qu'il ne puisse user de cruauté contre nous, il appert: nous sommes sa facture puis qu'il nous a formez".

203 Cf. le 91e sermon sur le livre de Job, CO 34, p. 368–369: "Dieu n'exerce pas ses jugemens à veuë d'oeil, en sorte qu'on cognoisse qu'il a le soin des bons pour les maintenir, et qu'il est ennemi des meschans pour les chastier comme ils l'ont mérité. Nous ne voyons point cela, car les choses sont confuses au monde ... Nous savons que c'est un tel scandale, et si grand, que nous en sommes troublez à chacune fois: je dis, les plus parfaits ... Il est donc besoin que nous soyons confermez en ceste doctrine qui est icy contenue ... afin que, quand nous voyons les choses troublées au monde, nous ayons tousjours ceste clarté de foy, qui nous serve pour voir les jugemens de Dieu, combien qu'ils nous soyent cachez pour ce jourd'hui"; et le 118e sermon sur le Deutéronome, CO 27, p. 626 et 627: "Ne soyons point troublez quand nous voyons que nostre Seigneur ne punit point du premier coup les meschans ... Quand nous voyons cela, que nous craignions de loin la rigueur de nostre Dieu: et quand les signes de son ire n'apparoissent point, que par foy nous ne laissions point de les contempler". En faisant ainsi appel à la foi de ses auditeurs, Calvin finit par les inviter à "avoir en admiration" (cf. le 83e sermon sur II Samuel, SC 1, p. 725), à "adorer" (cf. le 21e sermon sur Esaïe 13–29, SC 2, p. 190) et à reconnaître comme juste (cf. le 2e sermon sur Job, CO 33, p. 38) l'attitude incompréhensible de Dieu. Pour illustrer le rôle de la foi en face du problème du mal, le Réformateur utilise une belle image: pour le croyant, pense-t-il, la justice de Dieu n'est pas plus ternie par les iniquités d'ici-bas que le soleil ne l'est par les nuages qui peuvent voiler le ciel. "Quand nous verrons que tout sera comme dissipé, qu'il semblera qu'il n'y ait plus que confusion au monde, ô regardons à ce qui ha esté dit de tous temps, et connoissons que Dieu ne laisse point d'estre juge au ciel; quand il y aura de grosses nuées et especes, le soleil ne laissera point de luire; il est vray que sa clarté ne viendra point jusques à nous, mais tant y ha que le soleil demeure tousjours en son estat, il est tousjours au ciel comme il ha esté dès le commencement du monde; il est vray qu'il se fera de grandes esmotions et

tourbillons en ce monde, le ciel est tousjours semblable à soy, encores que nous voions des nuées qui nous empeschent le regard du ciel. Or Dieu est par dessus le soleil et par dessus le ciel, on ne pourra point obscurcir son royaume, il demeure tousjours en son entier, mais cependant prions-le qu'il nous face la grâce de pouvoir surmonter toutes ces grosses nuées, tous ces troubles qui sont ici-bas, et que par foy nous puissions entrer en son sanctuaire, que nous regardions au ciel, et que nous connoissions que sa main domine en telle droiture que rien ne se fait que par bonne raison" (42ᵉ sermon sur Daniel, CO 42, p. 107).

204 138ᵉ sermon sur Job, CO 35, p. 248. Cf. aussi le 137ᵉ sermon sur Job, CO 35, p. 231: "Si donc Dieu permet que les hommes soyent affligez, c'est pour juste cause ... Combien que son jugement tarde, et qu'il nous semble qu'il ne vienne point si tost comme il devoit, si faut-il que nous l'attendions en patience, et que nous lui facions cest honneur d'espérer en lui, encores qu'il nous soit comme caché".

205 130ᵉ sermon sur le livre de Job, CO 35, p. 146. Cf. aussi le 36ᵉ sermon sur le livre de Job, CO 33, p. 444: "Or est-il ainsi que Dieu réserve beaucoup de choses: et voilà pourquoy il semble qu'il gouverne aujourd'huy en confus. Car s'il punissoit les péchez des hommes, nous estimerions estre desjà venus jusques à la fin, il n'y auroit plus d'espérance que nostre Seigneur Jésus-Christ nous deust recueillir à soy. Ainsi donc nous avons besoin que Dieu laisse beaucoup de fautes impunies: il est besoin aussi que les bons soyent affligez, et qu'il semble qu'ils ayent perdu leurs peines en servant à Dieu"; et le 79ᵉ sermon sur le livre de Job, CO 34, p. 218 et 219: "Ces deux choses se peuvent très bien accorder, c'est assavoir que Dieu soit juge du monde, et néantmoins que les bons soyent ici comme maudits, que leur vie soit subjette à beaucoup de maux et que les meschans s'esgayent, qu'ils soyent en prospérité, qu'ils facent leur triomphe et ayent tout à souhait: ces deux choses, di-je, ne sont pas répugnantes. Et pourquoy? Car Dieu n'est pas juge du monde pour nous assigner un certain temps, tellement qu'il faille qu'il exécute ses jugemens quand la phantasie nous montera au cerveau, non ... Il se réserve le jugement en autre temps ..., il n'est pas obligé à se monstrer juge ni aujourd'huy ni demain ... Si nous voulions que nostre Seigneur nous monstrast maintenant en pleine perfection qu'il est juge des hommes, et qu'est-ce qui seroit réservé ... au dernier jour, lequel est toute nostre attente?"

206 "Il semble à d'aucuns qu'ils ont beaucoup gaigné quand ils auront trouvé quelques disputations frivoles, pour dire que Dieu ne fait pas toutes choses, lesquelles se font et par Satan et par les méchans. On allègue pour response que, quand les meschans font quelque mal, Dieu ne besongne pas là: mais il permet, et donne simplement le congé. Or ayant l'authorité d'empescher et la puissance, quand il le permet, n'est-ce pas autant comme s'il le faisoit? C'est donc une excuse par trop frivole, et aussi Dieu n'a que faire de nos mensonges pour maintenir sa vérité et sa justice" (8ᵉ sermon sur Job, CO 33, p. 106). "Il ne nous faut point imaginer comme font beaucoup de gens mal exercez en l'Escriture saincte, qu'il se face icy bas des choses que Dieu permette, ne s'en souciant point et ne s'en meslant point. Car c'est luy retrancher sa puissance, c'est comme s'il dormoit au ciel, et qu'il laissast gouverner ce monde ici ou par Satan ou par les hommes. C'est (di-je) anéantir la majesté de Dieu. Car il faut qu'il ordonne tout ce qui se fait, et que cela procède de sa volonté et bonne disposition" (36ᵉ sermon sur Job, CO 33, p. 451–452). "Ceux qui veulent excuser Dieu d'injustice allèguent pour couleur qu'il permet bien ce que les hommes font, et toutesfois qu'il ne le fait pas. Mais je vous prie, donneront-ils solution à ce passage (Job 12/16)? .... S'il y avoit une simple permission, Job auroit bien mal parlé. Il faut donc conclure que Dieu a tellement la conduite de tout, que rien ne se fait sinon d'autant qu'il l'a ordonné .... Nous voyons bien donc maintenant, Dieu ne se retire point en un anglet pour dire: Je laisserai faire, mais qu'il ordonne, qu'il dispose. Car sans cela (comme j'ay dit) il ne seroit point tout-puissant" (47ᵉ sermon sur Job, CO 33, p. 587 et 588).

207 47ᵉ sermon sur le livre de Job, CO 33, p. 591. Cf. aussi le 5ᵉ sermon sur Job, CO 33, p. 75: "Les diables sont sous la conduite de Dieu, tellement qu'ils ne peuvent rien faire

sans son congé. Mais il y a encores plus, c'est-à-savoir que les diables sont comme bourreaux pour exécuter les jugemens de Dieu et les punitions qu'il veut faire sur les meschans: ils sont aussi comme verges, par lesquelles Dieu chastie ses enfans. Brief, il faut que le diable soit instrument de l'ire de Dieu, et qu'il exécute sa volonté"; le 6ᵉ sermon sur Job, CO 33, p. 89: "Ne trouvons point . . . estrange que le diable ayant un tel congé de Dieu . . . puisse esmouvoir les foudres, et les tourbillons et tempestes: non pas qu'il le puisse faire toutes fois et quantes qu'il le voudroit bien, mais Dieu se sert de luy comme il luy plaist"; le 8ᵉ sermon sur Job, CO 33, p. 103: "Tant y a que le diable estant ainsi enragé, comme il est à nuire et ruiner tout le monde, quelque chose qu'il attente, ne qu'il puisse machiner et pratiquer, ne peut rien accomplir sans la volonté de Dieu"; le même sermon, CO 33, p. 106: "Que Dieu non seulement permette et donne le congé, mais aussi qu'il exécute sa volonté et par Satan et par les meschans, il appert par ce que l'Escriture ne dit point: Seigneur, tu l'as permis, mais tu l'as fait"; le 86ᵉ sermon sur le Deutéronome, CO 27, p. 235: "Satan n'a nul pouvoir sur nous, et . . . il ne pourra point semer de meschantes zizanies, sinon d'autant que Dieu lui en donne congé. Et ceci nous est bien nécessaire: car si nous pensions que le diable eust la porte ouverte, et que tous erreurs se puissent eslever comme à l'aventure, et que Dieu ne gouvernast point par dessus: hélas! que seroit-ce? . . . Voilà pour un item, afin que nous ne cuidions point que le diable domine à son appétit, et qu'il face tout, comme maugré que Dieu en ait: car il faut qu'il ait congé du maistre"; et le 109ᵉ sur le Deutéronome, CO 27, p. 508: "Il ne nous faut point imaginer qu'il (c'est-à-dire: le diable) puisse batailler contre Dieu, pour faire rien en despit qu'il en ait: nous savons qu'il est sous la main de Dieu, et que sans congé et licence il ne peut rien. Il attentera assez, mais il ne sauroit bouger un doigt par manière de dire".

208 Cf. le 36ᵉ sermon sur le livre de Job, CO 33, p. 450, cité plus loin.

209 47ᵉ sermon sur le livre de Job, CO 33, p. 589. Dans le même sermon, Calvin déclare à propos de Job 12/16: "Voilà une chose qui nous semble contre toute raison, que Dieu ait en sa main ceux qui trompent et qu'il les pousse à cela. Il semble que ce soit un poinct qui répugne du tout à sa nature . . . Encores que nous ayons quelque tentation qui nous trouble de prime face, toutesfois que nous soyons réprimez, que nous ne soyons pas comme beaucoup de bestes sauvages qui s'eslèvent contre Dieu, et le despitent, et blasphèment, sinon qu'il se despouille de sa puissance: ainsi que nous en voyons qui n'ont nulle honte de desgorger ce propos si vilain et exécrable, qu'ils ne croiroyent pas que Dieu fust juste s'il faisoit toutes choses, jusques à pousser ceux qui font mal. Car par ce moyen (disent-ils) il seroit autheur de péché. Et qui est-ce qui leur a révélé? C'est d'autant qu'ils veulent renger Dieu à leur fantasie, et qu'ils n'appréhendent point sa sagesse admirable pour l'adorer combien qu'elle nous soit cachée" (p. 585–586).

210 "Comment Dieu permet ainsi Job son serviteur à l'appétit de Satan; faut-il que le diable ait ce crédit envers Dieu, que quand il demandera licence de nous malfaire, Dieu luy ottroye? Et il semble qu'il luy favorise, il semble qu'il se joue cependant de nous comme d'une pelotte. Mais notons que quand Dieu a permis ceci à Satan, ce n'a pas esté pour luy gratifier, il n'a point esté esmeu de faveur qu'il luy portast: mais Dieu avoit ordonné cela en son conseil . . . Dieu vouloit affliger son serviteur, et le vouloit pour juste cause, laquelle il nous a manifestée; mais quand elle nous seroit incognue, si faudroit-il baisser la teste, et dire que Dieu est juste et équitable en tout ce qu'il fait" (5ᵉ sermon sur Job, CO 33, p. 73).

211 36ᵉ sermon sur Job, CO 33, p. 450. S'abstenant de relever que Dieu n'est pas l'auteur du mal, Calvin déclare dans le 6ᵉ sermon sur le livre de Job, CO 33, p. 86: "Dieu veut que nous soyons patiens . . . , c'est assavoir que nous soyons prests de tout endurer, sachans que le bien et le mal nous procède de la main de Dieu". Plus prudent dans le 47ᵉ sermon sur le livre de Job, CO 33, p. 589, le Réformateur souligne que Celui qui commande même aux méchants est un Dieu juste: "D'autant qu'il (sous-ent.: Dieu) a tout en sa main, c'est raison qu'il dispose de ses créatures à sa volonté, et que d'autant

qu'il est juge du monde, il ne peut mal faire: ... il est impossible qu'il décline ne çà ne là, il n'y aura que droiture. Car sa volonté (combien qu'elle nous soit incognue) est la fontaine de toute justice".

212 "Si nous voulons suyvre nostre opinion, nous pourrons nous esmerveiller comment cela se fait que Dieu donne telle autorité et telle vogue à Satan de nous pouvoir séduire. Cela donc nous semblera bien estrange à nostre fantasie. Mais quoy? Il nous faut humilier, voyant que l'Escriture en parle ainsi, et attendre le jour que nous concevions mieux les secrets de Dieu, lesquels nous sont aujourd'huy incompréhensibles ... Il faut donc que nous cheminions en humilité, cognoissans en partie, jusques à ce que nous ayons plénitude de révélation au dernier jour" (5e sermon sur Job, CO 33, p. 77). "Voilà comme nous devons pratiquer ceste doctrine: non point pour murmurer contre Dieu, non point pour nous vouloir monstrer et avoir une sotte pompe pour dire: O, je disputerai contre tout cela, et si on ne me rend raison, jamais je ne fleschirai. Gardons-nous de faire telles bravades: mais plustost .... humilions-nous pour adorer en toute crainte ce qui nous est incognu" (47e sermon sur Job, CO 33, p. 591–592).

213 "Combien que nous voyons les choses confuses au monde, qu'il ne nous reste sinon de tomber en perdition, ne craignons point; mais d'autant que Dieu gouverne tout et qu'il a l'empire souverain par dessus toutes créatures, asseurons-nous en cela ... Il est impossible que les esleus (comme nostre Seigneur Jésus-Christ en parle) soyent jamais destournez du chemin de salut" (47e sermon sur Job, CO 33, p. 592).

LA TRINITÉ[1]

Nous inspirant de la démarche suivie par Wilhelm Niesel dans son ouvrage sur la théologie de Calvin[2], nous devons nous demander, avant d'étudier la doctrine trinitaire, dans quelle mesure le Réformateur, en adoptant celle-ci, est tributaire du dogme de l'Eglise ancienne. Le problème qu'il nous faut examiner en guise d'introduction à l'enseignement des sermons relatif à la Trinité, est en somme celui de l'autorité de la tradition. Comme on le sait, Calvin insiste sur la *sola Scriptura* dans l'*Institution de la religion chrestienne,* mais, fait remarquable, s'il vitupère souvent les "traditions humaines", il ne consacre en revanche à la critique de la tradition proprement dite que deux passages assez brefs. En IV/8/14, il s'élève contre la thèse selon laquelle, en vertu d'une interprétation contestable de Jean 16/12, les apôtres auraient transmis à l'Eglise un enseignement oral destiné à éclairer leurs écrits. En IV/10/18, il condamne l'origine prétendument apostolique des traditions reçues dans l'Eglise romaine et il accuse celle-ci d'être fondamentalement novatrice. Pour graves qu'elles soient, ces critiques sont rares dans l'*Institution.* En va-t-il de même dans l'oeuvre homilétique? C'est la question à laquelle nous allons essayer de répondre.

1. La tradition et le dogme de l'Eglise ancienne

Le problème de la tradition, ou, pour exprimer les choses de manière négative, celui du refus de la *sola Scriptura,* occupe une place importante dans les sermons. A maintes reprises, Calvin relève qu'il constitue le coeur du débat théologique de son temps[3]. "Aujourd'hui, déclare-t-il dans le 19e sermon sur le Deutéronome, le principal article dont la chrestienté est troublée, quel est-il? Nous demandons qu'on escoute Dieu parler: et là-dessus qu'on ne reçoyve quelque doctrine qui sera forgée à l'appétit des hommes: mais que le monde s'assujetisse à Dieu, que l'Escriture saincte soit tenue comme une doctrine de perfection: que nous la cognoissions estre la vérité de Dieu, à laquelle il faut que toute nostre vie soit reiglée, qu'on n'y adjouste ni diminue. Voilà ce que nous demandons .... Et voilà aussi qui engendre les plus grans combats aujourd'huy: que les papistes ne peuvent venir à ceste raison que Dieu soit obéy selon sa parolle, et qu'on se contente d'avoir esté enseignez de luy en son eschole"[4]. Le mépris de l'Ecriture que le Réformateur dénonce dans le catholicisme, mépris qui était déjà celui des Pharisiens (car, eux aussi, prétendaient compléter la Loi et les prophètes par la tradition des pères[5]), est la source de toutes les difficultés. Parce qu'ils ne s'en tiennent pas à "la pure simplicité de la Parole de Dieu" qui pourrait fournir un terrain d'accord facile aux deux partis, les papistes cultivent en quelque sorte l'erreur[6]. Bien qu'ils soient encore d'accord avec les réformés sur "quelques principes de religion", la théologie proprement dite et la sotériologie vue sous son aspect objectif[7], ils sont aussi éloignés d'eux que les Samaritains l'étaient des Juifs[8]. S'ils veulent retrouver l'unité perdue, ils doivent cesser de faire accroire au peuple que les réformés, en répudiant la tradition, rejettent l'héritage des apôtres et des martyrs[9], et se soumettre, avec ceux qu'ils considèrent comme des apostats, à l'autorité de la seule Ecriture[10].

Le recours à la tradition, que Calvin considère comme la violation du contrat que Dieu a scellé dans l'Ecriture par le sang du Christ et le témoignage du Saint-Esprit[11], procède du besoin qu'a l'homme pécheur, au lieu de se contenter de la révélation scripturaire, d'y ajouter des développements de son cru. Faisant mention, dans le 44e sermon sur le Deutéronome, de la "curiosité frivole" qu'ont les humains de compléter la Loi, le Réformateur remarque "que de nature nous n'y sommes que par trop adonnés, et que nostre chair nous solicite tousjours d'inventer je ne say quoy de nouveau". Et il poursuit: "Voilà comme en la papauté chacun a entreprins d'adjouster son morceau et son loppin ... Et pourquoy? Car il sembloit que ce n'estoit point assez de cheminer rondement selon la Parolle de Dieu, et qu'il seroit bon encores d'y mettre quelque meslinge"[12].

Le terme de "mélange" qui apparaît dans cette citation et qui est repris dans d'autres textes[13], exprime bien l'attitude de Calvin devant la tradition: vouloir faire place à cette dernière à côté de l'Ecriture, c'est, à ses yeux, mettre sur le même pied et finalement confondre ce qui vient de l'homme et ce qui vient de Dieu. Cette confusion que le Réformateur stigmatise dans plusieurs images, celle du bon vin corrompu par le vinaigre qu'on y ajoute[14] et celle du levain qui aigrit toute la pâte[15], est le propre du catholicisme. Pour avoir renoncé à la *sola Scriptura* et pour avoir ouvert la porte à la tradition, celui-ci a cédé à la tentation du syncrétisme: il s'est efforcé d'assimiler "toutes les religions du monde". Il faut citer ici le 48e sermon sur le Deutéronome, qui date de 1555 vraisemblablement et qui déclare: "Qui est cause des troubles qui sont aujourd'huy au monde, et que nous sommes ainsi divisez d'avec les papistes? Car nous confessons qu'il y a un seul Dieu, nous avons ce principe-là commun, nous le nommons créateur du ciel et de la terre, nous tenons Jésus-Christ pour nostre Rédempteur; et cependant nous sommes toutesfois en si grands combats que les Turcs et les Juifs ne sont point plus divisez d'avec nous que les papistes. D'où procède cela? Ce n'est pas que les papistes renoncent pleinement Dieu: mais c'est qu'ils veulent faire une doctrine meslée et confuse de toutes les religions du monde, ... qu'il n'est point question de se tenir à la pureté de l'Escriture saincte, à la Loy ni à l'Evangile, mais à ce qu'ils ont imaginé en leur cerveau"[16]. Ce jugement sévère devait être relevé: il permet de comprendre pourquoi Calvin affirme parfois que l'Ecriture, que l'Eglise romaine possède indéniablement, y est "comme ensevelie"[17], ou encore que l'Evangile dont cette Eglise se targue est un "Evangile bâtard"[18].

Comme nous l'avons relevé dans notre chapitre 2[19], Calvin souligne qu'après le don de l'Ecriture, il n'y a plus de "visions", plus de théophanies à attendre. En rappelant ainsi le caractère définitif de la révélation biblique, le Réformateur visait, on s'en souvient, les "fantastiques" enclins à croire aux inspirations de l'Esprit. Mais, il nous faut le relever maintenant, Calvin ne songeait pas seulement aux spiritualistes reconnus pour tels. Il pensait aussi aux catholiques, faisant d'eux, comme le montre bien le 16e sermon sur le livre de Job, des représentants du plus pur illuminisme. "Nous avons à nous contenter quand Dieu nous enseigne par sa Parole, sans appéter des visions nouvelles; comme il y a beaucoup d'esprits volages qui voudroyent que les anges descendissent du ciel, qui voudroyent que quelque révélation leur fust apportée. Or en cela ils font grand injure à Dieu, ne se contentans point de ce qu'il se déclare si privéement à nous. Car quand nous avons l'Escriture saincte, il est certain que rien ne nous peut faillir ... Puis que ainsi est donc, ceux qui sont encores chatouillez d'un vain désir d'avoir quelques visions monstrent bien que jamais ils n'ont cognu que c'est de l'Escriture saincte. Contentons-nous donc qu'il a pleu à Dieu nous révéler tant par ses prophètes, comme par nostre Seigneur Jésus-Christ son Fils, sachans qu'il nous fait là une conclusion finale sans passer plus outre. Et de fait nous voyons où en sont venus ceux qui se sont ainsi voulu esgarer et voltiger outre leurs bornes: car voilà d'où est venue l'horrible confusion qui est en la papauté; voilà sur quoy c'est que le pape fonde toute sa doctrine, car il dit que les apostres n'ont point déclaré tout ce qui estoit utile pour l'Eglise, et que le sainct Esprit est venu, afin qu'on peust bastir des articles nouveaux et qu'on s'arrestast aux saincts conciles"[20]. Cette façon de considérer le catholicisme comme un illuminisme est des plus intéressantes. Est-elle la trouvaille géniale de Calvin, comme l'affirme Gottfried W. Locher[21] en se fondant sur un passage de l'Epître à Sadolet[22]? Nous hésitons à l'affirmer, car elle se rencontre déjà dans les Articles de Smalkalde, de Martin Luther[23]. Nous dirions plus volontiers qu'elle s'est imposée à l'esprit de Luther comme à celui de Calvin, car il semble bien que ce dernier l'ait découverte, de manière indépendante, quelques années après le Réformateur de Wittenberg[24].

Assimilant le catholicisme à un illuminisme, Calvin ne se fait pas faute de relever que les papistes justifient les décisions du magistère pontifical et les décrets des conciles, non en se référant à l'autorité de l'Ecriture, mais en se réclamant directement du Saint-Esprit. "Regardons maintenant, déclare-t-il dans le 104e sermon sur le Deutéronome, que fait le pape et qu'ont fait tous ces conciles bastards ausquels il nous veut assujettir. O il n'est question que de dire que le Sainct Esprit les gouverne: car de l'Escriture saincte, ils la laissent là. Il est vray qu'ils luy attribueront bien ce tiltre honorable que c'est la Parolle de Dieu; mais quand ils auront voulu déterminer ce que bon leur semble, est-ce selon que Dieu l'avoit déclaré? Nenni. Mais ils ont prins une autre reigle, c'est que l'Eglise ne peut faillir, puis qu'elle est gouvernée par le Sainct Esprit"[25].

Le Réformateur ne se borne pas à noter que l'Eglise romaine s'autorise de l'assistance de l'Esprit pour fonder la légitimité de la tradition, il prend soin de souligner aussi les raisons qu'elle invoque pour ne pas se contenter de l'Ecriture.

L'une d'entre elles est que la Bible étant un nez de cire qu'on peut tordre à son gré, il faut une autorité extra-biblique pour assurer la certitude des croyants. Nous en avons parlé déjà dans notre chapitre 2[26], aussi n'y reviendrons-nous pas maintenant[27].

Une autre raison est que, dans l'Ecriture, "Dieu n'a parlé qu'à demi"[28], de manière imparfaite[29], en sorte que la révélation biblique n'est qu'un ABC, qu'une introduction qui appelle nécessairement le complément ou le développement de la tradition[30]. Calvin s'indigne de cette manière de rabaisser la Bible. Elle équivaut, pense-t-il, à bafouer le Christ, car si l'Evangile n'est qu'un ABC, le Christ n'est qu'un maître d'école dont les leçons ont besoin d'être améliorées par le pape. Parlant des catholiques, il déclare en un saisissant raccourci: "Ils n'ont point eu honte de dire que ce qui est contenu en l'Evangile n'est seulement que comme l'ABC des chrestiens, que ce n'est sinon comme une introduction, mais que les grans mystères et les choses principales leur ont esté révélées depuis, et que cela vient des conciles, que cela vient du siège romain. Voilà comme nostre Seigneur Jésus-Christ est mocqué, comme s'ils avoyent entreprins de le crucifier derechef. Car on ne luy sauroit faire un plus grand opprobre que de dire qu'il a esté seulement comme un magister qui est pour apprendre l'ABC et que le pape est venu par dessus pour apporter un estat de perfection"[31].

Une troisième raison, proche de celle que nous venons de relever, était avancée par l'Eglise romaine pour justifier la tradition: fondée sur les paroles du Christ rapportées en Jean 16/12 ("J'ai encore beaucoup de choses à vous dire, mais vous ne pouvez pas les porter maintenant"), elle consistait à regarder les décisions des papes et des conciles comme l'enseignement supplémentaire du Saint-Esprit, comme la révélation que les apôtres étaient incapables d'assimiler du vivant du Christ. S'élevant contre cette interprétation de Jean 16/12, le Réformateur déclare à propos des catholiques: "Ils n'ont point eu honte de parler ainsi: que ce que le pape et les conciles avoyent déterminé tous ces badinages, toutes ces ordures et ces menus fatras (qui sont néantmoins abominations diaboliques pour pervertir le service de Dieu), tout cela ce sont les choses que les apostres ne pouvoyent porter, quand Jésus-Christ a dit à ses apostres: J'ay beaucoup de choses à vous dire, mais vous ne les pouvez pas porter maintenant. Et qu'est-ce? O ce sont les hauts mystères que le pape a controuvé par dessus l'Evangile"[32].

Une quatrième et dernière raison était alléguée par les théologiens catholiques pour légitimer leur recours à la tradition ou, plus exactement, leur attachement à certaines traditions. Elle revenait à invoquer l'ancienneté[33] et même l'origine apostolique de celles-ci. Le Réformateur n'a pas de peine à montrer la fragilité de cet argument. Faire des apôtres les auteurs de toutes les déviations qui, sous le couvert de la tradition, se sont introduites dans l'Eglise romaine, c'est admettre, pense-t-il, qu'ils se sont reniés, qu'ils ont renoncé à leur prédication évangélique consignée dans le Nouveau Testament. Visant les papistes, il affirme: "Ils sont bien contraints de confesser que ce qu'ils font n'ha nulle approbation de l'Escriture saincte. Et c'est une chose aussi toute patente, et telle que les petis enfans y peuvent mordre . . . . Les papistes donc le confessent: mais ils s'excusent que ce sont traditions qui ont esté données par les apostres, et que, combien qu'il n'y ait nul tesmoignage escrit de cela, l'ancienneté doit suffire pour monstrer que la source est venue des apostres: et ainsi que tout cela doit estre tenu et observé sans aucun contredit. Or il faudroit qu'ils prouvassent en premier lieu que les apostres ont changé la forme de l'Evangile qu'ils avoyent presché, tellement qu'il n'y ait nulle convenance entre la doctrine qu'ils nous ont laissée par escrit et leurs traditions. Car si on fait comparaison de leurs doctrines aux traditions que les papistes leur attribuent, on trouvera une aussi grande contrariété qu'entre la clarté et les ténèbres, qu'entre le blanc et le noir. Or il n'y a nul propos que les apostres, après avoir donné une doctrine de perfection, ayent fait un tel meslinge, où il n'y ait ne fin ne mesure, et rien ne se rapporte et n'ait semblance aucune à ce qu'ils ont escrit"[34].

Des quatre arguments utilisés par l'Eglise romaine pour justifier la tradition, le dernier est celui qui est condamné le plus souvent dans l'oeuvre homilétique. Outre les critiques que nous avons déjà relevées, Calvin élève trois objections contre la notion d'ancienneté en honneur dans le catholicisme:

Il souligne en premier lieu que l'ancienneté ne garantit pas la vérité, et que ce qui est mauvais à l'origine ne fait qu'empirer avec l'âge. "Nous savons que si une chose est ancienne, quand elle ne sera bonne, l'ancienneté augmente le mal. Et ainsi, quand nous serions obligez de garder sans exception tout ce que les ancestres auront fait ou dit, que seroit-ce? [35] .... Si est-ce que tant plus sont sots et ridicules les papistes, quand ils disent: O, il ne faut point changer les bornes que les anciens ont mis"[36].

En deuxième lieu — cet argument apparaît dans plusieurs sermons prêchés entre 1554 et 1556 — le Réformateur discrédite la notion d'ancienneté en montrant qu'elle est utilisée par les Musulmans, qui, eux aussi, prétendent que le Coran est une révélation plus parfaite que l'Ecriture[37]. "Les papistes et les Turcs auront ceste deffense commune entr'eux, qu'il y a desjà long temps qu'ils se gouvernent ainsi (sous-ent.: de "façon mauvaise"). Les Turcs diront: Comment? Il y a huit cens ans que Mahommet nous a attirez à sa loy, et qu'elle a esté tenue, nos pères nous l'ont baillée de main en main; les papistes aussi allègueront leurs saincts conciles, les traditions des loix anciennes; ainsi ce n'est pas le tout ... que nos pères nous ayent baillé une religion telle qu'ils auront trouvée bonne"[38].

Une telle argumentation devait avoir un certain poids à une époque où se faisait sentir la menace turque. Mais Calvin ne s'en contente pas. Il relève en effet, en troisième lieu, que, prise au sérieux, la notion d'ancienneté signifie qu'on doit remonter, au-delà des Pères de l'Eglise dont le témoignage est abâtardi, jusqu'aux patriarches et aux apôtres, jusqu'aux auteurs bibliques, qui, parce qu'ils sont les véritables Pères méritent une totale obéissance. "Ayons donc ceste distinction des pères, déclare-t-il dans le 168e sermon sur le Deutéronome. Et si maintenant nous voulons adorer le vray Dieu en telle sorte qu'il est requis, que nous ayons les saincts patriarches qui nous conduisent, que nous puissions protester que nous sommes conjoints à eux en droite unité de foy; ayons les apostres, qui sont appellez pères de l'Eglise: car quand nous suyvrons ceste reigle, nous ne pourrons faillir. Et cependant gardons de nous mesler parmi ceux qui se sont abastardis des vrais pères, comme les papistes se tiennent à ceux-là; car ceux qui ont été apostats, qui ont délaissé la pure doctrine de l'Evangile, qui ont perverti et corrompu la religion de nos pères anciens: ceux-là sont les pères des papistes, lesquels ont usurpé ce titre faussement. Gardons-nous de faire un tel meslinge sans aucune discrétion"[39].

Revendiquant la notion d'ancienneté en faveur de ses coreligionnaires qui s'en tiennent à l'Ecriture, Calvin rejette, comme il l'avait fait déjà dans l'*Epistre au Roy*[40], l'accusation des catholiques qui soutenaient que les réformés étaient des novateurs[41]. Bien plus: il relève que l'ancienneté doctrinale dont les papistes se targuent n'est rien, comparée à l'éternité de la vérité biblique[42]. Et il conclut que les novateurs ne sont pas les réformés, mais les papistes. Commentant Deutéronome 32/17, il déclare dans une tirade qui résume admirablement sa pensée sur le sujet que nous examinons maintenant: "Moyse appelle nouveauté tout ce qui aura esté inventé des hommes, combien que l'erreur ait desjà duré longue espace de temps; car c'est un abus quand on viendra alléguer que desjà on a ainsi vescu il y a cent ans passez, et que de toute mémoire une chose aura esté tenue et observée: car Dieu ne s'amuse point là. Et pourquoy? Il faut venir à ceste éternité qui a esté devant la création du monde. Les hommes donc ne pourront point faire préjudice à la vérité de Dieu, quand ils ont esté en possession lointaine de leurs abus; car tousjours Dieu usera du style tel que nous le voyons: c'est qu'il n'y a que nouveauté . . . Cest article nous est aujourd'huy bien nécessaire. Car les papistes nous allèguent que ce que nous faisons est nouveau, et qu'il est inventé depuis trois jours. Voire, mais si nous leur demandons approbation de leur ancienneté, qu'est-ce qu'ils disent? Qu'il y a desjà cinq cens ans que telle chose a esté faite. Il est vray qu'ils mentiront à pleine bouche le plus souvent; car ce qu'ils tiennent le principal et le plus résolu, encores n'est-il pas de si long temps . . . . Mais prenons le cas que cela leur doive estre accordé, que desjà par l'espace de mille ans ou plus on ait suyvi ceste forme qu'ils tiennent, que sera-ce de mille ans quand nous viendrons devant Dieu? Ils ne seront point estimez un jour ni une minute, comme desjà nous avons dit. Où sera donc nostre vraye ancienneté? En Jésus-Christ qui est le commencement de toutes choses, et où toutes choses aussi doivent estre réduites; au Dieu vivant, par lequel nostre Seigneur Jésus-Christ nous a esté envoyé, afin que sa volonté nous fust cognue. Voilà donc où il nous faut estre fondez si nous voulons avoir une foy ancienne. Car en nous tenant aux hommes, nous n'aurons que nouveauté"[43].

Tout ce que nous avons relevé jusqu'ici s'oppose radicalement à la tradition. N'y aurait-il pas cependant, dans les sermons, un jugement moins négatif sur celle-ci? C'est à cette question que nous devons répondre en terminant ce paragraphe. Relevons d'abord, sur la frange de notre problème, qu'une fois au moins Calvin concède que les apôtres ont eu connaissance d'une tradition orale qui leur a permis de développer certains passages de l'Ancien Testament. Il estime que c'est grâce à cette tradition que saint Paul a su que les enchanteurs de pharaon (cf. Exode 7/11) se nommaient Jannès et Jambrès (cf. II Timothée 3/8)[44].

Notons ensuite qu'en quelques rares occasions le Réformateur laisse entendre, nous semble-t-il[45], que, parmi les pères oubliés par le catholicisme (au profit, vraisemblablement, des représentants de la scolastique issus des ordres mendiants) certains, qui ont été fidèles à l'enseignement de la Bible, auraient mérité d'être suivis. "Au lieu que les papistes crient: Les pères, les pères, que nous discernions et que nous ne soyons pas bestes comme eux pour prendre nos pères en quelque bordeau, comme ils prendront tous ceux qui ont perverti et corrompu la simplicité de la Loy et de l'Evangile, pour leurs pères: assavoir ces moines et ces caphars[46], qui ont esté faussaires de l'Escriture saincte"[47].

Soulignons enfin que deux sermons seulement, à notre connaissance, prononcent un jugement favorable sur certains Pères de l'Eglise. Dans le 182e sermon sur le Deutéronome, Calvin relève que les catholiques invoquent volontiers l'autorité de saint Augustin, de saint Ambroise et de saint Bernard, en faisant remarquer que, lorsqu'on leur oppose ce que ceux-ci offrent de bon, ils les rejettent comme hérétiques[48]. Cette remarque est précieuse, mais elle ne nous apprend pas grand chose sur le problème de la tradition. Seul, en définitive, le 15e sermon sur I Corinthiens 10 et 11 nous apporte quelques précisions bienvenues. Le Réformateur s'y attaque, à propos du sacrifice de la messe, aux catholiques qui obscurcissent la "clarté de l'Evangile" et qui, pour se défendre, se retranchent derrière l'autorité des "anciens docteurs" en s'exclamant à leur propos: "Dirons-nous qu'ils soyent tous damnez? Dirons-nous qu'ils ne méritent point d'avoir quelque authorité en l'Eglise, veu qu'ils ont si fidèlement travaillé, qu'ils ont eu des vertus si excellentes, qu'ils ont mesmes la pluspart souffert la mort pour la doctrine de l'Evangile? Et cela ne servira-il point pour donner authorité à leur doctrine?" Questions importantes auxquelles Calvin répond en ces termes: "Et bien, nous leur devons révérence; mais cependant si faut-il qu'ils demeurent au degré des hommes, et ne soyent point eslevez jusques là, que Dieu ne domine tousjours sur eux, et que Jésus-Christ n'y ait sa prééminence. Louons donc les bons personnages qui ont esté anciennement; louons sainct Cyprien qui a mieux aymé endurer la mort que de fleschir ne varier, combien que sa grâce luy fust présentée et que plusieurs cerchassent de le délivrer pour l'amitié qu'on luy portoit. Louons sainct Augustin qui a eu des vertus tant excellentes en toute sa vie".

Cette attitude de respect envers les Pères, et spécialement envers les évêques de Carthage et d'Hippone, respect qui ne doit éclipser ni Dieu, ni le Christ, a pour condition leur fidélité scripturaire. S'ils se sont écartés en effet de la révélation biblique, ils ne sont pas dignes de considération. "Si nous voyons du meslinge, précise le Réformateur, qu'ils ayent voulu inventer des folies à leur teste, ou bien qu'ils se soyent laissez transporter par les mauvaises coutumes des payens ou des autres qui estoyent endurcis en leurs erreurs, ou que par ignorance ils ayent eu les yeux esblouis, condamnons-les hardiment"[49].

Au total, Calvin estime que les Pères ne méritent attention que dans la mesure où ils se sont soumis à l'autorité de l'Ecriture. Cette réserve, jointe au fait qu'il ne cherche à examiner qu'une fois la place à attribuer aux docteurs de l'Eglise ancienne, atteste le radicalisme biblique de l'oeuvre homilétique. Plus encore que dans l'*Institution de la religion chrestienne*[50], le prédicateur de

Genève rejette la tradition. A qui en douterait, nous apporterons un dernier argument: alors que, dans sa somme théologique, le Réformateur admet, dans un chapitre qui leur est consacré[51], que les conciles doivent être reçus par l'Eglise quand leurs décisions sont conformes à la Bible[52], il n'a, dans les sermons, qu'un passage pour les ridiculiser et les condamner. Alors que le dogmaticien de l'*Institution* songe essentiellement aux "anciens conciles"[53], le prédicateur emporté par son élan polémique pense avant tout au concile de Trente[54]. Réservé à l'égard des Pères, dur envers les conciles, Calvin, en conclusion, ne cherche jamais, comme nous allons le montrer, à invoquer l'autorité de la tradition pour fonder le dogme trinitaire: les arguments auxquels il recourt sont toujours d'origine exclusivement scripturaire.

2. "En une seule essence de Dieu trois personnes"[55]

Lorsqu'on examine la place du dogme trinitaire dans la pensée de Calvin, on doit se souvenir des critiques sévères qui lui furent adressées par Pierre Caroli. Après avoir été prieur de Sorbonne, puis membre du "Cénacle de Meaux", celui-ci, devenu pasteur à Lausanne, avait, en 1537, accusé Farel et Calvin de pactiser avec l'arianisme. Cette accusation se fondait sur le fait que, dans sa *Summaire et briefve déclaration,* Farel n'utilisait pas, pour décrire les relations du Père, du Fils et du Saint-Esprit, les termes de "personne" et de "Trinité"; sur le fait aussi que le même défaut apparaissait dans l'*Instruction et confession de foy dont on use en l'Eglise de Genève* (1537), publiée sous la responsabilité commune de Farel et de Calvin. Ainsi soupçonné d'hérésie, Calvin protesta hautement de son orthodoxie, tout en refusant, pour ne pas enfreindre la règle de la *sola Scriptura,* mais aussi, comme Willem Nijenhuis l'a montré[56], pour ne pas alimenter des spéculations sans attache avec le domaine de la rédemption, de souscrire les Symboles des Apôtres, de Nicée et d'Athanase. Sa protestation était sincère. Pour s'en convaincre, il suffit de lire le chapitre 2 de la première édition de l'*Institution de la religion chrestienne* (1536). Outre qu'il y emploie les termes de *persona* et de *trinitas,* il y condamne l'arianisme de la manière la plus catégorique. Mais, fouetté par les attaques de Caroli, il ne cessa pas de reprendre la question, montrant, dans les éditions ultérieures de l'*Institution* et dans plusieurs traités, son attachement au dogme trinitaire.

Si Calvin dogmaticien se présente comme un défenseur résolu de l'orthodoxie, comment réagit le prédicateur? A en juger d'après la Congrégation sur la divinité de Jésus-Christ, il traite le dogme trinitaire d'une manière qui est tout à fait conforme aux définitions de l'Eglise ancienne. Ainsi, voulant montrer que le Fils "n'a point esté différent de Dieu son père et que, toutesfois, il y a quelque distinction", il relève que dans l'unique et "simple essence" de Dieu, il y a, selon la terminologie des "anciens docteurs", "trois personnes". Mais soucieux d'éviter toute apparence de trithéisme, il note aussitôt: "Non point comme nous parlons en nostre langage commun, appelant trois hommes, trois personnes, ou comme mesmes en la papauté ils prendront ceste audace de peindre trois marmousets, et voylà la Trinité! Mais ce mot de personnes en ceste matière est pour exprimer les propriétez, lesquelles sont en l'essence de Dieu"[57]. Ayant précisé la signification du vocable "personne", le Réformateur ne manque pas de s'arrêter ensuite à celle du mot "essence". A ce dernier terme, il préfère celui de "substance", parce que l'équivalent grec de *substantia*, qui, étymologiquement, est ὑπόστασις[58], figure dans le Nouveau Testament et, plus particulièrement, dans le contexte christologique d'Hébreux 1/3. "Le mot de substance, ou, comme les gens disent, hypostase, est encore plus convenable (sous-entendez: que celui d'essence), d'autant qu'il est de l'Escriture saincte, et l'apostre en use au premier chapistre de l'Epistre aux Hébrieux, quand il dit que Jésus-Christ est l'image vive et la splendeur de la gloire, l'image de la substance de Dieu son Père. Quand il parle là de la substance de Dieu, il n'entend pas l'essence, mais il parle de ceste propriété qui est au Père, asçavoir qu'il est la source de toutes choses"[59]. Cette préférence terminologique exprimée, Calvin conclut son développement en rappelant le fondement scripturaire du dogme trinitaire: "Comme j'ay dit, les trois ne sont qu'un, et nous les faut distinguer toutesfois, d'autant qu'il y a une distinction, comme il est yci (c'est-à-dire: dans le prologue du 4ᵉ Evangile) monstré. Cependant qu'il nous souviene d'une sentence d'un docteur ancien[60], qui est bien digne d'être remémorée pource qu'elle est excellente[61]. Je ne puis, dit-il, penser à ces trois propriétez qui me sont monstrées en Dieu, qu'incontinent mon esprit ne se réduise à un. Et d'autre costé, il m'est impossible de cognoistre un seul Dieu, que je ne regarde à toutes les trois propriétez, et que je ne les voye distinguées en mon sens, selon la clarté qui m'en est donnée en l'Escriture saincte"[62].

Les développements auxquels nous venons de nous arrêter semblent prouver que Calvin prédicateur ne s'est pas désintéressé du dogme trinitaire. Ils apparaissent toutefois dans une "congrégation", comme on disait à Genève, c'est-à-dire dans une conférence hebdomadaire sur l'Ecriture donnée en présence des pasteurs et de quelques laïques désireux de s'instruire[63], et non devant un auditoire paroissial. Pour répondre à la question que nous avons posée plus haut — quelle attitude envers la Trinité le Réformateur adopte-t-il dans sa prédication? — nous devons donc interroger les sermons proprement dits. Comme nous allons le constater, ils sont extraordinairement pauvres en développements trinitaires: de tous les dogmes, celui de la Trinité est certainement celui qui est représenté le plus chichement dans la prédication de Calvin.

On trouve tout d'abord dans les sermons un certain nombre de passages qui, pour rendre compte du mystère de la rédemption, mentionnent l'oeuvre du Père, du Fils et du Saint-Esprit sans jamais recourir cependant à la terminologie trinitaire. Ainsi Calvin déclare dans le 148ᵉ sermon sur le Deutéronome: "Nous avons le sang de nostre Seigneur Jésus-Christ qui est la signature de ce contract que Dieu a passé avec nous, déclairant qu'il est nostre Dieu; nous avons le sainct Esprit, par lequel la promesse nous est mieux ratifiée, voire en nos coeurs"[64]. On rencontre ensuite dans la prédication quelques textes à l'accent polémique où le Réformateur, s'abstenant toujours de se servir des termes de "personne" ou d' "essence", entend soit rappeler à ses auditeurs qui ne comprennent pas "la dixième partie de l'intelligence de l'Escriture saincte" les "articles communs entre nous", à savoir "qu'il y a un seul Dieu le Père, duquel nous tenons tout et que par sa pure miséricorde il nous a adoptez, qu'il n'y a qu'un Jésus-Christ seul, par le moyen duquel tous biens nous sont communiquez, que par le Sainct Esprit nous sommes régénérez"[65]; soit montrer aux "papistes" qui se targuent de leur ancienneté que les Réformés s'accordent avec les "saincts patriarches" et les "apostres" en confessant "qu'il y a un Dieu tout-puissant qui est Père de nostre Seigneur Jésus-Christ, et par une mesme raison qu'il est aussi le nostre, qu'il est le Rédempteur qui nous est apparu, que nous sommes sanctifiez par le sainct Esprit"[66].

Outre les textes que nous venons de relever, qui dans leur formulation s'en tiennent strictement aux données de l'Ecriture, on découvre enfin dans la prédication quelques passages où Calvin consent à employer, mais avec une extrême réserve, sans les commenter, des termes empruntés au dogme trinitaire. Ainsi, le 6e sermon sur l'Epître aux Ephésiens, après avoir présenté le Christ comme "l'image expresse de Dieu", tient, pour éviter toute confusion entre le Fils et le Père, à souligner la distinction des personnes[67]. Le 8e sermon sur la même Epître relève, de nouveau dans un contexte christologique, "qu'il n'y a point plusieurs déitez" et que, si, en Jésus-Christ, "nous avons l'image vive et expresse du Père", nous avons un seul Dieu "quant à l'essence"[68]. Le 1er sermon sur la Genèse, évoquant l'oeuvre de la création, note à propos du pluriel du mot *Elohim*[69], "qu'il n'y a essence sinon en Dieu seul"[70].

Aucun des sermons examinés jusqu'ici, pas même ceux qui recourent occasionnellement aux termes de "personne" et d' "essence", ne permet d'affirmer que Calvin prédicateur a prêté attention au dogme trinitaire. Faut-il donc conclure que, dans la chaire de la cathédrale de Saint-Pierre, le Réformateur s'est tu sur ce sujet qui, au XVIe siècle, a déchaîné les plus vives controverses? Non. Nous avons découvert en effet dans la prédication quelques passages — ils sont au nombre de cinq seulement — qui traitent du problème qui nous intéresse ici. Classés par ordre d'importance croissante[71], ils apparaissent successivement dans le 27e sermon sur la première Epître à Timothée, dans le 22e sermon sur l'Epître aux Ephésiens, dans le 1er et dans le 6e sermon sur le livre de la Genèse, et dans le 47e sermon sur l'Harmonie des 3 Evangélistes.

A propos des mots "Dieu a esté manifesté en chair"[72], le 27e sermon sur la 1ère Epître à Timothée entend souligner que la divinité du Christ est éternelle, et que cette divinité ne s'oppose en rien à l'unicité de Dieu. "Quand il (sous-ent.: saint Paul) appelle Jésus-Christ Dieu, il luy attribue ceste nature qu'il a eue devant la création du monde. Il est vray qu'il n'y a qu'un seul Dieu, mais en ceste essence seule si faut il que nous comprenions le Père, et puis que nous comprenions une sagesse qui ne se peut séparer de luy, et une vertu permanente laquelle a tousiours esté en luy, et y sera. Voilà donc Jésus-Christ qui est vray Dieu, entant que devant que le monde fust créé et de toute éternité il a esté la sagesse de Dieu"[73].

Commentant Ephésiens 4/5, le 22e sermon sur l'Epître aux Ephésiens montre que, si "le baptesme est tousjours un", cela signifie que "vrayement le Père, le Fils et le sainct Esprit n'est qu'un Dieu". Cette allusion à l'unité d'essence commune aux trois personnes de la Trinité amène la question: "Quel est Dieu? ", à laquelle fait suite la réponse: "Ce n'est pas seulement le Père, mais Jésus-Christ est conjoint avec, et le sainct-Esprit. Ainsi donc, notons qu'il y a vrayement unité en l'essence de Dieu, encores qu'il y ait distinction de personne, toutesfois que Dieu n'est point séparé ne divisé en soy". Ces précisions données, le sermon explique encore pourquoi, en Ephésiens 4/6, le Père peut être identifié à Dieu: "Combien que le Père soit nommé simplement Dieu . . . , cela est au regard de la distinction et de l'ordre, et qu'il est chef de celuy qui a esté envoyé Médiateur, d'autant que Jésus-Christ s'est abaissé, combien qu'il ait forme égale à Dieu, comme dit sainct Paul"[74].

Genèse 1/2 fournit à Calvin une troisième occasion d'évoquer le dogme trinitaire. Après avoir souligné l'éternité de l'esprit qui a présidé à la création du monde, il est amené à affirmer en effet, dans le premier sermon sur la Genèse, que, comme cet esprit est commun au Père et au Fils, le Christ est nécessairement éternel: "Icy nous avons ung tesmoignage certain de l'éternité de l'esprit de Dieu, et puys qu'il a esté devant la création du monde et que nous en voyons l'estat, il nous fault bien conclurre (sic) que la sagesse a esté aussy éternelle, cestassavoir nostre Seigneur Jésus-Christ. Car le sainct Esprit est attribué tant au Père qu'au Fils". De cette affirmation découle le corollaire: "Nous voyons clairement comme de tout temps Dieu a esté ung et néantmoings quil y a troys personnes distinctes en luy". Le développement s'achève par une récapitulation et une invitation à accepter sans le comprendre le mystère de la Trinité: "Si l'esprit de Dieu a entretenu du commencement toutes créateures voire en leur origine devant qu'elles fussent distinctes et mises en leur perfection, en cela . . . voyons-nous son éternité et qu'il y a troys personnes distinctes en une mesme et seule essence de Dieu. Or ce secret-là est trop hault pour nostre sens, mais il nous le faut adorer et recepvoir ce qui nous est enseigné, encores que nous (ne) le comprenions pas aujourdhuy"[75].

Condamnant les exégètes qui estiment qu'en disant: "Faisons l'homme à notre image", Dieu prend à témoin soit la terre soit les anges, ou utilise un pluriel de majesté, le Réformateur voit dans les premiers mots de Genèse 1/26 une allusion aux "troys personnes qui sont en lessence de Dieu": c'est le Père qui, selon lui, dialogue ici avec sa sagesse, le Fils, et sa vertu, le Saint-Esprit. Sans ménager ceux qui interprètent autrement que lui l'impératif "faisons", Calvin déclare dans le 6e sermon sur la Genèse: "Nous voyons une malice vilaine en ces canailles, quand ilz veulent obscourcir l'article de nostre foy, cest (sic) qu'en ung seul Dieu il y a troys personnes. Or le Père a esté comme la cause souveraine et la source de toutes choses, et Il entre icy en conseil avec sa sagesse et sa vertu. Nous avons déclaré par cy devant[76] que nostre Seigneur Jésus-Christ est la sagesse éternelle qui réside en Dieu et y a eu tousjours son essence; voilà pour ung. Le Sainct-Esprit est sa vertu. Les choses donc couleront très bien quand nous dirons que la personne du Père est introduite icy, pour ce que c'est par ce bout-là qu'il nous fault commencer quand nous parlons de Dieu"[77].

C'est à propos des cieux qui se sont ouverts, au moment du baptême du Christ, pour permettre au Saint-Esprit de descendre sur lui comme une colombe[78], que le 47e sermon sur l'Harmonie des 3 Evangélistes relève qu' "il y a en une seule essence de Dieu trois personnes". Ce dernier terme lui paraissant faire difficulté, Calvin tient à en préciser immédiatement le sens et à montrer qu'il n'implique aucun trithéisme: "Notons que ce mot n'emporte pas ce que nous signifions communément. Il ne faut imaginer qu'il y ait là comme trois hommes; mais ce mot de personne signifie une propriété distincte, tellement que quand nous parlons de Dieu, combien qu'il soit un, toutesfois il y a le Père, il y a le Fils, et le Sainct-Esprit, lesquels ne sont point divisez; car il n'y a qu'une seule essence, une seule majesté et une seule gloire; mais tant y a qu'il nous y faut concevoir une distinction, non pas selon nostre fantaisie, mais qu'il nous suffise que voyci le Père qui envoye son Fils pour la rédemption et le salut du monde. Voylà le sainct Esprit qui apparoist d'autre costé"[79]. Ces explications données, Calvin retourne au texte biblique qui inspire son sermon en dégageant les implications christologiques du dogme trinitaire: sans jamais s'identifier avec le Père[80], "Jésus-Christ est Dieu manifesté en chair", "le mesme Dieu dont la voix a esté ouye du ciel".

Les cinq textes que nous venons de citer, auxquels on peut ajouter un passage du second sermon de l'Ascension où Calvin défend la double procession du Saint-Esprit[81], nous paraissent bien peu nombreux en face des multiples témoignages qu'on peut recueillir dans la prédication sur tous les autres sujets. Bien peu nombreux et, somme toute, assez pauvres: si l'on y trouve les termes de "personne" et d' "essence", celui de "Trinité" ne s'y rencontre même pas. On ne peut manquer donc d'être frappé de la place restreinte qu'occupe, dans l'oeuvre homilétique et plus particulièrement dans les sermons prêchés pendant ou après les années 1553 et 1558[82], un dogme que le Réformateur a défendu avec conviction dans maints écrits doctrinaux aussi bien que dans ses démêlés avec Michel Servet, Lelio Socin, Valentin Gentilis et Georges Blandrata.

Comment expliquer cette disparité entre le prédicateur d'une part, le dogmaticien et l'homme d'Eglise d'autre part? Caroli a-t-il eu raison de suspecter Calvin d'arianisme? Nous ne le pensons pas. Ce serait non seulement méconnaître l'ardeur avec laquelle le Réformateur a lutté contre les anti-trinitaires, mais encore considérer comme un trompe-l'oeil les affirmations trinitaires de l'*Institution de la religion chrestienne*, de la *Confessio de Trinitate*[83], de la *Déclaration pour maintenir la vraye foy que tiennent tous chrestiens de la Trinité*[84] et de *L'impiété de Valentin Gentil appertement découverte et diffamée*[85]. La réserve que Calvin manifeste, dans sa prédication, à l'égard du dogme trinitaire nous paraît tenir à quatre raisons:

1. Elle est le fruit d'un certain sens pédagogique. Comme dans l'*Instruction et confession de foy dont on use en l'Eglise de Genève*, Calvin cherche, dans son oeuvre homilétique, à éviter un vocabulaire technique qui lui paraît difficile — voyez les précisions qu'il donne à propos du terme de "personne" dans le 47e sermon sur l'Harmonie des 3 Evangélistes — et à présenter la doctrine chrétienne dans un langage dont la compréhension n'est pas réservée aux seuls clercs.

2. Elle est la conséquence d'un respect du mystère, qui, on l'oublie trop souvent, anime Calvin jusque dans sa défense de la double prédestination. La Trinité lui paraît être, il le déclare dans le 1er sermon sur le livre de la Genèse,

un "secret trop hault pour nostre sens" qu'il nous faut "adorer . . . encores que nous (ne) le comprenions pas aujourdhuy".

3. Elle est le corollaire du caractère pratique de la connaissance religieuse que nous avons mis en évidence dans notre chapitre premier[86]. C'est dans la mesure seulement où elle a pour le croyant des incidences pratiques, c'est-à-dire sotériologiques, que la Trinité retient l'attention du prédicateur de Genève.

4. Elle est le résultat d'une fidélité biblique qui se veut intransigeante. Soumis totalement au texte de l'Ecriture, Calvin prédicateur hésite à s'arrêter à un dogme qui ne s'y trouve que de manière implicite. A cet égard, nous serions tenté de dire, nous souvenant de l'importance capitale qu'il attribue au principe de la *sola Scriptura*, que le Réformateur n'est nulle part plus fidèle à lui-même que dans ses sermons.

1   Sur la Trinité et l'attitude de Calvin envers les dogmes de l'Eglise ancienne, cf. Eduard
     Bähler, *Petrus Caroli und Johannes Calvin: Ein Beitrag zur Geschichte und Kultur der
     Reformationszeit*, in: *Jahrbuch für schweizerische Geschichte*, Zürich, 1904,
     p. 39–168; Benjamin B. Warfield, *Calvin's Doctrine of the Trinity*, in: *The Princeton
     Theological Review*, 1909, p. 553–652, rééd. in: *Calvin and Calvinism*, New York,
     1931, p. 188–284; Emile Doumergue, *Jean Calvin. Les hommes et les choses de son
     temps*, tome 4, Lausanne, 1910, p. 92–103; Paul Wernle, *Der evangelische Glaube
     nach den Hauptschriften der Reformatoren*, tome 3, Tübingen, 1919, p. 34–38 et
     135–137; Pontien Polman, *L'élément historique dans la controverse religieuse du
     XVIᵉ siècle*, Gembloux, 1932, p. 65–94; Egbert Emmen, *De Christologie van Calvijn*,
     Amsterdam, 1935, p. 15–28; Ernst Wolf, *Deus omniformis. Bemerkungen zur
     Christologie des Michael Servet*, in: *Theologische Aufsätze. Karl Barth zum 50. Ge-
     burtstag*, Munich, 1936, p. 443–466; Wilhelm Niesel, *Die Theologie Calvins*, Munich,
     1938, 2ᵉ éd. 1957, p. 53–59; François Wendel, *Calvin. Sources et évolution de sa
     pensée religieuse*, Paris, 1950, p. 122–125; Jan Koopmans, *Das altkirchliche Dogma in
     der Reformation*, Munich, 1955; Werner Krusche, *Das Wirken des Heiligen Geistes
     nach Calvin*, Göttingen, 1957, p. 1–13; Stephen M. Reynolds, *Calvin's View of the
     Athanasian and Nicene Creeds*, in: *Westminster Theological Journal*, Philadelphie,
     vol. 23, 1960/1961, p. 33–57; H. A. Zigmund, *Calvin's Concept of the Trinity*, in:
     Hartford Quarterly, Winter 1965, p. 58–64; Antonio Rotondo, *Calvino e gli
     antitrinitari Italiani*, in: *Rivista Storica Italiana*, 1968, p. 759–784, trad. anglaise par
     John et Anne Tedeschi: *Calvin and the Italian Anti-Trinitarians*, in: *Reformation
     Studies and Essays*, 2, Saint-Louis (Missouri), 1968; la traduction anglaise a fait l'objet
     d'une étude critique due à E. David Willis et publiée dans: *Archiv für Reformations-
     geschichte*, 1971, p. 279–282; Richard Stauffer, *Histoire et théologie de la Réforme*,
     in: *Problèmes et méthodes d'histoire des religions*, Paris, 1968, p. 261–269; Willem
     Nijenhuis, *Calvin's Attitude towards the Symbols of the Early Church during the
     Conflict with Caroli*, in: *Ecclesia reformata: Studies on the Reformation*, Leyde, 1972,
     p. 73–96; Hans Helmut Esser, *Hat Calvin eine "leise modalisierende Trinitätslehre"?*
     in: *Calvinus theologus*, Neukirchen-Vluyn, 1976, p. 113–129; et Danièle Fischer, *La
     polémique antiromaine dans l'Institution de la religion chrestienne de Jean Calvin*
     (thèse dactylographiée), Strasbourg, 1974, p. 272–308.
2   Cf. *Op.cit.*, p. 53–55.
3   Nous avons déjà abordé ce problème par la bande lorsque nous avons traité du rôle
     normatif de l'Ecriture. Cf. *supra*, p. 59–60.
4   CO 26, p. 108–109. Cf. aussi le 87ᵉ sermon sur le livre de Job, CO 34, p. 319:
     "Comment est-ce que nous combatons aujourd'hui, sinon que nous demandons qu'on
     n'adjouste ne diminue rien à la pure Loi qui nous est donnée du ciel? Si les papistes se
     pouvoyent laisser gouverner par la pure doctrine de Dieu, nous aurions tantost accordé
     par ensemble, il n'y auroit plus nulle dispute"; le 42ᵉ sermon sur le Deutéronome,
     CO 26, p. 388: "Retenons donc ... qu'il nous faut appliquer du tout à la simple
     doctrine qui est contenue en sa Loy (sous-ent.: celle de Dieu): que nous ne venions
     point entrelacer du nostre rien qui soit: mais que nous sachions que c'est nostre sagesse
     parfaite d'obéir à nostre Dieu. Si cela eust esté bien observé, nous ne serions pas
     aujourd'huy tant empeschez de corriger les corruptions qui règnent par le monde. Car
     d'où est-il advenu qu'on a corrompu la religion et le service de Dieu, ainsi qu'on le voit
     en la papauté? ... Pource qu'ils (sous-ent.: les papistes) ont présumé d'adjouster à la
     parolle de Dieu"; et le 182ᵉ sermon sur le Deutéronome, CO 28, p. 712: "Aujourd'huy
     nous pouvons bien protester contre les papistes ... qu'ils sont apostats, lesquels se
     sont aliénez de la vraye religion et pure, ... Car toute leur religion est là fondée, qu'il
     faut garder les traditions des pères, qu'il faut observer les loix de nostre mère saincte
     Eglise, que cela doit estre tenu en autorité égale avec l'Escriture saincte". Dans le 21ᵉ

sermon sur le Deutéronome, CO 26, p. 131, Calvin déclare dans le même sens, mais sans mentionner les catholiques: "Le premier poinct de la chrestienté, c'est que l'Escriture saincte est toute nostre sagesse, et qu'il nous faut escouter Dieu qui parle là, sans y rien adjouster".

5   Parlant du temps du Christ, Calvin déclare dans le 38e sermon sur l'Harmonie des trois Evangélistes: "Nous sçavons que l'Escriture estoit vileinement corrompue, et les Pharisiens avoyent sur tout introduit une coustume de gloser l'Escriture saincte . . . Et c'estoit un principe en ceste secte-là, comme aujourd'huy en la papauté, qu'il ne faloit point simplement s'arrester à l'Escriture saincte, mais avoir les traditions des pères: et que tout ce qui estoit requis à salut n'estoit pas en la Loy ni aux prophètes . . . Brief, ceste corruption qui a esté en Judée, et qui régnoit à la venue de nostre Seigneur Jésus-Christ, estoit du tout pareille à celle qui est aujourd'huy en la papauté. Car de quoy débatons-nous principalement avec les papistes? S'ils nous accordoyent cest article que toute nostre sagesse est contenue en l'Escriture saincte, et que Dieu nous a là suffisamment enseignez de sa volonté, qu'il n'est point licite d'y adjouster ne diminuer rien qui soit, il est certain que nous aurions bientost décidé tous les différens dont le monde est aujourd'huy tant troublé" (CO 46, p. 471—472).

6   "Pourquoy est-ce que les Papistes débatent tant de tous les articles, desquels nous sommes en différant? Ce n'est pas seulement pource qu'ils ne se peuvent assujettir à Dieu: mais pource qu'ils ont ceste audace de s'ingérer tousjours pour faire leurs conclusions magistrales, et déterminer, et obliger les consciences à ce qu'ils auront résolu. Si donc les Papistes se pouvoyent tenir à la pure simplicité de la Parole de Dieu, il est certain que nous aurions en une minute de temps accordé tout ce qui est aujourd'huy en doute" (135e sermon sur Job, CO 35, p. 212).

7   C'est là ce qui ressort du 48e sermon sur le Deutéronome, CO 26, p. 464, cité *supra*, p. 152.

8   ". . . Il y avoit grande inimitié entre le peuple de Judée et de Samarie, combien qu'ils fussent voisins, et qu'ils s'accordassent aucunement en quelques principes de religion, comme on pourroit dire aujourd'huy entre nous et les papistes. Car nous avons quelque familiarité entant que nous avons l'Evangile, et qu'ils disent aussi bien qu'ils l'ont. Ainsi les Samaritains avoyent la mesme Loy que les Juifs, mais ils avoyent tout perverti, comme ont maintenant les papistes" (3e sermon sur l'Ascension, CO 48, p. 607).

9   "Sainct Paul . . . monstre qu'il ne s'est point diverti de la doctrine ancienne, qu'il n'a point inventé une religion incognue, mais qu'il persiste en la Loy de Dieu et aux Prophètes, qu'il se maintient à la pureté qui a esté de tout temps, qu'il n'est point tel qu'on le doyve tenir comme un apostat. Voilà en somme à quoy il a prétendu. Comme aujourd'huy nous voyons que les papistes nous chargent d'une mesme calomnie. Car ils font à croire aux simples et aux idiots, que nous avons controuvé une façon de vivre comme estrange, que nous avons anéanti toute la simplicité, et que nous ne tenons rien de ce qui a esté receu par les apostres et par les martyrs. Or nous sçavons bien tout le contraire. Car pourquoy combatons-nous contre les papistes, sinon d'autant que nous n'accordons point à leurs tromperies? Car ils ont forgé en leur boutique tout ce qu'ils appellent service de Dieu, leurs articles de foy et tout le reste. Voilà donc les Papistes qui ont fait un tripotage et un meslinge de mensonges qu'ils ont ramassez çà et là: et cependant nous demandons qu'on se tiene à la Loy, aux Prophètes et à l'Evangile: que Dieu a là donné une doctrine parfaite, et où il n'y a que redire: que c'est la doctrine qui doit estre escoutée, et à laquelle on se doit assujettir" (2e sermon sur II Timothée, CO 54, p. 23—24).

10 "Apprenons de nous recueillir tous à nostre Dieu, si nous voulons avoir une vraye union et saincte en l'Eglise. Les papistes parleront assez de l'Eglise catholique et de la concorde qui y doit estre: voire, mais cependant il y a une horrible dissipation et une confusion infernale, d'autant que Dieu ne domine point par sa parolle et qu'il n'y a point de doctrine approuvée, qu'on est agité de costé et d'autre; et je ne parle point

seulement du commun populaire, mais de ceux qui font des articles de foy, qui bastissent des commandemens et traditions à leur poste: ils en ont tant amassé et mis l'un sur l'autre, qu'ils seront bien empeschez de savoir qui c'est qui a dit ceci ou cela, qui l'a inventé, qui a fait une telle ordonnance et tradition. Voilà donc tout qui est dissipé et confus quand on ne s'est point rangé à la pure doctrine de Dieu" (177ᵉ sermon sur Deutéronome, CO 28, p. 649).

11 "Notons bien ce passage (Malachie 4/4) à fin que nous ne soyons jamais divertis de la pure doctrine de l'Evangile, sachans que c'est la vraye sagesse de Dieu, et que tous ceux qui y voudront adjouster ou diminuer, qu'ils sont fausaires. Si un homme vient attenter de rompre un instrument public, je vous prie, ne sera-il point puni pour une telle arrogance? Nous n'oserions donc violer un contract, une ordonnance d'un homme mortel, d'un menteur, et cependant nous ne tiendrons compte de ce qui nous aura esté ordonné du Dieu vivant, nous viendrons révoquer en doute ce qu'il aura signé, non point d'encre ne de plume, mais du sang de son propre fils, et puis le Sainct Esprit a esté comme la plume pour escrire et confermer le tout. Si puis après nous osons venir à l'encontre d'un tel tesmoignage, d'une telle signature pour doubter si elle est de Dieu ou non, je vous prie, ne voilà point une malice plus que diabolique, et toutesfois voilà en quoy consiste toute la religion de la papauté, que s'ils se contentoient de la doctrine de laquelle parle ici Daniel, toute la papauté s'en iroit bas, elle seroit anéantie" (26ᵉ sermon sur Daniel, CO 41, p. 598–599).

12 CO 26, p. 412–413.

13 Outre le 2ᵉ sermon sur II Timothée, CO 54, p. 23–24 cité dans la n. 9, cf. le 87ᵉ sermon sur le livre de Job, CO 34, p. 320: "Nous ne devons point estre comme roseaux branlans pour nous laisser mener çà et là: comme les Papistes diront bien qu'il faut suivre ce que Dieu commande, mais ils meslent leurs menus fatras parmi, et qui pis est, ils auront en telle estime ce que les hommes auront imaginé, que l'Escriture saincte sera mesprisée: quoi qu'il en soit ils feront un meslinge confus, tellement qu'on ne sait qui le doit emporter, ou Dieu, ou les hommes"; le 64ᵉ sermon sur le Deutéronome, CO 26, p. 669: "Dieu est celuy qui nous enseigne que c'est de luy que nos tenons tout. Quand nous serons ainsi asseurez, alors nous aurons une foy droite: mais nous voyons comme le monde a oublié ceci. Car en la papauté, est-il question que Dieu ait audience? Il est vray qu'on fera en somme toutes les abominations qui sont contraires à sa parolle; mais ce pendant il y a une impudence trop lourde de faire ainsi tout comme en despit de Dieu. Car ils veulent que l'Evangile soit mis à part, et que les hommes soyent là entre deux, pour y mesler tout ce que bon leur semblera"; et le 20ᵉ sermon sur l'Epître aux Galates, CO 50, p. 523: "Encores que nous rendions à Dieu l'honneur qui luy appartient de croire que sa Parole est véritable et infaillible, toutesfois nous y voulons adjouster, et nous voyons mesmes cela en la papauté. Dont procède une telle confusion ou un tel labyrinthe que nous voyons du service de Dieu et tant de façons diverses, de tant d'abus et faussetez, sinon que les hommes n'ont point acquiescé à ce que Dieu leur avoit déclaré: mais qu'ils ont fait des additions, et un meslinge confus de ce qui leur estoit venu au cerveau?"

14 "Dieu dit que si nous avons sa loy, nous aurons statuts, commandemens, ordonnances, droictures: comme s'il disoit qu'il ne faut point que les hommes mortels soyent tant outrecuidez de vouloir estre sages par dessus luy. Car quand ils auront bien fait leurs discours, si est-ce qu'ils ne pourront point rien corriger, ni adjouster: que tout ce qu'ils pourront avancer de leur propre, non seulement sera superflu et inutile, mais ils ne feront que gaster tout, comme si on mettoit du vin-aigre parmi du bon vin" (44ᵉ sermon sur Deutéronome, CO 26, p. 413). "Quand les hommes appètent d'adjouster je ne sçay quoy de leur cerveau à la vérité de Dieu, c'est pour gaster tout. Car qu'un vin soit le meilleur du monde, qu'on y fourre du vinaigre ou quelque autre puantise, il vaudroit mieux boire de l'eau simple. Ainsi donc en est-il quand on voudra déguiser la vraye religion, ainsi que font tous ceux qui ont ceste audace d'inventer je ne sçay quoy de leur teste" (26ᵉ sermon sur les Galates, CO 50, p. 600).

15 "Que nous détestions tout ce qui est adjousté à l'Escriture saincte, sçachans que Dieu a donné telle charge à ses prophètes et apostres, qu'il n'a rien oublié de ce qui estoit utile et expédient pour nostre salut: et que si nous désirions de profiter en son escole, il ne faut point que nous adjoustions ici lopin ni morceau, ne que nous allions emprunter çà et là ce qui est contraire à ceste pure doctrine; il nous faut détester cela et avoir en horreur toute adjonction, comme un levain qui aigrit et gaste toute la paste, d'autant que Dieu condamne tout ce qui est apporté du costé des hommes à la Loy et à l'Evangile" (15ᵉ sermon sur les Ephésiens, CO 51, p. 429–430).

16 CO 26, p. 464.

17 ". . . Il est vray que les papistes ont bien l'Escriture, mais ce n'est pas qu'elle leur soit conneue, ils l'ont comme ensevelie . . ." (20ᵉ sermon sur Daniel, CO 41, p. 534). "Aujourd'huy ceux qui sont les plus dévots en la papauté, qu'ont-ils? Quand ils auront allégué tout ce qu'ils pourront, il est certain que l'Escriture saincte est là comme ensevelie, et qu'on n'en tient conte. On ne dira pas qu'elle doive estre rejettée: car ce blasphème-là seroit par trop énorme, et on l'auroit en horreur; mais quoy qu'il en soit, l'Evangile ne leur est rien au pris de ce qui a esté ordonné par les saincts conciles, par nostre mère saincte Eglise" (5ᵉ sermon sur les Galates, CO 50, p. 335).

18 ". . . Aujourd'huy ce mot d'Evangile en la papauté sera tenu assez honorable, mais c'est un Evangile bastard qu'ils ont, d'autant qu'ils y ont adjousté leurs lopins et leurs pièces. Ils ont tout déguisé à leur appétit, ils ont prins une licence telle que Jésus-Christ n'est sinon comme un petit compagnon au pris d'eux. Car ils ont prononcé comme du ciel" (10ᵉ sermon sur les Galates, CO 50, p. 399). Cf. aussi, dans un sens un peu moins fort, le 5ᵉ sermon sur les Galates, CO 50, p. 329: ". . . Nous voyons que tous ceux qui s'enveloppent . . . en ce qui aura esté forgé et inventé des hommes, ont un Jésus-Christ desguisé, ils ont un Evangile bastard que Dieu désadvoue, tellement que nostre chrestienté ne peut estre, sinon que nous persistions en ce qui nous a esté enseigné par le Fils de Dieu, qui est nostre maistre unique, et ce que les apostres aussi nous ont enseigné en son nom".

19 Cf. *supra*, p. 70.

20 CO 33, p. 203.

21 Cf. *Calvin Anwalt der Oekumene,* Zollikon-Zürich, 1960, p. 25.

22 "Chrysostome . . . a bien conseillé de rejetter tous ceux qui sous couleur de l'Esprit, nous veulent retirer de la simple doctrine évangélique: veu que l'Esprit est promis, non pas pour susciter quelque doctrine nouvelle: ains pour escrire aux coeurs des hommes la vérité de l'Evangile. Et certes aujourd'huy nous cognoissons par expérience combien ceste admonition est nécessaire. Nous sommes oppugnez de deux sectes qui semblent estre mout différentes. Car en quoy conviennent le pape et les anabaptistes? Et toutesfois (à fin que tu cognoisses Satan n'estre jamais si couvert, que de quelque costé il n'apparoisse) tous deux ont un mesme moyen, duquel ils taschent à nous opprimer. Car quand ils se vantent ainsi arrogamment de l'Esprit, ils ne tendent certes à autre chose (la Parolle de Dieu opprimée et ensevelie) sinon à donner lieu à leurs mensonges. Et toy, Sadolet, choppant du premier pas au seuil de l'huis, as esté puni de l'injure que tu as faite au Sainct-Esprit, le séparant et divisant de la Parolle" (*Opuscules,* p. 152).

23 Cf. dans l'article VIII (sur la confession) de la 3ᵉ partie le passage suivant: "En ces sortes de choses qui se rapportent à la Parole externe, orale, il faut maintenir fermement le principe suivant: Dieu ne donne à personne son Esprit ou la grâce, sinon par ou avec la Parole externe qui doit précéder. C'est nostre sauvegarde contre les illuminés ou spirituels qui se flattent d'avoir reçu l'Esprit sans et avant la Parole, et qui, en conséquence, jugent, interprètent et faussent l'Ecriture ou la Parole orale selon leur fantaisie. C'est ce que faisait Müntzer et ce que font encore aujourd'hui bien des gens qui, voulant s'ériger en juges, distinguent entre l'esprit et la lettre et ne savent ce qu'ils disent ou enseignent. Le papisme, lui aussi, est un pur illuminisme, car le pape prétend que "tous les droits sont dans le coffret de son coeur" (*Corpus juris canonici,* liber sextus, I, 2, c. 1) et que tout ce qu'il décide et ordonne dans son Eglise est esprit et

doit être tenu pour juste, même si cela est contraire à l'Ecriture ou à la Parole orale. Tout cela vient de l'antique serpent, du diable, qui fit aussi d'Adam et d'Eve des illuminés en les détournant de la Parole externe de Dieu pour les amener à une fausse spiritualité et à des opinions fantaisistes" (trad. d'André Jundt, dans: Martin Luther, *Les livres symboliques,* Paris, 1947, p. 274). On trouvera une traduction plus récente de ce texte, due à Pierre Jundt, dans: Martin Luther, *Oeuvres,* tome 7, Genève, 1962, p. 251–252. – Le professeur Marc Lienhard nous a signalé un autre texte où Luther renvoie dos à dos les papistes et les anabaptistes. Il s'agit de la préface au *Commentaire sur l'Epître aux Galates* (composé en 1531 et publié en 1535). Ce texte n'a pas pu cependant inspirer Calvin sur le sujet qui retient maintenant notre attention, car ce n'est pas l'illuminisme, mais l'insistance sur les oeuvres et sur la dignité de l'homme qu'il considère comme le bien commun des papistes et des anabaptistes. Luther écrit en effet: "Conspirant namque Papistae et Anabaptistae hodie in unam hanc sententiam concorditer contra ecclesiam Dei (etiamsi dissimulent verbo), quod opus divinum pendeat ex dignitate personae .... Papistae non cessant urgere usque hodie opera et personae dignitatem contra gratiam et fratres suos Anabaptistas (saltem verbo) fortiter iuvare" (*D. Martin Luthers Werke,* vol. 40/1, Weimar, 1911, p. 36).

24 Les *Articles de Smalkalde* ont été rédigés en allemand par Luther, en 1537, et publiés par lui durant l'été 1538. L'*Epître à Sadolet* a été écrite par Calvin au cours de l'été 1539. Comme le Réformateur français ne savait pas l'allemand (cf. Jacques Pannier, *Calvin savait-il l'allemand?* in: *Bulletin de la Société de l'Histoire du Protestantisme Français,* Paris, 1929, p. 344 et 476; et Wilhelm Niesel, *Verstand Calvin deutsch?* in: *Zeitschrift für Kirchengeschichte,* Gotha, 1930, p. 343–346), il n'a vraisemblablement pas pu connaître les *Articles de Smalkalde* avant 1541, date de leur publication dans une traduction latine due au Danois Petrus Generanus (cf. *Die Bekenntnisschriften der evangelisch-lutherischen Kirche,* 4e éd. Göttingen, 1959, p. XXVI).

25 CO 27, p. 452. Cf. aussi le 1er sermon sur l'Harmonie des trois Evangélistes, CO 46, p. 4–5: "... Le pape n'a point honte de confesser qu'il ne s'est point tenu à la pure doctrine de l'Evangile. Il est vray qu'il prend une couverture, qu'il ha du Sainct Esprit tout ce grand amas de superstitions, d'erreurs et de toutes ces vilenies qu'il a mises au monde, et dont tout est infecté. Mais cependant voyci Dieu qui, par un conseil admirable, a voulu que le sommaire de nostre salut fust couché par escrit. Nostre Seigneur Jésus-Christ n'a pas seulement envoyé ses apostres pour prescher de bouche l'Evangile, mais aussi il a voulu qu'il y eust comme un tesmoignage perpétuel".

26 Cf. *supra,* p. 58–59.

27 Aux textes qui évoquent l'image du nez de cire cités dans notre chapitre 2 (cf. note 119), nous nous bornons à ajouter un passage du 104e sermon sur le Deutéronome, CO 27, p. 452, qui lie étroitement la métaphore du *nasus cereus* à la notion de tradition: "L'Escriture saincte est un nez de cire (disent les catholiques), on la peut plier çà et là: il n'y a nulle certitude. Mais quand l'Eglise a prononcé ceci ou cela, il n'y a plus nulle doute. Voilà comme toute ceste vermine y a procédé, qu'ils ont foullé l'Escriture saincte aux pieds".

28 "Les papistes ne peuvent venir à ceste raison, que Dieu soit obéy selon sa Parolle et qu'on se contente d'avoir esté enseignez de luy en son eschole. Il est vray qu'ils n'oseront pas nier que la Loy de Dieu ne soit saincte et juste; mais cependant il leur semble que Dieu n'a parlé qu'à demi, et qu'il faut avoir une doctrine plus haute et plus profonde, qu'il faut avoir des loix plus estroites" (19e sermon sur Deutéronome, CO 26, p. 109).

29 "... Toutes les loix que le pape a mises en avant sont fondées sur ce qu'ils disent que les apostres n'ont point apporté la perfection de doctrine, selon qu'il estoit requis, mais qu'il y ha des révélations plus hautes qui leur ont esté révélées. Et c'est autant comme s'ils disoient que l'accomplissement de toutes choses n'a point esté fait par Jésus-Christ, qu'alors les prophéties n'ont point esté cachetées pour dire que cela nous doit suffire, mais qu'il faut avoir quelque chose de meilleur, voire et qu'il nous le faut

cercher et demander du pape" (26e sermon sur Daniel, CO 41, p. 599). "Ils (sous-ent.: les papistes) ont prins une autre reigle, c'est que l'Eglise ne peut faillir, puis qu'elle est gouvernée par le sainct Esprit. Et de l'Escriture, elle ne nous meine point à une perfection: mais il faut venir plus haut. Car si nous n'avons les révélations du sainct Esprit, ce ne sera rien: si on se tient à ce qui est contenu en l'Escriture saincte, ce sera une chose imparfaite; mais ce que l'Eglise aura déterminé, que cela soit tenu inviolable, et qu'on n'y contrevienne point en façon que ce soit" (104e sermon sur Deutéronome, CO 27, p. 452).

30   "Ils (sous-ent.: les papistes) ne se sont contentez de rien, mesmes toute l'Escriture saincte ne leur a esté sinon un A, B, C. Car ils n'ont point eu honte de desgorger ce blasphème diabolique que, quand nous avons ce qui est en l'Escriture saincte, ce n'est point encores assez, mais qu'il y a eu des mystères que Dieu a réservez à son Eglise. Et où ont-ils forgé tout cela?" (123e sermon sur Job, CO 35, p. 64). "Nostre Seigneur ne nous a point apprins comme l'A B C afin de nous envoyer à un maistre plus grand que luy, et plus excellent. Car où seroit-ce aller? que Dieu nous ait seulement monstré quelques rudimens, et que les hommes nous meinent plus haut? Et quelle comparaison y ha-il? Et néantmoins voilà ce qui se fait en la papauté" (20e sermon sur Deutéronome, CO 26, p. 122). "Ils (sous-ent.: les papistes) ont foullé l'Escriture saincte aux pieds: combien qu'en un mot ils confessent qu'elle soit procédée de Dieu, si est-ce qu'ils l'ont prinse comme un A, B, C, et que c'est une doctrine vulgaire. Mais que les révélations qui leur sont données, sont plus hautes beaucoup: et n'ont point honte de prononcer ces blasphèmes, et leurs livres en sont pleins" (104e sermon sur Deutéronome, CO 27, p. 452). ". . . Toute la religion papale ne prétend sinon à imposer silence à Jésus-Christ. Le pape se vantera d'estre son vicaire. Mais quoy qu'il en soit, il veut imposer loix à son appétit: il veut forger des articles de foy: bref l'Evangile n'est sinon l'A, B, C, si on croit le pape: et toutes les resveries qu'il a inventées sont la perfection de tout" (108e sermon sur Deutéronome, CO 27, p. 502). "Sur quoy les papistes sont-ils aujourd'huy fondez? C'est sur leurs conciles et sur leurs décrets, sur ce que les hommes ont controuvé en leur cerveau: et cependant ils nous veulent faire à croire que c'est là toute la perfection: car ce que Jésus-Christ a enseigné à ses apostres n'est que le commencement (disent-ils), voire, et n'ont point honte de dire que c'est comme l'A, B, C, et que Jésus-Christ a réservé de dire ce qui estoit plus haut et plus excellent, en sorte que l'Escriture saincte n'est sinon comme une doctrine de petis enfans; mais pour venir en aage de perfection, il nous faut avoir les saincts Conciles, où Dieu a révélé les mystères qui auparavant estoyent incognus" (15e sermon sur les Ephésiens, CO 51, p. 429).

31   10e sermon sur l'Epître aux Galates, CO 50, p. 399.

32   108e sermon sur le Deutéronome, CO 27, p. 502. Cf. aussi le 20e sermon sur le Deutéronome, CO 26, p. 122–123: "Le pape dira que les loix qu'il a ordonnées sont les révélations du sainct Esprit, desquelles nostre Seigneur parloit, disant a ses disciples: Vous ne pouvez encores porter le tout. Voire, comme si Dieu en sa loy et en son Evangile n'eust sinon donné quelques petis rudimens: et que le pape fust inspiré par dessus les prophètes et par dessus Jésus-Christ mesmes, et qu'il apportast une doctrine beaucoup plus exquise"; et le 38e sermon sur l'Harmonie des trois Evangélistes, CO 46, p. 472: "Les papistes ont aujourd'huy leurs fausses gloses, mais encores qu'ils deschirent l'Escriture saincte et la tirent par les cheveux, la falsifians, comme on le voit, tant y a qu'encores seroyent-ils convaincus, qu'ils auroyent la bouche close si cest article-là estoit passé, c'est asçavoir qu'il nous faut contenter de ce qui est en la Loy, aux Prophètes et en l'Evangile. Mais quoy? Nostre Seigneur a dit à ses disciples qu'il avoit beaucoup de choses à leur dire qu'ils ne pouvoyent porter: et ainsi le Sainct Esprit leur en a révélé plus qu'il n'a esté laissé par escrit. Ce n'est donc rien d'avoir l'Escriture saincte, disent-ils: mais il faut que nous ayons les traditions des Pères".

33   "Cognoissons-nous combien la condition des papistes est misérable: car ils sont obstinez et endurcis en leurs fantasies. Quand on leur demande de qui ils tiennent leurs superstitions: ils allégueront leurs pères, ils allégueront une longue ancienneté, ils allégueront la façon commune de tout le monde" (50ᵉ sermon sur Deutéronome, CO 26, p. 489). "Nous voyons quelles corruptions sont advenues au monde quand on s'est ainsi destourné de la Parolle de Dieu selon la phantasie de cestuy-ci ou de cestuy-là. Voilà d'où sont venues toutes les superstitions; voilà comme aujourd'huy les papistes estans abreuvez de leur sottise, ne peuvent estre ramenez au droict chemin de salut. Car il leur semble qu'ils sont assez armez de ce subterfuge, c'est assavoir que de long temps on a ainsi vescu, et qu'ils n'ont point inventé la religion qu'ils tiennent" (129ᵉ sermon sur Deutéronome, CO 28, p. 55). "Les papistes aujourd'huy se fondent sur leur ancienneté: O voilà, j'ay esté ainsi nourri, on m'a ainsi enseigné dès mon enfance, mes ancestres ont ainsi vescu. Il leur semble que c'est une approbation suffisante et sans contredit, pour advouer tout ce qu'ils font: mais ce n'est que sottise" (145ᵉ sermon sur Deutéronome, CO 28, p. 256). "Ils (sous-ent.: les papistes) ne peuvent pas dire qu'ils soyent asseurez de leur religion, le tout est fondé sur un cuider . . . Ils diront: Nos pères nous ont ainsi enseignez: c'est la façon de nostre mère saincte Eglise, ceci a esté desjà receu de longue ancienneté" (168ᵉ sermon sur Deutéronome, CO 28, p. 540). "Il n'est point question de se fonder sur l'ancienneté, quand on voudra donner approbation de quelque chose. Comme aujourd'huy les papistes feront bouclier pour couvrir toutes leurs superstitions et sottises, en disant: Et quoy? Cela n'est pas d'aujourd'huy, il a esté observé il y a cinq cens ans, ou mille, ou quinze cens. Et puis qu'ainsi est, il n'en faut plus douter, toute dispute doit estre forclose. Voyla (di-je) comme en font les papistes" (15ᵉ sermon sur I Corinthiens 10—11, CO 49, p. 766). "Aujourd'huy les papistes n'ont autre bouclier contre nous, sinon des traditions de l'Eglise, des conciles et de l'ancienneté; mais quand ils auront amassé tout le monde, cela vaudroit-il les anges de paradis? Il est certain que non" (4ᵉ sermon sur les Galates, CO 50, p. 317). "Où est-ce que les papistes puisent leurs articles de foy? En ce qu'ils ont déterminé d'eux mesmes, car de l'Escriture saincte ils ne pensent pas en pouvoir tirer nulle résolution. Ce leur est tout un donc de ce qui est en l'Escriture saincte: mais ils ont comme oracles du ciel tout ce qui aura esté conclud et ce qui sera receu d'opinion commune. Et on voit aussi que quand ils veulent approuver leurs badinages, ils mettent en premier lieu et degré que cela est receu, que l'ancienneté doit valoir, comme s'il y avoit prescription" (29ᵉ sermon sur les Galates, CO 50, p. 642). "Qu'allèguent les papistes, sinon que ce n'est pas d'aujourd'huy, ni de cent ans qu'ils sont en possession, mais qu'il y a desjà huict et neuf cens ans qu'ils ont gardé leurs traditions et cérémonies?" (30ᵉ sermon sur les Galates, CO 50, p. 651). "Les papistes font bouclier de ceci quand ils se veulent tenir à leurs ordures et erreurs: car ils ont de leurs pères et ancestres ce qu'ils suivent, ils ne l'ont pas forgé d'aujourd'huy; il leur semble donques que c'est assez pour repousser mesmes tout ce que Dieu monstre par sa Parole, moiennant qu'ils ensuivent leurs pères et les anciens" (9ᵉ sermon sur l'élection de Jacob et la réjection d'Esaü, CO 58, p. 136). Cf. aussi le 5ᵉ sermon sur Ezéchiel, in: *Calvin d'après Calvin,* éd. par C.-O. Viguet et D. Tissot, Genève, 1864, p. 295; et in: *Calvin,* éd. par Charles Gagnebin, Paris, 1948, p. 280; le 44ᵉ, le 64ᵉ et le 80ᵉ sermon sur le Deutéronome, CO 26, p. 411, et p. 670; et CO 27, p. 151.

34   11ᵉ sermon sur I Corinthiens 10—11, CO 49, p. 709—710. Cf. aussi, dans un sens voisin, le 43ᵉ sermon sur l'Harmonie des trois Evangélistes, CO 46, p. 532: "Que ceux qui amènent l'ancienneté de leurs pères et ancestres pour s'endurcir à l'encontre de Dieu, sçachent que c'est qu'ils gagneront en se flattant. Comme quand aujourd'huy les papistes veulent se fortifier et avoir comme rempar, et fossez et murailles à l'encontre de Dieu, ils allégueront que ce n'est pas d'aujourd'huy que leur religion a commencé, et qu'ils l'ont eue comme d'héritage et succession, que leurs idolâtries et superstitions ont duré d'aage en aage. Et bien: quelle response leur faut-il à tout cela? Il leur semble qu'ils ont gaigné leur cause quand ils ont mis en avant leur ancienneté. Or il ne leur faut

que ce seul mot, asçavoir: Race de serpens (allusion à Luc 3/7). Car il est certain que quand on s'eslongne de la pureté de la doctrine de Dieu, il n'y a plus que venin et corruption mortelle. Et ainsi quand la papauté auroit duré dix fois autant qu'elle ha, si est-ce que tous ceux qui l'ont suyvie, sont serpens pleins de venin. Et pourquoy? Car il n'y a pureté sinon en Dieu, laquelle il communique aux hommes par sa seule Parole".

35 La suite de ce texte, qui ne se rapporte pas directement à notre sujet, mérite d'être relevée; elle révèle le tempérament conservateur de Calvin: "Vray est que les changemens seront tousjours à craindre, et qu'il les faut fuir le plus qu'on peut".

36 114ᵉ sermon sur le Deutéronome, CO 27, p. 567. Cf. aussi le 182ᵉ sermon sur le Deutéronome, CO 28, p. 711: "Quand un erreur est envieilli, il n'en faut point faire coustume; et de coustume mauvaise, il n'en faut point faire loy ne reigle. Voilà où les hommes se trompent, quand une chose aura esté en usage, ils s'y endurcissent. Et pourquoy? Il leur semble que tout leur est licite quand on aura prattiqué une chose de longue main".

37 "Voilà sur quoy ... est fondée la religion des Turcs: Mahomet a dit qu'il estoit celuy qui devoit apporter révélation pleine outre l'Evangile. Ainsi donc il a fallu qu'ils ayent esté du tout abbrutis. Et aujourd'huy nous voyons que ces povres bestes-là s'amusent à des choses si sottes et si lourdes que rien plus" (16ᵉ sermon sur Job, CO 33, p. 204). "Tout ainsi que Mahumet a dit que son Alcoran estoit la grande perfection: aussi le pape dit qu'il y a des secrets qui luy ont esté réservez par dessus l'Escriture saincte. Quelle honte! " (123ᵉ sermon sur Job, CO 35, p. 64). "Les Turcs aujourd'huy sçauront bien dire: Nous servons à Dieu depuis nos ancestres; car il y a beaucoup de temps passé que Mahomet les a abbruvez de ses resveries diaboliques. Voilà donc environ mille ans que ces mal-heureux sont enyvrez en leurs folies, ils pourront alléguer que leur religion n'est pas nouvelle. Mais quand elle auroit esté dès la création du monde, ce n'est rien dit" (2ᵉ sermon sur II Timothée, CO 54, p. 25). "Tout ainsi que Mahommet dit que son Alchoran est la sagesse souveraine, autant en dit le pape: car ce sont les deux cornes de l'Antéchrist. Or puis qu'ainsi est, ne voyons-nous pas qu'il est impossible que nous adhérions au pape en façon que ce soit, sinon en renonçant à Jésus-Christ? " (108ᵉ sermon sur Deutéronome, CO 27, p. 502–503). Comme on l'aura remarqué, plusieurs des textes que nous avons cités combattent non seulement la notion d'ancienneté, mais encore celle d'une révélation qui s'étendrait au-delà de l'Ecriture. Il faut souligner aussi que le recours à l'exemple de Mahomet n'est pas utilisé par Calvin dans un contexte antiromain seulement. Ainsi, dans le 16ᵉ sermon sur le livre de Job prêché durant le premier semestre de l'année 1554, Calvin l'emploie pour stigmatiser l'attitude de "ce malheureux qui a esté bruslé", c'est-à-dire Michel Servet, exécuté à la fin d'octobre 1553: "Il disoit que le sainct Esprit n'a point régné encores, mais qu'il devoit venir; le meschant fait ce déshonneur à Dieu, comme si les Pères anciens n'avoyent eu qu'un ombrage du sainct Esprit, et comme si une fois ayant esté espandu visiblement sur les apostres, il s'estoit retiré incontinent, tellement que l'Eglise ait esté destituée du Sainct Esprit. Voilà ce qu'il met en avant, et quant à luy, il se veut faire un Mahomet pour avoir le sainct Esprit à sa poste; mais on voit comme le diable l'avoit transporté" (CO 33, p. 204).

38 168ᵉ sermon sur le Deutéronome, CO 28, p. 538.

39 CO 28, p. 539. Cf. aussi le 21ᵉ sermon sur I Timothée, CO 53, p. 250: "Je laisse ... à dire que les papistes s'abusent quand ils nous allèguent les saincts pères; car ils prendront des moines et des caphars radotez, au lieu de se ranger à ceux que l'Escriture saincte nous propose pour exemple"; et le 182ᵉ sermon sur le Deutéronome, CO 28, p. 713: "En parlant des pères, ils (c'est-à-dire: les papistes) ne regardent point que les apostres sont nos vrais pères, et ceux qui avoyent esté engendrez par la pure doctrine de l'Evangile; mais ils appelleront des caphards et des resveurs, mesmes des mocqueurs de Dieu qui ont tout perverti, ils amèneront de gros asniers qui jamais n'ont rien gousté en l'Escriture saincte: que si on regarde à quels pères ils s'adonnent, il est certain que c'est une chose si lourde, qu'ils sont dignes mesmes d'estre mocquez par les petis enfans".

40 Dans ce plaidoyer en faveur de la Réforme, Calvin déclarait à propos des adversaires de la doctrine évangélique: "En ce qu'ils l'appellent nouvelle, ils font moult grande injure à Dieu, duquel la sacrée parolle ne méritoit point d'estre notée de nouvelleté. Certes je ne doute point que, touchant d'eux, elle ne leur soit nouvelle, veu que Christ mesme et son Evangile leur sont nouveaux" (*Institution de la religion chrestienne,* éd. par Jean-Daniel Benoît, tome 1er, Paris, 1957, p. 33).

41 ". . . Ils (sous-ent.: les papistes) disent: O, il ne faut point changer les bornes que les anciens ont mis. Il ne faut donc maintenant recevoir aucune nouvelleté. Il est vray qu'encores ils s'entendent très mal, estimans que nous amenons quelque nouvelleté au monde. Car que demandons-nous, sinon que la Parolle de Dieu qui a esté de tout temps, soit remise au dessus? " (114e sermon sur Deutéronome, CO 27, p. 567). ". . . Nous adorons le Dieu lequel nous a créez, lequel a publié sa Loy par la main de Moyse, lequel s'est manifesté en toute perfection par son Evangile. Or apportons-nous là rien de nouveau? Disons-nous qu'il faille avoir des reigles et des façons de faire dont les hommes soyent inventeurs, comme les papistes? " (182e sermon sur Deutéronome, CO 28, p. 712). "Il faut . . . . que nous soyons bien résolus en ce poinct, et qu'il nous soit tout liquide et vuidé: c'est à sçavoir qu'aujourd'huy nous n'avons point une espérance nouvelle de parvenir à salut, mais celle qui a esté de tout temps, que l'Evangile n'est pas une doctrine forgée depuis seize ans, mais que c'est la doctrine en laquelle ont esté enseignez tous les justes qui ont jamais esté" (24e sermon sur les Galates, CO 50, p. 572). ". . . Aujourd'huy les papistes allèguent l'ancienneté, et l'usage et coustume, quand ilz se vueillent approuver. Et cependant ilz nous chargent et rendent nostre cause odieuse souz ombre de nouveauté, et que nous avons mis changement en l'Eglise . . . Que nous mesprisions toutes leurs calomnies, et que les infirmes ne soyent point troublez et esbranlez, en oyant que nous voulons mettre en avant nouveauté et que les papistes demeurent tousjours en possession de l'usage et coustume ancienne . . . Ainsi nous pouvons respondre et protester en bonne conscience que nous ne prétendons point de rien changer en l'Eglise, et que nous n'y mettons aucun trouble . . . Nous ne sommes point coulpables d'aucune nouveauté; mais nous voulons que l'arrest que Dieu a prononcé mesme et publié, soit exécuté et demeure en sa vigueur. Ainsi quelque couverture que prétendent les papistes de leur costé, qu'ilz sont en possession ancienne, que l'usage fait pour eux, . . . tout cela n'est rien" (5e sermon sur II Samuel, SC 1, p. 37 et 38).

42 "En cela (sous-ent.: dans le fait que "Dieu besongne par sa grâce") voyons-nous quelle est la sottise des papistes, lesquels mettent tout le fondement de leur foy en l'ancienneté: O voilà, nous n'avons point une doctrine nouvelle, elle n'est pas venue d'hier, ne depuis un an, mais le monde a ainsi vescu long temps, et en sommes en possession. Mais qu'est-ce que cela vaudra devant Dieu? car il est question d'avoir une vérité éternelle, et qui ait esté devant la création du monde. Et ainsi il faut venir à Dieu, et à nostre Seigneur Jésus-Christ, si nous voulons avoir un ferme appui de nostre foi; car il n'est point question ne de vingt, ne de quatre cens ans, ne de mille: il nous faut avoir une vérité permanente qui nous ait esté révélée dès la création du monde. Car quand nous aurons cela, nostre foy sera bien appuyée: mais si cela n'y est, il n'y aura que vanité, et nous serons tousjours en suspens, il ne faudra sinon qu'un petit vent souffle, et voilà nostre foy abbatue" (57e sermon sur Job, CO 33, p. 717—718). Cf. aussi le 114e sermon sur le Deutéronome, CO 27, p. 568: "Notons donc quant à la parolle de Dieu, quant à la doctrine de salut, qu'il faut bien que nous ayons une autre ancienneté que des hommes: il n'est point question ici de regarder ce que nos pères ont décrété: mais il faut que le Dieu éternel soit celuy qui conduise nostre foy. Voilà donc comme il nous faut venir à l'éternité de Dieu, si nous voulons estre bien fondez"; et le 182e sermon sur le Deutéronome, CO 28, p. 712: "Nous pouvons bien protester que nostre foy est ancienne, veu qu'elle s'arreste à la vérité de Dieu, qui ne change jamais ne varie, et que les hommes ne nous ont rien apprins de leur teste, mais que nous avons Dieu qui s'est révélé de tout temps, et que nous suyvons la doctrine à laquelle il a voulu qu'on se tinst, comme aussi elle est éternelle".

43 182e sermon sur le Deutéronome, CO 28, p. 709–710 et 711–712.

44 "Si on demande d'où sainct Paul a prins ces deux noms qui ne sont point exprimez en Exode, la response sera que les pères anciens, outre ce qu'ils avoyent par escrit, ont retenu fidèlement les choses qui avoyent esté faites auparavant, tellement que le peuple des Juifs a eu comme par héritage plus de cognoissance de l'histoire ancienne que nous n'avons pas aujourd'huy. Sainct Paul a peu avoir de cest usage-là ce qu'il récite en ce passage: c'est asçavoir que les enchanteurs de Pharao estoyent nommez ainsi qu'il les appelle ici" (21e sermon sur II Timothée, CO 54, p. 246). Dans son commentaire sur II Timothée 3/8, Calvin paraît un peu plus réservé à l'égard de la tradition orale que dans le sermon que nous venons de citer. Il écrit: "Il est incertain d'où sainct Paul a prins leurs noms (sous-ent.: ceux de Jannès et de Jambrès): sinon qu'il est probable que beaucoup de choses de telles histoires ont esté données de main en main, desquelles jamais Dieu n'avoit voulu que la mémoire se perdist. Et il se peut bien faire que du temps de sainct Paul il y ait eu des commentaires des prophètes qui déclaroyent plus amplement ce que Moyse ne fait que toucher en brief" (*Commentaires sur le Nouveau Testament,* tome 4, Paris, 1855, p. 296 b –297 a).

45 Notre hésitation tient au fait que, comme nous l'avons relevé précédemment, cf. p. 155–156, Calvin donne parfois le nom de "Pères" aux auteurs de l'Ancien et du Nouveau Testament.

46 Le terme de "cafard" (de l'arabe *kàfir* = le mécréant selon le *Dictionnaire étymologique de la langue française* d'Oscar Bloch et W. von Wartburg) est souvent utilisé par Calvin pour qualifier les représentants de la scolastique.

47 9e sermon sur l'élection de Jacob et la réjection d'Esaü, CO 58, p. 137. Le 2e sermon sur II Timothée, CO 54, p. 25, offre un faible appui à notre interprétation. Il déclare: "Quand les papistes se glorifient de tenir la foy des pères, c'est à fausses enseignes. Et pourquoy? Car ils amènent pour leurs pères des povres abusez qui ont esté au temps d'ignorance: ils prendront des moines qui ont songé et resvé beaucoup de menus fatras. Voilà donc les pères des papistes". L'invitation à juger les Pères selon le critère de la fidélité scripturaire qui constitue le thème de ces textes fait place à une curieuse indulgence dans le 15e sermon sur I Corinthiens 10–11, CO 49, p. 776. Après avoir exalté saint Cyprien et saint Augustin, Calvin y proclame: "Louons mesmes ceux qui ont esté confits en beaucoup de superstitions de moinerie, lesquels cependant ont eu quelque chose de bon en eux; et ceux mesmes qui ont esté depuis naguères, louons-les: mais cependant regardons en quoy c'est en ce qui est de Dieu".

48 ". . . Par honneur ils (sous-ent.: les papistes) diront bien: sainct Augustin, sainct Ambroise, sainct Bernard, nos pères; mais quand on leur allègue ce qui est là trouvé de bon, ils les détestent: que s'ils les tenoyent aujourd'huy, ils seroyent aussi bien bruslez que les martyrs lesquels nous voyons estre si cruellement traittez par les papistes" (CO 28, p. 713).

49 CO 49, p. 776.

50 Pontien Polman a relevé, en l'exagérant quelque peu, le rôle que contrairement à ses principes, Calvin attribue à l'argument patristique dans l'*Institution de la religion chrétienne* et dans ses traités polémiques (cf. *Op.cit.,* p. 93–94). Corrigeant Polman qui met en doute le caractère "spécifiquement biblique" de la théologie calvinienne, Jan Koopmans estime que, pour le Réformateur, "der Gehorsam gegen das Wort bleibt der leitende Gesichtspunkt" (*Op.cit.,* p. 43).

51 Cf. chapitre 9, "Des conciles et de leur authorité", du livre IV.

52 "Quoy donc? dira quelcun, les résolutions des conciles n'auront-elles nulle authorité? Je respon que si. Car je ne dispute point qu'il faille rejetter tous les conciles et rescinder les actes de tous, ou canceller depuis un bout jusques à l'autre. Mais on répliquera que je les mets trop bas, jusques à permettre à chacun de recevoir ou rejetter ce qui aura esté déterminé en un concile. Je dy que non. Mais toutes fois et quantes qu'on met en avant un décret de quelque concile, je voudroye qu'on poisast diligemment en quel temps il a esté tenu, pour quelle cause, et à quelle fin, et quelles

gens y ont assisté; puis après qu'on examinast à la reigle de l'Escriture le poinct dont il est question" (IV/9/8).

53   "Nous recevons volontiers les anciens conciles, comme de Nice, de Constantinople, le premier d'Ephèse, Chalcédoine et les semblables qu'on a tenu pour condamner les erreurs et opinions meschantes des hérétiques; ... iceux conciles ne contiennent rien qu'une pure et naturelle interprétation de l'Escriture, laquelle les saincts Pères par bonne prudence ont accommodé, pour renverser les ennemis de la chrestienté" (IV/9/8).

54   Calvin déclare dans le 4ᵉ sermon sur I Timothée, CO 53, p. 46, prêché en automne 1554, peu après la fin de la 14e session du concile de Trente (printemps 1552): "Aujourd'huy les papistes diront: Et comment? Faut-il qu'on présume d'aller contre la détermination de nostre mère saincte Eglise? Ils ont leurs conciles, ausquels il y a quelques conventicles de gros asniers, qui ne sçauroyent parler une seule langue, et jamais n'ont leu trois fueillets de l'Escriture saincte. Toutesfois ceux-là pourront conclure ce qu'ils n'ont jamais pensé. Les papistes aujourd'huy font une grande bravade de cela. Mon Dieu! comme ils nous condamnent de présomption, pource que nous ne voulons point exposer ainsi nostre foy à la volée, mais que nous la voulons réserver à Dieu, afin que l'obéissance qui luy est deue, luy soit rendue".

55   Dans ce paragraphe dont le titre est emprunté à un passage du 47ᵉ sermon sur l'Harmonie des 3 Evangélistes qui sera cité plus loin, nous fournirons la démonstration que Jan Koopmans n'a pas donnée dans sa thèse *Das altkirchliche Dogma in der Reformation*. Sur la place du dogme trinitaire dans l'oeuvre homilétique de Calvin, Koopmans se borne en effet à écrire, sans citer la moindre référence: "In der Predigt Calvins ... tritt dies Dogma fast ganz zurück. Wir konnten wohl einen Abschnitt zitieren, in dem Calvin diese Lehre darlegt. Und so steht wohl auch noch hier und da etwas. Aber es ist verschwindend wenig in dem umfangreichen homiletischen Lebenswerk des Reformators" (*Op.cit.*, p. 141).

56   "In contrast to Caroli who as a "sorbonicus theologaster" was thought by him to be imbued with speculations, Calvin emphasized the practical nature of the knowledge of God. For the reformer christology and the dogma of the trinity were soteriologically determined. Divorced from soteriology, terms like "persona" and "trinitas" had little interest for him" (*Ecclesia reformata*, p. 96).

57   CO 47, p. 473. En faisant du terme de "propriété" l'équivalent de celui de "personne", Calvin nous paraît, quoi qu'en pense Hans Helmut Esser (cf. *Hat Calvin eine "leise modalisierende Trinitätslehre"?* p. 126—127), fournir des arguments aux théologiens qui, tels Ernst Wolf (cf. *Deus omniformis. Bemerkungen zur Christologie des Michael Servet,* p. 450—451) et Werner Krusche (cf. *Das Wirken des Heiligen Geistes nach Calvin,* p. 9—10), estiment qu'il a une théologie trinitaire "quelque peu modalisante".

58   On sait que jusqu'au concile de Nicée (325), les termes d'οὐσία et d'ὑπόστασις ont été synonymes et qu'ils ont cessé d'être équivalents à la suite de la controverse arienne, οὐσία continuant de désigner la "substance", ὑπόστασις devenant le pendant grec du latin "persona". Cf. J. F. Bethune-Baker, *An Introduction to the Early History of Christian Doctrine,* Londres, 9ᵉ éd. 1951, p. 235—238.

59   CO 47, p. 473.

60   Allusion au sermon XL, 41 "In sanctum baptisma", de Grégoire de Naziance. Cf. *Patrologie grecque* XXXVI, p. 417.

61   Cette sentence est chère à Calvin. Nous en voulons pour preuve le fait qu'il la cite, limitée toutefois à sa première partie, dans l'*Institution de la religion chrestienne* (I/XIII/17).

62   CO 47, p. 474. Comme on l'aura remarqué, dans tout le développement de la congrégation sur la divinité de Jésus-Christ relatif à la Trinité, Calvin utilise un vocabulaire modalisant en considérant les trois personnes qui sont en Dieu comme trois propriétés.

63   Sur les congrégations, cf. l'Introduction de Rodolphe Peter, in: *Deux congrégations* (de Jean Calvin) *et exposition du catéchisme,* Paris, 1964, p. IX—XVIII.

64 CO 28, p. 292. Cf. aussi le 159ᵉ sermon sur le livre de Job, CO 35, p. 514: "Voilà donc comme nous serons tousiours rassasiez de vivre, quand en nostre Seigneur Jésus-Christ Dieu nous a donné un si bon gage de son amour, qu'il ne faut point que nous demandions qu'il nous prolonge ici nostre vie pour en avoir plus ample confirmation. Pourtant, prions-le tousjours que nous ayant conduits en ce monde par son sainct Esprit, il nous attire à soi"; et le 16ᵉ sermon sur l'Epître à Tite, CO 54, p. 581: "Quand nous aurons cognu que c'est par son moyen (sous-ent.: celui du Christ) que nous sommes réconciliez à Dieu le Père, que nous avons pleine justice, que nous cognoissons aussi que par son sainct Esprit il nous distribue tout cela".

65 3ᵉ sermon sur l'Epître aux Galates, CO 50, p. 309. De la même manière, Calvin définit dans le 16ᵉ sermon sur l'Epître à Tite, CO 54, p. 578, le "brief sommaire" qui doit permettre aux "plus rudes" de savoir où "ils doivent chercher leur salut," en déclarant: "Il faut ... que nous cognoissions que Dieu le Père nous a esté pitoyable, et puis que nous soyons amenez à Jésus-Christ, et puis que nous cognoissions comment c'est que nous avons salut en Jésus-Christ, c'est asçavoir, comme il a accompli tout ce qui estoit requis pour nostre salut, que maintenant il nous élargit par la vertu et la grâce de son sainct Esprit".

66 80ᵉ sermon sur le Deutéronome, CO 27, p. 151. Il faut rapprocher de ce texte le 59ᵉ sermon sur l'Harmonie des 3 Evangélistes, CO 46, p. 743: "Ils (sous-ent.: "ces trompeurs et caphards", c'est-à-dire les catholiques) diront bien qu'il n'y a qu'un seul Dieu lequel on doit adorer, craindre et révérer; qu'il y a le Père, le Fils et le sainct Esprit, qui toutesfois ne sont qu'un Dieu; et voilà de belles préfaces".

67 "Quand ... nous avons Jésus-Christ qui est l'image expresse de Dieu, il faut bien que nous regardions là. Et voilà pourquoy aussi il est dit qu'il est la marque expresse de la puissance de Dieu son Père. Car combien que les personnes soyent distinctes, si est-ce néantmoins qu'il nous représente ce qui appartient et est utile à nostre salut, qu'en cognoissant le Fils, nous cognoissions le Père, comme dit S. Jean" (CO 51, p. 315).

68 CO 51, p. 339.

69 Cf. Richard Stauffer, *L'exégèse de Genèse 1/1–3 chez Luther et Calvin,* dans: *In principio,* Paris, 1973, p. 259.

70 "Or quand il (sous-ent.: Moïse) use de ce mot de créer il monstre qu'il n'y a essence sinon en Dieu seul, et ce mot dont il use est en nombre pluriel, comme si on disoyt dieux. C'est une façon de parler en cette langue-là qui seulement nous monstre les vertus diverses que Dieu ha en soy et laquelle aussy nous retient en l'unité de son essence" (fo. 4).

71 Cet ordre est aussi l'ordre chronologique: les sermons sur I Timothée datent de 1554–1555, sur Ephésiens de 1558–1559, sur la Genèse de 1559–1560, et sur l'Harmonie des 3 Evangélistes de 1559–1560. L'ordre d'importance que nous établissons n'est pas suffisamment probant pour permettre d'affirmer que Calvin prédicateur aurait manifesté un intérêt croissant pour le dogme trinitaire au fur et à mesure qu'il avançait en âge.

72 C'est ainsi que Calvin traduit I Timothée 3/16.

73 CO 53, p. 321.

74 CO 51, p. 528.

75 Fo. 5 vo. et 6.

76 Il s'agit là, vraisemblablement, d'une allusion au 1ᵉʳ sermon sur la Genèse, prêché cinq jours plus tôt par Calvin (le 4 septembre 1559), que nous avons cité plus haut.

77 Fo. 29 vo.

78 Cf. Matthieu 3/16.

79 CO 46, p. 583. Comme dans la Congrégation sur la divinité de Jésus-Christ, Calvin recourt à une terminologie modalisante dans ce sermon, faisant du terme de "propriété" le synonyme de "personne".

80 Jésus-Christ "n'est point le Père; combien qu'il soit un mesme Dieu avec son Père, si est-ce que cela est propre au Père qu'il ait ce titre; ainsi le Père n'est pas son Fils, et

l'Esprit n'est pas l'un ne l'autre. Cependant nous voyons comme ceste distinction nous meine à l'unité, afin que nous adorions un seul Dieu, et que nous soyons arrestez à luy" *(ibid.)*.

81 ". . . Dieu envoye le Sainct Esprit, mais aussi Jésus-Christ l'envoye; car quand le Père l'envoye, c'est au nom de Jésus-Christ et à sa requeste; d'avantage Jésus-Christ parlant de soy-mesme déclare qu'il l'envoyera. Et de faict il est un mesme Dieu avec le Père. Et puis, entant qu'estant fait homme il est nostre médiateur, toute puissance luy a esté donnée au ciel et en la terre, tellement qu'il est comme le bras et la main pour nous distribuer les grâces de Dieu" (CO 48, p. 602). A notre connaissance, il s'agit là du seul passage de la prédication relatif au problème du *filioque* que Calvin traite, succinctement du reste, dans l'*Institution de la religion chrestienne* (I/VII/18 et 19). Le texte de Galates 4/6 qui aurait pu inciter le Réformateur à parler, dans son 25e sermon sur cette Epître, de la double procession du Saint-Esprit, ne nous apporte rien sur ce sujet.

82 1553 est, rappelons-le, l'année de l'affaire Servet, 1558, celle de la controverse entre Calvin et certains membres, Valentin Gentilis en particulier, de l'Eglise italienne de Genève qui mettaient en question le dogme trinitaire.

83 De 1537. Cf. CO 9, p. 703–710.

84 De 1554. Cf. *Recueil des opuscules,* Genève, 1566, p. 1315–1468, et CO 8, p. 453–644.

85 De 1561. Cf. *Recueil des opuscules,* p. 1921–1963, et CO 9, p. 361–420.

86 Cf. *supra,* p. 22.

LA CREATION[1]

La doctrine de la création, à laquelle Calvin consacre les chapitres 14 et 15 du livre premier de l'*Institution de la religion chrestienne,* a été peu étudiée par les calvinologues. Négligée au profit de la sotériologie par les représentants de la théologie dialectique[2], elle n'a guère été examinée dans son ensemble que par les Américains Benjamin B. Warfield et John Murray[3]. Cette lacune regrettable doit être comblée, d'autant plus que la doctrine de la création occupe une place importante dans l'oeuvre homilétique du Réformateur. Tout préoccupé qu'il est du seul salut de ses auditeurs, Calvin prédicateur n'oublie jamais l'enseignement biblique relatif aux origines du monde et des créatures. Comme nous allons le montrer en suivant dans ses grandes lignes l'ordre des matières de l'*Institution,* les sermons contiennent des données abondantes sur notre sujet; ils fournissent tous les éléments d'une cosmogonie, d'une cosmologie, d'une angélologie, d'une démonologie et d'une anthropologie.

1. La cosmogonie

Faisant allusion au *De natura deorum* (I/XIII/33) de Cicéron, Calvin s'élève au début du chapitre 14 du livre 1er de l'*Institution chrestienne* contre les "resveries des payens", contre "les philosophes" qui attribuent la création à "l'esprit du monde". Dans le 1er sermon sur le livre de la Genèse, le Réformateur critique de même "les philosophes" qui "ont tasché tant qu'il leur a esté possible d'abolir cest article de nostre foy que Dieu soyt créateur". Il y vise d'abord "le plus sage et le plus subtil qui ayt jamais esté", c'est-à-dire Aristote, parce qu'il a enseigné que le monde existe de toute éternité. Aux yeux de Calvin, Aristote n'a pu défendre un tel enseignement que parce qu'il a été aveuglé par l'orgueil. Avec tous ceux qui, en demandant "qui a esté le premier ou l'oeuf ou la poule", mettent en question la création du monde et refusent de considérer Dieu comme "la cause de toutes choses", il appartient à la catégorie de ces "gens profanes" que le diable a littéralement transportés[3a].

Mais dans sa critique des philosophes, le Réformateur ne se borne pas à dénoncer Aristote. Relevant que certains d'entre eux "ont bien dit que le monde n'avoyt pas tousjours esté", il s'en prend à l'atomisme d'Epicure et de Lucrèce, coupables, estime-t-il, de porter ombrage au Créateur. Il déclare ainsi à leur sujet — ses propos constituent une réfutation intéressante de la physique épicurienne telle qu'elle s'exprime dans la *Lettre à Hérodote*[4]: "Ils ont imaginé des choses les plus sottes et les plus badines qu'on sçauroit dire, afin de tousjours repousser la majesté de Dieu qu'on ne peust contempler sa gloire qui nous doibt estre si patente comme elle se montre si familièrement à nous. Et voylà pourquoy ilz ont mieulx aymé (je dy aulcungs fantasticques) de dire que le monde s'estoit ainsy amassé de cas fortuit, et qu'il y avoit des petites choses qui voltigeoient − les atomes, évidemment −, et que le soleil a esté basti de cela, la lune et les estoilles, la terre, les arbres et les hommes mesmes. Et sçauroit (-on) point penser une chose plus lourde que celle-là? Car l'air aura beau se remuer pour nous faire voltiger, et en amassent des petites (choses) qui ne se peuvent couper avant que noz entrailles fussent fermées là-dedans. Qui est-ce qui change le pain et le vin et les aultres viandes en sang, et qui donne nourriture à l'homme? Et puys si nous regardons ... ung seul ongle et ung cheveu de nostre teste, n'est-ce pas assez pour convaincre ces vilains qui s'aveuglent ainsy et s'abrutissent de leur bon gré?" Ces interrogations qui doivent inciter les auditeurs de Calvin à postuler, à partir de la contemplation du microcosme humain, l'existence d'un créateur divin culminent dans une conclusion qui rappellera au lecteur les résultats auxquels nous sommes parvenus dans notre étude de la révélation générale: "Si nous avions une seule goutte de prudence et de raison, il ne fauldroit point que Moyse nous fust tesmoing de Dieu que tout a esté créé de luy, car nostre raison nous monstre cela et l'ordre de nature"[5].

Outre le 1er sermon sur la Genèse, le 153e sermon sur le livre de Job apporte à la connaissance de notre sujet des précisions dignes d'être notées. Calvin entend y montrer qu'un Dieu personnel est à l'origine de l'univers et que ce Dieu maintient sa création par sa Providence. Il y condamne le panthéisme au nom de la diversité qui existe entre les êtres vivants. Si la nature était la source de la vie, pense-t-il, il y aurait dans le monde animal une uniformité qui ne correspond pas à ce que nous observons. "Quand nous aurons regardé çà et là et que nous aurons veu une telle diversité d'ouvrages, nous sommes contraints en despit de nos dens de cognoistre: O! il y a ici un créateur qui domine, car si toutes bestes estoyent d'une nature et inclination, la Providence de Dieu seroit plus obscure qu'elle n'est. Il y auroit lors (ce semble) apparence de dire: C'est nature qui domine, comme nous voyons mesmes que les philosophes, quand ils ont bien regardé et espluché par tout, au lieu d'adorer Dieu et le magnifier en ses oeuvres, ont appliqué tous leurs sens et esprits à forger une nature qui fust pour anéantir et Dieu et sa gloire. Et le diable les a gouvernez en cela à leur grande condamnation et horrible. Mais quand nous voyons une telle variété, qu'un oiseau sera d'un naturel, l'autre d'un autre, que les bestes seront aussi diverses, on ne peut pas dire: Voilà une nature, comme on feroit si tous animaux alloyent leur plain chemin et qu'on vist une correspondance égale en toutes bestes. Si les choses estoyent ainsi, incontinent Nature, diroit-on, Nature; on ne penseroit point à Dieu. Mais quand nous verrons qu'un oiseau aura crainte, et l'autre, non; voilà l'ouvrage de Dieu qui apparoist mieux"[6].

Calvin n'en reste pas là dans ce sermon. En prédicateur avisé soucieux de la réalité, il tire parti des différences de taille, de physionomie, d'intelligence et de caractère qui existent entre ses auditeurs pour les convaincre qu'au-delà des causes biologiques qui paraissent expliquer une telle variété, voire une telle inégalité, il faut admettre l'intervention souveraine d'un Dieu créateur. "Si tous hommes avoyent une mesme face, et toutes femmes, et qu'il y eust une mesme stature, une mesme couleur, une mesme proportion de corps, une mesme contenance, un esprit semblable, nous ne cognoistrions point si bien qu'il y eust un créateur qui nous eust formez .... Il sembleroit que ce fust le ventre de la mère qui nous formast, que ce fust la semence du père qui nous donnast et substance et forme, et tout ce que nous avons; bref, les hommes ne tiendroyent rien de Dieu pour luy en faire hommage. Mais quand nous voyons qu'il y a tant de diversitez, que l'un sera grand, l'autre petit; que les façons de faire sont aussi tant différentes, que l'un aura un esprit aigu, l'autre pesant, que l'un aura grande faconde pour bien parler, que l'autre sera à demi-muct: quand donc nous voyons toutes ces choses, ne faut-il pas, si nous ne sommes plus que malins et pervers, confesser que .... c'est luy — sous-ent.: Dieu — qui nous forme?"[7].

Si Calvin relève dans les deux sermons auxquels nous venons de faire de larges emprunts que l'univers a été créé par un Dieu personnel, il ne manque pas de signaler en plusieurs endroits de sa prédication, comme il le fait dans l'*Institution de la religion chrestienne*[8], l'attitude des "gaudisseurs" qui demandent pourquoi le Dieu éternel est resté si longtemps oisif, son oeuvre créatrice ne datant que de six ou de sept mille ans[9]. A cette question qu'il considère comme aussi oiseuse qu'insolente (les hommes ne sauraient se permettre de dépasser les limites qui leur ont été assignées)[10], le Réformateur fait une grande place dans le 1er sermon sur le livre de la Genèse que nous avons déjà cité. "Si les hommes se veulent tenir à leur raison et prudence, y déclare-t-il, ce leur sera une chose incroyable que le monde ayt esté créé depuys six mille ans. Car qu'est-ce que Dieu faisoyt de toute éternité? Et de faict, les gens volages et fantastiques n'apréhenderont jamais ce qui nous est icy testifié par le Sainct-Esprit. Car ils auront tousjours leurs réplicques: c'est bien à propos que Dieu se soyt tousjours reposé non seulement depuis dix mille ans ou cent mille ans, mais devant tous siècles, et puys qu'il se soyt advisé de nouveau et qu'il ayt créé le monde, et qu'il n'ayt duré que si peu de temps, et puys encores qu'il doibve finir, et que nous en atendons la fin pource que nous sommes aulx derniers temps depuys la venue de Jésus-Christ"[11].

Ces objections des "gens volages et fantastiques" ne devaient pas laisser Calvin insensible, car il avait horreur d'un Dieu oisif qui aurait rappelé les dieux innombrables chers à Epicure. Aussi les réfute-t-il avec soin. Elles procèdent, pense-t-il, d'un esprit d'orgueil, d' "audace" et de "témérité". Les hommes qui ne sont que "pauvres vers de terre" rampant ici-bas ne peuvent s'élever "par dessus le conseil de Dieu". Qu'ils fassent donc preuve d'humilité! Et, reprenant avec l'*Institution*[12] la boutade que saint Augustin se refusait à employer, persuadé qu'il était qu'un *nescio* vaut mieux qu'un trait d'esprit[13], le Réformateur d'ajouter: "Dieu n'a point esté oisif devant qu'avoir créé le monde, car il a quant et quant créé l'enfer pour ceulx qui sont si hardiz en leur convoitise"[14].

La notion d'un Dieu personnel dont l'activité créatrice tardive (selon les conceptions du XVIe siècle) ne sauroit être considérée comme une preuve d'inaction, n'est pas la seule qui apparaisse dans la prédication de Calvin. On y trouve aussi, moins souvent peut-être qu'on ne pourrait s'y attendre, l'idée que le créateur n'est pas quelque redoutable et mystérieux démiurge, mais le Dieu d'amour qui, après avoir révélé ses exigences à l'homme, lui apporte la rédemption. "Que nous ayons une ferme certitude que le Dieu qui a créé le ciel et la terre est celuy qui se propose à nous et duquel nous cognoissons la volonté par la Loy et par l'Evangile, tellement que nous ne disputons point que c'est de Dieu, comme ont faict les povres payens qui se sont beaucoup tourmentez et se sont cependant fourrez en un labyrinthe dont jamais ne sont sortis"[15].

Pour souligner l'identité qui existe entre le Dieu créateur et le Dieu rédempteur, le Réformateur recourt évidemment à la notion johannique du *logos:* c'est au moyen de la Parole que le monde a été créé, c'est grâce à elle encore qu'il est maintenu aujourd'hui. Calvin déclare ainsi dans la congrégation sur la divinité de Jésus-Christ: "Comme tout a esté créé une fois en la vertu de la Parolle de Dieu, aussi toutes choses demeurent et sont conservées par ceste vertu et par ce mesme moyen. Et ce sont deux choses qu'il nous faut bien considérer: l'une que nous avons commencement et vie par ceste Parolle, l'autre que nous sommes soustenus par icelle, et non seulement nous, mais tout le monde. Que non seulement le monde a esté créé du commencement par ceste Parolle, mais aussi qu'il ne seroit plus, sinon qu'il fust conservé en ce mesme estat par ce mesme moyen"[16].

Plus rarement, semble-t-il, Calvin affirme, sans recourir à l'enseignement du prologue de saint Jean[17], que l'univers a été créé "en Jésus-Christ", de telle sorte qu'avant son incarnation et sa passion, celui-ci exerçait déjà un ministère de réconciliation. Commentant Ephésiens 3/9, le prédicateur de Genève déclare: "Notons bien . . . que tout a esté créé en Jésus-Christ quand il a esté ordonné chef des anges et des hommes: voire encores que nous n'eussions point eu besoin de Rédempteur, si est-ce que desjà nostre Seigneur Jésus-Christ avoit esté establi pour nostre chef. Il n'avoit que faire de vestir nostre nature, ni de s'offrir en sacrifice pour la rédemption des pécheurs; mais quoy qu'il en soit, si ne laissoit-il point d'avoir desjà cest office de réconcilier Dieu avec les hommes et les conjoindre avec les anges du ciel. Voilà donc comme tout a esté créé en nostre Seigneur Jésus-Christ"[18]. Et, de manière encore plus forte, s'il est possible, Calvin souligne dans le 3e sermon sur la Genèse que Jésus-Christ est à la fois le créateur de l'univers et son restaurateur après la désobéissance d'Adam: "Tout ainsy . . . que le monde a esté créé par nostre Seigneur Jésus-Christ, aussy maintenant afin qu'il subsiste en luy Il a voulu qu'il fust réparé par sa grâce. Ainsy nostre Seigneur Jésus-Christ a besongné quant à la création première, et . . . sa vertu s'est déclarée quand Dieu a dict. Il y a le second que par la vertu de sa rédemption Il a réparé la ruine et la confusion horrible qui est advenue par le péché d'Adam, et encores Il continue aujourd'huy à ce faire"[19].

L'idée selon laquelle le créateur n'est pas un démiurge terrifiant et énigmatique n'est pas illustrée seulement, dans la prédication, par l'emploi de la théologie du *logos* et par l'évocation du rôle cosmologique de Jésus-Christ. Elle est étayée aussi, mais de façon rarissime, par un recours au dogme trinitaire.

Nous avons déjà relevé dans notre chapitre précédent la réserve que le prédicateur de Genève manifeste envers ce dogme. Aussi ne s'étonnera-t-on pas d'apprendre que Calvin mentionne la participation du Père, du Fils et du Saint-Esprit à l'oeuvre de la création dans un seul sermon, le premier sur le livre de la Genèse. Il est amené à ce faire par la présence des mots *rouach Elohim* en Genèse 1/2. Sans éprouver le besoin de fournir la moindre explication sur son interprétation[20], il assimile en effet l'esprit de Dieu qui "se démène" sur les eaux à la troisième personne de la Trinité. Cet esprit est éternel, affirme-t-il, comme l'est aussi la sagesse de Dieu, c'est-à-dire Jésus-Christ. Ainsi, parce qu'ils sont coéternels, le Père est associé au Fils (c'est par lui qu'Il crée) et au Saint-Esprit (c'est par lui qu'il maintient l'univers) dans l'oeuvre de la création[21].

Après ces considérations sur la personne du Créateur, il convient de voir de quelle manière Dieu a créé. Dans plusieurs sermons sur la Genèse, comme nous l'avons déjà noté, Calvin montre que c'est par le moyen de la Parole[22]. Il souligne alors, en général, – c'est l'élément qu'il importe de relever maintenant, – la puissance de cette Parole. Elle n'est pas un quelconque *flatus vocis*. Il suffit que Dieu la prononce pour qu'elle appelle les choses à l'être. C'est qu'en effet, elle est la sagesse éternelle du Père qui s'est incarnée en Jésus-Christ[22a]. "Ceste Parolle n'a pas esté ung son qui se soyt esvanouy en l'air. Dieu . . . n'a point parlé à la guise des hommes, mays il a démonstré la vertu de la Parolle éternelle, c'est à sçavoir de ceste Parolle qui a esté manifestée en chair: c'est Dieu nostre Seigneur Jésus-Christ par la vertu duquel le monde a esté créé avec toutes ses parties . . . Il a dict et il a esté faict, il n'a point falu qu'il se soyt mis en besongne comme quand nous voyons faire une chose tant uctile qu'elle soyt, il y fault applicquer et les yeux et les mains, et quelquefoys tous noz membres. Il n'a point falu que Dieu s'emploiast ainsy, ç'a esté assez qu'il ayt monstré son vouloir. Or si nous considérons quelle diversité et distance il y a entre Dieu et nous, lors nous confesserons aussy qu'il y a une Parolle bien eslongnée de la nostre; et ainsy nous ne trouverons point estrange quand il parle qu'il face sentir quant et quant ceste vertu intérieure qui est en son essence quant à la personne de nostre Seigneur Jésus-Christ"[23].

Créé par la vertu toute-puissante de la Parole, l'univers a été créé *ex nihilo*. En dépit des quelques passages de la prédication qui pourraient donner à penser qu'il est favorable à la notion hébraïque d'une création conçue comme le modelage d'une matière informe[24], Calvin estime que le monde a été tiré du néant. Sans recourir aux considérations lexicographiques de son Commentaire sur la Genèse (où le verbe *bârâ* utilisé par l'auteur sacré de préférence au verbe *yâsar* lui apparaît comme une preuve de la création *ex nihilo*)[25], il défend cette doctrine à plusieurs reprises dans ses sermons. Car il estime qu'elle rend justice à la toute-puissance du Créateur. "Ce n'est point encores assez de cognoistre que Dieu a créé la terre, déclare-t-il dans le 148e sermon sur le livre de Job; il faut là contempler une sagesse admirable et cognoistre que c'est un miracle tel que tous nos sens y défaillent. Quand il est dit que Dieu a créé tout de rien . . ., ne voilà point pour nous ravir en estonnement"[26].

La création à partir du néant n'a pas été opérée par Dieu de manière instantanée, comme certains l'affirment en se fondant sur un passage de l'Ecclésiastique[27]: il a fallu six jours, selon le livre de la Genèse, pour qu'elle soit menée à son terme. Ce délai pouvait apparaître comme une limitation de la toute-puissance du Créateur. Aussi Calvin éprouve-t-il le besoin de le justifier, comme dans l'*Institution de la religion chrestienne*[28], en plusieurs endroits de sa prédication. A ses yeux, l'hexaméron n'est pas la conséquence d'une quelconque incapacité en Dieu, mais un témoignage de sa bonté envers les hommes. C'est par souci pédagogique, pourrait-on dire, afin de s'accommoder à leur portée[29], afin de mieux leur faire comprendre son amour que le Créateur a renoncé à créer instantanément l'univers dans son état définitif. "Dieu n'a point voulu en une minute de temps amener le monde à sa perfection, non point pour difficulté qu'il eust, comme nous ne pourrons pas achever nostre besongne en ung moment, mays il fauldra continuer nostre labeur et y travailler. Dieu donc n'a pas esté aussy retardé d'accomplir ce qu'il vouloit, mays ç'a esté à cause de nous et pour nostre instruction ... Quand il a employé six jours à créer les choses que nous voyons maintenant et à les disposer et digérer en leur ordre, il ne l'a point faict ... par nécessité qu'il en eust, mays ç'a esté afin de nous retenir pour nous faire mieulx considérer et sa vertu et sa bonté et sa justice et sa sagesse infinie en toutes ses créatures"[30].

L'hexaméron qui permet à Dieu de mettre de l' "ordre" dans le tohu-bohu qu'il a appelé à l'être, de donner "figure" à la "matière" ou à la "masse confuse" qu'il a tirée du néant le premier jour[31], l'hexaméron tel qu'il apparaît dans les sermons sur le livre de la Genèse nous autorise à dire, avec John Murray[32], que Calvin a défendu l'idée d'une "création médiate"[33]. Pour lui, en effet, la "matière" ou la "masse confuse" constitue le substrat dont Dieu se sert, dès le deuxième jour, afin de poursuivre son oeuvre créatrice et de la mener à la perfection. L'idée que le monde n'est pas encore parfait au moment où le Créateur prononce le *fiat* originel pouvait faire difficulté, cependant. Aussi le Réformateur tient-il à répondre à ceux qui estimaient que la création atteint d'emblée à l'excellence. Il le fait dans le 2e sermon sur la Genèse en recourant à une série d'images, celle, utilisée déjà par Luther[34], de l'homme qui n'est pas encore adulte à sa naissance, celle du blé qui n'est pas encore pain au temps de la moisson, celle enfin de la fleur qui n'est pas encore fruit lors de sa floraison. Visant ceux qui "ont imaginé que tout estoit faict en ung moment", qui "ont allégué par trop sottement que les oeuvres de Dieu sont parfaictes" à la fin du premier jour, il déclare: "Il fault bien que telles gens soyent plus qu'aveugles quand ilz ne considèrent pas leur naissance propre. Car sont-ilz engendrez hommes parfaictz du premier coup? Et toutefoys c'est l'oeuvre de Dieu. Il a donc fallu que telles gens fussent élourdis quand ilz ont pansé (sic) que les oeuvres de Dieu ne sont parfaictes sinon qu'elles soyent acomplies du premier coup: car aultrement il ne fauldroit point qu'il y eust d'enfans, ne qu'il y eust du bled. Il fauldroit que les enfans sortissent du ventre de leur mère voire et qu'ils y eussent esté conceuz et engendrez tout entiers et parfaictz; il fauldroit que le pain sortist de la terre tout prest à manger, que les arbres portassent leurs fleurs et leurs fruictz tout à ung coup, et tous meurs sans attendre aultre maturité"[35].

A partir de la matière, tirée elle-même du néant le premier jour, Dieu parachève donc sa création du deuxième au sixième jour. Contrairement à ce qu'a pensé Benjamin B. Warfield[36], la matière et ses dérivés ne possèdent, pour le Réformateur, aucune virtualité créatrice. Il faut toujours que Dieu intervienne personnellement et souverainement pour que des choses déjà créées surgisse quelque nouvel élément. Ainsi, par exemple, si la lumière procède des ténèbres, c'est uniquement sous l'effet de l'extraordinaire et incompréhensible puissance du Créateur. "Il ne nous fault point .... passer légèrement ce qui nous est ... dit que Dieu a commandé qu'il y eust clarté; mays il nous fault noter qu'il l'a prise[37] non pas de quelque moyen qui nous puisse sembler propre, mays il (l')a tirée des ténèbres. Il n'y avoit donc que ténèbres partout ... : soubdain la clarté se produict pource que Dieu l'ordonne. C'est donc une chose bien contraire à toute raison que la clarté procède d'une telle source, c'est à sçavoir des ténèbres qui luy sont contraires. Mays en cela voyons-nous la puissance admirable de Dieu"[38]. De même encore, si les poissons et les oiseaux sont formés à partir des eaux, ce n'est pas parce que celles-ci posséderaient la faculté d'engendrer des êtres vivants, mais bien parce que Dieu daigne se servir d'elles. S'en prenant aux "fantasticques" qui trouvent "estrange" le récit de Genèse 1/20 et estiment que ses données, interprétées littéralement, s'opposent à la notion de création *ex nihilo,* Calvin répond qu'il n'y a pas davantage "de raison à créer toutes choses de rien que d'avoir donné forme aulx poissons et aulx volailles prenant la matière et la substance des eaux"[39]. Et il ajoute que, comme il "n'y avoyt nulle apparence ... que les eaux se fussent converties en créatures vivantes ayant mouvement", "Dieu a faict encores une oeuvre miraculeuse quand Il a tiré non seulement les poissons, mays aussy les oyseaux et les volailles des eaux"[40]. Ainsi, pour Calvin, du premier au sixième jour, de la création *ex nihilo* à la création *ex materia,* de la création immédiate à la création médiate, l'oeuvre du Créateur est toujours un miracle qui atteste sa grandeur et sa puissance.

2. La cosmologie

Nées de la volonté expresse de Dieu, les diverses créatures (ce terme désigne au XVIᵉ siècle aussi bien les choses inanimées que les êtres vivants) sont bonnes[41]; mieux encore, au terme du sixième jour, quand le Créateur a parachevé son oeuvre, la création est très bonne[42]. Aussi Calvin ne manque-t-il pas d'exalter, dans plusieurs sermons, l'excellence de l' "ordre de nature"[43], une excellence qui montre que le divin "bâtisseur" est sans commune mesure avec les hommes, même avec les plus ingénieux d'entre eux[44]. Quelle que soit sa perfection, la création ne saurait être comparée, cependant, à la perfection de Dieu. Parce qu'il a été créé, l'univers ne peut en aucune façon être égalé à son créateur. Le Réformateur déclare ainsi dans le 58ᵉ sermon sur le livre de Job: "Les cieux mesmes ne sont pas nets. Car quand Dieu a créé le soleil pour esclairer le monde, qu'il a donné aussi quelque lumière aux estoilles, ce n'est pas à dire qu'il y ait une perfection divine. Il nous fault retenir ... que toutes créatures estans créées de Dieu retienent bien encores quelques marques de sa grâce: mais quand on voudra comparer ce qui est aux créatures avec ce qui est en Dieu, on trouvera que l'un n'est rien, et l'autre est tout. Voilà comme les cieux ne seront pas nets, c'est-à-dire qu'il y aura tousjours de l'imperfection aux créatures, qu'il n'y aura rien pourquoi elles puissent consister devant Dieu, voire au regard de ceste gloire infinie qui est en lui"[45].

Mais en quoi consiste l'univers? Pour reprendre une formule heureuse d'Alexandre Koyré[46], il constitue un "monde clos", aux yeux de Calvin. C'est-à-dire que, fidèle à une conception qui était déjà celle des Hébreux, le Réformateur pense que les cieux forment une voûte solide; au sens étymologique du terme, ils sont le firmament, coupole gigantesque qui n'est soutenue par aucun pilier, mais qui est maintenue en place par la seule "vertu de Dieu"[47]. Le firmament est tellement solide pour Calvin que le texte de Luc 3/21 (où il est dit que le ciel s'est ouvert pendant le baptême de Jésus) lui pose comme à ses contemporains un véritable problème de physique. Postuler une ouverture du ciel, n'est-ce pas admettre la possibilité d'un véritable cataclysme! Incapable de résoudre cette difficulté, oubliant la notion de la révélation — accommodation dont nous avons déjà parlé[48], le prédicateur de Genève n'a d'autre ressource que de faire appel au respect du mystère. "De disputer . . . subtilement comme les cieux se sont fendus, veu que c'estoit pour apporter une ruine générale sur toute la terre, c'est une curiosité qui est non seulement inutile, mais aussi mauvaise. Car ce qui se fait outre nostre sens, il faut que nous le recevions en cognoissant que les secrets de Dieu sont incompréhensibles"[49].

Fidèle à la conception biblique qui fait des cieux une voûte solide, Calvin ne croit pas en revanche, c'est une de ses inconséquences, que le firmament constitue, comme dans la cosmologie juive (cf. Genèse 1/7 et 7/11), le soubassement d'une mer supérieure (qui, au moment du déluge se serait abattue sur la terre par les "écluses du ciel"). En face de ceux qui pensent qu'il y a "quelques mers par dessus les nuées et que les eaux "sont" là tousjours comme elles sont en la mer", il fait intervenir la notion d'accommodation. Sans se soucier d'être parfaitement cohérent, car on ne voit pas comment, si le firmament a la consistance qu'il lui attribue, il peut défendre une telle interprétation, il estime que les eaux qui sont "sur l'estendue" céleste, c'est-à-dire au-dessus du firmament, ne sont rien d'autre que celles qui sont contenues dans les nuages. Il déclare à propos de Genèse 1/6: "Moyse a voulu conformer son style à la rudesse des plus ignorans et idiotz afin que nul ne fust excusable que tous ne soyent enseignez des oeuvres de Dieu. Voyans donc cela, nous concluons que les eaux dont il est icy parlé, ce sont les vapeurs qui s'eslevent en hault dont les pluyes et les gresles et les neiges se produisent"[49a].

Sur le firmament sont fixées les étoiles dont le nombre est immense[50]. Elles tournent avec leur support autour d'un axe constitué par les pôles. "Le ciel tourne à l'entour du pôle qui est là, — Calvin désigne ici le pôle nord à ses auditeurs, — et comme en des roues d'un chariot il y a le bois qui traverse qui est mis au milieu, et les roues tournent à l'entour de ce bois-là par le pertuis qui est au milieu: ainsi est-ce du ciel. On voit cela manifestement, c'est-à-dire ceux qui cognoissent mieux le cours du firmament, ils voyent que le ciel tourne ainsi.

Car du costé de la bise, il y a une estoille qu'on voit à l'oeil — l'étoile polaire évidemment — qui est comme cest aixieu qui est au milieu d'une roue, et voit-on le firmament tourner au milieu. Il y en a une autre qui est cachée de nous, que nous ne pouvons pas appercevoir, qu'on appelle le pôle antarctique. Et pourquoi? Pource que le ciel aussi tourne à l'entour, comme s'il y avoit un bois où fust mise la roue, ainsi qu'il a esté dit. Quand je parle de ce cours du ciel, je n'enten pas le cours du soleil tel que nous le voyons tous les jours. Car le soleil a un mouvement espécial pour soy, mais c'est un mouvement universel pour tout le firmament du ciel"[51]. Dans le mouvement, dans le cours régulier des étoiles qui ont été créées par la Parole "en une minute de temps", le Réformateur ne manque pas de découvrir un ordre admirable[52]. Cet ordre qui atteste la soumission de la création à son Créateur est l'objet d'une science parfaitement légitime, l' "astrologie", nommée aujourd'hui astronomie, à distinguer de l' "astrologie judiciaire"[53], notre moderne astrologie que Calvin condamne sévèrement[54].

Au-dessous du firmament, moins élevées que les étoiles[55], il y a sept planètes[55a] parmi lesquelles Calvin compte le soleil[56]. Ces planètes sont situées à des hauteurs différentes. Saturne est la plus éloignée de nous[57]. La lune est plus rapprochée de la terre que le soleil. Pour le prouver à ses auditeurs, Calvin invoque l'exemple de l'éclipse de soleil: si la lune est capable de s'interposer entre ce dernier et nous, c'est qu'elle se trouve plus près de nous que l'astre du jour[58]. Cet exemple, toutefois, pouvait induire en erreur des auditeurs peu avertis. Aussi le Réformateur tient-il à préciser, à leur intention, que si la lune peut cacher un instant le soleil, elle n'est pas pour autant la plus grande des planètes[59]. En reprenant à son compte les conclusions des astronomes qui "monstrent bien par raisons évidentes qu'il y a d'aultres planetes qui sont plus grandes que n'est la lune"[60], Calvin contredisait Genèse 1/16 qui fait de l'astre de la nuit l'un des "deux grands luminaires"[61]. Pour résoudre cette difficulté, il ne lui suffisait pas de recourir à des explications rationnelles[62]. Il lui fallait montrer que l'auteur de la Genèse n'était pas un ignorant et qu'il avait de bonnes raisons de s'exprimer comme il l'avait fait. "Ne pansons (sic) point, déclare le prédicateur de Genève, que Moyse ayt ignoré que la lune n'estoit pas ung si grand luminaire au prix des aultres planetes, ou qu'elle fust semblable au soleil, mais il a regardé à l'usage des hommes"[63]. Pour Calvin, l'auteur sacré a "usé d'ung stile rude et grossier" en Genèse 1/16, "il s'est conformé a la rudesse et debilité des hommes, afin que selon nostre mesure nous concevions ce qui nous est nécessaire pour nous instruire en la crainte de Dieu et en la fiance de sa bonté"[64]. Comme nous l'avons déjà noté dans notre chapitre 2[65], le principe selon lequel la révélation est toujours accommodation permet au Réformateur de concilier le texte biblique, dans le domaine bien précis que nous venons d'évoquer, avec les données scientifiques qui se sont imposées à son esprit.

Contrairement aux étoiles qui évoluent inséparablement liées au firmament, les planètes sont, conformément, du reste, à l'étymologie de leur nom, "errantes"[66] et "vagabondes"[67]: elles ont un "double cours". "Tirées avec le firmament", elles ont aussi "leur cours propre et particulier"[67a]. "Les sept planètes . . . ont leurs cours extravagant: elles vont et viennent, comme nous voyons le soleil qui se recule de nous, et puis il en approche. Autant en est-il de la lune et des cinq autres. Il y a donc les sept planètes qui ont mouvement divers"[68]. Parmi les astres que Calvin considère comme des planètes, le soleil occupe une place importante dans la prédication. Sa clarté[69], sa vertu purificatrice[70], sa grandeur — le Réformateur se plaît à souligner qu'en dépit des apparances elle dépasse celle de la terre[71] —, mais surtout son cours, son "double cours", c'est-à-dire aux yeux d'un homme du XVIe siècle, son mouvement de rotation quotidienne et de translation annuelle autour de la terre[72], y font l'objet de maints développements. Par le fait qu'il défie les lois de la pesanteur[73], par la régularité dont il témoigne[74], ce double cours atteste de manière éclatante la sagesse et la toute-puissance de Dieu. Dans le 4e sermon sur la Genèse qui constitue une véritable leçon d'astronomie, Calvin déclare ainsi à propos du soleil: "Chacun jour il fait son cours. Quand nous voyons cela, n'est-ce point pour nous ravir en estonnement sinon que nous soyons par trop stupides. Mays il n'est pas question seulement de ce cours que nous apercevons chacun jour. Il y a aussy bien l'aultre cours qui est tout à l'opposite, tellement que le soleil cheminant d'ung costé recule aussy bien de l'aultre. Et comment cela vat (sic) par travers, tellement qu'on cognoistra à l'oeil qu'il y a double cours du soleil, l'ung d'un costé et l'aultre de l'aultre. Car selon que nous laissons le soleil, il recule de nous et c'est d'aultant que ce cours-là est oblique, c'est-à-dire qu'il est ravy par le firmament. Et au reste quand nous voyons que le soleil a ses degrés certains et assignés, comme nostre Seigneur mesmes l'a faict comprandre aulx hommes, et que tous les jours il se retire en son degré voire en changeant néantmoings, car il n'y a jour en l'année que le soleil ne change et qu'il ne se recule ou s'approche de nous, il n'y a, dy-je, jour en l'an que tousjours cela n'aille ainsy, et cependant nous voyons qu'il y a ung circuit incroiable qui sera néantmoings environné en vingt-quatre heures par le soleil, il y a une grande espace et quasi infinie, quand nous voyons cela, il est bien certain que nous devons estre eslevez à Dieu, car c'est une chose plus qu'admirable . . . Quand nous serons les plus lourdz et les plus idiotz du monde, nous voyons une vertu assez manifeste de Dieu"[75].

La place des astres dans l'univers déterminée, il convient de se demander quelle est celle de notre monde. Faisant sienne la conception selon laquelle les choses sont composées de quatre éléments, estimant avec ses contemporains que ces éléments sont, par ordre de pesanteur croissante, le feu, l'air, l'eau et la terre, Calvin, à la suite d'Aristote, situe le globe terrestre, formé de l'élément le plus lourd, "au milieu du monde"[76], ou, plus exactement, au centre du cosmos[77]. Cette situation centrale du globe est des plus précaire, à ses yeux. L'eau devrait en effet, puisqu'elle est plus légère que la terre, submerger totalement celle-ci, l'envelopper sur toute sa surface comme le font l'air et le feu. Si un tel cataclysme ne se produit pas, c'est parce que le Créateur, toujours à l'oeuvre, s'oppose au déferlement des flots. "Il est certain que si Dieu ne mettoit borne à la mer et aux eaux, toute la terre en seroit couverte. Si on demande aux philosophes et à ceux qui s'enquièrent de tout l'ordre de nature, ils confesseront que si les éléments avoyent leur pleine situation en tout et par tout selon leur nature, la terre seroit cachée sous les eaux. Et de fait, l'expérience le monstre . . . . Car les eaux sont plus légères, et puis elles coulent, elles n'ont point une telle fermeté. L'air conséquemment est par dessus les eaux, et le feu est encores au dessus. Nous voyons donc que les élémens sont distinguez selon leur propriété. Puisqu'ainsi est (comme nous voyons) que l'air environne toute la terre, il faudroit aussi que les eaux fussent tout à l'entour entre deux, assavoir entre la terre et l'air (car c'est leur propre place et situation). Et comme le feu s'épanche par tout, ainsi faudroit-il que les eaux ne laissassent point un pié de terre qui demeurast à sec"[78]. Pour le Réformateur, c'est donc en vertu d'un perpétuel miracle que la terre, échappant au déluge qui, normalement, devrait l'anéantir, n'est pas engloutie par l'élément liquide. Dieu retient non seulement les eaux supérieures "comme en des barrils"[79], mais aussi les flots de la mer qui ceinturent, bien plus: qui, selon une conception courante au Moyen Age[79a], surplombent de toutes parts le globe terrestre[80].

Suspendue en l'air[81] et fondée sur l'eau[82] — c'est, pour Calvin, un nouveau miracle qui permet que, malgré sa pesanteur, elle soit stable sur de tels fondements[83] — la terre est une "grosse", une "terrible masse"[84]. Si on la compare à l'immensité du cosmos, elle n'est cependant qu' "une petite boule"[85]. Cette petite boule est néanmoins, comme nous l'avons déjà relevé, au centre de l'univers. Dans son géocentrisme, le Réformateur demeure fidèle au système de Ptolémée. Il estime que la terre est immobile, que le soleil tourne et se déplace autour d'elle. Il déclare ainsi dans le 34e sermon sur le livre de Job: "Nous voyons bien que le soleil fait tous les jours un circuit, qu'après s'estre levé il se couche, et qu'il tourne à l'entour de la terre aussi bien dessus nous, comme dessous. On voit cela. Nous voyons aussi que le ciel a un autre cours tout opposite. Comment? D'où vient l'hyver, d'où vient l'esté sinon de ce que le soleil approche de nous ou s'en recule, et puis il s'eslève plus haut et s'abaisse, voire selon nostre regard? Car selon qu'il s'eslongne de nous ou qu'il en approche, il fait la diversité des saisons; nous voyons cela, je di les plus rudes et idiots"[86].

Un tel langage ne laisse pas d'étonner. Quand Calvin parle de la sorte, il y a onze ans[87] en effet que Copernic a publié le *De revolutionibus orbium coelestium*. Ainsi, en 1554, le Réformateur ignore ou feint d'ignorer les théories héliocentriques de l'astronome polonais. Il restera fidèle à cette attitude jusqu'à la fin de sa carrière, semble-t-il. En effet, les sermons sur la Genèse que nous citons dans ce paragraphe, qui datent de septembre 1559, comme certaines prédications sur l'Harmonie des trois Evangélistes[87a] prononcées vraisemblablement au cours du second semestre de l'année 1560[87b], sont d'une tonalité rigoureusement précopernicienne. Mais on ne saurait en rester là! Il faut se demander si, contrairement à ce que pensent un certain nombre de théologiens et d'historiens des sciences[88], et sans prêter pour autant à Calvin le jugement exclamatif "Qui oserait s'aventurer à placer Copernic au-dessus de l'Esprit Saint! " dont Edward Rosen a démontré le caractère apocryphe[89], le prédicateur de Genève n'a jamais condamné l'auteur ou les partisans du *De revolutionibus*. A cette question qui a suscité de nombreux débats, nous sommes en mesure de donner une réponse. Notre lecture de l'oeuvre homilétique de Calvin nous a permis en effet de découvrir un texte qui avait échappé jusqu'ici à l'attention des chercheurs. Il se trouve dans le 8e sermon sur les chapitres 10 et 11 de la 1ère Epître aux Corinthiens. Après y avoir rappelé, à propos de I Corinthiens 10/19–24, que saint Paul interdisait aux premiers chrétiens de participer aux sacrifices en l'honneur des idoles, le Réformateur y stigmatise ceux qui, oubliant l'enseignement apostolique, s'associent aux superstitions des papistes. Et, après avoir dénoncé les Nicodémites qui prétendent pouvoir concilier la foi évangélique avec une adhésion toute extérieure à la religion romaine, après avoir exhorté ses auditeurs à "ne point desguiser ni le bien ni le mal, mais (à) cheminer en rondeur et en vérité", il ajoute à titre d'exemple: "Ne soyons pas semblables à ces fantastiques qui ont un esprit d'amertume et de contradiction, pour trouver à redire par tout et pour pervertir l'ordre de nature. Nous en verrons d'aucuns si frénétiques, non pas seulement en la religion, mais pour monstrer par tout qu'ils ont une nature monstrueuse, qu'ils diront que le soleil ne se bouge, et que c'est la terre qui se remue et qu'elle tourne. Quand nous voyons de tels esprits, il faut bien dire que le diable les ait possédez, et que Dieu nous les propose comme des miroirs pour nous faire demeurer en sa crainte. Ainsi en est-il de tous ceux qui débatent par certaine malice, et ausquels il ne chaut d'estre effrontez. Quand on leur dira: Cela est chaut, Et non est, diront-ils, on voit qu'il est froid. Quand on leur monstrera une chose noire, ils diront qu'elle est blanche, ou au contraire: comme celuy qui disoit de la neige qu'elle estoit noire. Comme ainsi soit qu'on apperçoit sa blancheur, laquelle est assez cognuë de tous, encores y vouloit-il contredire manifestement. Mais voylà comme il y a des forcenez qui voudroyent avoir changé l'ordre de nature, mesmes avoir esblouy les yeux des hommes, et avoir abruti tous leurs sens"[90].

Ce texte qui date de l'année 1556[91], vraisemblablement, nous paraît apporter la preuve, en dépit des dénégations d'Edward Rosen (qui, jouant sur les mots, n'y voit qu'une critique "antigéocinématique")[92], que Calvin, même s'il n'y mentionne pas Copernic, a eu vent de ses découvertes et les a rejetées sans appel[92a]. Qualifiés de "fantastiques", de "frénétiques" et de "forcenés", considérés comme des êtres dotés d'une "nature monstrueuse", comme des "possédés du diable", les partisans de l'astronome polonais sont, pour le Réformateur, des négateurs de l'évidence, des perturbateurs de l' "ordre de nature", semblables aux Nicodémites qui, dans le domaine religieux, déguisent le bien et le mal. Cette critique sévère dont, entre parenthèses, on peut s'étonner qu'elle soit unique dans la prédication et même dans l'oeuvre de Calvin, nous montre une nouvelle fois que celui-ci n'a pas su tirer de la notion d'accommodation tout le parti possible. Il aurait pu assimiler l'héliocentrisme en faisant du géocentrisme biblique une manière de parler, une représentation du monde adaptée à la portée des hommes.

La place de la terre au sein du cosmos étant précisée, il faut pour terminer ce paragraphe, évoquer les quelques phénomènes naturels qui, pour Calvin, manifestent la toute-puissance de Dieu de manière aussi éclatante que les astres. La pluie est le premier de ces phénomènes. Le prédicateur de Genève en parle volontiers, sans se priver d'expliquer à son auditoire, dans de longues digressions scientifiques, comment elle se produit[93]. Mais l'explication du phénomène donnée, il ne manque pas de relever en général que, dans sa puissance, Dieu pourrait, s'il le voulait, fournir de l'eau à la terre d'une autre manière. "Si Dieu eust voulu, n'eust-il pas donné ceste propriété à la terre, qu'elle auroit assez de substance? Car comme nous lisons en Genèse, du commencement il n'y a pas eu les pluyes, telles que nous les avons aujourd'huy: mais Dieu suscitoit seulement quelque vapeur, qui estoit pour arrouser la terre. Et ne pourroit-il donc maintenant faire cela? ou que la terre eust quelque humidité qui viendroit par dessous? Et de faict, dont viennent les pluyes? Quand on s'enquerra des philosophes, ils diront que les pluyes sont des vapeurs qui montent en haut de la terre; et quand le ciel les a receues, il les renvoye derechef sur la terre. Voilà donc selon les philosophes des vapeurs qui s'eslèvent. Or maintenant pourquoy est-ce que Dieu ne pourroit envoyer la pluye du ciel, sans qu'elle vinst de la terre? Ou la terre ne pourroit-elle pas retenir ce qu'elle a eu, tellement qu'il y eust tousjours vigueur et substance? "[94].

Après la pluie, la grêle ou la neige retiennent l'attention de Calvin. S'il montre en suivant sa veine didactique qu' "il ne fait point si chaud" dans la "région moyenne de l'air, combien qu'elle soit plus prochaine du soleil . . . pource que la chaleur s'encave ici en terre comme en un fourneau"[95], il souligne aussi, fidèle à son inspiration théologique fondamentale, que la formation de la grêle ou de la neige dans la "région moyenne de l'air" est due, en dernier ressort, à l'action souveraine de Dieu. "Qui est celuy de nous qui pourroit faire une poignée de neige par artifice? Qui est celuy qui convertira l'eau ou les vapeurs en gresle ou en gelée? Que les hommes imaginent tout ce qui leur sera possible: en pourront-ils venir à bout? Nous ne pouvons point faire un cheveu de nostre teste blanc ou noir. Or puisqu'ainsi est, n'avons-nous point à magnifier la puissance inestimable de Dieu quand il couvrira du tout la terre de neige? Où est-ce qu'il prend une telle quantité d'eau? Il est vray qu'on dira que cela se procrée en ceste région moyenne de l'air qui est froide, et que quand il y a quantité de vapeurs, en la fin cela se gèle et s'assemble, et la neige s'en produit; et si telle quantité est plus serrée, alors la gresle se fait pource que la chose est plus solide. On dira bien cela, et est vray: mais cependant n'est-ce pas une chose estrange qu'en si peu de temps voilà un tel thrésor qui se descouvre qui avoit esté caché? En hyver quelquefois il fera beau temps et serein; au bout de trois jours, voilà de la neige qui tombe pour en avoir un pié ou deux de haut sur la terre. Et je vous prie, un tel changement ne nous doit-il pas faire dresser les cheveux en la teste (voire si nous ne sommes stupides) afin de nous induire à quelque crainte de Dieu? "[96].

La foudre, la tempête constitue après la pluie, la grêle ou la neige, le troisième élément de la triade où Calvin découvre une manifestation de la toute-puissance de Dieu. Dans les textes où il en parle, on sent combien l'homme du XVIe siècle est encore proche de la nature, combien il est vulnérable devant les cataclysmes qui s'abattent sur le monde. "Aprenons en général de nous aprester, dit-il dans le 25e sermon sur les chapitres 13 à 29 du livre d'Esaïe, sçachant que Dieu pourra remuer tout le monde en une minute, que nous ne cuidions point faire icy nostre nid pour y estre asseurez du jour au lendemain. Nous voions par expérience de nature comme la main de Dieu va viste. Si ung vent s'eslève, il sera aussi tost à trois cent ou à mille lieues comme il sera eslevé, et tant y a neantmoins qu'il ne se procrée point en ung lieu ny en une région, mais on est tout esbahy qu'il est incontinant bien loing; on verra aussi ung esclair de costé et d'aultre, que si ung homme povoit tourner la face çà et là, il verra un esclair tantost d'ung costé tantost de l'autre, et néantmoins c'est un mesme esclair que Dieu faict ainsi courir". Et soulignant une fois de plus la vertu souveraine du Créateur à l'oeuvre dans le monde, le Réformateur ajoute aussitôt: "Nous voions ces choses en nature, et par cela nous debvrions estre enseignez, comme aussi l'Escripture parle, combien la main de Dieu a longue estendue, et qu'il ne luy fault pas faire grandz circuitz pour accomplir ce qu'il a déterminé en soy; que c'est assez qu'il dise le mot, et l'exécution s'en fera, que sans dificulté tout se pourra facilement acomplir"[97].

Telle est, dans la prédication, la cosmologie de Calvin. Sur presque tous les points, elle a été démentie par les découvertes scientifiques qui, à partir de Copernic, ont bouleversé la représentation du monde héritée de l'Antiquité. Malgré son caractère périmé, elle est extrêmement instructive. Au lecteur du XXe siècle qui a exclu Dieu du domaine scientifique, elle rappelle, avec naïveté sans doute, mais toujours avec force, qu'au-delà des phénomènes naturels, il y a un Créateur qui ne cesse d'être à l'oeuvre dans l'univers qu'il a appelé à l'existence[97a].

3. L'angélologie

Calvin consacre à l'angélologie les paragraphes 3 à 12 du chapitre 14 du livre premier de l'*Institution de la religion chrestienne,* c'est-à-dire une dizaine de pages de l'édition Benoît. Dans son ouvrage sur le Réformateur, Wendel manifeste un certain étonnement devant l'étendue de ces développements[98]. Avec l'historien strasbourgeois, on peut être frappé en effet de la place que l'angélologie occupe dans la théologie de Calvin, une place qu'elle conservera, du reste, chez ses successeurs comme en témoigne le compendium de Heinrich Heppe, *Die Dogmatik der evangelisch-reformierten Kirche,* qui fait des anges bons et mauvais le thème d'un de ses 28 chapitres[99]. L'importance attribuée à l'angélologie par l'*Institution* est, comme nous allons le montrer, confirmée par l'oeuvre homilétique de Calvin. Jamais celui-ci ne cherche à escamoter dans ses sermons les nombreux textes bibliques qui se rapportent aux anges.

Mais que sont les anges? Aux yeux du Réformateur, ce sont des "esprits", des "créatures invisibles"[100]. Ils sont immortels, non pas en vertu d'une qualité qui leur serait inhérente, mais parce que Dieu leur confère sans cesse à nouveau l'immortalité[101]. Dépourvus de corps, ce qui ne signifie pas pour autant qu'ils sont dotés du don d'ubiquité[102], ils sont capables de s'incarner quand Dieu le veut[103]. Il faut remarquer ici que Calvin est extrêmement méfiant envers l'apparition ailée qu'évoque en général le terme d'ange. Il tient ainsi à préciser à propos de Daniel 8/16 que, dans la réalité, les anges n'ont pas des ailes comme sur les peintures[104]. De même à propos de Genèse 3/24, il prend toutes ses distances à l'égard de la représentation des chérubins sous la forme de "petis enfans avec des aisles"; il voit dans cette représentation une adaptation "à la rudesse et à l'infirmité du peuple ancien"[105], c'est-à-dire en somme une application du principe selon lequel la révélation est toujours accommodation.

La nature des anges est "si noble et si excellente"[106], il y a en eux une "telle noblesse qu'ils sont par dessus toutes autres créatures"[107]. A la différence des hommes, "ils retiennent ceste intégrité qu'ils ont eu en leur création"[108]. Mais ce n'est pas seulement parce qu'ils n'ont pas été touchés par la chute et qu'ils sont demeurés dans l'état où ils étaient lorsqu'ils sont sortis de la main du Créateur qu'ils sont supérieurs aux humains. Leur supériorité tient aussi au fait qu'ils sont des "esprits célestes", dépourvus d'un corps, ce corps que Calvin, avec un mépris qui n'est pas sans rappeler celui de Platon, assimile à la "charogne", à la "fange" et à la "puantise". "Avisons . . . qui sont les anges de paradis, déclare le Réformateur dans le 13e sermon sur le livre de Daniel. Si nous faisons comparaison de nous à eux, il est certain qu'ils sont beaucoup plus nobles que nous ne sommes point. Ce sont esprits célestes, et nous sommes enveloppés de nos corps, qui ne sont que charongnes; encores que nos âmes aient esté créées à l'image de Dieu, si est-ce qu'elles habitent en nous qui ne sommes que terre, et fange, et toute puantise. Quand donc nous ferons comparaison de nous avec les anges, nous y trouverons bien une autre gloire que nous ne ferons pas en nous"[109].

En raison de leur noblesse, les anges sont admis dans l'intimité de Dieu: ils contemplent sa face, "ils conversent privément" avec lui "comme domestiques de son Royaume"[110]. Cela ne signifie pas cependant qu'ils sont sur le même plan que lui[111] et qu'ils comprennent tous ses secrets[112]. Ils sont en effet des créatures[113]: il y a un abîme entre eux et Celui qui les a créés[114]. Bien que la gloire de Dieu se reflète en eux, bien qu'ils n'aient jamais désobéi à leur Créateur, bien qu'ils soient restés fidèles à leur vocation originelle, ils sont loin de la justice divine. A la suite d'Ignace d'Antioche[115], Calvin estime qu'ils ont besoin d'être sauvés. "Combien qu'en eux la gloire de Dieu reluise et que jamais n'ayent esté séparez de luy, tant y a neantmoins qu'ils avoyent besoin d'estre recueillis par nostre Seigneur Jésus-Christ, voire en deux sortes. Car combien qu'ils n'ayent jamais décliné et qu'ils ne soyent point décheus de leur origine, et que la justice de Dieu se monstre tousjours en eux, qu'ils en soyent mesmes comme un miroir et patron, si est-ce néantmoins que si Dieu les vouloit regarder a la rigueur, qu'ils se trouveroyent bien loin de la perfection de justice qui est en luy, comme il est dit au livre de Job. Et au reste, il y a encores une autre raison conjointe avec celle-là, c'est que les anges n'auroyent pas une constance et fermeté telle qui seroit requise, sinon que Jésus-Christ les eust establis pour jamais ne décheoir"[116].

Le texte que nous venons de citer n'est pas isolé dans la prédication. Dans le 16e sermon sur le livre de Job, Calvin fait retentir une note identique, de manière plus dure peut-être. Il n'hésite pas à y parler de la culpabilité des anges au regard de la perfection de Dieu. Leur justice, y affirme-t-il, s'évanouit devant celle de Dieu comme la clarté des étoiles s'efface devant l'éclat du soleil. Leurs vertus, bien réelles au niveau des créatures, ne sont rien en présence du

Créateur[117]. Pour comprendre ce jugement sur les anges, il faut se souvenir de la notion de "double justice" dont nous avons parlé dans notre chapitre 3[118]. Aux yeux du Réformateur, il y a pour Dieu une "justice ordinaire" ou "moyenne", et une "justice secrète" infiniment plus exigeante. La première, révélée dans la Loi, culmine dans le sommaire "Tu aimeras Dieu de tout ton coeur". La seconde, qui est incompréhensible, est inaccessible aux créatures. Devant la justice moyenne, les anges sont irréprochables. Devant la justice secrète, ils sont coupables. Calvin déclare ainsi: les anges "n'ont point une justice si entière ne si exquise, qu'ils puissent estre appuyez sur icelle, quand il est question de venir devant Dieu et de rendre là conte; cela (di-je) ne se trouvera point aux anges. Et comment? Car nous voyons qu'ils n'ont autre affection que d'obéir à Dieu, ils ne sont point subjets à mauvaises cupiditez, comme nous sommes, il n'y a nulle tentation en eux pour les divertir . . . Comment donc entendrons-nous que Dieu ne trouvera point de fermeté en ses anges, c'est-à-dire qu'ils ne seront pas suffisans pour respondre devant lui? Or nous avons déclaré que Dieu en nous jugeant use de ceste mesure qu'il a mise en sa Loy, c'est assavoir que nous l'aimions de tout nostre coeur, de tout nostre sens, et de toutes nos vertus. Voilà donc une justice moyenne, de laquelle Dieu se contente quand il est question de juger les anges et les hommes . . . Or les anges selon ceste justice-là sont acceptez de Dieu. Et pourquoy? D'autant qu'il n'y a nulle tache en eux, ne macule, que tous leurs désirs ne s'adonnent qu'à ce but que Dieu soit servi et honoré, qu'ils s'employent-là entièrement. Et ainsi selon la justice de la Loy, Dieu les accepte comme nous avons dit. Mais il y a une justice plus haute en Dieu, laquelle surmonte toutes créatures, qu'il n'y a anges qui y puissent satisfaire, et ne se faut point esbahir de cela. Car quelle comparaison y a-il d'une chose infinie à celle qui est finie? Voilà les anges! Combien qu'il y ait une gloire grande en eux, toutesfois si est-ce qu'ils sont créatures. Et qu'est-ce de Dieu? C'est une chose infinie, que quand nous y pensons, il faut que nous soyons ravis en estonnement. Ainsi donc ne nous esbahissons point que la justice de Dieu soit si haut, que quand toutes créatures viendront là, lors tout ce qui sera trouvé en elles ne sera rien, mais mériteront d'estre anéantis. Il est dit donc ici que Dieu ne trouvera point de fermeté en ses anges, c'est-à-dire, s'il vouloit user envers eux de cest examen extrême, qu'il faudroit que les anges s'esvanouissent, que tout cela fust mis bas et abysmé"[119].

Situés au-dessus des hommes[119a] et infiniment au-dessous de Dieu, les anges sont-ils organisés selon un ordre hiérarchique? A cette question, Calvin répond dans l'*Institution de la religion chrestienne,* non pas tellement par la négative que par une invitation à faire preuve de la plus grande réserve[120]. Dans la prédication, il adopte la même attitude, en se montrant toutefois plus sévère à l'égard des théologiens qui s'efforcent de déterminer la "hiérarchie céleste". Dans le 13e sermon sur le livre de Daniel, par exemple, il s'en prend à ceux qui, faisant preuve d'une vaine curiosité, ont, comme saint Thomas d'Aquin[121], cherché à distinguer, à la suite du Pseudo-Denys l'Aréopagite, diverses catégories d'anges. "Contentons-nous, y dit-il, de sçavoir en simplicité ce que l'Escriture nous dit quant aux anges, car nous voions beaucoup d'esprits curieux qui se sont adonnés à des resveries par trop lourdes en cet endroit.

Nous en voions d'autres qui ont le nom de bons et grands docteurs, qui se sont aussi arrestés à bastir l'ordre des anges, comme s'ils eussent eu commission expresse de Dieu pour ce faire. Or quant à nous, laissons toutes ces vaines curiosités là, connoissons seulement des anges ce qui nous en est monstré en l'Escriture"[122]. Il s'agit donc de faire preuve de discrétion, de "sobriété" (pour employer un terme calvinien) en face du problème de la hiérarchie céleste. En ce domaine, estime non sans humour le Réformateur, il ne s'agit pas de jouer au "maistre d'hostel pour distribuer les estats en la maison de Dieu"[123].

Après avoir examiné la nature des anges, il faut considérer leur office. Calvin note qu'ils sont les "messagers de Dieu"[124], les "ministres de sa vertu"[124a], les agents de sa volonté[125], ceux qui exécutent "ce que bon luy semble"[126] et "tout ce qu'il ordonne"[127]. A ce titre, ils sont appelés à bon droit les "puissances" et les "vertus" de Dieu[128]. Pour caractériser la fonction des anges, le Réformateur les compare à plusieurs reprises à des mains, plus exactement: aux mains de Dieu[129]. Ces mains, quelles sont-elles? Des mains qui sauvent et qui punissent tout à la fois? ou des mains qui sauvent uniquement? On trouve les deux réponses dans la prédication. Assez rarement, mais quelquefois tout de même, les anges y apparaissent, dans leur rôle de mains, et comme les dispensateurs des grâces et comme les exécuteurs des châtiments de Dieu[130]. Mais en général, ils n'y sont mentionnés que comme chargés d'une fonction rédemptrice[131]. En ce sens, ils sont nommés le plus souvent, réminiscence de l'Epître aux Hébreux (1/14), "ministres de nostre salut"[132]. Dans l'exercice de leur ministère de rédemption, les anges ont pour tâche de faire en sorte que les grâces de Dieu parviennent jusqu'aux hommes[133]. Ils ont pour mission de "guider" ceux-ci[134], de les "garder"[135], de les "maintenir"[136] et même de les "secourir"[137]. Au total, c'est un office de vigilance et de protection que les anges exercent en faveur des humains.

Deux questions se posent ici. En premier lieu, on peut se demander si Calvin, lorsqu'il aborde, dans sa prédication, le thème de l'angélologie, évoque jamais les luttes que, selon certains textes bibliques, les anges ont livrées contre les puissances démoniaques afin de secourir les hommes. A cette question, il faut répondre que le Réformateur fait preuve de la plus grande réserve envers tout affrontement des "ministres de nostre salut" et des séides de Satan. A notre connaissance — ce n'est sans doute pas là un simple effet du hasard — il n'en parle que dans le 199e sermon sur le Deutéronome: "Notons bien . . . ce que sainct Jude (v. 9) dit: que Michel l'archange lui a résisté (sous-ent.: au diable). Voilà donc le combat qui est entre les anges de Dieu et entre les diables, c'est assavoir que les anges combattent, afin que tousjours nous demeurions en la pureté que Dieu requiert . . . . Ici nous sommes admonnestez . . . quel soin Dieu a de nostre salut, quand il veut que les anges combattent afin de nous retirer de toutes les tentations de Satan"[138]. En se bornant à cette unique notation, Calvin manifeste vraisemblablement sa volonté de ne pas porter ombrage, aussi faiblement soit-il, à la lutte que le Christ a menée jusqu'à la mort pour la libération des hommes.

La seconde question à considérer est celle des anges gardiens. Dans l'*Institution de la religion chrestienne*, Calvin examine ce problème avec la plus grande circonspection[139]. "Si chacun fidèle a un ange propre qui luy soit assigné pour sa défense, ou non, je n'en oseroye rien affirmer", y écrit-il. Et avant de donner la préférence à la conception selon laquelle "toute la gendarmerie du ciel" — et non un seul ange! — "fait le guet pour nostre salut", il affirme qu'il est inutile de se "tourmenter beaucoup à une chose qui ne nous est guères nécessaire à salut". Au contraire de l'*Institution,* le 31ᵉ sermon sur le livre de Daniel, le seul de l'oeuvre homilétique où le Réformateur aborde notre question, est tout à fait négatif à l'égard de la notion des anges gardiens. Il la considère comme étant d'origine païenne, et, quoiqu'elle ait été adoptée par les Juifs, il la condamne sévèrement, estimant qu'elle prive le croyant de l'assurance que la multitude des anges prend soin de lui. "On ha bien imaginé, déclare-t-il, que chacun avoit son bon ange, et celle folle opinion là est venue des payens. Il est vray qu'elle ha bien esté entre les Juifs, car c'estoit une chose receue partout que chacun avoit son bon ange, mais c'est une doctrine qui est fauce et perverse, d'autant qu'elle desrogue à la consolation . . . qui est pour les fidèles, quand il est dit que les anges de Dieu veillent sur eux . . . . Les passages de l'Escriture ne nous meinent point à cette superstition-là que chacun ait son ange propre"[140].

Si, comme nous l'avons vu, les anges sont les exécuteurs des desseins de Dieu, ils ne possèdent rien qui leur soit propre. Leur puissance ne signifie pas que Dieu a abdiqué ou mis son pouvoir en veilleuse, ni qu'Il demeure inactif au ciel. Elle est au contraire une émanation de sa toute-puissance: les anges n'ont rien qui ne leur ait été donné de Dieu[141]. Mais pourquoi le Créateur, au lieu de recourir à eux, car il peut se passer d'eux, n'agit-il pas directement? Pour deux raisons, estime Calvin. D'une part, pour bien manifester sa grandeur, car il faut être grand pour utiliser comme représentants des créatures aussi élevées que les anges. D'autre part, pour bien révéler sa miséricorde, car il faut être miséricordieux pour mettre au service des hommes des créatures aussi parfaites que les anges. "Dieu pourroit bien faire tout ce qu'il ha ordonné sans se servir de ses anges, et ce n'est point aussi par nécessité qu'il en use, qu'il en ait indigence ne faute, mais c'est pour monstrer que toutes créatures sont en sa main, et mesmes pour magnifier tant plus sa majesté divine, quand nous voions que les anges qui sont créatures si nobles et si excellentes, sont comme ses héraux, ses postes, ses officiers, ses sergens, qu'ils sont appareillés en tout temps quand Dieu les envoie, qu'ils ont incontinent exécuté son commandement. Quand nous voions cela, n'est-ce pas pour mieux nous testifier la grandeur incompréhensible qui est en nostre Dieu? Ainsi donc, voilà pourquoy Dieu se sert des anges, ce n'est pas (di-je) qu'il en ait faute et qu'il ne s'en peust passer, mais c'est pour monstrer comme il les ha en sa main. Or il y a d'avantage, car cela nous console grandement quand nous voions que Dieu envoie ses anges et qu'il les emploie pour nostre salut; voilà des créatures si nobles (comme desjà nous avons dit), et toutesfois Dieu les ordonne à nostre service . . . . Dieu pourroit-il mieux déclarer un amour infini qu'il nous porte que quand il ordonne ainsi ses anges, qu'ils soient pour veiller sur nous, pour nous secourir au besoin, et nous administrer ses grâces et ses bénéfices"[142].

Il faut noter un dernier point: si les anges ne possèdent rien en propre, s'ils ne sont que les agents dont Dieu daigne se servir pour accomplir son oeuvre, il est bien évident qu'on ne doit jamais s'arrêter à eux. La démarche des païens et des papistes qui les considèrent comme des "demi-dieux" et qui font d'eux des "médiateurs" capables de les conduire à la divinité, est à condamner de la manière la plus sévère[143]. De même il faut réprouver comme une "superstition" l'attitude de ceux qui invoquent les anges et s'en remettent à eux. Plutôt que de s'attacher à eux, il faut se confier en Dieu[144] ou en Jésus-Christ[145]. "Ce n'est pas aux anges qu'il nous faut adresser si nous voulons estre secourus d'eux, car ils ne font rien de leur mouvement propre, mais ils regardent à ce que Dieu leur commande. Voulons-nous donc avoir les anges de nostre costé? Ne les invoquons point, mais demandons à Dieu qu'il nous les envoie. Si nous nous adressons à eux, non seulement nous perdons nostre peine, mais nous faisons déshonneur à Dieu et à nostre Seigneur Jésus-Christ, lequel (non sans cause) est appelé le chef des anges: il les ha conjoincts à nous, et nous à eux. Puis qu'ainsi est donc que les anges sont conjoincts à nous par le moien de nostre Seigneur Jésus-Christ, sachons que c'est là qu'il nous faut avoir nostre adresse si nous les voulons avoir favorables"[146]. Ce texte est clair: aussi développée qu'elle puisse être, l'angélologie ne doit jamais éclipser la christologie aux yeux de Calvin.

4. La démonologie

Dans le 46e sermon sur l'Epître aux Ephésiens, Calvin s'élève contre le manichéisme qui distingue deux principes, l'un bon et l'autre mauvais, à l'oeuvre dans le monde. Bien que l'on puisse "trouver estrange" que, paraissant les opposer à Dieu, saint Paul assimile les "diables" aux "principautez de l'air", aux "seigneuries", aux "puissances du ciel" et aux "princes de ce monde", le Réformateur condamne ceux qui croient découvrir dans Ephésiens 6/12 l'idée d'un dualisme originel. Il n'est pas question, dans ce texte, d'une puissance diabolique qui tiendrait en échec la puissance de Dieu. Calvin déclare ainsi: "Combien qu'aucuns hérétiques anciennement ayent abusé de ce passage, voulans faire comme deux principes, et que Dieu soit comme empesché de se pouvoir maintenir contre Satan, et de pouvoir aussi garentir les siens qu'il a prins en sa protection, toutesfois quand nous aurons regardé l'intention de sainct Paul, ceste question-là sera solue aisément. Et pourquoy? Car ici il n'est point parlé de ce que le diable a de pouvoir comme en despit de Dieu pour s'eslever à l'encontre de luy"[147].

Si Satan n'est pas le principe mauvais qu'a vu en lui un certain manichéisme, c'est donc qu'il est une créature. Calvin ne manque pas de le relever[148], de même qu'il n'oublie pas de souligner que les diables, eux aussi, ont été créés par Dieu, non pas tels qu'ils sont maintenant, évidemment, car la "malice" qui est en eux "procède" d'eux, elle vient du fait qu'ils se sont détournés du Créateur, qu'ils ont été "apostats"[149]. En effet, les diables ont été créés anges comme Satan. Mais au lieu de persévérer dans leur perfection originelle[150], ils se sont laissé entraîner par celui-ci dans une chute irrémissible. Irrémissible, car, au contraire des hommes, ils sont privés, tout comme leur séducteur[151], du bienfait de l'oeuvre rédemptrice du Christ. "Vrayement ils sont créatures de Dieu. Non pas qu'ils fussent tels en leur origine, car ç'a esté par leur malice qu'ils se sont ainsi corrompus. Et comme nostre père Adam nous a rendus pleins de vices et pleins d'iniquitez par sa cheute, aussi le diable s'estant aliéné de Dieu, et quant et quant ayant esté despouillé de sa droiture et intégrité, il ne luy a plus resté sinon tout mal et toute perdition. Il y a seulement une diversité, que Dieu a eu pitié des hommes, et a voulu que nostre faute encores fust réparée, comme nous sommes retirez de la mort par nostre Seigneur Jésus-Christ; et les diables sont demeurez en leur perdition sans aucun remède. Et cela est pour nous faire tant plus estimer la bonté inestimable de Dieu, voyant que ceux qu'il avoit créez pour estre ses anges sont demeurez en leur perdition et ruine, et que la main nous est tendue afin de nous ramener à la vie"[152].

Malgré leur déchéance et leur malice, malgré leur "apostasie", Satan[153] et les diables[154] sont "sujets à Dieu". Mais en quoi consiste leur sujétion? Dans le fait qu'ils sont "tenus en bride"[154a], qu'ils ne peuvent rien entreprendre[155] sans le "congé", sans la "permission" de Dieu[156]. Calvin déclare à ce sujet dans le 59e sermon sur l'Harmonie des trois Evangélistes: "Combien . . . que les diables soyent pleins de rébellion et taschent de faire la guerre à Dieu, si faut-il néantmoins qu'ils ployent sous sa majesté. Cela n'est point pour leur faire recevoir le joug d'un courage paisible (car leur fierté demeure tousjours, et puis il y a ceste rage qu'ils voudroyent batailler contre Dieu). Mais quoy qu'il en soit, si faut-il qu'ils soyent amenez jusques là de monstrer que Dieu les tient comme bridez et enchaînez, et qu'ils ne peuvent rien sans son congé"[157]. L'assujettissement à Dieu de Satan et des diables est somme toute, pour le Réformateur, celui des "forçaires", c'est-à-dire celui des esclaves ou des prisonniers qui, malgré qu'ils en aient, doivent endurer leurs chaînes[158].

Calvin, cependant, n'en reste pas là. Dans un certain nombre de sermons, il relève que Satan et les diables sont les "exécuteurs des jugemens de Dieu"[159], soit de manière indirecte, soit de manière directe. Ils le sont de manière indirecte lorsque, usant, abusant de la "permission" et du "congé" de Dieu qui leur a "lâché la bride", ils font le mal, et que Dieu se sert de ce mal pour en tirer un bien. C'est ce qu'expose, par exemple, le 58e sermon sur l'Harmonie des trois Evangélistes: "Le naturel de Satan est de résister à Dieu, tant qu'il luy est possible. Car son royaume se ruine quand le Fils de Dieu se manifeste pour le salut des hommes. Voilà donc comme il s'est jetté hors des gonds en toute violence. Or cependant si est-ce qu'il n'a rien fait ni attenté sans la permission et le congé de Dieu: mais . . . voylà Dieu qui a par son conseil admirable permis à Satan de faire ce qu'il attentoit: mais ç'a esté pour tendre à une fin toute opposite. Car le diable est comme forcé. Il a bien ceste intention de résister à Dieu, et en ce faisant il voudroit faire un meslinge et une confusion partout; mais Dieu se sert de luy tellement qu'il en exalte tant plus sa gloire, comme il en est advenu"[160]. Outre cette manière indirecte, il y a pour Satan et les diables une manière directe d'exécuter les jugements de Dieu[160a]. Loin de pouvoir se dérober ici devant la volonté du Créateur, ils se plient devant lui. Ils sont alors les "instruments" de sa colère[161], les "bourreaux" ou les "verges" de sa justice[162], les "ministres" de son affliction[163]. C'est par eux que Dieu a éprouvé Job[164] et a souffleté saint Paul[165].

Le fait que, pour réaliser certains de ses desseins, Dieu utilise Satan et les diables, ne laisse pas de poser quelques questions. Ainsi, on peut être tenté de penser que le mal qui arrive par eux n'engage pas la responsabilité de Dieu. Calvin rejette une telle interprétation. Si Dieu permet qu'ils agissent, c'est qu'il le veut. Ce qu'ils font, c'est en dernière analyse lui qui le fait. "Il semble à d'aucuns qu'ils ont beaucoup gaigné, déclare le Réformateur, quand ils auront trouvé quelques disputations frivoles pour dire que Dieu ne fait pas toutes choses, lesquelles se font et par Satan, et par les meschans. On allègue pour response que quand les meschans font quelque mal, Dieu ne besongne point là; mais il permet et donne simplement le congé. Or ayant l'authorité d'empescher et la puissance, quand il le permet, n'est-ce pas autant comme s'il le faisoit? C'est donc une excuse par trop frivole . . . . Que Dieu non seulement permette et donne le congé, mais aussi qu'il exécute sa volonté et par Satan et par les meschans, il appert par ce que l'Escriture ne dit point: Seigneur, tu l'a permis, mais tu l'as fait"[166].

Ce panénergisme divin soulève à son tour une question que Calvin a formulée dans le 18e sermon sur l'Épître aux Ephésiens: "Comment est-il possible que Dieu ne soit meslé parmi les pécheurs, et qu'il ne soit autheur de mal, quand il se sert ainsi et de Satan et de tous les meschans . . . . ? Comment est-il possible qu'il n'en soit coulpable? "[167]. A cette question, le sermon que nous venons de citer ne répond pas de manière élaborée: il se borne à rappeler la sobriété à laquelle les croyants sont tenus, et à relever, l'expression est bien vague, que si la volonté de Dieu est "diverse en plusieurs façons", "néantmoins elle est tousjours une"[168]. Pour trouver une réponse circonstanciée au problème qui nous occupe, il faut faire appel au 83e sermon sur le second livre de Samuel qui expose, avec de nombreux détails, comment Dieu peut se servir de Satan sans être lui-même complice du mal.

Dans ce sermon[169], la réflexion de Calvin est alimentée par la difficulté d'interprétation créée par II Samuel 24/1 et le texte parallèle de I Chroniques 21/1. Dans le premier de ces passages, le dénombrement d'Israël est entrepris sur l'ordre de Dieu, courroucé contre son peuple, alors que, dans le second, il a lieu à l'instigation de Satan. La divergence est patente, mais, pour Calvin qui s'efforce toujours d'harmoniser les contradictions de l'Ecriture, "tout cela s'accorde bien"[170]. Pour légitimer cette affirmation, le Réformateur montre d'abord, comme nous l'avons déjà relevé, que Satan ne peut rien sans la volonté de Dieu. Non seulement Dieu lui "permet" d'agir, ainsi que le disent ceux qui redoutent de voir le Créateur impliqué dans le mal, mais il lui ordonne d'agir[171]. Ayant rejeté la notion de permission, Calvin aborde ensuite le problème décisif de la collaboration entre Dieu et Satan, de l'accord entre la "justice" et l' "iniquité" qui sont aussi étrangères l'une à l'autre que l'eau et le feu. "Comment eschapperons-nous, dit-il, de la question qu'on peut . . . esmouvoir, que Dieu s'accouple . . . avec le diable? "[172]. Comment expliquer en effet que Dieu afflige Job en se servant de Satan[173], qu'il persécute David par le moyen de Schimeï[174]? La réponse à cette troublante interrogation ne se situe pas au niveau de la raison, pour le prédicateur de Genève, mais bien sur le plan de la foi. Il s'agit, à ses yeux, de reconnaître, comme l'ont fait Job et David, la main de Dieu derrière les actes de Satan et des méchants, sans s'imaginer pour autant que le Créateur a quelque chose de commun avec le diable[175]; de savoir que Dieu recourt à des "instruments" maudits "ou pour punir les hommes, ou pour les humilier, ou pour les esprouver"[176]; de se souvenir enfin que, malgré son utilisation par Dieu, Satan est coupable[177] et digne de la condamnation[178].

En terminant ce paragraphe, nous devons encore nous demander s'il y a dans la prédication de Calvin quelque mention d'une intervention de Satan ou des diables dans la vie genevoise. La question n'est pas superflue si, comme nous le rappellent Lucien Febvre[179] et Robert Mandrou[180], l'univers est, pour les hommes du XVIe siècle, "peuplé de démons"[180a]. Au problème que nous soulevons maintenant, nous sommes en mesure d'apporter une réponse. Il existe en effet, à notre connaissance, un texte, un seul dans toute la prédication, dont il faut parler ici. Se fondant sur le témoignage de la mère de la "victime", Calvin y affirme qu'à Genève, sur l'ordre de Dieu dont les jugements sont "estranges", un blasphémateur a été enlevé par le diable et il s'y plaint de certains Genevois[181], qui, pour ne pas nuire à la réputation de la ville, cherchent à étouffer l'affaire. Il déclare ainsi dans le 78e sermon sur le livre de Job: "Quand nostre Seigneur a fait des jugemens qui sont si espouvantables que les aureilles en devroyent corner, il ne faut point qu'on en parle, car ces bons défenseurs de l'honneur de Genève feront une queremonie là-dessus. Quand, di-je, on parlera de celui que Dieu a voulu estre en spectacle horrible, et en effroy et espouvantement à tous, quand on réduira cela en mémoire, qu'on monstrera qu'un blasphémateur qui despitoit Dieu et toute religion a esté comme ravi, en sorte que la mère qui l'a porté au ventre dépose que le diable l'en a emporté, ils diront qu'on déshonore la ville. Voilà ces bons zélateurs de l'honneur de la ville qui voudroyent que Genève fust abysmée (comme on cognoist bien quels ils sont, et ne les faut point monstrer au doigt, il ne les faut point nommer par leurs noms, car ils sont assez cognus) et cependant ils feront bien semblant de vouloir défendre l'honneur de la ville, mais on voit bien de quel coeur ils y procèdent. Voilà donc comme les meschans voudroyent ensevelir les jugemens de Dieu"[182]. Ce texte qui date vraisemblablement du second semestre de l'année 1554[183] et qui nous apporte l'écho d'un événement difficile à identifier, car les Registres de la compagnie des pasteurs de Genève[184] sont muets là-dessus, nous paraît révélateur dans son unicité. Il nous montre que, si, dans sa croyance aux démons, Calvin a été incontestablement un homme de son temps, il ne leur a pas accordé dans sa prédication la place à laquelle on aurait pu s'attendre. Sa théologie fondée sur le Christ l'a empêché d'attribuer à Satan et aux diables l'importance que leur donnaient ses contemporains[185].

5. L'anthropologie

Dans l'*Institution de la religion chrestienne*, Calvin aborde l'anthropologie dans le chapitre XV[186] du livre premier. Il le fait de manière extrêmement rapide puisque ses développements sur l'homme originel tiennent en quatorze pages de l'édition Benoît. La prédication, en revanche, fournit d'abondantes indications dans le domaine de l'anthropologie. Sans exagérer, on peut affirmer que peu de sujets y sont aussi amplement traités[187]. C'est à dégager des sermons et à organiser, dans un ordre qui suit *grosso modo* celui de l'*Institution*, les nombreuses données anthropologiques que vise notre recherche au cours de ce paragraphe.

a) L'homme, chef-d'oeuvre de la création

Dans le 39e sermon sur le livre de Job, Calvin a des accents presque lyriques pour décrire l'homme en tant que chef-d'oeuvre de la création[187a]. Les perfections de Dieu qui sont répandues de manière parcellaire dans le cosmos et dans le monde animal lui apparaissent comme condensées en l'homme, faisant de celui-ci – l'affirmation est caractéristique de la Renaissance – un véritable microcosme[188]. "Dieu par manière de dire, déclare-t-il, se mire et se contemple aux hommes: ce n'est point sans cause qu'il a regardé tout ce qu'il avoit fait, et qu'il l'a trouvé bon. Or est-il ainsi que l'homme est le principal ouvrage et le plus excellent qui soit entre toutes les créatures, Dieu a voulu là desployer ce qu'il n'avoit mis qu'en petites portions et au ciel, et en la terre, et en tous animaux: tellement que l'homme est appellé comme un petit monde, que là nous voyons tant de choses admirables qu'il faut qu'on en soit estonné"[189]. Le microcosme humain est si parfait, pense le Réformateur, qu'il est comparable à la face de Dieu, les autres créatures pouvant être assimilées seulement aux membres du Créateur[190]. "Poli depuis le sommet de la tête jusqu'à la plante des pieds", il n'offre pas un détail qui, contrairement à une "belle tapisserie" dont le revers rebute la vue, ne soit digne d'admiration[191]. Ses ongles mêmes sont si merveilleux qu'ils attestent, même aux yeux des païens, la toute-puissance de Dieu[192]. Sa "dignité" et sa "noblesse"[193] qui le placent immédiatement au dessous des anges[194], se manifestent, l'argument est emprunté aux Pères apologètes[195] et aux Cappadociens[195a], dans le fait qu'il porte la tête haute, dominant ainsi du regard l'univers qui l'entoure afin de donner gloire au Créateur[196].

Si l'homme est revêtu d'une telle noblesse, cela ne signifie pas pour autant que son origine est noble. Au contraire, il est tiré de la terre[197], de la fange et de la boue[198], composé de la même matière que les boeufs, les ânes et les chiens[199]. Loin d'être d'une extraction honorable, loin d'être formé de quelque substance astrale, il est issu de ce qu'il y a de plus vil, il sort de l'ordure. Les auditeurs de Calvin peuvent ainsi s'entendre dire: "Si Dieu nous avoit formez de la substance du soleil, ou des estoilles, ou qu'il eust fait quelque matière céleste dont les hommes fussent prins, et bien, nous aurions occasion de dire que nostre commencement est honorable ... Mais quand l'on se propose de la bouë, qui la regarde? Voilà une chose qui est en opprobre: on ne daigne pas quasi à grand'peine regarder de la fange. Si nous en avons quelque crotte mesmes au bout de la robbe, nous sommes polluez d'autant; si nous en avons aux mains, nous ne pouvons pas porter cela; si nous en avons au visage, cela nous desplaist encores plus. Et qui sommes-nous? Nous sommes tous de fange; nous n'en avons pas seulement au pan de la robbe, ou au bout des talons, et en nos soulliers, mais nous en sommes tous pleins, nous ne sommes que fange et ordure et dedans et dehors"[200]. De cet enseignement sur la bassesse de l'origine de l'homme, le Réformateur dégage deux conséquences pratiques. La première est une leçon d'humilité, car l'homme ne peut être que honteux lorsqu'il songe à la matière dont il est formé[201]. La seconde est une leçon de reconnaissance, car l'homme ne peut être qu'émerveillé lorsqu'il découvre les trésors d'art que sa nature recèle[202].

Sur la condition de l'homme originel, les sermons nous fournissent peu de données. Ils nous apprennent qu'avant la chute, Adam n'était pas soumis à la mort[203]. Ce qui ne veut pas dire que toute sa vie se serait déroulée sur la terre. Appelé à un "double état", il aurait été, après son pèlerinage terrestre, associé à l'éternité de Dieu sans passer par cette mutation redoutable qu'est la mort[204]. "Quand Dieu a créé l'homme, ce n'a pas esté à ceste condition qu'il fust mortel. Il est vray que nous n'eussions pas tousjours vescu en ce monde en l'estat auquel estoit Adam. Car Dieu nous eust changez en immortalité glorieuse. Mais tant y a qu'il ne nous eust point fallu estre mortels, il n'eust point fallu que ce qui est mortel en nous eust esté renouvellé. La condition d'Adam estoit telle, qu'ayant vescu au monde, il avoit son héritage éternel avec Dieu"[205]. Immortel, l'homme prélapsaire n'était pas un "tronc de bois inutile". Loin d'être voué à l'oisiveté ou à la paresse, il avait été chargé par Dieu d'entretenir le jardin d'Eden. Ce travail, il l'accomplissait avec joie[206], sans éprouver les difficultés que ses descendants rencontrent en raison de la chute[207]. "Devant le péché, il est dit qu'Adam a esté mis au jardin pour le cultiver. Mais le travail que prendront maintenant les hommes est un chastiment du péché. Car il leur est monstré: Tu mangeras ton pain à la sueur de ton visage: c'est une malédiction qui a esté mise sur tout le genre humain. Car nous ne sommes pas dignes de jouyr de ceste condition qui a esté donnée à nostre père, qu'il pouvoit vivre à plaisir, sans se tormenter beaucoup. Mais encores devant que le péché soit venu au monde, et que nous ayons esté ainsi condamnez de Dieu à ce travail pénible et forcé, desjà si falloit-il que les hommes s'exerçassent à quelque labeur. Et pourquoy? Cela est contraire à nostre nature d'estre comme des troncs de bois inutiles"[208].

Créé bon, indemne de tout mal[209], Adam, dans son état d'intégrité originelle, n'était cependant pas exempt d'une certaine "infirmité": il était "muable", instable dirions-nous, et en conséquence "sujet à tentation". Le 48e sermon sur l'Harmonie des trois Evangélistes déclare à ce propos: "Devant qu'Adam eust esté séduit pour trebuscher et pour nous mettre en la perdition à laquelle il nous a tous attirez, il estoit desjà subjet à tentation, comme la chose l'a monstré. Car le diable ne l'eust peu séduire s'il n'eust esté subjet à tentation. Ainsi il avoit desjà en luy quelque infirmité, c'est-à-dire: il n'y avoit pas une vertu divine, il estoit en degré et en mesure d'homme, tellement qu'il estoit muable, et l'a esté par trop. Ainsi donc voylà nostre père Adam qui a esté sans vice en sa création. Dieu ne l'a pas créé tel que nous naissons . . . . L'homme a esté créé pur et net: Voire, mais cependant si n'a-il pas laissé d'estre de sa nature subjet à tentation, encores qu'il n'y eust nul vice en luy"[210]. Ainsi, pour Calvin, il y avait chez Adam, il y a chez l'homme, du fait qu'il est une créature, une "infirmité de nature" qui est antérieure au péché et qui n'a aucun rapport avec les "infirmités vicieuses" consécutives à la chute[211].

b) L'imago Dei en l'homme

Le problème de l'*imago Dei* est l'un des plus difficiles de la théologie calvinienne. Les textes qui s'y rapportent sont en effet aussi nombreux que contradictoires. Devant cette abondance et cette "incohérence" (car il faut bien employer ce terme en dépit de l'admiration qu'on peut éprouver pour l'intelligence du Réformateur de Genève), les théologiens n'ont pas toujours su résister à la tentation d'opérer quelque systématisation unilatérale. C'est le cas de Wilhelm Niesel[212] et, surtout, de Thomas F. Torrance[213], qui, après avoir admis l'inconsistance de Calvin dans le domaine qui nous occupe maintenant[214], ne résiste pas au besoin d'ordonner la pensée du Réformateur en une synthèse fort satisfaisante pour l'esprit. Pour Niesel comme pour Torrance, tous les deux influencés par Karl Barth, l'*imago Dei* n'est pas tellement chez Calvin une qualité conférée à l'homme par le Créateur qu'une attitude de l'homme envers son Créateur[215]. Pour ces calvinologues encore, le problème de l'*imago Dei* se situe plus dans la mouvance de la christologie (Christ étant le restaurateur de l'image de Dieu abîmée par le péché) que dans celle de la théologie, au sens limité du terme[216]. L'interprétation de Niesel et de Torrance qui lie l'*imago Dei* exclusivement à l'intégrité d'Adam avant la chute, et qui considère que, dans l'économie du péché, on ne peut parler de cette image qu'en termes de réparation ou de rétablissement, cette interprétation est, il faut le reconnaître, corroborée par de nombreux passages de la prédication[217]. Nous aurons l'occasion de les relever lorsque, dans un deuxième volume, nous aborderons la doctrine de la rédemption. Mais à côté de ces passages, et outre les textes où le Réformateur affirme que, même après la chute, l'homme est créé à l'image de Dieu, cette image s'effaçant pourtant en lui sous l'effet du péché[218], il existe dans les sermons d'innombrables développements où Calvin considère l'*imago Dei,* indépendamment de l'oeuvre du Christ, comme une réalité dans chaque créature humaine[218a].

Avant de produire les preuves de ce que nous avançons, il nous faut examiner un problème secondaire: celui que pose Genèse 1/26 où Dieu déclare vouloir former l'homme à son image et selon sa ressemblance[219]. Dans l'*Institution de la religion chrestienne* (I/XV/3), Calvin règle rapidement la "dispute" suscitée par ces deux mots, estimant que "le nom de semblance est adjousté pour déclaration de l'image". Dans son *Commentaire sur le premier livre de Moïse,* il est moins laconique. Il rejette la distinction, courante chez les scolastiques, entre image et ressemblance. Refusant d'admettre que l'image désigne la "substance" de l'homme, et la ressemblance les "accidents", estimant que l'image ne saurait caractériser "les grâces que Dieu a conférées à la nature humaine", et la ressemblance "les dons gratuits", il voit dans l'utilisation des deux termes une tournure spécifiquement hébraïque[220]. Dans son 6e sermon sur la Genèse, il démarque, à quelques simplifications près, la position de son Commentaire: "Quand à ces deulx motz d'image et de semblance, on c'est beaucoup tourmenté. Car les ungs ont dict que l'image estoyt en la substance de l'homme, les aultres ont inventé cecy et cela. Je ne m'amuseray point icy à recueillir des opinions diverses, car cela ne seroyt que troubler. Il est vray que je toucheray en brief ce qui pourroit abuser . . . , mays le tout sera afin d'esclaircir le simple sens et naturel de Moyse . . . . Il ne fault point qu'on se tourmente beaucoup pour sçavoir en quoy diffèrent ces deulx, assavoir l'image et la semblance, car ce n'est qu'ung . . . . Ainsy donc il n'y a nulle doubte que ce second mot n'ayt esté adjousté pour déclaration plus ample, ainsy que cela est commung en la langue hébraïcque"[221].

Mais venons-en à l'essentiel. Il y a dans la prédication maints textes où Calvin se borne à dire, sans fournir aucune explication, que Dieu a créé[222] ou formé[223] les hommes à son image. A côté de ces textes peu significatifs, il en est d'autres, plus révélateurs, qui affirment que présentement, c'est-à-dire dans l'économie du péché, les humains sont créés[224] ou formés[225] à l'image de leur Créateur. Il y a mieux encore: dans un certain nombre de passages de son oeuvre homilétique, le Réformateur déclare expressément qu'à sa naissance, chaque créature humaine reçoit en elle l'*imago Dei*. Comme le montre le 11e sermon sur le livre de Job, c'est la "noblesse" et la "dignité" de l'homme que d'être ainsi formé à la ressemblance du Créateur: "Nous avons l'Escriture saincte qui nous monstre que Dieu nous mettant ici-bas, imprime en nous son image; nous avons à recognoistre la noblesse et dignité qu'il nous a donnée par dessus toutes créatures. Quand il n'y auroit que cela, que Dieu nous forme à son image et semblance, qu'il veut que sa gloire reluise en nous, je vous prie, n'avons-nous point de quoy nous esjouyr et de quoy le magnifier? "[226]. Ainsi, il y a dans la prédication toute une série de développements qui, interprétés dans leur sens obvie, prouvent qu'aux yeux de Calvin l'*imago Dei* a survécu à la chute, ou, plus exactement, que Dieu, en vertu de la notion de *creatio continuata* (dont nous parlerons dans notre prochain chapitre), ne cesse, malgré les conséquences funestes de la désobéissance d'Adam, de doter chaque homme de son image au moment où il naît. Dans son ouvrage *Calvin's Doctrine of Man*, Thomas F. Torrance tient à montrer que, chez le Réformateur, "l'*imago Dei* n'est en aucune manière une possession naturelle, mais une possession spirituelle" qui est "au-dessus de la nature et du monde"[227]. Nous pouvons admettre que l'image de Dieu n'est pas une "possession naturelle" dans la mesure où nous reconnaissons qu'elle n'est pas transmise par la génération humaine, mais qu'elle naît toujours d'une intervention particulière de Dieu qui, bien évidemment, transcende la nature et le monde. En revanche, nous ne pensons pas avec Torrance que l'*imago Dei* apparaît toujours chez Calvin comme une "possession spirituelle" relevant de l'ordre de la rédemption: dans les textes que nous avons cités, elle ressortit bel et bien au domaine de la création ou de la Providence.

Il nous faut faire un pas de plus. Soucieux d'échapper à la position de la scolastique qui a résolu le problème de l'*imago Dei* dans le sens de l'*analogia entis*[228], Torrance attribue à Calvin, sur le sujet qui retient notre attention, une conception essentiellement dynamique. En employant la notion d'image, le Réformateur lui donnerait le sens de miroir[229]. C'est dans la mesure où Dieu se contemplerait en l'homme, dans la mesure où celui-ci consentirait à laisser le Créateur se réfléchir en lui, qu'il serait *imago Dei*. Cette interprétation qui rend justice à certains textes (que nous examinerons dans notre deuxième livre), fait violence, à notre avis, à de nombreux passages de la prédication, à tous ceux, en particulier, qui affirment que Dieu a "engravé"[230] ou, plus fréquemment, "imprimé" son image en chaque être humain. Ces passages qui démentent sa thèse, Torrance les considère comme revêtus seulement d'un sens métaphorique[231]. Il importe donc de les examiner maintenant en les situant dans leur contexte.

Les textes où Calvin parle de l'*imago Dei* "imprimée" en l'homme apparaissent en premier lieu là où doit être affirmée la supériorité de l'être humain sur les autres créatures[232]. Ainsi le Réformateur relève que, contrairement aux animaux[233] — il énumère volontiers les bœufs, les ânes et les chiens[234] —, l'homme possède, "imprimée" en lui, l'image de Dieu. Mais le terme de "créature" ne désigne pas seulement les êtres vivants, au XVIe siècle; il s'applique aussi aux choses inanimées créées par Dieu. Dans ce sens, Calvin peut dire, dans la Congrégation sur la divinité de Jésus-Christ, que, contrairement aux astres, l'homme est porteur de l'*imago Dei:* "Dieu . . . veut bien estre magnifié et au ciel, et en la terre, et en tous ses faits que nous voyons, mais beaucoup plus en l'homme, pour ce qu'il a imprimé son image en nous plus qu'en tout le reste. Car il n'a point dit du soleil, des estoilles, ne de quelque autre créature tant excellente qu'elle soit: Je veux faire yci un chef-d'œuvre qui soit à mon image et semblance"[235].

En deuxième lieu, Calvin relève que l'*imago Dei* est imprimée en l'homme lorsqu'il tient à souligner les devoirs que les humains ont envers leurs semblables, même si ceux-ci sont de la plus humble origine[236], même s'ils sont Maures ou Barbares[237]. Dans cette perspective, nuire à son prochain, porteur lui aussi de l'image divine, c'est non seulement "se défigurer" (si l'on peut dire)[238], mais encore attenter à la personne même de Dieu. Le Réformateur déclare ainsi à propos des hommes: "Dieu leur a imprimé sa marque, . . . son image reluit en eux, afin qu'en les espargnant, nous monstrions que nous portons révérence à nostre Dieu . . . Dieu a mis son image en nous. Quand donc je fay outrage à mon prochain, c'est autant comme si je violoye l'image de Dieu, et je suis coulpable de sacrilège"[239]. L'existence de l'*imago Dei* dans tous les représentants de l'espèce humaine, même chez ceux qui ne sont pas chrétiens[240], implique toute une éthique chez Calvin. En son nom, il invite les hommes à cesser de se tuer et de se faire la guerre[241], à renoncer à se piller[242], à surmonter leurs divisions[243], à se porter secours[244] et même à se pardonner[245]. En son nom encore, il demande aux riches de ne pas opprimer les pauvres[246], aux maîtres de considérer leurs domestiques comme des frères[247], aux instituteurs de se souvenir de la dignité de leurs élèves[248], aux hommes de se comporter décemment en présence des femmes[249], à ceux enfin qui sont tentés par l'alcool de ne pas céder à l'ivrognerie[250].

En troisième et dernier lieu — c'est, fait curieux, le cas le moins fréquent dans la prédication — il est question de l'*imago Dei* imprimée en l'homme là où le Réformateur tient à relever que, contrairement aux "bêtes brutes"[251], l'être humain est destiné sur cette terre à parvenir à la connaissance de son Créateur. "Nous sommes créatures formées à l'image de Dieu . . . Si nous ne sommes par trop stupides, mesmes si nous avons quelque goutte de raison en nous, il nous faut adviser tousjours de profiter à cognoistre pourquoi c'est que l'homme est nay en ce monde, assavoir pour estre conformez de plus en plus en la cognoissance de Dieu"[252]. Cette connaissance doit être reconnaissance. Elle n'aboutit pas en effet à la découverte d'un Dieu qui serait un étranger pour l'homme, mais à celle d'un Père qui, en imprimant son image dans les descendants d'Adam, veut faire d'eux ses enfants[253] et entend recevoir d'eux un témoignage d'authentique gratitude. "Dieu ne nous a point rendus si excellens, pour avoir son image imprimée en nous, que ce ne soit afin que nous lui en faisions hommage, et que par ce moyen nous soyons tant plus esmeus à l'aimer"[254].

Au terme de cet inventaire, deux remarques s'imposent à l'esprit. 1) Les textes que nous avons cités ne nous paraissent pas légitimer l'interprétation de Thomas F. Torrance qui ne veut voir dans l'expression d' "image imprimée" qu'une métaphore renvoyant à la notion de miroir[255]. Ils laissent entendre que l'*imago* est une réalité créée en l'homme, réalité qui n'est pas liée au fait que Dieu peut se réfléchir ou non dans la créature humaine. 2) Les textes que nous avons relevés, sauf de rarissimes exceptions[256], attribuent l'image de Dieu non seulement à ceux qui ont reçu les grâces du Rédempteur, mais aussi à ceux qui n'ont bénéficié que des dons du Créateur, non seulement aux croyants, mais aussi aux incroyants. En conséquence, nous devons rejeter l'interprétation de Torrance qui considère que chez Calvin l'*imago Dei* ne peut désigner en toute occasion qu'une relation spirituelle[257].

Des développements qui précèdent découle une importante question: où faut-il rechercher en l'homme cette *imago Dei* qui est de l'ordre de la création? La réponse n'est pas aisée, car le Réformateur n'a pas en face de ce problème une attitude toujours bien déterminée. Dans quelques rares prédications sur le livre de la Genèse, il affirme que cette image se trouve dans le corps de l'homme qui, créé à partir de la terre, n'en manifeste pas moins un "artifice" remarquable[258]. Mais cette affirmation ne satisfait pas vraiment Calvin, comme le montre le 6e sermon sur la Genèse. Il y déclare: "Il nous fault veoir où gist ceste image et ceste remambrance et similitude ou conformité de Dieu, si c'est au corps ou en l'âme . . . Il y en a beaucoup qui rapportent cecy au corps; et à la vérité il y a ung tel artifice en la nature du corps humain qu'on peult bien dire que cest ung image de Dieu. Car si sa majesté apparoist en toutes les parties du monde, par plus forte raison en ce qui est beaucoup plus exquis. Mays tant y a qu'on ne trouvera point là une telle perfection comme emporte ceste image et conformité dont parle Moyse; il s'en fault beaucoup"[259]. En conséquence, le Réformateur précise que le corps porte l'*imago Dei* parce qu'il est le réceptacle de l'âme[260], ou encore que l'image se trouve tout à la fois dans le corps et dans l'âme[261]. Ces précisions nous rapprochent de la conception la plus fréquente chez Calvin, selon laquelle l'*imago Dei* est — ici encore il y a des nuances — "principalement"[262] ou exclusivement[263] dans l'âme de l'homme.

Mais l'âme comprend plusieurs "parties"[264], plusieurs facultés, dirions-nous. Dans laquelle faut-il voir l'image de Dieu? Dans l'intelligence, indubitablement. C'est du fait que l'homme a été doté de "sens" et de "raison"[265], du fait qu'il est une "créature raisonnable"[266] qu'il porte l'*imago Dei* en lui. L'intelligence qui distingue ainsi l'homme de tous les autres êtres créés n'est en rien une raison autonome. Elle a pour but de relier à son Créateur celui qui la possède. Comme le relève justement Wilhelm Niesel[267], elle doit faire connaître Dieu à la créature humaine[268], l'inciter à obéir à son Seigneur[269], lui révéler la dimension de l'éternité[270]. Elle est décrite de manière remarquable avec les devoirs qu'elle implique dans le 26ᵉ sermon sur la seconde Epître à Timothée: "Quel est le souverain thrésor que nous ayons? N'est-ce pas la raison et intelligence par laquelle nous sommes différens d'avec les bestes brutes? Voilà l'image de Dieu qui est imprimée en nous, d'autant qu'il nous a donné raison et intelligence. Or que faisons-nous? Au lieu d'appliquer un don si précieux et si noble à son usage légitime, nous l'allons pervertir, que nous voltigerons en l'air, et ne ferons que tourmenter nos esprits . . . . Et comment, povres enragez? Quand Dieu vous a créez à son image, qu'il vous a donné sagesse et intelligence, que vous alliez vous amuser à des menus bagages qui sont de nul profit, et cependant que vous n'appliquiez point vostre estude à regarder que Dieu vous a créez en l'espérance d'une meilleure vie? qu'il vous a nommez ses enfans, afin de vous faire parvenir en son héritage? que vous ne compreniez point ce que Dieu a imprimé son image en vous, afin que vous le puissiez contempler en sa majesté et en sa gloire? Voilà, di-je, comme il ne faudroit point d'autres juges que les boeufs et les asnes pour nous condamner . . ."[271].

De l'âme et plus particulièrement de l'intelligence considérée comme le siège de l'*imago Dei,* on passe facilement à la notion de conscience morale. C'est parce que l'homme, faisant jouer sa raison, est capable de distinguer entre le bien et le mal, qu'il peut être regardé comme porteur de l'*imago Dei.* Cette conception est fort rare dans la prédication. Elle n'apparaît que dans quelques textes[272], en particulier dans le 39ᵉ sermon sur le livre de Job: "L'image de Dieu est imprimée en nous d'autant que nous avons intelligence et raison, que nous discernons entre le bien et le mal, . . . qu'un chacun a sa conscience qui lui rend tesmoignage que cela est mauvais, que cela est bon. Voilà donc un privilège que Dieu a donné aux hommes, c'est qu'il ne les a point seulement vivifiez, mais il a illuminé leurs âmes tellement qu'ils jugent et discernent"[273].

c) La nature de l'homme

Après avoir traité de l'*imago Dei,* il faudrait parler du "franc-arbitre" dont Calvin fait une des facultés de l'homme prélapsaire dans un passage, très laconique du reste, de l'*Institution de la religion chrestienne*[274]. Mais la prédication n'en dit pas un mot. Jamais dans ses sermons le Réformateur ne considère le libre-arbitre comme une des prérogatives de l'homme avant la chute; il le regarde toujours comme le fruit de la désobéissance d'Adam qui s'est affranchi de la tutelle de son Seigneur[275], comme la fausse liberté dont se targuent les papistes dans un monde qui est soumis au péché, comme l'élément contestable d'une religion des mérites dans laquelle le croyant prétend collaborer avec Dieu à l'oeuvre de son salut. C'est donc dans notre deuxième livre que nous examinerons la question du "franc-arbitre".

Cette précision donnée, nous pouvons aborder le problème de la nature de l'homme. Sur sa constitution bipartite — il est composé d'un corps et d'une âme selon l'*Institution de la religion chrestienne*[276] — la prédication ne nous apprend rien. En revanche, elle nous apporte quelques données, rares il est vrai, sur le corps[276a]. Ainsi, dans le 3e sermon sur l'Epître à Tite, Calvin exalte la perfection de celui-ci, soulignant que Dieu en est le créateur tout autant que celui de l'âme[277]. De cette doctrine, il dégage une conséquence assez inattendue dans le 1er des sermons traictans des matières fort utiles pour nostre temps. S'en prenant à certains Nicodémites qui estimaient que leur assistance à la messe n'était nullement répréhensible, parce qu'elle n'était que physique, il s'y livre à un vibrant plaidoyer en faveur de l' "homme total". Il rappelle que l'être humain doit glorifier Dieu dans son corps et dans son âme, car son corps et son âme ont été créés par Dieu avant d'avoir été sauvés, tous les deux, par Jésus-Christ. "C'est assez, ce leur semble, déclare le Réformateur à propos des "moyenneurs" qui fréquentaient le culte papiste, que Dieu soit adoré en esprit. A qui sera doncques le corps? Sainct Paul nous exhorte à porter le Seigneur en tous les deux, pource qu'ils sont à luy (I Corinthiens 6/20). Dieu a créé le corps, et il sera permis d'en faire hommage au diable? Il vauldroit mieux qu'ils se déclarassent tout oultre manichéens, nians que Dieu soit créateur de l'homme total. S'ils avoient le moindre goust du monde de l'Evangile, jamais ils ne se déborderoient en telle licence, car ils monstrent qu'ils ne savent que c'est d'avoir esté rachetés par le sang du Fils de Dieu. Qu'ainsi soit, comment espérons-nous la résurrection de la chair, sinon d'autant que Jésus-Christ est rédempteur des corps et des âmes? "[278].

Au contraire de l'*Institution de la religion chrestienne*[279], l'oeuvre homilétique ne considère jamais le corps comme la "prison de l'âme". Pour le prédicateur de Genève, l'âme n'est pas la prisonnière, mais bien l' "hôte" du corps[280], un hôte qui, plus encore que sa demeure corporelle, atteste la puissance et la sagesse de Dieu[281]. Appelée parfois esprit, l'âme est invisible et immatérielle[282]. Elle est comparable à une "petite étincelle", ce qui signifie deux choses pour Calvin: d'une part, qu'elle ne peut subsister que si elle est perpétuellement maintenue par Dieu[283], et, d'autre part, qu'elle est sans commune mesure avec la lumière qui réside dans le Créateur dont elle est issue[284]. Ainsi élucidée, l'image de la "petite étincelle" révèle bien qu'il ne saurait être question pour le Réformateur de penser que l'âme humaine contient la moindre parcelle de Dieu. Calvin est en effet un adversaire farouche de ce que Roland H. Bainton a nommé l' "émanationnisme"[285]. Il le prouve dans l'*Institution chrestienne* où il part en guerre contre Michel Servet qui était un partisan de cette doctrine[286]. Il le montre aussi, et de la manière la plus nette, dans sa prédication.

Dans le 97ᵉ sermon sur le livre de Job (qui, datant vraisemblablement de la fin de 1554[287], est postérieur d'une année à la mort du médecin et théologien espagnol, exécuté le 27 octobre 1553), il s'en prend à "ce malheureux hérétique" qui a osé dire que "les âmes des hommes estoyent participantes de l'essence de Dieu", déclaration "exécrable et contre nature" qui manifeste l' "abrutissement" de son auteur[288]. Il relève à propos de Job 33/4 que la créature humaine, changeante et pécheresse, ne peut posséder en son essence l'esprit omniscient, immuable et parfait du Créateur. "Quand Job parle . . . . de l'esprit de Dieu, il ne nous faut point entendre comme ont fait des phantastiques, qui ont cuidé que les hommes eussent l'essence de l'Esprit de Dieu en eux, car c'est une hérésie trop abominable que celle-là. Et tousjours il nous faut observer ces façons de parler en l'Escriture saincte, afin de ne tomber point en erreur, tel que nous disions que l'Esprit de Dieu soit en nous selon son essence. Car que seroit-ce? Il s'ensuivroit que l'Esprit de Dieu seroit sujet à ignorance, qu'il seroit sujet à changement, qu'il seroit muable, que mesmes il seroit entaché et contaminé de nos péchez et de nos vices". Et pour illustrer sa pensée, pour bien montrer qu'il ne saurait y avoir aucun mélange entre le Créateur et la créature, mais que l'Esprit de Dieu est sans cesse communiqué à l'homme dans ses effets et non dans son essence, le Réformateur recourt à une image fort suggestive: "Nous voyons le soleil qui demeure au ciel, et les rayons de sa clarté viennent jusques à nous, tellement que nous jouissons de sa clarté et de sa chaleur; mais est-ce à dire pourtant que nous tenions icy-bas le soleil? Et de fait, quand nous voyons que le soleil par sa vertu qu'il espand icy-bas donne vigueur à la terre, tellement qu'elle fructifie pour donner substance et nourriture aux hommes, que sera-ce de la vertu incompréhensible qui est en Dieu mesmes et en son Esprit? Ne pourra-il point en espandre jusques à nous, sans que cependant nous ayons de son essence? Ainsi donc notons bien que l'Esprit de Dieu n'est point en nous, voire selon son essence, mais sa vertu y est tellement espandue que nous en vivons"[289].

Ces derniers mots nous amènent à souligner deux points. En premier lieu, et contrairement aux "philosophes" qui soutiennent qu'une fois créé l'homme mène une existence indépendante de Dieu[290], Calvin affirme que l'être humain ne peut vivre, car il ne possède pas la vie, que dans la mesure où le Créateur (c'est là une manifestation de la grâce générale[291]) le rend participant de la vie qui réside en lui[292]. En second lieu, et contrairement aux anabaptistes qui estimaient qu'à la suite de la chute, les âmes ne sont plus immortelles[293], le Réformateur croit à l'immortalité de l'âme[294], mais, ceci est capital, il pense que l'immortalité n'est pas une qualité inhérente à l'âme: elle est un don qu'en vertu de la *creatio continuata*[294a] Dieu confère sans cesse à nouveau à celle-ci[295]. Il déclare ainsi dans le 8ᵉ sermon sur la 1ᵉʳᵉ Épître à Timothée: "L'âme de l'homme . . . ne périt point en la mort, elle n'est pas esteinte; mais cependant si nous regardons comme nos âmes sont immortelles, cela n'est point de leur propre nature, ceste vertu de vie n'y est pas enclose, mais c'est un bien emprunté et qui procède d'ailleurs. En tant donc qu'il plaist à Dieu de soustenir nos âmes par sa vertu, voilà comme elles sont en estre et qu'elles subsistent, voilà dont vient leur immortalité"[296]. En exposant de la sorte sa conception de l'immortalité de l'âme — entre parenthèses, il estime qu'elle est inconnue des philosophes[297] — Calvin renonce à invoquer les témoignages, les "indices" d'immortalité fort contestables qu'énumère l'*Institution chrestienne*[298], la conscience et le sommeil entre autres.

Corollaire des développements qui précèdent, un problème doit encore être posé à propos de l'âme: celui de son origine en chaque être humain. On sait que deux solutions lui ont été données dans l'histoire des dogmes. Le traducianisme[299] qui a été défendu en Orient par Grégoire de Nysse et qui a prévalu en Occident jusqu'à sa condamnation par le pape Anastase II, en 498[300], estime que l'âme est transmise aux enfants par les parents. Le créationisme qui a été soutenu par saint Jérôme et qui a été repris au Moyen Age par la majorité des théologiens, par Pierre Lombard[301] et par saint Thomas d'Aquin[302] en particulier, enseigne qu'à la conception ou à la naissance de chaque homme, Dieu crée pour lui une âme *ex nihilo*. Contrairement à Luther qui, soucieux de préserver le dogme du péché originel, est résolument traducianiste, Calvin, aux yeux duquel le péché ne se transmet pas par succession naturelle[303], est créationiste. Mais son créationisme qui présuppose l'intervention perpétuelle de Dieu dans l'histoire de l'espèce humaine, est peu affirmé. Il en parle dans quelques passages de l'*Institution de la religion chrestienne*[304], négativement si l'on peut dire, puisqu'il se borne à s'y élever contre le traducianisme. Il est plus explicite, sans être encore affirmatif, dans son commentaire de Jean 3/6 où il relève que "nous ne naissons point de la chair quant à la principale partie de nostre nature", "veu que l'âme n'est point engendrée de la substance de l'homme"[305]. Dans le 12e sermon sur le livre de Job, en revanche, il déclare expressément — l'affirmation est rarissime — que le Créateur insuffle une âme à l'homme au moment de sa conception. Après y avoir noté qu'en employant le terme d' "avorton" (cf. Job 3/16), Job s'exprime "comme s'il vouloit monstrer que quand Dieu a mis une créature humaine au ventre de la mère, il n'y a point d'âme", il tient à préciser en effet que tel n'est pas le cas: "au contraire, dit-il, nous savons quand la créature est conceuë au ventre de la mère, que Dieu y inspire une âme; il est certain que voilà une semence de vie"[306].

Sur la constitution de l'âme à laquelle nous devons nous arrêter maintenant, la prédication ne nous apporte aucun élément, sauf peut-être le 6e sermon sur le livre de la Genèse où Calvin critique l'interprétation de saint Augustin[306a] qui, distinguant trois facultés dans l'*anima*, l'intelligence, la mémoire et la volonté, prétend voir en elles un reflet de la Trinité[307]. Il est évident qu'on ne saurait s'autoriser de ce texte pour refuser la division bipartite de l'âme, qui, peu claire dans le 46e sermon sur le Deutéronome[308], est affirmée avec toute la netteté désirable dans l'*Institution chrestienne*[309]. Pour Calvin, indéniablement, l'âme comprend l'intelligence et la volonté. A cette dernière, l'oeuvre homilétique n'accorde aucun intérêt. En revanche, elle attribue une place importante à la première. Elle voit dans l'intelligence, dans la raison ou dans l'esprit qui est "imprimé" en l'âme[310] le don extraordinaire que le Créateur a fait à l'homme[311] pour le distinguer de l'animal[312]. "Si Dieu a honoré le ciel et la terre et toutes créatures insensibles, d'autant qu'il lui a pleu de les former, s'il a honoré les bestes, combien qu'il les ait destituées de raison, que sera-ce de l'homme auquel il a donné une telle intelligence? . . . A quoi a-il tenu que Dieu ne nous ait fait comme des asnes ou des chevaux? Car l'homme le plus noble de la terre et le plus excellent ne pourra pas dire: Je me suis formé, ou bien: j'estoye disposé à estre fait tel, car Dieu le pouvoit bien faire ou un chien ou un pourceau quand il l'a fait homme. Il ne faut pas donc que nous cerchions la matière en nous de ce que Dieu nous a fait créatures raisonnables; mais nous devons priser sa bonté envers nous, voire quand il nous a tant honorez que non seulement il nous a fait du rang de ses créatures, mais qu'il nous a eslevez par dessus les bestes brutes, nous donnant sens et raison"[313].

Donnée à l'homme, comme nous l'avons déjà relevé[314], afin qu'il connaisse, serve et honore Dieu[315], afin aussi qu'il accomplisse sa volonté[316], l'intelligence n'est pas transmise naturellement par les parents à leur enfant dans l'acte de la génération. Partie intégrante de l'âme, elle est créée avec celle-ci par Dieu au moment où l'être humain est conçu. En s'en prenant à la doctrine platonicienne de la réminiscence, Calvin, fidèle à son créationisme, déclare ainsi dans un passage du 43e sermon sur le livre de Job dont nous ne connaissons aucun équivalent dans son oeuvre dogmatique: "Tout l'esprit que nous avons est un don de Dieu outre nostre nature. Et pourquoy? Regardons la puissance des hommes. Quand un petit enfant sort du ventre de la mère, quelle sagesse apporte-il avec soy? Il est vrai que quelques philosophes ont bien imaginé que ce que nous avons d'intelligence n'est que mémoire, et qu'il faut bien que nous eussions un sens enclos auparavant; mais si est-ce qu'on voit qu'un enfant est moins que la plus povre beste qui soit. Qu'on regarde partout, et on ne trouvera point une beste si brutale, si despourveuë de raison et d'intelligence que sont les hommes quand ils vienent au monde . . . . Et comment est-ce que nous avons l'esprit d'intelligence quand nous sommes venus en aage? Il faut que Dieu nous le donne . . . . Notons donc . . . que quand nous avons quelque sens et raison, cela n'est point de nostre naturel, nous ne le possédons point comme s'il estoit de nostre creu, cognoissons que c'est un bien excellent que Dieu nous fait"[317].

d) L'homme et la femme

Dans les sermons sur le premier livre de Moïse, Calvin relève, à propos de Genèse 1/27, qu'en créant l'être humain, Dieu l'a fait mâle et femelle[318] afin de l'arracher à la solitude[318a]. Il y souligne aussi, à la suite de Genèse 2/21, que Dieu a formé la femme d'une côte, c'est-à-dire de la "substance" de l'homme, afin que — les explications du Réformateur varient — l'humanité, procédant d'une seule personne, soit unie par un "lien d'amour mutuel"[319], ou que la femme soit soumise à l'homme[320], ou que, dans le mariage, les conjoints soient indissolublement liés[321]. Créée à partir de l'homme, et non de la terre ou du néant[322], la femme a été revêtue par Dieu de la même dignité qu'Adam. Contrairement à ce qu'on pourrait inférer de I Corinthiens 11/7[323], elle possède en effet l'*imago Dei*[324]; elle en a les manifestations essentielles, la volonté, mais surtout l'intelligence[325]. Sa fonction est d'être, selon Genèse 2/18, l'aide de l'homme[326], plus encore: la "moitié de sa personne"[327], en un mot: sa compagne. Dans le 11ᵉ sermon sur le livre de Job, Calvin exprime cela de manière remarquable, non sans rappeler en passant à ses auditeurs les devoirs qui leur incombent envers celles qui partagent leur vie: "Le genre humain est venu de l'homme, c'est assavoir d'Adam; mais comment est-ce qu'il consiste, sinon par les femmes? Si les hommes se pouvoyent séparer d'avec les femmes et avoir un petit monde à part, ils auroyent bien occasion de se glorifier. Mais maintenant qu'un homme se regarde, il ne pourra pas dire: mon père, qu'il ne dise quant et quant: ma mère. Ainsi donc puis que le genre humain consiste par la femme, il faut que nous sentions que nous sommes obligez les uns aux autres. Et puis à quelle condition est-ce que la femme a esté créée? Il est vray qu'elle doit estre aide à l'homme, et qu'il faut qu'elle luy soit subjette; mais tant y a qu'elle est compagne de l'homme, ainsi que l'Escriture l'appelle. Car il est dit qu'entre toutes les créatures de Dieu, il n'y avoit point d'aide qui fust propre à Adam. Et pourquoy? Pource qu'il n'avoit point sa nature semblable aux bestes, qu'il estoit d'une création plus excellente .... Dieu nous a créez et formez, et nous maintient par les hommes et par les femmes; mais c'est afin que nous vivions d'un commun accord par ensemble, sachans qu'il y a un lien de communauté que Dieu a consacré entre nous comme inviolable"[328].

Quoique la femme ait été créée à l'image de Dieu, quoiqu'elle soit la compagne de l'homme, elle est inférieure à celui-ci. Nous ne partageons pas l'opinion d'André Biéler, qui, trop soucieux peut-être de faire valoir l'actualité de l'anthropologie calvinienne, estime que, s'il y a chez le Réformateur "une subordination fonctionnelle de la femme à l'homme", il existe néanmoins chez lui une "égalité fondamentale entre les deux sexes"[329]. Fidèle à la pensée de l'apôtre Paul telle qu'elle s'exprime dans I Corinthiens 11/3 et 7 et dans Ephésiens 5/23, Calvin souligne, à notre avis, que l'homme est premier, qu'il précède la femme[330], qu'il a prééminence et supériorité sur elle[331]. Il déclare dans le 11ᵉ sermon sur le livre de Job: "Si nous avons occasion ... de bénir nostre Créateur en ce qu'il nous a faits à son image et semblance, encores y a-il ceste condition que les hommes sont préférez aux femmes au genre humain. Nous savons que Dieu a constitué l'homme comme chef, et luy a donné une dignité et prééminence par dessus la femme; et voilà pourquoy aussi sainct Paul dit (I Cor. 11/7) que l'homme ira le chef descouvert, d'autant qu'il est la gloire de Dieu, et la femme la gloire de l'homme. Il est vray que l'image de Dieu est bien imprimée par tout; mais si est-ce que la femme est inférieure à l'homme; il faut que nous allions par ces degrez-là que Dieu a instituez en l'ordre de nature"[332]. L'homme étant le chef de la femme et le "canal" par lequel la grâce lui parvient[332a], l'attitude de celle-ci envers celui-là est la sujétion, une "double" sujétion même depuis la chute. En effet, le Réformateur relève dans quelques sermons, se livrant à une exégèse contestable de I Timothée 2/14, qu'à la sujétion première, de l'ordre de la création, qui subsiste après la désobéissance commune d'Adam et d'Eve, s'ajoute une seconde sujétion qui constitue la punition de la femme, plus coupable de la chute que l'homme puisque c'est elle qui a été séduite par Satan[333].

La supériorité sur la femme qui a été conférée à l'homme implique pour celui-ci un certain nombre de devoirs. Il est tenu d'être reconnaissant envers

Dieu, qui, alors qu'il ne le méritait pas, lui a manifesté sa préférence[334]. Il est tenu aussi de ne pas mépriser[335], mais d'honorer sa compagne[336]. Dans son infériorité, la femme n'est pas non plus exempte d'obligations. Elle doit non seulement être soumise à l'homme[337] et accepter avec humilité sa condition[338], mais encore rendre gloire à Dieu de son état subalterne[339]. Cette humilité fondée sur la reconnaissance de la volonté du Créateur ne consiste pas en une simple attitude intérieure. Elle se manifeste extérieurement dans ce que Calvin nomme la "modestie"[340], qualité qui est l'équivalent de l' "attrempance", c'est-à-dire la modération, dans le domaine moral. En vertu de cette modestie, la femme doit éviter, par exemple, de pratiquer des jeux violents ou de participer à des exercices militaires. Nous pourrions citer ici de nombreuses références. Afin de ne pas tomber toutefois dans le tableau de moeurs et de rester dans les limites de notre sujet, nous nous bornerons à présenter un seul échantillon qui illustre bien, du reste, ce qu'est, pour le Réformateur, la modestie féminine. "Dieu requiert aux femmes une modestie telle que elles cognoissent ce que leur sexe porte, et qu'il n'y ait point des femmes qui soyent semblables à des lancequenets; comme on en voit qui tireront à la haquebute aussi hardiment qu'un homme, qui porteront l'enseigne desployée au Molard. Quand on voit cela, voilà des monstres si villains que non seulement on doit cracher à l'encontre, mais on doit lever la boue pour jetter sur telles villaines, quand elles sont si audacieuses de pervertir ainsi l'ordre de nature. Voilà donc le premier que Dieu requiert aux femmes, c'est assavoir une modestie pour se contenir en toute honnesteté. Car quand une femme auroit toutes les vertus du monde, si elle veut faire de la Proserpine[341], qu'elle contreface l'homme, ce n'est qu'infection de tout le reste"[342]. Ces propos datent du printemps 1556[343], vraisemblablement. Ils montrent qu'à une époque où les femmes étaient en train de sortir d'un état de "semi-servage"[344], Calvin demeure "très conservateur", comme André Biéler lui-même en convient.

e) L'homme, maître de la création

Dans sa prédication, Calvin relève que Dieu a soumis à l'homme, malgré sa petitesse, l'immensité de la création[345]. L'univers avec ses astres a été créé à l'intention d'Adam et de sa progéniture[346]. "Contemplons et haut et bas tout ce que Dieu a fait au ciel et en la terre, le tout est à nostre usage et profit. Quand il a créé le soleil, ce n'est pas afin qu'il s'esclaire, mais c'est afin que nous soyons esclairez. Autant en est-il de la lune et des estoilles; ils sont ordonnez à nostre service"[347]. De même que les astres, la terre a été faite pour l'homme, et spécialement aménagée, gagnée sur l'eau par le Créateur pour qu'il puisse y vivre[348]. Mais c'est le monde animal, surtout, qui a été mis par Dieu à la disposition de la créature humaine[349], mâle et femelle[349a]. Relevant que, selon le récit de la Genèse (cf. 1/24—27), Dieu a créé les animaux avant Adam et Eve "non par honneur ny par dignité ou excellence", mais afin de témoigner sa dilection au premier couple, le Réformateur déclare: le Créateur "a voulu que tout ce qui apartient à l'utilité des hommes fust desjà tout appresté. Comme si ung père de famille estant provoiable (comme son office porte) avoyt tout prest quand sa femme doibt acoucher, qu'il eust le berceau pour recevoir l'enfant, qu'il eust boys pour le chauffer, qu'il eust des drapeaux et choses semblables, et finalement mesmes qu'il eust nourrice aprestée, qu'il n'y eust nulle faulte de rien; voilà comme Dieu en a usé envers les hommes, que, quand Adam a esté créé, ce n'a point esté pour regarder la terre vuide, mays il ne s'est trouvé anglet hault ne bas qui ne fust bien pourveu des dons de Dieu. Et à quoy tendoit le tout? Dieu dit: Voicy je vous ay constituez seigneurs et maistres mesmes sur toutes les bestes .... Nous voyons les bestes qui sont pour effraier de leur seul regard, et néantmoings nous qui sommes de si petite stature au prix, qui n'avons pas une telle force à beaucoup près, que nous soyons là ordonnés en telle supériorité, et que nous soyons créez à ceste condition que nous dominions sur tout[350], ... quand ... tout cela y a esté, c'estoit comme ung miroir de toute félicité"[351].

La maîtrise sur les animaux que le Créateur a conférée à Adam – nous anticipons ici sur notre deuxième livre – a été perdue à la suite de la chute. Tel un vassal qui, pour avoir trahi son seigneur, a été dépouillé de son fief, l'homme postlapsaire a été privé du pouvoir que son aïeul avait sur les bêtes[352]. Il n'en possède pas moins aujourd'hui le don de domestiquer, d'apprivoiser ou même de dompter des animaux infiniment plus forts que lui. Comme le montrent avec une indéniable fraîcheur plusieurs sermons sur le livre de Job, il est capable de dresser les boeufs[353], les chevaux[354] et même les éléphants[355]. En outre, il peut légitimement – c'était encore une des prérogatives attachées à la maîtrise d'Adam sur le monde animal – faire des bêtes sa nourriture[356]. Par ces déclarations, Calvin ne laisse pas de poser un problème; comment expliquer l'existence sous le règne du péché de privilèges qui étaient ceux de l'homme avant la chute? Les sermons ne nous donnent pas une réponse claire. Certains d'entre eux nous inciteraient à soutenir que le pouvoir de domestiquer les animaux est conféré aujourd'hui aux héritiers d'Adam, qui, par eux-mêmes, seraient incapables de "gouverner un limaçon"[357], en vertu de l'intervention perpétuelle de Dieu dans sa création. Ainsi le Réformateur déclare: "Quand les bestes nous servent, c'est d'autant que Dieu les matte et qu'il nous les livre en la main, afin que nous en puissions jouir .... Puis qu'ainsi est que les bestes se lèveroyent contre nous et que nous n'en pourrions pas jouir, n'estoit que Dieu nous en réservast l'usage, et mesmes qu'il les assujettist d'aucunes comme il nous est besoin, par cela nous sommes admonnestez que c'est une trop grande rage à nous de nous eslever contre nostre Créateur"[358]. D'autres sermons, en revanche, nous engageraient à affirmer que le don de dresser certains animaux est chez l'homme postlapsaire un "vestige" de sa condition originelle, un reste de seigneurie que Dieu lui a conservé malgré la chute[359]. Dans ce sens, Calvin peut dire: "Nous voyons bien que Dieu ne nous a point du tout desnuez de ceste domination qu'il avoit donnée à Adam. Car combien que les chevaux soyent des bestes pleines de fierté, les boeufs aussi, tellement qu'il semble qu'ils doivent foudroyer les hommes, encores les domte-on communément et en vient-on à bout. Et Dieu encores a voulu qu'il y eust quelques traces de sa bonté, puis que les hommes ont leur vie en ce monde et jouissent de ses créatures en partie"[360].

En affirmant que le monde animal a été soumis à l'homme par le Créateur (qui se démet en quelque sorte de sa seigneurie au profit de ce dernier[361]), Calvin fait preuve, à l'occasion, d'un finalisme qui ne manque pas d'une certaine naïveté. Il est amené à constater ainsi que certaines bêtes n'ont, dans l'économie présente en tout cas, aucune utilité pour l'humanité. Si Dieu les maintient en vie, pense-t-il, c'est parce qu'elles attestent sa gloire en embellissant ce monde et parce que, dans leur inutilité pour eux, elles rappellent les hommes au juste sentiment de leurs limites. "On pourroit faire une question, déclare le Réformateur dans le 152e sermon sur le livre de Job, pourquoy c'est que Dieu conserve telles espèces de bestes puis qu'elles ne servent plus à l'homme; car il semble que la raison cesse pourquoy Dieu les devroit nourrir. Mais notons qu'elles ne laissent point d'estre ornemens en ce monde icy, afin qu'on y puisse contempler la majesté de Dieu. Et voilà desjà une raison assez suffisante. Et puis ... elles nous servent d'instruction .... pource que, quand nous ne pouvons pas jouir des bestes, il ne faut point que nous présumions de nous eslever par trop haut"[362].

Tout naïf qu'il peut paraître à un lecteur du XXe siècle, le finalisme de Calvin est riche de signification théologique. Si Dieu qui se suffisait à lui-même et qui était synonyme de perfection avant même d'avoir prononcé le *fiat* originel, a appelé l'univers à l'existence, c'est qu'il a voulu créer pour l'homme un "théâtre" où celui-ci pourrait découvrir sa majesté. "Dieu n'a besoin de rien emprunter d'ailleurs, car il est parfait; et mesmes devant qu'il eust créé le monde, avoit-il faute de rien? Et quand il l'a créé, a-ce esté pour son profit et usage? Ç'a esté seulement à fin que sa bonté, et vertu, et sagesse, et justice fussent cognues de nous, et que nous en fussions tesmoins. Car il nous a mis ici comme en un théâtre, à fin que nous contemplions sa gloire en toutes ses créatures"[363]. Il y a plus! En mettant ce qu'il a créé à la disposition de l'homme, le Créateur a voulu fournir à celui-ci l'occasion, en s'appuyant sur les êtres, de s'élever jusqu'à lui et de lui témoigner son amour. "Si Dieu a ordonné ses créatures à nostre service, cela nous devroit estre aide pour nous conduire à luy, afin que nous fussions tant plus incitez à l'aimer .... C'est comme si on mettoit là une eschelle, ou qu'il y eust quelques degrez pour monter en haut .., Les degrez nous devroyent aider ... Car Dieu nous veut attirer a soy par ses créatures"[364]. Comme on l'aura constaté, dans ce texte qui clôt nos développements sur la création, le Réformateur recourt à des accents que nous avons déjà mis en évidence au début de cet ouvrage, dans notre chapitre sur "La révélation générale"[365].

1   Sur ce sujet, cf. Emile Doumergue, *Jean Calvin. Les hommes et les choses de son temps*, tome 4, Lausanne, 1910, p. 104–110; Paul Wernle, *Der evangelische Glaube nach den Hauptschriften der Reformatoren*, tome 3, Tübingen, 1919, p. 186–214; Benjamin B. Warfield, *Calvin's Doctrine of the Creation*, in: *The Princeton Theological Review*, 1915, p. 190–255, rééd. in: *Calvin and Calvinism*, New York, 1931, p. 287–343; Harmannus Obendiek, *Der alt böse Feind. Das biblisch-reformatorische Zeugnis von der Macht Satans*, Neukirchen bei Moers, 1930; Günter Gloede, *Theologia Naturalis bei Calvin*, Stuttgart, 1935, p. 10–42, 72–98 et 135–147; W. E. Den Hertog, *De Anthropologie van Calvijn*, in: *Vox Theologica*, 1938, p. 137–148; Wilhelm Niesel, *Die Theologie Calvins*, Munich, 1938, 2ᵉ éd. 1957, p. 60–68; Oskar Pfister, *Calvins Eingreifen in die Hexer- und Hexenprozesse von Peney 1545 nach seiner Bedeutung für Geschichte und Gegenwart*, Zürich, 1947; Roy W. Battenhouse, *The Doctrine of Man in Calvin and in Renaissance Platonism*, in: *Journal of the History of Ideas*, New York, 1948, p. 447–471; Thomas F. Torrance, *Calvin's Doctrine of Man*, Londres, 1949; François Wendel, *Calvin. Sources et évolution de sa pensée religieuse*, Paris, 1950, p. 125–131; John Murray, *Calvin's Doctrine of Creation*, in: *The Westminster Theological Journal*, Philadelphie, 1954/1955, p. 21–43; Werner Krusche, *Das Wirken des Heiligen Geistes nach Calvin*, Göttingen, 1957, p. 15–55; Jean Boisset, *Sagesse et sainteté dans la pensée de Jean Calvin*, Paris, 1959, p. 17–23 et 255–262; Walter E. Stuermann et Konstantin Geocaris, *The Image of Man. The Perspectives of Calvin and Freud*, in: *Interpretation*, Richmond (Virginie), 1960, p. 28–42; Edward Rosen, *Calvin's Attitude Toward Copernicus*, in: *Journal of the History of Ideas*, New York, 1960, p. 431–441; Joseph Ratner, *Some Comments on Rosen's "Calvin's Attitude Toward Copernicus"*, *ibid.*, 1961, p. 382–385; Edward Rosen, *A Reply to Dr. Ratner*, *ibid.*, 1961, p. 386–388; Alexandre Koyré, *Du monde clos à l'univers infini*, Paris, 1962, rééd. 1973; André Biéler, *L'homme et la femme dans la morale calviniste*, Genève, 1963, p. 35–88; Pierre Ch. Marcel, *Calvin et la science: Comment on fait l'histoire*, in: *La Revue réformée*, Saint-Germain-en-Laye, no. 68, 1966/4, p. 50–51; Gerd Bockwoldt, *Das Menschenbild Calvins*, in: *Neue Zeitschrift für systematische Theologie und Religionsphilosophie*, Berlin, 1968, p. 170–189; Charles A. M. Hall, *With the Spirit's Sword. The Drama of Spiritual Warfare in the Theology of John Calvin*, Zürich, 1968, p. 38–50, 55–67 et 77–78; Robert Lenoble, *Esquisse d'une histoire de l'idée de nature*, Paris, 1969; Charles Partee, *The Soul in Plato, Platonism, and Calvin*, in: *Scottish Journal of Theology*, Edimbourg, 1969, p. 278–295; Paul W. Pruyser, *Calvin's View of Man: A Psychological Commentary*, in: *Theology Today*, Princeton, 1969/1970, p. 51–68; Richard Stauffer, *Calvin et Copernic*, in: *Revue de l'Histoire des Religions*, Paris, 1971, p. 31–40; Edward Rosen, *Calvin n'a pas lu Copernic*, *ibid.*, 1972, p. 183–185; Richard Stauffer, *Réponse à Edward Rosen*, *ibid.*, 1972, p. 185–186; Richard Prins, *The Image of God in Adam and the Restoration of Man in Jesus-Christ. A Study in Calvin*, in: *Scottish Journal of Theology*, Londres, 1972, p. 32–44; Richard Stauffer, *L'exégèse de Genèse 1/1–3 chez Luther et Calvin*, in: *In principio. Interprétations des premiers versets de la Genèse*, Paris, 1973, p. 245–266; S. van der Linde, *Calvijn en de geschapen werkelijkheid*, in: *Wapenveld*, Kwintsheul (Pays-Bas), 1974, p. 168–178, et Gerd Babelotzky, *Platonische Bilder und Gedankengänge in Calvins Lehre vom Menschen*, Wiesbaden, 1977.

2   Un seul exemple: dans l'ouvrage qu'il a composé en 1938, sous l'impulsion des travaux de Karl Barth, sur la théologie de Calvin, Wilhelm Niesel consacre un demi-chapitre, moins de 10 pages, à la doctrine de la création.

3   Aux noms des deux calvinologues américains, il faudrait ajouter celui de Werner Krusche qui ouvre son livre *Das Wirken des Heiligen Geistes nach Calvin* par deux excellents chapitres intitulés respectivement "Der Heilige Geist und der Kosmos" et "Der Heilige Geist und der Mensch" (cf. p. 15–125).

3a   Fo. 4 vo. Cf. aussi le 8e sermon sur la Genèse, fo. 40–40 vo.: "L'intention de Moyse est en somme de confermer la doctrine qui a desjà esté exposée par cy-devant, c'est assavoir que toutes créatures tant célestes que terrestres ont eu leur origine et qu'elles ont commencé leur estre, afin que nous n'imaginions point ung monde perpétuel comme ont faict les plus aiguz entre les philosophes qui ont esté possédez de Sathan pour abolir la gloire de Dieu"; et le 13e sermon sur I Corinthiens 10 et 11, CO 49, p. 741, que nous citerons dans la note 26.

4   Cf. Emile Bréhier, *Histoire de la philosophie,* tome 1er, Paris, 1943, p. 341 ss.

5   Fo. 4 vo. Cf. aussi fo. 2 vo: "De nostre costé nostre Seigneur nous a donné et les yeux et les sens pour sentir plus que nous ne voyons: cesavoir que les choses qui nous sont patentes ne se sont point créés, mays qu'elles procèdent d'aillieurs, qu'il y a ung ouvrier souverain auquel la louange de tout doibt estre atribuée".

6   CO 35, p. 433.

7   CO 35, p. 433–434.

8   Cf. I/XIV/1.

9   En faveur des 6000 ans, cf. outre le 1er sermon sur la Genèse que nous citerons plus bas, le 16e sermon sur l'Epître aux Ephésiens, CO 51, p. 442–443, et le 2e sermon sur l'Epître à Tite, CO 54, p. 396. En faveur des 7000 ans, cf. le 3e sermon sur l'Ascension, CO 48, p. 610.

10   "Les hommes ne se lassent jamais de s'enquérir des choses qui sont trop hautes pour leur entendement, mesmes des choses frivoles et inutiles, qu'ils voudroient savoir que Dieu a fait devant qu'il eust créé le monde" (179e sermon sur le Deutéronome, CO 28, p. 682–683).

11   Fo. 3.

12   Cf. I/XIV/1. Dans la préface à son *Commentaire sur le premier livre de Moyse,* Calvin mentionne également, en l'attribuant à l'*Historia ecclesiastica tripartita* de Cassiodore, la boutade rapportée par saint Augustin dans ses *Confessions:* "Ils (sous-ent.: ceux qui jappent contre Moyse) demandent de quoy Dieu s'est advisé si soudain de créer le monde, pourquoy il est demouré si long temps oisif au ciel … On lit en l'*Histoire tripartite* la response d'un sainct personnage, laquelle m'a tousjours pleu. Car il y avoit un vilain chien qui se moquoit de Dieu par telz propoz, auquel ce bon personnage respondit que Dieu n'avoit pas lors esté sans rien faire, parce qu'il avoit forgé l'enfer pour les curieux" (*Op.cit.,* Genève, 1554, p. 6).

13   Cf. *Confessions* XI/XII/14.

14   Fo. 3 vo. De manière moins forte, Calvin déclare dans le 3e sermon sur l'Ascension: "Les hommes … veulent enquérir pourquoy c'est que Dieu a tant mis à créer le monde, veu qu'il n'y a pas encores sept mille ans que le monde est créé. Mais notons que devant que Dieu ait créé le monde, il a constitué l'enfer pour mettre tels curieux" (CO 48, p. 610). – Il faut préciser que contrairement à ce que croyait Michel Servet, Calvin ne pense pas qu'en devenant Créateur, Dieu a subi quelque modification en son être. Défendant l'éternité de la Parole créatrice, il déclare dans le 2e sermon sur la Genèse. Notons que lors ceste parolle de Dieu a faict son office pource qu'auparavant desjà elle estoit. Et c'est contre le blasphème de ce mauldit chien Servet, qui de ce passage (Genèse 1/3) a voulu recueillir qu'il y a eu quelque changement en Dieu comme s'il eust vestu une novelle qualité … Que Dieu en soy ayt jamais changé, c'est une absurdité trop lourde" (fo. 7 vo).

15   4e sermon sur la justification, CO 23, p. 735.

16   CO 47, p. 478–479. Nous citerons encore plus bas, lorsque nous aborderons l'oeuvre créatrice proprement dite, plusieurs textes qui soulignent le rôle de la Parole.

17   Il est évident que dans un certain nombre de textes qu'on pourra lire plus loin, Calvin combine l'enseignement johannique relatif au *logos* avec l'affirmation selon laquelle le monde a été créé "par la vertu de Jésus-Christ".

18   18e sermon sur l'Epître aux Ephésiens, CO 51, p. 466. Dans le même sens, cf. le 8e sermon sur la même Epître, CO 51, p. 344: "Nostre Seigneur Jésus-Christ dès la création du monde a esté constitué chef d'autant que tout a esté créé en luy".

19   Fo. 15 vo. − 16.

20   Dans son commentaire sur le même passage, en revanche, le Réformateur montre que ce serait un sens trop "froid" que de traduire *rouach* par "vent" (cf. *Op.cit.,* p. 13).

21   Cf. les fos. 5 vo. et 6 que nous avons déjà cités dans le § 2 du chap. 4, *supra,* p. 161.

22   Aux textes que nous avons déjà cités, il faut ajouter les suivants: "Toutes choses ont esté faictes par icelle − sous-ent.: la Parole − comme sainct Jehan en traite surtout au premier de son Evangile quand il dit que la parolle estoit dès le commencement, et que par ceste parolle toutes choses ont esté faictes, d'aultant qu'elle estoit Dieu" (2e sermon sur la Genèse, fo. 7 vo. − 8). "On pourroit ... esmouvoir une question, assavoir si ceste masse confuse de laquelle il fut hier traité n'a pas esté créé par la vertu de nostre Seigneur Jésus-Christ. Car sainct Jehan dit en ce passage-là (Jean 1/3) que sans ceste parolle rien n'a esté faict" (*ibid.,* fo. 8). "Que nous ne pensions point que le monde ayt tousjours esté comme nous le voyons, mays qu'il a esté comme engendré et que Dieu par sa parolle l'a créé, et que ceste parolle mesme a eu telle vertu que c'est par elle que tout a commancé d'estre" (8e sermon sur la Genèse, fo. 40 vo).

22a Cf. le 7e sermon sur la Genèse, fo. 35 vo: "Moyse nous réduit en mémoire la vertu de la Parolle de Dieu quand tout a esté ainsy faict pource que Dieu l'a ordonné. Il ne fault donc sinon qu'il dise le mot et toutes choses seront acomplies. Il ne faut pas qui (lire sans doute: qu'il) s'empesche beaucoup pour y mettre la main: car Il n'est point semblable aulx hommes mortelz qui ont difficulté à faire ce qu'ilz ont conceu, mays c'est assez que Dieu parle, c'est-à-dire qu'il monstre ce qui luy plaist et qu'il a décrété, car la chose aura quant et quant son exécution ... La Parolle de Dieu ne doibt pas estre prisée à la façon des hommes: car en parlant nous jectons ung son qui s'esvanouit en l'air, mays quand Dieu parle, c'est selon sa nature. Il a donc sa Parolle résidente en soy, et cela est sa vraye essence. Ainsy donc la Parolle dont Moyse faict mention, c'est nostre Seigneur Jésus-Christ".

23   2e sermon sur la Genèse, fo. 7 vo. Cf. dans le même sermon fo. 7 vo: "Dieu n'a point esté empesché de faire une chose si grande et si haulte dont nous avons icy parlé (sous-ent.: la création), mays .... il a suffit qu'il prononçast le mot, voire à sa façon: car Dieu mesmes n'a point de bouche, mays Il a ordonné qu'ainsy fust, et ce vouloir là a heu une telle efficace que soubdain les choses sont advenues ainsy qu'il luy a pleu. Or de là nous avons aussy à noter quelle est ceste Parolle, c'est à sçavoir la sagesse éternelle qui a tousjours résidé en Dieu le Père". Et au fo. 8: "Maintenant nous avons en somme ce qui doibt estre entendu par ce mot (que Dieu a dit), c'est à sçavoir qu'il a commandé ... En quoy nous voyons derechef comme Dieu a tout en sa main et qu'il ne fault sinon qu'il déclare son vouloir".

24   Nous pensons au 144e sermon sur le livre de Job, CO 35, p. 321: "Si on demande de quoi et de quelle matière le monde a esté créé, nous voyons en l'Escriture saincte que ç'a esté une matière confuse que Dieu avoit mis au commencement, et c'estoyent eaux où il n'y avoit qu'abysme et confusion. Et bien! voilà le monde qui est prins d'une telle origine"; au 1er sermon sur la Genèse, fo. 5 vo: "Dieu a créé le ciel et la terre en confuz du commencement et ... il a voulu que ce fust d'une masse sans forme ne figure; ... Dieu notamment a voulu créer ceste masse confuse devant que de mettre une telle disposition au ciel et en la terre"; et surtout au 8e sermon sur la Genèse, fo. 37 vo: "Nous avons veu du commencement que Dieu a créé une masse confuse, il y avoit desjà création quand tout estoit comme ung abisme, et la terre estoit meslée parmy les eaux: voilà (dy-je) une création, mays ce n'est point ung ouvrage qui soyt faict, c'est-à-dire qui soyt paré, qu'il soyt disposé et mis en ordre. Moyse donc nous a voulu icy (Gen.2/1−6) mectre encores au devant que Dieu a créé ceste matière confuse, et puys qu'il a digérée en telle sorte qu'on veoit reluire par tout une sagesse et vertu et bonté inestimable". − La "masse" ou "matière confuse" dont il est question dans ces sermons n'est, à notre connaissance, jamais nommée dans la prédication, comme dans le *Commentaire sur la Genèse,* p. 13, "semence de tout le monde" (édition latine, p. 2: *totius mundi semen*). Nous ne nous arrêterons donc pas ici au

débat qui a opposé sur ce sujet les calvinologues américains Benjamin B. Warfield et John Murray, et que nous avons évoqué dans notre étude sur *L'exégèse de Genèse 1/1–3 chez Luther et Calvin,* p. 260–261.

25 Cf. *Op.cit.,* p. 12–13, et Richard Stauffer, *L'exégèse de Genèse 1/1–3 chez Luther et Calvin,* p. 259–260.

26 CO 35, p. 367. Dans le même sens, cf. le 199e sermon sur le Deutéronome, CO 29, p. 211: "Il ne faut pas que Dieu mette la main à rien quand il veut qu'une chose se face: c'est assez que sa vertu soit cogneue. Car il faut que toutes créatures luy obéissent: la terre s'ouvrira quand il luy plaira, comme elle a esté formée de rien"; le 13e sermon sur I Corinthiens 10 et 11, CO 49, p. 741: ". . . Il ne nous faut point imaginer comme les incrédules que les hommes soyent créez sans que Dieu y ait mis quelque police, ou bien que le monde soit éternel, et que les choses soyent coulées tousjours ainsi. Mais au contraire il faut que nous cognoissions que le monde a esté créé de rien, et puis que Dieu n'y a rien fait de confus, qu'il savoit bien ce qui estoit bon et propre"; le 5e sermon sur la Genèse, fo. 24–24 vo.: ". . . Il (Dieu) avoyt auparavant tout créé de rien . . . Quand nous avons veu que Dieu a créé le ciel et la terre, c'est qu'auparavant il n'y avoyt rien qui fust . . . La substance, d'où procédoit-elle, sinon de Dieu?"; et le 8e sermon sur la Genèse, fo. 41–41 vo.: "Aprenons de tellement aujourd'huy contempler les oeuvres de Dieu que nous sachions que tout est venu de rien et qu'il n'y a rien qui ayt donné origine à toutes choses sinon la seule Parolle de Dieu et que c'est par ce moyen-là que toutes choses subsistent encores aujourd'huy".

27 Cf. 18/1: "Celui qui vit éternellement a créé tout ensemble". Dans son 2e sermon sur la Genèse, fo. 10 vo., Calvin combat les auteurs qui s'autorisent de ce passage pour nier la création en six jours. Il déclare: "Pource qu'ilz ont trouvé ung mot en l'Ecclésiastiq que Dieu a créé toutes choses ensemble . . ., ilz ont imaginé que tout estoit faict en ung moment et ont cuydé que Moyse ne traite pas icy ce qui a esté faict à la vérité . . . Mais ce n'est pas que Dieu soyt astraint de tout faire ce qu'il veult sans aller par degrez".

28 Cf. I/XIV/2.

29 Nous retrouvons ici la notion d'accommodation dont il a été question dans le § 1 du chapitre 1er (*supra,* p. 21) et dans le § 1 du chapitre 2 (*supra,* p. 54 ss.).

30 1er sermon sur la Genèse, fo. 5–5 vo. Cf. aussi le 2e sermon sur la Genèse, fo. 7: "Dieu n'a point acomply le monde en ung moment . . . pour nous donner occasion de méditer ses oeuvres avec plus grande diligence que nous n'avons acoustumé"; et le 5e sermon sur le même livre, fo. 27: "Dieu n'a point voulu acomplir ses oeuvres en ung moment, afin que nous apliquions tout le temps de nostre vie à ceste étude et méditation, et que nous en facions nostre profict". Mais ce n'est pas seulement dans les sermons sur la Genèse que Calvin défend l'hexaméron. Affirmant dans le 64e sermon sur II Samuel que "Dieu se restraint", non pas parce qu'il est "chiche" mais par égard pour notre "rudesse", montrant qu' Il nous fait sentir sa bonté petit à petit par certains degrez et à mesure", le Réformateur déclare pour illustrer sa pensée: "Nous voyons que pour ceste cause mesmes il (Dieu) a créé le ciel et la terre en six jours. Il le pouvoit faire en ung moment, il avoit assez de vertu pour faire que le monde fust ainsi revestu de ses paremens, mais il a mis six jours et ordonné le septiesme pour repos, afin que nous applicquions noz espritz à telle considération, comme il appartient à ceste oeuvre tant excellente où reluyt sa gloire, sa vertu, sa bonté, sa sagesse infinie" (SC 1, p. 556–557).

31 Aux textes que nous avons cités dans les notes 24 et 30, il faut ajouter deux passages du 1er sermon sur la Genèse: 1. "La terre estoit vuide et confuse, . . . c'estoit ung abisme, . . . c'estoit comme ung amas d'eau, . . . il n'y avoit ny figure ny ordre" (fo. 5); 2. "Tout estoit comme entassé et . . . il y avoit un amas sans ordre" (fo. 5 vo.).

32 *Calvin's Doctrine of Creation,* p. 41, et Richard Stauffer, *art.cit.,* p. 260–261.

33 La distinction entre création immédiate ou primaire qui s'opère au premier jour *ex nihilo*, et création médiate ou secondaire qui s'effectue les jours suivants *ex materia*, deviendra classique dans la théologie réformée. Cf. Heinrich Heppe, *Die Dogmatik der evangelisch-reformierten Kirche*, 2e éd., Neukirchen, 1935, p. 156–158.

34 Cf. EW XII, p. 440–441; EW XIV, p. 98; et EW XXIV, p. 20–21; ainsi que Richard Stauffer, *art.cit.*, p. 248–249.

35 Fo. 10 vo. – 11.

36 *Calvin's Doctrine of the Creation*, p. 304, et Richard Stauffer, *art.cit.*, p. 260–261.

37 Dans le texte: "qui la prise".

38 2e sermon sur la Genèse, fo. 7.

39 5e sermon sur la Genèse, fo. 24.

40 *Ibid.*, fo. 24 vo.

41 "Quand Moyse dit que les oeuvres de Dieu sont parfaites, c'est-à-dire exquises, et que si on les considère on n'y trouvera que redire, et la vérité aussy est telle . . . Et ce n'est point seulement en ce passage (Genèse 1/4) que cela nous est monstré (sous-ent.: que les oeuvres de Dieu sont exquises), mays par toute l'Escriture les prophètes insistent sur cest article . . . Nous avons besoing d'estre souvent advertiz que quand nous serons solicitez à nous fascher des oeuvres de Dieu, que nous concluions: O si est-ce qu'il y a une telle perfection que nous ne trouverons qu'y redire" (2e sermon sur la Genèse, fo. 11).

42 "Moyse a bien usé en premier lieu de ce mot-là que Dieu a veu le ciel et la terre, le soleil, la lune et toutes les estoilles, qu'il a veu le bestial, les oyseaux du ciel, les poissons de la mer, qu'il a cogneu tout cela estre bon: mays maintenant en général il parle de toutes les oeuvres de Dieu, et aussy Moyse augmente qu'il a trouvé le tout fort bon. Il avoyt dit simplement en ce degré premier qu'il avoyt trouvé tout bon, mays maintenant il y a ce degré superlatif que toutes choses estoyent si bien disposées qu'elles ont esté trouvées fort bonnes" (7e sermon sur la Genèse, fo. 35 vo.).

43 "L'ordre de nature est un spectacle tel qu'il faut que nous soyons ravis en estonnement quand nous cognoissons ce qui apparoist-là. Mais que nous venions tousjours à ceste conclusion de nous tenir bridez, sachans que ce n'est point à nous, et que nous n'avons point un esprit capable de juger ce que Dieu fait: qu'il ne faut pas que nous venions le controoller pour dire: Et pourquoy ceci, et pourquoy cela? " (151e sermon sur Job, CO 35, p. 413–414). "Nous ne faisons rien à contempler les oeuvres de Dieu, sinon que nous concluions finalement qu'elles outrepassent nostre sens et appréhensions, que ce sont choses si grandes et si hautes qu'il faut que nous soyons là comme esblouis . . . Pourrions-nous faire plus grand déshonneur à Dieu que de vouloir enclorre sa puissance en nostre sens? C'est plus que si un homme vouloit clorre et la mer et la terre en son poing, ou la tenir entre deux doigts, c'est une rage plus excessive" (96e sermon sur Job, CO 34, p. 441–442). Cf. aussi le 148e sermon sur Job, CO 35, p. 363.

44 Dans le 7e sermon sur la Genèse, fo. 36, Calvin compare l'oeuvre de Dieu à celle d'un peintre de talent et à celle d'un agriculteur consciencieux: "Quand ung paintre fera un traict de travers (comme il n'y a si bon ouvrier ne si excellent en son art qui ne face quelque coup qui ne viendra pas à propos), aussy mesmes quand les hommes cultivent la terre et que chacun s'adonne à ce que porte sa vocation, combien que Dieu luy ayt donné la faculté de bien faire, si est-ce qu'il y aura tousjours de l'imperfection et de mesgarde . . . Or Moyse a icy (Genèse 1/31) déclaré qu'il n'y a rien icy de semblable en Dieu. Et pourquoy? Il a veu. Et ceste veue de Dieu donc, qu'est-ce? C'est sa sagesse admirable de laquelle l'Escriture saincte faict mention, disant qu'il faict tout par mesure et par compas . . . Voilà donc la veue de Dieu, c'est qu'il cognoist ce qu'il doibt faire, voire en telle perfection qu'on n'y sçauroit trouver à redire de la pointe d'une espingle par manière de dire, qu'on ne sçauroit dire qu'il y faille rien. Voilà donc comme Dieu a veu ses oeuvres et qu'il les a trouvées fort bonnes". Dans le 148e sermon sur Job, CO 35, le Réformateur compare l'univers aux édifices construits par les maçons et les charpentiers: "Qu'on prene tous les massons et les charpentiers qui

sont au monde, voire et les plus expers qu'on pourra choisir, il n'y a masson ou charpentier tant excellent en son art qui soit, qu'il ne luy faille pour bastir et ligne, et compas, et mesures, et plomb, et toutes choses semblables. Autrement l'édifice sera tortu, on ne le fera point monter deux toises de haut qu'il n'y ait à redire. Or s'il faut que les artisans, quelque expers et excellens qu'ils soyent en leur art, s'aidans de lignes, de compas, de mesures, et que, cependant, les plus grans palais et chasteaux qui seront ainsi bastis n'ayent point cent toises de haut, qu'est-ce au pris d'avoir basti la terre et la mer? On sera bien empesché quand on veut faire un chasteau de pierre de taille. Car, en premier lieu, s'il n'a bons fondemens et s'il n'est bien appuyé, ce sera bastir en vain de tout ce qu'on mettra dessus. Et puis s'il n'est bien compassé et ordonné, l'ouvrage ne se portera pas bien. Et que sera-ce, je vous prie, de tous les palais et chasteaux amassez ensemble quand on en fera comparaison avec la mer et la terre? Quelle proportion y aura-(t)-il de l'un à l'autre?" (p. 364–365). Aucune proportion, évidemment! Aussi le prédicateur, développant toujours la même image, continue-t-il en relevant que nous ne sommes pas capables de contrôler les oeuvres de Dieu: "Si je parle seulement de quelque édifice moyen à ceux qui seront expers en l'art de massonnerie et de charpenterie, et que je leur die: Il vaudroit mieux faire ainsi . . . Voire, combien que la chose me soit incognue, que néantmoins je face là du maistre masson! Les maistres massons et charpentiers n'auront-ils pas juste occasion de se mocquer de moy, et dire: Et comment? Cestui-ci ne sauroit faire une fenestre de demi-pié, et cependant il nous vient ici contreroller. Ceux donc qui seront entendus en quelque art, ne se mocqueront-ils point si quelqu'un vient ainsi follement censurer leurs ouvrages? Ne renvoyeront-ils pas un tel outrecuidé à son A B C? Il est bien certain" (p. 365–366).

45   CO 33, p. 726–727.
46   Cf. l'ouvrage de cet auteur, intitulé: *Du monde clos à l'univers infini*, Paris, 1962, 2e éd. 1973.
47   Cf. le 96e sermon sur Job, CO 34, p. 438. Se moquant dans ce sermon des philosophes qui ont cherché vainement à en déterminer la nature, Calvin considère le ciel comme le "chef-d'oeuvre" de Dieu (cf. p. 433).
48   Cf. chap. 1, § 1, et chap. 2, § 1.
49   47e sermon sur l'Harmonie des trois Evangélistes, CO 46, p. 582. Dans son commentaire sur Matthieu 3/16 = Luc 3/21, Calvin n'aborde pas le problème qu'il essaye de résoudre dans le texte que nous venons de citer.
49a   3e sermon sur la Genèse, fo. 13–13 vo. Dans son *Commentaire sur la Genèse*, Calvin est encore plus catégorique que dans le sermon que nous venons de citer. Après avoir déclaré qu'il est "estranger au sens commun, et entièrement incroyable qu'il y ait des eaux par-dessus les cieux", après avoir affirmé aussi que l'auteur de la Genèse n'entend pas donner un cours d' "astrologie", mais se mettre à la portée des "simples", il tient à réfuter l'opinion de ceux qui, dans un acte de foi, veulent prendre au pied de la lettre Genèse 1/6: "Ce qu'aucuns disent qu'ils embrassent par foy ce qu'ils lisent ici des eaux qui sont par dessus les cieux, encore qu'ils ne les cognoissent pas, ne convient point à ce que Moyse prétend" (*Commentaire*, p. 5).
50   "Quand l'Escriture parle des estoilles, elle les nomme les armées célestes, et non sans cause, car le nombre semble estre infini" (4e sermon sur la Genèse, fo. 21). "Dieu nombre la multitude des estoilles, ... c'est pour nous monstrer qu'il n'a rien fait sans conte, sans mesure, ne sans compas, et combien que nous soyons estonnez voyans les estoilles, ouy une petite portion: voyant donc cela nous sommes estonnez, mays Dieu sçait quel nombre il y a" (*ibid.*, fo. 21 vo.).
51   95e sermon sur Job, CO 34, p. 429–430. Cf. aussi le 27e sermon sur l'Harmonie des trois Evangélistes, CO 46, p. 327, où, opposant les étoiles aux planètes, Calvin déclare: "Il n'y a que les estoilles qui sont arrestées, comme si on les avoit clouées au firmament, qu'on appelle . . . Il y a donc les sept planètes qui ont mouvements divers, et puis il y a les autres estoilles qui sont comme attachées au ciel et qui ne bougent

jamais de leur lieu, sinon quand le firmament tourne et vire". Dans le même sens, on peut citer encore deux passages du 4e sermon sur la Genèse: 1. "Ce firmament faict ses révolutions, voire mays elles sont certaines, et les estoilles qui sont de ce costé-là et de l'aultre, elles ne bougent sinon d'aultant que le firmament va et les attire" (fo. 22 vo.). 2. "Dieu n'a pas seulement orné une partie de l'estendue ou du firmament qu'on appelle, mais yl n'a rien laissé de vuyde: car selon que nous voyons que le firmament se torne comme la révolution s'en faict, nous voyons tousjours estoilles diverses qui se mènent et que les unes sont par dessus, les aultres sont au dessoubz de nous, et quand les unes apparoissent les aultres s'en vont: non pas que toutes facent leurs révolutions d'une sorte, mays nous en verrons aulx deulx costés aussy bien, pour monstrer que nostre Seigneur tourne ainsy le firmament" (fo. 23). – Cf. enfin le 34e sermon sur Job, CO 33, p. 421.

52   "Quand . . . nous ouvrons les yeux pour contempler les estoiles, il nous faut venir à la création: car en une minute de temps, si tost que Dieu a prononcé le mot, voilà le ciel qui est plein de ceste gendarmerie, comme aussi l'Escriture les appelle. Voilà donc les armées célestes qui ont esté créées en une minute de temps, et elles seront tousjours là pour rendre obéissance à Dieu. Nous voyons que toutes estoiles cheminent par compas, et combien qu'il se face une révolution si grande comme on le voit d'un costé et d'autre, et que les planettes pourroyent remuer le firmament, et que tout cela s'en pourroit mesler ensemble, toutesfois nous voyons que le tout est tellement dirigé que nous sommes contrains de nous en esmerveiller" (1er sermon sur la justification, CO 23, p. 686–687). Cf. aussi le 96e sermon sur Job, CO 34, p. 440–441, et le 150e sermon sur le même livre, CO 35, p. 401. – La soumission des étoiles à l'ordre de Dieu constitue, aux yeux de Calvin, la meilleure preuve de l'inanité de l' "astrologie judiciaire": "Que nous sachions que les estoilles sont en sa main et en sa conduite (sous-ent.: celles de Dieu), qu'il ne fault pas craindre comme font les incrédules qui pensent que leur vie deppende du soleil et de la lune et des astres, et que leurs rencontres leur soyent ou bonnes ou mauvaises: mays que nous sachions que tout est entre les mains de Dieu" (4e sermon sur la Genèse, fo. 23 vo.).

53   "Les philosophes ont desployé les grands thrésors de la sagesse de Dieu quant à l'astrologie. Car c'est une chose qui surmonte toute opinion humaine de voir comme ils ont peu observer ce qui estoit ainsi caché. Il est vray que ceux qui liront l'astrologie en pourront bien comprendre quelque chose et qu'ils cognoistront ce qui en est dit dedans les livres. Mais ç'a esté merveille de ceux qui en ont les premiers escrit. Je parle de la droite astrologie, et non pas de ceste bastarde qu'auront les devins et sorciers quand ils voudront dire la bonne adventure et choses semblables. Je parle de ce qui s'apprend de ceste science pour savoir quel est l'ordre des cieux, et ce bel équipage qu'on y voit. Et bien, on verra là des choses admirables que, quand les astrologues parlent, chacun sera esbahi. Il est vray qu'ils imagineront des choses qui ne sont point au ciel. Mais ils ne les imaginent pas sans raison; c'est afin de monstrer par degrez et certaines mesures les choses qui pourroyent estre trop hautes et trop profondes à comprendre" (34e sermon sur Job, CO 33, p. 423–424). "Combien qu'il soit licite d'observer le cours des temps selon les estoilles, il y a une superstition maudite, et qui est bien à condamner, quand nous excédons l'ordre de nature. Si on mesure l'année par le cours du soleil, cela est selon la reigle de Dieu. Si on mesure aussi les mois par le cours de la lune, et puis qu'on observe les autres choses que Dieu a mises en toutes les planettes et estoilles: car ce n'est point en vain qu'il est dit que Dieu a ordonné le soleil et la lune comme à nostre service: mais cependant si ont-ils une espèce de gouvernement sur le jour et sur la nuict. Et puis il y a les temps, comme il en est parlé. Quand donc on se tiendra en ces limites, il n'y aura rien de mauvais: mais si les hommes veulent extravaguer, et inventer des choses outre ce qui est du cours ordinaire de nature, voilà une superstition diabolique: comme ce qu'on appelle l'astrologie judiciaire. Car il y en aura beaucoup de phantastiques aujourd'huy, qui diront la bonne adventure, voire se reiglant selon les estoilles. Voilà un tel qui prendra telle fin: ou bien

si un tel jour on entreprend un voyage, pource qu'une telle planette règne, et a son regard à la queue de ceste-ci, il adviendra telle chose. Et puis, quand on sera nay aussi sous quelque regard, il faut qu'on meure en telle sorte. Voilà autant de diableries qui sont pour corrompre l'ordre de nature quand on invente ainsi des choses par dessus ce que Dieu a permis" (109ᵉ sermon sur le Deutéronome, CO 27, p. 506). "Elles (sous-ent.: les sciences) sont données de Dieu pour l'usage commun des hommes. Or cependant on les vad pervertir; comme aujourd'huy encores l'astrologie est une chose exellente, mais il y a beaucoup de phantasticques qui ne se contantent point de congnoistre l'ordre des planetes et des estoilles, de congnoistre leur situation et leur cours, de congnoistre leur nature et propriétez. Et toutefois c'est une chose admirable; jamais on ne cuideroit que les hommes fussent (là) parvenuz là où Dieu les a admenez, de congnoistre les dispositions des planetes, combien ils sont eslevez sur nous, combien ils sont eslongnez l'ung de l'autre, quel circuit il y a, que les planetes ne s'eslievent point d'ung degré, qu'elles ne déclinent point ne çà ne là, et toutesfois que tousjours elles s'eslievent ou qu'elles s'abaissent, ou d'ung costé ou d'autre, et puis que les rancontres soient avec les estoilles aprestées. Jamais on ne cuideroit que les hommes fussent là parvenuz. Après, que le soleil ne peult jamais deux jours sortir d'ung mesme lieu, que les hommes aient sceu mesurer et compasser si bien le tout qu'ilz aient entendu comme le soleil est plus grand que toute la terre, et puis comment en ceste grandeur il marche et combien il faict de circuit, et puis où il prend son cours, et puis comment il s'eslieve, comment il s'abaisse. Je dy cela, pource que c'est une ingratitude trop vilaine, quand Dieu a révélé de telz secretz aux hommes, et qu'ilz s'enyvrent là dessus tellement qu'ilz ne s'en contantent point. "O, de cela ce n'est rien; ce ne seroit que simplesse de ne sçavoir autre chose. Mais il nous fault estre devins et magiciens, il fault sçavoir selon les planètes à la naissance d'ung chascun quel il sera, pour dire: cestuy cy sera moyne ou prebstre, l'autre sera marchand, s'il aura trois femmes ou deu(l)x, s'il sera noié ou pendu". Brief, quand les hommes veullent ainsi deviner, c'est pervertir l'ordre de nature. Et en cela veoid-on leur rage ..." (20ᵉ sermon sur Esaïe 13–29, SC 2, p. 181–182). Cf. aussi dans le 34ᵉ sermon sur Job, CO 33, cité plus haut, les p. 421 et 422. – L'astronomie est tellement légitime que Calvin fait de Moïse un "astrologue": "Moyse estoit enseigné dès son enfance en la science d'astrologie et y a esté excellent (comme sainct Estienne le récite), mesmes selon que cela estoit cognu au peuple d'Israël. Et Dieu notamment a voulu qu'il fust aussy enseigné afin qu'on sceust qu'il pouvoit bien s'il eust voulu faire de grands volumes de ce qui luy estoit cognu et il avoyt asses profité en cela pour enseigner les aultres" (4ᵉ sermon sur la Genèse, fo. 20 vo.). Cf. aussi le passage du même sermon, fo. 20. vo., cité dans la note 64.

54 Dans le 4ᵉ sermon sur la Genèse (prêché le 7 septembre 1559) dont nous avons déjà cité plusieurs passages, Calvin souligne 1. que l'astrologie judiciaire, invention de Satan, est fort ancienne; et 2. qu'elle connaît en France, depuis quinze à vingt ans, c'est-à-dire, vraisemblablement, depuis les premières années du mariage (1533) de Catherine de Médicis avec le futur Henri II, une forte recrudescence. – 1. "Cela (sous-ent.: l'astrologie judiciaire) n'est point nouveau, car et les Caldéens du temps passé et les Egyptiens ont esté fort adonnez à cela, qu'ilz ont fait profession de sçavoir deviner ce qui debvoir advenir des changemens des empires et des principaultez et de cecy et de cela. Ilz ont dit la bonne adventure à ung chacun, tu mourras par eau ou par feu, ou tu vivras longuement, voire comme si on pouvoit trouver cela aux estoilles. Or ce sont .... toutes illusions de Satan combien qu'elles ayent esté anciennes" (fo. 20 vo.). – 2. "Aujourd'huy la terre est pleine de beaucop d'afronteurs qui sous le nom d'astrologue vouldroient deviner des choses advenir: et le diable a tellement ensorcelé mesmes les princes, les roys et les plus grands de ce monde que leurs cours sont aujourd'huy infectées de ce poison-là qu'il fault deviner selon les astres, et mesmes nous voyons qu'ilz ont perdu tellement toute honte qu'ilz ont quasi desguisé leurs langages. Car il y a vingt ans ou quinze qu'on ne sçavoyt en France que c'estoit des

astres, et aujourd'huy les afflictions qui viennent de la main de Dieu et qui sont chastimens de sa main, voilà le désastre, c'est-à-dire l'indignation des estoilles et des planettes et qu'elles sont contraires aulx hommes. Or nous voyons comme Dieu a condamné une telle indignation diabolique" (fo. 20). — Avant de formuler les critiques qu'on vient de lire, le Réformateur avait déjà condamné l'astrologie, en 1549, dans son *Traité ou advertissement contre l'astrologie qu'on appelle judiciaire et autres curiosités qui règnent aujourd'huy au monde.*

55 "Il y a une si grande multitude d'estoiles, et puis la variété quant et quant, et puis les distinctions et distances; il y a mesmes les planettes qui sont situées par ordre, tellement que la lune est plus prochaine de nous, le soleil beaucoup plus haut, et encores d'autres par dessus le soleil, et puis les estoiles du firmament qui tiennent le lieu souverain" (151e sermon sur Job, CO 35, p. 403). "Il y a les planètes qui sont au-dessous des estoilles du firmament, et ne voilà point une chose admirable que les hommes puissent compasser ce qui est par dessus les cieux" (4e sermon sur la Genèse, fo. 21—21 vo.).

55a "Dieu a . . . donné ceste industrie aulx hommes de comprendre qu'il a sept planètes, c'est-à-dire sept estoilles qui sont errantes comme le soleil et la lune" (4e sermon sur la Genèse, fo. 21). Cf. aussi le 27e sermon sur l'Harmonie des trois Evangélistes, CO 46, p. 327: "Les sept planètes . . . ont leur cours extravagant: elles vont et viennent, comme nous voyons le soleil qui se recule de nous, et puis il en approche, autant en est-il de la lune et des cinq autres".

56 "Qu'est-ce du soleil? C'est une planète aussi bien que les autres" (16e sermon sur Job, CO 33, p. 207). "Si Dieu n'avoyt posé le soleil de sa main, comment pourroit-il (sous-ent.: Moïse) faire ses discours qu'il faict sans errer? Il est vray qu'on le nomme une planette comme la lune et les aultres signes, mays ce n'est pas à dire qu'il erre d'une seule minute que tousjours il ne retiene ses compas que Dieu a mis" (4e sermon sur la Genèse, fo. 22 vo.).

57 "Nostre veue ne pourroit point parvenir si haut, pour passer par dessus tous les circuits de la lune et du soleil, jusqu'à la dernière planète Saturne, et puis passer le firmament" (47e sermon sur l'Harmonie des trois Evangélistes, CO 46, p. 583). Comparant le cours de Saturne avec celui du soleil, Calvin déclare en outre dans le 4e sermon sur la Genèse, fo. 22 vo.: "Voilà Saturne qui n'a point achevé son cours avec le soleil. Il s'en fault beaucoup. Et pourquoy? D'aultant qu'il y a trop grande distance. Il ne semble point qu'il marche et n'appercevra-(t)-on point au bout de dix ans ou de vingt ans qu'il ayt changé. Or si change-(t)-il toutefoys".

58 "Nous voyons bien par expérience que le soleil est plus haut que la lune. Et comment cela? C'est d'autant que si la lune se rencontre entre nostre regard et le soleil, voilà une éclipse qui se fait. Par cela, dis-je, nous voyons qu'elle est plus basse" (34e sermon sur Job, CO 33, p. 422).

59 Après avoir mentionné le phénomène d'une éclipse de soleil, Calvin déclare: "Non pas que la lune soit plus grande que les autres estoilles ou planettes; il est certain qu'il y a des estoilles au ciel plus grandes que la lune. Et pourquoy ne les pouvons-nous pas voir si grandes? A cause de la longue distance. Car elles sont plus hautes quant à nostre regard, tellement que à cause de la grande distance qu'il y a entre les cieux et nous, elles n'apparoissent point si grandes" (34e sermon sur Job, CO 33, p. 423).

60 4e sermon sur la Genèse, fo. 18 vo.

61 A côté de Genèse 1/16, le Réformateur semblait démentir le Psaume 136/7. Nous ne parlerons pas de ce dernier texte, car Calvin ne lui a consacré aucun sermon.

62 ". . . Il y a d'autres planettes qui sont plus grandes que n'est la lune, et toutefoys il nous semble que ce sont des plus petites estoilles du ciel, ouy à cause de la longue distance qu'y est. La veue donc de la dernière planette qui est la plus haulte se perd et s'esvanouit: quant à nous il nous semble que ce n'est qu'une petite estoile, voire comme une petite estincelle et ayant ung luminon de chandelle, et néantmoings la grandeur ne laisse pas d'y estre" (4e sermon sur la Genèse, fo. 18 vo.).

63 4e sermon sur la Genèse, fo. 19.

64 *Ibid.*, fo. 18 vo. Ayant souligné ainsi que Moïse s'accommode à la portée de ses lecteurs, Calvin ne manque pas de s'en prendre à ceux qui rejettent la révélation biblique sous prétexte que Genèse 1/16 enseigne une erreur: "Nous verrons de ces coquars qui auront seulement aprins trois lignes d'astrologie qui mespriseront l'Escriture soubz ombre que Moyse a icy nommé la lune ung grand luminaire et disputent à l'encontre, mays j'ay desjà monstré qu'il avoyt esté tellement enseigné en cest art qu'il estoit excellent entre les astrologues qui ont esté réputez de toute ancienneté au monde; cependant il s'est déporté de son sçavoir. Et pourquoy? Por l'édification de l'Eglise" (*ibid.*, fo. 20 vo.).

65 Cf. *supra*, p. 54.

66 Cf. le 4e sermon sur la Genèse, fo. 21, cité dans la note 55a.

67 "Pourquoy donc nomme-(t)-on les planètes? C'est comme si on disoit les estoilles vagabondes et errantes voire au regard du firmament et de celles qui sont là fichées comme on dit et qui ne bougent point comme si elles estoyent là encloses dedans le firmament" (4e sermon sur la Genèse, fo. 22 vo.).

67a "Il y a double cours pour les planettes, elles seront bien tirées avec le firmament, mays elles auront leurs cours propre et particulier, comme la lune par chacun moys, le soleil par chacun an et les aultres selon la distance et le grand cours qui leur fault faire" (4e sermon sur la Genèse, fo. 22 vo.).

68 27e sermon sur l'Harmonie des trois Evangélistes, CO 46, p. 327.

69 Cette clarté doit inciter les hommes à se souvenir de la grandeur du Créateur. Si le soleil "qui n'est qu'une créature insensible fait obscurcir la clarté des estoiles tout au long du jour", à combien plus forte raison, en effet, doit apparaître dans son éclat "la majesté de Dieu" (58e sermon sur Job, CO 33, p. 727). Il faut remarquer ici que, se fondant sur le récit de la Genèse (1/3–5) qui mentionne l'existence de la lumière avant la création du soleil, Calvin estime que ce dernier n'était pas nécessaire à Dieu pour éclairer la terre. Le Créateur peut en effet donner la lumière aux hommes sans recourir aux "moyens inférieurs" que sont les astres. "Il y a eu jour et nuit devant qu'il y eust soleil ne lune . . . Et pourquoy Dieu n'a-(t)-il commencé par le soleil, veu que c'est ung instrument par lequel il nous esclaire? Or cela c'est faict afin que nous aprenions que Dieu use tellement de ses créatures qu'il s'en pourroit bien passer et pourroit tout faire sans emprunter ayde d'ailleurs. Combien donc qu'aujourd'huy nous soyons illuminez par le soleil et qu'il nous faille estre ravis en estonnement, toutefoys afin que nous sachions que Dieu a eu la clarté en soy, et qu'il la pouvoit donner et espandre par tout le monde sans que le soleil fust, voilà Il ne l'a pas voulu créer du premier coup . . . Il pourroit anéantir le soleil et ce pendant continuer à nous esclairer . . . . Dieu a toute puissance en soy sans s'ayder des moyens inférieurs dont il use" (2e sermon sur la Genèse, fo. 9–9 vo.). "Nous avons desjà la raison pourquoy Dieu a faicte la clarté devant le soleil et la lune, cestassavoir pour monstrer qu'il n'est point attaché à nulz moyens inférieurs, mays qu'il peut toutes choses de soy sans ayde. Car si le soleil eust esté créé du premier coup, il nous sembleroit qu'il n'y auroit clarté que par luy, mays quand il nous est récité que le jour et la nuit ont précédé la création du soleil, en cela nous voyons combien que Dieu ayt ordonné ses instrumentz pour nous esclairer icy-bas, toutefoys que cela n'est point de nécessité" (4e sermon sur la Genèse, fo. 18).

70 "S'il n'y avoit un soleil au monde, que seroit-ce? Nous serions tous étouffez en la puantise de l'air; et toute ceste corruption-là se purge par la clarté du soleil" (18e sermon sur les Galates, p. 497).

71 "Nous savons que si un homme est loin de nous, nostre veue ne s'estend pas jusques là, elle s'esvanouist; ou bien s'il y a quelque grand chasteau, il nous semblera que ce soit une petite loge quand nous le verrons de loin, une ville semblera comme deux ou trois maisons. La longue distance, donc, diminue l'apparence des choses qui sont grandes, quand nous les voyons de près. Nous en avons assez l'expérience au soleil, car il semble qu'à grand peine auroit-il deux pieds de grandeur. Et toutes fois quand on cognoistra la

raison, et ce que monstrent les philosophes et ceux qui cognoissent les secrets de nature, voilà le soleil qui est plus grand que la terre" (143e sermon sur Job, CO 35, p. 303). "Voilà le soleil qui est beaucoup plus grand que la terre, car la terre n'est rien au prix. Or voilà une terrible masse qui est là pendue au ciel, et comment? . . . . Il y a donc la grandeur, . . . car nous ne voyons à nostre semblant qu'ung pied et demy de rondeur quand le soleil nous luist, et toutefoys (comme nous avons dict) il surmonte toute l'amplitude de la terre. Il fault donc qu'il y ayt une merveilleuse distance" (4e sermon sur la Genèse, fo. 19).

72 "Nous voyons aussi le cours qu'il (sous-ent.: le soleil) a double; et combien qu'il vague de costé et d'autre, néantmoins que tousjours il retient ses compas et qu'il n'oublie jamais combien il doit décliner et d'un costé et d'autre; et néantmoins c'est une masse si grande. S'il est question seulement de soustenir un esteuf (= balle du jeu de paume), il faudra quelque aide. Et voilà le soleil qui n'est sousteru sinon d'une vertu secrète de Dieu, et c'est toutesfois une masse si grande et infinie qu'il surmonte toute la terre; qu'il hausse, qu'il baisse, qu'il tourne, qu'il vire de costé et d'autre, si est-ce qu'il a tousjours son cours chacun jour par tout le monde et chacun an aussi à l'opposite; et néantmoins, rien ne défaut en tout cela" (12e sermon sur l'Epître aux Ephésiens, CO 51, p. 397). Cf. aussi le 34e sermon sur Job, CO 33, p. 421; le 115e sermon sur Job, CO 34, p. 684; le 35e sermon sur l'Harmonie des trois Evangélistes, CO 46, p. 434; et le 74e sermon sur II Samuel, SC 1, p. 642.

73 Cf. le 12e sermon sur l'Epître aux Ephésiens, CO 51, p. 397, cité dans la note précédente.

74 "Combien que le soleil soit comme un corps infini à nostre regard, et que son mouvement soit hastif, qu'il semble qu'il doive tout confondre, si est-ce qu'on ne sauroit régler un horloge à tel compas, c'est-à-dire faire qu'il suive si bien son train; il est impossible" (94e sermon sur Job, CO 34, p. 407). "Voilà – Dieu est censé s'adresser au soleil – je te donne une telle espace, tu auras tant de centaines de lieues pour te pourmener, mays il fauldra maintenant que tu ailles de ce costé, maintenant de cestuy-là, et cependant il fault que tu te retournes tousjours encores, que tu changes de pays et de degrez, si est-ce que tousjours tu reviennes à ton poinct et au bout d'ung jor et au bout d'ung an. Voilà donc comme nostre Seigneur a posé le soleil, ce n'est pas pour le mettre en ung siège et qu'il ne se bouge: mays c'est pour aller tousjours et néantmoings pour aller avec telle certitude que jamais il ne se fourvoye" (4e sermon sur la Genèse, fo. 22 vo.). – Le miracle de Josué arrêtant le soleil (Josué 10/12–13) dément la régularité de l'astre célébrée par les textes que nous venons de citer. Sans chercher à l'interpréter au moyen de la notion de la révélation – accommodation, le prenant au pied de la lettre, Calvin le considère comme une manifestation de la puissance souveraine de Dieu, qui, cependant, ne modifie en rien l'"ordre de nature". "Il est vray que le jour a bien duré à Josué plus que de coustume, et que le soleil a esté arresté quand il a dict: Soleil ne bouge afin que je puisse avoir loisir de faire desconfiture pleine des ennemys de Dieu; mays cela n'a pas esté pour changer l'ordre de nature, ç'a esté pour monstrer que Dieu pourroit retenir le soleil tellement qu'il ne pourroit bouger sinon qu'il eust une inspiration secrète de luy. Comment est-ce que le soleil s'est ainsy arresté comme s'il obéissoit à la parolle d'ung homme? Il est vray que Josué ne l'a pas faict en son authorité, mays se confiant de la vertu et bonté de Dieu, il demande au soleil, et le soleil luy obéit . . . Quoy qu'il en soyt, l'ordre de nature n'est point changé pourtant" (4e sermon sur la Genèse, fo. 23–23 vo.).

75 Fo. 19–19 vo.

76 "Pourquoi est-ce que la terre est au milieu du monde, sinon d'autant qu'à cause de sa pesanteur elle est ferme et solide?" (96e sermon sur Job, CO 34, p. 434). Dans le 148e sermon sur Job, CO 35, p. 366–367, le Réformateur situe la terre "au milieu du ciel": "La terre ne seroit jamais en sa fermeté, et ne subsisteroit point comme elle fait, si elle n'estoit au milieu du ciel, en telle symmétrie et proportion, en telle contenance et température qu'il n'y eust que redire". – Cf. aussi le 12e sermon sur le Psaume 119, CO 32, p. 620.

77   "Il est bien certain que la terre tient tousjours le centre (comme on dict), c'est-à-dire le pays profond ayant esgard au circuy des cieux, et de l'air et des eaux" (3ᵉ sermon sur la Genèse, fo. 14).

78   96ᵉ sermon sur Job, CO 34, p. 434–435. Cf. aussi le 3ᵉ sermon sur la Genèse, fo. 13: "Quand les eaux retiendroient leur naturel, la terre seroyt toute couverte et ensevelie et n'y auroit point lieu pour y habiter. Et en cela les plus sçavans philosophes sont convaincus qu'il fault bien qu'il y ait la main de Dieu par dessus ce qu'ilz appelent nature: car quand ilz ont beaucoup disputé encores par leur raison, si fault-il qu'ilz concluent que l'eaue doibt estre sur la terre et le confessent aussy de faict. Car ilz ont ce principe que tous les quatre élémens sont circulaires, c'est-à-dire qu'ilz ont rondeur. Or il y a ung aultre second principe que l'eaue participe de l'air et de la terre, je diz quand à la pesanteur, car elle est plus pesante que l'air. Il fault donc que l'air soyt dessus et que la terre soyt au milieu, aussy la terre par raison seroyt du tout couverte sans que nous y fussions logez, sans qu'elle eust une place ny pour les hommes, ny pour les bestes, ny pour nulles créatures qu'on y vist. Il fault donc bien que le nom de Dieu soyt icy cogneu, car c'est une chose miraculeuse que de veoir que la terre qui debvroit estre comme au plus profond, qu'elle ayt quelque éminence et que les eaux soyent retenues, et que nous avons une telle espace pour aller et pour venir, qu'il y ayt tant de peuples çà et là logez".

79   "N'est-ce point un miracle que les eaux soyent ainsi pendues en l'air et qu'elles se tiennent là fermes? Nous voyons que les eaux s'escoulent, et mesmes l'air est tant subtil qu'il leur donnera tousjours lieu, et les eaux de leur nature sont plus pesantes que l'air; il faut donc qu'elles tombent bas. Toutes fois nous voyons qu'elles sont là retenues comme dedans des barils, ainsi qu'il en est parlé au Pseaume (33/7), car le prophète use de ceste similitude-là, voulant exprimer le miracle qui est si mal recogneu des hommes … Quand il (sous-ent.: Dieu) serre ainsi les eaux et qu'il les fait loger en l'air, qu'elles sont là comme pendentes, … elles sont tenues comme en une bouteille ou en un baril" (96ᵉ sermon sur Job, CO 34, p. 431–432). "Encores que la pluye soit là toute formée en l'air, … elle est retenue: comme il est dit que les nuées sont des barils. Et de fait s'il y avoit des barils au ciel qui fussent là pour retenir l'eau, il n'i auroit point un miracle plus notable que quand nous voyons les nuées par dessus nous. A quoy tient-il qu'elles ne tombent pour nous accabler, et que la terre ne périst? Ne faut-il pas qu'il y ait une vertu si excellente que nostre esprit y soit confus?" (143ᵉ sermon sur Job, CO 35, p. 307). "Nous savons que les eaux s'escoulent, et d'autant qu'elles sont d'une nature pesante, elles tombent bas. Or voilà les eaux pendantes en l'air, et cependant elles s'arrestent. Et d'où vient cest arrest, sinon que Dieu les tient encloses comme dedans des barrils, ou des tonneaux, ou des bouteilles?" (151ᵉ sermon sur Job, CO 35, p. 403–404). "Quand la terre les aura laschées (sous-ent.: les vapeurs), elles sont là soustenues en l'air comme en des bouteilles, ainsi qu'il en est parlé au Pseaume" (155ᵉ sermon sur Deutéronome, CO 28, p. 376). "C'est une miracle excellent et qui est bien digne d'estre refluié par nous, et voila il est (dit) au Pseaume 33 que Dieu tient les eaux comme en des barilz; ce sont donc les barilz de Dieu que les nuées, car il n'en tumbe une seule goutte sinon que Dieu pleuve luy-mesmes. Or les eaux de leur nature sont liquides. Comment donc peuvent-elles estre ainsy pendues en hault et se tenir en l'air? Et de faict au déluge nous avons une instruction assez grande pour nous monstrer que si les eaux n'estoyent enserrées en la main de Dieu comme nous mettons toutes liqueurs en des barilz, en des bouteilles et en des vaisseaulx, il est certain qu'incontinant nous serions abismés … Voilà les nuées qui sont en l'air. Il semble que tout doive fondre en liqueur, et cependant ces nuées-là s'escartent … Quand donc nous voyons cela, cognoissons le miracle qui nous est icy (Genèse 1/6) touché en brief et en simplicité par Moyse, quand Dieu a séparé les eaux d'avec les aultres" (3ᵉ sermon sur la Genèse, fo. 13 vo.).

79a   Cf. Pierre Duhem, *Le système du monde: Histoire des doctrines cosmologiques de Platon à Copernic,* tome IX, Paris, 1958, p. 79 ss.

80 "... La mer est par dessus nous. Il est vray que les simples et idiots ne comprennent pas que la mer nous surmonte, et qu'elle soit plus haute que la terre: mais ils cuident que les eaux soyent dessous la terre, et qu'elles soyent beaucoup plus basses. Or c'est tout l'opposite: et nous le voyons mesmes à veuë d'oeil; quand nous sommes au près de la mer, nous cognoissons qu'elle est plus haute que la terre. Or puisque l'eau est ainsi par dessus nous, à quoy tient-il que nous ne sommes ici engouffrez à chacune minute de temps, veu que les eaux sont eslevées par dessus nos testes de beaucoup? ... Par ce jugement horrible du déluge, Dieu nous a monstré comme en un miroir ce qui seroit perpétuel sur toute la terre s'il ne retenoit miraculeusement les eaux. Nous voyons donc comme la mer devroit engloutir tout. Et qui l'empesche? Ne voilà pas un miracle tout manifeste?" (148e sermon sur Job, CO 35, p. 372–373). "Il fauldroit que les eaux couvrissent toute la terre, et nul ne peut nyer cela quand on disputera par raison naturelle. Et voilà aussy nostre Seigneur parlant par Jérémie (5/22) dit: Ne craindrez-vous point, ne serez-vous point estonnez devant ma majesté, moy qui réprime la mer et qu'y metz les bornes, et de quoy? Il n'y a que du gravier. On sçait que le gravier pénètre, ce n'est pas comme s'il y avoyt de grosses murailles bien massonnées à chaux et à ciment; il n'y a seulement que du gravier, lequel encores l'eau surmontera. Car on verra souvent des rives qui sont basses, et mesmes on appercevra à l'oeil, je dy: ceulx qui n'ont jamais estudié, il est certain qu'encores verront-ilz que l'eau va tousjours en montant. Or elle est liquide. Qui l'empesche donc qu'elle ne se desborde, et qu'il n'y ayt plus ung seul arpent de terre qui demeure sauf, car il n'y a nulle doubte que les eaux ne surmontassent les plus haultes montagnes que nous sçaurions veoir, sinon que Dieu feist ferme ce gravier, c'est-à-dire rien comme de grosses murailles, comme de portes de fer et d'airain .... Si donc Dieu ne besongnoit en vertu de ceste parolle qu'il a prononcée du commancement, que seroit-ce? Et au reste quand nous voyons quelque foys que la mer se desborde, comme de nostre temps quand elle a englouty de grand pais, quand nous voyons cela, cognoissons que ce sont instructions que Dieu nous donne pource que nous sommes tellement esblouiz qu'il nous semble que ce n'est point par sa vertu que les eaux se retiennent ainsy, mays que c'est comme une nature et une chose aveugle .... Ainsy donc notons bien ces choses afin que nous cognoissions que nous vivons miraculeusement et par dessus le cours ordinaire de nature quand nous sommes logés sur la terre" (3e sermon sur la Genèse, fo. 14–14 vo.). Cf. aussi le 34e sermon sur Job, CO 33, p. 420.

81 "Sur quoi est-ce que la terre est arrestée? Sur l'air. Tout ainsi que nous voyons l'air par dessus nous, ainsi par dessous la terre il y en a autant, tellement que la terre est pendante au milieu. Or il est vrai que les Philosophes disputent bien pourquoi c'est que la terre est ainsi demeurée, veu qu'elle est au plus profond du monde et que c'est merveille comme elle n'est abysmée, veu qu'il n'y a rien qui la soustienne, toutes fois ils n'en peuvent donner autre raison, sinon ce qu'on voit en l'ordre de nature, qui est une chose si admirable qu'il faut que les hommes soyent ici confus" (95e sermon sur Job, CO 34, p. 430). "Si ... nous n'estions préservez miraculeusement par la main de Dieu, il est certain qu'il y aviendroit des mouvemens de terre chacun jour: car les cieux qui sont dessous nous plains de ventuosités seroient pour fendre la terre soubz noz piedz" (3e sermon sur la Genèse, fo. 14 vo.).

82 "Sur quoy est-elle (sous-ent.: la terre) appuyée? sur l'eau. Il faut que la terre soit pendante en l'air (comme elle est à la vérité); elle a l'eau à l'environ d'elle. Il est vray que les Philosophes qui n'ont point regardé que c'estoit Dieu qui l'a créée, ont bien trouvé raison comment les eaux environnent la terre, et que le tout est pendu en l'air: ils ont bien disputé subtilement de cela, et en ont amené quelque raison: mais cependant si ont-ils esté contraints en despit de leurs dens de confesser que ceci estoit par dessus nature ... Si nous regardons à l'entour de nous, voilà des eaux qui environnent toute la terre, et néantmoins nous voyons qu'elle demeure ferme: quel miracle est-ce là?" (148e sermon sur Job, CO 35, p. 367). "Si nous regardons la terre, je vous prie, sur quoy est-elle fondée? Elle est fondée en l'eau et en l'air: voylà son appuy. On ne

sçauroit pas bastir en lieu ferme une maison de quinze pieds de haut qu'il ne falle faire des fondemens. Voylà toute la terre qui est fondée seulement en branle, voire et dessus des abysmes si profons qu'elle pourroit renverser à chacune minute de temps pour estre confuse en soy. Il faut bien donc qu'il y ait une vertu admirable de Dieu pour la conserver en l'estat auquel elle est" (12ᵉ sermon sur le Psaume 119, CO 32, p. 620).

83   "Quand nous contemplons . . . la fermeté de la terre, ne nous doit-elle pas ravir en estonnement? Combien que nous y voyons une grande variété, si est-ce qu'elle demeure tousjours en son lieu, et n'en est point esbranlée. Voilà donc les hautes montagnes qui rendent la terre bossue, voilà des lieux inégaux, et semble bien que ce soit pour la faire esbranler, voire trébuscher du tout. Or Dieu y a mis une telle proportion et mesure que la terre se tiendra tousjours en son lieu. Et combien qu'il semble que les montagnes la doivent renverser, si est-ce que l'une respond tellement à l'autre que le contrepoids demeure. Bref, quoy qu'il en soit, la terre subsistera et sera conservée tousjours jusques à la fin . . . , et quoy qu'il advienne ce ne sera pas pour l'esbranler en rien. Cependant toutes fois quand nous voyons qu'elle est environnée d'eaux, et que les grandes montagnes s'eslèvent comme pour la précipiter en la mer, et néantmoins qu'elle demeure ferme, ne faut-il pas bien dire que Dieu y a besongné d'une façon plus qu'admirable? Il est bien certain" (148ᵉ sermon sur Job, CO 35, p. 367).

84   ". . . Si nous jettons la veuë sur la terre, (que) nous avisions: Voici une terrible masse; ce n'est point seulement comme un gros chasteau bien masuré où il n'y a nulle approche. Mais nous voyons quelle pesanteur il y a, qu'il semble bien qu'il est impossible de trouver fondement suffisant pour la soustenir" (148ᵉ sermon sur Job, CO 35, p. 366–367).

85   "Quand nous avons contemplé une si longue distance qu'il y a non seulement depuis la terre jusques aux nuées, mais aussi jusques au ciel où sont les estoilles et les planettes, ne devons-nous pas estre plus qu'esbahis? Or maintenant quand nous regardons ceste hauteur que nous voyons au ciel par dessus la terre, qu'est-ce de la terre? Quelque grosse masse qu'il y ait, quelque pesanteur et grosseur qu'on y voye, si nous la comparons avec ceste grandeur du ciel, ne faut-il pas que nous confessions avec les philosophes que ce n'est qu'une petite boulle? Quelle proportion y a-(t)-il de l'un à l'autre? " (148ᵉ sermon sur Job, CO 35, p. 367).

86   CO 33, p. 421. Cf. aussi, datant de 1557, le 25ᵉ sermon sur Esaïe 13–29, SC 2, p. 236–237: "Voilà ung corps (sous-ent.: le soleil) qui est plus grand que toute la terre beaucoup, et cependant de quelle matière? Comment le manira-(t)-on? Quand nous voions là une créature si grande et puis après une masse de feu, que Dieu tourne cela et qu'il le faict circuir tout le monde en ung jour, et que sera-ce donc des hommes au prix? "

87   Le 34ᵉ sermon sur le livre de Job a été prononcé au cours de l'année 1554, en mai vraisemblablement (cf. Erwin Mülhaupt, *Die Predigt Calvins,* Berlin et Leipzig, 1931, p. 14), et le *De revolutionibus* a été publié en 1543.

87a   "Quand nous voyons le soleil luire tous les jours, la lune de nuit, et bien, nous sommes endurcis à cela. Qui est celuy qui soit esmu comme d'un miracle tel qu'il est quand nous voyons le soleil esclairer le monde et le circuir ainsi tous les jours par ses compas et mesmes si bien ordonnez" (56ᵉ sermon sur l'Harmonie des trois Evangélistes, CO 46, p. 701). Cf. aussi le 27ᵉ sermon sur le même ensemble de livres, CO 46, p. 327, cité dans la note 51.

87b   Cf. Erwin Mülhaupt, *Op.cit.,* p. 15.

88   Cf. Richard Stauffer, *Calvin et Copernic,* in: *Revue de l'Histoire des Religions,* Paris, 1971, p. 31–40.

89   Cf. *Calvin's Attitude Toward Copernicus,* in: *Journal of the History of Ideas,* New York, vol. XXI, 1960, p. 431–441.

90   CO 49, p. 677. Le professeur Gottfried W. Locher à qui nous avons communiqué ce texte croit pouvoir découvrir en lui (lettre personnelle du 14 mai 1974) une attaque

contre Andreas Osiander. Pour ingénieuse qu'elle soit, son interprétation ne nous paraît pas défendable. Elle présuppose en effet que Calvin aurait non seulement connu le rôle joué par le pasteur de Nuremberg dans l'impression du *De revolutionibus,* mais encore qu'il aurait lu sa préface à cet ouvrage et attribué à celle-ci (qui "entendait présenter les découvertes de Copernic, non comme des certitudes absolues, mais comme des hypothèses dignes d'être prises en considération à côté d'hypothèses plus anciennes") une portée qu'elle ne prétendait pas avoir (cf. Richard Stauffer, *L'attitude des Réformateurs à l'égard de Copernic,* in: *Avant, avec, après Copernic,* Paris, 1975, p. 160). L'interprétation de M. Locher postule un faisceau de conditions dont la réalisation devait être difficile, voire impossible. A supposer pourtant que M. Locher ait raison, il resterait à expliquer pourquoi Calvin qui a eu souvent l'occasion de s'en prendre à Osiander, ne lui a jamais reproché ouvertement son héliocentrisme.

91   Cf. Erwin Mülhaupt, *Op.cit.,* p. 14.

92   Cf. *Calvin n'a pas lu Copernic,* in: *Revue de l'Histoire des Religions,* Paris, 1972, p. 183—185, et la *Note additionnelle* de Richard Stauffer, *ibid.,* p. 185—186.

93   Ainsi le 143e sermon sur le livre de Job, CO 35, est un véritable traité de sciences naturelles: "Si on demande à un povre idiot comme la pluye s'engendre, il ne pourra pas déterminer cela, d'autant que nous ne voyons point que l'eau monte en haut; et puis nous ne voyons point aussi que l'eau se puisse procréer en l'air, et cela sembleroit contraire à raison. Ainsi les simples gens ne pourront pas déduire ce qui sera cognu par la philosophie, comme la pluye s'engendre, et qu'il faut que l'attraction se face des vapeurs, que quand le soleil donne en terre, d'autant que la terre est pleine de petis pertuis, et qu'elle n'est pas si serrée qu'elle n'ait des petites veines, il attire en haut; et que petit à petit les vapeurs deviennent espesses, et que quand elles sont au milieu de l'air, elles se procréent en pluye. Car voilà comme les attractions se font petit à petit, jusques à ce que tout cela se meurist pour nous donner de la pluye . . ." (p. 306). "Si on demande d'où la pluye se procrée. De rien. La vapeur de soy ne s'eslèveroit point de la terre, qui a ses fumées dedans ses pertuis (car c'est son naturel), mais c'est quand le soleil attire cela qu'il l'eslève, qu'il hume ceste humidité-là pour l'attirer en haut. Et autrement quels cordages faudroit-il? Si nous ne le voyons, seroit-il possible de le croire? Or il se voit à l'œil. Voilà donc les vapeurs qui n'estoyent rien, c'est-à-dire qui n'ont point eu d'apparence devant nous, qui s'eslèvent contre leur nature. Sont-elles eslevées? La pluye s'en fait et s'en forme: et puis la terre en est arrousée, elle fructifie, et on en tire substance. Voilà nostre Seigneur qui dessèche la terre quand il en tire ainsi les vapeurs; c'est comme si on tiroit l'humidité et le jus de quelque chose, qu'il n'y eust plus de vertu dedans. La voilà donc sèche. Or Dieu trouve moyen à l'opposite, quand il a ainsi séché la terre et qu'il en a tiré comme la substance et le sang, qu'elle en est arrousée: comme nous voyons que la pluye donne abondance de fruicts . . ." (p. 308).

94   155e sermon sur Deutéronome, CO 28, p. 375.

95   143e sermon sur Job, CO 35, p. 306.

96   150e sermon sur Job, CO 35, p. 392.

97   SC 2, p. 233. — Dans son souci de découvrir Dieu derrière chaque phénomène naturel, Calvin va jusqu'à louer les païens qui voyaient dans la foudre une manifestation de Jupiter: "Les Payens l'ont bien seu confesser: voire, non point par quelque raison subtile, mais seulement par l'expérience commune, disans que quand nous oyons les foudres et tempestes, il faut que les hommes en despit de leurs dents soyent esmeus pour sentir quelque divinité. Voilà comme les Payens ont parlé: et mesmes les contempteurs de Dieu, gens prophanes et brutaux qui ne demandent sinon qu'à se mocquer de toute religion, qui tirent la langue contre Dieu, et tout ce qu'on pourra dire de la conduite en l'ordre de nature, ceux-là quand ils oyent tonner, alors ils sont esmeus" (96e sermon sur Job, CO 34, p. 438—439).

97a   ". . . Les gens profanes et les incrédules ont tousjours ce mot de nature en la bouche, comme si Dieu n'estoit rien. Quand ils voyent que le soleil se lève et se couche tous les jours, qu'ils voyent les saisons de l'année retourner chacun(e) en leur ordre, et bien:

Nature, nature. Ils sont tousjours arrestez à ce qu'ils voyent yci-bas: comme quand la terre produit substance pour la nourriture des hommes, ils s'amusent là, et n'est point question de Dieu. Et pourquoy? Cela leur est tout accoustumé. Or voylà une ingratitude bien vileine" (20e sermon sur l'Harmonie des 3 Evangélistes, CO 46, p. 243).

98 Cf. *Calvin : sources et évolution de sa pensée religieuse,* p. 127: "Bien que Calvin nous prévienne qu'en parlant des anges, il s'étudiera "à tenir telle mesure que Dieu nous commande, c'est de ne point spéculer plus haut qu'il sera expédient, de peur que les lecteurs ne soient écartés de la simplicité de la foi" (Inst. I/XIV/3), la longueur de ses développements ne manque pas de surprendre".

99 Cf. "Locus X: De angelis bonis et malis", p. 159–173, in *Op.cit.,* 2e éd., Neukirchen, 1935.

100 Cf. le 1er sermon sur la Genèse, fo. 5, et le 73e sermon sur II Samuel, SC 1, p. 640.

101 "Nous savons que les anges sont esprits immortels: car Dieu les a créez à ceste condition-là pour n'estre jamais anéantis, non plus que l'âme des hommes ne doit jamais périr. Comment donc accorderons-nous ces passages que les anges sont créez pour vivre à jamais, et qu'il n'y a que Dieu seul immortel? La solution est bien aisée. Car les anges sont immortels, entant qu'ils sont soustenus par la vertu d'enhaut, et que Dieu les maintient, luy qui est immortel de nature, et la fontaine de vie est en luy ... Or puisqu'ainsi est donc qu'il n'y a vie qu'en Dieu seul, et toutesfois cela n'empesche point qu'il n'y ait vie espandue sur toutes créatures, laquelle procède de sa grâce, voilà comme les anges sont immortels, et toutesfois ils n'ont nulle fermeté en eux, mais il faut que Dieu les conferme par sa pure bonté" (16e sermon sur Job, CO 33, p. 206).

102 "Nous sçavons que les anges, encores qu'ils n'ayent point de corps, ne sont point partout néantmoins: car il faut qu'ils marchent selon qu'il leur est ordonné de Dieu .... Les anges ne sont point comprins en lieu, et toutefois ils n'ont pas une essence infinie, mais ont certaine mesure, encores qu'ils ne soyent pas pour avoir proportion de membres" (24e sermon sur les Ephésiens, CO 51, p. 548).

103 "Les anges sont espritz de leur nature, et, par conséquent, invisibles, mais Dieu leur forme bien des corps, quand il luy plaist" (86e sermon sur II Samuel, SC 1, p. 754).

104 "... Gabriel est vollé à luy (sous-ent.: Daniel), non pas que les anges aient des ailles comme on les peint, mais c'est pour signifier qu'ils sont esprits, servans à Dieu pour nostre salut, en telle sorte que jamais ne nous défaudront au besoin" (24e sermon sur Daniel, CO 41, p. 574).

105 "C'estoyent (sous-ent.: les chérubins) comme des petis enfans avec des aisles, et Dieu avoit assigné cela pour la rudesse du peuple ancien ... Dieu (comme j'ay dit) s'est conformé à la rudesse et à l'infirmité du peuple ancien, quand il leur a ainsi donné des chérubins, car nous ne pouvons pas monter si haut que sa majesté, sinon qu'il descende à nous" (20e sermon sur la Genèse, fo. 99).

106 Cf. 102e sermon sur Job, CO 34, p. 519.

107 Cf. 148e sermon sur Job, CO 35, p. 271.

108 Cf. 102e sermon sur Job, CO 34, p. 519.

109 13e sermon sur Daniel, CO 41, p. 459.

110 Cf. 18e sermon sur les Ephésiens, CO 51, p. 468.

111 "Si on fait comparaison entre Dieu et les anges de paradis, mesmes en telle multitude qu'ils sont, il est certain qu'il faut que la majesté de Dieu domine tellement que les créatures les plus nobles et les plus excellentes qu'on sçauroit dire soyent mises bas" (18e sermon sur la Genèse, fo. 86 vo. – 87).

112 "Les anges ... ne cognoissent aujourd'huy qu'en partie. Il est vray qu'il ne les faut point renger à nostre estat et condition: car selon qu'ils approchent de Dieu plus que nous, aussi ils sont enseignez plus familièrement. Mais quoy qu'il en soit, si faut-il qu'ils cachent encores leurs yeux, comme il nous est monstré au sixième chapitre d'Isaïe .... Ils ont les yeux cachez, pour monstrer qu'ils ne comprennent point encores le tout, et qu'ils ne cognoissent qu'en partie" (18e sermon sur les Ephésiens, CO 51, p. 468).

113 Outre le 16e sermon sur Job, CO 33, p. 206, cité n. 101, et le 86e sermon sur II Samuel, SC 1, p. 754, cité n. 103, cf. le 18e sermon sur les Ephésiens, CO 51, p. 468: "Il faut que Dieu leur monstre (sous-ent.: aux anges) qu'ils sont créatures, à fin que par cela ils soyent tousjours retenus en bride pour s'humilier devant luy et pour se tenir en leur degré".

114 "Les anges de Dieu mesmes, combien qu'il n'y ait que saincteté en eux et que la gloire de Dieu y reluise, toutesfois ils sont encores bien eslongnez de ceste perfection qui est en Dieu" (33e sermon sur les Ephésiens, CO 51, p. 666). – Cf. aussi le 178e sermon sur le Deutéronome, CO 28, p. 661.

115 Cf. *Epître aux Smyrniotes* 6/1: "Que personne ne se trompe: même les êtres célestes, et la gloire des anges, et les archontes visibles et invisibles, s'ils ne croient pas au sang du Christ, pour eux aussi il y a un jugement" (Coll. "Sources chrétiennes", Paris, 2e éd. 1951, p. 161).

116 4e sermon sur les Ephésiens, CO 51, p. 295.

117 "Si nous cognoissons que c'est de la justice de Dieu, il ne se faut point esbahir que les anges mesmes soyent trouvez coulpables, quand il les voudroit accomparer à luy; car il nous faut tousjours revenir à ce point, que les biens qui sont aux créatures sont en mesure petite au pris de ce qui est en Dieu, qui est du tout infini. Il nous faut donc tousjours discerner entre l'un et l'autre: voilà les anges qui ont des vertus admirables, voire si nous regardons à nous (car cependant que les anges demeureront au reng des créatures, nous les pourrons bien glorifier), mais quand nous viendrons à Dieu, il faut que la grandeur de Dieu engloutisse tout, ainsi que nous voyons le soleil qui obscurcit toutes les estoiles du ciel ... Dieu trouve défaut aux anges, combien qu'ils soyent ses serviteurs. Or cela n'empesche point que le service des anges qu'ils rendent à Dieu ne soit parfait, selon qu'il peut estre aux créatures .... Quand on demeure aux degrez et au reng des créatures, il y aura aux anges une perfection, voire comme aux créatures; mais quand ce vient à Dieu, ceste perfection-là est comme engloutie ainsi que les estoilles n'apparoissent plus quand le soleil donne sa clarté" (CO 33, p. 207 et 208). Cf. aussi 18e sermon sur Ephésiens, CO 51, p. 468.

118 Cf. *supra*, p. 118–119.

119 58e sermon sur Job, CO 33, p. 725 et 726.

119a "Les anges sont par dessus nous d'aultant qu'ilz jouissent de la présence de Dieu, et puys leur office est plus honorable que nous ne sçaurions panser" (6e sermon sur la Genèse, fo. 29).

120 Cf. I/XIV/8. Après y avoir cité quelques textes bibliques qui semblent présupposer une hiérarchie, le Réformateur ajoute: "Mais qui est-ce qui pourra par cela constituer les degrez d'honneur entre les anges, les distinguer chacun l'un de l'autre par nom et par tiltre, assigner à chacun son lieu et sa demeure? "

121 Cf. *Somme théologique* I, questions 50–64 et 106–114.

122 CO 41, p. 461.

123 "Cognoissons selon la mesure de nostre foy, et seulement escoutons Dieu parler, et en toute sobriété que nous lui soyons disciples, sans lascher la bride à nos foles curiositez: comme nous voyons que plusieurs ont voulu disputer subtilement des anges, et chacun a voulu estre maistre d'hostel pour distribuer les estats en la maison de Dieu. Et ç'a esté une audace diabolique que de gazouiller ainsi des secrets de Dieu outre ce qui nous en est monstré par sa Parole" (8e sermon sur Ephésiens, CO 51, p. 338).

124 Cf. le 148e sermon sur Job, CO 35, p. 371. – "Leur office (sous-ent.: celui des anges) est plus honorable que nous se sçaurions panser, d'aultant qu'ilz sont les messagers de Dieu" (6e sermon sur la Genèse, fo. 29).

124a "Ilz (= les anges) sont ... ministres de sa vertu et de la principaulté qu'il exerce en ce monde" (6e sermon sur la Genèse, fo. 29).

125 "Quant est des anges, ilz sont addonnez à faire la volonté de Dieu, et puis ilz la cognoissent, car ilz contemplent sa face, comme il est dit" (82e sermon sur II Samuel, SC 1, p. 754).

126 Cf. 148e sermon sur Job, CO 35, p. 371.

127 Cf. 191e sermon sur Deutéronome, CO 29, p. 112, et le 20e sermon sur la Genèse, fo. 99: "Les anges (ainsi qu'il est dit en Isaïe) sont devant le thrône de Dieu, et sont tout prestz à exécuter ses commandemens, qu'il les a là avec une telle promptitude, que quand Il les veut employer, sa vertu se monstre en eux".

128 Outre le 148e sermon sur Job, CO 35, p. 371, le 181e sermon sur Deutéronome, CO 28, p. 698, et le 86e sermon sur II Samuel, SC 1, p. 755, cf. principalement le 16e sermon sur Job, CO 33, p. 207: "Les anges . . . sont bien nommez puissances et vertus, mais c'est d'autant que Dieu exécute sa puissance par eux et qu'il les conduit".

129 Outre le 148e sermon sur Job, CO 35, p. 371, et le 181e sermon sur Deutéronome, CO 28, p. 698, cf. le 191e sermon sur Deutéronome, CO 29, p. 112: "Nous savons que les anges sont créez pour exécuter tout ce qu'il ordonne (sous-ent.: Dieu), que ce sont comme ses mains par lesquelles il besongne et exerce tout ce qui luy plaist".

130 "Les anges . . . sont comme les mains de Dieu, à fin de mettre en exécution ce qu'il ha commandé, car Dieu nous eslargit de ses grâces, et il nous chastie aussi quand nous l'avons offencé, et tout cela se fait par le moien des anges" (31e sermon sur Daniel, CO 41, p. 658). "Les anges nous seront contraires et nous déchasseront de toute espérance de vie et de salut, ce pendant que nous serons aliénez de nostre Dieu, et de celui auquel nous devons cercher toute nostre vie: car les anges non sans cause sont appelez membres de Jésus-Christ . . . Les anges nous seront favorables, moiennant que nous soyons conjoints à nostre Seigneur Jésus-Christ. Mais au contraire quand nous serons séparez de nostre chef, qui leur est aussi commun, il est certain qu'ils nous seront ennemis mortels, et faudra qu'ils nous persécutent comme ennemis du corps de l'Eglise" (20e sermon sur la Genèse, fo. 99 vo.).

131 "Dieu nous envoie ses anges à fin qu'ils soient comme ses mains pour nous conduire jusques à luy . . . Quand il se monstre par ses anges, c'est à fin que nous contemplions sa face" (32e sermon sur Daniel, CO 41, p. 671).

132 "Dieu non sans cause a ordonné ses anges à fin d'estre ministres de nostre salut, car ils veillent sur nous, ils ont cette solicitude de faire que les grâces de Dieu parviennent jusques à nous, et que nous en aions la vraie jouissance" (17e sermon sur Daniel, CO 41, p. 496). "Dieu envoye ses anges pour nous guider et estre ministres de nostre salut, tellement qu'ils sont comme ses mains, et instrumens de sa vertu pour nous maintenir" (8e sermon sur Job, CO 33, p. 109). "Sachons que les anges ont un soin spécial de nous, afin de nous guider, comme aussi Dieu les a constituez ministres de nostre salut, et nous a commis en leur garde" (ibid., p. 110). "Les anges, quelque nobles qu'ils soyent, nous ont esté ordonnez par le moyen de Jésus-Christ pour ministres de nostre salut" (8e sermon sur Ephésiens, CO 51, p. 338). "Si nous (sommes) entez au corps de nostre Seigneur Jésus-Christ, . . . les anges seront ministres de nostre salut, ainsi que l'apostre en parle en l'Epistre aux Hébreux: car Dieu les a tellement députez à nostre service qu'ils feront le guet pour nous, et camperont tout à l'environ à fin que nous soyons à asseurté souz sa garde, et quand nous serons en leur conduite, que nous ne chopperons point en toutes nos voyes, quand nous serons ainsi gouvernez par eux" (20e sermon sur la Genèse, fo. 99 – 99 vo.).

133 Cf. le 17e sermon sur Daniel, CO 41, p. 496, cité n. 132.

134 Cf. 8e sermon sur Job, CO 33, p. 109 et 110, cité n. 132.

135 Outre le 17e sermon sur Daniel, CO 41, p. 496, et le 20e sermon sur la Genèse, fo. 99–99 vo., cités dans la n. 132, cf. le 181e sermon sur le Deutéronome, CO 28, p. 698: "Dieu s'est tousjours servi de ses anges pour le salut de son peuple, et pour maintenir son Eglise: mais cependant ce n'est pas qu'il ait rien emprunté. Et quand il est dit que les anges sont ordonnez pour avoir soin de nous, ce n'est afin que nous soyons empeschez de venir droit à Dieu"; et le 50e sermon sur l'Harmonie des trois Evangélistes, CO 46, p. 620: "Nous devons entendre que les anges ont un tel soin de nous, d'autant que Dieu nous a mis en leur protection, et qu'il les a ordonnez nos ministres, et qu'ils servent tousjours à nostre conduite".

136 "Les anges sont armez d'une puissance infinie pour nous maintenir. Et combien que nous ne les apercevions à l'oeil, si faut-il que nous ayons cela tout persuadé qu'ils veillent pour nostre salut" (4ᵉ sermon sur Ephésiens, CO 51, p. 296). Cf. aussi le 8ᵉ sermon sur Job, CO 33, p. 109, cité n. 132.

137 "Jamais (les anges) ne nous défaudront au besoin, oui, combien qu'il nous semble que le péril nous soit prochain, les anges de Dieu seront tousjours prests pour nous donner secours quand il en sera besoin" (24ᵉ sermon sur Daniel, CO 41, p. 574).

138 CO 29, p. 214 et 215.

139 Cf. I/XIV/7.

140 CO 41, p. 660.

141 "Que nous cognoissions d'une façon plus privée et familière comme les anges ne font rien de leur mouvement propre, mais que c'est Dieu qui leur commande, comme il a tout empire sur eux, et qu'ils lui viennent rendre conte, que rien ne lui est caché, que les anges n'ont point une autorité propre, ni séparée, et combien qu'ils soyent appellez puissances, principautez et vertus, que ce n'est pas que Dieu leur ait résigné son office, ce n'est point qu'il se soit despouillé de sa vertu, ce n'est pas qu'il demeure oisif au ciel, mais c'est d'autant que les anges sont instrumens de sa vertu, afin qu'elle soit espandue partout" (4ᵉ sermon sur Job, CO 33, p. 58). "Les anges ... sont bien nommez puissances et vertus: mais c'est d'autant que Dieu exécute sa puissance par eux et qu'il les conduit; brief les anges n'ont rien en eux mesmes de quoy ils se puissent glorifier. Car tout ce qu'ils ont de puissance et de fermeté, ils le tiennent de Dieu, ils luy sont d'autant plus redevables" (16ᵉ sermon sur Job, CO 33, p. 207).

142 31ᵉ sermon sur Daniel, CO 41, p. 658.

143 "Les payens ont tousjours pensé que les anges fussent comme des demi-dieux, et ont pensé les avoir pour médiateurs pour pouvoir approcher de Dieu, d'autant qu'ils n'en estoyent pas dignes. Et voilà comme les papistes parlent encores aujourd'huy" (8ᵉ sermon sur Ephésiens, CO 51, p. 337).

144 "Ce n'est point en vain que Dieu a constitué ... les anges ministres de nostre salut. Or cela ne nous doit point induire à superstition, comme s'il nous faloit avoir nostre refuge aux anges et les invoquer, mais au contraire nous devons estre tant plus incités d'aller à Dieu, veu qu'il nous a porté un tel amour et si grand, que des créatures qu'il ha les plus nobles, il les a ordonnées à nostre service" (17ᵉ sermon sur Daniel, CO 41, p. 496). "Si ... nous demourons aux anges et que nous n'allions point jusques à Dieu, nous pervertissons la fin et l'intention pour laquelle il nous envoie ses anges ... Quand il (sous-ent.: Dieu) se monstre par ses anges, c'est à fin que nous contemplions sa face, sans nous arrester aux anges, car ce n'est point aux créatures qu'il faut que nostre foy s'arreste. Il faut qu'elle tende à son vray but et intention" (32ᵉ sermon sur Daniel, CO 41, p. 671).

145 "Ce n'est point ... aux anges où il nous faut adresser pour avoir accès à Dieu, mais à nostre Seigneur Jésus-Christ, son fils, qui ha esté médiateur de tout temps entre Dieu et les hommes. Et voilà comment les saincts patriarches en ont fait; ils ont bien conneu que les anges estoient à leur secours, mais tant y ha qu'ils ne les ont pas invoquez, ni eux, ni leurs serviteurs .... Voilà donc comment il nous en faut faire, car si les fidèles qui ont esté sous la loy en ces umbrages obscurs, se sont adressés à Dieu par le moien de Jésus-Christ qui ne leur estoit point encores manifesté, pour avoir secours des anges, que sera-ce maintenant si nous nous adressons aux anges pour avoir secours d'eux, en cette clarté si patente, si manifeste que nous avons Jésus-Christ comme présent quand sa parole nous est preschée? Irons-nous cercher les anges, qu'ils nous secourent au besoin pour laisser Jésus-Christ en arrière? Or nous desroguerions en cela par trop à l'office et à la dignité de nostre Seigneur Jésus-Christ" (31ᵉ sermon sur Daniel, CO 41, p. 662). "Les povres incrédules se trompent quand ils font leur patron de sainct Michel, qu'ils ont leur dévotion à cestui cy ou à cestui là, qu'ils se vouent à tous les anges de paradis, et ce pendant ils ne cognoissent pas que Jésus-Christ soit leur patron, médiateur et advocat, ils l'oublient et le laissent derrière. Ce pendant aussi ils

provoquent par ce moyen les anges de paradis, lesquels se lèveront un jour à l'encontre d'eux. Ainsi donc apprenons de nous arrester du tout au fils de Dieu, pour nous reposer tellement en luy, qu'il nous suffise que nous jouissions de sa grâce" (20e sermon sur la Genèse, fo. 99 vo.).

146 13e sermon sur Daniel, CO 41, p. 461.

147 CO 51, p. 823.

148 "Satan n'ignore pas que Dieu l'a créé, et toutesfois il s'ingère jusques là de dire que tout le monde est sien, et qu'il n'est plus à Dieu par conséquent" (51e sermon sur l'Harmonie des trois Evangélistes, CO 46, p. 630).

149 "Les diables ont esté créez de Dieu aussi bien que les anges, mais non pas tels qu'ils sont. Il nous faut tousjours réserver cela, que la malice qui est aux diables procède d'eux, quand ils ont esté apostats pour s'eslongner de la fontaine de justice, qu'ils ont quitté Dieu et se sont destournez de luy. Voilà comme ils ont esté pervertis, et n'y a eu que mal en eux" (4e sermon sur Job, CO 33, p. 60).

150 "Les diables ont esté anges de Dieu, mais ils n'ont point retenu le degré auquel ils avoyent esté créez, et sont tombez d'une cheute horrible, tellement qu'il faut qu'ils soyent les miroirs de perdition" (16e sermon sur Job, CO 33, p. 206). "Les diables n'ont pas esté créez si pervers et malins qu'ils font, ennemis de tout bien, d'une nature fausse et maudite: ils ont esté anges de Dieu, mais ils n'ont pas esté éleus pour persister, ains sont décheus" (44e sermon sur I Timothée, CO 53, p. 524—525).

151 "Quand Adam et Eve ont esté examinez, ... ç'a esté pour les attirer à quelque repentance après qu'ils auroient cogneu leurs fautes. Or de Satan il n'y a point une telle raison, car son péché est irrémissible. D'autant donc qu'il n'y a plus de remède que le diable se convertisse, Dieu ne s'adresse point à luy pour faire inquisition aucune" (17e sermon sur la Genèse, fo. 81 vo.).

152 59e sermon sur l'Harmonie des trois Evangélistes, CO 46, p. 735.

153 "Satan est aussi subjet à Dieu, d'autant qu'il ne faut point imaginer que Satan ait aucune principauté que celle qui luy est donnée de Dieu. Et c'est bien raison que tout luy soit subjet, puis que tout procède de luy" (4e sermon sur Job, CO 33, p. 60). "Et Satan, et tous les meschans de ce monde pourront s'eslever contre nous: mais tant y a qu'il faut qu'ils passent sous la main de Dieu, et qu'ils exécutent sa volonté. Ce sera bien par force, maugré leurs dents, mais si faut-il qu'ainsi soit, puis que Dieu a l'empire souverain de tout le monde, et que tant le diable que les meschans luy soyent subjets, et qu'ils ne facent rien sans sa volonté" (8e sermon sur Job, CO 33, p. 109). "Si le diable n'estoit sujet à Dieu, que seroit-ce? Nous voyons de quelle rage il se dresse contre nous ... Notons donc que non seulement Dieu tient ses enfans en sa charge pour les maintenir, mais qu'il gouverne tellement tout le monde, que le diable (quoy qu'il attente) ne pourra venir à bout de ses entreprinses" (90e sermon sur Job, CO 34, p. 364). Cf. aussi le 25e sermon sur Esaïe 13—29, SC 2, p. 237.

154 "Les diables d'enfer qui luy (= Dieu) sont ennemis et rebelles tant qu'il leur est possible, qui taschent de ruiner sa majesté, qui machinent a brouiller tout, ... il faut que ceux-là (en despit de leurs dens) soyent subjets à Dieu" (4e sermon sur Job, CO 33, p. 58). "Si ... les diables n'estoient point subjets à Dieu et qu'ils peussent attenter ce que bon leur semble, et qu'ils eussent une licence desbordée, et que Dieu ne les retinst point, hélas! nostre condition seroit bien misérable, car nous serions exposez en proye sans aucun remède" (ibid., p. 61).

154a "Tout ainsi que Satan est tenu en bride, aussi sont tous les meschans du monde" (8e sermon sur Job, CO 33, p. 103). "Si nous cognoissons que Dieu tiene la bride à Satan et à tous les siens, et que non seulement ils ne puissent remuer un doigt contre nous, mais aussi qu'ils ne puissent rien penser n'entreprendre sans que Dieu l'ait disposé, alors nous pourrons recourir à lui hardiment" (63e sermon sur Job, CO 34, p. 15).

155 Ni "prophétiser", faudrait-il ajouter d'après le 87e sermon sur le Deutéronome, CO 27, p. 239. Répondant dans ce sermon à la question de savoir si, lorsqu'un "séducteur prédit une chose" qui arrive, Dieu lui a "lasché la bride", Calvin déclare: "Nous

n'avons ... que faire de nous tormenter beaucoup, assavoir si Satan prévoit les choses à venir. Car il est bien certain, quelque astuce ou finesse qu'il y ait en luy, qu'il ne cognoist rien, sinon d'autant que nostre Seigneur luy en communique ... Laissons donc ces questions superflues, ausquelles beaucoup de gens se sont abusez et enveloppez, assavoir si les diables cognoissent beaucoup plus que les hommes, car cela n'est nullement à propos".

156 "... Tant y a que quelque chose que le diable se tourmente, qu'il machine et entreprenne tout ce qu'il luy est possible à l'encontre de nous, si est-ce qu'il ne peut rien sans avoir congé du maistre souverain" (31e sermon sur Daniel, CO 41, p. 663). "Il faut que ceux-là (sous-ent.: les diables d'enfer) ... soyent subjets à Dieu et qu'ils lui rendent conte de tout ce qu'ils font, et qu'ils ne puissent rien attenter sans sa permission et son congé" (4e sermon sur Job, CO 33, p. 58). "C'est l'un des articles le plus nécessaire que nous ayons, de savoir que le diable est tenu en bride, et quelque chose qu'il soit enragé contre nostre salut, que néantmoins il ne peut rien faire sinon qu'il luy est permis d'en haut" (ibid., p. 61). "Tant y a que le diable estant ainsi enragé, comme il est à nuire et ruiner tout le monde, quelque chose qu'il attente, ne qu'il puisse machiner et pratiquer, ne peut rien accomplir sans la volonté de Dieu" (8e sermon sur Job, CO 33, p. 103). "Satan n'a nul pouvoir sur nous, et ... il ne pourra point semer de meschantes zizanies, sinon d'autant que Dieu lui en donne congé. Et ceci nous est bien nécessaire: car si nous pensions que le diable eust la porte ouverte, et que tous erreurs se puissent eslever comme à l'aventure, et que Dieu ne gouvernast point par dessus: hélas! que seroit-ce? ... Voilà pour un item, afin que nous ne cuidions point que le diable domine à son appétit, et qu'il face tout, comme maugré que Dieu en ait: car il faut qu'il ait congé du maistre" (86e sermon sur Deutéronome, CO 27, p. 235). "Il ne nous faut point imaginer qu'il (= le diable) puisse batailler contre Dieu, pour faire rien en despit qu'il en ait: nous savons qu'il est sous la main de Dieu et que sans son congé et licence il ne peut rien. Il attentera assez, mais il ne sauroit bouger un doigt par manière de dire ... Voilà donc l'Escriture qui nous monstre que le diable n'a point un empire séparé, comme s'il pouvoit dresser rien contre Dieu" (109e sermon sur Deutéronome, CO 27, p. 508–509). Cf. aussi le 18e sermon sur Ephésiens, CO 51, p. 465.

157 CO 46, p. 735.

158 "Les diables obéissent à Dieu comme forçaires, c'est-à-dire, non point de leur bon gré, mais d'autant que Dieu les y contraint: ils voudroyent bien résister à sa vertu, et l'opprimer s'ils pouvoyent, mais il faut qu'ils suivent par tout là où il les veut mener" (4e sermon sur Job, CO 33, p. 59).

159 "Nous avons à tenir ce poinct tout résolu, que le diable est exécuteur des jugemens de Dieu, et qu'il ne peut rien attenter sinon ce qui luy est donné et permis" (46e sermon sur Ephésiens, CO 51, p. 823). "C'est une doctrine commune en l'Escriture, asçavoir que Dieu besongne par la main du diable, tellement qu'il est exécuteur de sa justice" (83e sermon sur II Samuel, SC 1, p. 729).

160 CO 46, p. 724. – Cf. aussi le 5e sermon sur la Pentecôte, CO 48, p. 662: "Ne faut point dire que Dieu soit cause du mal, car il ne commet pas les vices que nous commettons. Comme aussi nous voyons qu'il lasche la bride au diable ... Le diable commet le mal et n'ha d'autre esgard qu'à mal faire, et cependant Dieu ne laisse pas de s'en servir à une autre fin toute diverse".

160a Dans ce cas, d'après le 86e sermon sur II Samuel, SC 1, p. 754, les diables remplacent les anges auxquels Dieu peut aussi recourir pour exercer sa justice: "Dieu exécutera ses jugemens soit par ses anges éleuz ou par les diables qui sont réprouvez. Car quelque fois Dieu ne fera point ceste grâce aux hommes de les punir par ses anges, qui sont ses ministres volontaires, ... mais il leur envoiera les diables, comme il est dit au Pseaume (78/49) qu'il fait faire telz exploictz par les anges mauvais ... Dieu se servira quelque fois de ses anges, quelque fois de ses diables, voire car ilz luy sont subjectz maugré qu'ilz en ayent. Non pas que leurs volontés tendent là ne qu'ilz soyent dociles, mais si faut-il qu'ilz plient".

234

161 "Il a sceu (sous-ent.: Job) ... que le diable estoit instrument par lequel Dieu exécutoit sa sentence pour esprouver sa patience; or il n'a pas laissé de dire: Dieu l'a fait" (36e sermon sur II Samuel, SC 1, p. 318). Cf. aussi le 5e sermon sur Job, CO 33, p. 75, cité dans la note suivante.

162 "Les diables sont sous la conduite de Dieu, tellement qu'ils ne peuvent rien faire sans son congé. Mais il y a encores plus, c'est à savoir que les diables sont comme bourreaux pour exécuter les jugemens de Dieu, et les punitions qu'il veut faire sur les meschans; ils sont aussi comme verges par lesquelles Dieu chastie ses enfans. Brief, il faut que le diable soit instrument de l'ire de Dieu, et qu'il exécute sa volonté" (5e sermon sur Job, CO 33, p. 75). "L'office d'un juge, sera-ce de donner congé au bourreau de faire ce qu'il voudra? Quand un juge doit cognoistre d'un malfaicteur, et le sentencier, selon que les loix et l'équité le portent, dira-il au bourreau: Je te donne congé, va, fay de cest homme ce que tu voudras? Mais au contraire, il prononce la sentence, et puis selon icelle il met le malfaicteur entre les mains du bourreau pour en faire l'exécution. Voici Dieu qui est juge souverain du monde: ne luy ferons-nous point déshonneur en disant qu'il donne congé à Satan pour faire ce que bon luy semblera? Ne seroit-ce pas se moquer de la justice de Dieu et pervertir tout ordre? Il est bien certain. Ainsi donc notons quand les meschans se desbordent et qu'ils ne demandent qu'à mettre tout en confusion, que Dieu néantmoins est par dessus eux et qu'il conduit et gouverne les choses, tellement que rien ne s'accomplit sans sa providence et qu'il ne l'ait ainsi disposé" (8e sermon sur Job, CO 33, p. 107).

163 Cf. le 70e sermon sur II Samuel, SC 1, p. 612, cité dans la note suivante.

164 Outre le 36e sermon sur II Samuel, SC 1, p. 318, cité n. 161, cf. le 70e sermon sur II Samuel, SC 1, p. 612: "Dieu se servira bien du diable, et cependant ce n'est pas qu'il ait rien de commun avec luy. Nous voyons comment le diable a esté ministre de Dieu pour affliger Job; car il ne peut rien attenter que par congé".

165 "Il (sous-ent.: saint Paul) dit (en II Corinthiens 12/7) qu'il (= Dieu) luy a envoyé un messager de Satan. Voilà le diable qui est médecin. Et comment cela? Nous savons qu'il n'apporte avec soy que poison mortel. Il est vray. Mais Dieu s'est servi de ceste poison-là comme d'une médecine" (187e sermon sur Deutéronome, CO 29, p. 62).

166 8e sermon sur Job, CO 33, p. 106.

167 CO 51, p. 465.

168 *Ibid.*, p. 465.

169 Cf. SC 1, p. 725–731.

170 "Il est dit que cela (sous-ent.: le dénombrement) est advenu pource que Dieu s'est courroucé contre Israël ... Mais il est dit au livre des Chroniques que ç'a esté le diable qui s'est dressé contre Israël. Et en cecy il y a une grande diversité. Car l'Escriture nous testifie en ce passage que ç'a esté Dieu qui a incité David; en l'autre passage, ç'a esté le diable qui l'a incité. Mais encores tout cela s'accorde bien" (SC 1, p. 725).

171 "Nous avons à noter que le diable ne peut rien s'il n'a congé de celuy qui a empire souverain sur toutes créatures, et non pas congé de permission qu'on appelle, mais que Dieu ordonne le tout comme juste juge. Ceux qui ont usé de ce mot de permission, l'ont fait craignant qu'il n'y eust quelque absurdité, si on disoit que Dieu incite les hommes, tellement qu'il soit comme meslé parmi le diable, et puis, qu'il soit auteur de péché ... Nous voyons que l'Escriture nous testifie en ce passage, asçavoir que Dieu n'a pas seulement donné congé, et n'y a pas eu permission simplement que le peuple fust dénombré, mais que cela est advenu pource que Dieu estoit courroucé contre le peuple. Si l'ire de Dieu est cause de ce dénombrement, il est certain que Dieu exerce office de juge, et ainsi il faut bien dire que non seulement il a laissé faire au diable, mais il a ordonné le tout par son décret" (SC 1, p. 725 et 726).

172 SC 1, p. 726.

173 "Prenons ... l'exemple de Job; car là, comme en un miroir, nous pouvons contempler comment Dieu besongne, et le diable d'autre costé. Car toutes les afflictions qui sont advenues à Job n'ont pas esté un simple congé de Dieu, mais il l'a voulu ainsi pour

esprouver la patience de son serviteur. Voilà donc Dieu qui afflige Job. Or par quelle main? Nous voyons que le diable est exécuteur de tout cela, et que mesmes il ne peut rien, sinon en tant que Dieu luy ordonne. Et Job, quand il est ainsi abattu en extrémité, cognoit bien que c'est à Dieu qu'il a affaire" (SC 1, p. 726).

174 "Quand David dit: C'est Dieu qui a commandé à Semei de me persécuter, il sçavoit bien que Semei estoit instrument du diable" (SC 1, p. 726).

175 "Dieu n'a rien de commun avec le diable combien qu'il s'en serve ... Le diable, que fait-il? Toute confusion, il voudroit renverser tout ordre, mesmes abolir la majesté de Dieu, si luy estoit possible. Il s'en faut beaucoup donc que Dieu puisse ou doive estre enveloppé avec Satan" (SC 1, p. 726–727).

176 SC 1, p. 726.

177 "Par cela (sous-ent.: le fait qu'il est l'instrument de Dieu) ce n'est pas à dire que le diable soit excusé. Car il n'est pas ministre volontaire de Dieu comme sont les anges ... Le diable bataille tant qu'il luy est possible alencontre de Dieu, mais il est comme un forsaire. Quand donc il exécute ce que Dieu a décrété, ce n'est pas qu'il tende à ce but et qu'il plie en obéissance volontaire. Voilà donc comme le diable ne laisse pas de tousjours augmenter son péché, encores qu'il face semblant de complaire à Dieu, et qu'il l'employe à l'exécution de ses jugemens" (SC 1, p. 729). Cf. aussi le 8ᵉ sermon sur le livre de Job, CO 33, p. 107: "Or donc voici Dieu qui exécute ainsi (= en se servant du diable) ses commandemens et ses décrets, voire; mais cependant notons que le mal ne luy peut pas estre imputé en façon que ce soit: Satan demeurera coulpable en sa malice".

178 "Que nous retenions bien, encores que Dieu se serve du diable et de tous les malins, que ce n'est pas pour les exempter de leur condamnation" (SC 1, p. 730).

179 Cf. *Le problème de l'incroyance au XVIᵉ siècle,* Paris, 1947, et spécialement dans le chapitre 4 du livre II de la seconde partie le § 7 intitulé: "Un univers peuplé de démons" (p. 481–487).

180 Cf. *Introduction à la France moderne,* Paris, 1961, p. 320–326.

180a Un seul texte de Calvin pourra étayer le jugement de Febvre et de Mandrou. Dans le 82ᵉ sermon sur le Deutéronome, CO 27, p. 180, le Réformateur déclare: "Quand nous avons tous les diables contraires à nous, et qui taschent d'empescher nostre salut, et qui en ont les moyens, et qui sont si rusez, que pouvons-nous faire? Ils sont appellez princes de l'air, ils dominent sur nos testes pour nous accabler, sinon que Dieu nous en délivre ... Cependant que nous serons en ce monde, nous serons tousjours environnez de nos ennemis. Le diable ne cesse de nous molester, il a ses astuces et ses finesses, et de nostre costé nous sommes désarmez et desprouveus".

181 Les "bons défenseurs de l'honneur de Genève", les "bons zélateurs de l'honneur de la ville" qui sont pris à partie dans le 78ᵉ sermon sur le livre de Job se recrutent parmi les représentants des autorités civiles, comme le montre la lettre de Calvin à Viret du 14 novembre 1546 (CO 12, p. 413–416) dont il sera question dans la note 184. Calvin y désigne en effet par le terme de *praecipui* ceux qui contestent sa croyance au diable, et il réfute leur argumentation selon laquelle l'enlèvement du blasphémateur par Satan ferait tort à la réputation de la Genève évangélique, en déclarant: "Quid ... nobis magis gloriosum hac tam illustri Dei ultione adversus doctrinae nostrae contemptores? Et quid habent papistae quo insultent Genevensibus, si quam profitentur religionem Deus ita asserit a contemptu? " (*ibid.,* p. 415).

182 CO 34, p. 213–214.

183 Cf. Erwin Mülhaupt, *Op.cit.,* p. 14.

184 L'enlèvement par le diable dont il est question dans le 78ᵉ sermon sur le livre de Job nous paraît être l'événement dont Calvin parle à Viret dans sa lettre du 14 novembre 1546 (cf. CO 12, p. 413–416). Dans cette lettre, Calvin raconte à son correspondant qu'un blasphémateur des environs de Genève (à ceux qui lui demandaient pourquoi il se rendait au culte si rarement, il répondait: "An ego Calvino me locavi ut audiam loquentem? ", *ibid.,* p. 414), atteint de la peste après avoir déjà perdu dans l'épidémie

sa femme et ses quatre enfants, fut à son tour terrassé par le mal, et qu'au lieu de mourir sur son grabat, il s'enfuit comme un forcené de sa "cabane", sous les yeux de sa mère, en hurlant que le diable voulait l'emporter. Ayant disparu en direction du Rhône où l'on ne devait pas retrouver son cadavre, le pestiféré fut considéré par Calvin comme l'objet d'un enlèvement mérité (son châtiment est comparé par le Réformateur à celui de Koré, de Dathan et d'Abiram raconté dans Nombres 16), enlèvement dû au diable en personne. Dans sa lettre à Viret, Calvin ne donne pas le nom du pestiféré enlevé par Satan. Ce sont les Registres du Conseil qui, à la date du 15 octobre 1546, révèlent son identité. Il s'agit d'un certain Magnin, "laborier" de son état, qui habitait une "cabane" située "sur la hauteur de Saint-Jean" (cf. Amédée Roget, *Histoire du peuple de Genève depuis la Réforme jusqu'à l'Escalade,* tome II/2, Genève, 1873, p. 259). Si notre hypothèse est exacte, huit ans après la disparition mystérieuse de Magnin, Calvin est toujours convaincu, contrairement à maints Genevois, que le diable en a été l'auteur.

185 Le problème de la sorcellerie n'entre pas dans notre sujet. Bornons-nous à relever, comme l'a déjà fait Jean Delumeau (cf. *Les Réformateurs et la superstition,* in: *Actes du Colloque "L'Amiral de Coligny et son temps",* Paris, 1974, p. 451–487), que, pour Calvin ses congénères, les phénomènes de sorcellerie sont le fruit des "illusions" et des "tromperies" produites par Satan. Et, sans partager pour autant les vues d'Oskar Pfister (cf. *Calvins Eingreifen in die Hexer- und Hexenprozesse von Peney,* Zürich, 1947), précisons que, pour le Réformateur de Genève, la sorcellerie doit être réprimée par le Magistrat. Il déclare dans le 109e sermon sur le Deutéronome, CO 27, p. 512 et 513: "Il nous faut estre vigilans sur les sorceleries, et les enchantemens, et choses semblables. Et de faict, nous voyons que tousjours cela a esté détesté, mesmes des payens ... Quand les juges et les magistrats feront leur office, il est certain qu'ils ne souffriront cela non plus que les meurtres ... Ainsi donc notons que quand nous voudrons estre réputez peuple chrestien, que les sorceleries, enchantemens et choses semblables doivent estre moins souffertes entre nous que les larrecins et les meurtres".

186 Il est intitulé: "Quel a esté l'homme en sa création: où il est traité de l'image de Dieu, des facultez de l'âme, du franc-arbitre, et de la première intégrité de sa nature".

187 On trouvera une confirmation indirecte de ce que nous avançons ici dans le fait que, dans son ouvrage *Calvin's Doctrine of Man* (Londres, 1949), Thomas F. Torrance cite abondamment la prédication. Le théologien écossais relève expressément que les sermons sur le livre de Job, en particulier, fournissent au Réformateur "ample opportunity to develop his teaching on the doctrine of man" (*Op.cit.,* p. 73).

187a Cf. aussi le 5e sermon sur la Genèse, fo. 29: "Pourquoy .... avons-nous ung degré si hault que nous aprochons de nostre Dieu ...? Don vient cela sinon qu'il a pleu à Dieu de nous discerner. Or ceste distinction nous est monstrée quand Dieu déclare qu'il veult faire ung chef doeuvre qui est plus que tout le reste qui avoyt précédé au paravant: combien que le soleil et la lune soyent des créatures si nobles qu'il semble qu'il y apparoisse quelque divinité, combien que le ciel aussy ayt ung regard qui estonne et ravit les hommes, combien qu'icy bas une si grande diversité que nous voyons et de fruictages et des aultres choses soyent pour nous déclarer une majesté divine, tant y a que si nous faisons comparaison de cela avec l'homme, nous trouverons en l'homme des choses plus grandes et plus exquises beaucoup".

188 D'origine aristotélicienne, la conception selon laquelle l'homme constitue un microcosme fut, on le sait, courante à la Renaissance. Cf. G. P. Conger, *Theories of Macrocosms and Microcosms in the History of Philosophy,* New York, 1922, p. 59–72.

189 CO 33, p. 481. – Cf. aussi la Congrégation sur la divinité de Jésus-Christ, CO 47, p. 480: "Dieu donc veut bien estre magnifié et au ciel, et en la terre, et en tous ses faits que nous voyons, mais beaucoup plus en l'homme, pour ce qu'il a imprimé son image en nous plus qu'en tout le reste. Car il n'a point dit du soleil, des estoilles, ne de

quelque autre créature tant excellente qu'elle soit: Je veux faire yci un chef-d'oeuvre qui soit à mon image et semblance . . . . Si les hommes contemplent la bonté de Dieu partout où ils regardent, il faut bien qu'ils la considèrent là-dedans en leurs personnes. Et d'autant que Dieu nous a fait ceste honneur d'estre magnifié en nous, tellement que les payens mesmes ont appelé l'homme un petit monde, pour ce qu'on voit en luy un chef d'oeuvre qui surmonte tous les autres, c'est bien raison que nous y cognoissions la vertu et la puissance de Dieu"; et le 6ᵉ sermon sur la Genèse, fo. 29: "L'homme est une créature noble par dessus toutes les aultres, et . . . il a en soy une dignité par dessus toutes créatures, je dy visibles . . . En tout ce que nous voyons et hault et bas, il n'y a rien qui approche de l'homme. Et voilà pourquoy aussy les philosophes l'ont appelé ung petit monde. Quand on vouldra seulement contempler ce qui est en l'homme, on trouvera tant de choses dignes d'admiration que c'est aultant que si on faisoit circuit par tout le monde".

190 "Nous pouvons contempler Dieu en toutes ses créatures, mais quand il se manifeste en l'homme, alors nous le voyons comme par le visage; en lieu que le considérans ès autres créatures, nous le voyons obscurément comme par le dos. Ainsi combien qu'il soit dit que Dieu nous est fait visible aux créatures, si est-ce qu'en icelles nous ne voyons que comme ses pieds, ses mains et son dos, mais en l'homme nous voyons comme sa face. Non point que ce soit sa face, pour le contempler en perfection. Je ne l'enten pas ainsi, car je ne parle pas des choses divines, mais seulement de ce que Dieu veut estre cognu en ce monde haut et bas" (Congrégation sur la divinité de Jésus-Christ, CO 47, p. 480–481).

191 "Quand on fera une belle tapisserie, il n'y aura que le devant qui se monstrera beau, et ce qui est caché sera tout difforme. Mais de l'homme nous voyons qu'il est poly depuis le sommet de la teste jusques à la plante des pieds, qu'il y a un artifice égal (voire selon l'ordre de nature) et qu'on ne sauroit point trouver à redire au bout d'un ongle" (39ᵉ sermon sur Job, CO 33, p. 481).

192 Nous avons déjà relevé dans notre chapitre premier sur la révélation générale (cf. *supra,* p. 26) l'importance que Calvin attribue aux ongles. Aux textes mentionnés alors, à savoir le 153ᵉ sermon sur Job, CO 35, p. 437, le 26ᵉ sermon sur les Galates, CO 50, p. 599, et le 1ᵉʳ sermon sur la Genèse, fo. 3 vo., il faut ajouter ici le 39ᵉ sermon sur Job, CO 33, p. 488: "Les payens mesmes ont esté contraints de dire que ceux qui n'ont point cognu qu'il y a une déité souveraine, qu'ils en peuvent estre convaincus par un seul ongle de l'homme . . . Voilà nos ongles qui sont comme une superfluité du corps, et toutesfois si nous regardons les ongles, nous verrons un artifice merveilleux en cela. Car ils servent pour pouvoir mettre les mains en oeuvre, pour les fortifier et pour savoir fléchir les doigts, et pour tenir aussi ce qui est nécessaire. Il est certain donc que l'ongle d'un homme, qui n'est qu'une superfluité, nous sera un miroir de la providence de Dieu, que par cela nous pourrons cognoistre qu'il a tellement besongné en nous, qu'il est impossible que nous puissions cognoistre la centième partie de l'artifice qu'il y a mis".

193 "Voilà . . . une telle dignité qu'il (sous-ent.: Adam) a en soy, et une telle noblesse, que son origine est comme anoblie, comme si un prince ou un grand Seigneur prenoit quelque enfant de petite maison, et qui fut mesmes à mandier son pain, qu'il le revestist, qu'il l'adoptast pour l'avoir comme sien, voilà une noblesse qui est acquise pour l'enfant, en sorte qu'on oublie dont il est sorti. Autant en est-il de nostre père Adam, combien qu'il ne différast en rien (quant à la substance) d'avec les pots de terre . . . Adam donc cependant qu'il demeure en son entier est anobli, tellement que son origine n'est plus cogneue, on ne le tiendra point comme un vaisseau de terre" (19ᵉ sermon sur la Genèse, fo. 93 vo. – 94).

194 "Pourquoy est-ce que Dieu nous a créez en telle noblesse qu'il a mis en nous, et à quoy est-ce que tout cela prétend? C'est afin que sa gloire y reluise seulement, comme en des petites estincelles de ceste perfection de gloire qui est en Dieu. Ainsy donc nous qui sommes inférieurs aulx anges, ne fault-il pas que nous soyons tenuz en tel degré et

mesure que Dieu soyt sage, qu'il ayt vertu, bonté et justice infinie . . . . pour monstrer que nous tenons tout de luy et qu'il s'est monstré d'aultant libéral envers nous" (10e sermon sur la Genèse, fo. 49).

195 Cf. Justin Martyr, *1ère Apologie* 55, 4: "L'homme ne diffère d'aspect des autres animaux que parce qu'il se tient droit et qu'il peut étendre les mains"; et *A Diognète* 10, 2: Dieu "a donné (aux hommes) la raison et l'intelligence; à eux seuls il a permis d'élever les regards vers le ciel". Il faut remarquer que cet argument remonte à Platon (*Timée*, 90 ab) et se retrouve chez Aristote (*De partibus animalium*, 11, 10) et chez Cicéron (*De natura deorum*, 140). C'est peut-être directement à ces philosophes de l'Antiquité que Calvin l'a emprunté.

195a Cf. Basile de Césarée, *Homélie sur l'Hexaemeron* 9,2: "Les bêtes sont terrestres et penchées vers la terre; mais autant l'homme, cette plante céleste, l'emporte sur eux par le maintien qu'il doit à la disposition de son corps, autant l'emporte-t-il aussi par la dignité de son âme"; et Grégoire de Nysse, *De hominis opificio* 8, 144 b: "La stature de l'homme est droite, tendue vers le ciel et regardant en haut . . . Si seul parmi les êtres, l'homme est ainsi fait, tandis que le corps de tous les autres animaux est penché vers le sol, c'est pour indiquer clairement la différence de dignité qu'il y a entre les êtres courbés sous le pouvoir de l'homme et cette puissance placée au-dessus d'eux".

196 "Nous avons naturellement la face levée en haut, et . . . Dieu nous a voulu discerner d'avec les bestes brutes; il veut que les bestes soyent là comme pendantes en bas, pource qu'elles ne regardent que la terre; l'homme aura le chef eslevé en haut, pource qu'il a le ciel pour une meilleure condition et plus excellente. Et de fait c'est pour faire eslever tousjours nos esprits en haut pour cercher Dieu et le royaume des cieux" (115e sermon sur Job, CO 34, p. 685). "La création la plus noble, c'est l'homme. Maintenant nous voyons deulx choses en nous. L'une est la dignité que Dieu y a mise quand il nous a eslevé la teste en hault afin qu'en regardant toutes créatures, estans eslevez en ce monde comme en ung théâtre, nous luy donnions gloire" (1er sermon sur la Genèse, fo. 4 vo.). A la dignité dont il vient d'être question, Calvin oppose la fragilité de l'homme dans la suite de ce sermon.

197 "Il n'y a eu qu'Adam que Dieu ait formé de la terre; mais voilà où nostre origine commence. Il nous faut tous revenir là. Quand nous pensons d'où les hommes sont sortis et de quoy ils sont composez, assavoir de la terre, sachons que cela nous compète à tous en général" (39e sermon sur Job, CO 33, p. 482). "Si on nous demande d'où nous sommes venus: Et nous sommes povres créatures, nostre origine est de terre, nous sommes si fragiles que c'est pitié, il y a en nous tant d'infirmitez" (154e sermon sur Job, CO 35, p. 441).

198 "Il faut que nous soyons amenez à ceste boüe et à ceste fange de laquelle il est ici (Job 9/31) parlé. Vray est que les subtils, c'est-à-dire ceux qui cuident estre bien sages en leur cerveau, trouveront ici à répliquer, qu'il leur semblera que ce stile ne soit point tel comme ils désireroient. Car si on interrogue les philosophes, et bien ils parleront d'une autre façon: mais Dieu a cognu ce qui nous pouvoit mieux edifier" (39e sermon sur Job, CO 33, p. 487). "Icy (Genèse 2/7) . . . Moyse nous monstre que considérans la matière dont nous avons esté faictz, nous n'avons point de quoy nous glorifier: car nous ne sommes que terre et fange . . . Il est vray que l'artifice que Dieu a mis au corps humain mérite bien que nous voyons là et contemplions une dignité si grande qui nous est donnée que nous soyons raviz à le glorifier; mays ce pendant si faut-il que la matière nous vienne en mémoire, de laquelle nous avons esté composez, c'est assavoir que ç'a esté de fange et de boue" (9e sermon sur la Genèse, fo. 42).

199 "Nous avons esté prins de la terre comme les boeufz, les asnes et les chiens, nostre origine est du tout pareille" (6e sermon sur la Genèse, fo. 29). "Nous avons esté composez . . . de fange et de boue. Voilà donc quelz nous sommes, tellement que Dieu nous pouvoit créer des potz de terre ainsy bien que des animaux, il nous pouvoit créer des asnes ou des chiens" (9e sermon sur la Genèse, fo. 42). "Combien qu'il (= Adam) ne différast en rien (quant à la substance) d'avec les pots de terre, ou d'avec les asnes et

les chiens, quoy qu'il en soit Dieu l'avoit revestu d'une telle noblesse que son image reluisoit en luy" (19e sermon sur la Genèse, fo. 93 vo. – 94).

200 39e sermon sur Job, CO 33, p. 485–486.

201 "Que nous regardions tousjours à l'origine dont nous sommes sortiz pour baisser les yeux et cheminer en toute humilité, confessans que nous ne sommes que terre et pouldre (comme l'Escriture en parle tant de foys)" (9e sermon sur la Genèse, fo. 42).

202 "Quand nous venons à regarder cest artifice admirable que Dieu a mis en nous . . . , en cela nous avons occasion de cognoistre tant mieux et tant plus clairement la bonté, la vertu et la sagesse de Dieu" (39e sermon sur Job, CO 33, p. 486). Le même sermon, p. 487, lie explicitement les "deux articles", les deux leçons d'humilité et de reconnaissance dont nous avons parlé: "Que nous ayons honte de nous et de tout ce qui nous est propre. Que nous soyons confus en regardant que c'est de nostre nature. Et puis de l'autre costé, que nous soyons ravis, cognoissans la bonté et la grâce de Dieu, quand il nous a fait tels que nous sommes d'un si beau et excellent artifice".

203 "Adam a esté créé à l'image de Dieu, doué de grâces excellentes, et mesmes il n'estoit pas subjet à la mort" (53e sermon sur Job, CO 33, p. 660).

204 "Nostre père Adam a esté créé à ceste condition qu'estant conjoinct à son créateur, il n'eust point esté subject ny à corruption ny à mort; vray est qu'il n'eust pas jouy du premier coup de l'héritage céleste, car nous avons à considérer double estat, c'est assavoir celuy auquel l'homme a esté constitué en premier lieu, et celuy qui luy estoit appresté après qu'il eust icy achevé son cours . . . En allant par ung chemin délectable, il (= Adam) fust parvenu à la vie éternelle qui luy estoit présentée; or de là il n'y eust point eu de mort, comme il n'y eust eu de langueurs et de maladies" (10e sermon sur la Genèse, fo. 47 vo.).

205 41e sermon sur Job, CO 33, p. 515.

206 "Devant que l'homme eust péché, desjà il estoit ordonné à travailler, car cela est contre nature que nous soyons oisifs et inutiles" (67e sermon sur Deutéronome, CO 26, p. 707). "Quand . . . Adam n'eust point péché, il pouvoit vivre icy au monde voire d'une vie heureuse, il n'eust point senty nulle malédiction de Dieu, comme maintenant nous faisons. Car d'ung costé il y a stérilité de la terre par gresles, par gelées et orages, puys après tant de fascheries et d'angoisses. Or il n'y eust point eu tous ces troubles qui nous adviennent. Voilà quel eust esté l'estat de nostre premier père Adam, c'est qu'il se fust icy esjouy en son créateur" (10e sermon sur la Genèse, fo. 47 vo.).

207 "Dieu n'a pas voulu qu'il (= l'homme originel) fust comme ung tronc inutile, mays qu'il s'emploiast à faire quelque chose. Ainsy l'oisiveté est contre nature. Il est vray que nous verrons cy-après qu'Adam a esté condamné à manger son pain en la sueur de son visage, mays quoy qu'il en soyt, devant le péché si ne falloit il poinct qu'il fust oisif. Voicy la diversité qui est maintenant, nous travaillons d'une façon pénible, qu'il faut ahaner et suer quand il est question que l'homme gangne sa vie, il fauldra qu'il estende les nerfz souventefoys, et qu'il s'employe tellement qu'il sentira lassitude et qu'il continue toutefoys en son travail. Voilà donc comme le labeur des hommes auquel ilz s'applicquent aujourd'huy est pénible: mais c'eust esté ung labeur de plaisir devant que nostre père Adam se fust aliéné de Dieu. Il falloit bien qu'il travaillast, mays c'estoit ung labeur délectable comme en se jouant par manière de dire" (9e sermon sur la Genèse, fo. 44 vo.).

208 35e sermon sur le Deutéronome, CO 25, p. 296.

209 "Il ne nous faut point attribuer à Dieu le mal qui est en nous: car Adam n'a pas esté créé en la corruption de laquelle il est ici (= Job 15/16) parlé, il se l'est acquise de soy; car les choses que Dieu a faites, il les a trouvées bonnes. L'homme donc qui est excellent par dessus toutes créatures n'estoit pas ainsi perverti, jusques à ce qu'il se soit aliéné de Dieu" (58e sermon sur Job, CO 33, p. 730).

210 CO 46, p. 598.

211 "Il nous faut . . . distinguer entre l'infirmité de nature, laquelle a tousjours esté en l'homme, et les infirmitez vicieuses qui sont survenues à cause du péché originel" (48e sermon sur l'Harmonie des trois Evangélistes, CO 46, p. 598).

212 Cf. *Die Theologie Calvins,* 2e éd., Munich, 1957, p. 65–68.

213 Cf. dans *Calvin's Doctrine of Man,* Londres, 1949, qui est, par ailleurs, un ouvrage remarquable, les chapitres 3, 4, 5 et 6 (p. 35–82) intitulés chacun "The Image of God".

214 "Calvin's use of the expression *imago dei* ... is much wider than his doctrine of the image of God in man which expresses man's peculiar relation to God as a conscious witness to His grace and glory. This has been a fruitful source of confusion in the understanding of Calvin's thought; and not without some justification, for it is difficult to see how Calvin is always consistent himself" (*Op.cit.,* p. 36).

215 Cf. l'affirmation de Niesel: "Das göttliche Ebenbild ist überhaupt kein Etwas, sondern es besteht in der *rechten Haltung* des Menschen gegenüber seinem Schöpfer" (*op.cit.,* p. 67). De son côté, Torrance écrit: "The *imago dei* is essentially spiritual, and is apparent in man's response to God the Father, in his witness to the Truth as it is sealed in his heart by the Word and the Spirit. It is grounded in the *testimonium internum Spiritus Sancti.* As such it is not a possession of the soul, though the soul may be said to be the seat of the *imago dei*" (*Op.cit.,* p. 52).

216 Niesel affirme ainsi: "Es gibt keine theologische Anthropologie losgelöst von der Christologie. Es gibt keine Anerkennung des ersten Glaubensartikels, wenn nicht zugleich und in einem damit der zweite Artikel bekannt wird" (*Op.cit.,* p. 68).

217 Nous nous bornerons à citer ici quelques textes. "Si l'image de Dieu estoit telle en nous comme elle a esté en nostre père Adam du commencement, il est certain que tous nos sens ... seroyent purs et nets, et n'y auroit rien de polu, et tous les regards que nous aurions tendroyent à Dieu" (112e sermon sur Job, CO 34, p. 643). "Si nous considérons nostre première origine, voilà Dieu qui nous a créez comme ses enfans, il a voulu que sa gloire reluist en nous, et nous a constituez en ce monde afin que nous fussions comme ses images vives ... Dieu nous avoit créez à son image pour estre compagnons des anges, et cependant nous sommes abysmez jusques au profond d'enfer" (18e sermon sur II Timothée, CO 54, p. 215). "Il (= Adam) avoit effacé en tant qu'en luy estoit l'image de Dieu qu'il avoit imprimée en son âme et en son corps" (16e sermon sur la Genèse, fo. 77). "Nous avons effacé l'image de Dieu qu'il avoit mise et en nos âmes et en nos corps" (18e sermon sur la Genèse, fo. 88). – Cf. aussi, dans les sermons sur le livre de Job, le 43e, CO 33, p. 535; le 55e, CO 33, p. 690; et le 102e, CO 34, p. 515.

218 "Dieu ne crée jamais un homme qu'il ne lui imprime son image. Il est vrai que par le péché ceste image-là est effacée" (41e sermon sur Job, CO 33, p. 512). "Les payens qui ne sont point reformez par l'Esprit de Dieu, encores ne sont-ils pas comme des boeufs, des asnes, des chiens: nous portons donc tousjours quelque marque de ceste image de Dieu qui avoit esté imprimée au premier homme, mais cependant si est-ce que nous avons tout corrompu" (164e sermon sur Deutéronome, CO 28, p. 488–489). "Vray est qu'en tant que nous portons l'image de Dieu, que de nature nous sommes ses enfans: mais pource qu'en Adam nous sommes confus, et que l'image de Dieu a esté effacée en nous, nous ne méritons point ce titre" (179e sermon sur Deutéronome, CO 28, p. 677). "Quand Dieu nous met en ce monde, et ne nous y met pas comme les boeufs, les asnes et les chiens, mais comme créatures raisonnables, ... il met son image en nous. Voilà desjà un bénéfice inestimable qu'il nous fait. Mais cependant, pource que nous sommes corrompus en Adam et que nous sommes du tout maudits, que le péché domine tellement que ceste image de Dieu est effacée" (183e sermon sur Deutéronome, CO 29, p. 13–14). "Nous sommes créez à l'image de Dieu ... Voilà (di-je) une image de Dieu vive qui reluyt en nous. Or il est vray qu'elle est comme effacée par le péché originel" (64e sermon sur II Samuel, SC 1, p. 557).

218a Il faut relever ici que, comme dans l'*Institution de la religion chrestienne* (I/XV/4), Calvin s'oppose dans la prédication aux conceptions d'Osiander (cf. son *De imagine Dei quid sit,* de 1550) selon lesquelles l'"image (de Dieu) est seulement enclose en Jésus-Christ homme". Il déclare dans le 6e sermon sur la Genèse, fo. 32: "Si cela estoit ainsy entendu, voilà nostre Seigneur Jésus-Christ qui est Dieu éternel qui seroyt son image luy-mesme. Or ce fantastique-là dit que ceste image-là estoit Jésus-Christ; or si Jésus-Christ eust esté ceste image, et il eust dit: Faisons-la à nostre image; voilà donc deulx images qui se trouveront en luy, et ce seroyt pour le desguiser et le transfigurer du tout".

219 Dans la prédication, Calvin ne parle en général que de l'image de Dieu. Font exception et mentionnent l'"image et semblance" le 80e sermon sur Job, CO 34, p. 236: "Il (= Dieu) nous a créez à son image et semblance: et encores que ceste image soit effacée en nous par le péché d'Adam, et que nous n'apportions rien que toute malédiction du ventre de nos mères, si est-ce toutes fois que Dieu nous avoit créez à son image"; et le 148e sermon sur Job, CO 35, p. 371: "Dieu nous a créez à son image et semblance, et combien que ceste image ait esté effacée par le péché d'Adam, si est-ce qu'elle a esté réparée aux éleus". Comme on l'aura remarqué, ces deux textes s'inscrivent dans la perspective d'une restauration christologique.

220 *Commentaires sur les cinq livres de Moyse*, Genève, 1564, p. 8.

221 Fo 29 vo. – 30.

222 Cf. la Congrégation sur la divinité de Jésus-Christ, CO 47, p. 481; les 3e, CO 33, p. 56; 36e, CO 33, p. 449; 62e, CO 34, p. 9; 71e, CO 34, p. 118; 122e, CO 35, p. 47; et 128e sermon sur Job, CO 35, p. 126; le 11e sermon sur I Timothée, CO 53, p. 134; le 11e sermon sur le Deutéronome, CO 26, p. 10; le 2e sermon sur les Galates, CO 50, p. 287; le 33e sermon sur les Ephésiens, CO 51, p. 658; le 63e sermon sur l'Harmonie des trois Evangélistes, CO 46, p. 783; les 6e, fo. 31 et 31 vo.; 9, fo. 43 vo.; et 19e sermon sur la Genèse, fo. 93 vo.

223 Cf. le 39e sermon sur le Deutéronome, CO 26, p. 351, et le 1er sermon sur l'élection de Jacob et la réjection d'Esaü, CO 58, p. 30.

224 Cf. par exemple le 137e sermon sur Job, CO 35, p. 240: "Voici je vien à mon Dieu, et en quelle qualité est-ce que je le cerche? Non point seulement comme celuy qui m'a formé, mais comme celuy qui a desployé une grâce paternelle envers moy, car je suis créé à son image et semblance. Pourquoy est-ce qu'il m'a eslevé par dessus les bestes brutes? Ne voilà point donc . . . une matière et occasion de fiance qu'il me donne de venir à luy?"

225 "Tous hommes doivent penser qu'ils sont formez à l'image de Dieu, qu'ils ont une nature commune entre eux" (11e sermon sur le Deutéronome, CO 26, p. 9). "Nous sommes tous formez à une semblance . . . Voilà l'image de Dieu qui reluit en tous hommes" (12e sermon sur le Deutéronome, CO 26, p. 19). "Nous sommes . . . tous formez à l'image de Dieu, nous portons sa marque" (35e sermon sur les Galates, CO 51, p. 19). "Nous sommes tous formez à l'image de Dieu" (44e sermon sur les Ephésiens, CO 51, p. 798).

226 CO 33, p. 143. Cf. aussi le 12e sermon sur Job, CO 33, p. 153: "Si faut-il que nous sachions qu'il (= Dieu) nous a créez, et que nous ayant mis en ce monde, il nous a imprimé son image"; et le 22e sermon sur Job, CO 33, p. 280: "Dieu veut qu'on appréhende sa bonté et faveur en cela (sous-ent.: dans le fait que les êtres animés ont une descendance), que sera-ce donc quand il crée des enfans et les forme à son image? Car en la nature humaine n'y a-il point une dignité et excellence beaucoup plus grande qu'en toutes autres créatures?"

227 Cf. *op.cit.*, p. 54.

228 Cf. *Calvin's Doctrine of Man*, p. 65.

229 "There is no doubt that Calvin always thinks of the *imago* in terms of a mirror. Only while the mirror actually reflects an object does it have the image of that object. There is no such thing in Calvin's thought as an *imago* dissociated from the act of reflecting" (*Op.cit.*, p. 36).

230 "Quand je regarde un homme, il faut que je contemple là mon image, et que je me regarde en sa personne, et que je m'y cognoisse. Il y a encores une chose plus digne d'estre considérée, c'est l'image de Dieu qu'il a engravée en tous. Si donc nous portons

à Dieu quelque honneur et révérence, c'est bien raison que nous ne mesprisions point son image laquelle il a engravée en tous hommes" (11ᵉ sermon sur I Timothée, CO 53, p. 128). L'expression d' "image engravée" est infiniment moins répandue dans la prédication que celle d' "image imprimée" que nous analysons plus loin.

231 "He (= Calvin) does use such expressions as *engrave* and *sculptured,* but only in a metaphorical sense and never dissociated from the idea of the mirror" (*Op.cit.,* p. 36). Dans son ouvrage *Das Wirken des Heiligen Geistes nach Calvin* (cf. p. 49), Werner Krusche a, lui aussi, critiqué sur ce point l'interprétation de Torrance.

232 "Nous avons une chose par dessus toutes les autres créatures, que Dieu a imprimé son image en nous; après nous avoir eslevez en tel degré d'honneur, nous défaudra-il? Il est bien certain que non" (20ᵉ sermon sur le Psaume 119, CO 32, p. 717–718). "Dieu quand il nous a créez, a imprimé son image en nous, qu'il nous a fait cest honneur que nous fussions excellens par dessus toutes créatures" (11ᵉ sermon sur Job, CO 33, p. 145).

233 "Sainct Jean monstre que dès le commencement Dieu a séparé les hommes d'avec les bestes, qu'il leur a imprimé son image et leur a donné discrétion de bien et de mal" (28ᵉ sermon sur Ephésiens, CO 51, p. 599).

234 "Il (= Dieu) ne nous a point fait semblables aux boeufs, aux asnes, ny aux chiens, qui sont bestes brutes, n'ayans que corruption, mais . . . il a imprimé en nous son image, et nous a ordonnez à la vie immortelle" (10ᵉ sermon sur le Psaume 119, CO 32, p. 594). "Je (c'est Dieu qui parle) pouvois faire de la matière de quoy voz corps est faictz des potz ou d'aultres choses, et mesmes je vous pouvois . . . faire des asnes et des chiens, tant y a que je vous ay créez à mon image laquelle j'ay imprimée en vous" (7ᵉ sermon sur la Genèse, fo. 34 vo.).

235 CO 47, p. 480.

236 Bien qu'il n'y soit pas explicitement question de l' "imago imprimée" — la notion s'y trouve seulement de manière implicite — le 108ᵉ sermon sur Job, CO 34, p. 595–596, doit être cité ici: "Encores que les hommes n'ayent rien en eux digne pour les priser, il ne faut point que nous les desdaignions pourtant, mais il faut les cognoistre créatures de Dieu, et qui aussi portent nostre remembrance. Que donc nous les honorions, car celuy qui sera le plus eslevé aura beau apporter ceci et cela pour s'eslongner du reste des hommes, si faut-il qu'un roy se despouille de sa nature, ou il aura fraternité avec les plus povres bergiers et bouviers de tout le monde. Et de fait ce qu'un roy a le principal en soy et le plus excellent, ne l'a-il point commun avec un bergier, c'est assavoir d'estre homme? O je suis sorti d'une telle race. Et mon ami, tous ne sont-ils pas descendus d'Adam? Et puis après de Noé? . . . Ce qu'un roy a le plus excellent en soy, c'est d'estre homme, et il a cela commun avec les bouviers des champs . . . . Cognoissons donc que Dieu nous a faits tous d'une mesme nature".

237 Dans un siècle qui vouait aux Turcs une haine irréductible, les propos du 41ᵉ sermon sur l'Epître aux Galates, CO 51, p. 105, qui traite de l' "image imprimée" paraissent peu banals· "Cependant que nous verrons créatures humaines, il faut que nous contemplions comme en un miroir nostre face en celuy qui sera povre et mesprisé, qui n'en pourra plus, et qui gémira sous le fardeau, et fust-il le plus estrange du monde. Qu'il y vienne quelque Maure ou quelque Barbare, si est-ce qu'estant homme, il apporte quant et quant un miroir auquel nous pouvons contempler qu'il est nostre frère et nostre prochain, car nous ne pouvons pas abolir l'ordre de nature que Dieu a establi pour estre inviolable". De ce texte, on peut rapprocher le 15ᵉ sermon sur Esaïe 13–29, SC 2, p. 138–139: "Dieu nous a tous créez ensemble, c'est-à-dire autant l'ung que l'autre. Autant est-il créateur des Turcz et des païens comme il est de nous".

238 "Dieu nous a mis au monde à telle fin que nous soyons unis et conjoints ensemble. Et d'autant qu'il a imprimé son image en nous et que nous avons une nature commune, que cela nous doit inciter à subvenir les uns les autres. Car il faut que celuy qui se voudra exempter de subvenir à ses prochains se deffigure, et qu'il déclare qu'il ne veut plus estre homme" (41ᵉ sermon sur les Galates, CO 51, p. 105). Dans un sens voisin,

cf. le 126e sermon sur le Deutéronome, CO 28, p. 22: "Quand on viendra à violer son image, c'est-à-dire qu'on fera quelque injure à un homme, cela demeurera-il impuni? "

239 84e sermon sur le Deutéronome, CO 27, p. 204.

240 Cf. le 41e sermon sur l'Epître aux Galates, CO 51, p. 105, cité n. 237.

241 "Nous ne pouvons pas faire tout outrage, ni violence à nos prochains, que Dieu n'y soit offensé mortellement. Et non sans cause. Car nous violons par ce moyen son image, comme il est dit au 9e chapitre de Genèse. Puis qu'il a imprimé son image aux hommes, quiconque attouche son prochain par malice, celuy-là despitte Dieu en tant qu'en luy est. Et ainsi nous sommes advertis de nous abstenir de tout maléfice, et de cheminer tellement avec les hommes, que nul ne soit outragé par nous. Et de faict, nous voyons que les homicides qui se commettent par nécessité, encores emportent-ils une espèce de pollution. Comme quand on tuera en guerre les ennemis, combien que cela soit licite, tant y a que Dieu encores dit que les mains en sont souillées" (112e sermon sur le Deutéronome, CO 27, p. 542–543). "En général on ne pourra pas tuer ung homme que l'image de Dieu ne soit violée. Et voilà pourquoy il est dit qu'un homme, estant créé à l'image de Dieu, ne peut estre tué que l'offense ne s'adresse à Dieu mesme qui a imprimé son image en nostre nature" (6e sermon sur II Samuel, SC 1, p. 49). "Nous avons à noter que Dieu veut espargner le sang humain et que les meurtres luy sont en telle abomination que nous ne les devons nullement souffrir et ne doivent point demourer impuniz. Car ce n'est pas peu de choses que l'homme soit créé et formé à l'image de Dieu. Quand il n'y auroit que ceste nature commune, comme Isaye dit que chacun est nostre chair, encores cela nous devroit bien tenir en bride. Mais quand nous contemplons l'image de Dieu en ung homme et que là-dessus nous venons à espandre le sang humain, ne faut-il pas bien dire qu'en telle cruauté il y ait un mespris de Dieu et une fierté et rébellion, pour dire qu'il ne nous chaut de l'offenser? Ce n'est pas donc sans cause que Dieu a en abomination les meurtres et qu'il veut que le sang humain soit espargné" (11e sermon sur II Samuel, SC 1, p. 94–95).

242 "Si nos prochains sont formez à l'image de Dieu, et cependant nous pillerons l'un et mangerons l'autre, chacun sera adonné à soy; je vous prie, ne crachons-nous point contre Dieu en tant qu'il nous est possible quand nous faisons quelque nuisance à ceux qu'il a formez à son image? " (44e sermon sur Job, CO 33, p. 553).

243 "Quand nous voyons les hommes ainsi dispersez, cela nous doit faire dresser les cheveux en la teste, comme si nous voyions un monstre. Car tous sont d'une mesme nature, l'image de Dieu est imprimée en eux, il y a comme un lien inséparable, et cependant nous voyons qu'ils sont comme divisez" (14e sermon sur I Timothée, CO 53, p. 160). Cf. aussi le 37e sermon sur le Deutéronome, CO 26, p. 332–333, qui vise plus particulièrement la situation des chrétiens: "Puis qu'ainsi est donc que Dieu nous a approchez les uns des autres, il faut que nous gardions ceste communauté que Dieu a mise entre nous, et que tousjours nous revenions là que c'est contre nature que nous hayssions nostre chair. Mais maintenant il y a bien un regard entre les fidelles autre que cestuy-ci: car non seulement ils se doyvent cognoistre estre formez à l'image de Dieu, mais ils doyvent penser qu'ils sont membres de nostre Seigneur Jésus-Christ, et qu'il y a un lien beaucoup plus estroit et plus sacré que ce lien de nature qui est commun en tout le genre humain".

244 "Voilà un homme que Dieu me présente, et il est mon prochain; encore qu'il n'y ait ne parentage, ne chose semblable, tant y a que c'est une créature formée à l'image de Dieu: il faut donc que mon coeur s'ouvre là, et que j'en aye quelque pitié. Ainsi apprenons, toutes fois et quantes que nous serons froids et lasches à secourir à nos prochains, d'entrer en ceste remonstrance qui est ici couchée: Comment? Et povre homme, si tu estois en son lieu, ne voudrois-tu pas qu'on s'employast pour toy? Et si on te laissoit là, tu saurois bien alléguer: Quoy? On ne tient conte d'une créature formée à l'image de Dieu non plus que d'un chien" (94e sermon sur le Deutéronome, CO 27, p. 330). "Il appert bien que tu es abruti, quand tu n'es point esmeu de pitié après celuy qui endure: si tu estois en sa place, tu voudrois que tout le monde

accourust pour te soulager: et ne faut-il pas bien que tu ne penses plus estre homme, quand tu ne te soucies autrement d'une créature formée à l'image de Dieu? " (140ᵉ sermon sur le Deutéronome, CO 28, p. 198).

245 "Mon Dieu veut bien condescendre à moy, qui ne suis que pourriture; et moy cependant je refuseray de me réconcilier à celuy qui est mon semblable, qui est mon frère; encores qu'il m'ait offensé, si est-ce que je ne puis renoncer ma nature, si est-ce que je ne puis faire qu'il ne soit tousjours une créature humaine formée à l'image de Dieu" (118ᵉ sermon sur le Deutéronome, CO 27, p. 624).

246 "Voilà un povre homme qui n'a rien, mais si est-ce qu'il est une créature formée à l'image de Dieu. Voilà un riche homme qui viendra pour l'opprimer, et de faict, voilà l'homme qui est desjà comme à demi mort s'il est opprimé par faux tesmoignages" (115ᵉ sermon sur le Deutéronome, CO 27, p. 586).

247 "Nous avons un Créateur commun, . . . nous sommes tous descendus de Dieu; et puis . . . il y a une nature semblable, tellement qu'il faut conclure que tous hommes, combien qu'ils soyent de basse condition, et mesprisez selon le monde, si ont-ils fraternité néantmoins avec nous. Car celuy qui ne daigne recognoistre un homme pour son frère, il faut donc qu'il se face un boeuf, ou un lion, ou un ours, ou quelque autre beste sauvage, et qu'il renonce à l'image de Dieu qui est imprimée en nous tous . . . Si je suis maistre, Dieu a fait mon serviteur, il l'a formé aussi bien que moi. Quand nous penserons à cela, ce sera pour dompter ceste outrecuidance qui estoit en nous, afin que toute hautesse soit réprimée. Et cependant aussi que nous ayons ce . . . regard dont il est ici parlé, que nous sommes d'une nature semblable. Car il est vrai que Dieu a bien formé les bestes brutes, les arbres et les autres choses, mais il n'a point formé les hommes comme les bestes, il leur a donné intelligence, imprimant son image en eux" (113ᵉ sermon sur Job, CO 34, p. 659—660).

248 "Quand un homme instruira les autres et aura des enfans seulement à enseigner en une escole, voilà des créatures formées à l'image de Dieu, il les doit reformer; ne voilà point une grande chose? " (115ᵉ sermon sur Job, CO 34, p. 685—686).

249 "Il (= Dieu) a imprimé sa marque en nous, pour dire que nous portions son image; et ceste image-ci ne gist-elle point en partie en ce que les hommes ne s'abandonnent pas ainsi à tous propos, selon qu'un homme rencontre une femme, comme un chien, une chienne; mais qu'un chacun ait son parti, et qu'il y ait une compagnie bénite de Dieu, et laquelle il approuve? " (4ᵉ sermon sur I Corinthiens 10 et 11, CO 49, p. 625).

250 "L'ivrongnerie est une chose plus que détestable; que l'homme efface l'image de Dieu, qu'il se rende semblable à un pourceau, je vous prie, cela doit-il estre tolléré? Quant il n'y auroit autre mal, l'ivrongnerie en soy mérite bien une griefve punition" (1ᵉʳ sermon sur Daniel, CO 41, p. 324). "Ce n'est que trop que nous soyons incitez de nos désirs et de nos convoitises: mais de nous enyvrer . . . . et d'estre là tellement abrutis que nous n'y cognoissions plus rien, et mesmes que nous soyons tellement confits en nos malices, qu'à l'exemple des yvrongnes nous venions cercher des choses monstrueuses, hélas! où sera-ce aller? N'est-ce pas du tout effacer l'image de Dieu en tant qu'en nous est? " (167ᵉ sermon sur le Deutéronome, CO 28, p. 529).

251 L'expression est empruntée au 107ᵉ sermon sur le livre de Job, CO 34, p. 577.

252 107ᵉ sermon sur Job, CO 34, p. 577.

253 "Nous sommes formez à l'image de nostre Dieu, le monde est créé à cause de nous; et quand il a imprimé sa marque en nous, c'est afin que nous lui fussions comme ses enfans" (18ᵉ sermon sur II Timothée, CO 54, p. 214).

254 46ᵉ sermon sur le Deutéronome, CO 26, p. 439. – Cf. aussi le 11ᵉ sermon sur le livre de Job, CO 33, p. 145: "Dieu quand il nous a créez, a imprimé son image en nous, qu'il nous a fait cest honneur que nous fussions excellens par dessus toutes créatures: en cela nous avons tousjours à bénir son nom".

255 L'interprétation de Torrance nous paraît d'autant moins satisfaisante que, selon lui, la notion de miroir est partie intégrante d'une théologie de la Parole. "It is not often that Calvin uses the expression *imago Dei* except in this intimate association with mirror and word" (*Op.cit.*, p. 37).

256 Nous n'avons découvert que deux textes qui, dans l'ordre de la création, restreignent à une certaine catégorie d'hommes la possession de l'*imago Dei*. Dans le 90ᵉ sermon sur le Deutéronome, CO 27, p. 275, Calvin attribue cette image aux Juifs, à l'exclusion des païens: "S'ils (= les Juifs) se deffigurent à la façon des payens, . . . c'est comme effacer l'image de Dieu qui estoit en eux, d'autant qu'ils estoyent sanctifiez d'entre tous les peuples du monde". Dans le 4ᵉ sermon sur Job, CO 33, p. 59, le Réformateur incline à ne reconnaître vraiment l'*imago Dei* que dans les chrétiens réformés à l'image du Christ: "Les hommes seront bien quelquefois intitulez enfans de Dieu, à cause qu'il a imprimé son image en eux, surtout les fidèles, d'autant qu'ils sont reformez à la semblance de nostre Seigneur Jésus-Christ, qui est l'image vive de Dieu son Père".

257 Comme nous l'avons déjà relevé (cf. *supra*, p. 201), nous sommes disposé à admettre que, chez Calvin, certains textes relatifs à l'*imago Dei* (que nous n'examinons pas ici) puissent être interprétés dans le sens de Torrance. En revanche, nous contestons la synthèse doctrinale dans laquelle le théologien écossais veut enfermer la pensée du Réformateur de Genève relative à l'image de Dieu.

258 "Non sans cause . . . Moyse nous a voulu donner icy (Genèse 1/27) occasion de considérer plus attentivement que c'est d'avoir esté créés à l'image de Dieu. Si nous regardons à nostre corps, il est formé de terre et cependant Dieu a esleu ce vaisseau corruptible". Immédiatement après ces mots, Calvin modifie cependant sa pensée en sous-entendant que le corps est porteur de l'*imago Dei* dans la mesure où il est le lieu de l'action de l'Esprit: "Mesmes où il n'y a nul honneur ny dignité (c'est-à-dire: dans le corps), il l'a voulu douer de ses grâces et des dons de son Sainct-Esprit tellement que nous portons son image" (6ᵉ sermon sur la Genèse, fo. 31).

259 Fo. 30.

260 "Ilz (= Adam et Eve) estoient sans honte pour ce que Dieu les avoyt créez à ceste condition que son image reluist en leurs corps, d'aultant que leurs corps estoyent les domiciles de leurs âmes qui estoyent formées et créées à l'image de Dieu. Et de faict nous voyons ung tel artifice de Dieu au corps humain, que c'est pour nous ravir en estonnement, et pour nous faire magnifier la sagesse admirable de Dieu" (12ᵉ sermon sur la Genèse, fo. 58).

261 "L'âme estoit pure et nette, . . . elle tendoit à la justice de Dieu qu'on pouvoit veoir: voilà Dieu qui a engravé son image en l'homme. Cela estoit aussy bien au corps" (12ᵉ sermon sur la Genèse, fo. 58). Dans quelques autres prédications sur la Genèse, comme, du reste, dans celle que nous venons de citer, cette *imago Dei* située dans le corps et dans l'âme apparaît comme une possession perdue. "Il (= Adam) avoit effacé en tant qu'en luy estoit l'image de Dieu qu'il avoit imprimée en son âme et en son corps" (16ᵉ sermon sur la Genèse, fo. 77). "Nous avons effacé l'image de Dieu qu'il avoit mise et en nos âmes et en nos corps" (18ᵉ sermon sur la Genèse, fo. 88).

262 "L'âme . . . est la partie la plus noble et la plus précieuse qui soyt en l'homme. Car combien que Dieu ayt desployé les trésors de sa vertu, sagesse et bonté, et qu'il nous a formez telz que nous sommes, toutefoys l'âme . . . a la raison, intelligence et volunté qui est beaucoup plus que tout ce qu'on trouvera en ce corps extérieur. Or puys que ce point est vuidé et résolu que l'image de Dieu est principalement en l'âme, et bien qu'elle ayt son estendue au corps comme accessoire, il faut regarder maintenant en quoy l'image de Dieu consiste et en quoy nous lui sommes conformes et semblables" (6ᵉ sermon sur la Genèse, fo. 30). "Nous avons desjà déclaré selon sainct Paul que la principalle partie de l'image de Dieu est en l'âme" (*ibid.*, fo. 32).

263 "Il n'y a que l'âme en laquelle nostre Seigneur nous ayt formez à son image" (9ᵉ sermon sur la Genèse, fo. 42 vo.). Dans un sens moins fort, cf. le 61ᵉ sermon sur Job, CO 33, p. 757: "Il est vrai que nos âmes sont créées à l'image de Dieu"; le 46ᵉ sermon sur le Deutéronome, CO 26, p. 438: "Puisque nous ayons nostre âme qui porte l'image de Dieu imprimée en soy, . . . ne devons-nous pas estre tant plus incitez à servir à Dieu . . . ?"; et le 154ᵉ sermon sur le Deutéronome, CO 28, p. 368: "Oubliera-il (= Dieu) nos âmes, lesquelles il a créées à son image . . . ? Il est bien certain que non".

264 Cf. *Institution de la religion chrestienne,* I/XV/7: "Il y a deux parties en nostre âme, intelligence et volonté".

265 "Quand nous pensons que Dieu nous a créez et formez, et outre cela qu'il nous a faits à son image, qu'il nous a donné sens et raison, . . . cela nous monstre que nous sommes tenus de nous ranger à luy" (50e sermon sur le Deutéronome, CO 26, p. 487).

266 "Nous sçavons que c'est tousjours comme une estincelle de l'Esprit de Dieu que l'intelligence et raison que nous avons . . . Et mesmes c'est une marque qui nous est donnée de son image et semblance quand il nous a faitz créatures raisonnables, qu'on appelle. Si donc Dieu a imprimé son image aux hommes, qu'il leur ait donné sens et discrétion, s'ilz ont prudence, . . . il est certain que Dieu s'est monstré encores plus libéral envers eux" (41e sermon sur II Samuel, SC 1, p. 359). Cf. aussi le 141e sermon sur le Deutéronome, CO 28, p. 209, cité n. 269.

267 "Nicht darin, dass der Mensch einen Verstand und einen Willen hat, besteht seine Ebenbildlichkeit, sondern darin, dass diese beim ursprünglichen Menschen zur Erkenntnis Gottes und zum Gehorsam gegen ihn ausgerichtet waren" (*Die Theologie Calvins,* p. 66). En souscrivant à ce jugement, nous n'acceptons pas pour autant la conception exclusivement "relationnelle" de l'*imago Dei* qu'il implique.

268 "Nous sommes créez à l'image de Dieu pour avoir raison et intelligence; et à quoy devons-nous appliquer un tel don, si ce n'est pour cognoistre Dieu et nous addonner pleinement à luy? " (25e sermon sur le Deutéronome, CO 26, p. 176).

269 "Il (= Dieu) nous a créez à son image et semblance. Estoit-il tenu de nous faire créatures raisonnables, et nous donner une telle excellence et dignité? Sachons donc que nous devons estre esmeus à nous ranger du tout en son obéissance quand nous voyons qu'il nous a préférez aux asnes, et aux chevaux, aux chiens, et aux autres bestes, aux pierres mesmes, et à tout le reste des créatures qui sont mortes" (141e sermon sur le Deutéronome, CO 28, p. 209).

270 "Dieu nous a formez à son image, . . . il nous a donné intelligence pour savoir que nous n'avons pas seulement à passer par icy-bas, mais qu'il y a une vie permanente au ciel, que c'est là où Dieu nous appelle" (41e sermon sur Job, CO 33, p. 509). "Qu'est-ce que nous cognoissins que Dieu nous a formez à son image, et qu'il nous a préparé nostre héritage là haut? " (152e sermon sur Job, CO 35, p. 425).

271 CO 54, p. 315.

272 "Dieu a imprimé en nous son image, afin que nous ayons sens et discrétion, . . . en nos consciences il a monstré que nous devons discerner le bien d'entre le mal" (172e sermon sur le Deutéronome, CO 28, p. 593). "Il luy a pleu (sous-ent.: à Dieu) nous donner vie, et secondement une vie qui n'est point vulgaire, mays en laquelle il y a raison et intelligence et volunté, en sorte qu'il nous a créez à son image, laquelle est imprimée en nous à ce que nous ayons discrétion du bien et du mal . . ." (9e sermon sur la Genèse, fo. 42).

273 CO 33, p. 489–490.

274 Cf. I/XV/8: "En ceste intégrité l'homme avoit franc arbitre, par lequel, s'il eust voulu, il eust obtenu vie éternelle".

275 Nous ne citerons ici qu'un exemple. Dans le 10e sermon sur le livre de la Genèse, fo. 48, Calvin déclare: "Nous voyons que ceste science de bien et de mal est quand l'homme veult estre quelque chose en soy, et qu'il s'esgare tellement que ce qui luy est donné d'en hault ne luy suffit pas, mays il veult avoir je ne sçay quoy qui luy soit propre. Et voilà don est procédé le franc arbitre. Car nous confesserons bien que quand les hommes sont gouvernez de l'esprit de Dieu et qu'ilz suyvent le bien avec toute liberté, et qu'ilz résistent au mal dit, voilà une principaulté qui est plus excellente que tous les royaulmes et tous les empires du monde. Il y a donc une bonne liberté et puissance en nous quand l'esprit de Dieu y domine, car nous sommes retirez de la captivité de péché par ce moyen. Mays quoy? Il faut que nous ayons ung franc arbitre à part, cestadire que nous sortions d'avec Dieu".

276 Cf. I/XV/2: "Que l'homme ait deux parties, assavoir le corps et l'âme, nous n'en devons faire nulle difficulté". Cette conception dichotomique de l'homme n'exclut pas

dans l'*Institution* certaines expressions trichotomiques (cf. Gerd Babelotzky, *Platonische Bilder und Gedankengänge in Calvins Lehre vom Menschen*, p. 105–108).

276a Notons aussi que la prédication ne manque pas, en quelques endroits, de signaler la merveille, le "miracle" que constitue le phénomène de la génération. Calvin déclare dans le 151e sermon sur le livre de Job, CO 35, p. 411: "Il n'y a si petit, ne si ignorant, qui ne cognoisse qu'il y a un miracle de Dieu tant en la génération de l'homme, comme en celle des bestes, et qu'il faut bien que la main de Dieu soit cognue là, comme aussi elle y domine". Le phénomène de la génération humaine est, aux yeux du Réformateur, d'autant plus merveilleux que le foetus lui paraît composé d'ordure et "nourri en infection et puantise" durant le temps de la gestation. Cf. le 39e sermon sur Job, CO 33, p. 482 et 483: "Il (= Job) parle ici (Job 10/10) de la génération humaine qui est une chose admirable, et là où tous nos sens sont confus. Car de dire que de la semence humaine il sorte une créature vivante, une créature qui soit ainsi polie, là où on apperçoit un ordre qui peut ravir les esprits en estonnement, ne faut-il point que Dieu soit ici magnifié? .... Que les hommes soyent ainsi composez d'ordure et d'infection, et cependant qu'il en vienne une chose si excellente? Car quand nous contemplons un homme, il faut que nous soyons esbahis maugré que nous en ayons. Et d'où procède-il? D'une chose honteuse et dont on n'ose parler". Cf. aussi le 151e sermon sur Job, CO 35, p. 409: "Qu'est-ce qu'une petite créature soit engendrée, voire de corruption et ordure, et cependant qu'elle prenne forme, comme nous voyons que nostre corps est figuré? Et puis qu'est-ce qu'un enfant soit là nourri en infection et puantise au ventre de la mère parmi tous les excrémens, et qu'il tire substance toutes fois, et qu'il soit si bien grossi qu'il ait le moyen de venir au monde? Qu'est-ce de toutes ces choses-là? Ne sont-ce point des miracles de Dieu si excellens que nous y devons estre ravis? "

277 "Selon nos corps il faut bien aussi que Dieu soit nostre Père. Car combien que nous soyons engendrez par nos pères terriens selon nature, si est-ce que Dieu nous a formez et créez. Et c'est un miracle qui mérite bien d'estre renommé que celuy-là, quand Dieu crée une telle créature qui est l'homme, de ce qu'il luy donne une telle forme. Là donc Dieu desploye une belle sagesse, voire et telle que nos corps sont des miroirs ausquels nous devons contempler son ouvrage. Et ainsi ... Dieu sera Père des corps aussi bien comme des âmes" (CO 54, p. 403). Ce texte comme le suivant semble avoir échappé à Jean Boisset. Cf. *Sagesse et sainteté dans la pensée de Jean Calvin*, Paris, 1959, p. 257–258.

278 CO 8, p. 381.

279 Calvin à la suite de Platon y considère le corps comme "prison de l'âme" en deux endroits: I/XV/2 et III/IX/4.

280 "Il faut qu'il y ait un hoste qui soit logé en nos corps. Et qui est cest hoste-là? C'est l'âme" (39e sermon sur Job, CO 33, p. 488).

281 "Le corps de soy n'auroit nul mouvement: ce seroit une chose morte. Tu m'as donc vivifié, Seigneur, c'est-à-dire: le principal qui doit estre magnifié de ton oeuvre, ce n'est point la figure de mon corps. Il est vray qu'en cela desjà on peut voir ta vertu et ta sagesse admirable; mais l'âme est encores plus, elle surmonte" (39e sermon sur Job, CO 33, p. 483). "Or maintenant, la partie la plus excellente de nous, n'est-ce pas l'âme? " (107e sermon sur Job, CO 34, p. 577). Cf. aussi le 9e sermon sur la Genèse, fo. 42 vo. – 43.

282 "Or il est vray que nostre âme sera bien souvent appelée esprit; car ce mot d'esprit emporte une essence qui est invisible, et qui ne se peut voir ne manier comme un corps ... Ainsi donc nos âmes sont bien esprits" (35e sermon sur les Galates, CO 51, p. 23).

283 "Quant à nos âmes, ce sont comme petites estincelles qui seroyent tantost esteintes et s'en iroyent en ombre, n'estoit que Dieu les conservast en leur estat, et qu'il le fist par sa pure bonté. Nous n'aurons point donc ceste vertu en nous pour consister une seule minute de temps, mais il faut que Dieu nous conserve, d'autant qu'il n'y a en nous que fumée et toute vanité" (50e sermon sur Job, CO 33, p. 622).

284 "Or maintenant qu'est-ce que nos âmes? Ce ne sont que comme petites estincelles au prix de ceste clarté infinie qui est en Dieu. Nos âmes sont créées, et Dieu n'a point de commencement. C'est le principe de toutes choses et la source; nos âmes sont infirmes, elles sont sujettes à ignorance, elles sont sujettes à péché et à beaucoup de mauvaises cupiditez; et voici Dieu qui est avec son essence et sa majesté infinie une perfection de toutes vertus" (23e sermon sur le Deutéronome, CO 26, p. 150).

285 Cf. *Michel Servet, hérétique et martyr*, Genève, 1953, p. 79.

286 Cf. I/XV/5: "Il est nécessaire de rembarrer la resverie des Manichéens, laquelle Servet s'est efforcé de remettre sus de nostre temps. Quand il est dit que Dieu a inspiré en la face de l'homme esprit de vie (Genèse 2/7), ils ont songé que l'âme estoit un surgeon de la substance de Dieu, comme si quelque portion de la divinité fust découlée en l'homme. Or il est facile de monstrer au doigt quelles absurditez et combien lourdes tire cest erreur diabolique après soy".

287 Cf. Erwin Mülhaupt, *op.cit.*, p. 14.

288 Bainton montre de manière convaincante pourquoi l'émananationnisme de Servet a heurté profondément le Réformateur de Genève. Il écrit: "Pour Calvin la déification de l'humanité signifiait non pas l'exaltation de l'humain, mais la dégradation du Divin, qui entraînerait avec elle l'extinction de tout ce qui existe, dans la vie, dans la mort ou dans l'éternité" (*Michel Servet, hérétique et martyr*, p. 119).

289 CO 34, p. 454–456.

290 "Les philosophes diront bien que Dieu nous a créez et formez, que nous avons nostre estre de luy, mais il leur semblera cependant qu'après qu'il nous aura mis en train, un chacun se conduit et se gouverne de soy-mesme. Voilà comme ils obscurcissent la bonté de Dieu et sa vertu … Quand Dieu nous a mis en ce monde, il ne nous laisse point là pour dire: Cheminez comme chacun pourra; mais il demeure tousjours avec nous, il a sa main estendue pour inspirer tousjours sa vertu afin que nous ne détaillions point" (39e sermon sur Job, CO 33, p. 491–492).

291 "Nous avons bien une vie commune, et au marcher, et au parler, avec tous hommes, et … cela ne procède point de la grâce spéciale de nostre Seigneur Jésus-Christ. Il est vray qu'encores ce mouvement que nous avons avec les bestes brutes procède bien de luy, comme il est dit qu'il a esté la vie de toutes choses" (42e sermon sur Ephésiens, CO 51, p. 780).

292 "La vie qui est en nous, nous est donnée par sa pure bonté (sous-ent.: celle de Dieu), en sorte qu'elle est siene … Nous n'avons point donc une vie propre et dont nous puissions nous vanter; mais cognoissons que Dieu nous fait participans de ceste vie qui est en luy" (8e sermon sur I Timothée, CO 53, p. 96). "Nostre vie … commune est de Dieu, en tant qu'il est nostre Créateur; mais en tant qu'il est Sauveur de ses éleus, en tant qu'il est Père de ses enfans qu'il a adoptez, ceste vie laquelle est commune à bons et à mauvais n'est point nommée de Dieu, elle est nommée vie humaine" (28e sermon sur Ephésiens, CO 51, p. 601–602).

293 Les anabaptistes invoquoient en faveur de leur thèse Romains 6/23 et Ezéchiel 18/4. Calvin leur avait répondu, comme on sait, dans la *Psychopannychia* (1534), le premier de ses ouvrages théologiques. Sans les mentionner explicitement, il paraît leur donner la réplique dans le 52e sermon sur la 1ère Epître à Timothée, CO 53, p. 620 et 621. Répondant à la question: "Le péché n'est-il pas matière de corruption pour nous anéantir" (sous-ent.: dans nos âmes)? , il déclare que "Dieu ne laisse pas de nous communiquer ceste immortalité, en vertu de ce qu'il a inspiré une fois vie en l'homme quand il l'a créé … Et voilà en quoy nous différons d'avec les bestes brutes. Car si Dieu ne conservoit aux hommes la vie qu'il leur a donnée, la mort d'un homme et d'un cheval ou d'un chien en seroit du tout pareille; il n'y auroit nulle diversité, car nous ne sommes point ne plus nobles, ne plus dignes, mais le tout nous vient de ce qu'il a pleu à Dieu nous donner ce privilège spécial que nous soyons immortels".

294 Cette immortalité est soulignée, sans autre explication, dans plusieurs sermons. Cf. le 102e sermon sur le livre de Job, CO 34, p. 520: "Nous sommes créatures terrestres

quant à nos corps, et combien que Dieu nous ait donné des esprits immortels, si est-ce que nous habitons icy en des loges de fange et d'argile"; 9ᵉ sermon sur la Genèse, fo. 42: "C'est bien aultre chose de nostre âme que de celle d'un boeuf ou d'ung asne ... Ainsy donc quand on parlera de l'âme totale, c'est-à-dire quand on comprendra toutes les vertuz et facultez que Dieu y a mises, on dira l'âme de l'homme est ung esprit d'essence permanente comme les anges ont espritz immortelz"; et dans le même sermon, fo. 43: "Il (= Dieu) luy a donné (sous-ent.: à Adam) son corps, et puys il luy a donné vigueur, et finalement il luy a imprimé son image afin que son âme fust immortelle".

294a François Wendel, dans ce contexte, parle à juste titre de "panénergisme", en faisant remarquer que celui-ci est "peut-être un souvenir de l'enseignement scotiste que Calvin avait reçu au Collège de Montaigu" (*Calvin: sources et évolution de sa pensée religieuse,* p. 130).

295 "Nos âmes ne sont point immortelles de leur propre vertu, ... leur vie n'est point là enclose, comme si elle y avoit sa racine. Où est-ce donc qu'est leur vie? En Dieu. En tant donc que Dieu met quelque goutte et quelque estincelle de vie en l'âme des hommes, voilà comme il y a vigueur, et non autrement" (39ᵉ sermon sur Job, CO 33, p. 491). "Si on demandoit .... assavoir si nos âmes sont comme un vent, veu qu'il est dit que nous périrons quand Dieu retirera son souffle, notons combien que les hommes soyent immortels, toutes fois qu'ils n'ont pas cela de leur propre, mais de la bonté gratuite de Dieu. Au reste, qu'est-ce de la mort, sinon un département de l'âme avec le corps? Dieu donc retire son souffle à soy quand il nous envoye en poudre et en pourriture; et néantmoins il ne laissera pas de recueillir nos âmes et les garder jusques au dernier jour" (131ᵉ sermon sur Job, CO 35, p. 157–158). "Nous sçavons ... que nos âmes ne périssent point en la mort; combien qu'elles soyent séparées d'avec les corps, si est-ce toutesfois que Dieu les garde jusques au dernier jour" (52ᵉ sermon sur I Timothée, CO 53, p. 620). Cf. aussi le 9ᵉ sermon sur la Genèse, fo. 42 vo.

296 CO 53, p. 92.

297 Dans l'*Institution de la religion chrestienne* (I/XV/6), Calvin fait une exception pour Platon. Rien de tel dans la prédication! Le Réformateur déclare dans le 52ᵉ sermon sur la 1ᵉʳᵉ Epître à Timothée, CO 53, p. 623: "Les philosophes qui ont eu un grand esprit et excellent n'ont jamais cognu que c'est de la vie céleste. Il est vray que Dieu les a fait parler pour rendre tesmoignage au monde, afin de leur oster toute excuse d'ignorance, et ont prononcé de belles sentences, que les hommes n'ont point esté créez pour vivre seulement ici quelque peu de temps, comme nous voyons que chacun de nous ne fait que passer par la terre. Mais quoy? Ce n'a pas esté une cognoissance certaine, qu'ils ayent entendu que les hommes fussent créez à l'image de Dieu, et que par cela ils sont immortels, et que Dieu leur a appresté leur héritage là haut au ciel; jamais tous les sages du monde n'ont allégué ceste doctrine".

298 Cf. I/XV/2: "La conscience, laquelle en discernant entre le bien et le mal respond au jugement de Dieu, est un indice infaillible que l'esprit est immortel .... Mesmes le dormir, qui semble en abrutissant les hommes les despouiller de leur vie, est un vray tesmoin de leur immortalité".

299 Du latin *tradux* qui signifie littéralement "sarment que l'on fait passer d'un arbre ou d'une vigne à l'autre".

300 Cf. J. F. Bethune-Baker, *An Introduction to the Early History of Christian Doctrine,* Londres, 9ᵉ éd., 1951, p. 303–304.

301 *Sentences,* livre II, distinction 18, n. 8.

302 *Somme théologique* I, question 118, article 2.

303 "Adam a esté créé tout autre que nous ne sommes pas aujourd'hui. Nous sommes decheus de ce degré auquel Dieu avoit constitué Adam, et en sa personne tout le genre humain. Adam a esté créé à l'image de Dieu, doué de grâces excellentes ... Or par le péché nous sommes aliénez de toutes ces grâces ... Comment en sommes-nous privez? Par le péché. Maintenant on pourroit ici faire une question: il semble que Job note (cf.

14/4) que la cause de nostre incrédulité et de tous les péchez et vices qui sont en nous, c'est d'autant que nous sommes sortis et descendus de ceste race d'Adam; et nous ne sortons pas de la race d'Adam, sinon quant au corps. Le péché, où habite-il? Où a-il son siège propre? En l'âme. Or que les âmes descendent ainsi de la race et lignée d'Adam, il n'y a nulle apparence ne raison. Il semble donc que Job n'argue pas bien. Mais nous avons à observer que, comme Dieu en la personne d'Adam avoit créé à son image tout le genre humain, ainsi Adam par le péché n'est pas seulement privé et banni des grâces qui lui estoient conférées, mais tout son lignage par conséquent. Et d'où procède cela? Pource que nous estions tous enclos en sa personne, selon la volonté de Dieu. Il ne faut point ici disputer par raisons naturelles, pour savoir si ainsi est, ou non; il nous faut cognoistre que telle a esté la volonté de Dieu de donner à nostre premier père ce qu'il vouloit que nous eussions; et quand il lui a esté osté, nous avons esté en une mesme ruine et confusion avec lui. Regardons donc à ce jugement de Dieu, arrestons-nous là, et ne croyons point à nostre sens et fantasie" (53e sermon sur Job, CO 33, p. 660–661).

304 Cf. I/XV/5, II/I/7 et II/XIV/8.
305 *Commentaires sur le Nouveau Testament,* tome 2, Paris, 1854, p. 51 a. Dans la suite de ce texte, Calvin définit bien l'attitude des traducianistes: "De là est advenu que plusieurs ont pensé que non seulement quant au corps nous avions nostre origine de nos pères, mais aussi que nos âmes prenoyent leur origine des leurs. Car il leur sembloit absurde que le péché originel, qui ha son siège propre en l'âme, se fust espandu d'un homme à toute sa postérité, sinon que toutes les âmes fussent issues de l'âme d'iceluy, comme d'une source".
306 CO 33, p. 162.
306a Cf. *De Trinitate* X/XI et XII; XIV/IV, VI et VIII; et XV/XXI; et *De civitate Dei* XI/XXVI et XXVIII.
307 "De nous travailler beaucoup en des subtilitez que beaucoup ont admenées, ce ne seroyt que follie: comme de dire qu'en l'âme il y a l'intelligence, la mémoire et la volonté, et que cela se rapporte aulx troys personnes qui sont en l'essence de Dieu" (fo. 30). Dans l'*Institution chrestienne,* Calvin précise l'identité des théologiens, ou plus exactement: du théologien qui est visé dans le 6e sermon sur la Genèse. Il y écrit en effet (I/XV/4): "La spéculation de S. Augustin est mal fondée, assavoir que l'âme est un miroir de la Trinité, d'autant qu'elle comprend en soy intelligence, volonté et mémoire".
308 "Nous voyons qu'en nos âmes il y a premièrement la vertu de penser, quand nous concevons les choses pour juger, pour discerner; voilà la première faculté de l'âme, c'est qu'après avoir veu les choses, nous entrons en délibération et jugement, nous concluons ceci ou cela ... Et puis il y a l'âme, ... c'est un moyen entre les pensées et le coeur. Car le coeur emporte les affections, les désirs, les volontez; c'est autre chose de penser une chose et de l'appéter, et s'y adonner d'une affection cordiale. Voilà donc le coeur qui est conjoint avec les pensées pour monstrer que de toute nostre affection nous devons aimer nostre Dieu. Et il y a l'âme qui est comme entre deux" (CO 26, p. 434).
309 Cf. I/XV/7 et note 264.
310 "Il n'y aura jugement ni raison en un boeuf, ne en un asne ... Regardons maintenant que c'est que Dieu donne à l'homme, qu'il doit avoir jugement: car à cause de cest esprit qui est imprimé en son âme, il faut bien qu'il ait discrétion" (23e sermon sur Job, CO 33, p. 292).
311 "Il n'y a rien qui nous puisse plus estonner que ceste raison que Dieu a mise en nous. Car voilà un homme qui oit des choses que jamais il n'a veuës, il les comprend en son esprit. Quand les hommes regardent aux choses à venir, et qu'ils les confèrent avec les choses passées, ils mettent tout cela en mémoire; et puis quand on lira et qu'on dira quelques choses, encores jugent-ils par dessus. Voilà donc une grâce que Dieu a mise aux hommes qui ne se peut assez priser" (39e sermon sur Job, CO 33, p. 490). "D'où

vient la raison et l'intelligence que nous avons? N'est-ce point un don singulier que Dieu nous a fait? Ainsi donc tous ceux qui ont esprit et intelligence, qu'ils cognoissent que Dieu les a douez d'une telle grâce" (101ᵉ sermon sur Job, CO 34, p. 503).

312 "L'âme n'aura point une vie commune, comme auront les bestes brutes qui auront âme pour sentir et se mouvoir, pour boire et pour manger, pour aller et venir; il n'y a pas seulement ces sens extérieurs en l'homme, mais il y a intelligence et raison" (39ᵉ sermon sur Job, CO 33, p. 483). "Dieu espand tellement ses grâces sur ses créatures qu'on apperçoit quelque estincelle de sa bonté et sagesse partout, combien que par espécial on le restraint aux hommes ... Nous avons une vie plus noble et plus exquise que n'ont pas ni les bestes, ni les arbres et les fruicts de la terre. Pourquoy? Nous avons intelligence et raison" (94ᵉ sermon sur Job, CO 34, p. 411). "Nous ne sommes point comme les bestes brutes qui vivent sans discrétion, mais ... Dieu nous a fait un privilège excellent, c'est que nous soyons entendus, que nous ayons quelque clarté et raison ... Apprenons donc de priser la grâce de Dieu et l'honneur qu'il lui a pleu de nous faire quand il nous a ainsi séparé d'avec les bestes brutes" (103ᵉ sermon sur Job, CO 34, p. 521). "Dieu n'a point mis les hommes en ce monde pour les priver de toute intelligence; car il ne veut point qu'ils soient semblables à des asnes ou à des chevaux, il les a douëz de raison, et a voulu qu'ils fussent entendus" (ibid., p. 523).

313 137ᵉ sermon sur Job, CO 35, p. 236.

314 Cf. supra, p. 205.

315 "Dieu nous a donné intelligence pour cognoistre le bien et le mal, pour aspirer mesmes à la vie éternelle, pour sentir qu'il y a un Dieu que nous devons honorer comme nostre père" (137ᵉ sermon sur Job, CO 35, p. 236). "Quand Dieu nous a donné intelligence et raison par dessus les bestes brutes, que nous cognoissions que c'est afin que celuy qui nous a formez, soit aussi cogneu de nous, voire pour le servir et honorer, pour plier sous luy en toute humilité, sachans qu'il doit avoir empire souverain sur toutes créatures" (71ᵉ sermon sur Deutéronome, CO 27, p. 34).

316 "Si les hommes estoyent demeurez en leur intégrité, ils seroyent sujets à raison, non point par une forme de servitude, mais chacun domineroit tellement sur soy que Dieu régneroit partout ... Chacun seroit pour soy et loy et raison, chacun auroit la volonté de Dieu imprimée en son coeur. Et une telle sujettion ainsi volontaire seroit plus noble et plus excellente que tous les empires du monde" (152ᵉ sermon sur Job, CO 35, p. 417–418).

317 CO 33, p. 542–543.

318 "Il est dict que le masle et la femelle ont esté créez, et mesmes Moyse parle icy quelquefoys en nombre pluriel, quelquefoys en nombre singulier, comprenant toutefoys les deulx sexes, comme quand il dit: Faisons l'homme à nostre semblance, et puis il adjouste qu'ilz dominent. Or on pourroit dire que les femmes qui viendront d'Adam domineront, mays afin que la femme ne soyt point excluse, il adjouste: vous le masle et la femelle" (6ᵉ sermon sur la Genèse, fo. 31 vo.).

318a "Combien que la femme soit venue de l'homme, si est-ce que l'homme ne peut demeurer sans la femme ..." (12ᵉ sermon sur I Corinthiens 10 et 11, CO 49, p. 728). "Il n'y a rien plus contraire à nostre nature que solitude, comme chacun le cognoist. Quand nous aurions tout à souhait, que la table nous seroyt mise tout au long du jour, et que nous aurions nostre lict tout prest à nous coucher, que nous aurions acoustremens et tout ce qui appartient à nostre nécessité, quand chacun donc auroyt ung paradis terrestre à condition qu'il deust là habiter seul, ceste vie-là ne seroyt-elle pas pleine de tristesse et comme une demye mort? Nous ne ferions que languir au milieu d'une telle félicité, chacun cognoist cela. Or donc la bonté inestimable de nostre Dieu et son soing plus que paternel s'est monstré en cest endroict qu'il n'a pas voulu que l'homme fust seul, mays qu'il fust acompagné" (11ᵉ sermon sur la Genèse, fo. 50).

319 "Il (= Moïse) avoyt dit que Dieu en créant l'homme avoyt faict le masle et la femelle, là en une personne il metoit le mary et la femme, mays cela n'estoit pas spécifié, et nous n'eussions pas cogneu qu'elle a esté la création de la femme sinon ce que Moyse

eust adjousté ce que nous disons maintenant ... Dieu n'a point voulu créer la femme de la terre, mays l'a prinse de la substance propre d'Adam afin qu'il y eust une conjonction saincte en tout le gendre humain, et que cela soyt comme ung lien d'amour mutuelle, et que chacun se cognoisse estre tenu à ses prochains, veu que tous sont prins d'une seule personne; et comme le gendre humain est d'ung seul homme, aussy il consiste par la femme. Voilà pourquoy Dieu a formé Eve d'une des costes d'Adam, mesmes combien que la place ayt esté remplie de chair et que la force d'Adam n'ayt point esté amoindrie par cela, tant y a néantmoings qu'une partie de luy a esté donnée à la femme, afin (comme nous avons dit) qu'il y ayt union" (11e sermon sur la Genèse, fo. 49 vo. – 50).

320 "La femme n'a pas esté créé de la terre comme les bestes en sont produites. Car les chiens et les chiennes n'ont pas eu cecy qui est spécial à l'homme. Et pourquoy? Nostre Seigneur a voulu faire ung chef-d'oeuvre ... en créant le gendre humain, pource que c'estoit son image, et que les hommes aussy debvoyent gouverner icy-bas en son nom, et avoir la possession de tous biens. Voilà donc la femme qui est prise de la coste d'Adam, et en cela elle est enseignée qu'elle n'est pas de soy et qu'elle combat contre nature sinon qu'elle se renge" (11e sermon sur la Genèse, fo. 53).

321 "La femme est comme une branche qui est venue de l'homme, car elle a esté tirée de sa substance, ainsi que nous sçavons. Il est vray que Dieu a fait cela afin de nous recommander l'union que nous devons avoir ensemble; car il pouvoit bien créer Eve de la terre, comme Adam; mais il a voulu prendre une coste de l'homme, afin que l'homme ne pensast point avoir rien séparé d'avec la femme, mais qu'on cognust qu'il nous a unis comme en un corps, et que nous ne pouvons pas estre séparez, sinon en nous divisant contre son vouloir" (12e sermon sur I Corinthiens 10 et 11, CO 49, p. 728–729). "Il (saint Paul) dit que l'homme n'est point venu de la femme, mais la femme de l'homme, et qu'elle est une partie de son corps. Car Dieu pouvoit bien créer Eve de la terre comme Adam, mais il ne l'a pas voulu; plustost il a conjoint l'homme et la femme à telle condition que le mari cognoissant que sa femme est comme sa substance propre et sa chair soit induit à l'aimer" (39e sermon sur les Ephésiens, CO 51, p. 737). "Moyse adjouste qu'Adam a dit: Voici à ce coup ce de mes os, et chair de ma chair, puys que la femme est prinse de l'homme, elle sera nommée femme d'homme (Genèse 2/23). Ce mot dont il use signifie comme homasse, c'est-à-dire femme d'homme ... C'eust esté une chose superflue qu'Eve eust esté prise du corps d'Adam, sinon à ceste fin que le mary et la femme fussent tant plus unis, cognoissans qu'ilz sont comme une chair ... Dieu pouvoit bien créer Eve de la terre. Il la pouvoit bien aussy créer de rien quand il l'eust voulu. Et pourquoy donc l'a-il ainsi prinse du corps de l'homme? C'est afin que la conjonction qui doibt estre au mariage fust plus saincte, et qu'on la gardast comme inviolable" (12e sermon sur la Genèse, fo. 54 vo.).

322 Cf. le 12e sermon sur la Genèse, fo. 54 vo., cité dans la note précédente.

323 "Icy (Genèse 1/27) on pourroit opposer le passage de sainct Paul, là où il dit que l'homme seul est l'image de Dieu et non point la femme (I Corinthiens 11/7), et ainsy on cuideroit qu'il y eust quelque contrarieté; mays la solution est bien aisée, d'aultant que Moyse parle icy des dons qui ont esté communicqués à tous les deulx sexes. Or il y a la raison et l'intelligence en l'homme, aussy se trouvera-elle en la femme, il y a volunté, il y a discrétion de bien et de mal. Brief il y a ce qui appartient à l'image de Dieu" (6e sermon sur la Genèse, fo. 31 vo.).

324 "Voilà la femme qui est en degré excellent; combien qu'elle soit sujette à l'homme, si est-ce néantmoins qu'elle porte encores l'image de Dieu en son endroit. Et ainsi, quelle ingratitude sera-ce, si elle ne se contente de ce qui luy est donné" (18e sermon sur I Timothée, CO 53, p. 212). "Desjà l'homme estoyt créé à l'image de Dieu, et la femme n'est point exclue de ceste dignité là et de cest honneur, comme aulcungs fantasticques prennent ce passage que la femme n'a point esté tant honorée que l'homme, car Dieu ne dit pas pour la créer: Faisons, mays je feray (Genèse 2/18); tant y a ... que l'image de Dieu est commune à l'homme et à la femme" (11e sermon sur la Genèse, fo. 50 vo.). Cf. aussi le 11e sermon sur Job, CO 33, p. 146, cité *supra*, p. 210.

325 Il n'y a guère que le 6ᵉ sermon sur la Genèse, fo. 31 vo., cité n. 323, qui mentionne l'intelligence et la volonté. Les textes les plus nombreux portent l'accent sur la seule intelligence. "Eve estoit créé à l'image de Dieu. Il avoyt imprimé en elle comme en Adam raison et intelligence telle que c'estoit comme le soleil estant au ciel ne laisse pas de luyre icy bas" (14ᵉ sermon sur la Genèse, fo. 67). "La raison et l'intelligence avoit esté donnée à Eve ... Si auparavant (c'est-à-dire: avant la chute) Eve eust esté destituée de raison, de toute discrétion et prudence, qu'elle eust esté comme une povre beste, et bien l'excuse (cf. Genèse 3/13) pouvoit avoir lieu; mais quand Dieu luy a imprimé son image comme à l'homme, ... elle sçait que c'estoit celui dont elle tenoit la vie, et que c'estoit une chose par trop exorbitante de luy désobéir" (16ᵉ sermon sur la Genèse, fo. 80 vo.).

326 "Qu'on regarde ce que Dieu a institué. Il a dit: Il n'est point bon que l'homme soit seul, faisons-luy une aide semblable à luy ... Voici Dieu qui a prononcé de sa bouche sacrée, quand il a parlé de créer la femme: Faisons une aide à l'homme. Il n'a point dit: Faisons-luy une femme, mais une aide. Or puis que la femme doit estre une aide à son mari, c'est bien raison qu'elle s'employe à ce qui est de son devoir, voire d'un franc vouloir" (136ᵉ sermon sur le Deutéronome, CO 28, p. 148). "Le mot qui est adjousté que Dieu luy (sous-ent.: à Adam) veult faire ung ayde qui luy soit comme présente et prochaine, monstre quel est le debvoir et office de la femme envers son mary" (11ᵉ sermon sur la Genèse, fo. 50 vo.). "Revenons à ce qui nous est icy monstré, c'est assavoir que la femme a esté créé pour l'ayde de l'homme, voire une ayde qui soit tousjours devant luy. Car le mot dont Moyse emporte cela, c'est assavoir qu'elle soyt tousjours là près de luy et qu'il y ayt une correspondance. Car l'homme avoyt bien maistrise sur les bestes, mays ce pendant elles n'estoyent point de son reng; mays voicy la femme qui est en ayde à l'homme. Et comment? D'aultant qu'elle est sa nature. Or ce mot d'ayde emporte que la femme s'assujetisse à son mary" (ibid., fo. 51 vo.). Cf. aussi le 39ᵉ sermon sur Ephésiens, CO 51, p. 735.

327 "Dieu n'a point créé en vain la femme de la substance de l'homme. Il a voulu en cela que je cognoisse qu'elle est comme la moitié de ma personne" (12ᵉ sermon sur la Genèse, fo. 55 vo.).

328 CO 33, p. 148. Cf. aussi le 39ᵉ sermon sur Ephésiens, CO 51, p. 735.

329 *L'homme et la femme dans la morale calviniste*, Genève, 1963, p. 36. Biéler, dans le même contexte, parle de l' "égalité différenciée" qui, selon le Réformateur, existerait entre l'homme et la femme.

330 "Si les femmes veulent ici (I Corinthiens 11/8) plaider leur cause, et qu'elles se plaignent, comme si Dieu les avoit abaissées sans propos, qu'elles regardent ce qui nous est monstré en l'Escriture sainct(e). Qui a esté le premier, Adam ou Eve? Puis que l'homme a précédé, et que la femme est venue de luy, n'est-ce pas raison qu'elle soit comme une partie et un accessoire, et qu'elle n'usurpe point l'honneur principal? Une branche voudra-elle avoir plus de réputation que la racine et le tronc de l'arbre? Voylà une branche qui est sortie d'un tronc, et elle se glorifiera à l'encontre? Et où est-ce aller? Or la femme est comme une branche qui est venue de l'homme, car elle a été tirée de sa substance, ainsi que nous sçavons" (12ᵉ sermon sur I Corinthiens 10 et 11, CO 49, p. 728–729). Il est symptomatique de constater que Biéler ignore dans son ouvrage, bien qu'il le connaisse, le début de ce texte qui postule une inégalité entre Adam et Eve (cf. *Op.cit.*, p. 36). Cf. aussi le 6ᵉ sermon sur la Genèse, fo. 31 vo.: "L'homme précède en honneur et est comme le chef de la femme; car la femme a esté mise au monde à ceste condition qu'elle doibt estre conjoincte à l'homme en second lieu. Ainsy donc quant à la police l'homme est l'image de Dieu d'aultant que Jésus-Christ en est le chef, et puys la femme est inférieure tellement qu'elle ne se peult pas dire avoir office égal; ce seroit une oultrecuidance qui renverseroit tout ordre et police".

331 "Or est-il ainsi que Dieu a créé l'homme, par sa bonté gratuite il luy a donné la supériorité qu'il a par dessus la femme; il a voulu à l'opposite que la femme fust

sujette; il faut donc qu'on se contente de cela. Si la femme demande: Et pourquoy est-ce que l'homme aura telle prééminence? Dieu l'a voulu ainsi, et nous ne pouvons pas alléguer mérite pourquoy Dieu nous ait préférez aux femmes" (18e sermon sur I Timothée, CO 53, p. 212). "Il est vray que l'homme est à préférer à la femme, voire quant à la police, qu'il faut qu'il ait tousjours la prééminence et la dignité d'estre le chef de la femme" (2e sermon sur II Timothée, CO 54, p. 28).

332   CO 33, p. 146.

332a   "Les hommes sont-ils faits pour les femmes? Il est bien vray que les hommes aujourd'huy sont comme canaux par lesquels Dieu fait descouler sa grâce sur les femmes. Car d'où vient l'industrie, et tous arts et sciences? D'où vient le labeur? D'où vienent toutes les choses qui sont les plus excellentes, et que nous prisons le plus? Il est certain que le tout vient du costé des hommes. Dieu donc veut bien que les hommes servent à l'utilité des femmes, comme l'expérience le monstre" (12e sermon sur I Corinthiens 10 et 11, CO 49, p. 730).

333   "Afin que la chose (sous-ent.: l'interdiction faite à la femme d'enseigner) fust tant mieux approuvée, il (= saint Paul) adjouste deux raisons: la première c'est que, quand Dieu a créé l'homme, il luy a donné la femme pour aide: Dieu, dit-il, n'a point créé la femme en premier lieu, mais il a créé l'homme. Il est vray que de prime face on penseroit que ceste raison-ci ne fust point assez ferme; car tel pourra estre dernier quant à soy, lequel surmontera néantmoins en dignité . . . Mais sainct Paul regarde ici ce qu'il déclare plus à plein en l'onzième chapitre de la 1ère aux Corinthiens, c'est asçavoir . . . que l'homme n'a pas esté créé pour la femme, mais la femme plustost est donnée à l'homme pour aide inférieur. Voilà donc la première raison qu'amène sainct Paul . . . Il y a une raison seconde qui ne vient point de l'ordre premier que Dieu avoit institué en nature, mais c'est une punition. Adam, dit-il, n'a pas esté séduit (I Timothée 2/14). Non pas que sainct Paul vueille exempter Adam qu'il n'ait aussi péché par l'astuce de Satan . . . , mais il entend que la femme a esté la source du mal . . . C'est donc raison maintenant qu'elle soit chastiée . . . Nous voyons maintenant que la première raison qu'amène sainct Paul est tirée de ce que Dieu avoit institué, si l'homme et la femme fussent demeurez en leur intégrité et premier estat, c'est asçavoir que l'homme est constitué chef de la femme, et la femme est comme une aide à l'homme. Voilà pour un item. Or il est vray que maintenant nous sommes decheus, et l'homme méritoit d'estre débouté de toute la prééminence que Dieu luy avoit donnée, car il n'estoit pas digne d'estre nombré entre les créatures, mesmes avec les vermines. Toutesfois pource que le mal est commun tant à l'homme qu'à la femme, il ne faut point que cela empesche que la femme ne soit tousjours sujette . . . Or il y a le second qui est aussi bien à noter, c'est qu'après la cheute tant de l'homme que de la femme, il faut que la femme cognoisse qu'elle est plus coulpable que l'homme, pource qu'elle a esté séduite par Satan, et a tellement diverti son mari de l'obéissance de Dieu qu'elle a esté un instrument de mort pour mener tout à perdition. Il faut donc que la femme cognoisse, et qu'elle apprenne que c'est de s'assujettir . . . C'est bien raison que maintenant elle soit mise bas, et qu'elle porte comme une note d'ignominie et de honte en soy" (18e sermon sur I Timothée, CO 53, p. 209–210 et 211). "Quant à ce qu'il (saint Paul) dit des femmes, qu'elles doyvent subjétion à leurs maris, nous avons à noter que la subjétion est double. Car devant le péché et la cheute d'Eve et d'Adam, desjà l'homme estoit chef de la femme. Et sainct Paul nous amène ceste raison-là, quand il monstre que ce n'est pas raison que la femme domine en degré égal avec le mari . . . Or il y a aussi le second lien qui redouble encores la subjétion de la femme, car nous sçavons qu'elle a esté séduite. Les femmes donc doyvent penser qu'elles portent le salaire du péché d'Eve quand elles sont subjetes à leurs maris" (39e sermon sur Ephésiens, CO 51, p. 737–738).

334   "Nous ne pouvons pas alléguer mérite pourquoy Dieu nous ait préférez aux femmes, comme aussi celuy qui est plus excellent que ses compagnons ne pourra pas dire que cela soit de sa dignité propre. Mais ceux qui ont plus receu de Dieu sont tant plus

obligez à luy, cognoissans que cela vient de sa bonté gratuite" (18ᵉ sermon sur I Timothée, CO 53, p. 212).

335 "Si les femmes sont compagnes des hommes, il n'est point question de mespris, que les hommes les foulent aux pieds, qu'ils les rejettent ou n'en tiennent conte, mais il faut qu'ils soyent unis ensemble" (11ᵉ sermon sur Job, CO 33, p. 148).

336 "Voilà ... comme nous devons converser, suyvant l'ordonnance de sainct Paul que Dieu n'a point tellement élevé les hommes qu'ils doivent dominer avec orgueil sur les femmes, ne qu'ils les doyvent fouler à leurs pieds, ne qu'ils les doyvent rejetter de leur rang, mais qu'ils se doyvent tenir en degré paisible et amiable, et honorer les femmes en tant qu'elles leur sont données pour compagnes" (18ᵉ sermon sur I Timothée, CO 53, p. 217).

337 "Regardons maintenant si les femmes ne sont pas bien hors du sens et de raison, quand elles voudront dominer par dessus les hommes? Brief, c'est plustost une rage" (12ᵉ sermon sur I Corinthiens 10 et 11, CO 49, p. 730).

338 "Sainct Paul ... monstre que si les femmes regardent dont elles sont venues, cela les doit assubjetir de leur bon gré, pour ce que ce n'est pas raison, comme nous avons déclaré ci-dessus (cf. 12ᵉ sermon sur I Corinthiens 10 et 11, CO 49, p. 728–729, cité n. 330), que la branche se lève contre tout l'arbre, d'autant qu'elle n'en est qu'une partie, et elle tient de luy aussi son origine. Ainsi il faut que les femmes, qui sont comme une branche sortie de l'homme, qui sont après l'arbre et le tronc, cognoissent quel est leur degré, et que là-dessus elles s'humilient, cognoissans que telle est la volonté de Dieu" (13ᵉ sermon sur I Corinthiens 10 et 11, CO 49, p. 738). "Il n'y a autre remède sinon que les femmes s'humilient et qu'elles cognoissent que ç'a esté de leur costé qu'est venue la ruine et la confusion de tout le genre humain, que nous avons esté tous perdus et maudits et bannis du Royaume des cieux; quand, di-je, les femmes cognoistront que tout cela est venu d'Eve et du sexe féminin ..., il ne reste plus sinon qu'elles s'humilient et qu'elles portent patiemment la subjétion que Dieu leur a mise sus, qui n'est sinon un advertissement d'humilité et de modestie" (39ᵉ sermon sur Ephésiens, CO 51, p. 739). On remarquera que dans les deux textes que nous venons de citer, l'humilité dont la femme doit faire preuve a une double motivation. Dans le 13ᵉ sermon sur I Corinthiens, cette humilité est respect de l'ordre de création, alors que dans le 39ᵉ sermon sur l'Epître aux Ephésiens, elle est acceptation de la punition infligée à la femme à la suite de la chute.

339 "Les autres qui sont moindres et inférieurs doyvent cognoistre que Dieu les a voulu tenir en telle bride; tant y a cependant que nous avons bien de quoy tous ensemble le glorifier. Car quelle ingratitude sera-ce à la femme, si elle ne se contente pas d'estre en ce rang moyen où Dieu l'a mise? Les bestes brutes quand elles sçauroyent parler, ne seroyent pas si ingrates, car elles pourroyent alléguer qu'elles sont créatures de Dieu comme nous" (18ᵉ sermon sur I Timothée, CO 53, p. 212).

340 "Elle (= la femme) n'a pas esté créée au regard de l'homme, et faut qu'elle rapporte là toute sa vie, qu'elle cognoisse: Je ne suis point ici pour estre esgarée, ne sçachant quelle est ma fin et ma condition, mais je suis comme estant obligée de Dieu, quand je seray mariée, à servir à mon mari, et luy porter honneur et révérence; et quand je ne seray point liée en mariage, je suis tenue de cheminer en toute sobriété et modestie, sçachant que les hommes ont ce degré supérieur qu'il faut qu'ils dominent, et que la femme qui se voudra exempter de cela, oublie le droit de nature, et pervertit ce qui devoit estre observé comme Dieu le commande" (12ᵉ sermon sur I Corinthiens 10 et 11, CO 49, p. 730–731).

341 Proserpine étant la déesse des Enfers, "faire de la Proserpine" signifie, chez Calvin, se montrer une femme violente et irascible, une véritable diablesse.

342 143ᵉ sermon sur le Deutéronome, CO 28, p. 234.

343 Cf. Erwin Mülhaupt, *op.cit.,* p. 14.

344 Cf. André Biéler, *op.cit.,* p. 79–80, et Gonzague Truc, *Histoire illustrée de la femme,* Paris, tome 1ᵉʳ, 1940, p. 199 ss.

345 "Voilà un homme qui aura un petit corps, et toutes fois il est constitué Seigneur et maistre en ce monde. Pourquoy toutes choses sont-elle créées, sinon pour nostre usage? " (155e sermon sur Job, CO 35, p. 461).

346 "Quand le soleil luit, pourquoy est-ce sinon pour nous esclairer? Et la lune et les estoilles, ne sont-elles point aussi ordonnées à nostre service? Et toutesfois ce sont des créatures si nobles que rien plus, tellement que les Payens les ont adorées, pensans qu'il y eust quelque divinité enclose" (43e sermon sur les Ephésiens, CO 51, p. 790). "Tout le monde estoit mis comme souz ses piedz (sous-ent.: ceux d'Adam), ... il cognoissoit que le ciel estoit créé pour son héritage, que la terre luy estoit destinée et que toutes choses se debvoyent employer à son service" (6e sermon sur la Genèse, fo. 33). Il faut remarquer toutefois que, dans le 24e sermon sur le Deutéronome, CO 26, p. 163, Calvin attribue au seul peuple de Dieu l'usage légitime de la création: "Combien que Moyse ait déclaré que l'usage du soleil et des estoilles soit commun à toutes nations, toutesfois il monstre que par espécial il est dédié au peuple que Dieu a choisi".

347 142e sermon sur le Deutéronome, CO 28, p. 222.

348 "Dieu n'a point créé les hommes pour les jetter ici à l'aventure, mais ... il leur a ordonné la terre, et nous l'a establie afin que nous y habitions. Et de faict, nous savons que la terre a esté couverte d'eaux, comme aussi la mer selon sa nature devroit estre par dessus la terre, et tout ceci devroit estre abysmé: c'est d'une vertu spéciale quand nous avons quelque lieu sec où nous puissions mettre le pied. Et qui a faict cela? Quand Dieu a commandé que les eaux se retirassent, alors il y a eu lieu assigné pour la demeure des hommes" (180e sermon sur Deutéronome, CO 28, p. 685).

349 "Il est dit en l'Escriture que Dieu n'a point créé le monde pour luy, comme il n'en ha nulle nécessité, mais c'est à cause de nous. Vray est que sa bonté s'estend jusques aux bestes sauvages, jusques aux asnes, aux chevaux et aux chiens, mais tant y a que les bestes sont mesmes créées pour l'homme. En somme, tout se rapporte là que Dieu nous a constituez seigneurs et maistres pour jouir des bonnes créatures" (30e sermon sur I Timothée, CO 53, p. 364). "Il (= Dieu) nous a donné maistrise et supériorité par dessus toutes les bestes" (1er sermon sur la Genèse, fo. 4 vo.). "Dieu a tout faict au regard des hommes. Car les oyseaux, comme il en parle au Pseaume 8, nous ont esté assujetis comme les poissons de la mer et toutes les bestes des champs. Vray est ... que telle seigneurie s'est perdue et nous en avons esté despouillez par le péché de nostre père Adam; mays quoy qu'il en soyt, voiez Dieu qui nous monstre l'amour qu'il portoit aulx hommes, encores qu'ilz ne fussent point créés, et le soin qu'il avoyt d'eulx quand il a remply et l'air et les eaux de la terre de bestes, afin qu'en tout et par tout nous eussions de quoy nous entretenir" (5e sermon sur la Genèse, fo. 24). "... Si fault-il que nous observions la bonté de Dieu en ce qu'il a ... assujetty toutes bestes à l'usage des hommes, et qu'il les a faict maistres et supérieurs ... Car de faict maintenant Moyse monstre (Genèse 2/19–20) comme Adam est entré en possession de la Seigneurie qui luy estoit donnée sur toutes espèces de bestes. Et comment? Dieu les a amenées à Adam. Il n'a pas fallu que Dieu les assemblast à la façon des hommes, mays ceci emporte que Dieu a voulu que toutes bestes s'assujetissent au premier homme" (11e sermon sur la Genèse, fo. 52). Cf. aussi le 18e sermon sur I Timothée CO 53, p. 212.

349a "Dieu donne empire et maistrise à l'homme et à la femme par dessus les bestes" (6e sermon sur la Genèse, fo. 32 vo.).

350 Relevons ici que Calvin n'achève pas sa phrase; pour suivre sa pensée, il devrait dire: "N'est-ce pas une merveille? ", ou: "N'est-ce pas une grâce excellente? " Il semble retrouver plus loin le fil de son discours lorsqu'il déclare: "Quand ... tout cela y a esté, c'estoit comme ung miroir de toute félicité".

351 6e sermon sur la Genèse, fo. 32 vo. et 33.

352 "Il est vray que de nature les bestes nous devroyent obéir, d'autant que Dieu a donné maistrise à l'homme sur toutes créatures, et mesmes il a créé les bestes à ceste fin-là qu'elles fussent subjettes à l'homme, qu'elles le recogneussent comme un prince qui

domine ici-bas selon que Dieu l'a constitué. Mais tant y a qu'il faut maintenant que les bestes s'eslèvent contre nous, et c'est d'autant que nous n'avons point fait hommage à Dieu de cest empire souverain qu'il a sur toutes créatures, et lequel il nous a communiqué. Comme si un homme tenant un fief d'un prince et estant son vassal, avoit fait quelque offense, qu'il eust commis quelque trahison, ou qu'il se révoltast, le bien qu'il avoit sera confisqué. Ainsi nostre Seigneur en fait-il, car pour nostre ingratitude il a fallu qu'il nous ait despouillez des biens qu'il nous avoit mis entre mains, et mesmes qu'il ait armé les bestes sauvages qui nous devoyent rendre pleine obéissance et qu'il les suscite journellement contre nous" (22e sermon sur Job, CO 33, p. 276). "En la création du monde toutes bestes ont esté données à Adam, afin qu'il en fust maistre et seigneur. Mais nous avons perdu ceste possesion-là, nous estans aliénez de Dieu, comme quand un vassal aura fait quelque lascheté ou trahison à son prince, son bien est confisqué, il sera débouté du tout. Ainsi en est-il donc des hommes; car nous eussions paisiblement dominé toutes sortes de bestes, sinon que nous eussions esté ingrats à nostre Dieu en ne faisant point l'hommage qui luy estoit deu. Voilà donc comme nous avons esté privez de la seigneurie et principauté qui nous estoit donnée sur toutes bestes" (152e sermon sur Job, CO 35, p. 420–421).

353 "Un boeuf, quand nous voyons ses cornes, si on n'estoit accoustumé à les donter, il est certain que voilà une beste terrible; il ne luy faut sinon remuer la teste pour espouvanter un homme: ses gros yeux, et ce gros col. Et puis s'il dresse les cornes, voilà pour percer un homme qui en approchera. On voit aussi ceste grosse masse du corps. Et comment est-ce qu'on en peut jouir, sinon d'autant que Dieu nous en a voulu donner quelque seigneurie? ... Quand les boeufs seront accoustumez au joug, on les tiendra là avec un petit baston; on leur fera plier ce gros col, on leur fera baisser les cornes; bref, on les maniera en sorte que là où ils pourroyent tout foudroyer, il n'y aura nulle résistance" (152e sermon sur Job, CO 35, p. 420).

354 "Pourquoy est-ce qu'un cheval se laissera gouverner par un homme, qui traînera la charrue ou les voictures, qu'il portera un chevaucheur et autres charges? ... Car un cheval est assez habile pour résister à un homme: nous voyons que c'est une beste courageuse et allègre. Comment donc est-ce qu'on en peut venir à bout?" (152e sermon sur Job, CO 35, p. 419 et 420). "Pensons-nous qu'un cheval qui n'est point dompté de sa nature, et mesme qui est comme né à la bataille, se laissast ainsi gouverner et manier, sinon que Dieu lui eust osté ce grand courage à ce que les hommes s'en puissent servir? Oserions-nous cela de nous? Concluons donc que Dieu nous déclare sa vertu quand il a donné une telle hardiesse aux chevaux, qu'il les a ainsi rendus farouches, et qu'il nous a aussi donné un singulier tesmoignage de sa bonté et de son amour quand nous, qui ne sommes rien, pouvons ainsi dompter les chevaux pour en user, et qu'ils souffrent que nous les travaillons, qu'on les applique en chariots, à labourer la terre, que les hommes montent dessus. Quand donc les chevaux se laissent ainsi gouverner, il n'y a nulle doute que là nostre Seigneur ne nous monstre combien il est libéral envers nous, et nous le face cognoistre" (153e sermon sur Job, CO 35, p. 430).

355 "Voilà mesme un éléphant qui se donte, qui est une beste plus que terrible, car le seul regard surmonte tous les autres animaux. Voilà donc comme une montagne, et semble que ce soit pour nous foudroyer: et néantmoins quand un éléphant est donté, il s'apprivoise aucunement; non point qu'il ne retienne tousjours de son naturel, mais cependant esbahissons-nous de ce qu'on en peut chevir aucunement, et qu'on s'en sert" (152e sermon sur Job, CO 35, p. 420). "Notons bien que s'il estoit question de dominer par grandeur, les éléphans l'emporteroyent bien par dessus nous. Mais quoy? Nous voyons qu'ils se laissent donter par les hommes comme petits poulains à l'estable ... A quoy tient-il que les éléphans ne nous dévorent tous? Ils mangent le foin comme les boeufs. Quand donc ces bestes qui pourroyent exercer une telle cruauté de raser tout le genre humain de ce monde, quand, di-je, elles se paissent d'herbages par les montagnes, qu'elles s'en vont cacher sous les ombres des arbres, et que cependant elles

ne se jettent point en telle furie comme elles pourroyent selon leur grandeur, d'où vient cela sinon que Dieu a voulu dompter ces bestes, afin de nous donner lieu pour habiter ici-bas? " (155e sermon sur Job, CO 35, p. 462). Notons que les éléphants dont Calvin donne une description haute en couleurs dans le sermon que nous venons de citer (cf. p. 462) commençaient au XVIe siècle à être montrés dans des ménageries princières qualifiées de "jardins d'animaux" ou de "maisons des bestes farouches" (cf. Paul Delaunay, *La zoologie au XVIe siècle,* Paris, 1962, p. 145 ss).

356 "Pourquoy est-ce que les chevaux sont assujettis à nostre service, les boeufs, les asnes, les moutons? que non seulement on en use pour les employer en un grand travail et pénible tout le temps de leur vie, mais il faut que leur chair mesme nous serve de nourriture? Or nous cognoissons la grande libéralité et infinie de nostre Dieu en cela qu'il nous a donné un tel usage sur ses créatures" (18e sermon sur I Timothée, CO 53, p. 212). "De prime face il semble que ce soit chose contre nature de tuer les bestes ausquelles Dieu avoit donné vie; qu'on les assomme, qu'on leur coupe les gorges, il semble que ce soit changer ce que Dieu avoit institué, et que les hommes pervertissent tout quand ils se donnent une telle licence. Or tant y a que nostre Seigneur dit qu'on pourra manger licitement des bestes, et qu'il les a créées à l'usage des hommes" (84e sermon sur Deutéronome, CO 27, p. 203). Cf. aussi le 39e sermon sur Job, CO 33, p. 489.

357 152e sermon sur Job, CO 35, p. 420.

358 152e sermon sur Job, CO 35, p. 419 et 421.

359 "Et au reste, que les hommes regardent que Dieu leur a encores donné quelque domination; et combien qu'ils fussent dignes d'estre foullez aux pieds des chevaux, des porcs et des asnes, qu'ils méritassent d'estre mangez de toute vermine, d'estre exemptez pleinement du rang des créatures, qu'encores Dieu leur a laissé quelque domination" (18e sermon sur I Timothée, CO 53, p. 216—217).

360 22o sermon sur Job, CO 33, p. 277.

361 Avant l'homme, c'est en effet Dieu qui est le Seigneur du monde animal. "Il (= Dieu) s'est réservé . . . . la seigneurie de toutes bestes, et . . . d'autant qu'il les a nourries aux ventres des mères, quand elles sont venues au monde, il les tient en bride, tellement qu'il les conduit comme il veut" (151e sermon sur Job, CO 35, p. 412).

362 152e sermon sur Job, CO 35, p. 421.

363 8e sermon sur Ephésiens, CO 51, p. 346.

364 24e sermon sur Deutéronome, CO 26, p. 162.

365 Cf. *supra,* p. 28 ss.

Chapitre 6

LA PROVIDENCE[1]

On sait que la doctrine de la Providence qui ne fait pas l'objet d'un chapitre particulier dans l'*Institution chrestienne* de 1536, apparaît, liée à la doctrine de la prédestination, dans le chapitre 8 de l'édition de 1539/1541, avant d'être disjointe de la doctrine de l'élection dans l'édition de 1559/1560. Dans ce texte, elle inspire à Calvin, dans les chapitres 16, 17 et 18 du livre premier, des développements abondants qui n'occupent pas moins d'une quarantaine de pages de l'édition Benoît. Josef Bohatec, qui, le premier, l'a étudiée pour elle-même, remarque à juste titre qu'elle occupe une place importante dans la pensée du Réformateur, d'autant plus importante qu'elle n'est pas pour lui le fruit de quelque spéculation intellectuelle, mais bien la traduction théologique d'une expérience vécue[2]. Ainsi ancrée dans la vie de Calvin, la doctrine de la Providence joue, comme François Wendel l'a déjà remarqué[3], un rôle considérable dans son oeuvre homilétique. Aussi devons-nous montrer maintenant les divers aspects qu'elle y revêt. Après l'avoir définie par opposition à la fortune, nous examinerons successivement la "providence générale" et la "providence spéciale"[4] avant d'aborder le problème de théodicée qu'elle ne manque pas de poser.

1. La Providence, négation de la fortune

On trouve dans la prédication — c'est par cet aspect négatif que nous commencerons ce paragraphe — de nombreux passages qui rejettent la notion de fortune de la manière la plus catégorique. L'idée que quelque chose pourrait se produire fortuitement est intolérable pour Calvin. Admettre que le hasard puisse conduire les événements signifie, à ses yeux, postuler l'existence d'une nouvelle divinité, et, par conséquent, porter atteinte à l'honneur du Créateur. "Si ... nous imaginons que Dieu ne gouverne point tout, mais qu'il advienne quelque chose par fortune, il s'ensuit que ceste fortune est une déesse qui aura créé une partie du monde, et que la louange n'en est pas deuë à lui seul"[5].

Ce rejet de la fortune se manifeste sur plusieurs plans, dans l'"ordre de nature" tout d'abord. Ainsi, du fait même qu'ils impliquent une solution de continuité, les changements de temps montrent que le hasard ne règne pas sur la création, mais que Dieu y est le maître[6]. La foudre et la grêle ne sont pas des phénomènes fortuits; elles attestent au contraire que le Créateur régit l'univers[6a] "Quand nous voions qu'il tonne, qu'il gresle, qu'il y a des esclairs qui vollent çà et là en l'aer, qu'il y a de telles mutations qu'il semble que tout doibve estre remué, que nous sçachions que cela ne se faict point de cas fortuit

. . . . Puis qu'ainsi est donc, que tousjours nous demourions en ceste admonition icy pour l'aproprier à tous les changemens que nous verrons, c'est que rien ne se faict à l'adventure, mais que Dieu gouverne tout"[7]. Pas plus que les précipitations atmosphériques que nous venons d'évoquer, les catastrophes naturelles, entre autres la sécheresse, mère de la famine, qui paraissent contraires aux lois fixées par le Créateur, ne sont le fruit du hasard. "Quand telles choses adviendront qu'il semblera que l'ordre de nature vueille changer, qu'il y aura des sécheresses si excessives qu'il semble que tout doive brusler, cognoissons que Dieu n'a point lasché la bride à fortune, mais que c'est luy qui besongne ainsi"[8].

Si le hasard n'a aucune place dans l' "ordre de nature", il n'en a pas davantage au sein de l'histoire, aussi enchevêtrée, aussi absurde qu'elle puisse paraître[9]. Stigmatisant ceux qui s'imaginent que Dieu oublie les hommes ballottés par les événements, Calvin déclare dans le 91e sermon sur le livre de Job: "C'est une tentation bien mauvaise aux fidèles quand les choses sont confuses au monde, . . . qu'il semble que Dieu ne s'en mesle plus, mais que fortune gouverne et domine. Et voilà qui a esté cause de ces proverbes diaboliques que tout se démène par cas fortuit, qu'il y a une conduite aveugle des choses, . . . qu'il n'y a ne raison ne mesure, ou bien que tout se gouverne par quelque nécessité secrète et que Dieu ne daigne pas penser de nous. Voilà ces blasphèmes qui ont régné de tout temps"[10]. Cette négation du hasard dans le déroulement de l'histoire, le Réformateur la pousse jusque dans ses conséquences extrêmes. C'est-à-dire que, pour lui, les bouleversements de situation, les renversements de condition, les guerres n'ont jamais rien d'accidentel[10a]: dans leur développement et dans leur succession, le Créateur "tient" toujours "la bride"[11]. "Les changemens et révolutions[12] qu'on voit au monde ne vienent point par cas fortuit, mais . . . c'est Dieu qui le dispose ainsi, et . . . il faut que nous cognoissions quand le monde est ainsi troublé qu'il y a une bride secrète d'en haut, que les choses ne sont jamais si confuses que Dieu n'ordonne par dessus comme bon luy semble"[13]. Dans ces conditions, il ne saurait être question pour Calvin, bien évidemment, de recourir, pour illustrer les vicissitudes de l'histoire, à l'image de la roue de la fortune qui fait dégringoler en un instant ceux qui étaient élevés en dignité et qui, tout aussi rapidement, fait accéder aux honneurs ceux qui étaient abaissés[14].

Exclu et de l' "ordre de nature" et du cours de l'histoire, le hasard ne joue pas davantage un rôle dans la vie des individus. Car en faisant naître chaque homme, le Créateur le prend en charge et le dirige de telle sorte que rien ne lui arrive sans qu'Il l'ait voulu[15]. Calvin déclare ainsi à propos de Job 23/14: "Nous ne sommes pas ici conduits par fortune ni à l'adventure. La raison? Dieu a ordonné de ce qui sera de nous. Quand il nous a mis au monde, ce n'a pas esté pour nous jetter là comme à l'abandon et que nous cheminions à l'adventure, mais il a establi de nostre vie et de nostre mort ce qu'en sera. Cognoissons donc que nous cheminons tellement sous la conduite de nostre Dieu qu'il ne peut tomber un cheveu de nostre teste (comme dit nostre Seigneur Jésus-Christ) sinon par sa bonne volonté"[16]. Mais le Réformateur ne se contente pas de ces considérations générales. Entrant dans le détail, il tient à montrer que le hasard n'a part à aucun événement de l'existence humaine. Ainsi ce n'est pas en vertu de quelque bonne fortune[16a] que David est devenu roi[17] ou qu'il a pu échapper à Absalom[18]. De même que les circonstances heureuses ne sauraient être attribuées à la bonne fortune[19], les situations malheureuses ne sauraient être imputées à la mauvaise fortune[20]. Ici encore, tout vient de Dieu, comme l'affirme le Réformateur en commentant I Corinthiens 11/32: "Que nous ne soyons pas comme les incrédules qui pensent que tout leur vient de cas d'adventure, qui attribuent à mauvaise fortune la povreté, les maladies ou quelques autres rencontres. Voilà une mauvaise fortune qui m'est advenue, disent-ils. Afin donc que nous ne soyons pas ainsi eslourdis, sainct Paul monstre que les afflictions ne nous viennent point ainsi sans que Dieu les envoye . . ."[21].

Si, comme on vient de le voir, Calvin s'oppose avec une telle force à la notion de hasard, c'est parce que − plusieurs textes que nous avons cités l'ont laissé entendre − il veut réserver tous ses droits à la doctrine de la Providence. La Providence de Dieu? Comment la définir? Plus fortement encore que dans l'*Institution de la religion chrestienne*[22], elle apparaît, dans l'oeuvre homilétique du Réformateur, comme liée indissolublement à deux attributs de Dieu, l'omniscience et la toute-puissance. La Providence, c'est d'abord le fait que le Créateur, qui n'est pas soumis à nos catégories temporelles, sait de toute éternité ce qui doit arriver dans ce monde, qu'il connaît, avant même qu'il ne se produise, le moindre événement de l'histoire humaine, le moindre épisode d'une existence individuelle. "Il n'y ha rien qui ne soit présent à Dieu. Nous ne pourrons comprendre les choses que selon nostre appréhension. Mais devant que le monde fust créé, il ha sceu et conneu tout ce qui devoit avenir. Rien donc ne luy est caché . . . . Dieu n'est point semblable aux hommes mortels qui connoissent les choses quand elles sont faittes, voire et quand ils y pensent, et qu'ils y appliquent leur sens, mais . . . tout luy est patent, . . . il ne se fait point de révolutions en luy pour maintenant penser à une chose, maintenant à une autre, mais il connoist tout"[23]. Cette omniscience ne signifie pas que Dieu demeure inactif au ciel[24], ou qu'Il se contente d'agir dans l'histoire *post eventum* pour en redresser le cours[25]. La Providence − c'est son second aspect − consiste dans le fait que le Créateur, non content de prévoir, conduit et gouverne toutes choses avec puissance, même celles qui paraissent les plus insignifiantes[26]. Après avoir évoqué la prescience de Dieu dans le 33e sermon sur le livre de Daniel que nous avons cité plus haut, Calvin ajoute immédiatement: Dieu "ha tout en sa main, . . . il faut que tout soit conduit par sa providence, . . . il faut que Dieu conduise toutes choses à la fin qu'il ha ordonnée et qu'il ha délibérée en son conseil . . . Et ainsi quand nous voyons le monde se remuer et çà et là, sachons que Dieu tient la bride par dessus et qu'il gouverne . . . Voilà donc comme Dieu non seulement spécule du ciel ce qui se fait ici bas, mais il ameine par sa main et par sa vertu toutes choses, il les conduit à telle fin qu'il ha ordonnée en son conseil, que rien ne se dispose sinon selon sa volonté"[27].

2. La Providence générale

Comme nous l'avons déjà laissé entendre[28], la Providence générale se rapporte à toute la création, ou, pour employer la terminologie du traité *Contre la secte phantastique et furieuse des libertins,* à l'"ordre de nature". D'après les sermons, elle nous paraît s'y manifester d'une triple manière. En premier lieu, dans le fait qu'elle permet aux êtres et aux choses créés d'être conservés, d'être maintenus dans leur existence, de subsister dans leur nature[29]. "Les créatures ne demeurent point en leur estre, sinon d'autant qu'il plaist à Dieu de les soustenir; si tost qu'il aura recueilli ceste vertu, voilà tout qui est réduit à néant"[30]. Si la Providence n'existait pas, le monde "irait en décadence"[31], la terre ne serait plus productive[32], les espèces animales disparaîtraient[33], l'humanité elle-même s'éteindrait[34]. Cette maintenance (pour utiliser un mot quelque peu vieilli mais qui traduit fidèlement le terme de *manutenentia* que les scolastiques auraient employé dans notre contexte[35]) ou cette conservation (pour recourir au langage de certains théologiens réformés[35a]) exercée par la Providence est en quelque sorte la prolongation de l'activité créatrice de Dieu. Dans plusieurs sermons, car l'idée lui tient à coeur, Calvin montre en effet que Dieu n'a pas été créateur "pour une minute de temps" seulement[36], ou uniquement au cours des six jours dont parle Genèse 1[37], mais que présentement il poursuit son oeuvre créatrice[38]. "Quand ... nous appelons Dieu créateur du ciel et de la terre, déclare le Réformateur, ne restraignons point cela à un moment; mais cognoissons que Dieu ayant basti le monde, aujourd'huy a tout en sa puissance et qu'il dispose des choses d'ici bas tellement qu'il a le soin de nous ... et que rien n'advient qui ne soit décrété par son conseil .... Ce sont deux choses conjointes que la création et le gouvernement du monde ... Ainsi apprenons qu'il y a un lien inséparable de ces deux choses, c'est assavoir que Dieu a tout fait et qu'il gouverne tout"[39]. On ne pourrait mieux dire que, vue sous l'angle de la *manutenentia,* ou de la *conservatio,* la Providence est une *continuata creatio.* Celui qui a tiré l'univers du néant ne l'abandonne pas à lui-même une fois qu'il existe, comme le déisme l'imagine, mais il le porte à travers les siècles.

La Providence générale apparaît dans les sermons sous un deuxième aspect, celui des cycles naturels. Calvin estime en effet que Dieu est à l'oeuvre dans les variations météorologiques, dans les modifications climatiques, dans la succession des saisons. Dans tous ces phénomènes qui rompent, au sein de la nature, un "ordre continuel"[40] qui pourrait faire oublier aux hommes que Dieu intervient sans cesse dans sa création, le Réformateur voit une manifestation évidente de l'action de la Providence[41]. Il déclare dans le 156e sermon sur le Deutéronome: "L'ordre de nature, que nous appellons, n'est sinon une disposition de la volonté de Dieu, et ... il domine tellement et sur le ciel et sur la terre, sur la pluye et sur le beau temps, qu'il envoye les changemens comme il luy plaist, voire et ne les envoye point sans cause. S'il y avoit un ordre continuel en nature, il nous sembleroit que Dieu n'y mettroit point la main; nous confesserions assez qu'il a créé le monde, mais cependant nous ne dirions pas qu'il nous gouverne; nous penserions: Et quoy? Quand le printemps est venu, on voit qu'il va d'un fil esgal et tenure telle que l'an passé, c'est tousjours tout un; mais nous verrons un hyver plus long, nous verrons un hyver qui commence tard, l'autre plus tost et qui durera plus; nous verrons un hyver qui sera pluvieux, et l'autre sec; nous verrons force neiges en une année, et en l'autre il n'y en aura point; une année sera chaude, et l'autre froide. Une telle inéqualité donc ne monstre-elle pas qu'il faut que Dieu besongne? Car le soleil feroit son office aussi bien en une année qu'il fait en l'autre, et tout iroit tousjours comme par compas, mieux que l'horologe la mieux reiglée du monde. Et pourquoy donc y a-il une telle variété? C'est Dieu qui nous rappelle à soy"[42].

En voyant dans l' "inéqualité", dans la "variété" des phénomènes naturels l'oeuvre de la Providence générale, Calvin repousse deux attitudes. Selon la première, les changements observables dans l' "ordre de nature" attesteraient que Dieu est inconstant. Le Réformateur refuse une telle conception en soulignant que les variations saisonnières qui, certes, viennent de Dieu, n'impliquent en lui aucune variabilité. On "ne peut . . . arguer que Dieu soit variable, comme aucuns fantastiques ont amené ceste raison-là. Car dirons-nous que Dieu change de propos quand il fait l'esté et l'hyver? Nous voyons les saisons de l'année diverses; nous verrons verdoyer la terre, et les arbres fleurir, et puis produire leurs fruicts; nous verrons tout comme mort en hyver. Or telle variété procède bien de Dieu, mais ce n'est pas pourtant qu'il change en sa nature"[43]. La deuxième attitude que Calvin condamne est celle des "philosophes", comme il les nomme, qui, s'efforçant de découvrir les causes des phénomènes, s'arrêtent aux causes secondes et oublient de remonter jusqu'à Dieu qui est la cause première[44]. "Les philosophes cercheront bien les causes, . . . ils diront: Il y a une telle concurrence des astres, et cela se fait par telles conjonctions; mais tout cela, dont procède-il? De la main de Dieu. Il faut revenir à la première cause. Et de faict, ils sont plus que bestes, sinon qu'ils en soyent conveincus"[45].

Parmi les phénomènes qui, dans l' "ordre de nature", attestent l'activité d'une Providence générale[46], Calvin mentionne l'apparition quotidienne du soleil. "Si nous demandons qui fait lever et baisser le soleil par chacun jour, qui conduit tout l'ordre de nature, qui ordonne et les jours, et les mois et les ans, qui fait la révolution et du jour et de la nuict, c'est Dieu qui fait tout en toutes choses. Autant en est il de tout le reste que nous appercevons au gouvernement universel de tout le monde"[47]. Mais plus souvent peut-être le Réformateur recourt à la pluie pour illustrer l'oeuvre de la Providence. "Il ne faut point que nous ayons grande subtilité, déclare-t-il par exemple, pour estre convaincus qu'il y a un Dieu qui règne et qui conduit le monde, et dispose tout l'ordre de nature selon sa volonté. Pourquoy? Quand nous aurons vescu quelque peu de temps au monde, que nous aurons veu pleuvoir trois ou quatre fois, voilà Dieu qui nous a rendu tesmoignage suffisant de sa majesté, tellement que nous n'aurons plus d'excuse fermans les yeux, car nous entendrons (en despit de nos dens) qu'il y a un Dieu qui domine sur ce que nous pouvons voir ici-bas"[48].

Outre la maintenance ou la conservation qu'elle exerce, outre les phénomènes naturels qu'elle produit, la Providence générale — c'est là le troisième aspect sous lequel elle apparaît dans la prédication — se manifeste, pour Calvin, dans les miracles. En face de ces événements qui dépassent le "cours ordinaire de nature"[49], le Réformateur estime qu'il est impossible de s'en tenir à une explication qui ferait intervenir le hasard ou les causes secondes seulement; il faut chercher plus loin, il faut remonter jusqu'au Créateur, pense-t-il. "Si Dieu ne passe point le cours ordinaire de nature, dit-il en parlant des hommes, mais en visant les "moqueurs" qui osent mettre en doute l'accroissement rapide de la postérité d'Abraham, ils ne voyent goutte pour contempler sa main, il leur semblera que c'est fortune, ou que c'est leur prudence, ou les moyens inférieurs de ce monde; mais au contraire quand Dieu eslèvera sa main forte, et qu'il fera ce qui estoit incompréhensible, et que jamais on n'eust pensé, alors les hommes diront: Et comment cela s'est-il fait? "[50]. Il n'y a pas que les miracles, cependant, qui, en sortant du "cours ordinaire de nature", attestent l'existence de la Providence. Il y a aussi les catastrophes et les cataclysmes: les sécheresses, les gelées, les tempêtes, les inondations[51]. Calvin déclare à propos de ces dernières, en s'opposant à ceux qui voudraient voir en elles la preuve que le gouvernement du monde a échappé au Créateur: "Si on allègue que non seulement la mer, mais aussi les rivières gagnent quelquefois, qu'elles se desbordent tellement qu'elles minent tout, que maisons et vignes sont enfondrées, et qu'on voit en la mer de plus grandes violences et excessives, la response à cela est que, cependant, Dieu ne laisse point de conserver le monde en général, et ce qu'il permet que la mer se desborde ainsi, c'est pour nous faire penser à sa vertu, laquelle nous est ici monstrée"[52].

Sous les trois aspects où nous l'avons décelée dans les sermons, la doctrine de la Providence générale se caractérise par un panénergisme rigoureux. Aux yeux de Calvin, non seulement tout dans l'ordre de nature est à tout instant maintenu, conservé par Dieu, mais tout à tout instant est dirigé, gouverné par Lui. En d'autres termes, l'action de la Providence ne se manifeste pas seulement dans la maintenance ou la conservation de l'univers. Comme l'ont relevé un certain nombre de théologiens réformés de la seconde moitié du XVIe et de la première moitié du XVIIe siècle[53], la Providence n'est pas seulement, pour le Réformateur, *manutenentia* ou *conservatio*, elle est aussi, et toujours, *rectio* ou *gubernatio*[54].

3. La Providence spéciale

La Providence spéciale, nous l'avons déjà relevé, exerce son activité au sein de l'humanité. Vue sous l'angle de la *manutenentia* ou de la *conservatio*, elle est étroitement tributaire de la Providence générale. En effet, Dieu conserve l'univers à l'intention de la postérité d'Adam[55]. Il produit les précipitations atmosphériques, il rend la terre féconde, il préside au lever quotidien du soleil afin que les hommes disposent d'un milieu favorable à leur subsistance. Mais ce milieu ne suffit pas à assurer leur existence. Il faut que, de même que Dieu maintient le monde et exerce en faveur des créatures humaines une activité de "pourvoyance"[56], il leur donne la vie et les maintienne en leur être. Le 67e sermon sur le livre de Job formule cela de manière remarquable: "L'Escriture nous parlera souvent de ce que nous voyons tous les jours, c'est assavoir que Dieu envoyera la pluye et le beau temps, qu'il fera fructifier la terre, et fera qu'elle nous nourrisse. Or ce n'est point assez que nous cognoissions que la pluye et le beau temps vienent de Dieu, et que quand la terre nous produit nourriture, c'est de sa grâce. Il est vrai que voilà les fondemens, mais si faut-il passer plus outre et monter plus haut, c'est assavoir que si Dieu donne telle vertu à la terre, il faut bien par plus forte raison que nous recevions nostre vertu de lui, car nous sommes créatures plus nobles. La vie qui est en nous, n'est-ce pas une chose plus grande et plus excellente que la vertu que la terre a de fructifier? Il est bien certain. Il faut donc que nous cognoissions que cela est une oeuvre de Dieu et qui en procède"[57].

En faisant servir l' "ordre de nature" à la "pourvoyance" de l'humanité, le Créateur n'opère en celle-ci aucune discrimination: il ne prive personne de ses bienfaits, pas même le méchant ou l'incrédule. Calvin relève ainsi que "Dieu veult prouveoir en général à toutes créatures humaines"[58], ou, après avoir remarqué que "Dieu fait sentir sa grâce à tout le genre humain sans exception", il note avec un réalisme non dépourvu d'humour: "Les plus meschans boivent et mangent, et Dieu ha là ses richesses desployées afin de les nourrir, et mesmes souventesfois ilz seront beaucoup plus gras que les fidèles"[59]. A l'instar de la "pourvoyance", la "maintenance" s'étend à tous les hommes. Commentant I Timothée 4/10, le Réformateur estime que, quoique Dieu ait une attection spéciale pour les croyants, il ne leur réserve aucunement le bénéfice de sa *manutenentia*: "Dieu maintient toutes créatures, voire combien qu'elles ne luy soyent pas si précieuses comme ses enfans qu'il a adoptez. Car ce mot de "Sauveur" (sous-ent.: employé par saint Paul) ne se prend pas ici en sa signification propre et estroite, qu'on appelle, pour le regard du salut éternel que Dieu promet à ses éleus, mais il se prend pour celuy qui délivre et qui garentit. Or voyons-nous que Dieu garentit mesmes les incrédules, comme il est dit qu'il fait luire soleil sur les bons et sur les mauvais; et nous voyons que tous sont repeus par sa bonté, que tous sont délivrez de beaucoup de dangers. Voilà donc comme il est ici appelé Sauveur de tous hommes, non point au regard du salut spirituel des âmes, mais pource qu'il maintient toutes ses créatures"[60]. En s'exprimant de la sorte, Calvin, on l'aura remarqué, fait de la "maintenance" exercée par la Providence spéciale une espèce d'activité redemptrice. Il n'y a rien là qui doive nous étonner: la *manutenentia*, comme du reste la "pourvoyance" – le Réformateur le souligne dans plusieurs sermons[61] – est une manifestation, dans l'ordre de la création, de l'amour paternel de Dieu envers toute l'humanité.

A la doctrine de la Providence spéciale vue sous l'angle de la *manutenentia* ou de la *conservatio*, il faut rattacher la question du pain quotidien. Calvin lui attribue une grande importance. Il le montre bien lorsqu'il aborde dans sa prédication Deutéronome 8/3 et son parallèle néo-testamentaire Matthieu 4/4. Il refuse en effet d'interpréter ces textes dans un sens spiritualiste et de voir dans la "parole qui sort de la bouche de Dieu" l'aliment dont les âmes ont besoin. Cette parole nourricière, comme il le dit dans son "Commentaire sur l'Harmonie des trois Evangélistes", ce n'est pas la "doctrine" nécessaire à la "vie spirituelle", mais "l'arrest et détermination de Dieu touchant l'entretènement de l'ordre de nature et la conservation des créatures"[62]. En d'autres termes, Deutéronome 8/3 et Matthieu 4/4 se rapportent à la manne à laquelle, à défaut de pain, Dieu confère la vertu de nourrir Israël. Dans ces deux textes, il s'agit de nourriture "matérielle"[63]. Pour le Réformateur, donc, la nourriture dont les hommes ne peuvent se passer pour subsister biologiquement, si l'on peut dire, vient de Dieu. C'est "de sa main" que chaque être humain reçoit chaque jour le pain qui lui est nécessaire[64].

Reconnaître que le pain quotidien est un don de la Providence implique, dans l'oeuvre homilétique de Calvin, plusieurs conséquences, trois, nous semble-t-il. La première, sous-entendue déjà dans quelques-uns des textes que nous venons de citer, est que le pain ne possède pas en lui-même la propriété de sustenter les hommes. C'est Dieu qui, daignant s'en servir, lui confère cette qualité[65]. En sorte que c'est une erreur profonde que de s'arrêter aux "viandes", comme on dit au XVIe siècle, c'est-à-dire aux nourritures. Au-delà de celles-ci, il faut toujours distinguer la Providence qui est à l'oeuvre. Se demandant à propos de Dieu "comment . . . il fait valoir le pain pour nous nourrir", Calvin répond: "Quand nous aurons beu et mangé, nous serons réfectionnez, tellement que celui qui ne pouvoit bouger ne bras ne jambes, aura nouvelle vigueur pour travailler. Est-ce à dire pourtant que le pain ait quelque vertu, quelque vie et quelque mouvement? (Non). Or quand nous voions que le pain nous donne ce qu'il n'a pas, et le blé, et le vin, et toutes autres viandes, n'est-ce point pour monstrer que Dieu applique tellement ses créatures en oeuvre, qu'il ne faut point nous amuser à ce que nous voions à l'oeil, mais qu'il faut tousjours revenir là que, comme il a disposé l'ordre de nature, qu'il nous conduit aussi et gouverne . . . Et ne faut point que nous imaginions que ni nous ni les créatures y apportent rien de leur costé, mais qu'il faut que Dieu accomplisse le tout, qu'il commence et qu'il parface"[66].

La deuxième conséquence à dégager de l'affirmation selon laquelle la nourriture quotidienne des hommes est un bienfait de la Providence spéciale, est que le pain n'est pas le produit naturel de la terre. Pour que celle-ci puisse fournir le blé dont il est fait, il faut que Dieu intervienne sans cesse à nouveau dans l' "ordre de nature", qu'il envoie la pluie et la rosée, qu'il fasse lever le soleil chaque matin[67]. Il ne faut donc pas que les humains s'arrêtent aux "moyens inférieurs" dont la Providence se sert pour leur procurer leurs aliments. Comme Calvin le rappelle à ses auditeurs, il faut qu'au-delà des causes instrumentales (c'est ainsi qu'on peut traduire son langage), ils sachent toujours discerner Dieu qui est l'auteur de toutes choses. "Dieu appliquera ses créatures pour besongner et pour parfaire ses oeuvres quand il luy plaira; mais cependant si faut-il que la force luy demeure, c'est-à-dire que ce qu'il prend et choisit des instrumens selon sa volonté, que cela n'empesche point que nous ne confessions que c'est luy qui fait le tout. Or la malice des hommes est telle que, quand des moyens inférieurs se présentent à nos yeux, il nous semble que Dieu est oisif au ciel, et nous sommes si abrutis quand nous mangeons le pain qui nous est produit de la terre, estans saoulez nous n'avons pas l'esprit et la prudence de lever la teste en haut pour remercier Dieu . . . . Voilà comme Dieu est fraudé de sa louange, d'autant que les moyens inférieurs nous retiennent et occupent nos sens, en sorte que nous ne pouvons pas comprendre que Dieu besongne par le moyen de son bras"[68].

La troisième conséquence à tirer du fait que le pain quotidien provient de la Providence spéciale, est que jamais l'homme n'est en droit de prétendre qu'il vit du fruit de son labeur. Par lui-même, le Réformateur le relève plus d'une fois, le travail ne produit absolument rien[69]. C'est grâce à Dieu qui pourrait fournir aux humains la nourriture nécessaire sans qu'ils travaillent, mais qui, ne voulant pas les voir inactifs, fait fructifier leurs efforts, qu'ils sont à même de subvenir à leurs besoins[70]. Calvin déclare à ce sujet: "Quand nous aurons travaillé, que nous aurons mis peine à cultiver les terres, qu'on aura gardé tout ce que nous verrons estre requis, que néantmoins nous ayons les yeux eslevez en haut, que nous ne soyons point retenus en nous-mesmes pour dire: J'ai fait cela, c'est mon labeur et mon industrie; mais cognoissons que c'est l'office de Dieu de donner accroissement, et que sans cela tout nostre labeur seroit inutile, que nous aurions beau nous rompre bras et jambes, qu'au lieu d'avancer nous reculerions . . . Quand chacun mettra peine de gagner sa vie, que nous cognoissions que ce n'est pas que nous ayons l'événement en la main, mais il faut que Dieu conduise tout cela et qu'il luy donne bonne issue . . . . Dieu nous pourroit bien substanter quand nous aurions les bras croisez, nous pourrions vivre sans avoir nul soin, sans avoir esgard à entretenir nostre mesnage; Dieu (di-je) pourroit bien envoyer pasture sans qu'il nous coustast rien, mais il luy plaist de nous exercer, que nous ayons solicitude, que nous travaillions, qu'un chacun selon son estat auquel il est appellé, s'applique pour faire ce qu'il voit estre propre. Nous sommes (di-je) exercez à cela que Dieu conjoint ses grâces avec nostre labeur, pour monstrer qu'il ne veut pas qu'on se repose, qu'un chacun croupisse là, et que nous ne sachions que c'est ni de labourer la terre, ni de besongner en autre façon"[71].

L'enseignement de Calvin sur le pain quotidien, fruit de la Providence spéciale, débouche, dans sa prédication, sur une éthique, ou, mieux encore, il est générateur d'une piété aux contours bien dessinés. Les auditeurs du Réformateur sont invités en effet, alors qu'ils pourraient recevoir d'un seul coup tout ce dont ils ont besoin, à vivre au jour le jour dans l'attente de la nourriture que Dieu leur donnera[72]. Ils sont dans la même situation que les Israélites au désert, qui, ramassant la manne chaque matin, ne pouvaient que prendre conscience de leur faiblesse et de la munificence de Celui qui les alimentait miraculeusement[73]. Ainsi rappelés au double sentiment de la précarité de la condition humaine et de la générosité de l'amour divin, les destinataires de l'oeuvre homilétique sont conviés, en plusieurs passages, à faire du pain quotidien l'objet de leurs prières. Ils sont engagés à demander à Dieu de veiller sur leurs récoltes[74] et de leur accorder, en temps de disette, les vivres indispensables[75], mais aussi à rendre grâces à leur Père nourricier[76]. Ainsi, la doctrine de la Providence spéciale vue sous l'angle de la *manutenentia* ou de la *conservatio* culmine chez Calvin prédicateur dans le rappel de la quatrième requête de l'oraison dominicale[77]. Comme le montre admirablement le 58e

269

sermon sur le Deutéronome, il est légitime et plus encore profitable de s'adresser à Dieu à propos d'une question aussi banale que celle des nourritures terrestres; car Dieu ne s'occupe pas seulement du salut des âmes: en sa qualité de pourvoyeur de l'humanité, il prend aussi en charge la réfection des corps. Oublier qu'il veille sur notre existence temporelle, c'est oublier à coup sûr qu'il s'intéresse à notre vie éternelle. Ne pas voir en lui la Providence, c'est immanquablement se condamner à ne pas reconnaître en lui le Sauveur. "Quand nous disons que Dieu nous donne nostre pain quotidien ou ordinaire, de prime face il semblera que ce soit une chose puérile. Et bien, on apprendra aux petis enfans à prier Dieu quand ils voudront desjuner! Et de faict, il y en a de fols outrecuidez qui cuident néantmoins estre bien sages et qu'on estime grans docteurs, qui ont dit que ce n'est pas chose convenable aux chrestiens de prier Dieu pour la nourriture du corps, et qu'il faut qu'ils tendent à une perfection plus haute et plus exquise. Voire, mais cependant n'est-ce pas regarder à une grande perfection, que nous puissions demander à Dieu qu'il soit nostre Père nourricier et que nous puissions cognoistre sa bonté envers nous? Et qu'ainsi soit, où est-ce que se monstre plus la foy ou l'incrédulité des hommes? Il est certain que c'est en la nourriture de ceste vie transitoire. Il est vray que ce n'est point là le principal de nostre foy. Car il nous faut aspirer à cest héritage immortel qui nous est promis. Mais ce que je di maintenant est véritable, c'est assavoir que nostre foy se monstre en cest endroict mieux qu'en nul autre, et aussi nostre infidélité. Car si un homme se peut fier en Dieu qu'il le nourrira durant ceste vie mortelle, il est certain qu'il espérera aussi de tout le reste. Et à l'opposite, quand le pain nous deffaut ou que nous n'avons pas les moyens à souhait, nous voilà incontinent espouvantez, nous sommes agitez d'inquiétude. Nostre infidélité donc se monstre en ceste solicitude que nous avons de la vie terrestre. Ainsi donc notons que nous aurons beaucoup proffité, non point seulement pour un jour, mais pour toute nostre vie, quand nous aurons esté bien enseignez de nous remettre à la providence de Dieu, pour estre comme appatellez de sa main, pour recevoir nourriture de sa grâce"[78].

Si, comme nous venons de le voir, la Providence spéciale exerce une activité de "maintenance" et de "pourvoyance" en faveur de l'humanité, elle joue aussi pour celle-ci un rôle de "direction" et de "gouvernement". A la *manutenentia* et à la *conservatio* effectuées par la Providence spéciale s'ajoutent la *rectio* et la *gubernatio*. Dieu conduit et gouverne en effet les sociétés humaines, et, *a fortiori*, cette société particulière qu'est l'Eglise[79]. Il est le maître de l'histoire[80], aussi tourmentée, aussi incohérente qu'elle puisse paraître[81]. Dans le 2e sermon sur Esaïe 13—29, Calvin défend cette vue avec force à propos de la prise de Babylone par les Mèdes et les Perses. Après avoir noté que Dieu manifeste sa volonté "en la Loy et en toute l'Escripture saincte", il y relève que la volonté divine apparaît aussi dans l'action de la Providence spéciale. A travers celle-ci, Dieu "adresse les choses. Encores que les hommes n'y pensent point, il les poulse, il les incite et les tourne pour s'en servir et pour les applicquer à tel usage qu'il veult"[82]. En s'exprimant ainsi, le Réformateur condamne la conception de l'histoire selon laquelle le déroulement des événements terrestres n'est que la conséquence du laisser-faire divin. "Dieu ne dict point icy sans cause qu'il avoit commendé aux Perses et aux Mèdes. Si on prend cela pour permission et congé, c'est une sottise trop lourde; mais il failloit qu'ainsi feust, d'autant que Dieu l'avoit ainsi décrété et qu'il se voulloit servir d'eulx à tel usage qu'il a faict". Par sa Providence spéciale, Dieu dirige tellement l'histoire qu'il n'en choisit pas les acteurs au moment de leur entrée sur la scène du monde, mais bien avant leur naissance. Dieu n'improvise jamais, il prépare d'avance le cours des événements. "Dieu les avoit (sous-ent.: les Perses et les Mèdes) de longue main ordonnez à cest usage-là pour les y applicquer en temps opportun. Cecy n'est point advenu soudain comme si Dieu ne s'en estoit point advisé auparavant que les Perses et les Mèdes aient faict la guerre contre Babilonne. Mais Dieu l'avoit ainsi ordonné et estably .... Auparavant Dieu avoit desjà décrété en son conseil estroict ce qu'il debvoit faire, et devant que ceux-cy fussent naiz, desjà il les avoit dédiez à tel usage, il les avoit préparez. Ainsi notons que non seulement Dieu a ses créatures en la main pour s'en servir comme il vouldra, mais devant qu'il les ait mises en estat au monde, desjà il a congneu comment il s'en veult servir"[83]. La Providence, d'après notre texte, implique la prescience de Dieu et même, à la limite, la notion de prédestination.

En affirmant que l'histoire est régie par la Providence spéciale, Calvin est parfaitement conséquent. De même qu'il refuse, dans le 2e sermon sur Esaïe 13—29, d'attribuer les événements à la permission de Dieu, de même il refuse d'admettre que Dieu préside seulement à l' "ordre naturel et continuel" de l'histoire. Dieu est l'auteur de tous les changements qui s'y produisent[84]. C'est de lui, en particulier, que proviennent les victoires et les défaites militaires qui modifient la face du monde[85], les révolutions qui bouleversent la structure des Etats[86]. Le 48e sermon sur le livre de Job exprime cela de la manière la plus remarquable en retraçant les grands moments de l'histoire de l'Antiquité: "Suivons les monarchies premières qui ont esté des Assyriens et des Chaldéens, prenons celle qui a esté si grande qu'il sembloit bien que ce fust un estat perpétuel, et que jamais il ne deust estre renversé ... Voilà les Perses et les Mèdes qui dominoyent en toute l'Asie, tellement que quand on eust gagné cent lieues de pays, ce n'estoit rien: armées estoyent prestes de cinq cens mille hommes ... Or, cependant, voilà un homme avec trente mille hommes qui défait une armée de trois cent mille, l'autre une armée de sept cens mille ... Et voilà comment ceste grande monarchie a esté abbatue, comme si Dieu avoit rompu la ceinture d'un homme et son espée luy tombe. Ainsi ... en est-il advenu aux Perses et Mèdes. Or bien, Alexandre le Grand a-il gaigné telles victoires de tous costez? Est-il comme une foudre que, quand on en oit parler, on est desjà vaincu? On voit qu'en la fleur de son aage Dieu l'oste du monde. Et qu'est-ce qui luy demeure? Il a des enfans masles, il a sa femme, sa mère, ses frères, bref il a un parentage si grand qu'il sembloit que sa race ne deust jamais faillir ... Or il n'en demeure point la queue d'un de toute sa race, il faut que tout cela soit tué, et que le sang soit espandu, comme il avoit rempli la terre de sa cruauté .... Quand on viendra à cest empire romain, c'est encores un estat dressé en sorte qu'il semble que jamais ne doive estre remué. Car ceux qui avoyent authorité en ceste république et communauté de Rome jamais n'eussent permis qu'un autre eust diminué de leur estat; et il faut néantmoins

271

que cela adviene. Et comment est-ce que l'empire est dévolu à celuy qui l'a obtenu? Il est vray que quand la liberté fut opprimée, ce fut par force de guerres: mais celuy qui l'a eu n'a n'héritier ne successeur après soy, pour dire qui soit prince ou empereur .... Il faut qu'un bouvier des champs soit empereur, un fils de putain qui ne se peut glorifier sinon d'estre fils de son frère propre, et que sa mère soit une inceste. Et de qui est-il? De quel parentage? On ne sait d'où ils sont venus, s'ils sont sortis de la terre ou de l'eau"[87]. Et le Réformateur de conclure cette évocation historique en relevant que c'est Dieu, et lui seul, qui préside aux destinées des Etats et aux vicissitudes de l'épopée humaine.

Le fait que, dans sa Providence spéciale, Dieu commande les changements de l'histoire ne signifie pas qu'il "s'ébatte" à ce genre d'exercice[88], qu'il "se joue des hommes comme en un jeu de paume on fera trotter les pelottes"[89], qu'il "prend plaisir à changer" à l'instar de la "roue de fortune"[90]. En d'autres termes, le caprice aveugle n'est pas la loi à laquelle obéit la Providence. Bien convaincu de cela, Calvin ne peut pas se contenter d'affirmer que la Providence est un effet de la puissance de Dieu. Il lui faut souligner encore que la Providence est une manifestation de la justice de Dieu. Il déclare ainsi dans le 75e sermon sur le livre de Job: "Si nous attribuons simplement à Dieu une puissance, pour dire: Il gouverne le monde, il fait tout, il n'y a rien qui ne se conduise par son conseil et sa volonté, et que nous ne passions point plus outre, ce n'est pas glorifier Dieu comme il appartient. Car tout ainsi que Dieu veut estre cognu tout-puissant, il veut aussi estre cognu juste. Vrai est que par les choses qui se voyent, nous n'appréhenderons pas tousjours cette justice ..., mais tant y a qu'il nous faut avoir ces deux choses-là, c'est assavoir qu'en premier lieu nous cognoissions que les choses ne se tournent point ici-bas par fortune et adventure. Et pourquoy? Car Dieu dispose de tout, c'est Dieu qui gouverne et tient la bride. Voilà pour un item. Or quand nous aurons cognu ceste puissance de Dieu, à laquelle tout le monde est sujet, il faut que nous venions en second lieu à sa justice, c'est assavoir que nous tenions cecy tout résolu et persuadé que Dieu ne tourne point ainsi les choses de ce monde, comme se jouant de nous ainsi que d'une pelotte. Car les meschans diront que Dieu fait un jeu des hommes, quand il prend plaisir ou à les exalter, ou à les abbatre; mais quant à nous, cognoissons que Dieu n'a point une puissance tyrannique ou désordonnée, mais qu'elle est conjointe d'un lien inséparable avec sa justice, et qu'il fait tout d'une façon équitable"[91]. En s'exprimant de la sorte, le Réformateur reste fidèle à la position qu'il a prise en face des attributs divins. Refusant de conférer à Dieu "une puissance tyrannique ou désordonnée" pour lui reconnaître une puissance tempérée par la justice, modérée par l'équité, équilibrée par la sagesse, il rejette la notion de *potentia absoluta* telle qu'on l'a prêtée par erreur à Duns Scot[92].

Si, dans sa Providence spéciale, Dieu gouverne l'histoire avec puissance et avec justice, il ne faut pas s'imaginer que ce gouvernement tombe sous le coup de l'observation sensible. La certitude que la Providence est à l'oeuvre dans tous les événements d'ici-bas ne peut pas être le fruit de la vue: elle naît de la foi[93], plus encore: elle est fondée sur l'espérance. Dans ce dernier sens, Calvin

272

souligne, à plus d'une reprise, les dimensions eschatologiques d'une vraie compréhension de la Providence. "Il ne faut pas que nous asséons jugement sur la providence de Dieu par ce que nous pouvons veoir en ce monde, affirme-t-il dans le 81e sermon sur le livre de Job; mais ... il faut que nous ayons nos esprits paisibles pour différer jusques à ce que Dieu monstre que son temps est venu"[94]. Et, dans le 138e sermon sur le même livre, le Réformateur déclare: "Quand ... nous demandons si Dieu gouverne le monde, s'il dispose toutes choses en équité, il ne faut pas que nous le mesurions selon que nous le pouvons appercevoir. Et pourquoy? Car le jugement de Dieu est trop haut .... Qu'est-il donc question de faire? Il ne faut sinon l'attendre"[95]. L'action de Dieu dans l'histoire ne pouvant être saisie pleinement que dans une perspective eschatologique, il en résulte, pour Calvin, que l'on ne peut avoir ici-bas que "quelques marques de la Providence" spéciale[96].

Manifestation de la puissance et de la justice de Dieu, la Providence spéciale agit dans l'histoire avec le concours des hommes (*concursus*). De même que Dieu se sert des créatures pour oeuvrer dans l'ordre de nature, de même il a recours à des "moyens inférieurs"[97], des intermédiaires humains, pour accomplir ses desseins ici-bas. Il pourrait se passer de ces exécutants (sa puissance le lui permettrait), mais il veut (tel est en effet son bon plaisir) les utiliser pour réaliser ses plans. "Quand Dieu provoyera à une chose par un moyen humain et qui nous sera commun, ce n'est pas qu'il soit là attaché et qu'il ne peust de sa vertu infinie faire autrement, mais il luy plaist ainsi. Nous sommes donc admonnestez en somme, quand Dieu voudra se servir des moyens inférieurs qu'il a ordonnez en ce monde, que ce n'est pas qu'il ne puisse de soy-mesme et sans aucune aide faire ce qu'il voudra, mais il veut garder cest ordre"[98]. De cette volonté qu'a Dieu d'associer les hommes à l'action de sa Providence découlent deux conséquences, nous semble-t-il. La première est que la passivité et l'immobilisme sont interdits à la créature humaine: instrument de la Providence, celle-ci ne saurait s'abandonner au désoeuvrement ou au fatalisme[99]. "Combien que nostre Seigneur veuille que nous dépendions du tout de sa Providence ..., déclare Calvin, tant y a qu'il ne veult pas que nous soions lasches et oysifz comme troncs de bois. Quand nous sommes en quelque nécessité, il veult bien que nous regardions à nous et que nous y pourvoions tant qu'il nous sera possible et tant qu'il nous en donnera le moyien"[100]. La seconde conséquence de l'utilisation par Dieu de la créature humaine est que celle-ci ne doit en aucun cas porter ombrage à son utilisateur. Puisqu'elle n'est que "la main de Dieu", elle ne saurait prétendre éclipser celui qui l'a fait agir. "Les hommes pourront bien estre moyens et comme ministres pour nous communiquer les biens de Dieu, souligne le Réformateur. Mais quoy qu'il en soit, cela ne diminue rien de sa vertu. Quand un homme me fera du bien, je ne diray pas pourtant que Dieu ne me soit plus rien, et je ne constitueray pas l'homme en sa place. Si je le fay, quelle ingratitude est-ce? Car Dieu l'a constitué là comme sa main. Et quand j'adoreray la main qui me fera du bien et que je ne regarderay point à la personne, c'est une grande injure que je luy fay ... Dieu nous distribue ses bénéfices par le moyen des hommes: ils ne sont que ses mains. Et quand nous nous arrestons à eux, voylà Dieu qui est amoindri et laissé derrière"[101].

Comme le montrent les pages qui précèdent, la Providence spéciale joue, aux yeux de Calvin, une fonction décisive de *rectio* et de *gubernatio* au sein des sociétés humaines. Mais à cela ne se limite pas son rôle. Elle exerce encore une activité de direction et de gouvernement dans la vie de chaque individu. Le Réformateur prend au sérieux, en effet, Matthieu 10/29—30 et parallèle. Dans ce texte, il voit la preuve que, par sa Providence, Dieu non seulement oriente dès l'origine, mais dirige jour après jour l'existence de tout homme. "Voilà . . . un article que nous devons bien noter, c'est assavoir qu'un chacun de nous a son décret, c'est-à-dire que quand Dieu nous a mis en ce monde, il a quant et quant ordonné ce qu'il veut qu'il soit fait de nous, et qu'il conduit nos pas tellement que nostre vie n'est pas en nostre main, non plus que nostre mort"[102]. Dans son action envers chaque individu, la Providence ne néglige aucun détail: elle s'intéresse aux questions les plus humbles, aux problèmes les plus vulgaires. "Dieu . . . se meslera de nos menus affaires, desquels mesmes l'un de nos pareils à grand'peine se voudroit-il mesler. Si nous avons quelque ami, encores ferons-nous difficulté, et aurons honte de l'employer, sinon à quelque chose d'importance; mais voici Dieu qui entre jusqu'aux estables des moutons et des brebis, aux estables des boeufs et des vaches, il va à la terre, il a le soin de toutes choses"[103]. Puisqu'il en est ainsi, les inégalités sociales ne sont pas le fruit du hasard: Calvin les considère comme l'oeuvre, incompréhensible à l'homme, de la Providence spéciale[104]. "N'attribuons point à fortune quand nous voyons que l'un sera riche et l'autre povre: mais cognoissons que Dieu le dispose ainsi et que ce n'est point sans raison. Il est vray que tousjours nous ne verrons point à l'oeil pourquoy Dieu aura enrichi l'un et qu'il aura laissé l'autre en sa povreté. Nous ne pourrons pas avoir discrétion certaine de cela: et ainsi Dieu veut que nous baissions les yeux souvent, afin de lui faire cest honneur qu'il gouverne les hommes à sa volonté et selon son conseil qui nous est incompréhensible. Mais tant y a que en général nous avons à retenir ce que j'ay touché, c'est que Dieu distribue ainsi inégalement les biens caduques de ce monde . . . . Ainsi donc notons que quand il y a des povres et des riches en ce monde, que Dieu l'ordonne ainsi, et que cela vient de sa providence"[105].

Conçue comme une puissance attentive et vigilante[106] — Calvin, dans une belle image, la compare à un père de famille totalement dévoué aux siens[107] — la Providence spéciale est envisagée dans les sermons sous un angle qui est, en général, rassurant. Dans quelques cas, cependant, elle revêt un aspect qu'on pourrait qualifier d'inquiétant. Ainsi, le Réformateur la voit à l'oeuvre, non seulement dans les événements heureux, mais aussi dans les circonstances dramatiques de l'existence humaine[108]. Le texte de Deutéronome 19/5[109], par exemple, qui évoque un cas tragique d'homicide involontaire, lui apparaît comme l'illustration de l'accident qui, au-delà des acteurs humains, est imputable à la seule Providence. "Si quelqu'un est sur un arbre et qu'il couppe les branches, déclare-t-il dans le 29e sermon sur le Deutéronome, si sa coignée tombe et s'il y a quelqu'un dessous, celuy-là ne sera point coulpable quand sa coignée sera tombée sur la teste de celuy lequel il n'avoit point apperceu. Pourquoy? Car c'est Dieu, dit le texte, qui l'a voulu tuer, c'est-à-dire, au lieu que nous disons un cas fortuit. Car nous ne pouvons pas comprendre que les choses adviennent autrement que par adventure. Voilà comme il est dit que c'est Dieu, c'est-à-dire: Dieu qui gouverne toutes choses par sa providence secrette a voulu oster cestuy-là du monde"[110]. En s'exprimant comme il le fait (cf. les mots: "c'est Dieu, dit le texte" et "voilà comme il est dit que c'est Dieu"), Calvin se retranche en quelque sorte derrière l'autorité de l'Ecriture[111] pour attribuer à la Providence l'accident mentionné par Deutéronome 19/5. Hésite-t-il de la sorte, comme Paul Wernle l'a supposé[112], à prendre personnellement en charge l'enseignement de la Bible sur la Providence spéciale? Nous ne le pensons pas. Cela ne paraît pas conforme, en effet, au tempérament du Réformateur qui, au milieu des souffrances que lui causait la maladie, pouvait dire: "Tu me piles, Seigneur; mais il me suffit que c'est ta main"[113]. Ainsi Calvin ne se prêche pas à lui-même[114] lorsqu'il déclare dans le 82e sermon sur le livre de Job: "Quand les hommes murmurent . . . contre la providence de Dieu et qu'ils y trouvent à redire, c'est autant comme s'ils vouloyent enseigner Dieu. Et quelle arrogance est-ce qu'une créature où il n'y a que bestise et ignorance vueille enseigner son Créateur? Voilà donc un monstre exécrable et contre nature quand les hommes s'eslèvent jusques là de vouloir contredire et répliquer aux oeuvres de Dieu"[115].

Sous son aspect inquiétant, la Providence spéciale doit donc être acceptée sans récrimination, bien plus: sous peine de crime de lèse-majesté divine, elle doit être reconnue comme étant bonne et juste[116]. Au lieu de susciter de vaines spéculations, elle doit engendrer la louange et l'adoration de Dieu[117]. Le 178e sermon sur le Deutéronome souligne cela de la façon la plus frappante. Avant de relever qu'il faut "glorifier" Dieu, "confessans que tout est disposé en bonne raison, en justice et en une sagesse admirable", alors même qu' "on verra beaucoup de deffauts en ce monde", que "l'un sera borgne, l'autre sera boiteux ou l'autre sera bossu, l'autre n'aura qu'une main, l'autre n'aura qu'une jambe"[118], il déclare: "Rien ne se fait ici-bas qu'il ne soit disposé par le conseil et la main de Dieu. Or maintenant nous voyons beaucoup de choses estranges, nous sommes faschez quand il vient tout au rebours de ce que nous avons pensé et de ce que nous désirons, ainsi qu'il nous le semblera. Quand nous cuiderons estre à notre aise, voilà un orage qui se lève. Quand nous penserons estre nourris grassement, Dieu nous retranchera nos morceaux. Quand nous penserons estre en paix et en repos, voilà une guerre tantost esmeue ou quelque menace. Brief et en privé et en général, nous sommes agitoz au milieu de beaucoup de tourbillons. Or tant y a qu'il nous faut glorifier Dieu, cognoissant que ce n'est point sans cause qu'il nous afflige, qu'il nous exerce, qu'il nous humilie, qu'il nous remue et tracasse ainsi. Il faut donc que les hommes souffrent d'estre gouvernez ainsi par la main de Dieu et qu'ils glorifient sa providence, encores qu'ils n'aient point leurs souhaits ni appétis"[119]. Appelés à glorifier la Providence quels que soient les ennuis ou les malheurs qui leur arrivent, les hommes doivent en définitive "se reposer" en elle[120], dans la certitude qu'elle prendra soin d'eux. Ainsi, même sous son aspect inquiétant, la Providence spéciale est conçue finalement par Calvin comme une puissance ordonnée au bien mystérieux des croyants.

4. La Providence et le problème du mal

Dans les paragraphes qui précèdent, nous nous sommes efforcé de mettre entre parenthèses, en quelque sorte, le problème du mal que la doctrine calvinienne de la Providence ne manque pas de poser. Ce problème auquel le Réformateur a consacré le dernier chapitre du premier livre de l'*Institution* (en résumant dans son titre le fond de sa pensée: "Dieu se sert tellement des meschans et ploye leurs coeurs à exécuter ses jugemens que toutesfois il demeure pur de toute tache et macule") n'est nullement escamoté dans la prédication. Il y revêt, au contraire, une importance considérable. Aussi doit-il être examiné à la fin de ce chapitre.

Aux yeux de Calvin, les "méchants"[121] ou les "incrédules"[122] qu'anime Satan — les deux appellations sont parfois synonymes chez le Réformateur — n'échappent pas au pouvoir de la Providence. S'ils n'étaient pas gouvernés par celle-ci en effet[123], s'ils ne lui étaient pas "sujets"[124], le monde serait rapidement mis en ruine par eux[125], les croyants seraient anéantis et le nom de Dieu condamné à un oubli total. "Que seroit-ce si les meschans n'estoyent retenus par la providence secrète de Dieu? Il est certain que nous péririons du premier coup. Et mesmes Satan qui les pousse, en quelle rage les précipiteroit-il, n'estoit que Dieu y besongnast? Nous savons que Satan est ennemi mortel de tous, et ne demanderoit que d'abolir toutes créatures, d'effacer la mémoire de Dieu au monde: et ainsi il faut bien qu'il y ait un ordre de Dieu"[126]. Pour exprimer la domination que la Providence exerce sur le diable et les siens, le prédicateur de Genève emploie volontiers l'expression de "tenir en bride"[127]: les agents du mal sont semblables à des chevaux sauvages qui, freinés par des rênes invisibles, sont dans l'impossibilité de s'emballer.

Si Calvin affirme que la Providence contient les méchants et les empêche de se déchaîner, il ne méconnaît pas l'influence néfaste qu'ils exercent dans le monde. Il souligne cependant que cette influence ne s'exerce pas à l'insu ou sur les brisées de Dieu. Si les suppôts de Satan sont capables d'agir dans certaines limites, c'est parce que la Providence le leur permet, parce que Dieu veut bien desserrer leurs rênes. "Nous pensons que les meschans font tout à leur appettit, et ne regardons pas que Dieu leur lasche la bride autant qu'il veut et qu'ils ne peuvent passer outre que ce qui leur est permis d'enhaut"[128]. En attribuant ainsi les actions des méchants à la permission divine, le Réformateur ne se livre pas à une réflexion dépourvue d'incidence pratique. Très concrètement, il estime en plus d'un endroit que les guerres[129] — il s'agit essentiellement, semble-t-il, de celles qui ont opposé à Charles Quint François 1er et Henri II — et les conflits religieux de son temps[130] sont dus au fait que Dieu a "lâché la bride" à Satan et aux siens. Cette conviction que rien n'arrive qui ne soit autorisé par la Providence donne à Calvin, en face des événements du XVIe siècle, une étonnante assurance: il est persuadé que, semblables aux flots de la mer qui, tout en ayant "licence" de se soulever, ne peuvent sortir de leur lit, les méchants ne peuvent s'élever contre l' "ordonnance de Dieu"[131].

A côté des textes où le Réformateur parle de la permission d'agir accordée par Dieu aux suppôts de Satan, il y a, dans la prédication, de nombreux passages où la pensée revêt des angles plus tranchants. Le diable et les siens y apparaissent comme les instruments[132] que la Providence daigne utiliser pour réaliser ses desseins éternels. En exécutant ainsi les plans divins, le Malin et les méchants n'entendent certes pas obéir à Dieu. Il n'en demeure pas moins qu'ils sont ses "ministres"[133] et que, par leur méchanceté, ils accomplissent sa volonté. Le 10e sermon sur le second livre de Samuel déclare en ce sens: "Les meschans voudroient bien se rebecquer contre luy (sous-ent.: Dieu) et batailler contre sa volonté tant qu'il leur sera possible, et s'y efforcent mesmes. Cependant Dieu les contraint, en despit qu'ilz en ayent, de servir à sa providence. Et autant en est-il de Satan leur chef. Car le diable est enragé pour renverser tout ce que Dieu a ordonné; tant qu'il luy est possible, il ne machine autre chose. Et cependant si faut-il que tout ce qu'il attente soit accomply par le conseil de Dieu. Nous voyons donc . . . , quand il y aura des troubles au monde, qu'il se commettra des meurtres, qu'il y aura des guerres et que tout sera en confus, ce n'est pas que Dieu dorme au ciel . . . . Quand nous voyons de telles confusions, sachons que tout est gouverné par la providence incompréhensible de Dieu"[134].

Des textes où il est dit que Dieu permet aux méchants d'agir, nous sommes passé à ceux où Calvin affirme que Dieu se sert d'eux. Il faut faire un pas de plus maintenant et relever que, dans certains passages des sermons, Satan et les siens sont considérés comme des "agents directs" de la volonté divine. Par "agents directs", nous entendons des êtres qui, par leurs actes, réalisent d'emblée l'intention de Dieu, alors que tout à l'heure les méchants étaient récupérés, regardés plutôt comme des instruments que Dieu utilise, en fin de compte, pour accomplir son oeuvre. Ainsi le Réformateur peut dire sous l'angle qui nous intéresse ici: "Nous savons que Dieu gouverne par son conseil secret toutes les choses d'ici-bas . . . et fait que les hommes, quelque meschans qu'ils soyent, en despit de leurs dents font et exécutent tout ce qu'il a ordonné"[135]. Cette conviction que les suppôts du diable sont "comme les mains de Dieu"[136] trouve plusieurs illustrations dans les sermons. Elle est soulignée par Calvin à propos de l'histoire de Job, qui, dépouillé de ses biens par les Chaldéens (cf. Job 1/17), confesse que "c'est Dieu qui a fait ce qu'ont fait les brigands et ce qu'aussi a fait le diable"[137]. Elle apparaît aussi dans quelques textes où il est question, une fois de plus, des guerres et des querelles religieuses du XVIe siècle[138].

Dieu, dans sa Providence, permettant l'action des méchants, l'utilisant, bien plus: la suscitant, Calvin ne manque pas de s'arrêter, dans sa prédication, à l'objection (qui implique la non-culpabilité des méchants) selon laquelle Dieu serait "auteur de mal" ou "auteur de péché". Sauf une exception[139], il le fait, chose curieuse (car l'objection s'impose tout naturellement à l'esprit), dans un contexte polémique, en s'en prenant aux "outrecuidés" semblables à des "bêtes"[140] ou à des "crapauds"[141], en s'attaquant aux "fantastiques", c'est-à-dire aux fous, qui osent mettre en question la justice et la perfection de Dieu[142]. Il déclare ainsi: "Il y a des fantastiques beaucoup qui rejettent ce propos bien loing quand on parle de la providence de Dieu, et ne font que hocher la teste: Et Dieu sera autheur du mal. Or nous sçavons pour le premier qu'ilz n'ont jamais gousté l'Escriture, et bien que leur orgueil les enfle tellement qu'ilz vomissent ainsi contre Dieu, toutesfois ce seront tousjours gens prophanes; quoy qu'il en soit, il ne leur chault de despiter Dieu, moyennant qu'ilz laschent la bride à leurs folles cervelles et à leurs imaginations qu'ilz auront conceues"[143].

Aux fantastiques, Calvin répond que Dieu n'a rien à voir avec le mal, qu'il n'est pas "contaminé" par lui[144]. Il "ne faut point dire que Dieu soit cause du mal, car il ne commet pas les vices que nous commettons"[145]. Le 54e sermon sur le second livre de Samuel qui évoque l'attitude de David et de Job montre cela avec toute la netteté désirable. Il relève que, quoique Dieu ait ordonné à Shiméï de persécuter David (cf. II Samuel 16/1—14), celui-ci n'a pas tenu Dieu pour responsable de son malheur. Il souligne de même que Job n'a pas considéré Dieu comme coupable quand les Chaldéens, l'ayant dépouillé de ses biens (cf. Job 1/17—22), ont exécuté les desseins divins. "Voicy David qui confesse que Dieu a commandé à Semei de le maudire. Cependant fait-il Dieu autheur du mal? Non plus que Job, quand il dit: Dieu l'a osté. Job entend-il de faire Dieu compagnon des brigans et des volleurs? Il s'en fault beaucoup, car il le recognoit juge en toute humilité, et voicy la somme: Que le nom de Dieu soit bényt . . . Nous voyons donc comment Job s'humilie et n'entend pas que Dieu soit souillé parmi les hommes. Autant en a-(t)-il esté de David"[146].

Calvin ne se borne pas à affirmer que Dieu est étranger au mal. Il cherche encore parfois à expliquer pourquoi Dieu ne peut pas être rendu responsable de l'action des méchants. Il relève alors que ceux-ci ne sont "pas conduits par l'Esprit de Dieu à mal faire", car l'Esprit conduit "à toute justice et droiture"[147]. Si donc les méchants font le mal, c'est parce qu'ils s'opposent à la volonté de Dieu. En adoptant cette explication qui souligne la responsabilité et, partant, la culpabilité des suppôts de Satan, le Réformateur est contraint de renoncer à la forme "dure" que peut revêtir parfois sa pensée. Il ne considère plus alors les méchants comme les exécutants directs des desseins de la Providence: il voit en eux ceux qui abusent de la permission de Dieu. "Quand les meschans s'addonnent à mal faire, affirme-t-il dans le 5e sermon de la Pentecôte, ce n'est point pour faire la volonté de Dieu, car ils sçavent bien que Dieu réprouve tout cela. Quand donc ils font mal, il y a une résistance à la volonté de Dieu. Parquoy il s'ensuit que Dieu ne veut point qu'ils facent mal, mais il permet qu'ils le facent, et ils ne sont point excusez pourtant, d'autant qu'ils le font contre son commandement"[148].

Etant bien entendu que Dieu n'est pas l'auteur du mal, les auditeurs de Calvin devaient néanmoins se demander pourquoi la Providence laisse agir les méchants dans le monde. A cette question, les sermons donnent plusieurs réponses. Nous en distinguons trois. En premier lieu, le Réformateur affirme que Dieu permet l'existence et la manifestation du mal afin que, par leurs actions, les suppôts de Satan se condamnent eux-mêmes à mort. La pensée sous-jacente ici est celle de la réprobation, une réprobation voulue de toute éternité par Dieu et qui, de ce fait, s'accorde assez mal avec la conception permissive du péché dont nous venons de parler. Un bon exemple de cette première réponse nous est fourni par le 19e sermon sur I Corinthiens 10—11 où, recourant à une comparaison audacieuse, Calvin déclare: "Dieu souventes fois laissera les meschans, ... il les nourrira comme si on engraissoit une beste, voire pour attendre le jour qu'on la doit esgorger et l'envoyer à la boucherie. Quand on nourrira bien un pourceau ou un boeuf, ce n'est sinon d'autant que sa mort approche tant plus: ainsi nostre Seigneur laissera aller les meschans à l'abandon, et mesmes quelque fois il souffre qu'ils s'esgayent en leurs voluptez et délices"[149].

La deuxième réponse consiste à voir dans le mal, considéré comme voulu de la Providence, le juste jugement que Dieu exerce envers les hommes. Ainsi, de même qu'on ne peut blâmer un juge qui, pour faire son devoir, condamne un criminel à la peine capitale, de même on ne peut accuser Dieu, le juge suprême, de châtier les humains de ses verges. Dans ce sens, le 36e sermon sur le second livre de Samuel déclare: "Quand nous disons que Dieu dispose le tout (c'est-à-dire: tout ce qui "se fait icy-bas"), il nous faut venir à la fin, pourquoy il le fait; c'est à luy d'asseoir jugement. Car un juge ne sera point coulpable quand il envoyera un criminel au gibet, et mesmes il sera tenu criminel devant Dieu s'il ne le fait. Car celuy qui espargne le meschant est autant coulpable que celuy qui punit l'innocent, dit Salomon (cf. Proverbes 17/15). Il faut donc que le juge face son office; et quel est-il? De tuer les hommes; voire, mais l'authorité luy est donnée de Dieu. Et puis, il faut regarder l'intention et la fin. Or, si ung homme mortel, d'autant qu'il ha ceste charge de Dieu, est prisé quand il met à mort les hommes, pourquoy Dieu luy-mesmes sera-il mis en compte? Comment l'oserons-nous accuser à nostre fantasie, pour dire: Or, voilà, cela est estrange, je ne sçay comment cela se fait"[150].

La troisième réponse, qui est la plus fréquente dans la prédication, revient à considérer le mal comme une force s'inscrivant dans le plan rédempteur de Dieu. Semblables à des enfants qui, ne répondant pas aux témoignages d'amour de leur père, doivent être amenés à lui "à grans coups de baston"[151], les élus ont besoin d'être châtiés par la main des méchants[152], châtiés pour qu'ils prennent conscience de leurs fautes et deviennent réceptifs à la grâce[153]. Ainsi, à travers la souffrance que leur infligent les incrédules, la Providence assure aux croyants le salut et les conduit jusqu'à Dieu pour peu que dans l'adversité ils sachent découvrir la manifestation du dessein divin. Le 47e sermon sur le livre de Daniel illustre bien cette troisième réponse. "Que nous sachions, y déclare Calvin, que les afflictions, et misères, et calamités n'adviennent pas sans la volonté de Dieu, sans sa providence et conseil . . . Que nous disions avec Job: C'est le Seigneur; avec David: Seigneur, tu l'as fait; avec Ezéchias: A qui me plaindrai-je, Seigneur, sinon à toy comme à mon juge? Voilà donc comme il nous faut jetter nostre regard sur Dieu . . . . Voilà pour le premier, mais encores n'est-ce pas tout, car quand nous connoistrons: voilà Dieu qui nous frappe, et que nous ne sçaurions pas pourquoy, nous demourerions là rongeans nostre frain; mais notons quand Dieu nous frappe, que c'est pour nostre salut; il nous veut mortifier quant au monde, il ne veut point souffrir que nous demourions ici envelopés, mais il nous veut réduire à soy"[154].

Les trois réponses que le prédicateur de Genève donne à ceux qui se demandent comment l'activité de la Providence peut se concilier avec l'oeuvre des méchants, n'épuisent pas, à ses yeux, le problème du mal. Le mal, en effet, et plus particulièrement le mal enduré par les croyants, est toujours une offense à la raison humaine, un scandale pour "nostre sens naturel"[155]. Il ne s'agit pas pour autant de "se jeter hors des gonds" comme les "fantastiques" qui veulent soumettre Dieu à leur intelligence[156]. Il faut, au contraire, reconnaître ses limites[157], admettre que la créature humaine, tant qu'elle n'est pas dépouillée de sa chair, est incapable de sonder le "conseil étroit" de Dieu[158]. En attendant la parousie, où, conformément à l'enseignement de saint Paul (cf. I Corinthiens 13/12), tout mystère sera aboli[159], l'homme n'a d'autre ressource que de s'en tenir à la doctrine de l'Ecriture selon laquelle "Dieu gouverne tout par sa providence" et "tient tout en sa main"[160]. Grâce à cette doctrine qui présuppose évidemment la foi[161], l'homme peut être rempli d'une indéfectible assurance en face de la "confusion" qui règne ici-bas: le mal ne peut pas plus lui cacher la Providence que les nuages ne peuvent faire disparaître le soleil[162]. Ainsi assuré de la bonté et de la toute-puissance divines, le croyant, même lorsqu'il est harcelé par de nombreux "brigands", n'a aucune raison de désespérer ou de maudire son Créateur: il sait que ses adversaires sont conduits, c'est-à-dire bridés par Dieu[163]. Les sachant ainsi tenus en laisse, il peut en toute confiance s'adresser à son Seigneur, dans la prière, pour lui demander de l'arracher aux mains du diable et des méchants[164]. Délivré de la crainte, persuadé que Satan et ses suppôts ne peuvent rien contre lui sans la volonté d'En Haut, le chrétien est, en définitive, amené à confesser que "Dieu est un ouvrier admirable et qui a des moyens exquis par lesquels il sçait bien estre glorifié, tant par le diable que par les meschans"[165]. Comme on le voit, la réflexion de Calvin sur la Providence et le problème du mal culmine dans une doxologie.

1 Sur ce sujet, cf. Josef Bohatec, *Calvins Vorsehungslehre,* in: *Calvinstudien,* Festschrift zum 400. Geburtstage Johann Calvins, Leipzig, 1909, p. 340–441; Emile Doumergue, *Jean Calvin. Les hommes et les choses de son temps,* tome 4, Lausanne, 1910, p. 111–118; Paul Wernle, *Der evangelische Glaube nach den Hauptschriften der Reformatoren,* tome 3, Tübingen, 1919, p. 305–322; Auguste Lecerf, *Souveraineté divine et liberté créée,* in: *Bulletin de la Société calviniste de France,* Paris, No. 26, décembre 1933, p. 2–8, et No. 28, février 1934, p. 3–6; rééd. in: *Etudes calvinistes,* Neuchâtel et Paris, 1949, p. 11–18; Josef Bohatec, *Gott und die Geschichte nach Calvin,* in: *Philosophia reformata,* Amsterdam, 1936, p. 129–161; Wilhelm-Albert Hauck, *Zur Frage der Gott-Mensch und der Mensch-Gott Beziehung, insb. zu den Problemen "Sünde", "Rechtfertigung", "Glaube", "Vorsehung", "Prädestination" bei Calvin,* Dissert. Heidelberg, 1937; Wilhelm Niesel, *Die Theologie Calvins,* Munich, 1938, 2e éd. 1957, p. 68–77; Etienne de Peyer, *Calvin's Doctrine of Divine Providence,* in: *The Evangelical Quarterly,* Londres, 1938, p. 30–45; Henri Strohl, *La pensée de Calvin sur la Providence divine au temps où il était réfugié à Strasbourg,* in: *Revue d'histoire et de philosophie religieuses,* Clermont-Ferrand, 1942, p. 154–169; Wilhelm-Albert Hauck, *Vorsehung und Freiheit nach Calvin,* Gütersloh, 1947; Heinrich Berger, *Calvins Geschichtsauffassung,* Zürich, 1955; et Charles Brooks Partee Jr., *Calvin and Classical Philosophy: A Study in the Doctrine of Providence,* Dissert. Princeton, New Jersey, 1971.

2 Bohatec écrit: "Calvins Vorsehungslehre ist erlebt. Darin liegt das Eigentümlichste seiner Lehre ... Ihr Wert und ihre Bedeutung begreift sich nur, wenn man sie im engen Zusammenhang betrachtet mit seiner Person" (*Calvins Vorsehungslehre,* p. 440–441). Wernle reprend le même jugement lorsqu'il déclare à propos de la manière dont Calvin défend la doctrine de la Providence: "Er redet und schreibt ganz aus der christlichen Praxis heraus" (*Op.cit.,* p. 312).

3 Cf. *Op.cit.,* p. 131–132.

4 Nous inspirant du traité *Contre la secte phantastique et furieuse des libertins* (1545) qui distingue trois aspects de la Providence: le premier se rapportant à l' "ordre de nature", le deuxième aux hommes et le troisième aux fidèles, nous aurions pu adopter une autre division et parler de la Providence générale ou universelle *(Providentia generalis ou universalis),* de la Providence spéciale ou particulière *(Providentia specialis ou particularis)* et de la Providence très spéciale ou singulière *(Providentia specialissima ou singularis).* Nous y avons renoncé cependant, la distinction entre "Providence spéciale" et "Providence très spéciale" nous paraissant assez floue chez Calvin, voire inexistante dans sa prédication (les auditeurs des sermons étant toujours considérés comme chrétiens).

5 130e sermon sur Job, CO 35, p. 152.

6 "Les hommes en tant qu'en eux est obscurcissent la gloire de Dieu et la mettent sous le pied. Et d'autant plus nous faut-il bien estre advertis quand nous voyons les changemens au ciel et en terre, de noter ce qui nous est ici monstré. Dieu feroit bien que le temps seroit tousjours couvert, ou bien que le ciel seroit tousjours serein, qu'il n'y auroit jamais nuée. Or veut-il qu'il y ait des changemens: car nous serions endormis quand les choses continueroyent en un estat; il nous sembleroit que c'est fortune qui gouverne; mais en telle variété nous sommes contraints (vueillions ou non) de penser que la main de Dieu besongne et qu'il n'est point oisif au ciel, et qu'il n'a point seulement une fois créé le monde, pour puis après le laisser là, mais qu'il dispose tout, et qu'il a une conduite telle de ses créatures qu'il veut que nous sentions qu'il nous est prochain" (96e sermon sur Job, CO 34, p. 432–433).

6a "Si Dieu envoioit là ung orage, et qu'il fist ce que jamais nous n'eussions pensé, nous passons oultre, personne ne regarde la main de Dieu; mais plus tost on dira: "Et bien, c'est ung cas d'adventure, voilà comme tout est subject à fortune" (32e sermon sur Esaïe 13–29, SC 2, p. 301).

7   19e sermon sur Esaïe 13—29, SC 2, p. 171.

8   47e sermon sur Job, CO 33, p. 583—584. Cf. aussi dans le même sens le 132e sermon sur Job, CO 35, p. 178—179: "Nous sommes comme ravis en estonnement quand nous voyons qu'il adviendra .... des famines, que la terre qui avoit esté bien fertile, deviendra stérile comme si on y avoit semé le sel ... Quand nous voyons tout cela, nous sommes estonnez. Et pourquoy? Car nous ne cognoissons point la providence de Dieu". — Le 70e sermon sur Job, CO 34, p. 111—112, est quelque peu difficile à classer. Il évoque les phénomènes "ordinaires" (si l'on peut dire) de la grêle et de la gelée, en soulignant toutefois que leur portée catastrophique n'est pas due à une "mauvaise fortune": "Les hommes ne se peuvent tenir de penser que c'est une mauvaise fortune qui leur est advenue quand ils endurent quelque mal; s'il est tombé une gresle, qu'il soit venu quelque gelée pour gaster les vignes et les bleds, voilà une mauvaise fortune! Et ceste manière de parler procède de ce que nous regardons à ce qui nous est prochain, et que nous ne pouvons monter plus haut pour cognoistre que Dieu a disposé le tout".

9   "Il (= Job) nous déclare ... que quand nous voyons les choses confuses en ce monde, qu'il ne faut point que nous attribuyons rien à fortune, mais que nous sachions que c'est Dieu qui est par dessus et qu'il conduit tout" (47e sermon sur Job, CO 33, p. 580). "Que nous cognoissins, quoi qu'il en soit, que Dieu gouverne tellement toutes choses qu'il ne faut point que nous soyons si insensez d'attribuer rien à fortune. Voilà (di-je) par quel bout nous devons commencer, c'est que nous avons pleine certitude de la providence de Dieu" (48e sermon sur Job, CO 33, p. 602). "Ne pensons point que le monde se gouverne par fortune et que les choses soyent tellement enveloppées que Dieu ne conduise le tout par son conseil et par sa main" (11e sermon sur Deutéronome, CO 26, p. 11). "Nous avons besoing que nous soions admonestez en premier lieu quand ce monde est ainsi remué et d'ung costé et d'aultre et qu'il y a des changemens admirables, que cela ne vient point de cas d'adventure, et l'Escriture est pleine de ceste doctrine" (1er sermon sur Esaïe 13—29, SC 2, p. 2). "Que nous congnoissins qu'il n'y a nulle avanture en ce monde comme les ignorans le pensent, mais que nous y domine et qu'il tient la bride sur tout" (5e sermon sur Esaïe 13—29, SC 2, p. 44). "Les choses ne viennent point de cas d'adventure en ce monde ... Et si ceste doctrine nous est souvent déclarée, ne pensons pas que ce soit sans propos. Car ceste folie préoccupe tellement nos sens que fortune domine icy bas, qu'encores que nous aions cent fois confessé que rien ne se faict sans la volunté de Dieu, si est-ce que nous ne le comprenons pas pour en estre bien persuadez" (7e sermon sur Esaïe 13—29, SC 2, p. 65). "Combien qu'il (= Dieu) prononce qu'il dispose, qu'il ordonne, qu'il guide toutes les choses qui se font icy bas, si est-ce que cela ne nous peult estre persuadé que nous ne bataillions contre nostre incrédulité; car tousjours ceste "advanture" nous viendra devant les yeux, nous aurons tant de bandeaux que nous ne pourrons point parvenir jusques à la Providence de Dieu" (11e sermon sur Esaïe 13—29, SC 2, p. 100). "Que nous n'ymaginions point yci de fortune, comme font les gens prophanes, mais que nous aprenions de sentir que Dieu nous a comme monstré au doigt qu'il est le juge du monde" (33e sermon sur Esaïe 13—29, SC 2, p. 308).

10   CO 34, p. 371.

10a   "Ce mot de fortune sera en la bouche de chascun quand nous verrons les choses estre aussi remuées, qu'il y aura tant de troubles, que si on a la paix ung an, le second voilà une guerre qui s'esliève; soudain nous verrons des révolutions telles que les cheveux nous en dresseront en la teste. Et de quoy tout cela proffite-il? Si les hommes concluent qu'il n'y a icy que cas fortuit et ne pensent pas que Dieu regarde jusques à nous pour disposer de nostre estat, mais plus tost imaginent qu'il est endormy au ciel, voilà comme le monde s'enyvre d'impiété" (1er sermon sur Esaïe 13—29, SC 2, p. 1). "En tant de costez il y a aujourd'huy esmotion de guerre, il y a les famines, il y a les autres troubles qui sont autant de verges de Dieu ... Puis qu'ainsi est donc, advisons à ceste prophétie, quand il est dict que s'il y advient quelque désolation, ce n'est point par fortune" (36e sermon sur Esaïe 13—29, SC 2, p. 340).

11 Dans le 1er sermon sur Esaïe 13–29, SC 2, p. 5, Calvin relève que Dieu a rappelé aux Juifs qu'ils ne devaient pas avoir "ceste folle imagination de penser que le monde se gouverne par fortune, mais que Dieu dispose tout de sa main et qu'il gouverne, en sorte que, combien que nous voyons les troubles si grandz qu'il semble que tout doibve abismer, que néantmoins il tient la bride et qu'il modère tout".

12 Ce texte semble démentir l'opinion reçue selon laquelle le terme de "révolution" n'a signifié "changement violent dans le gouvernement d'un Etat" qu'à partir du XVIIe siècle. Cf. Oscar Bloch et W. von Wartburg, *Dictionnaire étymologique de la langue française*, 4e éd., Paris, 1964, p. 553 a.

13 48e sermon sur Job, CO 33, p. 593.

14 Cf. le 20e sermon sur Job, CO 33, p. 246: "Il (= Dieu) abaisse ceux qui sont eslevez en quelque dignité et honneur. On pensera que ce soit la roüe de fortune quand on voit telles révolutions"; et surtout le 100e sermon sur Job, CO 34, p. 492: "Il ne faut point cercher en ceci (= le fait que les méchants soient abattus) quelque hazard, comme les enfans de ce monde imaginent une roüe de fortune par laquelle les hommes sont eslevez bien haut, et puis il tombent bas. Car ce ne sont point choses qui adviennent de cas d'adventure, que les changemens et révolutions que nous voyons au monde; il les faut attribuer à la main de Dieu". Dans quelques autres sermons, Calvin condamne l'image de la roue de la fortune dans un contexte qui se rapporte plus à la destinée des individus qu'au déroulement de l'histoire humaine. Cf. le 73e sermon sur Job, CO 34, p. 145: "Nous saurons bien juger de la roüe de fortune, mais nous ne venons pas rapporter tout cela (sous-ent.: la chute des grands) à la providence de Dieu, pour contempler ses oeuvres et luy rendre la louange de tout"; et surtout le 17e sermon sur Esaïe 13–29, SC 2, p. 152: "Quand il semble que les hommes soient venuz jusqu'au comble de félicité, il les abysme du premier coup. On appelle cela en proverbe la roue de fortune, mais ce sont les pauvres aveugles qui parlent ainsi. Or nous avons à noter que Dieu gouverne d'une façon occulte, et cependant il ne se joue pas du genre humain".

15 "Que nous sachions que, vivans ici bas, nous ne sommes point gouvernez par fortune, mais que Dieu a l'oeil sur nous, et qu'il y a toute autorité, comme aussi c'est bien raison, veu que nous sommes ses créatures" (4e sermon sur Job, CO 33, p. 57). "Il ne faut pas que nous estimions que les choses soyent meslées en ce monde, et que fortune y domine; car combien que nous soyons povres vers de terre, si est-ce que Dieu pense de nous, qu'il a nostre vie en sa main, et qu'il en fera bonne garde et seure" (59e sermon sur Job, CO 33, p. 737). "Nous sommes tellement en la main de Dieu et en son refuge qu'on ne peut rien contre nous sinon ce qu'il en a déterminé. Autrement que seroit-ce de nous? Si nous estions conduits par fortune (comme les phrénétiques l'estiment), nostre condition seroit plus malheureuse que celle des bestes brutes" (5e sermon sur la Pentecôte, CO 48, p. 660).

16 90e sermon sur Job, CO 34, p. 361.

16a Il arrive à Calvin de contester l'existence de la "bonne fortune" lorsqu'il parle du déroulement de l'histoire, et, plus particulièrement, de l'histoire sainte. "Ce n'estoit point cas d'aventure qu'il (= le peuple juif) estoit entré en ceste terre (= Canaan), aussi ... ce n'estoit point par bonne fortune (comme on dit); ... il n'avoit point gagné tant de victoires sur ses ennemis par sa force et par son industrie, mais ... la main de Dieu y avoit besongné et ... le tout venoit de sa vertu" (47e sermon sur Deutéronome, CO 26, p. 446).

17 "Il est dit (II Samuel 5/10) que David alloit en croissant et en augmentant, car Dieu estoit avec luy. Si simplement il estoit récité que David alloit en croissant et en augmentant, on diroit: bonne fortune .... Voilà comment nous avons accoustumé de tousjours parler de bonne fortune" (13e sermon sur II Samuel, SC 1, p. 111).

18 "Ceste histoire (cf. II Samuel 17) se pourroit réciter entre des ignorans et entre ceux qui ne sont point exercez en la doctrine, et ilz penseroyent: voilà une bonne fortune qui est advenue à David ... Voilà donc comment on attribueroit le salut qui luy est donné de Dieu, à fortune" (57e sermon sur II Samuel, SC 1, p. 499).

19 "Ilz (= les incrédules) ne pensent point que le monde se gouverne par sa providence (sous-ent.: de Dieu). Ilz diront bien de bouche qu'il y a quelque divinité qui gouverne, mais pour en estre certains, il n'en est point de nouvelles, ilz ne pensent à aultre chose sinon qu'à ... leur bonne fortune" (9e sermon sur Esaïe 13–29, SC 2, p. 78). Cf. aussi le 104e sermon sur Job, CO 34, p. 544, où, sans employer le terme, Calvin rejette la notion de "bonne fortune": "Apprenons ... toutes fois et quantes que nostre Seigneur nous fait du bien, de recognoistre que cela ne vient point de fortune, mais que c'est de la main de Dieu".

20 "Les hommes ont tousjours ceste folle opinion de fortune. O, voilà une mauvaise fortune qui m'est advenue, ou: voilà une bonne fortune. Non, ce sont changemens de la main de Dieu, et faut que nous soyons tousjours menez là" (55e sermon sur Job, CO 33, p. 689). "Quand Dieu les (= les incrédules) traitte ... rudement, ils pensent: Voilà une mauvaise fortune qui m'est advenue, et ne regardent pas plus loin" (63e sermon sur Job, CO 34, p. 19). "Quand ... nous voyons telles choses (sous-ent.: certains fléaux naturels), que tousjours nous soyons admonnestez de ceste doctrine, que nous ne soyons plus enveloppez en nos phantasies, pour dire: Mauvaise fortune, mauvaise fortune" (156e sermon sur Deutéronome, CO 28, p. 393). A ces textes, on peut en ajouter d'autres qui, sans mentionner la "mauvaise fortune", en repoussent catégoriquement l'idée: "Les hommes sont troublez quand il est question des afflictions de la vie présente. Car nous ne pouvons pas rapporter cela à Dieu comme nous devrions, et nous imaginons tousjours que c'est de cas d'aventure ... Ne jugeons point donc estre fortune quand l'un endurera en maladie, que l'autre aura quelque povreté" (63e sermon sur Job, CO 34, p. 18). "Si ceux qui n'ont nul support endurent beaucoup de violences, qu'ils cognoissent que Dieu les destitue d'aide humaine, afin qu'ils regardent tant plus à lui; car il ne nous faut point attribuer cela à fortune quand personne ne nous subviendra à la nécessité" (93e sermon sur Job, CO 34, p. 398). "Ne doutons point quand il nous vient ... beaucoup de choses à la traverse, que c'est Dieu qui y besongne; et ne pensons pas que cela adviene par fortune; quand d'un costé nous sommes picquez, que d'autre costé nous avons quelque alarme, pensons que Dieu conduit et gouverne le tout" (2e sermon sur le sacrifice d'Abraham, CO 23, p. 764).

21 19e sermon sur I Corinthiens 10 et 11, CO 49, p. 827.

22 Cf. I/XVI/4.

23 33e sermon sur Daniel, CO 41, p. 677.

24 "Les prophètes ... sçachans que Dieu avoit préveu tout cela (sous-ent.: les événements décrits dans Esaïe 21) concluoient: "C'est Dieu qui besongne". Car Dieu ne prévoit point, comme aucuns phantasticques l'imaginent, pour se reposer au ciel; mais il préveoid ce qu'il a ordonné et ce qu'il veult faire" (26e sermon sur Esaïe 13–29, SC 2, p. 240).

25 "Nous voyons comme il nous faut considérer la providence de Dieu, c'est qu'il a le soin de ce monde, qu'il veille sur toutes ses créatures, non seulement pour prévoir ce qui adviendra, comme aucuns phantastiques pensent que Dieu regarde comme de loin les choses d'ici-bas, et puis qu'il y prouvoit après coup; non, mais il y a bien plus, c'est que rien ne peut estre fait que ce qu'il a déterminé, tellement que sa volonté est la règle de toutes choses" (130e sermon sur Job, CO 35, p. 153).

26 "Il a semblé ... à d'aucuns estourdis que Dieu ne se devoit point empescher jusques à nous, et que cela desrogoit à sa majesté qu'il gouvernast ainsi tout. Et Dieu se souciera-il d'une mouche, et d'un ver, et des oiseaux de l'air, et de ceci et de cela? C'est bien à propos. Voilà donc comme les hommes veulent attribuer à Dieu un honneur tel qu'il leur semble beau, pour cependant le despouiller de sa vertu et de sa majesté ... Nous ne dirons plus: Dieu chemine au cercle du ciel, et pourtant il ne se mesle point de nos besongnes, ce lui seroit une chose mal décente d'estre empesché des affaires humaines et terrestres; nous ne parlerons plus ce langage. Et pourquoy? Car Dieu n'a que faire de prendre ses plaisirs en oisiveté. C'est une opinion brutale que conçoivent de Dieu ceux qui le veulent séparer de ce monde, et qui pensent que tout

n'est pas gouverné par son conseil et par sa vertu ... Ainsi donc cognoissons que Dieu ne se pourmène point là haut comme en des galleries, mais qu'il remplit tout le monde, et qu'il faut que nous le contemplions tousjours prochain de nous" (85e sermon sur Job, CO 34, p. 300, 301 et 302).

27   CO 41, p. 677 et 678.

28   Cf. n. 4 de ce chapitre.

29   "Il y a une vertu infinie en ce que Dieu maintient et conserve ce qu'il a fait, et que le tout est sousteneu en son estat. Car il semble bien que ce soit chose impossible" (46e sermon sur Job, CO 33, p. 572)

30   130e sermon sur Job, CO 35, p. 154.

31   "Comme il (= Dieu) a créé le monde, ... aussi il le maintient et conserve ... Combien qu'en ce monde nous voyons tant de richesses que Dieu y a mises, que nous voyons tant de sortes de bestail, que nous voyons les arbres, les herbes, tout ce qui y est produit, tant y a néantmoins que cela s'en iroit en décadence, sinon que Dieu nous envoyast journellement du ciel ce qui est requis pour la conservation de ceste vie" (155e sermon sur Deutéronome, CO 28, p. 377). Cf. aussi le 130e sermon sur Job, CO 35, p. 155 et 156: "Dieu n'a point cause de conserver le monde, sinon pource que luy est bon et la fontaine de toute bonté ... Voilà donc comme la seule vie que nous avons, nous est un tesmoignage suffisant combien Dieu est bénin et pitoyable envers nous ... Nous ne vivons qu'en luy et par luy".

32   "Quand la terre produit du bled, ... c'est d'autant que Dieu la bénit, et luy donne une telle vertu, et l'y inspire: mais nous ne le cognoissons point. Car ce qui nous est accoustumé, nous le mesprisons; et quand nous disons le cours de nature, il semble que Dieu en doive estre exclus, et qu'il ne domine point là" (61e sermon sur Deutéronome, CO 26, p. 625). "La terre pourra-elle de soy faire germer le blé? Pourra-elle faire vivre ce qui seroit comme mort? Et d'où viennent les fueilles des arbres, les fleurs, et toutes choses semblables, après que l'hyver a tout défiguré? Et puis comment les fruits, le blé, le vin pourront-ils nourrir les hommes, veu qu'il n'y a point là de vie?" (17e sermon sur Ephésiens, CO 51, p. 457).

33   "Il n'y a ... ni bestes brutes, il n'y a arbres en terre, ni oiseaux en l'air, ne poissons en l'eau, qui ne subsistent en la vertu secrète de Dieu, d'autant que non seulement il leur a donné estre pour un coup, mais il les maintient, et faut que tousjours il les soustienne" (23e sermon sur Ephésiens, CO 51, p. 531). "C'est ... aultant comme s'il estoit dit (en Genèse 1/21–22) que Dieu a espandu sa grâce dessus les poissons des eaux et sur les oyseaux du ciel; et encores aujourd'huy espand Il une telle vertu que tout ainsy qu'ilz ont esté créez miraculeusement des eaux, aussy ils sont conservez en leur estat chacun selon son espèce. Ainsy combien que les oyseaux bastissent leurs nidz, combien que les femelles facent leurs oeufz, qu'elles les couvent jusques à ce qu'ilz soyent escloz, combien que les poissons engendrent, tant y a que c'est de la bénédiction de Dieu que tout procède" (5e sermon sur la Genèse, fo. 26).

34   "Nous ne pourrions pas subsister, sinon qu'il (= Dieu) eust toujours sa main estendue sur nous. Que faut-il donc pour demourer en l'estat où nous aurons une fois esté establis? Il faut que Dieu inspire sa vertu incessamment ..." (39e sermon sur Job, CO 33, p. 483–484).

35   Cf. Heinrich Heppe, *Die Dogmatik der evangelisch-reformierten Kirche,* 2e éd., Neukirchen, 1935, p. 200.

35a   Cf. *ibid.,* p. 208: Alting, Heidan, Keckermann et Maresius parlent en effet de *conservatio.*

36   "Il ne faut point ... que nous imaginons Dieu créateur pour une minute de temps, mais qu'il continue à maintenir en son estat ce qu'il a fait" (8e sermon sur Ephésiens, CO 51, p. 348).

37   "Dès le commencement Dieu a monstré qu'il n'y a nul estre sinon en luy, et comme le tout en deppend et procède, qu'aussy il fault que ce qu'il a créé soyt conservé par luy: car nous reviendrions à nostre commencement, assavoir à rien, sinon que nostre

Seigneur continuast en nous ce qu'il a commencé, c'est-à-dire qu'il nous maintînt ainsi en nostre estat. Et ainsy cest estat continuel que nous voyons en l'estat de nature, n'est pas moins l'oeuvre de Dieu que la création première quand nous avons bien tout regardé. Et quand il est parlé de la création du ciel et de la terre, cognoissons qu'en cela est comprins ce qu'il conduit et gouverne toutes les choses qu'il a faictes, comme nostre Seigneur Jésus-Christ dit (Jean 5/17): Mon père et moy avons besongné et besongnons encores jusques icy. Il y a donc ung ouvrage continuel de Dieu, tellement qu'il ne nous fault pas restraindre la création du monde à six jours, mays que nous comprenions ceste conduite que nous voyons encores, d'aultant que Dieu gouverne tout par sa Providence" (1er sermon sur la Genèse, fo. 6). Dans le 7e sermon sur la Genèse, fo. 35 vo., Calvin attribue à la Parole la maintenance exercée par la Providence au-delà des six jours de la création: "Il (= Jésus-Christ) a . . . desployé sa vertu dès le commencement, non pas comme rédempteur (car il n'en estoyt point de besoing jusques à ce qu'Adam est venu en sa perdition trebuscher), mays afin qu'il fust la vie des hommes (comme il en est parlé au premier chapitre de Sainct Jehan) et quant et quant qu'il donnast vie et vigueur à toutes choses. Puys qu'ainsy est donc, quand nous voyons que la terre produit ses fruictz chacun an, que nous voyons que nostre Seigneur continue sa libéralité, cognoissons que c'est tousjours en vertu de ce décret qui a esté prononcé en la création du monde; et ainsy que nous ne prenions point ce mot de Créateur comme si Dieu avoyt quicté ses oeuvres après que le monde a esté acomply en six jours . . . , mays cognoissons que tousjours ceste parolle qu'il a adonc prononcée ha sa vertu, et qu'elle inspire fécondité à la terre, tellement que nous en sommes substantez".

38 "Dieu n'a point créé le monde pour laisser les choses en confus, et tellement que tout se gouverne par fortune comme on dit, mais il veut continuer à maintenir ses créatures, comme il le fait" (130e sermon sur Job, CO 35, p. 151). "Il semblera qu'il (= Dieu) soit oysif au ciel. Or il est certain que Dieu ne se repose jamais quant à luy. Car que seroit-ce s'il nous laissoit une seulle mynute? Il faut bien que le monde soit tousjours maintenu par sa vertu. Et voilà pourquoy nostre Seigneur Jésus-Christ dict (Jean 5/17): "Et moy et mon père nous avons tousjours besongné, nous avons eu la main à l'oeuvre jusques ycy". Et comment? Non pas que Dieu travaille, mais il fault que par sa vertu il gouverne et modère tout. Car si tost qu'il a retiré son esprit, comme il est dict au Pseaulme CIIII^e (verset 29), nous voilà défailliz, tout retourne en cendre, bref, tout s'esvanouyt. Ainsi donc il ne fault pas que Dieu se repose, car ce monde périroit tantost" (17e sermon sur Esaïe 13–29, SC 2, p. 156). "Que l'aube du jour jamais ne vienne, que jamais le soleil (ne) se lève, que nous (ne) pensions: Qu'est-ce à dire cecy? Nostre Seigneur ne l'a point créé pour ung jour, mays il fault qu'il besongne continuellement . . . Dieu est nostre créateur, non point pour ce qu'il a créé le monde une foys, mais d'aultant qu'il le maintient et conserve. Car sans cela, tout iroit à confusion" (2e sermon sur la Genèse, fo. 12). "Dieu besongne tousjours . . . Et voilà pourquoy nostre Seigneur Jésus-Christ dit (Jean 5/17): Mon père et moy sommes tousjours à l'oeuvre, comme s'il disoyt que rien ne peult subsister sinon que Dieu continue sa vertu qu'il a monstrée en la création du monde. Dieu donc ne se repose pas (allusion à Genèse 2/2) qu'il n'inspire vigueur à toutes ses créatures, comme il est (dit) au Pseaume 104 (verset 29): Quand Il a retiré son Esprit, il fault que nous soyons estonnez et qu'après nous défaillions, et que nous soyons tous réduictz en cendre ou à néant" (7e sermon sur la Genèse, fo. 37).

39 130e sermon sur Job, CO 35, p. 151–152. — Cf. aussi le 8e sermon sur Ephésiens, CO 51, p. 348: "Il y a deux moyens par lesquels Dieu fait tout en toutes choses; car selon qu'il a créé le monde, il faut aussi que tout soit conduit et gouverné par sa main".

40 Il faut relever que, dans le 74e sermon sur II Samuel, SC 1, p. 642–643, Calvin évoque un "ordre continuel" et des "changements" qui, ensemble, attestent l'existence de la Providence. "Que nous sachions que le ciel luy (= à Dieu) obéit, et que non seulement

il y a ung ordre continuel qu'il a mis en nature pour monstrer qu'il domine en l'air comme icy bas, mais aussi que les changements monstrent cela pour ceste fin. Car si le ciel avoit tousjours une mesme face, c'est-à-dire qu'il ne changeast point, nous ne pourrions pas appercevoir les signes tout manifestes de la vertu et de la puissance de Dieu. Mais quand il fera beau temps, et que soudain voicy quelque brouée qui se lève, en cela nous voyons que c'est comme si Dieu, voyant nostre paresse et tardiveté, nous incitoit de le cognoistre et de sentir que l'air n'est pas à soy-mesme, et que ce qu'y se fait, ne se conduit point à l'aventure, mais tout est subject à sa providence".

41 "Le gouvernement de Dieu quant à ce monde est mieux ratifié quand nous voyons les façons diverses, avec la variété des changemens" (145e sermon sur Job, CO 35, p. 335). Cf. aussi, dans le même sermon, les p. 329–330.

42 CO 28, p. 392–393.

43 10e sermon sur Galates, CO 50, p. 390.

44 "On nous pourra alléguer des raisons naturelles pour dire que la pluye se procrée par un tel moyen, les vents aussi, et les orages. Les philosophes pourront bien amener des raisons, pour dire que cela a quelque principe, et que cela se dispose par quelques causes inférieures. Mais cependant les chastimens que Dieu envoye, ne sont-ils pas de luy? Sauroit-on attribuer cela à quelques causes inférieures? ... La pluye ne s'esmeut pas de son mouvement naturel, les tourbillons aussi ne se procréent pas, sinon d'autant que Dieu les envoye, d'autant qu'il les ordonne à ce que bon luy semble" (145e sermon sur Job, CO 35, p. 335 et 336). "Il ne fault point imaginer que les ventz s'eslievent sans que Dieu le dispose ainsi et qu'ilz troublent l'aer sinon que sa main les conduise et qu'il leur tienne la bride comme à des chevaux; et puis quand les nuées vont et çà et là, que le temps se change, qu'il y a pluye, qu'il y a soleil, il ne fault point imaginer qu'une telle diversité se face de cas d'adventure, ou bien qu'il y ait ung ordre qui aille tousjours son train sans que Dieu gouverne par son conseil, ainsi que les gens profanes, comme les philosophes, voire et les plus subtilz, ont cuidé. Mais il fault que nous congnoissions que Dieu se déclare présent par tout, que sa vertu se démonstre en telle sorte qu'il ne tumbe point une goutte de pluye icy bas qu'elle ne soit envoiée de luy, qu'il n'y a point ung orage, ne tourbillon ny autre chose en l'aer, que le tout ne soit disposé par sa bonne volunté" (19e sermon sur Esaïe 13–29, SC 2, p. 170).

45 156e sermon sur Deutéronome, CO 28, p. 392.

46 "Que nous cognoissions que tout l'ordre de nature est en la main de Dieu, et que l'air ne se gouverne point de soi, aussi que les pluyes ne viennent point à l'appétit du soleil" (143e sermon sur Job, CO 35, p. 314). "Qu'est-ce des nuées quand elles ont ainsi occupé tout l'air et que la terre est ainsi mouillée comme on la voit? N'est-ce pas comme un sépulchre? Et Dieu en une minute de temps fera esvanouir les nuées; à qui peut-on attribuer cela? Il est vray que nous dirons: Ordre de nature; nous dirons: Coustume. Mais quoy qu'il en soit, si appercevons-nous la main de Dieu si nous ne sommes par trop stupides" (145e sermon sur Job, CO 35, p. 332).

47 8e sermon sur Ephésiens, CO 51, p. 340. — Cf. encore le 47e sermon sur Job, CO 33, p. 583. "Nous ne cognoissons point assez la main de Dieu quand elle besoigne d'une façon égale et qui nous est accoustumée. Le soleil se lève-il du matin? Ce nous est une chose ordinaire, nous n'y pensons point, et n'en sommes point assez resveillez pour venir jusques à Dieu ... Tout est en sa main"; et le 76e sermon sur II Samuel, SC 1, p. 663: "Dieu a mis ung ordre continuel en nature que la nuict succède au jour et le jour à la nuict, ainsi qu'il en est parlé au Pseaume 19, où il est dit que ce changement-là, clarté et ténèbres, preschent la sagesse de Dieu ... Sachons que le tout vient de sa main, et ne pensons pas que les révolutions se facent de cas fortuit, comme on dit". — Cf. aussi le 67e sermon sur Job, CO 34, p. 69.

48 143e sermon sur Job, CO 35, p. 310. — Cf. aussi le 47e sermon sur Job, CO 33, p. 583: "Quand nous voyons la pluye, si on nous interrogue qui l'envoye, nous confesserons bien que c'est Dieu; mais tant y a que ceste considération n'entre point au vif en nous, et pour cela nous ne sommes point touchez pour nous humilier sous la providence de

Dieu, cognoissans que tout est en sa main"; le 143e sermon sur Job, CO 35, p. 309: "Dieu fera servir la pluye, quand il voudra, à sa bonté; ... s'il se veut monstrer Père nourrissier envers les hommes, les nuées apporteront les munitions de luy. Car comme si un prince veut secourir à un pays où il y aura famine, il ordonnera que, par eau et par terre, on apporte vivres de loin; ainsi les nuées nous apportent les provisions de Dieu"; et le 155e sermon sur le Deutéronome, CO 28, p. 378: "Dieu nous déclare qu'il est bon besoin qu'il veille sur nous et qu'il ne tombe point une goutte de pluye que par son commandement". – Cf. en outre le 76e sermon sur le Deutéronome, CO 27, p. 103.

49 Il ne faut pas confondre ce "cours ordinaire" avec l' "ordre continuel" dont il a été question précédemment, p. 264, et qui, comme nous l'avons vu, se caractérise par une certaine "inégalité", une certaine "variété".

50 74e sermon sur Deutéronome, CO 27, p. 75.

51 Cf. 144e et 145e sermon sur Job, CO 35, p. 321 et 335.

52 96e sermon sur Job, CO 34, p. 436.

53 Cf. Heinrich Heppe, *Die Dogmatik der evangelisch-reformierten Kirche,* 2e éd., Neukirchen, 1935, p. 208.

54 Un certain nombre de représentants de l'orthodoxie réformée (cf. Heinrich Heppe, *Op.cit.,* p. 208) ont, comme les porte-parole de la scolastique luthérienne (cf. Karl Hase, *Hutterus redivivus oder Dogmatik der evangelisch-lutherischen Kirche,* 11e éd., Leipzig, 1868, p. 127), distingué dans la Providence, outre la *conservatio* et la *gubernatio,* un troisième moment, si l'on peut dire: le *concursus.* Malgré l'intérêt que lui ont porté Karl Barth (cf. *Kirchliche Dogmatik* III/3) et Otto Weber (cf. *Grundlagen der Dogmatik* I, 1955), nous ne tentons pas de faire, dans notre exposé, une place à part au *concursus.* Il nous semble en effet que, dans la théologie calvinienne – Bénédict Pictet l'avait déjà remarqué (cf. Heinrich Heppe, *ibid.*) – le *concursus* est partie intégrante de la *gubernatio.*

55 "Nul de nous ne s'est mis en ce monde, et quand nous y habitons, ... c'est un singulier bénéfice de Dieu. Car ceste terre mesmes ne seroit pas, sinon que Dieu la voulust assigner aux hommes, et c'est en nostre faveur que la mer et les eaux se retirent; car la terre en seroit couverte et abysmée. Et ainsi, quand il n'y auroit que l'ordre de nature, c'est desjà un miracle que Dieu nous monstre qu'il nous veut ici nourrir ... Cognoissons que nous ne pouvons estre en nul anglet qui soit, que Dieu ne nous y maintienne, et que nous n'avons lieu pour habiter qui ne nous soit donné par sa pure grâce" (47e sermon sur Deutéronome, CO 26, p. 449).

56 Quoiqu'il soit tombé en désuétude, nous recourons, à cause de sa riche signification, à ce terme employé au XVIIe siècle par un certain nombre de prédicateurs réformés, par Jean Mestrezat en particulier. Cf. Emile Littré, *Supplément* au *Dictionnaire de la langue française,* Paris, 1878, p. 274.

57 CO 34, p. 68–69. Dans la suite de ce sermon, Calvin revient sur l'activité de "pourvoyance" que Dieu exerce en faveur de l'humanité: "Dieu veut que le soleil se couche et se lève, et que par cela nous soyons advertis que jusques en la fin du monde il nous donnera les choses qui nous sont nécessaires pour nous préserver ici. Quand nous voyons les vignes, et les arbres, et la terre qui fructifie, et bien, c'est Dieu qui nous monstre qu'il a le soin de ceste vie, combien qu'elle soit mortelle et caduque" (p. 69).

58 7e sermon sur Esaïe 13–29, SC 2, p. 64.

59 81e sermon sur II Samuel, SC 1, p. 709.

60 33e sermon sur I Timothée, CO 53, p. 400.

61 "Que pour ceste vie caduque et pour tous ses accessoires, nous sçachions que, quand Dieu nous a mis au monde, il s'est réservé cest office d'estre père de famille et d'avoir le soin de nous comme de ses créatures, que c'est de luy qu'il nous faut attendre tout bien, c'est à luy où il nous faut avoir tout nostre recours" (53e sermon sur I Timothée, CO 53, p. 637). "Nostre Seigneur se monstre père du genre humain, et mesmes de ceux

qui ne le congnoissent point et qui n'ont point l'esprit de l'invoquer. Car combien qu'il haïsse les hommes à cause du péché et de la corruption qui est en eulx, si est-ce que tousjours il y a quelque résidu de l'amour paternel d'autant qu'ilz sont ses créatures" (7e sermon sur Esaïe 13–29, SC 2, p. 64). "Combien que ce ne soit pas le principal que nous soions nourriz en terre, si est-ce toutesfois que là nous contemplons la bonté de Dieu et l'amour qu'il nous porte . . . . Ainsi ne nous esbahissons pas que Dieu vueille estre recongneu nostre père jusques à une goutte d'eaue et à une miette de pain" (16e sermon sur Esaïe 13–29, SC 2, p. 145).

62 *Commentaires sur le Nouveau Testament*, tome 1er, Paris, 1854, p. 120.

63 Calvin déclare dans le 58e sermon sur le Deutéronome, CO 26, p. 596: "Nous avons à noter en premier lieu que, quand il (= Moïse) dit que "l'homme est nourri de toute parolle qui procède de la bouche de Dieu", il ne parle que de la vie présente. Il y en a qui le prennent de la vie spirituelle des âmes. Il est vray que ceste doctrine-là est bonne de soy, assavoir qu'ils allèguent que nous ne vivons point seulement en ce monde comme les boeufs et les asnes, mais que nous avons une vie meilleure et plus excellente, d'autant que Dieu par sa parolle vivifie nos âmes . . . Tout cela est vray, et le faut ainsi cognoistre, comme j'ay desjà dit; mais quant à l'intelligence de ce passage, Moyse ne passe point plus outre que nous monstrer que nous vivons de toute parolle procédante de la bouche de Dieu, c'est-à-dire que nous vivons de la bénédiction que Dieu nous donne. Car il n'est point ici question de telle doctrine que, d'autant que nous sommes enseignez par l'Escriture saincte, nos âmes soyent vivifiées à salut. Moyse n'a pas entendu cela; mais plustost il déclare que le pain de soy n'a nulle vertu . . . Il est vray que le pain sera bien moyen de réfectionner l'homme, et Dieu s'en veut ainsi servir; mais cependant nous faut-il attacher nostre vie au pain et au vin? Nenni; mais il faut regarder que Dieu a constitué cest ordre en nature; toutesfois ce n'est point pour déroguer à sa louange, ne pour le despouiller de son droict". Le Réformateur déclare de même dans le 59e sermon sur le Deutéronome, CO 26, p. 598: "Nous voyons qu'il n'est point ici (= Deutéronome 8/3) question de la vie des âmes, mais que Dieu nous déclare que ceste vie caduque et transitoire n'est maintenue sinon par sa seule vertu, soit que nous ayons à boire et à manger, soit que nous ayons faim, qu'il nous faut tousjours recourir à la bonté de Dieu, sachans qu'il est nostre père nourricier, et que nostre vie est en sa main, et que son office est de la conserver en son estat". A ces deux sermons sur le Deutéronome fait écho le 49e sermon sur l'Harmonie des trois Evangélistes, CO 46, p. 614: "Moyse en ce passage-là (= Deutéronome 8/3) ramentoit au peuple qu'il a esté nourri de la manne, et conclud qu'en cela Dieu a monstré qu'il peut bien nourrir les hommes sans pain ne sans eau, ne sans aucuns moyens terrestres. Nous voyons maintenant l'intention de Moyse, c'est que, combien que Dieu ait donné le pain et toutes autres viandes pour nous soustenir, néantmoins il ne leur a point résigné sa vertu ne son office, mais que nous sommes nourris d'une grâce secrète qui procède comme de sa bouche, d'un peu de souffle de Dieu (s'il estoit licite d'user de telle similitude, comme l'Escriture souvent en use). C'est nostre vraye nourriture, car le pain de soy ne le pourroit faire, il n'ha nul mouvement ne vigueur. Et comment donc nous la donneroit-il? C'est une chose morte . . . . Qu'est-ce donc qui nous nourrit? La parole de Dieu. Or Moyse en ce passage n'entend point la parole qui nous est preschée, et laquelle nous apporte la vie spirituelle. Il n'entend point cela; mais il entend la vertu secrète que Dieu inspire à toutes créatures".

64 "Il faut que nous cognoissions que tout ainsi qu'un père a le soin de ses enfans et les apastelle, par manière de dire, que Dieu veut aussi que nous recevions nourriture de sa main" (19e sermon sur Ephésiens, CO 51, p. 478). Cf. aussi le 59e et le 159e sermon sur le Deutéronome, CO 26, p. 603, et CO 28, p. 428. – Dans le 75e sermon sur Job, CO 34, p. 169, c'est l'Israélite seulement qui est invité à reconnaître que sa nourriture vient de Dieu: "Tout ainsi que tu vois que Dieu a nourri tes pères au désert de la manne du ciel, quand il te donnera du pain, que tu reçoives cela comme de sa main". Dans le 11e sermon sur I Corinthiens 10 et 11, CO 49, p. 720, ce sont les chrétiens qui

sont appelés à voir en Dieu leur Père nourricier: "Comment est-ce que nous pourrions manger un morceau de pain, sinon d'autant que nous cognoissons que Jésus-Christ est héritier de Dieu son Père, et qu'estans ses membres, nous communiquons à tous ses biens, et pouvons boire et manger avec sa bénédiction ... et comme si Dieu nous le donnoit de sa propre main, ainsi qu'un père donne la portion à ses enfans? "

65 Outre le 58ᵉ sermon sur le Deutéronome, CO 26, p. 596, et le 49ᵉ sermon sur l'Harmonie des trois Evangélistes, CO 46, p. 614, cités dans la n. 63, cf. encore le passage suivant de ce dernier sermon: "Quand Dieu nous donne le pain et les autres viandes pour nostre réfection, il nous faut apprendre d'avoir nos yeux eslevez en haut, et tousjours attribuer ce titre de nourricier à celuy auquel il est deu. Si nous appelons le pain nostre nourricier, voylà un blasphème, voylà une idolâtrie manifeste. Car nous transportons ce que Dieu se réserve à une créature morte, et ... nous faisons du pain une idole. Quand donc nous avons à nous repaistre, que nous avons à boire et à manger, apprenons de lever tousjours les yeux en haut, et de tellement nous aider et servir de ces moyens ordinaires, que nous sçachions que c'est Dieu qui nous nourrit" (p. 614).

66 12ᵉ sermon sur l'élection de Jacob et la réjection d'Esaü, CO 58, p. 175—176.

67 "Ce n'est point sans cause qu'il nous est commandé de cercher nostre pain quotidien de la main de Dieu. Car comment est-ce que la terre produit ses fruicts pour nostre nourriture? C'est d'autant que Dieu l'arrouse. Il n'est pas dit que la terre a substance en soy, il n'est pas dit que le ciel ou les fontaines luy donnent simplement, mais c'est Dieu qui envoye la rousée, c'est Dieu qui fait sourdre les fontaines, tellement qu'il nous luy faut attribuer tout ce que nous avons de substance, quand nous sommes nourris et substantez. Voilà donc Dieu qui a un tel soin de nos corps et de ceste vie corruptible, que nous ne pouvons manger un morceau de pain qui ne nous provienne de luy et de sa pure libéralité ... S'il me faut un morceau de pain, je le doy demander à Dieu, en protestant que c'est son office propre de me nourrir ... Nous voyons donc comme le pain et la nourriture corporelle qui nous est donnée, nous doit estre comme un moyen pour nous eslever plus haut, voire afin que nous attribuions à Dieu et à ses bénéfices tout ce que nous avons et du corps, et de l'âme, et de tout" (195ᵉ sermon sur le Deutéronome, CO 29, p. 162). Cf. aussi le 58ᵉ sermon sur le Deutéronome, CO 26, p. 595: "Quand il nous est ici (= Deutéronome 8/3) parlé de la manne, que ce nous soit un enseignement perpétuel que Dieu a le soin de ses créatures, que c'est de sa main que nous tirons substance et que nous sommes conservez, et combien qu'il face luire le soleil, que ce n'est pas pourtant que la clarté ne nous vienne de luy; combien qu'il donne substance à la terre, què nous tirions de sa graisse et de ses entrailles pour estre nourris, si est-ce que c'est luy qui besongne en telle sorte"; et le 159ᵉ sermon sur le Deutéronome, CO 28, p. 429: "S'il y a une bonne saison pour semer, il nous semble que nous soyons affranchis et que Dieu n'ait plus en sa main les biens qui sont sur la terre; si nous avons fait moisson, et que nous ayons eu le loisir de serrer le bled au grenier, pource qu'il n'est plus en hazard, si nous semble, voilà qui nous fait encores plus enorgueillir. Or au lieu de cela, nous devrions tousjours regarder à Dieu: Seigneur, voici la terre qui attend la pluye comme ayant soif; et quand tu la donnes, c'est pour luy faire produire substance dont nous soyons nourris .... Ainsi Seigneur, le tout est en ta main".

68 11ᵉ sermon sur l'Harmonie des trois Evangélistes, CO 46, p. 130.

69 "Dieu, dit-il (sous-ent.: Moïse), t'a ainsi conservé afin que tu cognoisses à l'advenir que l'homme ne vit point de son labeur, que tu ne dises point: C'est l'industrie de mes mains qui m'a acquis ces choses. Non" (75ᵉ sermon sur Job, CO 34, p. 169). "Nous ne pourrions pas demeurer au monde si nous n'avions à boire et à manger; nous ne pourrions pas vivre deux jours si nous ne sommes substantez. Et qui est-ce qui nous donne du pain? Les hommes sont-ils si habiles d'eux-mesmes qu'ils puissent cultiver la terre? Non: ils auront beau appliquer toute la force de leur bras, ils auront beau fouir; hélas! ce n'est pas pour faire croistre le blé pour leur nourriture" (152ᵉ sermon sur

Job, CO 35, p. 422). "Quand on dira qu'un laboureur avec sa charrue, avec ses boeufs et avec tout le reste sera un instrument, . . . ce n'est pas pourtant qu'il face produire les fruits de la terre. Et pourquoy? Dieu se réserve cela" (19ᵉ sermon sur Ephésiens, CO 51, p. 478).

70   "Combien que les hommes travaillent, si faut-il qu'ils ayent tout résolu . . . que ce n'est point leur labeur qui les nourrit, mais la bénédiction de Dieu, de laquelle les enfans d'Israël ont esté repeus au désert . . . Dieu a donné (sous-ent.: dans la manne) un tesmoignage perpétuel que, par quelque moyen que nous vivions, . . . c'est luy qui nous substante, c'est de sa main que nous recevons et substance, et nourriture, et tout ce que nous avons" (47ᵉ sermon sur Deutéronome, CO 26, p. 449).

71   155ᵉ sermon sur Deutéronome, CO 28, p. 379—380.

72   "Nostre Seigneur nous tient comme en suspend, afin que nous cheminions en crainte, que nous ne laschions point la bride à nos appétis, comme si un père disoit à ses enfans: Or ça, advisez de profiter, l'un à l'eschole, l'autre à sa besongne, et cependant vous aurez à disner, mais autrement vous n'aurez rien. Si le père tient ainsi ses enfans, qu'ils sachent que c'est qu'ils devront ne boire ni manger, si on ne les voit profiter, il est certain que cela les esmeut, encores qu'il n'y ait ni raison ni intelligence. Or voici nostre Dieu qui nous pourroit bien du premier coup bailler tout ce qu'il nous faut, ou bien en un jour il nous pourroit déclarer que l'année sera heureuse, qu'il y aura bonne moisson, bonne vendange, mais il ne le veut point faire. Quand nous aurons passé un jour, il faut recommencer l'autre à le prier" (76ᵉ sermon sur Deutéronome, CO 27, p. 106).

73   Outre le 75ᵉ sermon sur Job, CO 34, p. 169, cité n. 64, le 47ᵉ et le 58ᵉ sermon sur le Deutéronome, CO 26, p. 449 et 595, cités n. 70 et 67, qui comparent le don du pain quotidien par la Providence à celui de la manne au désert, cf. le 61ᵉ sermon sur le Deutéronome, CO 26, p. 626: "Le peuple a esté nourri au désert par l'espace de quarante ans d'une façon miraculeuse, afin qu'estant venu en la terre qui luy estoit promise, quand il mangeroit, il pensast: Il est vray qu'aujourd'huy Dieu me donne à manger; mais ce n'a pas esté tousjours, il m'a repeu de manne; il faut donc conclurre que ce n'est point par ma vertu que j'ay acquis ce que je possède; je ne puis pas dire que j'en soye l'autheur; il faut que j'en face hommage à mon Dieu, et que je tienne tout de sa main, c'est un don gratuit que je luy doy attribuer".

74   "Pource que nostre Seigneur est celuy qui donne accroissement au bled quand il est semé en terre, c'est luy qui envoye les vendanges, c'est luy après qui fait profiter le tout pour nostre nourriture. Or par ce passage (Deutéronome 28/38—40) nous sommes enseignez en premier lieu, quand on cultive les champs, qu'on sème, qu'on fait moisson, de prier tousjours Dieu qu'il bénisse la terre, afin que nous soyons substantez par sa grâce" (159ᵉ sermon sur Deutéronome, CO 28, p. 428). "Nous devons invoquer Dieu en sollicitude, cheminer en sa crainte, voyant qu'il est si bénin d'estre nostre père nourricier, et qu'il daigne bien s'abbaisser jusques là. Et ainsi Moyse notamment a déclaré en ce passage (Deutéronome 28/48) qu'il ne nous faut point estre abusez en nos belles apparences et beaux préparatifs que nous pourrons avoir: comme quand on verra le bled croistre, qu'un chacun ne s'esgaye point par trop, comme si tout estoit gagné, et mesme quand le bled sera recueilli. Car Dieu veut estre invoqué alors, comme journellement nous luy devons faire ceste requeste: Donne-nous nostre pain quotidien; qu'au jour la journée il nous substante" (ibid., p. 430).

75   "En temps de povreté, ce nous est une grande consolation quand nous pouvons recourir à nostre Dieu, le supplians qu'il ait pitié de nous, et quand il n'y aura point de pain au monde, toutesfois qu'il ne laissera pas de nous substanter par sa vertu. Quand donc nous avons ceste promesse, voilà qui nous incite à prier en confiance, et à nous esjouir, et n'estre point tormentez outre mesure, comme ceux qui cuident qu'il n'y a plus de Dieu au ciel, quand ils ne voyent point les moyens qui leur sont accoustumez" (59ᵉ sermon sur Deutéronome, CO 26, p. 601). "Après luy avoir demandé (sous-ent.: à Dieu) nostre pain ordinaire, que nous sçachions que c'est luy seul qui nous sustante, et

quand nous sommes menacez de stérilité, que c'est luy qui a retiré sa bénédiction; mais aussi sçachons tousjours qu'il nous pourra bien nourrir et substanter sans aucun moyen" (49ᵉ sermon sur l'Harmonie des trois Evangélistes, CO 46, p. 616). "Encores que les fidèles ayent de quoy se nourrir, si est-ce qu'il faut qu'ils ouvrent la bouche chacun jour, comme si Dieu leur devoit mettre le pain dedans par morceaux; et quand ils n'ont rien, que tousjours ils se confient en lui et en sa bonté, et qu'ils espèrent qu'une miette de pain les pourra soustenir quand il plaira à Dieu: ou bien, encores qu'ils ne sachent que devenir, néantmoins que Dieu trouvera moyen de les substanter" (6ᵉ sermon sur l'élection de Jacob et la réjection d'Esaü, CO 58, p. 90).

76   "Celui qui se vantera d'attendre de Dieu sa viande et sa pasture, et cependant ne daignera point l'invoquer, ne monstre-il point qu'il n'y a qu'hypocrisie et mensonge en luy? Il faut donc que la foi nous incite et pousse à invoquer Dieu, afin de confesser qu'il est nostre Père nourricier, afin de recevoir la pasture comme de sa main; et quand nous l'avons receuë, de confesser que nous sommes nourris par sa pure bonté" (151ᵉ sermon sur Job, CO 35, p. 408).

77   Outre le 159ᵉ sermon sur le Deutéronome, CO 28, p. 430, cité n. 74, et le 49ᵉ sermon sur l'Harmonie des trois Evangélistes, CO 46, p. 616, cité n. 75, cf. le 43ᵉ sermon sur Daniel, CO 42, p. 116: "Ce n'est pas sans cause que nous luy demandons (sous-ent.: à Dieu) nostre pain ordinaire, car c'est son office, lequel il s'est attribué de nous appasteler comme un père, ou une mère à ses enfans, et ... il ne nous veut point frustrer quand il nous ha ordonné de prier ainsi par la bouche de nostre Seigneur Jésus: Donne-nous nostre pain ordinaire".

78   CO 26, p. 594.

79   "Que nous connoissions, combien que Dieu gouverne tous les hommes, que sa providence s'estend par tout en général, mesmes jusqu'aux bestes brutes, toutesfois si est-ce qu'il ha encores plus de regard à sa maison, c'est-à-dire à son Eglise, car il nous est Père, et nous sommes ses domestiques. Ainsi donc voilà comme il nous gouverne..." (32ᵉ sermon sur Daniel, CO 41, p. 673). "Sachons ... que Dieu aura tousjours un soin paternel de nous, et combien que par sa providence il gouverne toutes les nations du monde en général, si est-ce qu'il nous est plus prochain, et que nous le sentirons, et que nous serons sous sa conduite..." (197ᵉ sermon sur le Deutéronome, CO 29, p. 192).

80   Aux yeux de Calvin, c'est le propre de l'histoire sainte de découvrir Dieu à l'oeuvre derrière les acteurs humains qui s'agitent ici-bas, alors que l'histoire profane, elle, s'arrête aux hommes, ou, lorsqu'elle s'élève au-dessus d'eux, se borne à postuler l'existence de la fortune. Le Réformateur déclare dans le 27ᵉ sermon sur II Samuel: "Nous voyons comment l'histoire saincte n'est pas semblable à toutes les chroniques et histoires prophanes qui ont esté faites par les incrédules. Car là, il sera bien parlé des promesses et vertus des hommes, et puis, quant et quant, de leur bonne fortune. Car les payens ont bien cognu que, s'il n'y avoit comme une destinée de bon heur, que ce n'estoit rien de l'industrie, de la force, de la vertu et de tout le reste qui est aux hommes ... Ilz se sont retenus ceste bonne fortune qui leur sembloit estre une déesse, et la pensoient tenir comme en leur manche ... Or icy (sous-ent.: dans le texte sacré) nous voyons comme il n'y a pas seulement ung simple récit froid et inutile qui tende à ce que les prouesses de David soient cognues; mais il y a, quant et quant, l'instruction pour nous le faire ensuyvre, c'est que nous, cognoissans qu'il a esté conduit de la main de Dieu, nous désirions le semblable" (SC 1, p. 241–242). Dans le 33ᵉ sermon sur Daniel, le prédicateur de Genève s'exprime dans le même sens: "Quand nous lisons les histoires prophanes, si nous regardons seulement à ce qui s'est fait, nous demourerons en nostre ignorance ... Mais ici le sainct Esprit non seulement nous donne des lunettes pour veoir et juger des choses comme il appartient, mais il nous ouvre les yeux à fin que nous connoissions le principal, c'est assavoir la providence divine" (CO 41, p. 687–688).

81   "Que nous ne laissions pas parmi tous les troubles de ce monde, et les choses ainsi confuses comme on les voit, de savoir que Dieu conduit et gouverne tellement le monde par sa providence que rien ne se fait ici-bas sans sa volonté" (81e sermon sur Job, CO 34, p. 252). "De là-haut il (= Dieu) dispose tellement tout l'ordre du monde que nonobstant que les choses soyent ici confuses, et se remuent, et qu'il y ait beaucoup de changemens et de troubles, néantmoins Dieu ne laisse pas d'amener le tout à telle fin qu'il l'a ordonné et délibéré en soi. Il est vrai que si nous jettons nostre regard en bas, nous ne pourrons pas voir cest empire ainsi paisible comme il nous est ici déclaré: mais si nous contemplons la providence de Dieu, il est certain qu'au milieu des troubles et de toutes les révolutions du monde nous cognoistrons que Dieu gouverne le tout comme bon lui semble" (94e sermon sur Job, CO 34, p. 407). Cf. aussi les 11e et 18e sermon sur Esaïe 13—29, SC 2, p. 95 et p. 160, et le 67e sermon sur II Samuel, SC 1, p. 589.

82   SC 2, p. 10 et 11.

83   SC 2, p. 11.

84   "Dieu non seulement veut estre cognu gouverneur du monde en l'ordre naturel et continuel, mais aussi en tous les changemens que nous voyons. Or ceci est bien notable: car ... les gens profanes et qui n'ont eu nul enseignement en l'Escriture saincte, diront tousjours: Fortune, Fortune ..., et là-dessus Dieu ne leur sera rien. Or au contraire nous sommes amonnestez de cognoistre que ce sont jugemens extra-ordinaires de Dieu" (12e sermon sur l'Harmonie des trois Evangélistes, CO 46, p. 141). Cf. dans le même sens le 15e sermon sur Daniel, CO 41, p. 478: "Sachons qu'aujourd'huy quand nous verrons tout estre confus au monde, qu'il nous semble que tout doive renverser, et bien! Dieu est par dessus; il nous faut faire cette comparaison que si les changemens des royaumes des Perses, et des Mèdes, et des autres pays n'ont point esté faits à l'aventure, ni par cas fortuit, mais par la providence de Dieu, qu'aujourd'huy il n'aviendra rien que Dieu n'ait disposé, que tout n'ait passé par son conseil"; et le 12e sermon sur le Deutéronome, CO 26, p. 25: "Notons que les changemens qui adviennent ne sont pas sans la main de Dieu, ne sans son conseil ... Et ainsi ... que nous ne pensions point que fortune domine en ce monde, mais cognoissons que Dieu s'est réservé la superintendence".

85   "Quand nous voyons un peuple robuste, que nous voyons des villes fortes et bien munies, que nous voyons d'autres moyens pour conserver un pays, et cependant que cela est matté par les ennemis, ... il faut bien penser que Dieu a là besongné ... Et combien que les choses soyent troublées, cognoissons que Dieu gouverne par dessus" (12e sermon sur le Deutéronome, CO 26, p. 25). Cf. aussi le 11e sermon sur le Deutéronome, CO 26, p. 12.

86   "C'est desjà quelque bonne instruction quand nous aurons cognu que les changemens ne seront point fortuits, qu'on appelle, c'est-à-dire que, s'il se fait quelque révolution, cela procède de la main de Dieu" (75e sermon sur Job, CO 34, p. 175). "Dieu fait quelquefois des révolutions, non point seulement sur les personnes, mais sur les villes et sur les pays, sur les royaumes" (107e sermon sur Job, CO 34, p. 574). "Il n'y a rien qui subsiste sinon par la providence de Dieu, et encores qu'il se face beaucoup de révolutions, ... le tout dépend de là, et ... il n'y a nul inconvéniant ni aux hommes ni en toutes autres créatures, sinon celuy qui leur est donné d'en haut" (11e sermon sur l'Harmonie des trois Evangélistes, CO 46, p. 131). Cf. aussi le 1er et le 31e sermon sur Esaïe 13—29, SC 2, p. 1 et 288.

87   CO 33, p. 595 et 596.

88   "Ce n'est point ... que Dieu ait son esbat à faire des révolutions en ce monde, quand nous voyons que les choses se changent, mais il le fait par son juste jugement" (12e sermon sur l'Harmonie des trois Evangélistes, CO 46, p. 136—137).

89   48e sermon sur Job, CO 33, p. 594. Cf. aussi le 21e sermon sur Jérémie 14—18, SC 6, p. 141—143.

90   48e sermon sur Job, CO 33, p. 594.

91 CO 34, p. 175. Dans le 47ᵉ sermon sur le livre de Job, c'est avec la sagesse plutôt qu'avec la justice que Calvin associe la puissance qui se manifeste dans la Providence: "Il nous faut ... bien noter l'intention de Job, qui est de nous faire cognoistre la providence de Dieu en toutes choses qui se font en ce monde. Or ce n'est pas tout que nous sachions que Dieu gouverne; mais il faut que nous luy attribuyons ceste sagesse de laquelle il a esté parlé" (CO 33, p. 581).

92 Cf. *supra*, p. 113.

93 "Nous verrons aussi beaucoup d'autres choses (sous-ent.: à ajouter à la rage des méchants) qui pourroyent nous esblouir la veue tellement qu'il sembleroit que Dieu eust quitté le gouvernement du monde. Mais si faut-il tousjours prendre la conclusion qui est ici mise, c'est assavoir que Dieu besongne en la force de son bras. Et combien que nous n'ayons pas un regard visible de ce bras de Dieu, si nous le faut-il appréhender par foy" (11ᵉ sermon sur l'Harmonie des trois Evangélistes, CO 46, p. 131).

94 CO 34, p. 250.

95 CO 35, p. 246. Cf. aussi dans le même sens le 12ᵉ sermon sur Daniel, CO 41, p. 449–450.

96 "On peut noter les marques de la providence de Dieu, combien que beaucoup de choses soyent confuses au monde. Et de fait, jaçoit que Dieu maintenant ne tienne point un ordre égal, tant y a que si voit-on bien qu'il est par dessus toutes les choses de ce monde, et que s'il ne tenoit la bride, il y auroit en tout et par tout une confusion horrible ici-bas. Qu'il nous suffise donc d'avoir ici quelques marques de la providence de Dieu" (139ᵉ sermon sur Job, CO 35, p. 263).

97 Au lieu de "moyens inférieurs", Calvin parle de "causes inférieures" dans le 47ᵉ sermon sur Daniel, CO 42, p. 196, et dans le 70ᵉ sermon sur Job, CO 34, p. 112.

98 Et Calvin d'ajouter à titre d'illustration: "Il (= Dieu) nous pourra bien nourrir sans pain, et sans vin, et sans eau, et toutesfois il a ce moyen-là. Et pourquoy? Il luy plaist. Il nous pourra bien guérir sans médecine, si nous sommes malades; il veut toutesfois que nous en usions. Il pourra bien en temps de guerre réprimer tout nos ennemis sans que nous remu(i)ons un doigt; mais il a ordonné d'autres moyens" (184ᵉ sermon sur le Deutéronome, CO 29, p. 27). Cf. dans le même sens le 5ᵉ sermon sur la Pentecôte, CO 48, p. 661: "Dieu nous a déclaré qu'il veut que nous vivions par le pain qu'il nous donne à manger, et que nous remédions à la maladie par la médecine. Ce sera donc une outrecuidance trop grande quand nous voudrons rejetter les moyens que Dieu nous donne pour remédier à nos infirmitez. Et celuy qui pensera s'avancer par ce moyen, ce sera à sa ruine et confusion. Car quand nous disons que la providence de Dieu prouvoit à toutes choses, ce n'est pas pourtant qu'il faille rejetter les moyens qu'il nous donne"; et le 10ᵉ sermon sur Esaïe 13–29, SC 2, p. 89: "Dieu ... n'emprunte point les hommes par nécessité quand il les emploie ... ; mais c'est pour monstrer qu'il a toutes créatures soubz sa main et qu'il s'en peult servir et les applicquer à tel usage que bon luy semble".

99 "Il y aura des phantastiques, lesquels oyans que les jours de l'homme sont contez, et que nous ne pouvons pas ni accourcir ni alonger nostre vie, d'autant qu'elle est en la main de Dieu, et à son bon plaisir, diront incontinent: Or bien, quand je feray donc tout ce qui me viendra en la teste, c'est tout un: Celuy qui doit estre pendu ne peut estre noyé, comme ce proverbe est en la papauté" (54ᵉ sermon sur Job, CO 33, p. 671).

100 28ᵉ sermon sur Esaïe 13–29, SC 2, p. 263.

101 51ᵉ sermon sur l'Harmonie des trois Evangélistes, CO 46, p. 638. Outre le 71ᵉ sermon sur II Samuel, SC 1, p. 619, cf. encore le 85ᵉ sermon sur le même livre, *ibid.*, p. 747: "Quand Dieu se sert de ses créatures et les applicque à son oeuvre, cela ne nous doit point empescher que nous ne cognoissions tousjours que c'est luy ... Quand nous verrons une coignée en la main d'un homme, nous ne dirons pas qu'elle se meuve. Si on cye un boys ou une pierre et qu'on maniera une cye, nous cognoistrons que c'est

294

l'homme qui la hausse et baisse; c'est une chose insensible. Mais nous sommes si rudes, quand Dieu a quelque instrument en main, que nous ne comprenons pas que c'est luy qui est l'ouvrier ... Si nous avions un jugement tel qu'il seroit requis, nous contemplerions tousjours la main de Dieu, et mesmes quand il luy plaist de se servir de ses créatures, nous regarderions en haut".

102   90e sermon sur Job, CO 34, p. 361. Cf. dans le même sens le 10e sermon sur Daniel, CO 41, p. 423: Il "nous semble que les créatures se conduisent d'elles-mesmes, et que Dieu n'en ait point la conduite; et ainsi donc nous devons regarder tousjours à cette providence de Dieu, et nous tenir asseurés qu'il n'y ha rien qu'il ne conduise, tellement que ce nous doit estre assés, moiennant qu'il nous guide, et qu'il nous gouverne, voire et que nous suivions ce qu'il nous commande".

103   154e sermon sur le Deutéronome, CO 28, p. 367–368.

104   L'enseignement du Réformateur sur l'origine providentielle des inégalités sociales est corroboré par plusieurs sermons qui montrent que les richesses ne proviennent pas des qualités humaines, mais de la prodigalité de Dieu. "Il nous faut avoir ceste reigle générale que les richesses ne viennent point aux hommes par leur vertu, ni sagesse, ni labeur, mais que c'est par la seule bénédiction de Dieu ... Il faut que nous sachions, combien qu'il semblera que les uns s'enrichissent par grande vigilance, que toutesfois c'est Dieu qui les bénit et qui y besongne en telle sorte. Que les autres soyent riches devant que d'estre nais, que leurs pères leur ayent acquis de grandes possessions, néantmoins que cela n'est point de cas fortuit; mais que la Providence de Dieu domine par dessus" (61e sermon sur le Deutéronome, CO 26, p. 627). "Nous devons prendre toutes les confirmations et les argumens qu'il nous est possible pour nous mieux certifier que les biens que nous avons nous procèdent de Dieu ... Que nous prenions peine tant qu'il nous sera possible d'observer: Or ça, voici Dieu qui me monstre que c'est luy qui besongne et m'en donne ici un signe: il faut donc que j'applique cela à mon instruction et que je ne die point: Cela m'est advenu de cas d'adventure, j'ay eu bonne fortune. Mais je cognoy que mon Dieu m'a aidé, que par sa bonté je prospère" (145e sermon sur le Deutéronome, CO 28, p. 257). "Il nous faut bien noter les passages où il nous est monstré que toute prospérité vient de Dieu. Et au reste que nous sachions quand Dieu nous déclare ainsi sa faveur, que c'est d'autant que par sa bonté gratuite il luy a pleu de nous aimer" (197e sermon sur le Deutéronome, CO 29, p. 191). Cf. aussi le 7e et le 104e sermon sur le livre de Job, CO 33, p. 100, et CO 34, p. 539. Provenant de Dieu, les richesses ne sont évidemment pas condamnables. Ceux qui les condamnent, les anabaptistes par exemple, sont, aux yeux de Calvin, des "fantastiques". "Les richesses ne sont point à condamner de soy, comme il y a des fantastiques qui imaginent qu'un homme riche ne peut estre chrestien ... Notons que les richesses de soy et de leur nature ne sont point à condamner, et mesme c'est un grand blasphème contre Dieu si on réprouve tellement les richesses qu'il semble qu'un homme qui les possède en soit du tout corrompu, car les richesses, dont procèdent elles, sinon de Dieu? On s'adresse donc à Dieu quand on les condamne" (2e sermon sur Job, CO 33, p. 36–37). Dans le même sens, cf. aussi le 44e sermon sur l'Harmonie des trois Evangélistes, CO 46, p. 549–550. Les richesses lui paraissent légitimes, le Réformateur rejette comme contraire à la volonté de Dieu le communisme des anabaptistes. Cf. le 136e et le 141e sermon sur le Deutéronome, CO 28, p. 136 et p. 199.

105   95e sermon sur le Deutéronome, CO 27, p. 337–338.

106   "Voilà ... le principal repos que les hommes ayent et dont ils puissent jouir, c'est de se remettre en la providence de Dieu, et que, voyans le soin paternel qu'il a d'eux, ils puissent dire: Mon Dieu, je te recommande ma vie; comme elle est en ta main, tu en disposeras" (133e sermon sur Job, CO 35, p. 190). Cf. aussi le 54e sermon sur Job, CO 33, p. 671: "Nous avons à prendre une grande consolation d'autant que nostre vie est en la main de Dieu. Voilà qui est cause que les hommes sont ainsi craintifs et qu'ils n'osent pas remuer un doigt, que ce ne soit en tremblant, qu'il leur semble que ceci ou

cela leur peut advenir, assavoir qu'ils ne cognoissent point que Dieu les a en sa garde
... Car si cela nous estoit bien persuadé, il est certain que nous irions nostre train, que
nous ne serions pas ainsi tourmentez comme nous sommes"; et le 90e sermon sur Job,
CO 34, p. 361: "Apprenons ... de n'estre point ... esperdus quand nous verrons les
choses troublées au monde, comme si Dieu estoit eslongné et qu'il ne pensast plus de
nous, car il y a prouveu et y prouvoira. Voilà donc comme il faut que les fidèles se
consolent en la providence de Dieu".

107 "Si nous voyons que Dieu provoye à tout ..., ne devons-nous pas estre mieux
informez qu'il regarde tousjours à nous, et que jamais il ne nous met en oubli, et que
c'est tout au long de l'an qu'il nous est père? Comme un homme qui penseroit à sa
maison, il se lèvera tous les jours de matin pour travailler, et puis après avoir fait sa
besongne, il regarde encores s'il y a quelque chose de reste, d'y mettre ordre; et puis il
advise de dispenser ce qui luy est donné, en sorte que le profit en revienne à tout son
mesnage. Ainsi Dieu se monstre un père de famille envers nous, qu'il ne cesse et de soir
et de matin de veiller pour nostre profit" (76e sermon sur le Deutéronome, CO 27,
p. 104—105).

108 "Quand Dieu fait des changemens, et qu'un homme qui avoit esté au paravant en
grande dignité tombera bas, ne soyons point desbordez pour crier à l'encontre ...
Quelque hautesse qu'il y ait aux hommes, Dieu les pourra bien arracher de leurs hauts
nids; quand ils seront constituez en tel degré qu'il semblera que fortune ne peut rien
contr'eux, ô Dieu monstrera qu'il n'est point question de ceste imagination qu'ont les
hommes de fortune, mais que sa main s'estend par tout" (108e sermon sur Job, CO 34,
p. 592).

109 Dans l'*Institution de la religion chrestienne,* Calvin se borne à faire allusion à ce texte
(cf. I/XVI/6) pour citer plutôt Exode 21/13.

110 CO 26, p. 230. Cf. dans le même sens le 112e sermon sur le Deutéronome, CO 27,
p. 541: "Que si un homme est frappé d'une congnée, que quelque branche d'un arbre
tombe sur sa teste et qu'il en meure, c'est Dieu qui l'a ainsi déterminé. Et l'Escriture
saincte ne veut point que nous attribuions à fortune ce qui est advenu, mais que nous
cognoissions que Dieu guide le tout".

111 On peut en dire autant à propos du 112e sermon sur le Deutéronome cité dans la note
précédente, où Calvin déclare: "L'Escriture saincte ne veut point que nous attribuions
à fortune ...."

112 Cf. *Der evangelische Glaube nach den Hauptschriften der Reformatoren,* tome 3,
p. 311.

113 Cf. Emile Doumergue, *Le caractère de Calvin,* Paris, 1921, p. 19.

114 Wernle écrit à propos de Calvin: "Bei jedem Unglücksfall erhebt sich sein Gemüt zu
Gott; dass es aus Gottes Hand kommt, das vermag wie nichts anderes geduldig und
ruhig zu stimmen. Prachtvolle Beispiele aus der Geschichte Josephs, Hiobs, Davids
(gegenüber Simei) illustrieren das Gesagte. Einmal spürt man zwischen den Zeilen, dass
Calvin sich selber predigt" (*Op.cit.,* p. 311).

115 Paraissant donner raison à Wernle, Calvin ajoute immédiatement en usant de la
première personne du pluriel: "Il est vray que nous n'y pensons pas de prime face,
mais tant y a que tous les murmures et toutes les répliques que nous faisons, tous les
mescontentemens que nous avons de ce que Dieu fait contre nos sens et nostre appétit,
ce sont autant de blasphèmes; car c'est la queue de toutes nos mauvaises pensées"
(CO 34, p. 256). En face de ce texte, il faut relever que si le Réformateur n'a pas été
exempt de la tentation de mettre en question la doctrine de la Providence, il l'a mieux
surmontée que ne le laisse entendre le théologien bâlois.

116 "Quiconque n'acquiesce à la providence de Dieu en toute humilité, confessant
universellement que tout ce qui procède de lui est bon et juste, celui-là entant qu'en lui
est veut arracher Dieu de son siège céleste, et le despouiller de sa majesté, et se veut
comme mettre en son lieu et en sa place" (82e sermon sur Job, CO 34, p. 256).

117 "Nous voyons des phantastiques lesquels quand ils parlent de la providence de Dieu, ce
n'est sinon pour s'entortiller en des spéculations qui sont si lourdes que c'est pitié et

n'en rapportent nulle édification. Ils diront assez: Dieu change, Dieu remue. Mais quoi? Ce n'est pas pour estre édifiez en sa crainte. Or il est ainsi que quand l'Escriture saincte nous traite de la providence de Dieu, elle veut que là nous cognoissions sa puissance. Et en quelle sorte la cognoistrons-nous et à quel propos? C'est pour adorer Celuy qui nous tient en sa main, et qui a tout empire et en la vie et en la mort" (48ᵉ sermon sur Job, CO 33, p. 602).

118 CO 28, p. 666.

119 *Ibid.*, p. 665.

120 "Quand . . . . Dieu nous bande les yeux, qu'il nous cache l'issue de ce qu'il veut faire, cela nous ennuye bien fort, mais c'est afin que nous apprenions tant mieux de nous reposer en sa providence quand nous serons confus en nos affaires et ne sçaurons point jusques à quand il nous veut laisser là. Quand donc nous serons environnez de beaucoup de troubles, et qu'il semblera mesmes que ce ne doyve jamais estre fait, mais que ce soit toujours à recommencer, que nous ne laissions pas de nous remettre du tout à luy et de souffrir qu'il use de son conseil, encores qu'il nous conduise comme povres aveugles" (35ᵉ sermon sur l'Harmonie des trois Evangélistes, CO 46, p. 437). "Apprenons tousjours de méditer la providence de Dieu en toute nostre vie, tellement que si nous avons quelque fascherie qui nous tormente et nous engendre sollicitude, apprenons, di-je, de nous reposer en Dieu, comme c'est son office de prouvoir à tout . . . . Quand les choses nous seront obscures et que Dieu mesmes nous amènera en telles perplexitez que nous ne verrons nulle issue, apprenons, di-je, de luy faire cest honneur qu'il soit sage pour nous, c'est-à-dire qu'il ait la conduite de nostre vie . . ." (3ᵉ sermon sur le sacrifice d'Abraham, CO 23, p. 781).

121 "Le diable machinera tout ce qu'il luy sera possible pour mettre tout en confusion. Les meschans aussi seront desbordez en telle rage qu'il semblera qu'ils doivent mesler ciel et terre, et que tout doive estre abysmé par eux. Après nous verrons aussi beaucoup d'autres choses qui pourroyent nous esblouir la veue tellement qu'il sembleroit que Dieu eust quitté le gouvernement du monde. Mais si faut-il tousjours prendre la conclusion qui est ici mise, c'est assavoir que Dieu besongne en la force de son bras. Et combien que nous n'ayons pas un regard visible de ce bras de Dieu, si nous le faut-il appréhender par foy, et que nous sachions, combien que les choses nous avienent et d'un costé et d'autre, toutesfois que Dieu a la conduite par dessus" (11ᵉ sermon sur l'Harmonie des trois Evangélistes, CO 46, p. 131).

122 "Dieu besongne envers les incrédules: il les tourne, il les vire de costé et d'autre. Nous ne voions pas à l'oeil qu'ainsi soit, mais tant y a qu'il nous faut là considérer une providence de Dieu" (1ᵉʳ sermon sur l'élection de Jacob et la réjection d'Esaü, CO 58, p. 25).

123 ". . . Dieu gouverne le monde par sa providence, maintient et conserve les bons, punit les mauvais" (78ᵉ sermon sur Job, CO 34, p. 204).

124 Cf. le 155ᵉ sermon sur le Deutéronome, CO 28, p. 374 cité dans la note suivante.

125 "Ils (= les meschants) machinent tout ce qu'ils peuvent, ils se despittent. Ont-ils fait tout cela? Si est-ce qu'encores monstrent-ils qu'ils luy sont sujets, qu'ils ne luy peuvent pas résister. Or qui en est cause? Si Dieu laissoit les incrédules en leurs appettits, il est certain que le monde ne dureroit point trois jours, que tout ne fust ruiné devant eux" (155ᵉ sermon sur le Deutéronome, CO 28, p. 374).

126 149ᵉ sermon sur Job, CO 35, p. 380—381.

127 "Si nous cognoissons que Dieu tiene la bride à Satan et à tous les siens, . . . alors nous pourrons recourir à lui hardiment" (63ᵉ sermon sur Job, CO 34, p. 15). "Il (= Dieu) ne permet pas que le monde soit du tout abysmé, mais . . . il y a encores quelque bride secrete, . . . il retient les meschans, . . . nous voyons que tout n'est pas en sang et en meurtres" (79ᵉ sermon sur Job, CO 34, p. 220). Dans le 155ᵉ sermon sur le Deutéronome, CO 28, p. 374, Calvin applique la métaphore que nous venons de relever à la situation religieuse du XVIᵉ siècle: Si les Réformés n'ont pas été anéantis, pense-t-il, c'est parce que les Papistes ont été tenus en bride par la Providence. "Il faut

... qu'il y ait quelque bride cachée qui les (= les incrédules) retienne, et qu'il ne permette point que ceste impétuosité-là se jette comme elle feroit. Et nous le voyons à l'oeil. A quoy tient-il que nous n'ayons esté engloutis cent mille fois depuis vingt et depuis trente ans? Il n'y a eu sinon la sauvegarde de Dieu, laquelle ne gist point en signes visibles; mais c'est que, quelque violence qu'il y ait aux meschans, tant y a qu'il les rctient là comme enserrez".

128 63ᵉ sermon sur Job, CO 34, p. 15. Sans employer l'expression de "lâcher la bride", le 81ᵉ sermon sur Job, CO 34, p. 241, exprime la même conception permissive: "Il nous est bien difficile à persuader, voyans les choses qui sont ici-bas, que Dieu les conduise comme bon lui semble, et que les hommes soient tellement sous sa main et conduite qu'il faille qu'ils viennent à conte devant lui ... Quand nous endurons quelque mal ou que nous voyons les choses n'estre pas bien réglées, que Dieu permet aux meschans de se desborder, ... nous doutons, nous entrons en de terribles imaginations. Et quoy? Et si Dieu avoit le soin du monde et que les choses fussent conduites par lui, et n'appercevroit-on pas autre conduite qu'on ne fait? "

129 "Nous voyons aujourd'huy que les guerres sont comme des jeux de barres, que celuy qui aura aujourd'huy gagné, perdra demain. Cela ne se fait point de cas d'aventure, mais nostre Seigneur lasche la bride à Satan, lequel irrite et pousse les meschans à ce qu'ils s'entretuent et qu'ils martellent sur les restes les uns des autres" (12ᵉ sermon sur le Deutéronome, CO 26, p. 18).

130 "Combien que nostre Seigneur permect que les guerres et les grandes mutations se facent, si est-ce que jamais Sathan ne faict la dixiesme partye de ce qu'il vouldroit, car nostre Seigneur ne luy donne pas une telle licence. Regardons ung peu comme nous en sommes avec les papistes et beaucoup d'autres ennemis. Ilz nous vouldroient avoir mangé le coeur, que nous voions que leur rage est si enflamée qu'ilz ne cessent de machiner tout ce qu'ilz peuvent pour nous ruyner et abismer du tout. Or qui les empesche qu'ilz ne viennent à bout de leurs entreprinses? Ce ne sont poinct noz forces par lesquelles nous leur puissions résister. Il fault bien donc que Dieu tienne une bride cachée" (17ᵉ sermon sur Esaïe 13—29, SC 2, p. 158).

131 "Quand il y a une licence donnée à la mer de s'eslever si haut et si puissamment, et toutes fois qu'elle ne se peut desborder, mais qu'elle est empeschée par ceste ordonnance de Dieu, voilà où nous pouvons appercevoir comme Dieu a disposé tout en bonne mesure et raison. Or ceci se peut estendre plus loin. Car quand nous voyons les guerres esmeuës, il semble que tout doive estre meslé haut et bas ... Il faut donc que nous ayons tousjours devant les yeux et en mémoire l'ordonnance de Dieu, selon laquelle il conduit et gouverne les troubles qui semblent tendre à une fin mauvaise" (149ᵉ sermon sur Job, CO 35, p. 377).

132 "Voilà un meschant qui ne demande qu'à mesler le ciel et la terre: toutesfois il est en la main de Dieu, et faudra, quand Satan l'aura bien tracassé de costé et d'autre, et qu'il aura semblé qu'il doyve faire mons et merveilles, que Dieu monstre qu'il l'a tenu en bride et sujettion, et qu'il luy a servi d'instrument ... Quoy que le diable pousse ainsi les meschans, toutesfois Dieu domine par dessus, voire d'une façon qui nous est incompréhensible: mais tant y a qu'il sçait user des meschans et les appliquer à son service" (15ᵉsermon sur II Timothée, CO 54, p. 180—181).

133 "Dieu se servira bien du diable, et cependant ce n'est pas qu'il ait rien de commun avec luy. Nous voyons comment le diable a esté ministre de Dieu pour affliger Job; car il ne peut rien attenter que par congé ... Notons que souvent Dieu se sçaura bien servir d'un homme qui fera mal et qui sera à condamner, et cependant il sera tousjours juste juge" (70ᵉ sermon sur II Samuel, SC 1, p. 612).

134 SC 1, p. 81—82. Cf. aussi le 187ᵉ sermon sur le Deutéronome, CO 29, p. 62: "Il (= saint Paul) dit qu'il (= Dieu) luy a envoyé un messager de Satan (sous-ent.: pour le guérir de tout orgueil spirituel). Voilà le diable qui est médecin. Et comment cela? Nous savons qu'il n'apporte avec soy que poison mortel. Il est vray. Mais Dieu s'est servi de ceste poison-là comme d'une médecine"; et le 2ᵉ sermon sur Esaïe 13—29,

SC 2, p. 12: "Tant en ce passage (= Esaïe 13/4—5) qu'en beaucoup d'autres, il nous est monstré que Dieu se sert des meschans et les emploie à son service, non pas qu'ilz luy rendent une obéissance voluntaire, mais il les poulse comme il veult". Cf. en outre le 8e sermon sur Esaïe 13—29, SC 2, p. 71, et le 53e sermon sur II Samuel, SC 1, p. 467.

135 186e sermon sur le Deutéronome, CO 29, p. 42. Cf. aussi le 48e sermon sur l'Harmonie des trois Evangélistes, CO 46, p. 596: "Il faut bien que Dieu vueille et qu'il ordonne que nous soyons assaillis de Satan".

136 "Quand Job a confessé que Dieu luy a ravi son bien, il a, quant et quant, bien entendu que les hommes voleurs estoyent comme les mains de Dieu et comme ses verges, qu'il conduisoit par sa providence. Il a sceu mesmes que le diable estoit instrument par lequel Dieu exécutoit sa sentence, pour esprouver sa patience; or il n'a pas laissé de dire: Dieu l'a fait. Et comment ont esté robez ses biens, ses maisons ruinées et tout ce qu'il avoit, mis en proye? Dieu l'a fait par la main des brigandz" (36e sermon sur II Samuel, SC 1, p. 318).

137 Cf. 8e sermon sur Job, CO 33, p. 104. Dans ce texte, nous retrouvons la même pensée que dans l'*Institution* (cf. II/IV/2) où, après avoir commenté Job 1/17, Calvin pose la question: "Comment pourrons-nous dire qu'une mesme oeuvre ait esté faite de Dieu, du diable et des hommes, que nous n'excusions le diable, entant qu'il semble conjoint avec Dieu, ou bien que nous ne disions Dieu estre autheur de mal? "

138 Le texte le plus caractéristique est ici celui du 40e sermon sur Job, CO 33, p. 503—504: "Il est dit que Dieu dispose toutes choses en ce monde. Et bien, est-il possible que quand il se meine des guerres, Dieu les suscite? Que Dieu conduise ceux qui sont agitez de passions enragées: comme nous voyons les princes qui sont pleins d'ambition, ou avarice, qui espandent le sang, qui pillent, qui ravissent, tellement qu'il y a une confusion infernale, et que ceux qui les vont servir là ne font nulle conscience ne scrupule de tuer, de violer, de piller? Voilà donc les hommes qui sont comme bestes sauvages, et pires encores. Et que Dieu use de tels instrumens? Et comment cela se peut-il faire? Après, nous voyons que l'Eglise mesme est tourmentée: voilà les persécutions qui se dressent. Et qui est ce qui les suscite? Après, nous voyons que la doctrine de l'Evangile sera comme ruinée par la tyrannie des meschans, que les mensonges règneront au lieu de la vérité. Et qui est-ce qui fait de tels troubles? C'est une juste vengeance de Dieu. Nous ne verrons point la raison pourquoy, nous ne verrons point comment et en quelle sorte il besongne, mais il faut que nous appercevions sa main par foy". Cf. aussi le 11e sermon sur Esaïe 13—29, SC 2, p. 94: "Il est nécessaire que Dieu nous advertisse que c'est luy qui faict tous les chastimens que nous voions au monde; s'il y a quelque guerre, quelque trouble, qu'il nous déclare qu'il punit les péchez des hommes. Car nous imputons tout à fortune et demourons stupides ... Il est donc besoing que nostre Seigneur nous face cognoistre que n'en advient sinon d'autant qu'il est ordonné par luy"; et le 36e sermon sur II Samuel, SC 1, p. 318: "Quand nous sommes affligez du costé des hommes, Dieu est par dessus, qui ordonne d'une façon secrette tout ce qu'ilz font, tellement qu'il doit estre approuvé juste en tous ses actes".

139 Il s'agit du 5e sermon sur la Pentecôte, CO 48, p. 662 que nous citerons encore dans la note 145. Calvin y déclare: "De ce que nous avons dit que les meschans n'exécuteront rien sinon ce que Dieu a ordonné, plusieurs pourroyent réplicquer: Comment? Si ainsi est, il faudroit dire que Dieu est cause du mal et que les meschans seroyent à excuser".

140 "Il y a des gens outrecuidez, lesquels veulent estre sages en assubjettissant et Dieu et toute sa parolle à leur fantasie. Ce sont des bestes, voire si lourdes que rien plus. Il n'y a ne savoir, ni esprit: mais, afin de se faire valoir, ils diront qu'ils ne trouvent pas bon que Dieu face ainsi tout, car il seroit auteur de péché" (8e sermon sur Job, CO 33, p. 105).

141 "Nous voyons ces crapaux qui sont pleins de venin, qui viendront desgorger leurs blasphèmes contre la providence de Dieu: Et si Dieu dispose de tout, et il est donc auteur de péché, le mal donc luy doit estre imputé" (124e sermon sur Job, CO 35, p. 69).

142 C'est dans la série de sermons sur le second livre de Samuel qu'apparaît le plus souvent la réponse de Calvin aux "fantastiques". Cf. le 36e sermon sur II Samuel, SC 1, p. 317–318: "Si ses jugemens (sous-ent.: ceux de Dieu) sont un abysme profond, que nous ne laissions pas d'estre rangez sous iceux, pour faire rabbaisser le caquet de ces fantastiques qui vueillent estre contrerolleurs de Dieu. Car quand on leur dit que rien ne se fait icy bas, que Dieu ne l'ordonne, et qu'il dispose le tout selon son bon vouloir, et quoy diront-ilz? Dieu fera le péché et en sera l'autheur"; et le 55e sermon sur II Samuel, SC 1, p. 477: "Or donc advisons de tellement faire nostre proffit de ceste doctrine que nous ensuyvions David, comme maintenant il nous est monstré qu'il a dit qu'il falloit qu'il se teust et se tinst coy, puis que Dieu l'avoit commandé. Et cecy sera pour nous tenir en bride, et aussi pour nous confermer contre les murmures qu'esmeuvent icy beaucoup de fantastiques; car ilz vueillent faire à croire à Dieu qu'il est autheur de péché quand il ordonne que nous soyons puniz par les mains des meschans ... Quand l'Escriture parle ainsi, les hommes avec leur audace et présomption se viendront ingérer et tirer Dieu en procès, comme s'il estoit autheur du mal".

143 54e sermon sur II Samuel, SC 1, p. 476.

144 Parlant de Job, Calvin déclare dans le 36e sermon sur II Samuel, SC 1, p. 318: "Comment ont esté robez ses biens, ses maisons ruinées et tout ce qu'il avoit, mis en proye? Dieu l'a fait par la main des brigandz. Et en cela dirons-nous que Dieu soit contaminé? Nenni".

145 Et Calvin d'ajouter, recourant aux notions de permission et d'utilisation que nous avons signalées: "Comme aussi nous voyons qu'il lasche la bride au diable, . . . le diable commet le mal et n'ha autre esgard qu'à mal faire, et cependant Dieu ne laisse pas de s'en servir à une autre fin toute diverse" (5e sermon sur la Pentecôte, CO 48, p. 662).

146 SC 1, p. 476.

147 15e sermon sur II Timothée, CO 54, p. 180.

148 CO 48, p. 662.

149 CO 49, p. 830.

150 SC 1, p. 318. Cf. aussi dans un sens légèrement différent le 56e sermon sur II Samuel, SC 1, p. 487: "Quand nous ne donnerons point à Dieu l'authorité qu'il mérite pour nous ranger sous sa parolle, c'est comme si nous ne l'acceptions plus pour nostre juge. Car nous le despouillons du droit de supériorité qu'il a par dessus nous, et il se venge quand il permet que les meschans se dressent contre nous et qu'ilz prononcent sentence de condamnation. Il ne daignera pas se mettre en avant, mais il nous fera condamner par ceux qui doivent estre rejettez de tout le monde."

151 "Puis qu'il (= Dieu) nous convie si doucement, c'est une grand' honte à nous qu'il faille qu'il nous attire par force à son service, et à grans coups de baston. Et est-ce une nature d'enfans de se faire ainsi matter, et qu'on ne vueille point venir à son père sinon par violence? " (145e sermon sur Job, CO 35, p. 336).

152 "Comment est-ce qu'il (= Dieu) leur lasche la bride (sous-ent.: aux méchants)? C'est que nous avons besoing d'estre corrigez, et il use de telz instrumens pour nous faire plus grand' honte. Il n'envoie point les anges du ciel pour nous punir par leurs mains, mais il veult que nous soyons puniz par les meschans, et là il nous monstre que d'autant que nous l'avons oublié, il fault qu'il nous baille des juges telz que nous méritons" (8e sermon sur Esaïe 13–29, SC 2, p. 71).

153 "Si nous sommes affligez du costé des hommes, cela n'advient point sans l'ordonnance de Dieu: ce sont chastimens par lesquels il nous appelle à cognoissance de nos fautes, et nous adjourne devant soy: voire non seulement pour nous faire nostre procès, mais afin que nous prévenions, et qu'un chacun de nous soit son juge en nous condamnant, et que par ce moyen nous obtenions grâce de luy .... Ainsi, combien que les hommes nous tourmentent, cognoissons que Dieu se sert d'eux comme d'instrumens, et qu'il nous faut recourir à luy" (184e sermon sur le Deutéronome, CO 29, p. 19 et 20).

154 CO 42, p. 169.

155 "Quand nous voyons des afflictions que Dieu envoye à ceux qui l'ont servi et qui ont cheminé en sa crainte et en pure conscience, cela est trouvé estrange et en somme confus. Et de fait, voilà qui nous vient en pensée que si Dieu gouverne le monde, c'est bien raison qu'il espargne les bons et ceux qui ont tasché de cheminer devant luy purement, et qu'il les traitte comme un père ses enfans. Or si nous les voyons estre affligez de sa main jusqu'au bout, il nous semble, ou que Dieu a le dos tourné et qu'il ne pense point à ces choses terrestres, ou bien qu'il ne luy chaut comme les hommes vivent, ne comme ils se gouvernent .... Nous savons par expérience combien il est difficile aux hommes de droitement juger des oeuvres de Dieu, voire selon que nous les voyons maintenant .... Nous sommes estonnez, nous sommes en perplexité, nous ne savons de quel costé nous tourner, comme on dit. Ainsi donc, quand nous jugerons des choses présentes selon nostre sens naturel, il faudra que nous soyons comme ravis" (66ᵉ sermon sur Job, CO 34, p. 52 et 53). "Quand nostre Seigneur envoye des troubles en ce monde, et que nous voyons l'iniquité qui se transporte comme sans bride, qui est comme un déluge qui s'espanche par tout, et que nous n'appercevons pas que Dieu y vueille résister, mais qu'il semble que toutes choses vont là comme à l'abandon, que les bons sont opprimez, et combien qu'ils souspirent et gémissent à Dieu, qu'il ne fait point de semblant de les secourir, quand, di-je, nous voyons tout cela, il nous faut avoir une raison plus haute que nostre sens naturel" (79ᵉ sermon sur Job, CO 34, p. 220).

156 "Qui est cause que les fantastiques s'esgarent ainsi, quand l'Escriture nous enseigne que Dieu gouverne tout et que rien ne nous advient, sinon qu'il soit déterminé ainsi en son conseil et par sa providence immuable, sinon qu'ilz vueillent que Dieu leur soit comme subjet? Et s'ilz ne peuvent comprendre pourquoy il fait cecy et comment il fait cela, incontinent se jettent hors des gondz, et leur témérité se déclare là, qu'ilz n'apperçoivent jamais Dieu, sinon d'autant qu'ilz treuvent en leur sens naturel qu'il est digne d'estre approuvé" (55ᵉ sermon sur II Samuel, SC 1, p. 479).

157 "Si nous enquérons maintenant: Et comment? Et pourquoy? et que nous vueillions qu'à chacun coup que Dieu besognera, il nous rende raison de ce qu'il fait et que nous entrions en dispute pour nous rebecquer contre luy, nous passons nos limites" (124ᵉ sermon sur Job, CO 35, p. 69).

158 "Quand les hommes veulent disputer des oeuvres de Dieu et de sa providence selon leur jugement propre, ils se trouveront à murmurer tous les coups. Et voilà comme ces langues venimeuses aujourd'huy se desbordent, qu'il y en ha qui n'ont nulle honte de blasphémer contre Dieu quand on parle de son conseil estroit et comme il dispose des choses de ce monde, voire d'une façon qui nous est incognue, et que nous ne comprendrons jusques à ce que nous soyons despouillez de nostre chair: ils se tempestent et s'aigrissent à l'encontre de Dieu. Et pourquoy? D'autant que cela surmonte leur capacité" (13ᵉ sermon sur le Deutéronome, CO 26, p. 35).

159 "Attendons que ce dernier jour soit venu, auquel nous ne cognoistrons plus en partie, ne comme en obscurité (ainsi que dit sainct Paul I Cor. 13/9 ss.), mais nous contemplerons face à face ce qui nous est maintenant monstré comme en un miroir. Ainsi donc voici un passage excellent pour nous monstrer comme Dieu conduit et gouverne tout le monde par sa providence" (8ᵉ sermon sur Job, CO 33, p. 105).

160 "Gardons-nous de nous enquérir d'avantage, n'appétons point d'estre plus sages que Dieu ne veut. Et comment cela? C'est que nous apprenions en son escole, et s'il se réserve des jugemens secrets à soy, que nous ignorions ce qu'il nous veut estre incognu jusques à ce qu'il nous ait retirez de ce monde. Exemple. Il nous sera dit que Dieu gouverne tout par sa providence ... Voilà donc Dieu qui dispose de toutes ses créatures, il tient tout en sa main, et rien n'adviendra en ce monde de cas d'aventure, mais c'est selon sa volonté. Voilà une doctrine qui nous est donnée en l'Escriture saincte, et il nous la faut recevoir sans contredit" (124ᵉ sermon sur Job, CO 35, p. 69). Cf. aussi le 8ᵉ sermon sur Job, CO 33, p. 105: "C'est .... l'office de Dieu de nous donner à cognoistre ce qu'il fait, et comment, et pourquoy; et cependant nous avons à nous contenter de ce que l'Escriture prononce".

161 "Il (sous-ent.: Dieu dans sa Providence) nous gouverne, voire, et en telle sorte que ce qui advient mesmes aux incrédules est pour nostre profit; il est vray que nous ne connoistrons point cela sinon par foy" (32e sermon sur Daniel, CO 41, p. 673).

162 "Il ne faut point que nous soyons troublez, comme si tout se gouvernoit par fortune, qu'il n'y eust que confusion ici-bas. Nenni: mais il faut que nous ayons nos esprits recueillis jusques à tant que nostre Seigneur se monstre, lequel est comme caché, cependant que les choses sont confuses et qu'elles ne sont pas ordonnées comme nous pourrions bien désirer. Voilà donc Dieu qui ne monstre pas tousjours sa face, mais cependant si faut-il que nous voyons plus clair que de nostre sens naturel. Comme quand le temps est troublé, nous ne verrons point le soleil; mais nous ne sommes pas si despourveus de sens, que nous ne sachions bien que le soleil luit tousjours par dessus les nues. Si on demandoit à un petit enfant: Où est le soleil? Il n'y en a plus, diroit-il, car il n'est pas instruit jusques là de savoir que la clarté que nous avons vient du soleil, quelque empeschement qu'il y ait entre deux. Or nous qui avons par usage cela tout résolu que le soleil fait son circuit ordinaire quand il est levé, encores qu'il y ait des nues qui nous empeschent de le voir, nous ne laissons pas de dire: Le soleil luit, mais le temps n'est pas clair ne serain que nous appercevions ce qui est caché" (79e sermon sur Job, CO 34, p. 220).

163 "Que seroit-ce si les meschans et le diable mesme, qui est leur père, pouvoient quelque chose de eux-mesmes sans le congé et permission de Dieu? Quelle seroit nostre condition? Voicy que nous sommes environnez de tant de brigandz et de sortes de gens qui ne demandent qu'à nous dévorer. Or 'le diable est un lyon rugissant, qui ne fait que tracasser çà et là, pour cercher proye'; et ne nous auroit-il point bien tost englouttiz? Si donc le diable n'estoit tenu en bride, et que tous les meschans ne fussent gouvernez par le conseil et vertu secrète de Dieu et incompréhensible, et où en serions-nous? Ainsi donc cognoissons que, quand les meschans ont la vogue par dessus nous et qu'ilz nous molestent, combien qu'ilz le facent injustement, toutesfois Dieu est par dessus, et nous faut revenir là, et jamais nous ne saurons faire nostre proffit, dès que nous endurons, si nous n'avons ce principe, c'est asçavoir, quand les meschans suyvent leurs cupiditez desbordées, que Dieu les conduit, quoy qu'il en soit" (36e sermon sur II Samuel, SC 1, p. 318–319).

164 "Quelle seroit nostre fiance si le diable nous venoit molester, et que Dieu n'y pensast point? Que ferions-nous? Quelle perplexité y auroit-il sans remède? Or nous ne pourrions pas invoquer Dieu en pleine fermeté et en telle résolution que nous sceussions que nous sommes exaucez de luy, et secourus pas conséquent. Mais quand il est dit que le diable ne peut rien attenter que Dieu ne luy permette, et que mesmes il ne nous vueille exercer, ... quand donc nous sçavons que Dieu nous a disposez à cela, et qu'il gouverne le tout, et que le diable ne pourroit avoir nulle approche, sinon qu'elle luy fust donnée, parce que Dieu l'a ainsi voulu, quand, di-je, nous sçavons cela, alors nous pouvons parvenir jusques à nostre Dieu pour dire: Hélas, Seigneur, tu sçais comme nous sommes assaillis, et tu cognois beaucoup mieux qui nous sommes que nous-mesmes: cependant tu vois aussi nostre foiblesse, et que nous serions vaincus du premier coup, qu'il ne faudroit qu'un petit souffle pour nous avoir abatus, et le serions tous les jours cent fois, sinon que nous fussions sousteus par ta vertu. Ainsi Seigneur, qu'il te plaise maintenant nous fortifier" (48e sermon sur l'Harmonie des trois Evangélistes, CO 46, p. 596).

165 En affirmant cela, Calvin ne minimise pas le problème du mal. Il ajoute aussitôt, en effet: "Il est vray que le diable, entant qu'en luy est, se monstrera tousjours ennemi mortel de la gloire de Dieu, et taschera de la mettre sous le pied. Mais a-il tout fait? Dieu convertit le mal en bien. Ainsi en est-il de tous les meschans qui machinent et prattiquent pour mettre tout en confusion" (15e sermon sur II Timothée, CO 54, p. 180).

CONCLUSION

Au terme de cette étude, il peut être utile, non de récapituler les conclusions partielles auxquelles nous sommes parvenu dans nos différents chapitres, mais de dégager les traits les plus caractéristiques de la prédication de Calvin sur Dieu, la création et la Providence.

Un des traits les plus frappants de cette prédication consiste dans l'importance qu'elle accorde à la théologie du premier article du *credo*. Le lecteur de l'*Institution de la religion chrestienne,* et, plus particulièrement, du livre premier de cet ouvrage, devait penser, certes, que le prédicateur de Genève n'avait pas manqué d'enseigner à ses auditeurs comment "cognoistre Dieu en tiltre et qualité de Créateur et souverain Gouverneur du monde"[1]. Il ne pouvait s'imaginer, pourtant, avant que nous en rassemblions les éléments, l'ampleur du discours calvinien sur Dieu, la création et la Providence. Sur chacun de ces thèmes, les sermons fournissent d'abondantes données, et, à l'occasion, ils se révèlent même plus riches que l'*Institution.* On peut s'étonner ainsi des nombreux développements de l'oeuvre homilétique sur les attributs de Dieu, la cosmologie, l'angélologie, l'anthropologie et la Providence. Ils montrent que la prédication, ouverte à tous les aspects du message biblique, ne se réduit pas à la seule méditation de la christologie. Ils révèlent du même coup que, contrairement à ce qu'ont pensé de nombreux théologiens[2], il n'y a pas de doctrine fondamentale dans la pensée de Calvin, mais que, pour lui, tout ce qui est scripturaire est essentiel.

Corollaire de la première, la seconde caractéristique de la prédication réside dans son refus de soumettre systématiquement et immédiatement l'Ecriture à une interprétation christologique. Au contraire de Luther qui est attaché au principe en vertu duquel le Christ est *dominus Scripturae,* Calvin ne cherche pas toujours à voir en Jésus le *scopus* du texte qu'il étudie. Ainsi, dans les sermons sur la création, on a pu constater combien était rare la théologie du *logos,* et, plus rare encore, l'affirmation selon laquelle le monde a été créé en Jésus-Christ[3]. Cette réserve qui dément la lecture des calvinologues formés à l'école de Karl Barth n'est pas le fruit d'une certaine indifférence envers la personne du Fils de Dieu, mais bien, croyons-nous, la conséquence d'une exégèse attentive, à la suite de l'humanisme, à ce que le Réformateur nomme le "sens propre"[4], le "simple sens"[5], le "vrai sens naturel"[6], et, le plus fréquemment, le "sens naturel"[7], c'est-à-dire le sens littéral du texte biblique. Ce n'est que lorsque ce sens a été dégagé que Calvin tente — l'essai n'est jamais régulier, mais toujours occasionnel — d'harmoniser son exégèse avec sa dogmatique, qui, bien évidemment, accorde une importance capitale à la personne et à l'oeuvre du Christ.

Le troisième trait de la prédication calvinienne sur Dieu, la création et la Providence est son invariance théologique, c'est-à-dire le fait qu'en dépit des circonstances diverses où elle a été prononcée, elle ne révèle aucune évolution doctrinale. Cette fixité qu'illustre bien la méthode à laquelle nous nous sommes efforcé de nous soumettre (et qui consistait à citer nos sources dans l'ordre chronologique) s'explique par le fait que, mis à part les deux sermons de 1545 sur les Psaumes 115/1–3 et 124, les quelque 1200 homélies que nous avons utilisées ont été prêchées entre 1549 et 1563. Or, en 1549, Calvin qui était âgé de quarante ans, était un auteur qui avait eu tout le loisir de s'exprimer dans trois éditions (celles de 1536, de 1539/1541 et de 1543/1545) de l'*Institution de la religion chrestienne*. Sa pensée était constituée depuis longtemps. Elle n'a pas varié quant au fond jusqu'au moment où, épuisé par la maladie, il a dû, quelques mois avant sa mort, renoncer à monter dans la chaire de Saint-Pierre.

Si la prédication se caractérise par son invariance, elle n'est pas pour autant — c'est là son quatrième trait — d'une totale homogénéité doctrinale. Elle n'offre pas, à notre avis, pas plus sans doute que le reste de l'oeuvre calvinienne, une synthèse dogmatique parfaitement achevée[8]. Malgré son génie, Calvin n'a pas réussi à intégrer dans une construction sans faille toutes les données bibliques. Ainsi, par exemple, il paraît difficile de découvrir une véritable unité de pensée dans les sermons qui parlent de la "semence de religion"[9]. De même encore, et cela se verra plus nettement dans notre prochain volume, il semble impossible à un lecteur débarrassé d'*a priori* dogmatique de coordonner en un tout harmonieux les passages de la prédication relatifs à l'*imago Dei* en l'homme[10]. Mais, chez un penseur aussi lucide que Calvin, d'où peuvent provenir ces incohérences? Du fait sans doute qu'il est difficile, voire impossible, de construire une dogmatique en utilisant tous les matériaux bibliques. Du fait aussi, peut-être, que dans la personne du Réformateur, l'humaniste n'a jamais cessé de vivre.

La cinquième caractéristique de l'oeuvre homilétique consiste dans son biblicisme strict, et même, serions-nous tenté d'écrire, dans son radicalisme biblique. A cet égard, il y a, en plus d'un endroit, une nette différence de ton entre l'*Institution de la religion chrestienne* et les sermons. C'est par fidélité au principe de la *sola Scriptura* que ceux-ci n'accordent aucun intérêt, sinon pour les ridiculiser une fois[11], aux conciles auxquels Calvin consacre, dans le quatrième livre de sa somme théologique, tout un chapitre destiné à montrer les fondements et les limites de leur autorité[12]. C'est encore en raison de sa soumission à la Bible que le prédicateur de Genève fait si peu de cas, dans son oeuvre homilétique[13], des Pères de l'Eglise, qui, certains d'entre eux du moins, ont droit à son estime de dogmaticien. C'est enfin à cause de son obéissance aux données scripturaires, à cause de sa volonté de ne pas faire dire au texte plus qu'il ne dit, que le Réformateur, désireux pourtant d'affirmer son orthodoxie à la suite de l'affaire Caroli, est resté, dans ses sermons, muet, ou presque, sur la doctrine de la Trinité[14], qui, dans l'*Institution,* est exposée avec toute la précision désirable[15].

Après le biblicisme conséquent, le sixième trait de la prédication réside dans le fait que, plus encore que l'*Institution de la religion chrestienne*, elle nous paraît exempte de rationalisme. Alors que, dans sa dogmatique, Calvin s'efforce de montrer au cours de tout un chapitre[16] "qu'il y a des proeuves assez certaines, entant que la raison humaine le porte, pour rendre l'Escriture indubitable", il ne fait jamais appel dans ses sermons aux "aides et moyens seconds" capables de confirmer l'autorité de la révélation biblique; bien plus: il rejette expressément ces "aides secondaires" pour se contenter de la seule garantie du Saint-Esprit[17]. Dans le même sens, on peut noter qu'au contraire de l'*Institution* qui s'intéresse aux "indices" d'immortalité que seraient, entre autres, la conscience morale et le sommeil peuplé de songes et de présages[18], la prédication ne cherche jamais à attester la croyance à l'immortalité de l'âme autrement que par le rappel de la toute-puissance de Dieu[19].

Le biblicisme strict et le rejet d'une argumentation rationnelle (au profit d'une démarche qui est exclusivement celle de l'adhésion par la foi) ne constituent pas les seuls points de dissemblance existant entre l'*Institution de la religion chrestienne* et la prédication. Sur toute une série de questions, celle-ci complète ou modifie celle-là, en sorte que — c'est la septième caractéristique de l'oeuvre homilétique — elle est dotée d'une originalité doctrinale qu'il est difficile de nier. Elle complète l'*Institution* non seulement par la réflexion sur les attributs divins que nous avons déjà mentionnée, mais encore par son enseignement sur la double sagesse[20] et sur la double justice[21], par ses considérations sur la puissance absolue de Dieu[22], par ses critiques envers les partisans de Copernic[23], par ses indications sur la manière dont l'âme est créée par Dieu en l'homme[24], par ses précisions, enfin, sur la croyance aux démons dans la Genève du XVIe siècle[25]. Si les sermons abordent ainsi des thèmes inconnus de l'*Institution,* ils se distinguent encore de celle-ci par une série de modifications, et, plus exactement, d'omissions caractéristiques. Ainsi, Calvin prédicateur n'emploie jamais l'expression de "sentiment de divinité"[26], il escamote presque entièrement l'idée que Dieu se révèle dans l'histoire de l'humanité[27], il n'utilise pour ainsi dire pas les termes de "greffier", de "secrétaire", de "scribe" et de "notaire" pour désigner les auteurs bibliques[28], il ne recourt nulle part à la notion de témoignage intérieur du Saint-Esprit[29], il ne regarde jamais le libre arbitre comme une faculté de l'homme prélapsaire[30], il ne montre aucun intérêt pour la volonté considérée comme un des éléments constitutifs de l'âme[31], et, par réaction contre le platonisme sans doute, il ne tient jamais le corps pour la "prison de l'âme"[32]. Ces omissions qui ne paraissent pas fortuites — elles sont constatables dans toute la documentation dont nous avons disposé — contribuent à donner à l'oeuvre homilétique, dans maints domaines, une coloration doctrinale propre.

Le huitième et dernier trait distinctif de la prédication consiste dans un certain accent polémique. S'il lui arrive de critiquer les Musulmans (qui, prétendant adorer le Créateur, rendent leur culte à une idole, et qui, voyant en lui une révélation plus parfaite, préfèrent le Coran à l'Evangile)[33], les Nicodémites (qui oublient que l'homme doit glorifier Dieu non seulement dans son âme, mais aussi dans son corps)[34] ou les "fantastiques" (qui, sous prétexte d'obéir aux inspirations de Dieu, méprisent la révélation biblique)[35], c'est évidemment contre les "papistes" qu'elle dirige la plupart de ses attaques. Elle leur reproche ainsi de vouloir remonter à Dieu à partir de la révélation générale[36]; de spéculer sur l'essence de Dieu dans leurs écoles de théologie[37]; de prêter à Dieu une puissance absolue[38]; de considérer la Bible comme un document qui non seulement serait inaccessible aux simples fidèles[39], mais qui, dépourvu de toute *perspicuitas,* serait susceptible de multiples interprétations[40]; de méconnaître le fait que Dieu parle dans l'Ecriture[41]; de fonder sur l'Eglise l'autorité de l'Ancien et du Nouveau Testament[42]; d'être des illuminés[43] et des novateurs[44] en faisant crédit à la tradition; de considérer les anges comme des médiateurs possibles entre Dieu et les hommes[45]; de priver enfin les fidèles de la certitude du salut[46]. Ces diverses critiques ne sont pas absentes de *l'Institution de la religion chrestienne;* cela n'est pas étonnant si l'on se souvient du but apologétique de cet ouvrage[47]. En revanche, il est quelque peu surprenant qu'en présence d'un auditoire décidé, depuis 1536, à "vivre selon l'Evangile et la Parole de Dieu"[48], Calvin se soit livré à ces attaques. Pour agir ainsi, il fallait que, bien des années après l'introduction de la Réforme à Genève, il éprouvât encore le besoin de mettre en garde ses paroissiens contre les erreurs de l'Eglise romaine. Il fallait aussi sans doute qu'au-delà de son auditoire, il s'adressât à ceux de ses compatriotes, qui, restés en France, étaient en quête de la vraie foi[49].

Telle que nous venons de la caractériser, la prédication de Calvin sur Dieu, la création et la Providence nous paraît mériter mieux que l'oubli où l'ont laissée jusqu'ici les théologiens. Elle est, croyons-nous, digne de l'auteur de *l'Institution de la religion chrestienne.* Mieux encore: elle est indispensable à qui veut connaître la pensée du Réformateur dont la seule ambition fut d'être un "expositeur fidèle de l'Ecriture sainte"[50].

1   Appartenant à l'intitulé du livre premier de l'*Institution* de 1560 (l'édition de 1559 se borne à l'expression: *De cognitione Dei creatoris*), ces mots auraient pu nous inspirer le titre latin que nous étions tenté de donner à cette étude: *Creator et rector mundi*. L'expression de *mundi rector* qui aurait traduit l'intitulé français du livre premier de l'*Institution,* apparaît, indirectement, dans le titre latin du chapitre 16 de ce livre (où l'office de la Providence consiste à *mundum regere*) et, directement, en I/16/4.

2   Certains d'entre eux, Alexander Schweizer (cf. *Die Glaubenslehre der evangelisch-reformierten Kirche,* tome 1, Zürich, 1844, p. 51, et *Die protestantischen Central-dogmen in ihrer Entwicklung innerhalb der reformierten Kirche,* tome 1, Zürich, 1854, p. 445) et Ferdinand Christian Baur (cf. *Über Prinzip und Charakter des Lehrbegriffs der reformierten Kirche,* in: *Theologischer Jahresbericht,* 1847, p. 334 ss.) considèrent la prédestination comme la doctrine autour de laquelle s'organise la pensée de Calvin. D'autres encore, tel Martin Schulze (cf. *Meditatio futurae vitae. Ihr Begriff und ihre herrschende Stellung im System Calvins,* Leipzig, 1901) font de l'eschatologie le centre de gravité de la dogmatique calvinienne. D'autres enfin, influencés par Karl Barth, Wilhelm Niesel par exemple (cf. *Die Theologie Calvins,* Munich, 2e éd. 1957, p. 245), regardent la christologie comme le noyau du système de Calvin.

3   Cf. *supra,* p. 180.

4   Cf. les 142e et 149e sermon sur Job, CO 35, p. 294, et 381, et, surtout, le 71e sermon sur le Deutéronome, CO 27, p. 44.

5   Cf. le 22e et le 159e sermon sur Job, CO 33, p. 272, et CO 35, p. 507.

6   Cf. le 56e sermon sur Job, CO 33, p. 700; le 147e sermon sur le Deutéronome, CO 28, p. 275; et le 39e sermon sur les Galates, CO 51, p. 80.

7   Innombrables sont les textes où Calvin emploie cette expression. Cf. parmi les sermons sur le livre de Job où elle apparaît le plus souvent: les 10e, 14e, 22e, 29e, 36e, 60e et 61e, CO 33, pp. 129, 180, 273, 359 et 366, 443 et 448, 745 et 756; les 66e, 76e, 81e, 82e, 86e, 107e, 109e et 117e, CO 34, pp. 51, 182, 246, 261, 313, 575, 597 et 707; les 121e, 124e, 129e, 134e, 138e, 141e et 156e, CO 35, pp. 29, 67, 130, 200, 246, 249, 283 et 466. Parmi les sermons sur le Deutéronome où, après ceux qui portent sur le livre de Job, l'expression de "sens naturel" est la plus fréquente, cf. le 53e, CO 26, p. 529 et 530; le 119e, CO 27, p. 635; les 148e et 167e, CO 28, pp. 285 et 527; les 192e et 198e, CO 29, pp. 126 et 204. En dehors des sermons sur Job et sur le Deutéronome, cf. le 31e sermon sur I Timothée, CO 53, p. 375; le 29e sermon sur les Galates, CO 50, p. 636; le 30e sermon sur les Ephésiens, CO 51, p. 627; et le 35e sermon sur II Samuel, SC 1, p. 307.

8   C'est, croyons-nous, l'erreur des calvinologues inféodés à Karl Barth, et plus particulièrement l'erreur de Wilhelm Niesel et de Thomas F. Torrance, que d'avoir attribué à la pensée du Réformateur une cohérence sans défaut. François Wendel a eu l'immense mérite de réagir contre cette attitude. Il écrit à propos de Calvin: "Son système dogmatique ne saurait se comparer, quant à la rigueur de la pensée, à l'oeuvre d'un Spinoza, ni même d'un Aristote ou d'un Thomas d'Aquin. Il ne pouvait du reste en être autrement, dès lors qu'il a voulu se fonder avant tout sur l'Ecriture" (*Calvin: Sources et évolution de sa pensée religieuse,* p. 273).

9   Cf. *supra,* p. 24.

10   Cf. *supra,* p. 201—204.

11   Cf. *supra,* p. 158.

12   Cf. le chapitre 9: "Des conciles et de leur authorité".

13   Cf. *supra,* p. 157.

14   Cf. *supra,* p. 160—163.

15   Cf. le chapitre 13 du livre 1er: "Qu'en l'Escriture nous sommes enseignez dès la création du monde, qu'en une essence de Dieu sont contenues trois personnes".

16   Cf. le chapitre 8 du livre 1er.

17 Cf. *supra*, p. 71.

18 Cf. *Institution* I/15/2: "Certes la conscience, laquelle en discernant entre le bien et le mal respond au jugement de Dieu, est un indice infallible que l'esprit est immortel . . . Mesmes le dormir, qui semble en abrutissant les hommes les despouiller de leur vie, est un vray tesmoin de leur immortalité. Car non seulement il leur suggère des pensées et appréhensions de ce qui jamais n'a esté fait, mais aussi leur donne advertissement des choses à venir, lesquels on appelle présages".

19 Cf. *supra*, p. 207.

20 Cf. *supra*, p. 108—109.

21 Cf. *supra*, p. 118—120.

22 Cf. *supra*, p. 113—116.

23 Cf. *supra*, p. 55 et 188.

24 Cf. *supra*, p. 208—209.

25 Cf. *supra*, p. 198.

26 Cf. *supra*, p. 23—24.

27 Cf. *supra*, p. 30—31.

28 Cf. *supra*, p. 64.

29 Cf. *supra*, p. 66.

30 Cf. *supra*, p. 205—206.

31 Cf. *supra*, p. 208.

32 Cf. *supra*, p. 206.

33 Cf. *supra*, p. 27 et 155.

34 Cf. *supra*, p. 206.

35 Cf. *supra*, p. 70.

36 Cf. *supra*, p. 27.

37 Cf. *supra*, p. 22—23.

38 Cf. *supra*, p. 115—116.

39 Cf. *supra*, p. 57—58.

40 Cf. *supra*, p. 58—59.

41 Cf. *supra*, p. 63 et 151.

42 Cf. *supra*, p. 69.

43 Cf. *supra*, p. 153.

44 Cf. *supra*, p. 156.

45 Cf. *supra*, p. 194—195.

46 Cf. *supra*, p. 69—70.

47 Cf. Danièle Fischer, *La polémique antiromaine dans l'Institution de la religion chrestienne de Jean Calvin* (thèse de doctorat ès sciences religieuses dactylographiée), Strasbourg, 1974.

48 Ces termes sont, comme on sait, tirés de la résolution du peuple genevois réuni en Conseil général, le 21 mai 1536.

49 La prédication de Calvin mise au net par Raguenier (cf. Introduction, n. 27) était largement diffusée en France. Dans sa lettre à l'Eglise de Poitiers du 20 février 1555, le Réformateur parle des "copies" de ses sermons qui "vollent par tout le monde" (CO 15, p. 446).

50 Résumant sa carrière dans son testament, le 25 avril 1564, Calvin déclarait: "Je proteste . . . que j'ay tasché, selon la mesure de grâce qu'il (sous-ent.: le Rédempteur) m'avoit donnée, d'enseigner purement sa parole, tant en sermons que par escrit, et d'exposer fidèlement l'Escriture saincte" (CO 20, p. 299, et Jules Bonnet, *Lettres de Jean Calvin*, tome 2, Paris, 1854, p. 564).

APPENDICE

Les travaux sur la prédication de Calvin

Nous avons relevé dans notre introduction que la prédication du Réformateur avait fait l'objet d'un certain nombre de travaux. Il n'est peut-être pas inutile d'en dresser ici l'inventaire et d'en dégager les traits principaux.

1. Les articles[1]

Ariste Viguié est le premier auteur à mentionner ici. Après s'être attaché à la prédication protestante au XVIe siècle[2] dans une conférence qui doit beaucoup à André Sayous[3], il a examiné avec sympathie *Les sermons de Calvin sur le livre de Job*[4]. Le résultat de son étude est double. En premier lieu, les homélies qui ont retenu son attention lui paraissent avoir le caractère pratique, populaire, incisif et actuel qu'il s'était plu à considérer comme un des traits distinctifs de la chaire réformée. En second lieu, ces mêmes homélies lui semblent marquées par leur proclamation de la souveraineté absolue de Dieu et leur annonce d'une prédestination "vivante et optimiste", conçue comme un fruit de la conscience individuelle.

Publié peu après ceux de Viguié, l'article d'Alfred Krauss, *Calvin als Prediger*[5], constitue, en dépit de sa brièveté, une bonne introduction aux sermons du Réformateur. Dans le domaine qui nous intéresse, il relève que, en accord avec les principes formulés par Hyperius dans son *De formandis concionibus sacris* (1553), la prédication de Calvin consiste en une exégèse populaire de l'Ecriture, considérée comme le plus précieux des moyens de grâce. Il note aussi que la prédestination n'apparaît dans les sermons que lorsque le texte l'appelle expressément. Corroborant ce que nous affirmions dans notre introduction, il souligne enfin que l'auteur de l'*Institution chrestienne* gagne à être connu à travers son oeuvre homilétique[6].

Utilisant l'étude de Krauss de manière très libre, Paul Lobstein en a développé certains aspects dans une suite d'articles publiés sous le titre: *Calvin considéré comme prédicateur*[7]. Attentif au caractère théologique des sermons, il relève à juste titre la fécondité d'invention dont ils témoignent et il présente avec pertinence les mobiles religieux qui les animent jusque dans leurs développements polémiques. Sa perspicacité n'est cependant pas toujours sans défaut. Il estime ainsi, de manière contestable, à notre avis, que, dans sa prédication, Calvin aurait manqué du sens historique dont il fait preuve dans ses commentaires et serait tombé dans la théopneustie condamnée par l'*Institution*. Mais Lobstein n'en est pas resté là. Un quart de siècle après cette première approche, il est revenu sur le sujet, à l'occasion du jubilé calvinien de 1909, dans un article intitulé *Zu Calvins Predigten über das Buch Hiob*[8]. Mieux que Viguié qui avait déjà examiné ces sermons, il y souligne leur sûreté exégétique, leur virtuosité oratoire, leur sens pédagogique et leur étonnante actualité, car, pense-t-il, malgré leur ton dogmatique, ils sont l'expression d'une "religion vivante" aux antipodes d'un "doctrinarisme étroit" (cf. p. 369—370).

Après Lobstein, Emile Doumergue a tenu, lui aussi, à célébrer le 400e anniversaire de la naissance du Réformateur en apportant sa contribution à l'étude des sermons. Dans sa conférence intitulée *Calvin, le prédicateur de Genève*[9], il relève la "familiarité" et l'"autorité", de même que l'"anti-ascétisme" et l'"anti-intellectualisme" des homélies calviniennes. Avec le lyrisme qui le caractérise, le doyen de la Faculté de théologie de Montauban montre ainsi que Calvin n'est pas un puritain morose, mais un homme tourné vers "la vie naturelle, pleine, active et féconde, la vie moderne" (p. 22), qui, refusant la "spéculation inutile" au profit d'une "doctrine de pratique", annonce "l'expérience dont parlent tant les théologiens modernes" (p. 27).

Les articles de John C. Bowman[10] et d'Adam Mitchell Hunter[11], intitulés tous les deux *Calvin as a Preacher*, n'apportent rien à la connaissance de notre sujet. Il n'en va pas de même de l'étude *Calvins Auffassung von der Predigt*[12]. Erwin Mülhaupt y esquisse en traits sûrs les grandes lignes de l'homilétique calvinienne. Il montre tout d'abord que le Réformateur, animé du désir d'être l'interprète fidèle de l'Ecriture, unit dans ses sermons explication biblique et application pratique, en manifestant dans ce dernier domaine une connaissance étonnante des besoins de ses auditeurs et des problèmes de son temps. Mülhaupt examine ensuite les fondements théologiques de l'*ars praedicandi* de Calvin. Ce sont à ses yeux: la certitude de l'unité profonde existant entre l'Ancien et le Nouveau Testament, aux dépens de la distinction luthérienne de la loi et de l'Evangile; la conception selon laquelle Dieu parle et interpelle les hommes dans la Bible; la vision d'une espèce d'identité entre le ministre de la Parole et son Maître; et, enfin, la théorie de la "double voix" du prédicateur qui, à l'instar du berger, parle avec douceur aux brebis, avec violence aux loups ravisseurs.

Si *Calvinism and Preaching*[13], de Georges Johnson, est de qualité médiocre, les articles publiés à l'occasion du jubilé de 1936 (400e anniversaire de la parution de l'*Institution chrestienne*), sans être originaux, constituent de bonnes mises au point. Ainsi l'étude d'Albert-Marie Schmidt, *Calvin prédicateur*[14], se présente comme une solide introduction à l'art oratoire du Réformateur, et la préface de Jean de Saussure aux Sermons sur la nativité, la passion, la résurrection et le dernier avènement de notre Seigneur Jésus-Christ[15] comme un exposé perspicace des fondements doctrinaux de la prédication calvinienne. L'article de S. Csikesz, *Kálvin pásztori igehirdetése módszerének a gföbb elemei*[16], qui n'apporte rien de neuf par rapport aux précédents, a toutefois sur eux l'avantage d'opérer la synthèse entre les problèmes homilétiques et les questions dogmatiques que posent les sermons. Il relève que la prédication de Calvin a pour fondement la conception d'un Dieu vivant à l'oeuvre dans les personnes du Père, du Fils et du Saint-Esprit; pour mobile, la volonté de rendre gloire à Dieu seul; pour condition, la soumission constante du

Verbi divini minister à la Parole de l'Ancien et du Nouveau Testament; pour but, enfin, la transformation radicale des membres de la communauté chrétienne. Définie de la sorte, la prédication de Calvin serait la pierre de touche de son activité réformatrice. Aux yeux de Csikesz, le Réformateur n'a été nulle part plus grand que dans son oeuvre homilétique.

Dans ses *Beobachtungen über die Beziehungen von Theologie, Predigt und Persönlichkeit Calvins in seinen Predigten*[17] publiées au lendemain du jubilé de 1936, Erwin Mülhaupt fait preuve des mêmes qualités et, à notre sens, des mêmes défauts que dans l'ouvrage *Die Predigt Calvins* dont nous parlerons plus loin. A une bonne connaissance des sermons, il allie une interprétation discutable de leur contenu théologique. C'est ainsi que, dans l'intention de le rabaisser, il ne cesse de juger le Réformateur français selon les normes de la doctrine luthérienne. C'est ainsi encore que, tributaire de Hermann Weber[18], il cherche à interpréter la pensée de Calvin en fonction de sa psychologie, une psychologie dont le caractère primitif serait le trait le plus marquant. A l'aide de ces deux clefs, Mülhaupt découvre trois *loci* où le prédicateur de Genève aurait simplifié, par rapport à Luther, le message de la Bible. Ce seraient ceux de la prédestination (où la volonté du Dieu caché n'apparaît pas différente de celle du Dieu révélé), de la cène (où la spéculation sur le mode de présence cède le pas à la certitude de la présence du Christ) et de l'Ecriture (où est mise en évidence l'unité, dans leur complémentarité, de l'Ancien et du Nouveau Testament). Tout, cependant, n'est pas contestable dans l'article de Mülhaupt. Il prétend, par exemple, que Calvin ne s'est jamais totalement affranchi du joug de l'humanisme. L'emploi des termes de "nature" et d' "humanité", et la manière dont les auteurs de l'antiquité païenne sont cités jusque dans les sermons, doivent nous inciter à nous demander, en effet, si, après sa conversion, Calvin n'a pas conservé, en les intégrant à sa théologie, certaines conceptions de sa jeunesse.

Alors que l'étude d'Emile Caldesaigues, *Calvin prédicateur*[19], se borne à démarquer, non sans inexactitude du reste, les travaux de Cruvellier, de Doumergue, de Pasquet et de Sayous, l'article de Willem Frederick Dankbaar, *Hoe preekte Calvijn*[20], repose, tout en s'inspirant des ouvrages de Biesterveld et de Mülhaupt, sur une solide connaissance de l'oeuvre du Réformateur. Comme son titre l'indique, il se préoccupe avant tout de la manière dont Calvin prêchait. Il relève, par exemple, que le Réformateur a prêté à l'année ecclésiastique plus d'attention qu'on ne l'admet communément; que la prédication calvinienne doit sa tournure analytique au fait qu'elle était improvisée; que cette prédication, malgré sa portée didactique, échappe à l'écueil de l'intellectualisme; que, dans les sermons, les images sont toujours tributaires de la théologie. Sous un angle plus proprement doctrinal, l'article de Dankbaar souligne le caractère à la fois théocentrique et christocentrique de la prédication, et montre que, par souci de promouvoir l'unité du protestantisme, Calvin n'a jamais évoqué, dans ses sermons, les problèmes internes de la Réforme, pas même celui de l'eucharistie qui lui valut de si graves ennuis avec les luthériens.

Bien que son champ d'investigation soit limité, l'article d'Emil Blaser, *Vom Gesetz in Calvins Predigten über den 119. Psalm*[21], présente un cachet d'originalité assez rare en notre domaine. Il souligne que, dans ses 22 sermons sur le Psaume 119, le Réformateur a su éviter le danger du moralisme en faisant de la Loi, comme dans le *Catéchisme* de 1542 et dans l'*Institution* de 1559, le témoignage et l'instrument de la grâce: les promesses y apparaissent comme antérieures aux ordonnances de Dieu, l'Evangile y est présenté comme le fondement des commandements (alors que, dans les homélies sur le Deutéronome et sur le 1er livre de Samuel, Calvin se révélerait plus "légaliste"). Au contraire de Blaser, John H. Gerstner n'évite pas les redites dans son étude *Calvin's Two-Voice Theory of Preaching*[22]; il a cependant le mérite de chercher à mettre en valeur, de manière parfois contestable il est vrai, la théorie de la "double voix" du prédicateur si souvent méconnue des calvinologues.

Tous les articles examinés jusqu'ici dépendaient, pour leur information, des homélies contenues dans les *Opera omnia*. La publication des sermons inédits dans les *Supplementa calviniana* devait donner naissance à quelques études qu'il faut signaler maintenant. Dans la communication qu'il a présentée au Colloque de Strasbourg, en 1964, sous le titre *Der theologische Gehalt der jüngst veröffentlichten Predigten Calvins*[23], Wilhelm Niesel s'est intéressé aux Sermons sur II Samuel et sur les chapitres 13 à 29 du livre d'Esaïe édités dans les deux premiers volumes des *Supplementa*. Il montre, comme on pouvait d'emblée le supposer, que ces sermons confirment ce qu'on savait déjà de la théologie calvinienne. Ne respectent-ils pas en effet les textes de l'Ancien Testament, sans chercher à leur donner à tout prix une signification christologique, mais sans oublier non plus que le Dieu des patriarches et des prophètes s'est révélé en Jésus de Nazareth! N'attribuent-ils pas à la prédestination une place restreinte en soulignant, quand ils la mentionnent, qu'elle est toujours fondée en Christ! N'estiment-ils pas enfin que la communion du croyant avec son Seigneur a des conséquences éthiques dont les dimensions sont nécessairement ecclésiales! Après Niesel, Georges A. Barrois a examiné avec attention, lui aussi, mais sous l'angle de la petite histoire, les sermons sur le livre d'Esaïe. Dans son article *Calvin und die Genfer*[24], il fait voir avec quel réalisme et quel souci de la vie quotidienne le Réformateur s'est adressé à ses auditeurs.

Le cinquième volume des *Supplementa calviniana* a fait l'objet, à son tour, d'une étude de détail. Dans son *Petit traité de l'amour du prochain d'après les sermons de Calvin sur Michée*[25] qu'il a publiés lui-même, Jean-Daniel Benoît souligne, exemples à l'appui, que le second commandement du Christ occupe dans la prédication "une place au moins aussi considérable que le premier". Le sixième volume de *Sermons inédits*, récemment paru et contenant une série d'homélies sur les livres de Jérémie et des Lamentations, a suscité, lui aussi, de pertinents commentaires. Rodolphe Peter qui en est l'éditeur relève, dans un article intitulé *Jean Calvin prédicateur*[26], l'intérêt des sermons sur Jérémie (datant de 1549–1550, "ils représentent le lot le plus ancien qui nous soit parvenu . . . , ils sont prêchés au début d'une période difficile pour Calvin"[27] et ils révèlent l'affinité du prédicateur avec le prophète) et l'importance de la prédication dans la vie du Réformateur. Citant les mots de Pierre Imbart de la

Tour: "La première création de Calvin avait été un livre: l' *"Institution"*; la seconde fut une ville: Genève. Livre et ville se complètent. L'un est la doctrine formulée; l'autre, la doctrine appliquée"[27a], Peter montre, corroborant nos vues, que l'auteur de l'ouvrage sur *Les origines de la Réforme* méconnaît le rôle de la prédication, qui, seule, a permis au dogmaticien de l'*Institution chrestienne* de façonner le visage de la ville de Genève.

2. Les ouvrages

C'est à Jacques-Frédéric Flamand que revient le mérite d'avoir essayé de tirer de l'oubli, seize ans avant que Baum, Cunitz et Reuss ne commencent l'édition des *Opera omnia,* l'oeuvre homilétique du Réformateur de Genève, dans une thèse de baccalauréat en théologie intitulée *Etude sur Calvin considéré comme prédicateur*[28] où sont présentés, en trois chapitres rapides, "les auditeurs de Calvin", "Calvin en face de ses auditeurs" et "Calvin comme orateur". A l'instigation d'Emile Doumergue, Edouard Pasquet a repris le sujet quelque quarante ans plus tard. Dans son *Essai sur la prédication de Calvin*[29], il ne se contente pas d'examiner la "forme" des sermons. Il en étudie aussi le "fond", s'arrêtant à trois problèmes particuliers, ceux de l'Ecriture, du dogme (comme il dit) et de l'Eglise. Il est amené ainsi à constater, non sans étonnement, que, pour répondre à un besoin qui serait propre au XVIᵉ siècle, la prédication calvinienne attribue une large place à la doctrine. Cette constatation faite, il tient à souligner, ce qui n'allait pas de soi à une époque où l'expérience religieuse était exaltée aux dépens des formules théologiques, que les "sermons dogmatiques" du Réformateur ont aussi "une portée morale et pratique" (p. 65). Ainsi, à la suite d'Ariste Viguié qu'il plagie impudemment[30], Pasquet remarque à juste titre que la prédestination revêt dans les homélies un aspect éminemment réconfortant: "Calvin, écrit-il, voit dans chacun des fidèles un élu de l'éternel amour" (p. 67). S'il interprète ainsi de manière positive une doctrine qui a été longtemps mal comprise, Pasquet se montre insensible, en revanche, à la christologie vigoureuse des sermons qui ne lui inspire qu'insatisfaction et que "découragement".

A la thèse d'Edouard Pasquet fait suite celle d'Albert Watier préparée sous la direction d'Ariste Viguié et intitulée *Calvin prédicateur*[31]. Dans le troisième des cinq chapitres qui la composent, Watier étudie les "dogmes" que le Réformateur aurait développés dans ses sermons: ceux de la souveraineté de Dieu, de la corruption de l'homme, de la prédestination, de l'efficacité de la Parole de Dieu et de l'action du Saint-Esprit. A l'aide de quelques citations, prises au hasard de ses lectures, semble-t-il, Watier illustre chacun de ces *loci,* réservant à un chapitre sur "la norme de la prédication" des développements sur l'autorité unique et souveraine de l'Ecriture, et à un chapitre sur "la morale et la parénétique" des considérations sur la vie chrétienne et sur le rôle du prédicateur, qui, non moins que les "dogmes", ressortissent à la dogmatique. Comme Pasquet, Watier relève avec pertinence l'accent mis par Calvin sur l'élection aux dépens de la damnation. Comme son prédécesseur encore, et de manière tout aussi surprenante, il déplore l'insuffisance christologique des sermons[32]. Au total, malgré certaines incompréhensions, Watier ne cache pas son admiration pour la prédication du Réformateur. En raison de son double enseignement, "doctrinal et moral", elle pallie, selon lui, les excès d'une orthodoxie attachée aux seules formules dogmatiques comme ceux d'un moralisme adonné exclusivement à la culture des vertus chrétiennes. Avec Calvin, déclare notre auteur, "le christianisme ne risque pas de se résumer dans un *credo* sans effet, de se figer dans de vaines pratiques, ou de tourner en extases mystiques" (p. 123).

L'*Etude sur la prédication de Calvin*[33] d'Albert Cruvellier est, comme l'*Essai* de Pasquet, une thèse de baccalauréat de Montauban à l'élaboration de laquelle Emile Doumergue a présidé. Dans son deuxième chapitre, intitulé abusivement "Dogmatique", elle traite de l'Ecriture sainte, du péché et de la prédestination. Pas plus que ses devanciers, Cruvellier ne parvient à nous faire pénétrer au coeur de la prédication calvinienne. Il lui manque, comme à eux, d'avoir dépouillé tous les sermons publiés de son temps et d'avoir tenté d'en dégager tous les aspects doctrinaux. Ces défauts signalés, on peut inscrire une découverte à l'actif de Cruvellier. Derrière "l'appareil de science théologique" des homélies, il a su discerner un fait, qui, jusqu'à la renaissance des études calviniennes, a été méconnu de nombreux théologiens. Il a remarqué que, dans sa prédication, le Réformateur a fait preuve envers la Bible d'une fidélité telle qu'il s'est efforcé d'en écouter les nombreuses voix. "Calvin, écrit-il, prêche à ses auditeurs tout le contenu et rien que le contenu de l'Ecriture sainte" (p. 23).

A la différence des thèses mentionnées jusqu'ici, le livre de P. Biesterveld, *Calvijn als Bedienaar des Woords*[34], est l'oeuvre d'un théologien qui possédait son métier. Dans la perspective qui est la nôtre, il n'a pas, cependant, l'importance qu'on serait tenté de lui attribuer au premier abord. Après avoir exposé la conception réformée du ministère de la Parole, il note l'intérêt des sermons du Réformateur, dresse leur inventaire, décrit leur caractère, étudie leur style, souligne leur fondement scripturaire et relève leur actualité dans une série de chapitres souvent bien venus. Tout cela mérite attention, mais relève de l'homilétique qui n'est pas de notre ressort. Ce n'est que dans son chapitre 7, le plus faible de son ouvrage, que Biesterveld examine "le contenu des prédications de Calvin". A l'aide de quelques citations, il y esquisse plus qu'il n'y étudie certains thèmes des sermons: la souveraineté et l'honneur de Dieu, la prédestination, la chute et la corruption de l'homme, l'action de l'Esprit dans la régénération du croyant, la justification, l'Eglise, la vie chrétienne enfin.

La prédication de Calvin[35], "étude" de Georges Vivien, qui, jusqu'à ce jour, n'avait pas laissé de trace dans les bibliographies relatives à notre sujet, est, comme tous les travaux antérieurs à celui de Biesterveld, une thèse de baccalauréat en théologie. L'auteur examine la pensée religieuse des sermons dans son cinquième et dernier chapitre qu'il intitule "le fond". Après avoir présenté l'Ecriture comme le fondement de la prédication calvinienne et après avoir exposé la doctrine sacramentelle du Réformateur, il examine sous deux chefs, les "raisonnements" et les "sentiments", les grands thèmes de la dogmatique chrétienne. Sous la rubrique des "raisonnements", il range la question de Dieu, celle des relations entre le Créateur et la créature humaine, celle de Jésus-Christ, celles, enfin, du péché et de la vie éternelle. Dans la catégorie des "sentiments", il classe la bonté de Dieu et l'amour de l'homme pour Dieu. Ayant sacrifié ainsi à cette division bizarre qui présuppose un hiatus entre le dogme et l'"expérience religieuse", Vivien considère la vie chrétienne à la lumière des sermons. Il ne se montre pas plus heureux ici que dans les autres chapitres de sa thèse: partout lui font défaut et la richesse d'information (à quelques exceptions près, toutes ses citations sont tirées des 19 prédications sur les chapitres 10 et 11 de la 1ère Epitre aux Corinthiens) et la compréhension de la théologie calvinienne.

Après l'étude de Vivien, plus de trente ans vont s'écouler jusqu'à la parution d'un nouvel ouvrage sur notre sujet. Dû à la plume d'un élève de Karl Holl et d'Emanuel Hirsch, Erwin Mülhaupt, et intitulé *Die Predigt Calvins, ihre Geschichte, ihre Form und ihre religiösen Grundgedanken*[36], il a été présenté comme thèse de licence en théologie à l'Université de Goettingue. Il constitue sans nul doute la meilleure introduction à la prédication du Réformateur de Genève. Comme Andreas Duhm l'a relevé[37], il requérait de son auteur des dons multiples, ceux de l'historien, du dogmaticien et du "praticien". Est-ce à dire qu'il soit satisfaisant? Nous ne le pensons pas. Il présente, en effet, deux graves défauts. Le premier consiste dans le choix qu'il opère parmi les thèmes de l'oeuvre homilétique de Calvin[38]. Après avoir exprimé l'intention d'exposer dans toute son ampleur la pensée de Calvin prédicateur (cf. p. XX), Mülhaupt se borne finalement à en examiner les "pensées religieuses fondamentales". En se limitant ainsi, il méconnaît le fait que, dans les sermons, il n'y a pas de doctrine fondamentale, mais que toutes les doctrines sont fondamentales en ce sens que chacune d'elles se réfère à un seul et même fondement, celui de la révélation de Dieu en Christ[39]. Mais il y a plus. Croyant s'arrêter aux idées maîtresses de la prédication, Mülhaupt ne réussit qu'à opérer la plus contestable des sélections. Il n'examine en effet dans son livre que cinq lieux théologiques: les biens (de Dieu), le Créateur et sa loi, le péché, la justification et la personne de Dieu. Lié à un tel plan, il se condamne à ne donner qu'une image mutilée, et donc fausse, des sermons de Calvin. Le second défaut de Mülhaupt est, à nos yeux, d'ignorer complètement les premiers travaux de la renaissance calvinienne. Plus qu'un oubli, c'est là le signe d'une certaine incompréhension envers le Réformateur de Genève. Méconnaissant le rôle de la christologie et de la pneumatologie dans la prédication, interprétant les sermons dans un sens exclusivement théocentrique, Mülhaupt tend à considérer Calvin comme un disciple de Luther, éminent certes, mais dépourvu, dans le domaine théologique, de la cohérence qui faisait la force du maître de Wittenberg.

L'intérêt suscité par la prédication de Calvin ne s'est pas éteint avec la parution du livre de Mülhaupt. S'appuyant sur les recherches de celui-ci, le théologien anglican T. H. L. Parker a publié, au lendemain de la dernière guerre, *The Oracles of God: An Introduction to the Preaching of John Calvin*[40]. Dans un style accessible au profane, Parker esquisse l'histoire de la prédication jusqu'au début du XVIe siècle, l'activité de Calvin prédicateur, la doctrine réformée du ministère de la Parole et l'homilétique du Réformateur de Genève avant de décrire l'influence de celui-ci sur les sermonnaires anglais, et de souligner l'actualité du message de la Réforme. A la théologie des sermons, Parker consacre un chapitre intitulé "Calvin's Gospel". Estimant lourde et inutile tout à la fois la tâche qui consisterait à dégager dans leur totalité les idées religieuses de la prédication[41], il se borne à en faire un examen sommaire, sous les rubriques "Dieu et l'homme", "l'homme et Dieu", "l'homme et ses semblables", "le pèlerinage" enfin.

Un dernier ouvrage doit être mentionné ici. Il s'agit de la thèse de maîtrise en théologie de Leroy Nixon, *John Calvin, Expository Preacher*[42]. Par son plan, elle rappelle le livre de T. H. L. Parker. Elle commence aussi par retracer l'histoire de la prédication jusqu'au temps de la Réforme, par évoquer la carrière de Calvin prédicateur et par présenter l'homilétique réformée avant d'examiner le contenu des sermons (dans un chapitre qui a pour titre: "The Gospel as Calvin Preached it") et de relever, en conclusion, l'actualité des règles auxquels ils obéissent. Par sa méthode, l'ouvrage de Nixon se rapproche des thèses de baccalauréat analysées plus haut: avare de commentaires explicatifs, il se contente d'une ou de deux citations pour illustrer chacun des *loci* qu'il dégage de la prédication du Réformateur. Il présente ainsi pêle-mêle, en une cinquantaine de pages, la souveraineté de Dieu, la corruption de l'homme et le péché, la prédestination, la puissance de la Parole de Dieu, la rédemption, l'oeuvre du Saint-Esprit, la sainte cène, la parousie, la prière, la figure du diable, l'obéissance à Dieu et la critique de la papauté. Comme on le remarque, Nixon a essayé de mettre en valeur plusieurs thèmes des sermons. Il n'a toutefois pas mieux réussi que ses prédécesseurs à reconstituer la théologie du prédicateur Jean Calvin.

1   Leur apport étant négligeable, nous ne nous arrêterons pas aux développements sur la prédication de Calvin qui figurent dans les biographies du Réformateur, dans les traités d'homilétique et dans les histoires de l'éloquence sacrée.

2   Cf. la brochure publiée à l'occasion de l'inauguration des nouveaux bâtiments de la Faculté de théologie protestante de Paris, Paris, 1879, p. 15–36.

3   Dans ses *Etudes littéraires sur les écrivains français de la Réformation* (vol. 1, Paris, 1841, p. 139–161; 2ᵉ éd., 1854, p. 154–175), Sayous a su revaloriser les sermons de Calvin à une époque où ils étaient méconnus et caractériser leur style en termes presque toujours excellents.

4   In: *Bulletin de la Société de l'histoire du protestantisme français,* Paris, 1882, p. 466–474, 504–511 et 548–555.

5   In: *Zeitschrift für praktische Theologie,* Francfort-sur-le-Main, 1884, p. 225–258.

6   "Wir würdigen ihn ... viel besser, wenn wir ihn auch predigen hören, als wenn wir bloss seine Institution und seine gelehrten Commentare lesen. In seinen Predigten sehen wir in seine Seele hinein, in diese wunderbare Mischung von Leidenschaft, Ergebung, Demuth und Glaubensgewissheit. Er ist selber, was das von ihm erwählte Wappen ausdrückt, ein flammendes Herz, das sich Gott zum Opfer darbietet" (*Art.cit.,* p. 258).

7   In: *Evangile et liberté,* Lausanne, 1884, p. 211–212 et 219–220; 1885, p. 69–70, 74, 126 et 137–138. Ces articles ont été reproduits, avec de nombreuses coupures, dans les *Etudes sur la pensée et l'oeuvre de Calvin,* Neuilly, 1927, p. 15–49.

8   In: *Monatsschrift für Pastoraltheologie,* Berlin, 1909, p. 365–372. Une traduction française comportant de nombreuses suppressions en a été publiée dans les *Etudes sur la pensée et l'oeuvre de Calvin,* p. 51–67.

9   Conférence donnée à la Cathédrale de Saint-Pierre, le 2 juillet 1909, et publiée à Genève, s.d., 29 pages.

10 In: *The Reformed Church Review,* Philadelphie, 1909, p. 245–261. La seule originalité de Bowman réside dans son incompréhension théologique et son inexactitude historique. Son incompréhension théologique: il reproche à Calvin que, du reste, il admire, d'avoir accordé une place trop restreinte à la théologie naturelle et d'avoir condamné trop sévèrement la nature humaine. Son inexactitude historique: interprétant abusivement le passage de la lettre au duc de Somerset où Calvin souhaite que, dans l'Eglise d'Angleterre, on renonce à l'emploi des homiliaires en faveur d'une "prédication vive" (Cf. CO 13, p. 70–71), Bowman estime à la suite de Paul Henry (cf. *The Life and Times of John Calvin,* vol. 1, New York, 1851, p. 433), que, pour le Réformateur de Genève, la prédication devait être nécessairement improvisée. – Sur la diffusion de cette erreur dans le monde anglo-saxon, cf. Richard Stauffer, *L'homilétique de Calvin,* p. 66 72.

11 In: *The Expository Times,* Edimbourg, 1919, p. 562–564. Hunter s'inspire pour l'essentiel de Viguié et de Doumergue.

12 In: *Monatsschrift für Pastoraltheologie,* Goettingue, 1930, p. 312–318.

13 In: *The Evangelical Quarterly,* Londres, 1932, p. 244–256.

14 In: *Foi et vie,* 1936, p. 1–11. Cet article a été repris, avec quelques modifications, comme Avant-propos des *Sermons sur la nativité, la passion, la résurrection et le dernier avènement de notre Seigneur Jésus-Christ* (Paris et Genève, 1936, p. 23–36) publiés par le même auteur.

15 In: *Op.cit.,* p. 9–21.

16 C'est-à-dire *Les principes méthodologiques de la prédication de Calvin,* in: *Kálvin és a kálvinizmus,* Debrecen, 1936, p. 235–274.

17 In: *Deutsche Theologie,* Stuttgart, 1937, p. 252–263.

18 Cf. l'ouvrage de cet auteur: *Die Theologie Calvins. Ihre innere Systematik im Lichte strukturpsychologischer Forschungsmethode,* Berlin, 1930.

19 In: *Calvin et la Réforme en France* (No. spécial des *Etudes évangéliques*), Aix-en-Provence, 1943; 2e éd., 1959, p. 83—100.

20 In: *Kerk en Eredienst*, Arnhem, 1948, p. 17—26.

21 In: *Das Wort sie sollen lassen stahn*, Festschrift für D. Albert Schädelin, Berne, 1950, p. 67—78.

22 In: *The Reformed Review*, Holland (Michigan), Décembre 1959, p. 15—26.

23 In: *Regards contemporains sur Jean Calvin* (Cahier de la *Revue d'Histoire et de Philosophie Religieuses*), Paris, 1965, p. 8—16.

24 In: *Der Prediger Johannes Calvin*, Neukirchen, 1966, p. 25—33.

25 In: *Le Christianisme au vingtième siècle*, No. du jeudi 6 mai 1965, p. 225—227; traduction allemande in: *Der Prediger Johannes Calvin*, p. 34—39.

26 In: *Revue d'histoire et de philosophie religieuses*, Paris, 1972, p. 111—117. Poursuivant ses recherches sur l'oeuvre homilétique du Réformateur de Genève, Rodolphe Peter a publié dans la *Revue d'histoire et de philosophie religieuses* (Paris, 1975, p. 249—272), au moment où nous terminions cet ouvrage, une nouvelle étude, solide et bien documentée; elle a pour titre *Rhétorique et prédication selon Calvin*.

27 *Art.cit.*, p. 116.

27a *Calvin et l'Institution chrétienne*, Paris, 1935, p. 117.

28 Strasbourg, 1847.

29 Genève, 1888.

30 Nous avons mentionné plus haut l'article de Viguié sur *Les sermons de Calvin sur le livre de Job* où la "prédestination optimiste" est considérée comme "la simple et vivante répercussion du sentiment intime" (*Bulletin de la Société de l'histoire du protestantisme français*, Paris, 1882, p. 507).

31 Genève, 1889.

32 Dans son compte rendu de la thèse de Watier, Charles Bois s'est déjà étonné de ce jugement qui ne rend pas justice à Calvin (cf. *Revue théologique*, Montauban, 1889, p. 188).

33 Montauban, 1895.

34 Kampen (Pays-Bas), 1897.

35 Neuchâtel, 1899.

36 Volume 18 de la collection *Arbeiten zur Kirchengeschichte* éditée par Emanuel Hirsch et Hans Lietzmann, Berlin et Leipzig, 1931.

37 Cf. *Theologische Literaturzeitung*, Leipzig, 1932, p. 591.

38 Notre jugement est corroboré par ceux de Leopold Cordier (cf. *Zeitschrift für Kirchengeschichte*, Stuttgart, 1932, p. 592—593) et de T. H. L. Parker (cf. *The Oracles of God*, p. 10).

39 Cf. Alfred Göhler, *Calvins Lehre von der Heiligung*, Munich, 1934, p. 81.

40 Londres et Redhill, 1947.

41 Selon Parker, il est "largement superflu" de vouloir reconstruire la pensée religieuse de Calvin à partir de ses sermons puisque nous possédons la synthèse doctrinale de l'*Institution chrestienne* (cf. *The Oracles of God*, p. 81). Nous pensons au contraire que l'existence de l'*Institution* constitue une raison supplémentaire de dégager la dogmatique de la prédication.

42 Grand Rapids (Michigan), 1950.

BIBLIOGRAPHIE

(La bibliographie calvinienne est immense. Aussi ne mentionnons-nous ici que les ouvrages que nous avons consultés).

I. Sources

OEUVRES HOMILETIQUES

1. Manuscrits:

89   sermons sur le livre de la Genèse (1/1–20/6), in: Ms. 1784 de la Bibliothèque de Lambeth Palace, et Ms. 740 de la Bodleian Library.
Cf. Richard Stauffer, *Les sermons inédits de Calvin sur le livre de la Genèse,* in: *Revue de théologie et de philosophie,* Lausanne, 1965, p. 26–36.

2. Dans le Corpus Reformatorum:

4   sermons traictans des matières fort utiles pour nostre temps, vol. 8, Brunswick, 1870, p. 369–452.

3   sermons sur l'histoire de Melchisédec, vol. 23, Brunswick, 1882, p. 625–682.

4   sermons sur la justification, vol. 23, Brunswick, 1882, p. 683–740.

3   sermons sur le sacrifice d'Abraham, vol. 23, Brunswick, 1882, p. 741–784.

200   sermons sur le 5e livre de Moyse nommé Deutéronome, vol. 25, Brunswick, 1882, p. 573 – vol. 29, Brunswick, 1885, p. 232.
        Sermons 1–10, vol. 25, Brunswick, 1882, p. 605–722.
        Sermons 11–68, vol. 26, Brunswick, 1883, p. 1–730.
        Sermons 69–124, vol. 27, Brunswick, 1884, p. 1–702.
        Sermons 125–182, vol. 28, Brunswick, 1885, p. 1–720.
        Sermons 183–200, vol. 29, Brunswick, 1885, p. 1–232.

107   sermons (en traduction latine) sur le 1er livre de Samuel, vol. 29, Brunswick, 1885, p. 233 – vol. 30, Brunswick, 1886, p. 734.
        Sermons 1–44, vol. 29, Brunswick, 1885, p. 241–738.
        Sermons 45–107, vol. 30, Brunswick, 1886, p. 1–734.

24   sermons sur les Psaumes, vol. 32, Brunswick, 1887, p. 445–752.
        Sermon sur le Psaume 115, p. 455–466.
        Sermon sur le Psaume 124, p. 467–480.
        22 sermons sur le Psaume 119, p. 481–752.

159   sermons sur le livre de Job, vol. 33, Brunswick, 1887, p. 1 – vol. 35, Brunswick, 1887, p. 514.
        Sermons 1–61, vol. 33, Brunswick, 1887, p. 21–768.
        Sermons 62–118, vol. 33, Brunswick, 1887, p. 1–724.
        Sermons 119–159, vol. 34, Brunswick, 1887, p. 1–514.

4   sermons sur le Cantique d'Ezéchias, vol. 33, Brunswick, 1887, p. 517–580.

7   sermons sur la prophétie de Jésus-Christ (Esaïe 53), vol. 33, Brunswick, 1887, p. 581–688.

47   sermons sur les 8 derniers chapitres du livre de Daniel, vol. 41, Brunswick, 1889, p. 305 – vol. 42, Brunswick, 1890, p. 174.
        Sermons 1–33, vol. 41, Brunswick, 1889, p. 323–688.
        Sermons 34–47, vol. 42, Brunswick, 1890, p. 1–174.

65   sermons sur l'Harmonie évangélique, vol. 46, Brunswick, 1891, p. 1–826.

| 9 | sermons sur la Passion de Nostre Seigneur Jésus-Christ, vol. 46, Brunswick, 1891, p. 829–954. |

9   sermons sur la Passion de Nostre Seigneur Jésus-Christ, vol. 46, Brunswick, 1891, p. 829–954.

1   sermon de la Nativité de Jésus-Christ, vol. 46, Brunswick, 1891, p. 955–968.

1   congrégation sur la divinité de Jésus-Christ, vol. 47, Brunswick, 1892, p. 461–484.

4   sermons sur l'Ascension de Nostre Seigneur Jésus-Christ, vol. 48, Brunswick, 1892, p. 577–622.

5   sermons sur la Pentecoste, vol. 48, Brunswick, 1892, p. 623–664.

19   sermons sur les chapitres 10 et 11 de la $1^{\text{ère}}$ Epître aux Corinthiens, vol. 49, Brunswick, 1892, p. 577–830.

43   sermons sur l'Epître aux Galates, vol. 50, Brunswick, 1893, p. 269 – vol. 51, Brunswick, 1895, p. 136.
         Sermons 1–33, vol. 50, Brunswick, 1893, p. 273–696.
         Sermons 34–43, vol. 51, Brunswick, 1895, p. 1–136.

48   sermons sur l'Epître aux Ephésiens, vol. 51, Brunswick, 1895, p. 241–862.

1   sermon du dernier advènement de Nostre Seigneur Jésus-Christ, vol. 52, Brunswick, 1895, p. 221–238.

54   sermons sur la $1^{\text{ère}}$ Epître à Timothée, vol. 53, Brunswick, 1895, p. 1–658.

30   sermons sur la 2nde Epître à Timothée, vol. 54, Brunswick, 1895, p. 1–370.

17   sermons sur l'Epître à Tite, vol. 54, Brunswick, 1895, p. 373–596.

13   sermons traitans de l'élection gratuite de Dieu en Jacob et de la réjection en Esaü, vol. 58, Berlin, 1900, p. 1–198.

3. Dans les Supplementa calviniana:

87   sermons sur le 2nd livre de Samuel, vol. 1, Neukirchen-Vluyn, 1936–1961, p. 1–767.

66   sermons sur les chapitres 13–29 du livre d'Esaïe, vol. 2, Neukirchen-Vluyn, 1961, p. 1–649.

28   sermons sur le livre de Michée, vol. 5, Neukirchen-Vluyn, 1964, p. 1–237.

25   sermons sur le livre de Jérémie (14/19–18/23), vol. 6, Neukirchen-Vluyn, 1971, p. 1–176.

2   sermons sur le livre des Lamentations (1/1–5), vol. 6, Neukirchen-Vluyn, 1971, p. 177–196.

4. Dans "Calvin d'après Calvin":
(édité par C.-O. Viguet et D. Tissot, Genève, 1864)

1   sermon sur Ezéchiel 2/1–5, p. 281–297.
         Ce sermon est reproduit, avec la mention "inédit", par Charles Gagnebin dans le recueil de textes choisis du Réformateur qu'il a publié dans la collection "Le cri de la France". Cf. *Calvin,* Fribourg et Paris, 1948, p. 261–283.

1   sermon sur Actes 3/17–20, p. 310–325.

5. Dans divers autres recueils:

1   sermon sur Ezéchiel 28/1–2 (en traduction allemande, sous le titre "Gott allein die Ehre"), in: *Johannes Calvin. Diener am Wort Gottes.* Eine Auswahl seiner Predigten übersetzt von Erwin Mülhaupt, Göttingen, 1934, p. 21–30.

1   sermon sur le Psaume 148 (en traduction allemande, sous le titre "Das Lob Gottes"), *ibid.,* p. 39–50.

9   sermons sur les Psaumes (en traduction allemande, le 8e de ces sermons étant la reprise du sermon sur le Psaume 148 cité précédemment), in: *Der Psalter auf der Kanzel*

Calvins. Bisher unbekannte Psalmenpredigten herausgegeben und eingeleitet von Erwin Mülhaupt, Neukirchen, 1959, p. 26—134.

1   sermon sur le Psaume 46/1—6 (en traduction anglaise et en rétroversion française), in: Richard Stauffer, *Eine englische Sammlung von Calvinpredigten,* dans le recueil *Der Prediger Johannes Calvin.* Beiträge und Nachrichten zur Ausgabe der Supplementa calviniana, Neukirchen, 1966, p. 47—80.

OEUVRES DOGMATIQUES ET EXEGETIQUES

Institutio christianae religionis, vol. 3—5 des *Opera selecta* éd. par Peter Barth et Wilhelm Niesel, Munich, 2e éd. 1957—1962.
Institution de la religion chrestienne, éd. par Jean-Daniel Benoît, 5 volumes, Paris, 1957—1963.
Recueil des opuscules, c'est-à-dire petits traictez de M. Jean Calvin, Genève, 1566.
Commentaires dans les *Opera quae supersunt omnia* éd. par Baum, Cunitz et Reuss, Brunswick et Berlin, 1863—1900.
Commentaires sur le livre des Pseaumes, 2 vol., Paris, 1859.
Commentaires sur le Nouveau Testament, 4 vol., Paris, 1854—1855.

II. Littérature secondaire

1. Ouvrages relatifs aux sermons de Calvin:

BARROIS Georges A., *Calvin und die Genfer,* in: *Der Prediger Johannes Calvin,* Neukirchen, 1966, p. 25—33.
BENOIT Jean-Daniel, *Petit traité de l'amour du prochain d'après les sermons de Calvin sur Michée,* in: *Le christianisme au XXe siècle,* Paris, jeudi 6 mai 1965, p. 225—227; en allemand: *Kleiner Traktat über die Nächstenliebe nach Calvins Predigten über Micha,* in: *Der Prediger Johannes Calvin,* Neukirchen, 1966, p. 34—39.
—   *Weihnachten in Genf im Jahre des Heils 1550,* in: *Der Prediger Johannes Calvin,* Neukirchen, 1966, p. 40—44.
BIESTERVELD P., *Calvijn als Bedienaar des Woords,* Kampen, 1897.
BINDEMANN Ernst, *Die Bedeutung des Alten Testaments für die christliche Predigt,* Gütersloh, 1886, p. 84—95.
BIZER Ernst, *Vorwort,* in: *Abraham-Predigten,* München, 1937, p. 3—4.
BLASER Emil, *Vom Gesetz in Calvins Predigten über den 119. Psalm,* in: *Das Wort sie sollen lassen stahn:* Festschrift für D. Albert Schädelin, Bern, 1950, p. 67—78.
BOIS Charles, Recension de *Calvin prédicateur* d'Albert Watier, in: *Revue théologique,* Montauban, 1889, p. 185—189.
BOWMAN John Cloyd, *Calvin as a Preacher,* in: *The Reformed Church Review,* Philadelphie, 1909, p. 245—261.
BRET Théodore, Introduction aux *Quatre sermons traitant des matières fort utiles pour notre temps,* in: *Oeuvres choisies de Jean Calvin,* Genève, 1909, p. 247—248.
CALDESAIGUES Emile, *Calvin prédicateur,* in: *Calvin et la Réforme en France* (No. spécial des *Etudes évangéliques*), Aix-en-Provence, 1943, 2e éd. revue, 1959, p. 83—100.
CORDIER Leopold, Recension de *Die Predigt Calvins* d'Erwin Mülhaupt, in: *Zeitschrift für Kirchengeschichte,* Stuttgart, 1932, p. 592—593.
CRUVELLIER Albert, *Etude sur la prédication de Calvin,* Montauban, 1895.
CSIKESZ S., *Kálvin pásztori igehirdetése módszerének legföbb elemei,* in: *Kálvin és a kálvinizmus,* Debrecen, 1936, p. 235—274.

DANKBAAR Willem Frederick, *Hoe preekte Calvijn*, in: *Kerk en Eredienst*, Arnhem, 1948, p. 17–26.

DOUMA J. et V. D. VEGT W. H., Introduction de W. H. v. d. VEGT au tome 1 de *Het gepredikte Woord. Preeken van Johannes Calvijn*, Franeker, 1941, 2e éd. 1965.

DOUMERGUE Emile, *Calvin, le prédicateur de Genève*, Genève, 1909.

DUHM Andreas, Recension de *Die Predigt Calvins* d'Erwin Mülhaupt, in: *Theologische Literaturzeitung*, Leipzig, 1932, p. 591–593.

FARRAR F. W., *Calvin as an Expositor*, in: *The Expositor*, London, 1884, p. 426–444.

FLAMAND Jacques-Frédéric, *Etude sur Calvin considéré comme prédicateur*, Strasbourg, 1847.

FORGET Eugène, *Treize sermons de Calvin retrouvés récemment "traitans de l'élection gratuite de Dieu en Jacob et de la réjection en Esaü"*, Marseille, 1898.

GAGNEBIN Bernard, *L'histoire des manuscrits des sermons de Calvin*, in: *Supplementa calviniana 2*, Neukirchen-Vluyn, 1961, p. XIV–XXVIII.

GERSTNER John H., *Calvin's Two-voice Theory of Preaching*, in: *The Reformed Review*, Holland (Michigan), December 1959, p. 15–26.

GILLIERON Philippe, *Le rôle du livre de Job dans la révélation biblique d'après les sermons de Calvin* (thèse de baccalauréat dactylographiée), Paris, 1950.

GOTCH F. W., *Calvin as a Commentator*, in: *The Journal of Sacred Literature*, London, 1849, p. 222–236.

HALASKI Karl, *Calvins geistliches Erbe – eine Aufgabe für den Reformierten Weltbund*, in: *Reformierte Kirchenzeitung*, Neukirchen, 1954, p. 263–266.

HUGUET Edmond, *La langue familière chez Calvin*, in: *Revue d'histoire littéraire de la France*, Paris, 1916, p. 27–52.

HUNTER Adam Mitchell, *Calvin as a Preacher*, in: *The Expository Times*, Edinburgh, vol. XXX, 1918–1919, p. 562–564.

JOHNSON George, *Calvinism and Preaching*, in: *The Evangelical Quarterly*, London, 1932, p. 244–256.

KRAUSS Alfred, *Calvin als Prediger*, in: *Zeitschrift für praktische Theologie*, Frankfurt am Main, 1884, p. 225–258.

LEFRANC Abel, *Calvin et l'éloquence française*, Paris, 1934.

LOBSTEIN Paul, *Calvin considéré comme prédicateur*, in: *Evangile et liberté*, Lausanne, 1884, p. 211–212 et 219–220; 1885, p. 69–70, 74, 126 et 137–138. Cette étude est reproduite avec de nombreuses coupures dans *Etudes sur la pensée et l'oeuvre de Calvin*, Neuilly, 1927, p. 15–49.

–   *Zu Calvins Predigten über das Buch Hiob*, in: *Monatsschrift für Pastoraltheologie*, Berlin, 1909, p. 365–372. Traduction française avec de nombreuses coupures dans *Etudes sur la pensée et l'oeuvre de Calvin*, Neuilly, 1927, p. 51–67.

MÜLHAUPT Erwin, *Calvins Auffassung von der Predigt*, in: *Monatsschrift für Pastoraltheologie*, Göttingen, 1930, p. 312–318.

–   *Die Predigt Calvins: ihre Geschichte, ihre Form und ihre religiösen Grundgedanken*, Berlin et Leipzig, 1931.

–   *Einführung*, in: *Johannes Calvin, Diener am Wort Gottes*, Göttingen, 1934, p. 7–10.

–   *Beobachtungen über die Beziehungen von Theologie, Predigt und Persönlichkeit Calvins in seinen Predigten*, in: *Deutsche Theologie*, Stuttgart, 1937, p. 252–263.

–   *Wird sich das Schicksal der ungedruckten Calvinpredigten wenden?* in: *Reformierte Kirchenzeitung*, Neukirchen, 1956, p. 283–288 et 310–316.

–   Introduction à *Der Psalter auf der Kanzel Calvins*, Neukirchen, 1959, p. 5–24.

–   *Calvins "Sermons inédits". Vorgeschichte, Überlieferung und gegenwärtiger Stand der Edition*, in: *Der Prediger Johannes Calvin*, Neukirchen, 1966, p. 9–24.

NIESEL Wilhelm, *Der theologische Gehalt der jüngst veröffentlichten Predigten Calvins*, in: *Regards contemporains sur Jean Calvin*, Paris, 1965, p. 8–16.

NIXON Leroy, *John Calvin, Expository Preacher*, Grand Rapids (Michigan), 1950.

PARKER T. H. L., *The Oracles of God. An Introduction to the Preaching of John Calvin*, London et Redhill, 1947.

–   *Calvin and Preaching*, in: *The Evangelical Quarterly*, London, 1952, p. 182–184.

–   Introduction aux *Sermons on Isaiah's Prophecy of the Death and Passion of Christ*, London, 1956, p. 9–25.

–   *Supplementa calviniana. An Account of the Manuscripts of Calvin's Sermons now in Course of Preparation*, London, 1962.

–   *Calvini Opera sed non Omnia*, in: *Scottish Journal of Theology*, Edinburgh, 1965, p. 194–203.

PASQUET Edouard, *Essai sur la prédication de Calvin*, Genève, 1888.

PETER Rodolphe, Introduction aux *Sermons sur les livres de Jérémie et des Lamentations*, in: *Supplementa calviniana 6*, Neukirchen-Vluyn, 1971, p. I–LXII.

–   *Jean Calvin prédicateur*, in: *Revue d'histoire et de philosophie religieuses*, Paris, 1972, p. 111–117.

–   *Rhétorique et prédication selon Calvin*, in: *Revue d'histoire et de philosophie religieuses*, Paris, 1975, p. 249–272.

PLATTARD Jean, *Calvin et l'éloquence française*, in: *Revue bleue*, Paris, 1935, p. 206–210.

REUSS Edouard, *Calvin considéré comme exégète*, in: *Revue de théologie et de philosophie chrétienne*, Strasbourg et Paris, 1853, p. 223–248.

RÜCKERT Hanns, *Vorwort* et *Einleitung (Die Überlieferung der Predigten Calvins)*, in: *Predigten über das 2. Buch Samuelis, Supplementa calviniana 1*, Neukirchen-Vluyn, 1936–1961, p. V–XXXIII; et in: *Vorträge und Aufsätze zur historischen Theologie*, Tübingen, 1972, p. 188–222.

SAUSSURE Jean de, Préface aux *Sermons sur la nativité, la passion, la résurrection et le dernier avènement de notre Seigneur Jésus-Christ*, Paris et Genève, 1936, p. 9–21.

SAYOUS André, *Etudes littéraires sur les écrivains français de la Réformation*, vol. 1, Paris, 1841, 2ᵉ éd. 1854, p. 154–175.

SCHAFF Philip, *Calvin as a Commentator*, in: *The Presbyterian and Reformed Review*, Philadelphie, 1892, p. 462–469.

SCHMIDT Albert-Marie, *Calvin prédicateur: Introduction à sa méthode, Avant-propos des Sermons sur la nativité, la passion et le dernier avènement de notre Seigneur Jésus-Christ*, Paris et Genève, 1936, p. 23–36.

STAUFFER Richard, *L'homilétique de Calvin* (thèse de maîtrise dactylographiée), New York, 1953.

–   *Les discours à la première personne dans les sermons de Calvin*, in: *Regards contemporains sur Jean Calvin*, Paris, 1965, p. 206–238.

–   *Les sermons inédits de Calvin sur le livre de la Genèse*, in: *Revue de théologie et de philosophie*, Lausanne, 1965, p. 26–36.

–   *Eine englische Sammlung von Calvinpredigten*, in: *Der Prediger Johannes Calvin*, Neukirchen, 1966, p. 47–80. Traduction française dans *La Revue réformée*, Saint-Germain-en-Laye, 1964, No. 3, p. 1–15.

TEISSIER DU CROS L., *Les manuscrits des sermons de Calvin*, in: *Bulletin de la Société de l'Histoire du Protestantisme français*, Paris, 1891, p. 583–584.

THOLUCK August, *Die Verdienste Calvins als Ausleger der heiligen Schrift*, in: *Vermischte Schriften*, vol. 2, Hamburg, 1839, p. 330–360.

TORRANCE Thomas F., *Calvin's Sermons*, in: *Scottish Journal of Theology*, Edinburgh, 1952, p. 424–427.

VIGUIÉ Ariste, Leçon d'ouverture sur *La prédication protestante au XVIᵉ siècle*, in: Fascicule publié à l'occasion de l'inauguration des nouveaux bâtiments de la Faculté de Théologie protestante de Paris, Paris, 1879, p. 15–36.

–   *Les sermons de Calvin sur le livre de Job*, in: *Bulletin de la Société de l'Histoire du Protestantisme français*, Paris, 1882, p. 466–474, 504–511 et 548–555.

VIVIEN Georges, *La prédication de Calvin: Etude*, Neuchâtel, 1899.

WATIER Albert, *Calvin prédicateur*, Genève, 1889.

WEERDA Jan, Recension des *Predigten über das 2. Buch Samuelis*, in: *Theologische Literaturzeitung*, Leipzig, 1957, p. 604–605.

2. Ouvrages relatifs à l'oeuvre ou à la personne de Calvin

ASHLEY Clinton, *John Calvin's Utilization of the Principle of Accommodation and Its Continuing Significance for an Understanding of Biblical Language* (thèse de doctorat en philosophie, dactylographiée), Southwest Baptist Theological Seminary, 1972.

BABELOTZKY Gerd, *Platonische Bilder und Gedankengänge in Calvins Lehre vom Menschen* (thèse de doctorat ès sciences religieuses de l'Institut catholique), Wiesbaden, 1977.

BÄHLER Eduard, *Petrus Caroli und Johannes Calvin: Ein Beitrag zur Geschichte und Kultur der Reformationszeit*, in: *Jahrbuch für schweizerische Geschichte*, Zürich, 1904, p. 39–168.

BARTH Peter, *Das Problem der natürlichen Theologie bei Calvin*, München, 1935.

BATTENHOUSE Roy W., *The Doctrine of Man in Calvin and in Renaissance Platonism*, in: *Journal of the History of Ideas*, New York, 1948, p. 447–471.

BATTLES Ford Lewis, *God Was Accommodating Himself to Human Capacity*, in: *Interpretation*, Richmond (Virginia), 1977, p. 19–38.

BAUMGARTNER Antoine-J., *Calvin hébraïsant et interprète de l'Ancien Testament*, Paris, 1889.

BAUR Ferdinand Christian, *Über Prinzip und Charakter des Lehrbegriffs der reformierten Kirche*, in: *Theologischer Jahresbericht*, 1847, p. 334 ss.

BERGER Heinrich, *Calvins Geschichtsauffassung*, Zürich, 1955.

BIELER André, *L'homme et la femme dans la morale calviniste*, Genève, 1963.

BOCKWOLDT Gerd, *Das Menschenbild Calvins*, in: *Neue Zeitschrift für systematische Theologie und Religionsphilosophie*, Berlin, 1968, p. 170–189.

BOHATEC Josef, *Calvins Vorsehungslehre*, in: *Calvinstudien*, Festschrift zum 400. Geburtstage Johann Calvins, Leipzig, 1909, p. 340–441.

– *Gott und die Geschichte nach Calvin*, in: *Philosophia reformata*, Amsterdam, 1936, p. 129–161.

– *Gottes Ewigkeit nach Calvin*, in: *Philosophia reformata*, Amsterdam, 1938, p. 129–149.

BOISSET Jean, *Sagesse et sainteté dans la pensée de Jean Calvin*, Paris, 1959.

BRUNNER Peter, *Vom Glauben bei Calvin*, Tübingen, 1925.

– *Allgemeine und besondere Offenbarung in Calvins Institutio*, in: *Evangelische Theologie*, München, 1934, p. 189–215.

CADIER Jean, *La doctrine calviniste de la Sainte Cène*, Montpellier, 1951.

CADIX Marcel, *Le Dieu de Calvin*, in: *Bulletin de la Société calviniste de France*, Paris, novembre 1929, p. 2–15.

CASTREN Olavi, *Die Bibeldeutung Calvins*, Helsinki, 1946.

CHAPUIS Jules, *Le témoignage du Saint-Esprit dans la théologie de Calvin*, Lausanne, 1909.

CHAVANNES Henry, *La présence réelle chez saint Thomas et chez Calvin*, in: *Verbum caro*, Neuchâtel, 1959, p. 151–170.

CHOISY Eugène, *Calvin et la science*, Genève, 1931.

CHRISTIE Alexander, *The Doctrine of Holy Scripture in Calvin and Brunner*, in: *Union Seminary Quarterly Review*, New York, 1940/1941, p. 19–32, 116–127 et 325-350.

CLAVIER Henri, *Calvin commentateur biblique*, in: *Etudes sur le calvinisme*, Paris, 1936, p. 99–140.

CRAMER J. A., *De Heilige Schrift bij Calvijn*, Utrecht, 1926.

DAVIES Rupert E., *The Problem of Authority in the Continental Reformers*, London, 1946, 2e éd. 1964.

DE KLERK Peter, *Calvin Bibliography 1972*, in: *Calvin Theological Journal*, Grand Rapids (Michigan), November 1972, p. 221–250; *1973, ibid.*, April 1974, p. 38–73; *1974, ibid.*, November 1974, p. 210–240; *1975, ibid.*, November 1975, p. 175–207; et *1976, ibid.*, November 1976, p. 199–243.

DEN HERTOG W. E., *De Anthropologie van Calvijn*, in: *Vox theologica*, 1938, p. 137–148.

DOUMERGUE Emile, *Jean Calvin: Les hommes et les choses de son temps*, vol. 3 et 4, Lausanne, 1905 et 1910.
– *Le caractère de Calvin*, Paris, 1921.
DOWEY Edward A., *The Knowledge of God in Calvin's Theology*, New York, 1952.
ELLIOTT W. M., *The Holiness of God in John Calvin and Rudolph Otto*, Edinburgh, 1938.
EMMEN Egbert, *De Christologie van Calvijn*, Amsterdam, 1935.
ENGELLAND Hans, *Gott und Mensch bei Calvin*, München, 1934.
ESSER Hans Helmut, *Hat Calvin eine "leise modalisierende Trinitätslehre"?* in: *Calvinus theologus*, éd. par Wilhelm H. Neuser, Neukirchen-Vluyn, 1976, p. 113–129.
FISCHER Danièle, *La polémique antiromaine dans l'Institution de la religion chrestienne de Jean Calvin* (thèse de doctorat ès sciences religieuses, dactylographiée, de la Faculté de Théologie protestante de Strasbourg), Strasbourg, 1974.
FORSTMAN H. Jackson, *Word and Spirit: Calvin's Doctrine of Biblical Authority*, Stanford (Californie), 1962.
FRAENKEL Pierre, *Petit supplément aux bibliographies calviniennes 1901–1963*, in: *Bibliothèque d'humanisme et Renaissance*, Genève, 1971, p. 385–413.
FUHRMANN Paul T., *Calvin: The Exposition of Scripture*, in: *Interpretation*, Richmond (Virginie), 1952, p. 188–209.
GAUTERON Ellis, *L'autorité de la Bible d'après Calvin*, Montauban, 1902.
GERRISH Brian A., *Biblical Authority and the Continental Reformation*, in: *Scottish Journal of Theology*, Edinburgh, 1957, p. 337–360.
GLOEDE Günter, *Theologia naturalis bei Calvin*, Stuttgart, 1935.
GÖHLER Alfred, *Calvins Lehre von der Heiligung*, München, 1934.
GOUMAZ Louis, *La doctrine du salut d'après les Commentaires de Jean Calvin sur le Nouveau Testament*, Lausanne et Paris, 1917.
HALL Charles A. M., *With the Spirit's Sword. The Drama of Spiritual Warfare in the Theology of John Calvin*, Zürich, 1968.
HAUCK Wilhelm-Albert, *Zur Frage der Gott-Mensch und der Mensch-Gott Beziehung, insb. zu den Problemen "Sünde", "Rechtfertigung", "Glaube", "Vorsehung", "Prädestination" bei Calvin*, Dissert. Heidelberg, 1937.
– *Christusglaube und Gottesoffenbarung nach Calvin*, Gütersloh, 1939.
– *Vorsehung und Freiheit nach Calvin*, Gütersloh, 1947.
HENRY Paul, *The Life and Times of John Calvin*, vol. 1, New York, 1851.
HUGUES Philip Edgcumbe, *The Inspiration of Scripture in the English Reformers illuminated by John Calvin*, in: *Westminster Theological Journal*, Philadelphie, 1960/1961, p. 129–150.
HUNTER A. Mitchell, *The Teaching of Calvin*, Glasgow, 1920.
IMBART DE LA TOUR Pierre, *Les Origines de la Réforme*, tome 4: *Calvin et l'Institution chrétienne*, Paris, 1935.
JACOBS Paul, *Pneumatische Realpräsenz bei Calvin*, in: *Regards contemporains sur Jean Calvin*, Paris, 1965, p. 127–139.
JÜLICHER Adolf, *Calvin als Schriftausleger*, in: *Christliche Welt*, Gotha, 1909, p. 655–657.
KEMPFF Dionysius, *A Bibliography of Calviniana 1959–1974*, Leiden, 1975.
KOLFHAUS Wilhelm, *Die Seelsorge Johannes Calvin*, Neukirchen, 1941.
KOOPMANS Jan, *Das altkirchliche Dogma in der Reformation*, München, 1955.
KRECK Walther, *Parole et Esprit selon Calvin*, in: *Revue d'histoire et de philosophie religieuses*, Strasbourg et Paris, 1960, p. 215–228.
KRUSCHE Werner, *Das Wirken des Heiligen Geistes nach Calvin*, Göttingen, 1957.
KUIZENGA Henry, *The Relation of God's Grace to His Glory in John Calvin*, in: *Reformation Studies. Essays in Honor of Roland H. Bainton*, Richmond (Virginie), 1962, p. 95–105.
LECERF Auguste, *Souveraineté divine et liberté créée*, in: *Bulletin de la Société calviniste de France*, Paris, décembre 1933, p. 2–8, et février 1934, p. 3–6; rééd. in: *Etudes calvinistes*, Neuchâtel et Paris, 1949, p. 11–18.

–   *La souveraineté de Dieu d'après le calvinisme. Etude de quelques objections*, in: *Internationaal Congres van Gereformeerden*, La Haye, 1935, rééd. in: *Etudes calvinistes*, Neuchâtel et Paris, 1949, p. 19–24.

LEHMANN Paul L., *The Reformer's Use of the Bible*, in: *Theology Today*, Princeton, 1946, p. 328–344.

LISTON R. T. L., *John Calvin's Doctrine of the Sovereignty of God*, Edinburgh, 1930.

LOBSTEIN Paul, *La connaissance religieuse d'après Calvin*, Paris, 1909, rééd. sous forme abrégée dans: *Etudes sur la pensée et l'oeuvre de Calvin*, Neuilly, 1927, p. 113–153.

LOCHER Gottfried W., *Calvin Anwalt der Ökumene*, Zollikon-Zürich, 1960.

LONG J. H., *Calvin as an Interpreter of the Bible*, in: *Reformed Church Review*, 1909, p. 165–182.

LÜTGERT Wilhelm, *Calvins Lehre vom Schöpfer*, in: *Zeitschrift für systematische Theologie*, Gütersloh, 1931, p. 421–440.

MARCEL Pierre Ch., *Calvin et la science: Comment on fait l'histoire*, in: *La Revue réformée*, Saint-Germain-en-Laye,1966/4, p. 50–51.

MAURY Pierre, *La théologie naturelle d'après Calvin*, in: *Bulletin de la Société de l'Histoire du Protestantisme français*, Paris, 1935, p. 267–279.

McNEILL John T., *The Significance of the Word of God for Calvin*, in: *Church History*, Bern (Indiana), 1959, p. 131–146.

MURRAY John, *Calvin's Doctrine of Creation*, in: *The Westminster Theological Journal*, Philadelphie, 1954/1955, p. 21–43.

–   *Calvin on Scripture and Divine Sovereignty*, Grand Rapids (Michigan), 1960.

NEESER Maurice, *Le Dieu de Calvin d'après l'Institution de la religion chrétienne*, Neuchâtel, 1956.

NICOLE Jules-Marcel, *Calvin, homme de la Bible*, in: *Etudes évangéliques*, Aix-en-Provence, 1943, p. 310–327; rééd. in: *Calvin et la Réforme en France*, Aix-en-Provence, 2ᵉ éd. 1959, p. 42–59.

NIESEL Wilhelm, *Verstand Calvin deutsch?* in: *Zeitschrift für Kirchengeschichte*, Gotha, 1930, p. 343–346.

–   *Die Theologie Calvins*, München, 1938, 2ᵉ éd. 1957.

–   *Calvin-Bibliographie 1901–1959*, München, 1961.

NIJENHUIS Willem, *Calvin's Attitude towards the Symbols of the Early Church during the Conflict with Caroli*, in: *Ecclesia reformata: Studies on the Reformation*, Leyde, 1972, p. 73–96.

NÖSGEN K. F., *Calvins Lehre von Gott und ihr Verhältnis zur Gotteslehre anderer Reformatoren*, in: *Neue kirchliche Zeitschrift*, Leipzig, 1912, p. 690–747.

NOLTENSMEIER Hermann, *Reformatorische Einheit: Das Schriftverständnis bei Luther und Calvin*, Graz et Köln, 1953.

OBENDIEK Harmannus, *Der alt böse Feind. Das biblisch-reformatorische Zeugnis von der Macht Satans*, Neukirchen, 1930.

OBERMAN Heiko A., *Die "Extra"-Dimension in der Theologie Calvins*, in: *Geist und Geschichte der Reformation*. Festgabe Hanns Rückert zum 65. Geburtstag, Berlin, 1966, p. 323–356.

PANNIER Jacques, *Le témoignage du Saint-Esprit*, Paris, 1893.

–   *L'autorité de l'Ecriture sainte d'après Calvin*, Montauban, 1906.

–   *Calvin savait-il l'allemand?* in: *Bulletin de la Société de l'Histoire du Protestantisme français*, Paris, 1929, p. 344 et 476.

PARKER T. H. L., *The Doctrine of the Knowledge of God. A Study in the Theology of John Calvin*, Edinburgh, 1952.

–   *Calvin the Biblical Expositor*, in: *John Calvin*, éd. par G. E. Duffield, Abingdon (Berkshire), 1966, p. 176–186.

–   *Calvin's New Testament Commentaries*, London, 1971.

PARTEE Charles, *The Soul in Plato, Platonism, and Calvin*, in: *Scottish Journal of Theology*, Edinburgh, 1969, p. 278–295.

PARTEE Charles Brooks Jr., *Calvin and Classical Philosophy: A Study in the Doctrine of Providence*, Dissert. Princeton (New Jersey), 1971.

PETER Rodolphe, *Introduction* aux *Deux congrégations de Jean Calvin*, Paris, 1964.

PEYER Etienne de, *Calvin's Doctrine of Divine Providence*, in: *The Evangelical Quarterly*, London, 1938, p. 30–45.

PFISTER Oskar, *Calvins Eingreifen in die Hexer- und Hexenprozesse von Peney 1545 nach seiner Bedeutung für Geschichte und Gegenwart*, Zürich, 1947.

POLMAN A. D. R., *Calvin on Inspiration of Scripture*, in: *John Calvin, Contemporary Prophet*, Grand Rapids (Michigan), 1959, p. 97–112.

POLMAN Pontien, *L'élément historique dans la controverse religieuse du XVIe siècle*, Gembloux, 1932.

POSTEMA Gerald J., *Calvin's Alleged Rejection of Natural Theology*, in: *Scottish Journal of Theology*, London, 1971, p. 423–434.

PRINS Richard, *The Image of God in Adam and the Restoration of Man in Jesus-Christ. A Study in Calvin*, in: *Scottish Journal of Theology*, London, 1972, p. 32–44.

PRUST Richard C., *Was Calvin a Biblical Literalist?* in: *Scottish Journal of Theology*, Edinburgh, 1967, p. 312–328.

PRUYSER Paul W., *Calvin's View of Man: A Psychological Commentary*, in: *Theology Today*, Princeton (New Jersey), 1969/1970, p. 51–68.

PURY Roland de, *Pour marquer les distances. Simple note sur une exégèse de Calvin et de Luther*, in: *Foi et vie*, Paris, 1966/1–2, p. 42–45.

RATNER Joseph, *Some Comments on Rosen's "Calvin's Attitude Toward Copernicus"*, in: *Journal of the History of Ideas*, New York, 1961, p. 382–385.

REID J. K. S., *The Authority of Scripture: A Study of the Reformation and Post-Reformation Understanding of the Bible*, New York, 1958.

REYNOLDS Stephen M., *Calvin's View of the Athanasian and Nicene Creeds*, in: *Westminster Theological Journal*, Philadelphie, 1960/1961, p. 33–57.

RITSCHL Otto, *Dogmengeschichte des Protestantismus*, tome 3, Göttingen, 1926.

ROGGE Joachim, *Virtus und Res. Um die Abendmahlswirklichkeit bei Calvin*, Stuttgart, 1965.

ROSEN Edward, *Calvin's Attitude Toward Copernicus*, in: *Journal of the History of Ideas*, New York, 1960, p. 431–441.

– *A Reply to Dr. Ratner*, in: *Journal of the History of Ideas*, New York, 1961, p. 386–388.

– *Calvin n'a pas lu Copernic*, in: *Revue de l'Histoire des Religions*, Paris, 1972, p. 183–185.

ROTONDO Antonio, *Calvino e gli antitrinitari Italiani*, in: *Rivista Storica Italiana*, 1968, p. 759–784; trad. anglaise de John et Anne Tedeschi: *Calvin and the Italian Anti-Trinitarians*, in: *Reformation Studies and Essays 2*, Saint-Louis (Missouri), 1968.

SCHELLONG Dieter, *Calvins Auslegung der synoptischen Evangelien*, München, 1969.

SCHULZE Martin, *Meditatio futurae vitae. Ihr Begriff und ihre herrschende Stellung im System Calvins*, Leipzig, 1901.

SCHWEIZER Alexander, *Die Glaubenslehre der evangelisch-reformierten Kirche*, tome 1er, Zürich, 1844.

– *Die protestantischen Centraldogmen in ihrer Entwicklung innerhalb der reformierten Kirche*, tome 1er, Zürich, 1854.

SEEBERG Reinhold, *Lehrbuch der Dogmengeschichte*, vol. 3 et vol. 4/2, Basel et Stuttgart, 6e éd., 1960.

SMIDT Udo, *Calvins Bezeugung der Ehre Gottes*, in: *Vom Dienst an Theologie und Kirche*. Festgabe für Adolf Schlatter, Berlin, 1927, p. 117–139.

STAUFFER Richard, *Histoire et théologie de la Réforme*, in: *Problèmes et méthodes d'histoire des religions*, Paris, 1968, p. 261–269.

– *Calvin et Copernic*, in: *Revue de l'Histoire des Religions*, Paris, 1971, p. 31–40.

– *Réponse à Edward Rosen*, in: *Revue de l'Histoire des Religions*, Paris, 1972, p. 185–186.

- *L'exégèse de Genèse 1/1–3 chez Luther et Calvin,* in: *In principio. Interprétations des premiers versets de la Genèse,* Paris, 1973, p. 245–266.
- *L'attitude des Réformateurs à l'égard de Copernic,* in: *Avant, avec, après Copernic,* Paris, 1975.

STROHL Henri, *La pensée de Calvin sur la Providence divine au temps où il était réfugié à Strasbourg,* in: *Revue d'histoire et de philosophie religieuses,* Clermont-Ferrand, 1942, p. 154–169.

STUERMANN Walter E. et GEOCARIS Konstantin, *The Image of Man. The Perspectives of Calvin and Freud,* in: *Interpretation,* Richmond (Virginie), 1960, p. 28–42.

THOMAS J. N., *The Place of Natural Theology in the Thought of John Calvin,* in: *Journal of Religious Thought,* Spring-Summer 1958, p. 108 ss.

TORRANCE Thomas F., *Calvin's Doctrine of Man,* London, 1949.

- *Knowledge of God and Speech about Him according to John Calvin,* in: *Regards contemporains sur Jean Calvin,* Paris, 1965, p. 140–160.

TYLENDA Joseph N., *Calvin Bibliography 1960–1970,* in: *Calvin Theological Journal,* Grand Rapids (Michigan), November 1971, p. 156–193.

VAN DER LINDE S., *Calvijn en de geschapen werkelijkheid,* in: *Wapenveld,* Kwintsheul (Pays-Bas), 1974, p. 168–178.

VISCHER Wilhelm, *Calvin, exégète de l'Ancien Testament,* in: *Etudes théologiques et religieuses,* Montpellier, 1965, p. 213–231.

WALLACE Ronald S., *Calvin's Doctrine of the Word and Sacrament,* Edinburgh et London, 1953.

WARFIELD Benjamin B., *Calvin's Doctrine of the Knowledge of God,* in: *The Princeton Theological Review,* 1909, p. 219–325, rééd. in: *Calvin and Calvinism,* New York, 1931, p. 29–130.

- *Calvin's Doctrine of God,* in: *The Princeton Theological Review,* 1909, p. 381–436, rééd. in: *Calvin and Calvinism,* New York 1931, p. 133–185.
- *Calvin's Doctrine of the Trinity,* in: *The Princeton Theological Review,* 1909, p. 553–652, rééd. in: *Calvin and Calvinism,* New York, 1931, p. 188–284.
- *Calvin's Doctrine of the Creation,* in: *The Princeton Theological Review,* 1915, p. 190–255, rééd. in: *Calvin and Calvinism,* New York, 1931, p. 287–343.

WEBER Hermann, *Die Theologie Calvins. Ihre innere Systematik im Lichte strukturpsychologischer Forschungsmethode,* Berlin, 1930.

WENDEL François, *Calvin: Sources et évolution de sa pensée religieuse,* Paris, 1950.

WERNLE Paul, *Der evangelische Glaube nach den Hauptschriften der Reformatoren,* tome 3: *Calvin,* Tübingen, 1919.

WILLIS E. David, *Calvin's Catholic Christology. The Function of the So-Called Extra Calvinisticum in Calvin's Theology,* Leyde, 1966.

- Etude critique de *Calvin and the Italian Anti-Trinitarians,* d'Antonio Rotondo, in: *Archiv für Reformationsgeschichte,* 1971, p. 279–282.

ZIGMUND H. A., *Calvin's Concept of the Trinity,* in: *Hartford Quarterly,* Winter 1965, p. 58–64.

3. Ouvrages ne se rapportant pas à Calvin

BAINTON Roland H., *Michel Servet, hérétique et martyr,* Genève, 1953.

BAVINCK Herman, *Gereformeerde Dogmatiek,* tome 1er, 1895.

Bekenntnisschriften der evangelisch-lutherischen Kirche, Göttingen, 4e éd. 1959.

BETHUNE-BAKER J. F., *An Introduction to the Early History of Christian Doctrine,* London, 9e éd. 1951.

BEZE Théodore de, *Ad Claudii de Sainctes responsionem altera apologia,* in: *Tractationes theologicae,* vol. 2, Genève, 1573.

BLOCH Oscar et WARTBURG W. von, *Dictionnaire étymologique de la langue française,* Paris, 4e éd. 1964.

BOUILLARD Henri, *Karl Barth. Genèse et évolution de la théologie dialectique*, Paris, 1957.

BREHIER Emile, *Histoire de la philosophie*, tome 1er, Paris, 1943.

BRUNNER Emil, *Natur und Gnade*, Tübingen, 2e éd. 1935.

– *Dogmatique*, tome 1er: *La Doctrine chrétienne de Dieu*, Genève, 1964.

CHANTRAINE Georges, *Mystère et philosophie du Christ selon Erasme. Etude de la lettre à Volz et de la Ratio verae theologiae*, Gembloux et Namur, 1971.

CONGER G. P., *Theories of Macrocosms and Microcosms in the History of Philosophy*, New York, 1922.

DELAUNAY Paul, *La zoologie au XVIe siècle*, Paris, 1962.

DELUMEAU Jean, *Les Réformateurs et la superstition*, in: *Actes du Colloque "L'Amiral de Coligny et son temps"*, Paris, 1974, p. 451–487.

DUHEM Pierre, *Le système du monde. Histoire des doctrines cosmologiques de Platon à Copernic*, tome IX, Paris, 1958.

FEBVRE Lucien, *Le problème de l'incroyance au XVIe siècle*, Paris, 1947.

GOUGENHEIM Georges, *Grammaire de la langue française du seizième siècle*, éd. refondue, Paris, 1973.

HASE Karl, *Hutterus redivivus oder Dogmatik der evangelisch-lutherischen Kirche*, Leipzig, 11e éd. 1868.

HEPPE Heinrich, *Die Dogmatik der evangelisch-reformierten Kirche*, Neukirchen, 2c éd. 1935.

HOLL Karl, *Gesammelte Aufsätze zur Kirchengeschichte*, tome 3, Tübingen, 1928.

HUGUET Edmond, *Dictionnaire de la langue française du seizième siècle*, Paris, 1925–1967.

KOHLS Ernst-Wilhelm, *Die Theologie des Erasmus*, Basel, 1966.

KOYRÉ Alexandre, *Du monde clos à l'univers infini*, Paris, 1962, 2e éd. 1973.

LECLER Joseph, *Protestantisme et "libre examen". Les étapes et le vocabulaire d'une controverse*, in: *Recherches de Science religieuse*, Paris, 1969, p. 321–374.

LENOBLE Robert, *Esquisse d'une histoire de l'idée de nature*, Paris, 1969.

LITTRÉ Emile, *Supplément du Dictionnaire de la langue française*, Paris, 1878.

LUTHER Martin, *Weimar Ausgabe*, vol. XII, XIV et XXIV.

– *Articles de Smalkalde*, in: *Les livres symboliques*, Paris, 1947, et in: *Oeuvres*, tome VII, Genève, 1962.

MANDROU Robert, *Introduction à la France moderne*, Paris, 1961.

MINGES Parthenius, *Der Gottesbegriff des Duns Skotus auf seinen angeblichen Indeterminismus geprüft*, Wien, 1906.

OTTO Rudolf, *Le sacré. L'élément non-rationnel dans l'idée du divin et sa relation avec le rationnel*, Paris, 1929.

PIGHIUS, *Hierarchiae ecclesiasticae assertio*, Cologne, 1538.

PRENTER Regin, *Spiritus creator*, Copenhague, 1944.

ROGET Amédée, *Histoire du peuple de Genève depuis la Réforme jusqu'à l'Escalade*, tome II/2, Genève, 1873.

SEEBERG Reinhold, *Die Theologie des Johannes Duns Scotus*, Leipzig, 1900.

THOMAS D'AQUIN, *Somme théologique* (Edition des Jeunes), Paris.

VIGNAUX Paul, *Justification et prédestination au XIVe siècle*, Paris, 1934.

WEBER Otto, *Grundlagen der Dogmatik*, vol. 1, 1955.

WOLF Ernst, *Deus omniformis. Bemerkungen zur Christologie des Michael Servet*, in: *Theologische Aufsätze. Karl Barth zum 50. Geburtstage*, München, 1936, p. 443–466.

INDEX DES REFERENCES BIBLIQUES*

* M. Arthur Hofer a bien voulu m'aider à préparer les indices; je l'en remercie sincèrement.

INDEX DES NOTIONS

336

INDEX DES NOMS PROPRES

(Les noms des auteurs modernes ou contemporains sont en majuscules)

REYNOLDS Stephen M. 164 n. 1
RITSCHL Albrecht 113
RITSCHL Otto 63, 64, 72 n. 1
ROGET Amédée 237 n. 184
ROGGE Joachim 136 n. 92
Rome 271–272
ROSEN Edward 187, 188, 214 n. 1
ROTONDO Antonio 164 n. 1
RÜCKERT Hanns 14 n. 11

Saül 107
SAUSSURE Jean de 310
SAYOUS André 309, 311, 317 n. 3
SCHAFF Philip 15 n. 23
SCHELLONG Dieter 12
Schiméi 197, 278
SCHMIDT Albert-Marie 310
SCHULZE Martin 307 n. 2
SCHWEIZER Alexander 12, 15 n. 23, 307 n. 2
SEEBERG Reinhold 63, 64, 72 n. 1, 113, 115, 137 n. 107
Servet Michel 162, 164 n. 1, 171 n. 37, 176 n. 82, 206–207, 215 n. 14, 249 n. 286 et 288
SMIDT Udo 125 n. 1
Socin Lelio 162
Sorbonne 23
Spinoza Baruch 307 n. 8
STAUFFER Richard 14 n. 13, 15 n. 20, 80 n. 53, 164 n. 1, 175 n. 69, 214 n. 1, 217 n. 25 et 32, 218 n. 34 et 36, 227 n. 88, 228 n. 90 et 92, 317 n. 10
STROHL Henri 281 n. 1
STUERMANN Walter E. 214 n. 1

THOLUCK Friedrich August 15 n. 23
THOMAS J. N. 33 n. 1
Thomas d'Aquin 105, 136 n. 92, 192, 208, 307 n. 8
TISSOT D. 170 n. 33

TORRANCE Thomas F. 33 n. 1, 201, 202, 203, 204, 214 n. 1, 237 n. 187, 241 n. 215, 243 n. 231, 245 n. 255, 246 n. 257, 307 n. 8
Trente (concile de) 158
TRUC Gonzague 256 n. 344
TYLENDA Joseph N. 9, 14 n. 4

VAN DER LINDE S. 214 n. 1
VIGNAUX Paul 116, 140 n. 146
VIGUET C.-O. 170 n. 33
VIGUIÉ Ariste 309, 310, 313, 317 n. 11, 318 n. 30
Vincent Samuel 103 n. 241
Vinet Alexandre 103 n. 241
VISCHER Wilhelm 15 n. 23
VIVIEN Georges 314–315
Voltaire 35 n. 26

WALLACE Ronald S. 63, 72 n. 1
WARFIELD Benjamin B. 33 n. 1, 63, 65, 72 n. 1, 73 n. 2, 82 n. 72, 125 n. 1, 5, 6 et 8, 164 n. 1, 177, 183, 214 n. 1, 217 n. 24
WARTBURG Walther von 173 n. 46, 283 n. 12
WATIER Albert 313–314, 318 n. 32
WEBER Hermann 311
WEBER Otto 288 n. 54
WENDEL François 33 n. 1, 61, 63, 72 n. 1, 106, 113, 115–116, 137 n. 103 et 109, 164 n. 1, 190, 214 n. 1, 250 n. 249a, 261, 307 n. 8
WERNLE Paul 9, 14 n. 5, 33 n. 1, 72 n. 1, 164 n. 1, 214 n. 1, 275, 281 n. 1 et 2, 296 n. 114
WILLIS E. David 134 n. 85, 164 n. 1
Wolfenbüttel Henri de 16 n. 27
WOLFF Ernst 164 n. 1, 174 n. 57

ZIGMUND H. A. 164 n. 1

TABLE DES MATIERES